日米地域銀行の存続と再編

― なぜ日本の地域銀行は減っていくのか ―

由里宗之 著

ミネルヴァ書房

はしがき

　筆者は，初の単著『米国のコミュニティ銀行』（由里 [2000a]）以来，米国のコミュニティ銀行を主な研究テーマとしてきた。元々，1996年はじめまでは都市銀行の一つ（今のりそな銀行）に勤務していたこともあり，自ずとわが国の地域金融機関も比較検討課題ないしはそれ自体として研究するようにもなったが，主な研究テーマは引き続き米国のコミュニティ銀行であった。

　途中，『リレーションシップ・バンキング入門』（由里 [2003]）という一般・金融実務家向けの本を書く機会もあり，次第に「米国のコミュニティ銀行の実相を探り，そこから，わが国の地域金融機関のあり方のヒントを掘り起こし，提案を行う」という執筆スタイルとなり，次の研究書『地域社会と協働するコミュニティ銀行』（由里 [2009]）へとつながった。

　しかし，米国のコミュニティ銀行の様相を伝えれば伝えるほどに，読者や講演先，また学会の先輩教授などから「その話がわが国の地域金融にとっていかほどの意味を有するのか」との感想も多く耳にするようになった。米国の銀行業・金融制度に関する先達の一人である故高木仁先生が中心となって編まれた，その名も『金融システムの国際比較分析』（高木ほか [1999]）の中で黒田 [1999] は，上記の筆者の「米国の実相を探り，そこから，わが国へのヒントを提案する」という書き方のスタイルに関し，的確にも「出羽守アプローチ」（書き始めが「…では」と決まり文句になるので），と称している（pp. 7-8）。

　筆者が陥っていたのもまさにそのパターンであったが，そのような中，学会にて「金融制度や金融組織は歴史的に作られるものだから歴史的視点も加えてみては」というヒントを頂戴し，また，時あたかも「100年に一度」と 喧 しく形容される世界的金融経済危機が到来した。加えて，これも約40年ぶりに協同組織金融機関とりわけ信金・信組をめぐる金融制度の見直し論議が2006年頃から再燃していた（金融審議会 [2009] の中間報告で一応終結）ことも重なり，筆者のうちには「次は，地域金融機関や関連する制度の日米比較史を手がけたい」という気持ちが強くなっていった。

　上記「出羽守アプローチ」を指摘した黒田 [1999] は，他国の金融制度に倣う

i

場合，その先例が当該国や制度成立時の時代の個別性あるいは特殊性にどの程度起因し，どの程度普遍性・一般性を有するものなのか，識別することの困難さが看過されがち，と指摘している。筆者自身，多数のコミュニティ銀行が米国で存続しているのは米国の社会・文化・政治に通底した「特異性（peculiarity）」によるものかも知れない（由里［2000a］pp. 147, 149）と書き記してもいる。

　また筆者は，「出羽守」的な講演をし終った後，わが国の銀行制度・銀行産業組織を当然の前提と思ってきた聞き手が「それでどうしろと？（ここはアメリカではない）」と違和感を感じる様相も目の当たりにしてきた。その一方，わが国の銀行制度・銀行産業組織も，概ね大正期までは新設も含め小銀行に対して容認的で，結果として銀行数も2千行近くと多かった（後藤［1968a］p. 230など），という歴史的事実も存する。日米の彼我の差の中にも歴史的に形成されてきたものが多くあるのではないか，そのことを踏まえて米国の話をすれば，単なる「出羽守」にとどまらない論理展開が可能なのではないか——筆者にはそのように思われてきた。

　以上のような研究歴と動機づけから筆者は，「ローカルな銀行に関する銀行制度・銀行産業組織の日米比較史」（のようなもの）を，「50の手習い」よろしく目指したい，と考えるようになったのである。

　詳しくは序章で述べるが，学部生時代に人文地理学を学び，当時はほとんど学問方法論的な知識・意識はなかったものの，フランス歴史学・地理学の『アナール』学派などに由来する，「モノグラフ」（個別事象・地域に関する特殊研究）を中心に据える研究主題の探り方が，筆者には備わっていたようである。それは前述の由里［2000a］（第2章：ミネアポリス―セントポール大都市圏の小銀行）や由里［2009］（第8章：ミシシッピ州テューペロのコミュニティ財団）においても既に，ある程度意識的に行っていたが，「50の手習い」（上記）で銀行（制度）史に取り掛かるうえでは，より意識的に章ごとに「モノグラフ」的な主題設定を行おうと考えた。

　もちろん，それら「モノグラフ」（各章）の主題設定が，ばらばらの問題意識や個別事象への思いつき的な関心からなされていては，それ自身固有の題名を有する著書にはなりにくく，ましてや「比較銀行史」などと題することはできまい。そこで経済・政治等の分野の歴史的研究の書の諸事例を尋ね，考えを行きつ戻りつさせた末，「問題史」という考え方を軸とすることにした。

これも詳しくは序章で述べるが、「問題史」とは、現在向かい合っている問題に対処するため、問題の理解やそれへの対処を助ける事実を過去の中に探し、それを浮き彫りにすることを歴史研究の目的に据える、やはり『アナール』学派に見られる考え方である。それとともに、筆者が米国ケネディ行政学大学院で学んだ、「歴史の活用法」の講義内容中の「イシュー（政策課題）の歴史的経緯を探る」という目の付け方も、筆者なりの「問題史」の視座の一部を構成している。

かくして、「ローカルな銀行に関する銀行制度・銀行産業組織の日米比較史」を、視座としては「問題史」的に、また各章のテーマ設定としては「歴史的に重要な諸局面にかかるモノグラフ」を中心とする、という取り組みの方式が、実際には相当の時間と紆余曲折とを経て、形作られていった。

次に、「問題史」の「問題」の内容に関して言えば、もちろんその第一は、日米の銀行制度・銀行産業組織はなぜ大きく異なるのか——米国には小銀行が数多く残ったのにわが国では消滅し、さらに戦後の地域金融の主柱をなした地銀・第二地銀も再編・統合で大型化がやまない——というものである。本書の副題にある「なぜ日本の地域銀行は減っていくのか」はまさしく疑問文であり、本書は経済学的要因や歴史的必然性を説明しようとするものではなく、その歴史的経緯とはどのようなものか、上記のようにモノグラフの積み重ねにより究明しようとするものである。

以上のように、本書は「通史」ではなく、日米の銀行産業組織の相違をもたらした歴史的に重要な諸局面にかかる「モノグラフ」（個別事象・地域に関する特殊研究）に取り組んだものである。そのモノグラフ主体の各章を「日‐米」および時間軸によるマトリックス上に位置づけるならば、次頁の図のようになる。

この対比年表および各々の章の位置づけに関する、やや詳しい前置きは序章に回すとして、同年表の下半分に表されている本書の第2部（第6章〜終章）に関して述べたい。

本書が比較対照の片方とする米国では、周知の通り2008年金融危機という、おそらくは「歴史的」重要性を持つであろう出来事が起こった。そして同危機ならびにそれに対する政策的対処を受け、大手銀行や市場機能に対する考え方、ならびに金融制度の方向性に関する政策担当者や金融専門家の間での「潮目の変化（sea change）」があり、危機前には「過ぎ去って行くべきもの」との捉え方が一般的であった「ニューディール期金融制度」（場合によっては「コミュニティ銀

日米地域銀行の存続と再編
——対比年表上の諸章の位置づけ——

	日　　本	米　　国
明治期～昭和初期	国立銀行条例（米国同様，小銀行多し）→1920年代以降，大蔵省管理強化	二元銀行制度（state banks, national banks）
戦間期（1920年代）	1927銀行法以降，銀行統合推進 ③章「統制経済」志向：戦前期銀行合同政策の背景	1920年代の不安定期にも州権主義，農業者運動などにより単店銀行中心の銀行制度は不変
大恐慌期	①章 預金保険制度：小銀行政策の分岐点	
大恐慌～戦時期	④章「一県一行」主義：神戸銀行の成立・展開　　預金保険なし　当局主導の銀行再編　⑤章「地方銀行」の自覚の生成と銀行合同政策との相克：兵庫県下3銀行の蹉跌	預金保険制度などニューディール期銀行制度の形成　単店銀行制度・地域金融自律性存続　②章 小銀行独自の業界団体設立：「コミュニティ銀行業界」の制度的根幹保持の要求
戦後における銀行システムの持続・変貌	（この時期は下記以外，本書で検討していない；信金・第二地銀等も割愛）終章3節 地銀協の戦中・戦後	⑥章 ニューディール期銀行制度の持続と変貌
1990年代の日本的金融システムの崩壊	終章2節 神戸銀→太陽神戸銀→さくら銀→三井住友銀（存在が薄れゆく「兵庫県の中心的銀行」）	「ウォールストリート」発の金融危機とコミュニティ銀行業界
2008～09年リーマン金融危機（直後）		⑦章 小銀行業界団体の政治的自律性：ドッド・フランク法制定過程とICBA　⑧章 ニューディール期金融制度の評価：金融論壇の金融危機後の変化
現　在	終章 地方銀行業態が残った日本　←	→ コミュニティ銀行業界が残った米国

行」という銀行形態も）などにつき，「見直し（second look）」の機運が高まった。

　そのような変化を受け，第2部では「歴史」と言うにはあまりにも現在に近い出来事（第6章・第7章）や，「今日的な問題意識」そのものを扱う章（第8章）を設けた。もちろんそこには，「今日の米国の金融システムにおいて，大手銀行・中規模銀行・コミュニティ銀行各々の役割や存続可能性はどうなのか，またそれら各規模の銀行にかかる銀行制度のゆくえはどうなのか」という「二つ目の問題」が意識されており，それらの諸章においては「問題史」的観点から，第1部で米国側の事象について論じた第1章・第2章の内容にも繰り返し言及がある。

既に多くの読者はお気づきかとも思うが，米国に関しては第2部の3つの章により，ほぼ現在にまで検討対象が及んでいるのに，日本に関してはそれに対応する複数の章はない。この点は，率直に言って筆者の研究がそこまで及んでいないからであり，言い訳を申し添えれば，第8章までで既に本にするのに十分な紙幅となり，また筆者の現勤務先退職予定もあって，「このあたりで一つの本にまとめたうえ，至らなかった点は他日を期したい」と思ったからでもある。

　そのように端折られた章構成でも，第3章～第5章で見たわが国の「一県一行」主義，神戸銀行，および地方銀行協会につき，少しでも戦後をたどっておきたいとの念で置いたのが，終章の2節・3節にある「わが国の現在との連接」①・②である。

　そして終章全体において，「三つ目の問題」ないしは「イシュー（政策課題）」として筆者が解明したいと考えたのは，「わが国の地域金融機関のなかに『リレーションシップ・バンキングの担い手』は十分存在しているのか」であり，なかでも地方銀行がその「担い手」として適性を有しているのか否か，である。本書の副題のなかの「地域銀行は減っていく……」には，「業態」として地方銀行・第二地銀に属してはいても，規模の大型化等によりもはや「リレバン適性」を有しなくなった銀行も増えつつあるのではないか，との筆者の問題意識も含められている。そのような視点から終章では，第3章～第5章のみならず，米国の側も含め本書全体の知見を幅広く再訪し，もって本書の結びに代える。

　ところで，冒頭に述べたように筆者がそもそも歴史に目を向けた契機の一つ，以前の拙著にて時に陥っていた「出羽守アプローチ」（「米国では云々」の語り口）は，本書の全般にわたり，避けることができたのであろうか？　最終的には読者諸賢のご判断にゆだねるしかない。筆者として少なくとも一つ「手ごたえ」があるとすれば，たとえばわが国の地方銀行業態に関しては，「一県一行」を代表的なパターンとして戦後70余年を経てきたという，その業態および個々の銀行組織の歴史の重みも自ずと考えるようになった，ということであろうか。そしてまた，業態も組織も人の集合体なのであるから，刊行された年史や回顧録を含め，彼らが語る「業態・組織の記録」，そして果たしてきた役割の自負などを，まずは聞き入ってみよう，という姿勢を有するようになったことも，「収穫」として付け加えられると思う。

　なお，既に記したとおり，本書で十分には記せなかったわが国の地方銀行の戦

後史，またわずかしか言及できなかった第二地銀，そして全く言及できなかった信用金庫・信用組合に関しては，本心から，他日を期したいと考えている。「1930年代のはじめ頃に存在していた普通銀行のその後を問うのが本書であるから」という区切り方で，本書ではそれらの業態を基本的に差し置いて論を進めたが，戦後と言わず昭和戦前期においても，それらの業態（の戦前の組織）が果たした役割を決して軽んじるものではないからである。

謝　　辞

前著『地域社会と協働するコミュニティバンク』の「はしがき」に記したような，米国に出向いてのコミュニティ・バンカーとの出会いは，本書の準備・執筆期間（2009～2017年）においては少なくなった。わが国の多くの大学の，ほとんどの研究者諸兄姉と同様，研究に割きうる時間・期間は漸減し，特に米国への研究取材の場合，授業回数増による学期休み期間の短縮化は大きなダメージとなった，ということもあった。

そのような中，しかも筆者が多忙な学部長職にあった2012年の夏，思いもかけず，それまで面識のなかった ICBA（米国コミュニティ銀行家協会）元会長（在任2011年3月～2012年3月）のサルバトール・マランカ氏（Salvator Marranca; Cattaraugus County Bank 元頭取・CEO）から，「東京での講演で11月に日本に行くので関西を案内してほしい」とのメールが入った（後から聞けば由里［2009］第9章で取りあげたコットル頭取がコンタクトするよう勧めた，とのこと）。

このマランカ氏と，筆者の故郷の西陣を案内し京都から東京へと同行したことが，それまでアプローチできなかった ICBA の本部にアクセスする突破口となり，第2章の IBA 史のため，ICBA 資料の探索が可能となった。その後も続く同氏との親交は，本書全体の執筆にとっても大きな励みとなった。2015年初秋には当方が太平洋を飛び，同氏の銀行（ニューヨーク州バッファロー市南方）および近隣諸行を案内してもらい，今に至るまでメールのやり取り（時には ICBA情報も頂戴する）は続いている。

この場を借り，まさにコミュニティ・バンカーならではの親身かつ継続的な「リレーションシップ」を筆者に提供し続けていただいているマランカ氏には，あらためて最大限の感謝を申し上げたい。併せて，上記の ICBA 本部（ワシントン DC）訪問（2015年3月）に際し，特段のお世話になったレイター（Mark Raitor）事務局長［当時］にも深謝申し上げたい。加えて，第2章の IBA 史を本書に収録するに際し御理解・御協力いただいた，ICBA 現事務局長のジョルディ（Terry Jorde）氏にも感謝申し上げる次第である。

次に，第5章において用いた日銀アーカイブ資料のうち，崩し字あるいは毛筆

体の手書き諸資料を「解読」するに際し，筆者の京都大学文学部学部生時代の学友（国文学専攻）である編集者三代和彦氏のひとかたならぬ助言を得た。記して深謝する次第である。もちろん，本書において資料読解上の不備がある場合，その責はすべて筆者に帰属することは申すまでもない。

　また，上記日銀アーカイブ資料をご提供いただいた（2011年3〜8月），日本銀行金融研究所のスタッフ・役席の方々にも，お一人ひとり名前をあげぬものの，感謝申し上げる。A4判500枚近くものコピーを依頼したが，利用料といえばコピー・送料の実費のみという，学問・公益のための良心的なアーカイブ運営の姿勢には頭が下がる思いであった。

　また，筆者が所属する諸学会のうち金融学会，同歴史部会，主に同学会の有志からなる地域金融コンファランス，信用理論研究学会，同関西部会，それから金融庁金融研究センターでの研究発表，討議，意見交換などにおいても，数多くのご教示やヒントを頂戴した。お一人ひとり名前を記せば数十人にもなろうためここにあらためて記すことはしないが，筆者のように学会をさぼりがちな人種でも，いろいろ声を掛けていただけることに感謝している。

　なお，本書においても，前記の前著同様，大半の章にかかる調査につき，中京大学企業研究所のプロジェクト研究助成を受けた。謝意を表するとともに，本書のように「モノグラフ」（個別事象・地域に関する特殊研究）主体の研究の場合，プロジェクトの期間や主題が柔軟に設定できる同研究所の助成方式は大変有り難かったことも，申し添えておきたい。

　最後に，本書の出版に際し，研究書としては『米国のコミュニティ銀行』以来，途切れなくお世話いただいているミネルヴァ書房の浅井久仁人氏にも，この場を借りてお礼申し上げたい。

2017年10月
書斎の窓から六甲山系を望み，
その向こうの播州平野を思いつつ

由里　宗之

目 次

はしがき

謝　辞

英語略称一覧

初出一覧

序　章　基本的用語と執筆アプローチならびに諸章の位置づけ………1

　1．はじめに…………………………………………………………………1

　2．「地域銀行」の用語および日米の現代の銀行産業組織の比較……………1

　3．本書における「比較史」の捉え方と「モノグラフ」という

　　　論文カテゴリー……………………………………………………………11

　4．「社会の基層」という視角，および「リレーションシップ・バンキング

　　　の担い手」という問題意識について……………………………………14

　5．対象とする「問題」を核とした各章の相互関連と位置づけ……………18

　　　第1部　大恐慌期・戦時期における日米の地域銀行政策・業態の分岐

第1章　預金保険制度——小銀行政策の分岐点………………………………27

　1．はじめに——本章の問題意識と検討課題…………………………………28

　2．米国1930年代初頭の銀行危機と連邦預金保険制度の発足………………32

　3．わが国における預金保険制度論議の欠如と銀行合同政策………………40

　4．結びに代えて——政策相違の要因として横たわる日・米の社会的基層の差異……43

第2章　小銀行独自の業界団体設立……………………………………………53

　　　　——「コミュニティ銀行業界」の制度的根幹保持の要求

　1．はじめに——本章の検討課題ならびに依拠する資料……………………54

　2．IBA設立の契機となった1920年代のミネソタ州銀行界における変化……61

　3．IBAの設立と揺籃期の3年間——1933年 Bank Holiday 直後まで……………72

ix

4．IBA のその後の展開——1933年夏〜1960年代半ば……………………… 77

5．IBA 史にかかる小括，および若干の考察………………………………… 83
　　　　——局地的・草の根的なロビー団体の存続・全米的展開を可能ならしめた要因

第3章　「統制経済」志向——戦前期銀行合同政策の背景………………… 109

1．はじめに——本章の問題意識と検討課題…………………………………… 110

2．第一次世界大戦以降の「統制経済」にかかる政策潮流………………… 111

3．「統制経済」と銀行合同政策との関連性の検討………………………… 117

第4章　「一県一行」主義——神戸銀行の成立・展開の事例………………… 127

1．はじめに…………………………………………………………………………… 128

2．神戸銀行発足直前の兵庫県下諸銀行の本店分布状況ならびに
　　神戸銀行の前身7行の店舗網の位置づけ…………………………………… 134

3．銀行合同の進展による播州・兵和・全但3行の成立……………………… 148

4．戦時期までの県内諸地域の人口・産業動向と銀行戦略への影響……… 157

5．日本銀行の県下銀行合同構想と銀行間の店舗展開・業容拡大競争…… 172

6．神戸銀行による兵庫県下「実質的一県一行」の達成と継続する
　　店舗配置上の桎梏…………………………………………………………………… 188

第5章　「地方銀行」の自覚の生成と銀行合同政策との相克……… 217
　　　　——兵庫県下3銀行の蹉跌の事例

1．はじめに…………………………………………………………………………… 218

2．前史——1940〜1943年初：合同3行の成立と種々の合併構想………………… 221

3．1943年秋〜1944年初：県下合同3行の合併中止の経緯………………………… 234

4．1944年初〜1944年9月初旬：5行合併「合意」発表に至る経緯……… 252

5．1944年9月中旬〜1945年3月：合併協議会右往左往ののち「当局一任」
　　で合併へ………………………………………………………………………………… 270

6．小括——本章の2つの検討視座につき………………………………………………287

第2部　金融危機以降の米国銀行制度と日本の地域銀行にかかる含意

第6章　「ウォールストリート」発の金融経済危機とコミュニティ
銀行業界——ニューディール期銀行制度の持続と変貌ののちに ………… 303

1．はじめに …………………………………………………………… 304

2．戦後におけるニューディール期金融制度および単店銀行業界の変貌 …… 305

3．サブプライム金融危機およびコミュニティ銀行業界との関連性 ……… 311

4．金融危機とそれに対する政策対応が惹起した金融規制改革論議と
　コミュニティ銀行業界の発言の活発化 ………………………………… 322

5．結びに代えて ……………………………………………………… 328
　　——コミュニティ銀行家たちの「話し振り」に見る米国の「社会的基層」

コラム　米国の小銀行の破綻劇に思う協同組織金融機関制度の意義 ……… 331
　　——サブプライム・ローン問題に巻き込まれた「株式会社銀行」の末路

第7章　小銀行業界団体の制度的環境に対する自律的働きかけ …… 339
　　——ドッド゠フランク法制定過程と ICBA

1．はじめに …………………………………………………………… 340

2．ドッド゠フランク法制定過程の概略と大規模な改革案の打ち上げを
　可能ならしめた「政策の窓」 ………………………………………… 347

3．2009年の政策過程と ICBA・ABA のスタンス・動き ……………… 356

4．「政策の窓」の推進力の再加速とドッド゠フランク法の成立まで ……… 368
　　——2010年 1‐7 月

5．小　括——3 つの視点から ………………………………………… 384

第8章　ニューディール期金融制度の評価 ……………………………… 413
　　——金融論壇の金融危機後の変化

1．はじめに …………………………………………………………… 414

2．ユニット・バンクのプレゼンス低下にもかかわらず金融システム危機が
　なぜ起こったか ……………………………………………………… 419

3．"Too-big-to-fail" 諸銀行の救済が起こったことを踏まえての
　　預金保険制度その他金融制度のあり方に関する提案……………433

4．本章のまとめと結語………………………………………………439

終　章　地方銀行業態が残った日本とコミュニティ銀行業界が
　　　　残った米国と………………………………………………451
　　　　──「リレーションシップ・バンキングの担い手」という観点から

1．はじめに──本章の問題意識，構成，および検討課題……………452

2．わが国の現在との連接①：「一県一行都銀」の帰結………………453
　　──神戸銀行，太陽神戸銀行，さくら銀行，そして三井住友銀行

3．わが国の現在との連接②：地方銀行の業界団体の戦中・戦後および
　　米国 ICBA との比較………………………………………………461

4．「リレーションシップ・バンキングの担い手」をより充実させるために……468

5．結びに代えて──業態および個々の地方銀行の「組織の記憶」………476

引用文献等

索　　引

英語略称一覧

(訳語の組織名等は，原則として米国のそれを指す)

(引用紙誌の略称に関しては巻末「参考文献」の末尾に一覧を掲載)

ABA … 米国銀行協会（American Bankers Association）

ACB … 米国コミュニティ銀行協会（America's Community Bankers；下記S&Lの業界団体）

AFBF … 全米農務局連合（American Farm Bureau Federation）

BHC … 銀行持株会社（bank holding company）

CEO … 最高経営責任者（chief executive officer）

CFO … 最高財務責任者（chief financial officer）

CFPA … 金融消費者保護庁（Consumer Financial Protection Agency；下記CFPBの法案時点の名称）

CFPB … 金融消費者保護局（Consumer Financial Protection Bureau）

CFTC … 商品先物取引委員会（Commodity Futures Trading Commission）

CRA［法］… 地域社会再投資法（Community Reinvestment Act［1977］）

D-XX … XX 州選出の民主党議員

DF法 … ドッド゠フランク法（Dodd-Frank Wall Street Reform and Consumer Protection Act［2010］）

ESOP … 従業員持株プラン（employee stock ownership plan）

Fannie Mae（ファニーメイ）… 連邦住宅抵当金庫（Federal National Mortgage Association）

FDIC … 連邦預金保険公社（Federal Deposit Insurance Corporation）

FDICIA［法］… 連邦預金保険公社改善法（Federal Deposit Insurance Corporation Improvement Act［1991］）

FHA … 連邦住宅機構（Federal Housing Administration）

FHLB … 連邦住宅貸付銀行（Federal Home Loan Bank）

FRB … 連邦準備制度理事会（Federal Reserve Board［Board of Governors of the Federal Reserve System］）

Freddie Mac（フレディマック）… 連邦住宅貸付公社（Federal Home Loan Mortgage Corporation）

GAO … 会計検査院（Government Accountability Office）

GSEs … 政府関連企業体（government-sponsored enterprises）

GLB 法 … グラム＝リーチ＝ブライリー法（Gramm-Leach-Bliley Act ［1999］）

GS 法 … グラス＝スティーガル法（Glass-Steagall Act ［1933］）

HR＊＊ … 下院（House of Representatives）法案第＊＊号

ICBA … 米国独立コミュニティ銀行家協会（Independent Community Bankers of America ［1999-］）

IBA … 独立銀行家協会（Independent Bankers Association; IBAA の前身 ［1931-1965］）

IBAA … 米国独立銀行家協会（Independent Bankers Association of America; ICBA の前身 ［1965-1999］）

IMF … 国際通貨基金（International Monetary Fund）

LLSDC … ワシントン DC 法律司書協会（Law Librarians' Society of Washington, DC）

OCC … ［財務省］通貨監督官局（Office of the Comptroller of the Currency）

OTS … ［財務省］貯蓄金融機関監督局（Office of Thrift Supervision）

PL###-＊＊＊ … 第 ### 議会で成立した公法＊＊＊番（Pub. L. No.［Public Law Number］）

R-XX … XX 州選出の共和党議員

RFC … 復興金融公庫（Reconstruction Finance Corporation）

S＊＊ … 上院（House of Representatives）法案第＊＊号

S&L … 貯蓄貸付組合（savings and loan association）

SBA … 中小企業庁（Small Business Administration）

SEC … 証券取引委員会（Securities and Exchange Commission）

SIFIs … システム上重要な金融機関（systemically important financial institutions）

SPV … 特殊目的事業体（special-purpose vehicle）

TAG … 取引口座保証（transaction account guarantee）［制度］

TARP … 問題資産買取プログラム（Troubled Asset Relief Program）

(U. S.) Treasury … ［米国］財務省（United States Department of Treasury）

初 出 一 覧

序　章
書き下ろし

第 1 章
「日米小銀行政策の分岐点としての預金保険制度―大恐慌下での連邦預金保険制度の成立と日本における反応―」,『中京企業研究』, 第32号, 2010年12月, pp. 29-50

第 2 章
「大恐慌期米国における小銀行独自の業界団体設立の動機と経緯―大手行の勢力拡大に直面した単店銀行家たちの組織形成―」,『総合政策論叢（中京大学)』, 第 7 巻, 2016年 3 月, pp. 1-54

第 3 章
「戦前期銀行合同政策の背景としての『統制経済』志向の政策潮流」,『中小企業季報』（大阪経済大学中小企業・経営研究所), 2010年 No. 3, 2010年10月, pp. 1 -12

第 4 章
「戦中期銀行合同過程における神戸銀行の店舗展開―店舗網競合状況から窺われる『余りにも濃厚な地域的限定性という矛盾』―」（前編および後編),『総合政策論叢（中京大学)』, 第 3 巻, 2012年 3 月, pp. 61-95, および, 第 4 巻, 2013年 3 月, pp. 1-58

第 5 章
「戦時期における兵庫県下 3 銀行の合併中止の経緯とその後の神戸銀行との合併交渉過程―『兵庫県下における「地方銀行」の存続を』という企図の挫折―」,『総合政策論叢（中京大学)』, 第 5 巻, 2014年 3 月, pp. 1-73

第 6 章（以下のほか，下掲第 8 章初出論文の一部，および書き下ろし）
「『ウォールストリート』発の金融危機と米国のコミュニティ銀行業界の対応—巨
大金融機関の行動，政府の対応に対する批判的姿勢から学びうるもの—」，『企業
環境研究年報』（中小企業家同友会全国協議会 企業環境研究センター），第14号，
2009年12月，pp. 19-38

第 6 章「コラム」
「巻頭言：米国の小銀行の破綻劇に思う協同組織金融機関制度の意義」，『しんく
み』（全国信用組合中央協会），2009年 6 月，pp. 2-3

第 7 章
「ドッド = フランク法制定過程における米国コミュニティ銀行業界団体（ICBA）
の対応—J. Kingdon の『政策の窓』概念を中心とした政策過程論的検討—」，
『総合政策論叢（中京大学)』，第 8 巻，2017年 3 月，pp. 1-67

第 8 章
「ニューディール期金融制度の評価に関する米国金融論壇の金融危機後の変化—
カロミリスなど規制緩和論者の言説を中心に—」，『総合政策論叢（中京大学)』，
第 6 巻，2015年 3 月，pp. 81-115

終　章
書き下ろし

序　章

基本的用語と執筆アプローチ
ならびに諸章の位置づけ

1. は じ め に

　本書は，「はしがき」にて述べた字句どおりに再度申せば，「『ローカルな銀行に関する銀行制度・銀行産業組織の日米比較史』（のようなもの）を，『50の手習い』よろしく目指した」ものである。そう思い立ったものの，それを一冊の本とするには，上記の「思い立ち」はあまりにも，あいまいな概念や研究方法の茫漠さに満ちていた。

　同「はしがき」を続けて読んでいただけた読者には，筆者がそのような思い立ちを，試行錯誤しつつ何とか学問的成果と呼べるものに結び付けようと努力したことは，伝わったかと思う。しかしながら，「あいまいさや茫漠さを減らそうと努力したことが伝わる」だけでは，まだ「研究書」の本編のための準備としては不足していよう。そこでこの「序章」では，予め明確化しておくべき概念や用語，また本書における歴史的研究のアプローチにつき，明確化ないしは説明を加えておきたい。

　そしてその上で，本書の本編をなす「モノグラフ」（個別事象・地域に関する特殊研究）の形式を持った諸章につき，予め「問題史」上の位置づけや，特定のモノグラフに対する筆者としての思いなどにつき，少々述べておきたい。

2. 「地域銀行」の用語および日米の現代の銀行産業組織の比較

(1) 「地域銀行」の用語について

　まず，上記の「ローカルな銀行に関する銀行制度・銀行産業組織」の中の「ローカルな銀行」について，である。最終的に，本書の表題中にも入れた「地域銀

1

図表序-1 本書が検討対象とした「地域銀行」の具体的範囲*

（＊：図中の網かけ部分がそれに相当）

	日 本 （主に業態による）	米 国 （主に規模による）
1930年代	地方銀行 （普通銀行のうちシンジケート銀行 ［＝都市銀行］を除いたもの）	小銀行 （単店銀行 または 少数の支店を持つ銀行） （IBAは「独立銀行」の呼称を使用）
（1980年代の 変化）	地方銀行 に加えて 相互銀行，普通銀行転換（～90年代初） により「第二地銀」となる（所属協会が 「第二地方銀行協会」［第二地銀協］であるだ けで，銀行の種類は「地方銀行」）*1)	貯蓄金融機関（S&L等）の 商業銀行業務の自由化 それも影響し商業銀行・貯蓄金融機関双方 の小銀行を「コミュニティ銀行」と呼ぶよ うに（総資産6～10億ドル以下）
現 在	地方銀行 および 第二地銀 *2)	（総資産30億ドル以下） 小規模な商業銀行・貯蓄金融機関 （「広義コミュニティ銀行」） ただし規模と業務態様をクロスさせて「コ ミュニティ銀行」規定するFDICの試み*3) があり，そこでは総資産約100億ドルまで 「コミュニティ銀行」に含む（ICBAへの加 盟事例も） →限定的に「最広義コミュニティ銀行」を 論ずることも（総資産100億ドル以下）

注：＊1) 第二地方銀行協会［2002］pp. 782-783。
　　＊2) 金融庁［2016a］，同［2016b］，日本銀行［2017］，森［2014］，堀江［2015］など，近
　　　　時金融監督当局ならびに研究書・論文等で両業態をまとめて「地域銀行」と呼称する例が
　　　　増加。
　　＊3) FDIC［2012b］。
出所：本図の"注)"および本段の本文中の文献等に基づき筆者作成。

行」の語を用いることとしたが，その理由と本書において同用語が指し示す内容
につき，図表序-1に沿って説明していきたい。

　本論における「地域銀行」の基本的定義は，第1章～第5章の大部分において
その主たる検討対象となっている1930年代における非大手の普通銀行（日本）ま
たは商業銀行（米国），およびその種の銀行のその後の銀行組織（の集合体），と
いうことである。ただし，法的および業務態様的に同種である銀行群がその後発
生（組織転換を含む）した場合は，新たに加わった銀行諸行も含めるものとする。

　その結果，具体的には，図表序-1における網かけ部分が「地域銀行」に相当
する。「地域銀行」は，本論で検討対象とするローカルな銀行（の集合体）を包

括的に呼ぶ語であるが，各章では当該時期・国に応じ網かけの語が使用され，実際に「地域銀行」という語が用いられるのは，ほぼ終章のみである。

図表序-1に即して若干の説明を加えれば，日本においては1930年代に「シンジケート銀行（都市銀行）以外の普通銀行[1]」が「地方銀行」と呼ばれるようになり，戦時期を経て「業態」（金融機関監督行政上位置づけられ関連法令にも記載された金融機関の種別）としての「地方銀行」が成立した（詳しくは終章3節にて後述）。この「地方銀行」は現在にまで至っているが，1990年前後に相互銀行が普通銀行に転換し，銀行制度上は「地方銀行」と同種の銀行が新たに67行誕生した（第二地方銀行協会［2002］pp. 342-343）。本書ではこれらの銀行も「地域銀行」に含める。

その一方，1990年代以降も「地方銀行」は「全国地方銀行協会」，相互銀行から転換した銀行は「第二地方銀行協会」と銀行協会を異にし，監督当局のほうでも監督組織や統計上の区別を続けた（同 pp. 782-783）ため，「業態」としての「地方銀行」のメンバー諸行は以前とほぼ変わらなかった。また旧相互銀行の諸行は「第二地銀協加盟行」の意味で「第二地銀」と呼び習わされ，また「第二地銀（諸行の集合体）」という新たな「業態」ができた。このような経緯を踏まえ，本書において「地方銀行」の語を用いる場合，原則として「第二地銀」は含めないことにする。

次に，図表序-1の米国の側についてであるが，この序章の4節(1)で述べるように本書を通じて「リレーションシップ・バンキングの担い手」という関心があることから，商業銀行または同種の業務を行う銀行に目を向け，その中で前述の基本的定義に基づき「非大手」を指すことにする。

もっとも，米国の側においてはこの「非大手」の範囲は検討対象とする年代により少しずつ変化する。まず，1930年代の米国においては，同図に記載のとおり「小銀行」，すなわち単店銀行（unit bank; 支店を持たない個人経営的な銀行）または少数の支店を持つ銀行，を指す。それらは，第2章で取り上げる IBA（Independent Bankers Association，独立銀行家協会）に加わったような銀行であり，IBA は「銀行持株会社の系列下に組み入れられていない」という側面を重視し「独立銀行（independent bank）」という語を多用したが，本書では IBA 関連の箇所以外では「小銀行（small bank）」という一般的な用語（Willis and Chapman［1934］p. 196 など）を使用する（もちろん意味する内容によっては「単店銀行」

ないしは「ユニット・バンク」の語も用いる）。

　なお，米国の銀行種別ごとの集合的呼称としては，わが国独特の「業態」とい
う語は使わず，たとえば「単店銀行業界」（「単店銀行業態」ではなく）といった
ように「業界」ないしは「諸行」といった語を用いることにする。

　上記の1930年代においても，「非大手」には，小銀行のみならず中規模の銀行
諸行も存在していた。本来であればそれらの銀行も検討対象に含めるべきであろ
うが，そこまで及ばなかったので，図表序-1すなわち「本書が検討対象とした
『地域銀行』」には含めていない。

　前言のとおり，「地域銀行」の範囲は米国においては時代が進むにつれ広がっ
た。特に1980年代の貯蓄金融機関に関連した規制緩和により，個人向け融資（特
に住宅金融）に特化していたそれら諸行が，商業銀行業務もほぼ自由に扱うこと
が可能となった。それとほぼ同時期，貯蓄金融機関を含めた小銀行を「コミュニ
ティ銀行」と言い慣わすことが増え，それは総資産規模的には6～10億ドルあた
りで区切られることが多かった（由里［2000a］p.3）。

　1980年代の以上のような変化を受け，本書で「地域銀行」と呼ぶ範囲も同年代
以降は，商業銀行・貯蓄金融機関双方からなる「コミュニティ銀行」（1990年代
では総資産で概ね10億ドルまで）へと広げることにする。

　2000年代においては，この「10億ドル」の上限値につき，米国では近年でも無
視できない物価上昇率の累積，および同資産規模を超えてもコミュニティ銀行的
な業務態様を守る銀行が少なくないことにも勘案し，概ね30億ドルまでを「（広
義）コミュニティ銀行」とすることが多い（由里［2009］p.20）。本書においても，
2000年代については，この総資産30億ドルを上限値として用いた「広義コミュニ
ティ銀行」を米国における「地域銀行」の基本的範囲とする。

　加えて，図表序-1の「現在」の行にあるように，規模と業務態様とをクロス
させて「コミュニティ銀行」を規定しようとするFDICの試みもあり，「リレー
ションシップ・バンキングの担い手」という視座からは興味深い。その場合，総
資産規模では100億ドル前後まで「コミュニティ銀行」に含まれることがある。
また前述のIBAの現在の承継組織であるICBA（Independent Community Bankers
of America; 米国独立コミュニティ銀行家協会）も，総資産規模100億ドル超であ
れ「当行は意識において『コミュニティ銀行』なので加入したい」との申し出が
あれば歓迎するという態度である（終章第3節(4)にて後述）。

4

そのような状況に鑑み，本論では総資産30〜100億ドルの銀行は「リージョナル銀行」に含め「広義コミュニティ」銀行と区別し，米国の場合の「地域銀行」には含めないが，場合によっては総資産30〜100億ドルの銀行も含めて論ずることもある。そしてその場合，総資産30〜100億ドルの銀行（または総資産100億ドル以下の全銀行）の呼称として，「最広義コミュニティ銀行」と呼ぶことがある。

(2) 日米の現代の銀行産業組織の比較

「はしがき」で述べたように，本書の問題意識の第一は「日米の銀行制度・銀行産業組織はなぜ大きく異なるのか（米国には小銀行が数多く残ったのにわが国では消滅した）」である。他方，上の(1)で図表序-1に基づき述べてきたように，小銀行がほぼ消え去った日本でも，地方銀行に加え第二地銀が「地域銀行」として存在している。

近年の銀行データで，図表序-1の「現在」の行の日・米「地域銀行」，すなわち本書が検討対象とする銀行群同士を比較してみたのが，図表序-2（a），b），b参考表）の3図からなる）である。

本書の読者の多くは，日本の銀行産業組織（規模別の行数・預金額等）のほうに，より良く通じておられるであろうから，まずa）の図に基づき，米国の銀行産業組織に関して少しだけ説明しておきたい。後の第6章2節においてより詳しく述べるように，米国においては単店銀行をはじめとした小銀行の減少傾向が戦後長期的に続いており，また概ね1980年代から，ほぼ規模を問わず合併（業況悪化等による被吸収合併も含む）や破綻による銀行数の減少が目立つようになった（由里［2009］pp. 27-28）。その減少傾向は2000年代に入って一旦小康状態となる（同 pp. 29-29）ものの，後に第6章3節で述べるように2008年金融危機を契機として再度加速した。

そのように長期の減少傾向を経てもなお，a）の表からは，米国の銀行組織の一つの大きな特徴とされてきた，多数の小規模な銀行の存在は，今なお続いていることが分かる。すなわちa）の図が示すように，「コミュニティ銀行」（総資産10億ドル以下）が銀行数の88％を占め，総資産10〜30億ドルの銀行数（7％）を合わせれば（「広義コミュニティ銀行」），銀行数の95％を占める。もっとも，国内本支店の比率においては，「広義コミュニティ銀行」でも36％，また国内店預金額では15％と低くなる。

図表序-2 「地域銀行」の現在の構成の日米比較

a) 米国の商業銀行＋貯蓄金融機関

2016年6月末時点での総資産規模による階層

(総資産30億ドルまで［網掛け部分］が「広義のコミュニティ銀行」)

(総資産30～100億ドル［薄い網掛け部分］は最広義ではコミュニティ銀行に含められる場合がある)

(単位 百万ドル)	銀行数		国内店舗数		国内店預金額(百万ドル)		
～25	155	3%	184	0%	2,209	0%	
25～50	452	7%	638	1%	14,536	0%	
50～100	1,030	17%	2,122	2%	64,063	1%	
100～300	2,225	37%	8,123	9%	335,281	3%	
300～500	803	13%	5,372	6%	256,925	2%	
500～1000	662	11%	6,944	8%	379,987	3%	
コミュニティ銀行小計	5,327	88%	23,383	25%	1,053,001	9%	…平均国内店預金198百万ドル
1000～3000	440	7%	9,275	10%	581,284	5%	…広義のコミュニティ銀行に入る
3000～10000	179	3%	10,221	11%	773,090	7%	…最広義のコミュニティ銀行に入る
10000～100000	86	1%	14,177	15%	2,047,696	18%	…平均国内店預金23,810百万ドル
100000～	26	0%	34,795	38%	6,777,778	60%	…平均国内店預金260,684百万ドル
合　計	6,058	100%	91,851	100%	11,232,851	100%	

(「合計」のうち商銀5,238行)

広義コミュニティ銀行計	5,767	95%	32,658	36%	1,634,285	15%	…平均国内店預金283百万ドル
最広義コミュニティ銀行計	5,946	98%	42,879	47%	2,407,375	21%	…平均国内店預金405百万ドル

序　章　基本的用語と執筆アプローチならびに諸章の位置づけ

図表序-2　「地域銀行」の現在の構成の日米比較（つづき）

ｂ）　日本の地方銀行＋第二地銀

2016年3月末時点での総資産規模による階層

（網掛け部分，薄い網掛け部分は上のａ）の表に準じて＊掛けたもの）

注：＊「1000～3000［億円］」の規模階層がａ）の表の「1000～3000［百万ドル］」の規模階層に相当。

　　＊＊「国内店預金」は「国内業務部門預金平残」を計上（データがない第二地銀7行については「総預金末残」）。

全銀協「全国銀行財務諸表分析（平成27年度決算）」掲載64行＋41行

（単位 億円）	銀行数		国内店舗数		国内店預金額(億円)		
～25		0%		0%		0%	
25～50		0%		0%		0%	
50～100		0%		0%		0%	
100～300		0%		0%		0%	
300～500		0%		0%		0%	
500～1000		0%		0%		0%	
コミュニティ銀行小計	0	0%	0	0%	0	0%	
1000～3000＊	2	2%	57	1%	4,565	0%	…広義のコミュニティ銀行に入る
3000～10000	17	16%	773	8%	100,629	3%	…最広義のコミュニティ銀行に入る
10000～100000	82	78%	8,166	84%	2,532,408	84%	…平均国内店預金30,883億円
100000～	4	4%	696	7%	389,140	13%	…平均国内店預金97,285億円
合　計	105	100%	9,692	100%	3,026,742	100%	…平均国内店預金28,826億円

（「合計」のうち地方銀行64行）

最広義コミュニティ銀行計	19	18%	830	9%	105,194	3%	…平均国内店預金5,537億円

図表序-2 「地域銀行」の現在の構成の日米比較（つづき）

ｂ 参考表） 日本の地方銀行＋第二地銀＋都銀その他大手銀
2016年3月末時点での総資産規模による階層
（網掛け部分，薄い網掛け部分は上のａ）の表に準じて＊掛けたもの）

注：＊「1000～3000［億円］」の規模階層がａ）の表の「1000～3000［百万ドル］」の規模階層に相当。

＊＊「国内店預金」は「国内業務部門預金平残」を計上（データがない第二地銀7行については「総預金末残」）。

全銀協「全国銀行財務諸表分析（平成27年度決算）」掲載銀行から野村信託銀を除いた115行

（単位 億円）	銀行数		国内店舗数		国内店預金額(億円)		
～25		0%		0%		0%	
25～50		0%		0%		0%	
50～100		0%		0%		0%	
100～300		0%		0%		0%	
300～500		0%		0%		0%	
500～1000		0%		0%		0%	
コミュニティ銀行小計	0	0%	0	0%	0	0%	
1000～3000*	2	2%	57	0%	4,565	0%	…広義のコミュニティ銀行に入る
3000～10000	17	15%	773	6%	100,629	2%	…最広義のコミュニティ銀行に入る
10000～100000	85	74%	8,250	69%	2,639,244	42%	…平均国内店預金31,050億円
100000～	11	10%	2,930	24%	3,529,746	56%	…平均国内店預金320,886億円
合 計	115	100%	12,010	100%	6,274,184	100%	

（「合計」のうち地域銀行105行）

最広義コミュニティ銀行計	19	17%	830	7%	105,194	2%	…平均国内店預金5,537億円

出所：下記の諸資料・データに基づき筆者作成。

米国：FDIC ウェブページ中の "Summary of Deposits"† および "Institution Directory"†

日本：「全国銀行財務諸表分析（平成27年度決算）」（全国銀行協会）「ニッキン資料年報 2017年版」（日本金融通信社）

注：†FDIC ウェブページなど，本書の研究テーマとの関連でデータ源としての有用性が特に高いウェブページは，本書末尾「引用文献等」の「2．インターネット・ウェブサイト」にアドレスを記してある。

ただし，表には出ていない中小企業向け与信でのシェアでは，コミュニティ銀行の存在感は再び大きくなり，たとえば2015年においては「コミュニティ銀行」（同上の定義，以下本段落において同じ）のシェアは約26％，総資産100億ドルまでの銀行の総合計（表の「最広義コミュニティ銀行」）では43％となり，預金額のシェアよりもかなり大きい（Jagtiani and Lemieux［2016］）。2008年金融危機の最中やその直後についても，コミュニティ銀行による短期の与信が小企業の手持資金の枯渇を防いだとの実証研究（Berger *et al.*［2015］）もある。また，日本政策金融公庫総合研究所［2014］は，コミュニティ銀行7行を含めた11の米銀に対するヒアリングを含めた綿密な調査に基づき，金融危機後も米国コミュニティ銀行のリレーションシップ・バンキングは総じて機能している旨報告している（特にpp. 113-135）。また内田［2009］pp. 141-145は，サンディエゴ市のコミュニティ銀行3行に対するヒアリングに基づき，ローンオフィサー（融資役席者）たちが対企業リレーションシップの要をなしていることを述べている。

　次にわが国の「地域銀行」の産業組織，すなわち地方銀行と第二地銀を合わせた銀行規模別の表を見ることにする（図表序-2ｂ））。米国との対比のため，本表にもａ）の表とほぼ対応する総資産額ごとの網掛けが施してあるが，まず明らかなのが，わが国の銀行産業組織には——すなわち協同組織形態の信金・信組などを除けば——，米国の「コミュニティ銀行」に相当する規模クラス（日本円にして総資産1000億円以下）の銀行は皆無であることである。（「はしがき」の最後でも述べたように，本論では議論の範囲を「地域銀行」に限る方針につき，信金・信組を含めた産業組織の表を載せることはしない。なお，関心ある読者におかれては，由里［2018］所載の図表を参照されたい。）

　かろうじて「広義コミュニティ銀行」（同3000億円以下）では2行，「最広義コミュニティ銀行」（同1兆円以下）でも19行を数えるだけである（具体的銀行名に関しては終章4節の図表終-9を参照）。他の86行（地域銀行全体の82％）のほとんど（82行）は「1～10兆円」の規模階層に属し，米銀の産業組織（ａ）の図）において対応する「100～1000億ドル」との比較でも，銀行数はほぼ同数（ａ）では86行），国内店預金額は1割強上回っている（1ドル＝110円で換算，以下本書において別記しない限り同様）。

　かくして，わが国の地域銀行105行，そして都銀等大手10行を含めた全115行で見ても（ｂ参考表）の図），「1～10兆円」の資産クラスへの集中度が見て取れる。

筆者はそこに戦前・戦中昭和期の「一県一行主義」の影響を感じるが，ここでは
その方面には論を進めない。

　また，地域銀行の中には最大規模階層の「10兆円〜」に属する銀行が4行存在
し，それらは邦銀全行（b参考表））中でも大手銀行の部類に属する。そのことと，
小規模な地域銀行が少数であることとが相まって，わが国の地域銀行の「平均国
内店預金」105行平均額は約2.88兆円にも達する（b）の図の「合計」行の右欄
外）。それは米国の「最広義コミュニティ銀行 計」の同405百万ドル（a）の図の
右欄外；円換算446億円）に比して65倍にもなり，そもそも（米国のコミュニ
ティ銀行やわが国の信用金庫など）中小規模の預金取扱金融機関に典型的に見られ
るリレーションシップ・バンキングを実践するのに適した規模なのか，という疑
問もありえよう（この疑問は終章で再度取り上げる）。

　最後に，読者の留意を再度促しておきたいのは，図表序−2の網掛け部分は前
掲図表序−1に基づくもので，あくまで「本書が検討対象とした『地域銀行』」を
示したものであることである。米国におけるリージョナル銀行は総資産「30〜
100億ドル」および「100〜1000億ドル」に属するものが多く，最大手の数行は
「1000億ドル〜」の規模階層に及んでいる。日米の現在の銀行産業組織のみを比
較するのであれば，わが国の地域銀行と米国のリージョナル銀行とを比較するの
が素直なやり方であろう。しかし本書では，1930年代当時の日米の「地域銀行」
（の集合体）の現在における姿にこだわり，上記のような比較検討を試みた次第
である。もし，図表序−2のa）の表とb）の表との比較で，わが国の地域銀行の
規模別分布が特異であるような印象を与えるとすれば，それは，歴史的にわが国
と米国とで銀行合同政策・銀行設立認可政策が大きく異なってきた（第1章・第
3章），という意味での両国間の乖離の反映にほかならない。

　付言すれば，上記の「1930年代当時の日米の『地域銀行』（の集合体）の現在
における姿」すなわち日本の地方銀行と米国のコミュニティ銀行が，ともに銀行
全体の業界団体（全国銀行協会［全銀協］，米国銀行協会［ABA］）とは別個に
業界団体を有する（全国地方銀行協会［地銀協］，米国独立コミュニティ銀行家
協会［ICBA］）という共通性を持つ，ということも，筆者がこれらを日米の
「地域銀行」と見なして比較を試みようと思った，別の契機でもある。日本の地
方銀行も米国のコミュニティ銀行も，一国の銀行界の頂点を占めるような巨大銀
行を含め大銀行の存在感が強い全銀協やABAよりも，地銀協やICBAのほうに

対する帰属意識がより強い。その一方，終章で論ずるように，地銀協とICBA
との間では性格がかなり異なる点もあり，それが「リレーションシップ・バンキ
ングの担い手」という本書で着目する問題にも関連している可能性もある。

3．本書における「比較史」の捉え方と「モノグラフ」という 論文カテゴリー

(1) 本書における「比較史」の方法論について

「『ローカルな銀行に関する銀行制度・銀行産業組織の日米比較史』（のような
もの）を」という筆者の「思い立ち」を著書とするにあたり，次に筆者が考えを
定めておくべきと考えたのは，「比較史」の方法論，さらには「歴史研究」の意
味であった。

この点に関して筆者がガイドラインを求めたのは，既に「はしがき」でも概略
を述べたように，かつて人文地理学専攻生であったころに「聞きかじった」フラ
ンス『アナール』学派の方法論であった。この学派の名称からして，本書のほと
んどの読者には聞きなれないものではないかと思われ——ブローデル［2004］す
なわち『地中海』の書の名を挙げれば少しは御存知の方は多かろうが——，また
筆者も（ある程度は学びなおした今でも）自分の言葉で縦横に語れるほどではな
いので，以下，竹岡［1995］p.4から引用する。

　　1929年，当時の歴史学の主流に対する異議申し立てとして，フランスの二
人の歴史家，リュシアン・フェーヴルとマルク・ブロックによって創刊され
た『社会経済史年報 Annals d'histore économique et sociale』とともに始ま
った歴史学刷新の動きは，「事件史」や「物語史」を拒否し，その関心を政
治の世界から経済活動，社会組織，集合心性に向け，歴史と他の人間諸科学
とを接近させようと努力した。

　　第二次大戦後，この「新しい歴史」を推進する動きは，『年報 Annals
Economies Sociétés Civilizations』の名称のもとに新しく生まれた雑誌の周
辺に，『アナール』学派と呼ばれるようになったグループを形成し，過去に
向かって問いを発した（人間の科学としての）すべての社会科学の総合たる
べき歴史学をめざして，1950年代，1960年代には歴史地理学，経済史，歴史

人口学の分野を開拓し，1970年代には，歴史人類学，歴史民俗学のすぐれた成果をあげ，心性史の領域をひらいて，クリオ［歴史］の王国を広げてきた。

　　　（原文の西暦漢数字はローマ数字に置き換え。カギ括弧部分は引用者による補足で，本書中の引用文につき原則として同様。）

　もう少しだけ竹岡［1995］から引用すると，「歴史とは，ブロックによれば……現在から出発して，現代社会の生成の過程を理解することを助ける歴史的諸要因を再発見すること」である（同 p. 25）。そしてブロックは，同一の国境内に閉じこもろうとする1920年代当時のドイツ歴史学の傾向などを非難して「比較史」の取り組みを勧め（同 p. 23），「歴史の真の専門家になるためには……地理学，民俗学，人口学，経済学，社会学，言語学など隣接諸科学についても知らなければならない」とし，それが同一の人間において不可能ならば，異なった分野の学者間の共同研究が必要，と説いた（同 p. 24）。

　『アナール』学派のもう一人の創始者のフェーブルは，以上のブロックの考えを共有するとともに，第二次世界大戦直後の「きわめて不安定な世界にあって」，下記引用文（同 p. 39）のように述べて，同学派の1930年代以来の「問題史」（同 p. 36）という検討視座の意義を再度強調した。

　　　歴史は強制はしない。……歴史家がかれの提起する問題に解決策をもちださ
　　　ないのは，それらの問題がひとつの決定的な解決策を許さないからであり，
　　　現代の人間こそがその将来の主人だからである。しかし，現代の人間がその
　　　将来の主人であるのは，かれがその過去をよく知るという条件においてであ
　　　る。　　　　　　　　　　　　　　　　　　　　　　　　（傍点は原文のまま）

　竹岡［1995］は，上記の引用文の後，「問題史（histore-problème）」という歴史研究のアプローチにつき，「現在と未来にとっての問題的状況をその歴史的根源をあきらかにすることによって説明するために，歴史を再構成すること」，と説明している（同 p. 40）。これは，他の著名な二人の歴史家——フェーブル同様いずれも第二次世界大戦を経験した——による，「すべての歴史は現代史である」との謂い（クローチェ［1983］p. 16），あるいは，歴史とは「現在と過去との間の尽きることを知らぬ対話」との言（カー［1962］p. 40 など）とも共通する側面があ

る。

　筆者は，上記フェーブルの「問題史」の視座に加え，米国ケネディ行政学大学院で学んだ，「歴史の活用法（Uses of History）」の講義（E. メイ教授と R. ニュースタット教授によるもの）からも，筆者なりの「問題史」の心構えを得た。具体的には，同講義のテキスト，Neustadt and May［1986］の中の「イシュー（政策課題）の歴史的経緯を探る」，あるいは「組織を位置づける」といった「歴史の活用法」である。同書は，ケネディ・スクール修士課程の院生のほとんどが卒業後に行政・政治・メディア・ビジネスの世界に赴くことに鑑みてか，下記のようにプラグマティックな語調で綴られているが，フェーブルの「現代の人間がその将来の主人であるのは，かれがその過去をよく知るという条件においてである」という警句と，その指し示す方向は異なっていない。

　　　困難な決定に直面している人は，一度立ち止まりまず自分が抱えている問題を，きちんと定義すべきであると指摘したい。……さらに，可能な限り，自ら［が］抱えている関心事を歴史的文脈のなかで把握し，主たる潮流のうちでどの潮流が関連性を持ち，当該イシュー［政策課題］の過去——思うに特に過去の政治——が現時点で取られなければならない行動にどのようにかかわっているのか，質してみるべきである。　　　　　（同邦訳書 pp. 192-193）

(2) 「比較史」の基礎としての「モノグラフ」

　前段で紹介した『アナール』学派の「比較史」ないしは「比較研究」は，具体的には，「モノグラフ」（個別事象・個別地域に関する特殊研究［monograph］，個別地域の研究は「地誌」と呼ばれる場合もある）の蓄積——可能な限り地理学，民俗学，人口学，経済学，社会学など種々のアプローチからの——を基礎的な営みとする。そしてその上に，地域間ないしは時代間の比較考察へと至る，というアプローチを採る（フェーブル［1971］pp. 149-157）。

　公表もされていないので今更内容を申すには及ばないが，筆者が人文地理学専攻生としてまとめた卒業論文は上記の「地誌」の類であり，そういう意味では筆者の論文修行はモノグラフから始まった，とも言える。初の著書由里［2000a］の第 4 章「『コミュニティ銀行』の存立基盤」において「コミュニティ銀行は米国の社会・政治・経済的特異性（peculiarity）の反映かも知れない」と述べつつ，

結局今日に至るまで，いわば銀行論分野における「モノグラフ（特殊研究）」とも言える米国コミュニティ銀行の研究を続けてきたこと自体，研究者版の「三つ子の魂百まで」と言えるかもしれない。

それはともあれ，上記のように「比較史」の基礎的営みとしてモノグラフの積み重ねに意味があることが分かった（また日米の小銀行に関する比較史の先行研究も管見する限り見当たらなかった）。それゆえ，本書の基本的性格を「通史」ではなく「歴史的重要局面にかかるモノグラフ集」とする，という方向づけが定まったのである。

4．「社会の基層」という視角，および「リレーションシップ・バンキングの担い手」という問題意識について

⑴ 「社会の基層」という視角

18年前に上梓された初の著書『米国のコミュニティ銀行』（由里［2000a］）の執筆時以来，筆者は，米国において多数の小銀行が存続している制度的基盤に，米国の政治・社会・文化的諸要素が横たわっているのではないか，との問題意識を有し続けてきた（同書の第4章など参照）。

そのような筆者にとって，本書の準備過程で出会った河村［1995］がその「はしがき」において述べる次の言葉は，極めて印象的であった。

> ［一国・一民族の存亡をかけた総力戦のインパクト］は，「市場経済」を超える「経済の組織化」を必要とさせる。そうした「組織化」は，政治・軍事要因，そして一つの社会の構成原理の基層にある文化要因まで複合されて初めて成立する。むしろ，存亡の「危機」が，それぞれの社会の基層をなす社会の構成原理の特質や文化的特性を，戦時の政治・経済の具体的な姿として増幅させて顕現化させるように思われる。　　　　　　　　　　　（同 p. v）

本書の第1部（第1章～第5章）で扱う時期は，わが国ではいみじくも1931年の満州事変を機に準戦時体制さらには戦時体制（日中戦争）に突入していった時期に相当する。米国における「準戦時」（河村［1995］p. 23 は「国防期」と呼称）は1939年の欧州開戦以降であるが，1929年以来の大恐慌が既に経済体制の根幹を

大きく揺るがしていた。そのなかで進められた「ニューディール政策」は，社会主義思想・運動も台頭するなか経済自由主義さらには民主主義国家としての存亡もかけた（少なくとも部分的には）「市場経済を超える経済の組織化」（上記引用文）であった，と解することもできよう。詳しくは第1章4節に譲るが，そのような激変期にあって，片や中央政府・ニューヨーク金融街に対する不信感が，他方において州権・コミュニティの自律性へのこだわりが「米国社会の構成原理」として顕在化し，コミュニティすなわちローカルな生活域に根ざした小銀行の存続を，一国の政策においても重視することとなった。

それに対してわが国では，小銀行の消滅や中小企業の金融逼迫化など地域金融の問題が，社会の構成原理（米国における地方自治や「コミュニティ」のような）に関わる問題とまでは捉えられず，金融・経済領域の問題にとどまる（さらに同領域においても優先度は高くない）傾向があったように見受けられる。そしてそれら問題の対処方法として，第3章で見るように政府系金融機関や中小企業団体・系統金融組織の整備・強化が提唱され実行されるなど，中央政府や「帝都」東京中心の組織化に期待する傾向が見受けられ，あるいはそのような政府・中央の役割への期待・志向性こそが戦前（あるいは現在に至るまで）の日本社会の構成原理であったのではあるまいか，とも思わせられる。

以上のような，日米両国の「社会の基層」あるいは「社会の構成原理」の差異が，第1章で見る米国の連邦預金保険制度および第3章～第5章で見るわが国の銀行合同政策の基底に横たわっており，それは戦後も基本的に持続し，銀行にかかる政策形成や銀行行動に影響し続けた，という構造的要因の存在が可能性として考えられる，と筆者には思われる。そしてその構造的要因を措定することで，現在に到るまで，両国の銀行監督制度そしてそれに規定された銀行産業組織が再び（1930年以前のように）小銀行政策および小銀行の多寡に関して類縁性を回復することはなかった――すなわち1930年代が歴史的分岐点になった――ことが，より良く理解できるように思われる。

もちろん，以上はあくまで筆者の仮説的な要因・帰結の構図に過ぎないし，そもそも人文・歴史的事象に往々のこととして，検証しうる仮説にもなってはいない。しかし（各国の）「政策形成の社会的基層」という視座は，銀行（制度）論の既存研究が意識的に取り扱うことが稀であった見方であり，念頭に置く意義はあろう。本書においてできることは，米国に関するモノグラフにおいては地方自

治（特に国・州の二元的な行政権限）や「コミュニティ」概念の影響度，そして日本に関するモノグラフでは中央政府主導の組織化およびそれへの国民・業界の期待の影響度，という要素の有無や経時的な変化に注目し続けることであろう。

(2)　「問題史」の核心は「リレーションシップ・バンキングの担い手」

　先に「はしがき」において，本書を記すにあたって以下の3点が「現在の問題」として筆者の念頭にある，と述べた。

　　① 日米の銀行制度・銀行産業組織はなぜ大きく異なるのか（米国には小銀行が数多く残ったのにわが国では消滅した）

　　② 今日の米国の金融システムにおいて，大手銀行・中規模銀行・コミュニティ銀行各々の役割や存続可能性はどうなのか，またそれら各規模の銀行にかかる銀行制度のゆくえはどうなのか

　　③ わが国の地域金融機関のなかに「リレーションシップ・バンキングの担い手」は十分存在しているのか

　これら3つの問題意識を束ねるのは，③の問題意識であり，それこそが前節(1)で述べた本書の「問題史」としての取り組みにおける「現在直面している問題」の焦点である。すなわち筆者は，現在のわが国において「リレーションシップ・バンキングの担い手」は不足している，との懸念を有しており（これは次の(3)で述べるように銀行監督当局も同様），かつ，その「不足度」の少なからずが「（上記①の日米分岐によって成立した）地方銀行の中の担い手不足」に起因しているのではないかと懸念しているのである。

(3)　「リレバンの担い手」として地域銀行を促し続ける金融庁，そこにおいて地方銀行の戦前来の歴史を振り返ることの意義

　上記の「リレーションシップ・バンキングの担い手不足の懸念」は，筆者が研究者個人として（あるいは銀行勤務経験者として）抱いているものであるとともに，わが国銀行監督行政における政策課題でもある。（なお，米国のコミュニティ銀行諸行の対小企業与信に関する知見・分析から展開されてきた「リレーションシップ・バンキング論」に関しての概略説明は，次の第1章の1節(2)に譲る。また「リレバン」という略語は，わが国の銀行業界・監督行政に特有のものなので，以下本書では，わが国に関して論ずる場合にのみ用いる。）

序　章　基本的用語と執筆アプローチならびに諸章の位置づけ

　すなわち,「アベノミクス」(現在の安倍政権の経済政策) の効果に蔭りが見えるなか, 政府・日銀は, マクロレベルの金融政策 (クロダノミクス) の金融円滑化にとっての効能の限定性を認識したのか, 2014年ごろからミクロレベルの「金融仲介機能の現場」にも焦点を当て始めたようにうかがわれる。すなわち, 貸し手たる地銀・第二地銀・信金・信組 (「リレバン」・地域密着型金融の推進対象の金融4業態) と借り手中小企業との関係性に, 政策的焦点が移ってきたように見受けられるのである。

　もう少し詳しく述べれば, 金融庁は, 2014年9月発表の「平成26事務年度 金融モニタリング基本方針」(金融庁 [2014]) の頃から「事業性評価」の取り組みを地域銀行 (地方銀行および第二地銀) および信金・信組に勧めてきた。この施策は, 関与している村本 [2016] の表現を借りれば「真のリレバン」の実践の勧めである。その後, 同庁は金融庁 [2016a], 同 [2016b] などに見られるよう, 地域銀行の取引先へのヒアリングも経, 地域銀行の「ベスト・プラクティス」——しかも「百の金融機関があれば百のベスト・プラクティスがあっていい」という姿勢の[6]——を探り, リレバンの良い取り組みの銀行間での拡がりを促そうとしている。しかしながら, 2016年に地域金融の世界で話題となった橋本 [2016] の書の随所に見られる手厳しい指摘, また「金融仲介の改善に向けた検討会議」の議事要旨[7]などからは, 地域銀行のリレバンの取組姿勢が十分ではない, との感が否めない。

　橋本 [2016] すなわち『捨てられる銀行』が, (同書は明らかな業態の名指しを避けてはいるが) 地域銀行の動き・発想転換の鈍さや旧守派ぶりを指摘した点は, 筆者もその功を認める。しかしながら,「問題史」としての本書に取り組んだ筆者としては, 望蜀の類とは十分承知ながら, 同書が「地方銀行が経てきた金融当局との関係の歴史の影響度」を軽く見すぎている, との違和感を感じざるを得ない。

　すなわち同書においては, 地域銀行の態度はバブル崩壊後の不良債権問題や「金融検査マニュアル」に由来するものとして描かれることが多く, それゆえ「金融庁が方針転換し非を認めたならばそれら諸行も須らく変わるべき!」とのメッセージ (pp. 17-18, 81 など) が中心をなしている。しかしながら, 前述のNeustadt and May [1986] は,「問題の歴史」をたどる期間すなわち「タイムライン」の時間軸は当該問題の起源を極力さかのぼって設定すべきと説いており

17

（邦訳書 p. 155），それからすれば橋本［2016］が検討するタイムライン（金融庁発足以降の十数年）は明らかに短かすぎる。

「地方銀行」業態の由来——「一県一行」という金融行政の強い働きかけにより業容・シェアが相似た銀行が各地にでき，「業態」の自己意識や独自の銀行協会を持った——や，70余年の歴史ゆえの容易には変わらぬ組織・業態体質（しかもそれは70余年のほとんどの期間，監督当局も是認してきた）への言及は，同書に見当たらない。そのことが，特に地方銀行などに同書のメッセージが伝わりにくい理由になることが危惧されるのである。⁽⁸⁾

もっとも，橋本［2016］は上記のように「地域銀行の動き・発想転換の鈍さや旧守派ぶり」を指摘したことで新書版タイプの書としては役割を果たしたと言えようし，本書は本書で，そのような姿勢の由って来るところを「問題史」の視点から考察することで，別の角度から役割を果たせばよいのであろう。

5．対象とする「問題」を核とした各章の相互関連と位置づけ

⑴　3つの「問題」との関連性による諸章のグループ化と若干の補足

何度か前言したように，本書のほとんどは「モノグラフ」，すなわち国（場合によっては州や県）・時期・政策・金融機関（の種別）などを特定しての事例研究である。第1章から第8章まで，基本的に一つの章が一つのモノグラフをなすが，第6章のみは一つの章に複数の小モノグラフを含む。また，終章の2節・3節も各々小モノグラフとなっている。

以下，それらの各モノグラフを，4節⑵で挙げた3つの「問題」との関係で位置づけておきたい。

問題①：日米の銀行制度・銀行産業組織はなぜ大きく異なるのか

　　　　（米国には小銀行が数多く残ったのに，わが国では消滅した）

この問題に関連するモノグラフは，第1章から第5章まで（すなわち本書第1部全体），第6章2節，および終章2節・3節である。加えて，この序章の2節⑵および終章4節が関係している。

なお，第4章の「神戸銀行の成立・展開」のモノグラフと第5章の「兵庫県下3銀行の蹉跌」のモノグラフとは，地理的（兵庫県），歴史的（昭和戦前・戦中

期）さらには登場する銀行の面でも重なる面が多い。しかし，第4章は神戸銀行の展開（主に店舗）を地理学的に分析し，第5章は兵庫県下3銀行と神戸銀行との合同交渉という歴史的事象を追っており，別々のモノグラフと位置づける（とはいえ，相互に参照し合う関係にあるのは当然である）。

問題②：今日の米国の金融システムにおいて，大手銀行・中規模銀行・コミュニティ銀行各々の役割や存続可能性はどうなのか，またそれら各規模の銀行にかかる銀行制度のゆくえはどうなのか

　この問題に関連するモノグラフは，第6章から第8章まで（すなわち本書第2部のモノグラフ群全体）である。その他には，モノグラフとは言えないが終章4節(1)も，この②の問題に関連がある。

　また第8章は，銀行制度・政策に関する金融論壇の議論を追ったもので，レビュー（文献論評）論文とも言えようが，「小銀行保護政策」の一貫した批判者であるチャールズ・カロミリスという個性的な論者に関するモノグラフでもある。その「小銀行保護政策」に関する議論という面で，同章は第2部の他の章に関連するとともに，第1章とも関連が深い。

問題③：わが国の地域金融機関の間に「リレーションシップ・バンキングの担い手」は十分存在しているのか

　この問題に関連するのは，先の4節(2)で述べたように，ある意味で本書全体であるが，直接関連するのは，第3章から第5章までの3つのモノグラフ，および終章の2節・3節の2つの小モノグラフである。そして終章の4節・5節（すなわち本書全体の結語部分）において，第1章から終章3節までの全体を受けて，この③の問題を論じている。

(2) モノグラフそのもののための「作者はしがき」

　以上の(1)までで，「序章」の名のもとで通常記すべき内容はほぼ尽くされているが，筆者としてはじめて「モノグラフ集」を世に出すに際し，それらモノグラフそのもののために，「作者」——あえてそう表現するだけの思い入れはある——として「はしがき」を記しておきたい。

　先に本書自体の「はしがき」にて掲げた「対比年表上の諸章の位置づけ」の図

をあらためて参照してもらえれば幸いであるが、「はしがき」でも述べた「日米の銀行産業組織の相違をもたらした歴史的に重要な諸局面」を捉えるため、必ずしも「主題の取り揃えとして最適な」モノグラフ・テーマ群を選りすぐれたかどうか、今でも明言する自信はない。しかしながら一つ、確かに申すことができるのは、どの「モノグラフ」も、書き進めていくうちに筆者の予想以上に検討内容が多方面に及び、「これも調べたい、あれはどうなっていたのだろう……」と、おのずと筆者を没入せしめるものだった、ということである。

　結果として、各モノグラフは主題、検討対象、用いられる専門分野（銀行産業組織論・金融制度論・銀行経営論・政策過程論・業界圧力団体論・米国［農業］経済論・地域研究など）に応じ、それぞれに異なった「色合い」のものとなった。先の3節(1)にて、『アナール』学派の創始者の一人マルク・ブロックの、「歴史に真に取り組むためには、地理学、……人口学、経済学、社会学……など隣接諸科学についても知らなければならず、同一の人間で不可能ならば、学者間の共同研究が必要」との旨の言葉を紹介したが、筆者自身——浅学非才ながらそれら諸学を学部生以来「聞きかじって」きたということもあり——単独研究でそのような取り組みを行った、ということになる。

　上記の、モノグラフ各々に書き手として没入したこと、それから検討対象や用いられる専門分野の相違、さらにはモノグラフ各々が書かれた約8年間という時間経過などにより、モノグラフの各々は元々独立色も強い。とりわけ各原論文（本書書き出し部分「初出一覧」参照）の結語部分などは、擱筆時の筆者の所感を反映していた。本書にそれらモノグラフをまとめるに際し、もちろん事実関係や主張の整合性や用語の統一には細かく注意を払う一方、上記の「（原論文）擱筆時の筆者の所感」などは、「モノグラフ」という位置づけから差し支えないと判断して留め置いた場合もある。

(3)　第4章をはじめとして、地図と注が多い理由について

　この(3)および次の(4)では、主に特定のモノグラフに関するコメントながら、本書全体についても多少なりとも当てはまる「作者はしがき」を述べたい。

　まず、第4章（および第5章の一部）にある、まるで地理書のような地図の頻出、および地域に関する数多くの綿密すぎるような付注に関し、「作者」としての思いを述べておきたい。それらは、本書を銀行史、銀行論、あるいは金融制度

序　章　基本的用語と執筆アプローチならびに諸章の位置づけ

論の分野の書として手にとっていただいた読者，また（さらに有り難くも）由里
［2000a］または由里［2009］の次なる筆者の本として手にとっていただいた読者
にとってさえ，奇異に感ぜられるのでは，と懼れるからである。

　それを目にしてから17年，筆者がその後ずっと折にふれ拝見するたび励まされ
てきたのが，由里［2000a］に対する故高木仁先生の書評（高木［2000］），特に次
のくだりである。

　「銀行論や金融機関論の研究書で，経済地理学，人口学，社会学，政治学など
のアプローチに接したり，地図に出会ったりすることを，誰が事前に想像するだ
ろうか。本書における多面的接近の実績は，シツッコイほど丁寧な（注）の分量
と内容からも，容易に読み取れる。」（p. 143）

　第4章は，その高木先生にも呆れられるかもしれない地図・付注の分量を持つ
モノグラフであるが，そこで「市町村→県域全体」の銀行合同過程を丁寧かつ
「見える化」して追うに際し，（現代で言う）市区町レベルの地理的広がりの単位
で描いた店舗分布・人口増加率等のグラフを多く用い，また市区町レベルの地域
的事情を注も含めなるべく解説しておきたいと，筆者には思われたのである。な
ぜと言うに，中央官庁や県庁などが俯瞰する視点（そして銀行産業組織論も総じ
てそれを共有）ではなく，小銀行やその支店の各地元域（市区町レベルの地理的
広がり）に足を運んで見る視座に，元銀行マンとして——そのような視座は店
舗・営業戦略等実務的にも重要——，また元地理学徒として，こだわりたかった
からである。

　もちろんのこと，読者におかれては，第4章以外にも多い注を大なり小なり読
み飛ばしていただいても，筆者として一向に構わない。注が多いことで挫折され
たり飽きられるよりは，そのほうが有り難いし，モノグラフも取捨選択していた
だいて結構である。直前の(2)で述べたように，すべてのモノグラフに「作者」と
しての思い入れはあるが，モノグラフを飛ばし読みしていただいてでも，本書の
終章にまとめた本書の含意あるいはまとめのメッセージまで読んでいただけるこ
とも，同じ程度に筆者としての喜びであるからである。

⑷　第4章など「元銀行勤務者」としての「思い入れ」が所在することについて
　最後に，第4章および第5章，そしてその後日談たる終章2節「『一県一行都

21

銀』の帰結——神戸銀行，太陽神戸銀行，さくら銀行，そして三井住友銀行」につき，筆者の個人的な「思い入れ」を付言させていただきたい。

「すべての歴史は現代史である」との謂い（クローチェ［1983］p. 16）を再度もったいぶって掲げるまでもないが，太陽神戸銀行と同じ関西系都銀に勤務し，銀行企画部時代にはさくら銀行本部とも連絡があった筆者にとり，神戸銀行の組成とその後の種々の出来事は，実感として「現代史」そのものであった。同行の現在に至るまでの変転は，筆者に兵庫県下さらにはわが国の地域金融や金融機関政策について考えさせる，大きな契機となってきた。

このような筆者自身の「思い入れ」ゆえ，第 4 章・第 5 章をはじめとしてモノグラフを述べ進めるうえで，「元銀行界にいた人間としての意見」を述べる場合も，ままある。その際には，M. ウェーバーの言う「研究者としての発言と［理想を］意欲する人間としての発言の区別を読者に対し明示すること」（ウェーバー［1965］p. 61）を心に留めた一方，モノグラフに登場する組織・人物の挙動・言行などの「理解」につき，そもそもそのような区別が困難であることも感じた。

そのような際，筆者が最後に（正直な表現として）「励み」としたのは，小林［2013］が紹介する W. デュルタイに始まる20世紀的解釈学——「客観的な歴史理解」を目指す19世紀解釈学ではなく「歴史的生の理解の方法論」——における，次のような見解であった。

「既に消え去った過去の人々の言行を理解するには，……その理解を可能にする解釈者自身の体験が不可欠なのです。（中略）そうでなければ，過去の人間の生き生きとしたあり方は記述されえません」（p. 151）。

注

（参照先として記載のウェブサイトは，別記しない限り2017年 8 月29日時点でアクセス可能であることを再確認している。本書の第 1 章以降の本文・注についても同様。）

⑴ 「シンジケート銀行」の呼称は，第 4 章で繰り返し引用する『神戸銀行史』所載の昭和戦時期の諸文書（主に当局宛）にも頻出する（表記法は「シンヂイケート銀行」）。「都市銀行」の呼称は同時期のたとえば東洋経済新報社（編）［1942］「総観」中の p. 22 などに，「都市大銀行」の呼称はたとえば同書中の結城［1942］p. 9 に，また「大銀行」の呼称は同書中の県別記事の処々（pp. 42, 71, 119 など）に見られる（そのように同書中でも用法は定まっていない）。

⑵ 商業銀行からなる米国銀行協会（American Bankers Association）には1981年，コ

ミュニティ銀行家協議会（Community Bankers Council）が組織された（http://www.ABA.com/Tools/Function/Community/Pages/CommunityBanking_about.aspx）。また貯蓄金融機関全国協議会（National Council of Savings Institutions）は1991年，コミュニティ銀行家全国協議会（National Council of Community Bankers）に名称変更した（*Community Banker,* Nov. 2007, p. 46）。このように1980年代において，商業銀行と貯蓄金融機関との業務範囲の制度的隔壁がなくなるとともに，双方の小銀行諸行の間に「コミュニティ銀行」という呼称が広がっていったようである（そこにはマーケティング論で言う差別化の意図もあったのかも知れない）。なお，傍証的ではあるが，米国を中心に世界的規模の文献検索サイト WorldCat（本書末尾「引用文献等」の２．参照）で "Community Bank" を表題に含む英語の文献を検索したところ，1960年代は２件，1970年代は26件，1980年代は78件，1990年代は119件，2000年代（2009年まで）は220件（以上いずれも米国のコミュニティ銀行に関するものがほとんど）と，やはり1980年代が用例増加の時期にあたる。

(3)　FDIC［2012b］Chapter 1 "Defining the Community Bank" の試みでは，まず，クレジット・カード勘定処理業務専業銀行や外国資産10％超の銀行などの特殊銀行を除いた残りの銀行のうち，2010年において総資産10億ドルの銀行（6,194行）はすべてを「コミュニティ銀行」に類別し，総資産10億ドル超の銀行は貸出／総資産比率33％超，コア預金／総資産比率50％超，本支店進出州数３以下など計６つの条件を全て満たす銀行（330行）も「コミュニティ銀行」に類別している。FDIC ではこの基準を用いて継続的に「業務スタイルも勘案した実質的なコミュニティ銀行の母集団」を継続調査していく予定であり，その母集団データは "Community Banking Initiatives" のウェブページ（https://www.fdic.gov/regulations/resources/cbi/）で公開されている。

(4)　図表序-２ｂ参考表の集計範囲は，同表の出所欄にある「全国銀行財務諸表分析（平成27年度決算）」掲載銀行から，業務の性格上特殊と思われた野村信託銀行を除いた，115行である。

(5)　「特殊研究」の原語はフランス語で monographie，英語で monograph であり，本文中で引用したフェーブル［1971］では「モノグラフィ」のルビがふってある。しかしわが国の人文地理学研究者の間では英語式に「モノグラフ」と呼ぶことが多いようであり（たとえば作野［1998］，松尾［2014］），本書でも英語式の読みを採用した。

(6)　全国信用組合新聞，2016年10月15日所載の，信用組合業界に対する「金融仲介機能のベンチマークに関する説明会」（2016年10月12・13日）における金融庁の説明内容。

(7)　たとえば，2016年５月23日開催の「金融仲介の改善に向けた検討会議（第４回）議事要旨及び配布資料」（http://www.fsa.go.jp/singi/kinyuchukai/siryou/20160523.html）の議事要旨には，下記のような指摘がなされている。「今回，報告を頂いた企業ヒアリングの結果と［監督当局と］地域銀行との対話の結果を見ると，銀行を次の三つの

パターンに区分できるのではないか。一つ目は、融資先企業からの評価が良く、頭取との対話においても良い取組みが確認できた銀行……、二つ目は、企業の評価は悪いのに、対話の中で頭取が格好のいいことを言っている銀行…、そして、両方共に悪い銀行である」。「……結果が出ていない銀行は、本当に何もしていないと思わざるを得ない。結局、その差は経営陣の意識に拠るところが大きく……」。

(8) また、これは元銀行勤務者としての所感であるが、筆者を含め、多くの銀行等の役職員は「取引先は融資に関し銀行から受けた冷遇を数十年先まで忘れない」との実話を耳にし、わが身を省みたことがあろう。この「取引先」を「金融検査を受ける銀行」、「銀行」を「金融庁（または所轄の財務局）」に変えても同じであり、そうであればこそ金融庁側は何度も丁寧に説明を繰り返すしかない──「なぜ分かってくれないのか！」と語調を強めても逆効果──ことが、橋本［2016］ではあまり想起されていないのではないかと思われる。そのことも、同書のメッセージが金融機関（この場合は信金・信組まで含め）役職員の「腹に落ちる」可能性を損なってしまう可能性がある。

(9) 近年の研究者では、たとえば堀江康熙が、金融機関が店舗を展開する店周エリア（市区町村単位さらには一辺500mなどの「メッシュ（方眼）」単位）の「営業地盤」の分析に継続して取り組んでおり、近年の著書としては堀江［2008］および堀江［2015］（その中では特に第1章が文献レビューを含め参考になる）が挙げられる。

第 1 部
大恐慌期・戦時期における
日米の地域銀行政策・業態の分岐

　戸締り用務員の奥さんが，行員たちのクリスマス・パーティーのために手作りのケーキを振舞ってくれる，そのような銀行。……顧客が銀行の創立記念パーティーのため，手によりを掛けて縫ったすばらしいテーブルクロスをあたりまえのように提供してくれる，そのような銀行。顧客がしばしば，預金だけではなく，身の上の秘密まで預けてくれる──預金と同様それらの秘密も堅く守ってくれると知っているから──そのような銀行。

　そのような銀行こそが，ハリケーンも，インフレも，戦争も，そして大恐慌も，生き延びることができたのだ。思うに銀行というものは，強みがあるゆえにこそ生きながらえるのである。決して，長年続いたこと自体が，銀行を強くするのではない。

（The Peoples Bank［ミシシッピ州のメキシコ湾岸地方 Biloxi 市，1896年設立］にて頭取を務めたスエットマン父子の回想録 Swetman and Swetman［1994］所載の，戦前から戦後にかけての同行の回想。引用は，米国コミュニティ銀行家協会［ICBA］機関誌の75周年特集記事「Phillins［2005］」から。）

第 1 章
預金保険制度
―小銀行政策の分岐点―

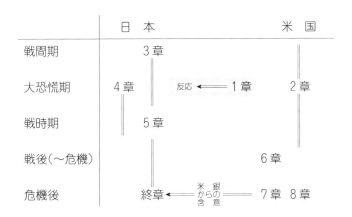

本章以下終章まで，読者の便宜のため，上のように当該章と他章の国別・時期別の位置づけを示す概略図を，冒頭に掲載している。
（正確な図は「はしがき」参照）

1. はじめに

──本章の問題意識と検討課題──

⑴　金融危機で揺らぐ「預金保険制度＝小銀行保護政策」という議論

　2008年秋のいわゆる「リーマン・ショック」に端を発する金融危機以降，米国で金融監督制度の改革論議が活発になり，2010年7月には1970年代以来の金融規制緩和・市場主義政策を大きく転換する金融規制改革法（ドッド＝フランク法）が制定された。本書の第7章で詳しく見るように，同法の制定過程における規制改革論議の一つの焦点が，2008年秋から2009年初頭にかけて大手銀行緊急・例外的救済措置（"too-big-to-fail"［大きすぎて潰せない］規定）が相次いで発動された連邦預金保険制度であった。

　連邦預金保険制度を巡る論議は，かつて1980年代後半から1990年ごろにかけての銀行大量破綻を受け米国議会においても学界においても活発化し，1991年に連邦預金保険公社改善法（Federal Deposit Insurance Corporation Improvement Act of 1991［FDICIA 法］）という制度改革が実現した。当時の論議においては──そもそも連邦預金保険制度が発足した1933年当時と同様──預金保険制度を小銀行保護のための制度，と位置づける議論が活発であった（代表的なものとして Calomiris and White［1994］［第8章にて後述］）。

　しかし2008年金融危機では，上述のように大手銀行に対する緊急・例外的な"too-big-to-fail" 救済措置が，もはや「例外的」とは称せないほど相次いだ（第6章4節にて後述）。そのため，大恐慌時代の制度発足以来1991年 FDICIA 法の制定前後に至るまで連綿と繰り返されてきた「小銀行を（過度に）保護するための（経済原理を逸脱した）制度」という連邦預金保険制度に対する批判的指摘に関し，行政府・立法府のみならず金融論研究者もまた，再考を要請されているものと考えられる。[1]（なお，金融論専門家たちの認識の変化如何については，第8章にて論じる。）

　このような金融危機後の情勢に鑑みても，連邦預金保険制度の発足の経緯とその立法化過程における諸論議をあらためて振り返ることに，意味があろう。そしてそのような再検証は，主として FDICIA 法にならった現行の預金保険制度を有するわが国の銀行監督制度について考える上でも意義があろう。これらが本章

第1章　預金保険制度

の第一の問題意識である。

(2)　リレーションシップ・バンキング論が照射する「小銀行存続支援→中小企業金融円滑化」という政策効果の連関と銀行合同政策の弊害

　前述のとおり，米国の銀行論諸研究においては上述の1991年FDICIA法の前後に到るまで，大恐慌時の連邦預金保険制度発足の主たる立法意図（そして効果）を，「小銀行の保護」とする論考が主流であった。しかしながら，1980年代以降，銀行破綻の頻発がマクロ経済にも悪影響を及ぼすとの認識（credit view）が経済学者の間で徐々に台頭し，それら諸論考の多くは連邦預金保険制度には直接言及していないものの結果として同制度の経済政策的意義を裏打ちするものとなった（Bernanke [1983]，スティグリッツおよびグリーンワルド [2003] pp. 141-142，Freixas and Rochet [2008] pp. 195-197，など）。

　さらに，1990年代以降に金融仲介理論の一翼を担うようになったリレーションシップ・バンキング論（Freixas and Rochet [2008] pp. 99-107，村本 [2005]，由里 [2003]）に照らせば，連邦預金保険制度が既存の銀行，とりわけ中小企業融資に業務の中心を置く小銀行の存続を政策的に支援することは，単なる小銀行保護にとどまらず中小企業金融の円滑化という政策効果をも，もたらすことになる。

　たとえばMudd [2013] は，33か国の銀行産業組織と中小企業融資の状況との相関を分析し，1999年時点における小銀行のプレゼンスの高さが中小企業融資を促進する効果を有していたことを論証している。また，Ogura and Uchida [2014] は，関西地区の2000年代初頭の中小企業借入調査のデータにもとづき，地域銀行・信金の合併が組織の大型化（および副次的に人員・店舗の削減）を通じ中小企業に対するリレーションシップ・バンキング的な信用供与を阻害した可能性を指摘している。

　以上のような政策効果（小銀行の存続支援は中小企業の金融円滑化に結びつく）に関する知見は，それ自身として，2009年秋以来わが国の銀行監督政策の主眼点の一つとなってきた「中小企業金融円滑化法」（2009年12月施行）に照らしても興味深い。だが，米国で連邦預金保険制度が発足したのと同じ1930年代，わが国ではどのような小銀行政策が行われていたのかということに目を転じれば，当時の日米間の際だった政策コントラストにも関心を引かれざるをえない。

　すなわち，1927年の昭和金融恐慌以降，わが国の銀行監督当局は銀行システム

29

第1部　大恐慌期・戦時期における日米の地域銀行政策・業態の分岐

図表1-1

(a) 米国の大恐慌～戦時期の商業銀行数の推移

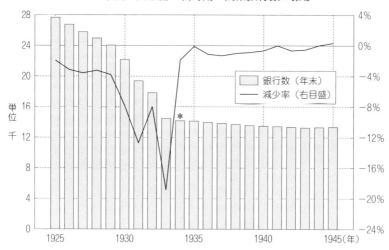

＊連邦預金保険制度は1934年初実施。同年末では全商業銀行の98％の口座に付保（Vedder［1965］p.54）。

出所：1933以前—Wicker［2000］p.2.（原データ：連邦準備制度理事会［FRB］）。
　　　1934以降—FDIC［1997］p. A-1.（預金保険加入銀行のみ）。

(b) 日本の金融恐慌～戦時期の普通銀行の推移

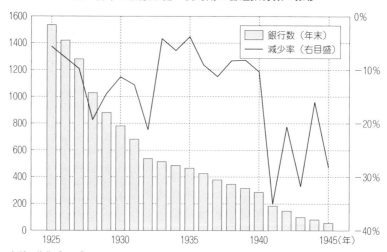

出所：後藤［1970］pp.56-58.

の安定を政策の基本目的に据え，1927年銀行法（1928年1月施行）以降，「無資格銀行」6百余行をはじめとして中小銀行を合併・清算の大波に引き入れた。大手銀行に実質吸収合併される場合を含め，中小銀行の消滅に伴う貸出先情報の毀損がいかに金融仲介機能を妨げるか，あたかも上述のような金融経済理論（スティグリッツおよびグリーンワルド［2003］p. 309）を例証，ないしは信用収縮に関する近年の国際的諸事例（Group of Ten［2001］）に鮮明な歴史的事例を付け加えるかのように，激しい信用収縮が1930年代初頭にかけて生じ，在来的中小企業の多くに壊滅的打撃をもたらしたのであった（寺西［2003］p. 178）。

　金融・経済危機が少なくとも政策的な焦眉の的ではなくなった1930年代中葉において，この銀行合同促進政策は新たに「小規模銀行の群立は低金利政策の障碍」，さらには「金融機関統制効率化のため」といった政策的根拠を与えられ，「一県一行主義」にまで至った。米国では1935年銀行法によって連邦預金保険制度が恒久化され，商業銀行の総数が1万3千行台でほぼ安定した1930年代後半，わが国では中小銀行が年10％近くものペースで減少し続けた（図表1-1参照）。

　昨今の学説・政策理念に照らせば「中小企業の金融円滑化」に明らかに逆行していたと評しうる上記のようなわが国の中小銀行政策は，米国が採った預金保険制度等の小銀行存続支援政策を一顧だにすることなく進められたのか，わが国の政策過程・言論界・金融業界などにおいて預金保険制度に関する紹介や提言はなされなかったのか，これらが本章の第二の問題意識である。

(3)　本章の検討方法

　本章が検討対象とする米国の連邦預金保険制度，そして副次的に検討対照とするわが国の銀行合同政策は，それぞれ銀行制度上の重要な論点であり，ほぼ同時代の1930年代から近時のものまで，豊富な研究の蓄積がある。以下本章の2節（米国の連邦預金保険制度の発足）および3節（わが国における預金保険制度論議の欠如と銀行合同政策）は，基本的にはそれら日米の既存研究を整理・概観するかたちで述べ進めていく。

　なお，概ね1990年代以降の金融制度論や銀行産業組織の研究分野では，ごく一例をあげるだけでも高木ほか［1999］やGroup of Ten［2001］など，国際的比較を主眼とする研究が少なくないが，本章で見る1930年代の預金保険政策論議に関しては，管見する限り，日米間の国際的比較ないしは制度・政策理念の国際的受

容・非受容の如何を主題とする先行研究は見当たらない。その意味で，本章は新たな視座を含み持つものであろう。

2．米国1930年代初頭の銀行危機と連邦預金保険制度の発足

(1)　銀行危機の様相

　米国の1930年代初頭の銀行危機の様相を描いた研究書としては，同時代の観察者の手になる Willis and Chapman［1934］の Part 1，戦後に書かれた代表的な米国金融通史の一つである Friedman and Schwartz［1963］の Chapter 7，同銀行危機を主題としたより近年の著作 Wicker［2000］，また邦語文献では平田［1969］，小林［2009］などを挙げることができる。本章が主として着目する小銀行に関しても——その破綻件数の 夥 しさゆえ，むしろ「小銀行こそ」と言うべきか——それらの研究書によって既に十分書き留められており，以下ではそれら（特に Wicker［2000］）に依拠して同銀行危機の様相の概略を述べたい。[3]（なお，以下本章で米国に関する記述では，特記しない限り，「銀行」とは「商業銀行」を指す。）

　邦語文献で多く用いられてきた用語法に従い本章でも「銀行危機」と概括的に称するが，米国の1930年代のそれは，実際には時間軸上も地理的にも輻輳した「危機」の波の集合体であった。Wicker［2000］は，1930年11月から1931年１月の銀行破綻の第１波（806行，預金総額6.3億ドル），[4]1931年４月から８月の第２波（573行，同5.0億ドル），[5]1931年９月から10月の第３波（827行，同7.1億ドル），そして1933年２月から３月の第４波（全米的"bank holiday"〔銀行業務全面停止措置〕を招来）[6]に，銀行危機を区分している。

　米国の1930年代銀行危機が，1929年10月の株式市場大暴落に端を発する大恐慌（the Great Depression）と緊密な連関を有することには大方の合意があるようであるが，中西部から南部の農業地帯に多く存する小銀行との関連では，とりわけ農業部門の景況に着目する必要がある。そしてその米国の農業部門は，侘美［1988］pp. 20-23 などが述べるように早くも1925年以降に価格条件の悪化に見舞われ，内部留保で負債比率を減ずることができた大企業部門とは異なり「巨額の債務を抱えたまま恐慌を迎えた」（平田［1969］p. 100）のであった。

　銀行数が２万行を超える（1920年代，前掲図表１‐１(a)参照）米国では，上記

32

第1章 預金保険制度

図表1-2 米銀の規模別破綻率

(1921-29年の破綻率は1920年6月, 1930-32年の破綻率は1930年6月, 各々の時点の銀行数を分母として算出。)

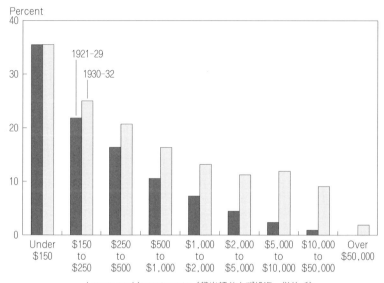

出所：Keeton [1990] p. 30.

のような農業部門の停滞もあり, 1920年代においても中西部・南部諸州の農村部を中心に概ね年4～7百行程度の銀行 (ほとんどが小規模) の破綻があった (図表1-2の"1921-29"の棒グラフ参照)。

もっとも, それらの破綻が銀行部門一般に対する預金者の信頼を損なったり, 実体経済の妨げとなったりすることはなかった。しかし, 1930年代の銀行危機においては, 大都市部にも銀行破綻の波が及び[7], 都市によっては域内大手行 (グループ) が経営不安に陥って取付け騒ぎを誘発するようになった (以上, Wicker [2000] pp. 2-8, 32-33, 69 など)。銀行破綻は小銀行や農村部に限った問題ではなくなり (図表1-2の"1930-32"の棒グラフ参照), 実体経済的にも大恐慌の深化要因にさえなった (Bernanke [1983]) が, 1933年2月までのフーバー政権下では, 連邦政府が問題解決に向けて政策主導することはなかった (Wicker [2000] p. 131)。

33

⑵ 連邦政府主導での銀行問題への取り組み：ルーズヴェルトとスティーガル

a）「連邦政府の行動を」という選挙民の付託を受けた新大統領

　1932年11月にネバダ州が12日間実施した "bank holiday"（銀行業務全面停止措置）という急場しのぎの策は，1933年初頭にアイオワ・ルイジアナ両州へと波及し，デトロイトを覆う銀行取付の波を目の当たりにして2月14日にミシガン州知事が（打開の目途なく）実施して以降は，またたく間に33州に広がった（他に10州が預金引出制限を実施）（Wicker［2000］pp. 108, 116-129; Silber［2009］pp. 21-22）。Wicker［2000］p. 125 が「銀行システムの崩壊（collapse）」と呼ぶ，そのような事態に至ってもなお連邦政府の政策対応がなされなかったのは，フーバー大統領が1932年11月の大統領選挙敗北から翌年3月の政権交代まで "lame duck"（選挙に敗れ任期満了を待つだけの政治家［Burns *et al.*［1987］p. 770］）であったという要因も大きかったのであろう。

　しかし，Wigmore［1984］p. 421 が「大恐慌の心理的最低点（lowest points）の一つを画した」と呼ぶ1933年3月6日の全米 "bank holiday" は，のちに "The (First) 100 Days"（たとえば Alter［2006］Part Four）として知られるようになるルーズヴェルト大統領就任直後の諸改革（連邦預金保険制度を含む），より広くはニューディール諸改革の発端でもあった。フーバー政権下における大恐慌の深化，企業破綻や失業の多発は，それまで伝統的に各人の自助努力のみに依拠すべき世界とされてきた経済活動諸領域への連邦政府の介入を是とする世論を台頭させた（Gerston［1997］p. 23）。そのような世論に訴えて当選したルーズヴェルト大統領には，（内政面では州権よりも消極的な役割にとどまってきた）連邦政府の役割を恐慌対処のため積極的に発揮すべしという選挙民の付託（mandate; Jones［1994］pp. 153-164）を受け，諸改革の機会が広がっていた（「政策の窓」が開いていた）と解せられる。[8]

　Silber［2009］は，連邦準備制度理事会（FRB）も復興金融公庫（RFC）も銀行危機に対して積極策を欠くなか，ルーズヴェルト大統領が全米 "bank holiday"[9] の最中，1933年3月12日の第1回「炉辺談話（fireside chats）」（週ごとのラジオ演説）において「健全な銀行（のみ）の窓口再開」を直接国民に向かって確約したことが銀行不安の沈静化に大きく寄与した，と論じている。

　その「確約」実現のための行政手段も既に一部具体化していた。同年3月9日に連邦議会で可決された「緊急銀行法（Emergency Banking Act）」は，大統領の

銀行危機対処権限，FRB の緊急通貨発行権，RFC の銀行優先株引受プログラム
などを盛り込んでいた（Silber［2009］pp. 24-26）。この緊急銀行法は，同年6月の
「1933年銀行法（Banking Act of 1933）」の素地となっていくのであるが，後者の
立法化過程で盛り込まれた唯一の議会側主導の制度改革が連邦預金保険制度の創
設であった（Golembe［1960］pp. 181-182）。

b）連邦預金保険制度の論議とスティーガル議員の貢献

　1933年銀行法制定に至る連邦預金保険制度論議に関し，先行研究として筆者が
依拠したのは Golembe［1960］, Vedder［1965］Chapter III, Flood［1992］，戸田
［1985］および向笠［2003］である。それらのうち，Golembe［1960］は19世紀来
の預金保険制度論議を銀行・通貨政策の観点から俯瞰し，他の英文2論考は1933
年の論議に焦点を当てている。邦語論考では，向笠［2003］は1932年の下院での
論議で連邦預金保険制度の構想はほぼできていたとして同年の論議の論点に関し
ても立ち入って紹介し，戸田［1985］は1930年以降の議会・政権の動きを通覧し
ている。[10]

　上記 a）でみたように，圧倒的にルーズヴェルト大統領府主導型の当時の政策
策定環境下，同大統領が気乗りでなかった連邦預金保険制度を1933年銀行法に盛
り込ませたのは，スティーガル下院議員（Henry B. Steagall，民主党 - アラバマ
州）であった。同議員は，下院銀行通貨委員会に所属し南部農業州およびそれら
の地域にも多い小銀行の利害を代弁し続けていた。1920年代半ば以来，連邦預金
保険制度を提唱しては本会議以前の段階で敗退し続けていた同議員であったが，[11]
1930年に下院銀行通貨委員長に就任し，銀行危機が昂進する1932年には同制度を
盛り込んだ銀行法案の下院本会議可決にまでこぎ着けていた（以上，向笠［2003］
pp. 36, 50-51）。

　本章では連邦預金保険制度をめぐる対立的諸論点（次段(3)）にむしろ紙幅を割
きたいがゆえ，1932年から33年にかけての審議過程に関しては，邦語文献でもあ
る戸田［1985］・向笠［2003］に譲る。ただ，スティーガル議員との関連で，
⑴Golembe［1960］が「スティーガル議員の忍耐強さ（perseverence）[12]」を連邦預
金保険制度実現の主因の一つに挙げていること，⑵「グラス＝スティーガル法」[13]
として知られる1933年銀行法ではあるが，米国東部（大手）銀行界の利害を重視
する民主党金融族主流派のグラス上院議員（民主党 - バージニア州）と中西部・

35

南部の小銀行の利害を代弁するスティーガル議員とはしばしば対立した——そして次段で述べるように小銀行側をより利する方向で立法成果が実現した——ことを指摘しておきたい。

(3) 連邦預金保険制度をめぐる諸論点

筆者が見出し得た限り，1933年銀行法の立法過程で論議の対象となった連邦預金保険制度をめぐる諸論点を最も包括的に，かつ分類整理のうえ呈示しているのはFlood［1992］[14]である。以下では同論考が整理して呈示した諸論点の概略を示す（同論考の記載内容と紛らわしくならないよう，筆者による補完的記述は注記に回した）。なお同論考には，本章の4節（結びに代えて——政策相違の要因として横たわる日・米の社会的基層の差異）の主題上着目すべき議会発言も多く紹介されており，同節においても取り上げる。

a）論議の基本線：銀行のモラルと社会的正義

大恐慌の原因が1929年以前の株式市場をはじめとする投機熱にあり，国全体が過度の金銭欲に駆られたことに対する報いが大恐慌であった，との見方が議会においても支配的であったため，預金保険に関しても，それが銀行のモラルや社会的正義の回復に資するか否かが論議の基本線をなした。

反対派は「経営モラルに欠けた破綻行を健全に運営されてきた銀行の拠出金や国民の税金で救済する必要はない」と述べ，賛成派は「破綻のつけを預金者が引き受けることは社会的正義に反する」と応酬した。また，小銀行擁護派は「連邦[15]預金保険制度は二元銀行制度を崩壊させる策謀であり[16]，1920年代にも放漫経営や強欲と無縁であった単店銀行の基盤を損なう[17]ことは道義上許されない」と主張した。（上記で下線を引いた3つの派が各種論点を通じ主要な対立構図をなした。）

b）預金保険が保険制度として成り立つかどうか

反対派は，1920年代以前に州単位で導入された十指にのぼる預金保険制度が全て失敗に終わった[18]，という事実をまず強調した。これに対し賛成派は，全米規模で地理的・産業基盤的分散が効いた預金保険制度のほうが，州単位の制度よりもはるかに保険制度として成り立ちやすい，と応じた。反対派（中でも東部・大手銀行業界）は再反論し，1920年代の銀行破綻例が農村部小銀行に偏倚しているこ

と，仮にその偏倚を度外視しても預金保険の仕組みそのものが存続（しうる経営を続けてきた）銀行から破綻（すべき経営を行ってきた）銀行への補助金を内包し不当である，と述べた。この主張は賛成派にも影響を与え，少額預金しか全額保証されないように法案修正が行われるとともに[19]，彼らは「（預金保険で保護されぬ預金が多い）大口預金者による経営への規律付けは残る」と述べた。（なお，保険の制度設計の基本であるリスクに応じた保険料率の導入が議会で論議されないことに関し，大手銀行側からは疑問の声があった［Flood［1992］p. 58[20]]。）

c）預金を保護すること自体の是非

先に「a）論議の基本線」においても述べたように，1933年当時，銀行を含め金融業界全体が世論の激しい非難に晒されていた。「銀行に金をぼったくられた罪なき小口預金者」というイメージは[21]，銀行危機が長引きますます多くの国民の預金が毀損していくにつれ，議員たちにとっても絶えず念頭におくべきものとなった。

賛成派は「預金は国民の所有財産であり我々はそれを保護する仕組みを作らねばならない」と述べた。守勢を余儀なくされた反対派は，国民が預金を取り戻す権利の自明さを認めつつも，預金保険が預金の安全性を保証するのでなく，銀行が破綻しないような銀行制度を構築することこそ根本的な解決策だ，と応じた。

d）望ましい銀行監督制度・銀行産業のあり方

（Flood［1992］p. 69 は，この論点こそ連邦預金保険制度論議の基底をなしていた，とする。）

反対派は，上記c）の議論に続けて，州法銀行が容易に設立認可されがちで監督も甘くなりがちであること，その結果 "over-banking"（銀行数の過多）状態が各地で生じ，それらの事象が相まって銀行破綻を増加させた，と主張する。加えて彼らは，通信技術や自動車の発達・普及という社会の変化を挙げ，支店制銀行のシェア拡大こそが理に適っており，現に支店制銀行主体の隣国カナダでは銀行破綻が生じなかった，と述べた。グラス議員はこの考え方に近く，連邦預金保険加入の条件として連邦準備制度加盟（2.5万ドルの最低資本額要件あり）を義務づけ，他方で銀行支店規制を緩和することで，結果的に小銀行の整理淘汰や二元銀行制度の実質一元化を目指していた。

その背景には，次の第2章の2節で具体的にミネソタ州などの農村部に関して検討するように，単店銀行諸行の存立基盤の，客観的にも明らかな厳しさ（大恐慌以前からの数次の農業不況）。その中で米国東部銀行界・政府・（東部地方の）大学識者などの議論，さらには多くの単店銀行家も加盟するABA（米国銀行協会）までもが，農業州のみならず全米的な銀行再編・銀行大型化を是認・推奨するようになっていた。

小銀行擁護派は，グラス議員が企図するような連邦権限の拡張と預金保険との組み合わせを嫌うがゆえに，具体的な預金保険法案に対しては反対する傾向もあり，法案審議が紆余曲折する主因の一つとなった。しかし結局は，金融機関の大型化や都会の銀行の勢力拡張を嫌う米国人の伝統的心情を代弁する小銀行擁護派に賛成派および政権側が共鳴ないしは妥協して，連邦預金保険制度の立法化へとつながった。

⑷　連邦預金保険制度実施の効果

1933年銀行法（1933年6月13日大統領署名）により連邦預金保険公社（Federal Deposit Insurance Corporation［FDIC］）が法定化され，1934年1月より暫定的預金保険基金（Temporary Deposit Insurance Fund）が機能しはじめた。翌1935年8月成立の1935年銀行法（Banking Act of 1935）により，FDICおよび連邦預金保険制度は恒久化された。同法の審議過程では，1933年（連邦預金保険制度をめぐる対立が銀行法案全体を危殆に瀕せしめた）とは様変わりして，既に世論調査でも好評を博していた預金保険制度を継続させることに関し異論はほとんどなかった（Vedder［1965］pp. 63-65）。（1933年銀行法以降1935年銀行法までの預金保険制度規定の詳細とその変遷に関しては小林［2009］pp. 304-312を，また，1934年発足以降のFDICの組織・活動などに関しては，Vedder［1965］，小林［2009］pp. 312-339，戸田［1985］，山城［1995］，向笠［2003］などを参照。）

連邦預金保険制度が金融システムにもたらした効果に関しては，Friedman and Schwartz［1963］pp. 434-442の評価が代表的であろう。同書は連邦預金保険制度を「南北戦争後の州法銀行紙幣の駆逐以外に金融史上かつてなかったほどの通貨的安定性をもたらした」（p. 434）と，高く評価する。そして，連邦預金保険制度が1930年に存在していたならば，銀行破綻と預金－通貨比率の低下［預金者の不安心理増大による預金大量引出・貨幣退蔵］の連鎖も防ぎ得たであろう，と

述べる。実際，前掲図表 1 - 1(a)が示すように，同制度が1934年に機能しはじめて以来，商業銀行の数は極めて安定的に推移した。

また，Bernanke［1983］（後の FRB 議長，2006-2014年在任）は，大恐慌期において銀行部門の危機が銀行と借り手——とりわけ中小企業・個人——との間の金融仲介コストを高め，大恐慌をさらに深刻化させた，と指摘した（［不況期の］金融政策波及経路に関する "credit view" 論の先駆）。この理論に照らせば，連邦預金保険制度の導入によって小銀行（中小企業・個人向け貸出にほぼ特化）の破綻を抑止した（Vedder［1965］pp. 104-110），また業況悪化が著しい場合にもFDIC の仲介により破綻ではなく近隣小銀行への被吸収合併の方途を探った（同 pp. 102-103，より近年の運営スタンスにつき由里［2009］pp. 35-37）ことは，中小企業・個人部門の金融円滑化に寄与したであろう。

もっとも，中小企業部門の研究者からは，概ね1930年代末までは（1940年戦時産業動員の開始［河村［1995］pp. 91-92］により状況は一変），同部門は低収益性・高廃業率の状況を脱することはなかった，との報告が多いように見受けられる（Phillips［1958］pp. 49-59，Blackford［1991］pp. 71-74，山崎［1970］）。それらの論考によれば，大恐慌のもと大企業部門を解雇された人々が中小企業部門に流れ込み過当競争状態を招来した，という要因もあった。また，Weissman［1979］pp. 39-46 によれば，政府が試みた公的融資制度よりも結局は小銀行が中小企業にとっての頼みの綱であったが，小銀行とて融資基準を緩める情勢にはなく（その背景には銀行検査当局の姿勢も），当時の公的調査などからも資金ニーズの未充足状況が浮かび上がる，という。

最後に，これは連邦預金保険制度の効果というより同制度を含めた1930年代前半の一連の小銀行関連政策論議の所産であるが，米国が議会制民主主義のもとでの論議を経て，最終的に多数の小銀行が存続しうる銀行制度を選び取ったことにより，小銀行業界が独自の業界・圧力団体を有するようになったことも挙げておきたい（これは次の第 2 章の主題である）。

同時期のわが国では，次節でみるように小銀行が銀行合同政策により消滅していき，残る地方銀行も戦時下において「金融統制」という国策に服せしめられ，その業界団体（全国地方銀行協会）も統制経済システムの一部（地方銀行統制会）となった（終章 3 節参照）。それに対し米国では戦時を含め議会での意見表明の機会が小銀行の業界団体にも開かれていた——またそれゆえにこそ小銀行家

たちは一層発言力のある業界団体を有する必要があった——のであった。

3．わが国における預金保険制度論議の欠如と銀行合同政策

⑴　わが国における米国預金保険制度の紹介

　前節でみた米国における連邦預金保険制度に関する論議・立法およびその効果などは，当時のわが国ではどのように伝えられたのであろうか。筆者は，米国で大恐慌が始まった1929年から1935年銀行法の２年後の1937年までの，わが国の経済・経済政策関連誌における同制度関連論文・翻訳を調べた。その結果，米国の銀行危機，ニューディール諸改革，1933年・1935年の銀行法，そして連邦預金保険制度そのものに関しても，国内刊行誌だけでかなりの情報が伝えられていたことを知ることができた。（以下，雑誌・論題等の漢字字体・仮名表記は現代式に変更。）

　たとえば大蔵省理財局『調査月報』は，米国の大恐慌・銀行危機ならびにニューディール諸改革に関し，米国における立法や調査公表と数ヶ月〜半年程度の時間差で，時に冊子の過半の紙幅を割いて調査や翻訳を掲載している（米国関連の比重は1933年がピーク）。連邦預金保険制度に関しては，その発足前の昭和８年11月号において，The United States News 紙の解説記事の翻訳を掲載している（pp. 185-195）。また，東京銀行集会所『銀行通信録』は，昭和10年２月号から同４月まで３回にわたり計約50ページにも及ぶ「連邦預金保険研究」（松村［1935］）を掲載している。さらに，『銀行研究』（文雅堂）は，米国の銀行業界の動向（chain / group banking 台頭や破綻頻発など）をしばしば伝えるとともに，連邦預金保険制度（昭和８年10月号），「窮状銀行の救済策」（昭和９年２月号・５月号），1933年・1935年銀行法（飯田［1935］，栗栖［1936］）など，米国銀行制度の変化に関しても時宜を失せず大学教授や銀行調査部門の手になる論考を掲載している。

⑵　預金保険制度は政策選択肢としては議論されず

　もっとも，上記のように連邦預金保険制度の紹介が時間的にも内容的にもさしたる不足なく行われていたことが，同制度がわが国においても政策的選択肢の一つに挙げられたことを示すものではない。たとえば上記松村［1935］などは，

第1章　預金保険制度

「米国に限らず全世界銀行界の視聴が一斉にこの大規模の実験に集中せられていると云うも敢えて過言ではなかろう」（下，p. 22）と評する一方で，「預金保証計画は……根本的に［銀行破綻に随伴する］損失の発生原因を摘除せんとするものでない。そもそも米国銀行業が全世界にその類例稀なる破綻率を有していることは…銀行制度自体の中に内在する欠陥の現れである」との反対派学者の見解（Emerson［1934］[30]）も紹介し（中，p. 18），「［制度の成否は］将来における同制度の実際的運用に待つ外はない」と述べている（中，p. 5）。

　前節(1)でみた米国銀行危機の様相は，大恐慌下の米国経済や金本位制を巡る英米間摩擦[31]などとともに，前段に挙げたわが国の諸雑誌で取り上げられ続けていた。そのような諸情報に照らせば，上記反対派学者の見解——連邦預金保険制度は問題に満ちた銀行制度に施した表面的手当て——のほうが，わが国の政策担当者や銀行業界人には腑に落ちた可能性もあろう。実際，わが国の議会審議の過程において預金保険制度が言及されたのは，1927年の銀行法案審議における衆議院議員木暮武太夫の質問中におけるものなどにとどまっていたようである（後藤［1968b］，金融制度研究会［1969］pp. 22-24，日本銀行調査局［1965］p. 344）。

　筆者が雑誌記事を調べた時期（1929～1937年）は，臨時資金調整法が公布された1937年秋以降を除き，少なくとも銀行論壇においては政策批判も含め言論の自由は存在していたように思われる。たとえば，『銀行通信録』[32]・『銀行研究』[33]の誌面も，米国の洒脱な銀行広告や開放的な株主総会を概ね好意的に紹介するコラムも散見されるといった自由主義的（さらには親米的とも解される）雰囲気を保っていた。そのような中でも，上記のように米国の預金保険制度に関し，少なくともわが国にとっての現実的な政策的選択肢として評価する声がほとんど存しなかったのは，「（個人主義・自由主義の追求の帰結たる）世界恐慌を契機として，諸国の経済政策が［所謂殺人的不景気を打開せんがため］国家主義的・統制主義的の資本主義経済政策に転換した」（藤原［1933］p. 41）という同時代人としての世界情勢観が支配的であったからではなかろうか。筆者が当時の論調を管見した限りで推量するに，「個人主義・自由主義のメッカたる米国は，その帰結としての恐慌や銀行危機への対応に呻吟し続け——連邦預金保険制度もその試行錯誤の一環——，既に見習うべきトップランナーではない」といった考えが，銀行関連論壇さらに広くは経済論壇[34]において支配的であったのではあるまいか。

41

(3)　既定路線化しつつあった銀行合同政策，および「統制」政策の潮流

　　慮るに，1930年代半ばのわが国に身を置いて日米を比較すれば，わが国の
ほうが恐慌・銀行危機対応，さらに広くは個人主義・自由主義に対する制御にお
いて先行していたように見えたのかも知れない。すなわち 1 節(2)で前言したよう
に，わが国では米国に先立ち1927年に昭和金融恐慌が生起し，以降，わが国の銀
行監督当局は1928年 1 月施行の新銀行法に則り「無資格銀行」 6 百余行をはじめ
として中小銀行の大規模な整理・統合を推進した（後藤［1981］pp. 40-48）。米国
において銀行危機がクライマックスに達した1933年初頭，わが国では既に「無資
格銀行」の猶予期間（1932年末まで）が終了し，新たに「一県一行主義」政策が
提唱されつつあった（同 pp. 49-51）。上掲の藤原［1933］はいみじくも同時期の論
説であり，同政策を支持する立場であるが，自由主義者としての立場が明確な春
日井薫（明治大学）さえ，「過去十数年に亘れる銀行合同政策」が「地方の中小
企業より成る産業に与えた甚大なる圧迫」を顧慮すべきことを指摘し「非常時経
済の声に乗じて官僚万能の明治初年時代へ逆転する」ことに警鐘を発するにとど
まっている（春日井［1933］pp. 5, 13）。

　　さらに，上記のように——また第 3 章でより詳細に検討するように——個人主
義・自由主義を（契約法などの）制度的基本としてきた経済活動に対し，政策的
制御（当時の用語では「統制」）を図ることこそが「先進的」な政策，との感覚
のもとでは，米国の銀行制度改革もまた，「統制」政策の一環と解されていた側
面があった。

　　たとえば先に(1)で挙げた栗栖［1936］（筆者は中央大学教授）は，1933年・
1935年の銀行法改正を極めて精確に紹介しているが，その総評部分では，金融恐
慌の沈静化，銀行部門の健全化に大きく寄与したと述べる一方，「公衆［預金者］
の利益擁護の著しき強調，これがために健全銀行制度の樹立が，法制をして銀行
その他の金融機関に対する中央政府の統制的支配の権限を著しく拡大せしめ，こ
れがために従来法制の根底をなしておった地方自治の精神とは相当の距離をもつ
に至った」（p. 122）と，中央集権化，金融部門に対する統制強化という政策的潮
流の一環としても解している（春日井［1936］もこれに類似）。飯田［1935］（肩
書が記されていないが，のちに野村證券社長になる人物で当時は野村銀行か）に
あっては一層直截に，「アメリカ経済においては（各国共通の統制的傾向が）最
も大規模に，且つ明確に行われつつある。新銀行法は……国家産業復興法と並ん

で，アメリカ経済の統制経済イデオロギーの下に生まれたものに外ならない」（p.56）と述べている。

のちの第3章においては，1930年代のわが国の政策関係者や経済論壇などにおける「統制経済」志向の高まりに関し俯瞰するが，上記のような論調は，そのような政策潮流と整合的である。すなわち，当時の銀行論壇は，前段でみたように州・地域の行政主権の存続や多数の小銀行からなる（中央による統制にとっては不都合な）分散的金融システムと親和的な米国の連邦預金保険制度導入を含む1933年銀行法をも，やはり主に「統制の強化」の視点で捉える，というバイアスのかかった見方をしていたのではなかろうか。

しかしながら他方，このように当時概して肯定的に解せられていた「統制」的銀行政策が，1節(2)で本章の問題意識の一つとして述べた「中小企業の金融円滑化」という政策目的との関連で，わが国において実効性を発揮していたかというと，同時代の銀行論壇においてさえ否定的な見解も多く見受けられた（松崎［1933］，松崎［1935］など）。

だが，この問題への対処策に関しても，既存業態・組織の融資機能（今日流に言えばリレーションシップ・バンキング機能）を保全・活性化すべきという（結果的に米国が採ったような）政策対応を求める意見（松崎［1935］）[36]はむしろ少数派であったように見受けられる。むしろ，中央政府の主導による融資 保証制度や専門金融機関・中小企業団体などの創設を求める論調ないしは中小企業団体からの要求（寺岡［2000］pp.88-100，三好［2008］pp.50-59），あるいはまた，大銀行・地方銀行・信用組合の本支店展開地域に関し政府の統制を求める論調（藤原［1933］p.54），など，やはり「統制」政策への志向が目立つようになっていったのではないか，というのが，現時点での筆者の認識である。（ただし当時の組合金融の思潮や運動の様相をより詳しく検討することは今後の課題である。）

4．結びに代えて
──政策相違の要因として横たわる日・米の社会的基層の差異──

序章の4節(1)で述べたように，本書において日米の銀行関連制度がなぜ歴史的に分岐してきたかを見る際，筆者には，河村［1995］の（一国の）「社会の基層」という概念が有用ではないかと思われる。序章の同箇所と重なるが，以下，再度

43

引用する。

> ［一国・一民族の存亡をかけた総力戦のインパクト］は，『市場経済』を超え
> る『経済の組織化』を必要とさせる。そうした『組織化』は，政治・軍事要
> 因，そして一つの社会の構成原理の基層にある文化要因まで複合されて初め
> て成立する。むしろ，存亡の『危機』が，それぞれの社会の基層をなす社会
> の構成原理の特質や文化的特性を，戦時の政治・経済の具体的な姿として増
> 幅させて顕現化させるように思われる。　　　　　　　　　　　　（同 p. v）

　本章で扱った時期は，わが国では1931年の満州事変を機に準戦時体制に突入し
ていった時期に相当し，他方，米国においては1929年以来の大恐慌が経済体制の
根幹を大きく揺るがしていた。その中で進められた「ニューディール政策」は，
社会主義思想・運動も台頭するなか，経済自由主義さらには民主主義国家として
の存亡もかけた（少なくとも部分的には）「市場経済を超える経済の組織化」（上
記引用文）であった，と解することもできよう。

　前節(2)(3)でみたように，同時代人たるわが国の論者たちは，経済自由主義・
個人主義のメッカたる米国も，河村の言う「市場経済を超える経済の組織化」を
余儀なくされていることを見て取っていた。しかし，その組織化の原理を「（各
国共通の）統制経済イデオロギー」（飯田［1935］p. 65）にのみ帰するのでは，米
国の状況に関する理解として不十分であった。栗栖［1936］がいみじくも米国の
法制の根底をなすものとして指摘しつつも「［新銀行法が］相当の距離をもつに
至った」（p. 122）と，その退潮を見て取った「地方自治の精神」は，実は以下で
引用する諸発言のように，決して退潮してはいなかったのである。そしてそれら
発言に表れた中央政府・ニューヨーク金融街に対する不信感，他方において州
権・コミュニティ（所在の私企業［含小銀行］）の自律性へのこだわりこそ，「米
国社会の基層をなす社会の構成原理の特質や文化的特性」（上記河村［1995］引用
文）の不可欠な部分をなし，そのこだわりの強さ―― Turner［1893］の言う米
国の「特異性」（由里［2000a］p. 147）に相当しよう――こそが，世界的にも先例
のない国営預金保険制度という「大規模の実験」（松村［1935］下，p. 22）へと向
かわしめたのではなかろうか。

第1章　預金保険制度

　［銀行預金の安全性に対する信頼は］私企業にとり，また米国債の円滑な消化にとり不可欠である。それは収入の増加，利益の拡大，そして悪しき［vicious］また腹立たしき［vexatious］増税という方法によらずして政府予算を成り立たせることを可能にするのである。

（スティーガル下院議員，1933年：Flood［1992］p. 66）

　米国から小銀行が消えようとしていた。少数の者がニューヨークから全米中の信用供与を支配するという，米国の危機が迫っていた。上院および下院は，銀行預金保証［guaranty］法案を通過させることで，恐慌の悪しき進行を転換させ小銀行を救う初の行政的手段を打ったのであった。

（ヴァンデンバーグ上院議員［民主党―ミシガン州］，1933年：Golembe［1960］
p. 197）

　銀行はそれぞれの［本店所在］コミュニティにとって確かに有益なものである，この道理［principle］をわれわれ［立法当事者］は立法によって保持せねばならない。それゆえにこそ，銀行資源および銀行支配力の一局集中，少数者の手への集中は健全な公共政策に悖るのである。われわれは頑健で安定した諸銀行を求める。それと同時に，各コミュニティは自身の資金を自らの境界内に留め置き活用することが可能でなければならない。」

（ルーズヴェルト大統領［当時ニューヨーク州知事］，1932年：Burns［1974］pp.
99-100）

　それに対してわが国では，そもそも「地域金融」の問題が社会の構成原理（米国における地方自治や「コミュニティ」のような）に関わる問題と捉えられることがなかったのではあるまいか。そしてそれらの問題に対処する方法として，のちに第3章で見るように，中央政府による組織化（当時のキーワードでは「統制」）に期待する傾向が見受けられ，あるいはそのような政府の役割への期待・志向性こそが戦前（あるいは現在に至るまで）の日本社会の構成原理であったのではあるまいか，とも思わせられる。

　すなわち，本章でみた米国の連邦預金保険制度およびわが国の銀行合同政策に関しても，各々の政策が採られた重要な要因の一つに，それぞれの国において通

45

時的に政策形成の基底をなす，社会の構成原理の相違があるように思われる。そのように通時的な社会的要因を措定することにより，その後「戦時期」が終了し日米ともに戦後の成長期を経て現在に到るまで，両国の銀行監督制度そしてそれに規定された銀行産業組織が（1930年以前には存在していた）小銀行政策および小銀行の多寡に関する類縁性を再び回復することはなかった——すなわち1930年代が歴史的分岐点になった——ことが，より良く理解できるように思われる。

注

(1) 第7章でみるように，実際，オバマ政権・連邦議会の制度改革論議は「現行制度では（小銀行の過度の保護の懸念よりもむしろ）大手銀行が過度に保護されてしまう」という捉え方に基づいていた（それが「ウォールストリート憎し」の国民感情に影響されている面があるとはいえ）（*Bloomberg Businessweek,* Sep. 27, 2010, p. 44）。ドッド＝フランク法が定める，大手銀行諸行の自己負担による清算基金の制度や，FDIC預金保険料賦課額算定に際しての総資産準拠方式（総資産額／預金額の比率の高い大手銀行が小銀行よりも割高に負担；第7章3節(2) aで後述）などは，本章でみていく大恐慌時代の連邦預金保険制度論議以来の「小銀行を（過度に）保護するための（経済原理を逸脱した）制度」という連邦預金保険制度に対する批判的指摘が金融危機後の規制改革論議において 覆 されたことの表れと考えられる。

(2) Bernanke［1983］は，Diamond and Dybvig［1983］（引用されているのは1981年草稿）など当時まだ揺籃期にあった「情報の経済学」という「ミクロ的基礎」を用いた信用理論（リレーションシップ・バンキングの理論の基礎ともなった）を援用している。

(3) Wicker［2000］は米国の先行研究を十分斟酌し，なおかつ大恐慌当時の連邦準備銀行データや新聞等をも用いた近年の詳細な論考である。なお，向笠［2003］（連邦預金保険制度の成立を主題としているため本章では3節で紹介）も，その I 節「背景—地方銀行の経営破綻と『銀行恐慌』」において既往研究に基づく同銀行危機の概観（主に平田［1969］，次いで Wicker［2000］および Hamilton［1985］などに依拠）を行っている。

(4) Wicker［2000］p. 26 の月別銀行破綻データ表（1929年8月〜1931年3月）により筆者集計。

(5) Wicker［2000］p. 67 の月別銀行破綻データ表（1931年）により筆者集計。次の「第3波」に関しても同じ。

(6) Wicker［2000］は1933年の第4波を，第3波までの「危機（crisis）」という呼称ではなく「恐慌（panic）」と称している。

第1章　預金保険制度

⑺　都市部（とりわけ中西部工業地帯などの1920年代の高成長都市）の諸銀行の業況悪
　化要因の一つは，各都市の新郊外域などにおける住宅・商業不動産向け融資の延滞・
　支払不能増加と担保不動産の価額急落との相互作用であった（Wicker［2000］p. 69-
　70，平田［1969］pp. 114-133）。

⑻　より詳しくは第7章の1節⑶で述べるが，Kingdon［1984］pp. 176-177 は，特定の
　政策課題がアジェンダ（議会などの検討課題）となる条件を「政策の窓（policy win-
　dow）」という概念にまとめている。

⑼　復興金融公庫（Reconstruction Finance Corporation）は，フーバー政権下の1932
　年初頭に，あらゆる銀行（債務超過の場合を除く）に緊急融資を行いうる連邦政府組
　織として設立されたが，連邦準備制度加盟銀行を対象に緊急融資を行いうる FRB と
　の役割分担が明らかでなく，1933年初の銀行危機ではむしろ両者ともに責任を回避す
　る傾向があった（Wicker［2000］pp. 109, 119-120）。

⑽　1933年銀行法に関連する連邦預金保険制度以外の金融制度，すなわち連邦準備銀行
　（FRB）制度や FRB 等による銀行規制・監督制度にまで視野を拡げれば，もちろん一
　層多くの研究蓄積がある。同法ならびに1935年銀行法を広く米国金融規制制度史の中
　に位置づける，文献レビューの役割も果たす論考として，須藤［2003］を挙げておく。

⑾　連邦預金保険をはじめて提唱したのはウィスコンシン州選出の W. T. Price 議員で，
　1886年のことであった。1933年銀行法において同制度が実現するまで，149の法案が
　頓挫し続け，それらのうち一議院でも通過したのは，1913年と1932年のみであった
　（Vedder［1965］pp. 17-18）。

⑿　Kingdon［1984］（注8で前出）は，政策提案の主唱者または政策案に脚光を浴びせ
　るため努力する人を「政策起業家（policy entrepreneur）」と呼び，多くの立法化実
　現事例で重要な役割を果たすことが例証された，と述べる（Kingdon［1984］pp. 129-
　130, 188-193）。政策起業家は「子飼の解決策（pet solution）」が登用されるよう議会
　の内外で画策を続け，「政策の窓」が開くや短期間にスパートをかけ，当該政策案の
　実現可能性を高める，という。そして「政策起業家」の属人的資質として粘り強さ
　（persistency）・説得力（advocacy）・政治的駆引（brokerage）を挙げる。スティー
　ガル議員をこの理論に照らし合わせると，連邦預金保険制度が同議員の「子飼の解決
　策」であったことは間違いないが，Golembe［1960］p. 182 も指摘する「粘り強さ」
　はともかく，他の資質では必ずしも長じていなかったように思われる。しかしその
　「粘り強さ」は，同僚のヒル議員が「連邦預金保険制度案をわが子のように育て十数
　年間もその実現の夢を捨てず努力を続けた」と賞賛した（Veddar［1965］p. 23）ほど
　のもので，大統領や議会実力者（グラス議員）もそれに対しいわば「根負け」した，
　という側面があったのかも知れない。

⒀　Golembe［1960］p. 182 が挙げる3つの主要因の他の2つは，時の情勢（the times），

47

および，通貨システム安定化を求める集団と銀行業界の既存構造の保持を求める集団という（かつては）別種の利害を有していた2集団が揃って立法化を支持したこと，である。

⑭　Flood［1992］の PDF 版のアドレスは http://research.stlouisfed.org/publications/review/92/07/Deposit_Jul_Aug1992.pdf。なお，同論考をはじめ，FRB・地区連銀の研究誌等所載の諸論考は，サンフランシスコ連銀ホームページ中の検索サイト（http://www.frbsf.org/publications/fedinprint/index.html）から探し当てられることが多い。

⑮　Flood［1992］p. 56 では "dual banking system"（二元銀行制度）および "unit bank"（単店銀行）の擁護者たち，という意味で記されているが，以下の注16および注17から理解されるように，それらを擁護することは「小銀行主体の銀行システム」を擁護することに概ね帰着するため，「小銀行擁護派」と本章では呼称する。

⑯　「二元銀行制度」とは，連邦政府と州政府の双方が銀行認可・監督権限を有し「国法銀行」と「州法銀行」とが併存する制度のことで，連邦制国家としての米国の国家体制の根幹に根ざし，また「州法銀行」制度により各コミュニティ（地域社会）の金融ニーズにより良く応えられる，とされる（高木［1986］pp. 99-105）。少なくとも「二元銀行制度」擁護派は銀行制度に関わる諸論議でそう主張し続け，近年に至るまで効果を上げてきた（由里［2009］p. 235）。

⑰　「単店銀行」は，支店を有せず本店一カ所のみで営業する銀行のことで，1930年時点で米銀23,679行の約97％を占めていた（Fischer［1968］p. 31）。単店銀行は各町村の地元経営者によって担われ，彼らの多くは，支店制銀行やその「雇われマネジャー」たちよりも地元貢献意識の高い単店銀行のほうがコミュニティにとって有用，との自覚と政治的主張を有していた（高木［1986］pp. 105-107, 112；由里［2000a］pp. 172-175）。また，支店制銀行が州境を越えて拡張することを禁止したり州内の支店規制を強化したりするうえで「二元銀行制度」が極めて有用であったため，「単店銀行」の支持派は概ね「二元銀行制度」の堅持をも主張する（本文2節⑶ d）で後述）。

⑱　戸田［1985］および Economides *et al.*［1996］などを参照。

⑲　ルーズヴェルト大統領からも，1933年4月，付保制限を設けるよう強い要請があった。その理由は，保険基金への政府拠出額をより小さくするため，また，結果的に大口預金者のほうが預金保険制度により大きな利益を得ることがないように，ということであった（Veddar［1965］p. 28）。

⑳　1933年銀行法による連邦預金保険制度が，リスクに応じた保険料率という保険の制度設計の基本を欠いていることに対する批判は，金融経済学者からも発せられていた（たとえば Emerson［1934］pp. 243-244, Whittlesey［1935］p. 13）。

㉑　このイメージ形成に少なからず寄与したのが，ピューリッツァー賞を獲得した1931

年 Chicago Tribune 紙上の John McCutcheon 作の風刺画（Encyclopaedia Britannica, Inc.［1976］p. 108）である。ベンチに座った一文無しの男にリスが「好景気の時に少しは貯金しなかったの？」と聞き，男が一言"I did"と答える（そのそばには「銀行破綻の被害者」と記した紙きれ）。同風刺画は Flood［1992］p. 63 にも掲載されている（同稿のウェブアドレスは注14参照）。

(22)　たとえばコロンビア大学の銀行論教授らの手になる Willis and Chapman［1934］は，単店銀行制度を批判的に検討し（pp. 395-398），支店制銀行のメリット・デメリットを比較考量した（pp. 414-419）上で，地方中心都市との大量・高速の交通システムの実現のもと，分散的な単店銀行システムの変貌は不可避，と結論付けている（pp. 634-637；そこでは本章の次節で言及する ABA 前協会長 Stephenson の見解も引用されている）。

　　なお，ここで多くを挙げないが，1930年代初頭に米国の銀行産業組織のあり方に関する論考が増加する背景には，大恐慌および銀行の大量破綻，それを受けた州・連邦議会における銀行支店自由化法案・銀行制度改革法案の論議（銀行監督や破綻時セーフティーネットなどについて）の盛り上がりとの関連があろう。それらの議論には，単店銀行や小銀行数の多さを，支店等にかかる旧来の規制とその背後にある単店銀行・農業者の政治的圧力の結果と捉えていたものも多い。Wheelock［1993］はそのような当時の議論も踏まえ，「単店銀行が破綻しても支店としての再開を可能ならしめ社会的コストを減らすことはできる。それを禁じていた支店制禁止制度の州における経済的損失は大きかった」（p. 875）との趣旨のことを述べている。また Flood［1992］は，1933年銀行法にかかる連邦預金保険制度の是非の論議の基底には，単店銀行と支店制銀行各々のメリット・デメリットを巡る論争があったとする。

(23)　小銀行業界においては，議会内の「小銀行擁護派」にも増して預金保険反対の傾向が強かった。その反対理由としては，二元銀行制度が脅かされるとの危惧と支店制銀行（既に連邦準備制度に加盟し預金保険加入資格は確実）への警戒心に加え，銀行業界からの拠出金で維持する預金保険制度の料率が（州単位での預金保険の頓挫の経験から）銀行収益を圧迫するほどに割高になるのではとの危惧，などもあった（Keeton［1990］）。

(24)　Roe［1994］邦訳書 pp. 35-43 および由里［2000a］pp. 171-176 を参照。

(25)　グラス議員が小銀行擁護派に歩み寄った最大の原因とされるのは，同議員を「ウォールストリート側の人物」と名指しし前回の議会会期にはグラス銀行法案の議事妨害（filibuster）まで行っていたロング（Huey Long）上院議員（民主党－ルイジアナ州）が，スティーガル議員と共闘を組む動きを示し，「小銀行存続のための連邦預金保険制度」を提唱したことであった。ロング議員の影響力（煽動力との見方もある）は大きかったので，この動きは実際に小銀行擁護派や小銀行業界の預金保険に対する嫌疑

心を解消させる効果を持った。グラス議員はこれを見てスティーガル議員に歩み寄る姿勢を強め，反二元銀行制度的な法案条項の修正に応じるようになった。（以上，Flood［1992］p. 71，ロング議員とグラス議員との確執に関しては向笠［2003］pp. 61 -62。）なお White［1982］は，この1933年の論議を含め1864年以来の連邦議会における銀行制度論議で，小銀行・二元銀行制度の擁護派こそが最大の影響力を発揮し続けてきた，と論じている。

(26) リレーションシップ・バンキングの理論（1節(2)参照）でよく用いられる言葉で言えば，銀行と借り手との間の「情報の非対象性」が高まった，ということになる。

(27) "credit view" 論（Freixas and Rochet［2008］pp. 196-209）は，わが国の1990年代不況期における金融政策の波及過程に関しても実証的妥当性が認められるとされ（小川［2003］pp. 162-164, p. 190），今日では金融経済学の標準的理論の一つとして大学学部レベルの金融経済学教程の一部ともなっている（たとえば竹田［2005］pp. 230-233）。

(28) 雑誌記事索引（『雑誌記事索引集成［社会科学編］』［皓星社］，第48巻［1996］，第51巻［1997］，および第52巻［1997］）に依拠し，具体的には『経済学文献大鑑』［1937年5月刊］，『経済時報』［1935年12月〜1937年2月刊］，『経済学雑誌』［1937年1月〜12月刊］）の関連分類項目を通覧した。また，同索引検索を通じて米国銀行制度関連の考論等が多く載せられていることが分かった『調査月報』（大蔵省理財局），『銀行通信録』（東京銀行集会所），『銀行研究』（文雅堂）の3誌については，当該発行時期に刊行された各巻の総索引または（総索引なき場合）各号の目次を通覧した。

(29) 中村［1985］pp. 170-171 は，1920年代において「日本の財政金融当局は，つねにイギリスとアメリカに対する信頼の上にたっていた」こと，それに対して1932年の上海事変・満州国建国以降円ブロック形成が国是となって以降は従来の良好な対英米関係は否定されていかざるをえなかったこと，を述べている。大蔵省理財局『調査月報』における米国関連調査の多寡にも，あるいはこのような対外関係の潮流変化が影響しているのかもしれない。

(30) Emerson［1934］の原文（p. 240, p. 244 など）では，本文に示した松村［1935］引用文ほどには，自国の銀行業界の惨状を強調してはおらず，「世界に冠たる強国，富める経済にあって相応の銀行システムにはなっておらず，他の強国の銀行システム同様の安全性・健全性を達成する必要がある」との趣旨が述べられている。このあたりの邦訳・要旨紹介に際してのニュアンス上の置き換えにも，本文ですぐ後述する米国の恐慌対応策さらには自由主義的な経済運営の原則に対する総じて低めの評価が影響しているように思われる。

(31) たとえば，『銀行研究』第26巻2号（昭和9年2月）の「海外新思潮」コーナー pp. 170-177，「世界経済攪乱者たる米国」（"America as a world disturber," *Banker's*

Manager's, Dec. 1933〔筆者は元の論説未確認，文章の内容からして英誌と推察される〕）。

⑶ 『銀行研究』第30巻3号（昭和11年3月）p. 146，同第33巻2号（昭和12年8月）p. 168など。

⑶ 『銀行通信録』第590号（昭和10年3月20日）p. 238。

⑶ 銀行論壇よりもはるかに広範な経済論壇一般に関しては，筆者の文献渉猟ははなはだ不十分ではあるが，『東洋経済新報』の1930年代の諸巻を通覧してみた限りでも，米国の経済状況ならびに経済政策運営に対する評価は「資本主義経済の深刻な行き詰まり（自然回復機能の不全）に対して，はなはだ不十分な施策しか採られていない」というものであったように見受けられる。（代表的なものとして同誌1933年11月25日 pp. 25-47「米国財界問題報告会」（座談会録）を参照。なお，同報告会は連邦預金保険制度制定を含む1933年銀行法成立後まもなくのものであったにもかかわらず，その動きは言及されておらず，金融分野に関しては「金融機関の資本主義的行動に対する政府統制が実質未着手で問題が特に多い」〔小島精一発言，p. 27〕といった評価が支配的である。）

⑶ たとえば，既に2.26事件を経て経済全般にわたり国家統制強化の流れが明白になっていた中で記された春日井〔1937〕を参照。同 p. 15 には，（自由主義経済の原則たる）「見えざる手」による自然的調節がもたらす「長きに過ぐる」弊害に対する「統制」のみが是認されうるに過ぎない，との主張が表明されている。

⑶ 松崎〔1935〕p. 14 は，「今日までも相当に中小商業金融には尽してきた」信用組合・貯蓄銀行・無尽会社が「方法さえ考え直すならば」中小商業者に対する金融は十分可能で，〔当時商工省が議会に提案していた商工中央金庫など〕「そう新たなものを作るには及ばない」，と述べている。

⑶ 「地方自治の精神が退潮してはいなかった」ことは，本章の2節でみた1933年銀行法に先立つ論議のほか，1935年銀行法制定に際してスティーガル議員の反対により連邦預金保険制度加入要件から連邦準備制度への加入という条件が削除されたこと（Vedder〔1965〕p. 70）によっても，より明らかである。その擱筆時期として1936年2月という記載があり，1935年銀行法についても解説している栗栖〔1936〕が，連銀加入条件削除には言及せず「被保険銀行の拡大」に関し簡記するにとどまっているのは，あるいは当時において議会の論議の内容を追うことまでは難しかったのかも知れないが，やはり検討不足の感はある。加うるに松村〔1935〕も，前掲注30のように Emerson〔1934〕の原文にあたるという綿密な連邦預金保険制度の検討を行っている割には，本章でみたようなスティーガル議員の農業州・小銀行を代弁する議論には言及していない。あるいは米国議会での論議に関する資料的制約があったにせよ，松村〔1935〕にあっても栗栖〔1936〕にあっても，そもそも議会制民主主義的伝統の浅い

第1部　大恐慌期・戦時期における日米の地域銀行政策・業態の分岐

当時のわが国において米国議会における論議の内容に対する関心が薄かったことを反映している，という可能性もあろう。

(38)　本章では連邦預金保険制度の成立の経緯に焦点を当てており，松村［1935］の言う「大規模の実験」の実施段階に関しては考察の対象外ではあるが，小林［2009］pp. 357-358 によれば，同制度の制度設計のみならず運用（特に銀行破綻処理）においても，各地域の金融組織の継続性に関する配慮はなされた。

(39)　後藤［1968a］は，わが国明治前期の国立銀行制度が米国の "national bank system" に倣ったこと（同 pp. 1-2），その後小銀行の「濫設」を問題視する声が銀行業界などからもしばしば起こり（同 pp. 37-38 など）大蔵当局もまた明治30年代初頭には英国のより集中度の高い銀行システムを志向するようになった（同 pp. 48-50 など）ものの，結局は昭和金融恐慌に至るまでその基底において米国的・自由主義的な銀行制度が存続した，と論述している。

第2章
小銀行独自の業界団体設立
―「コミュニティ銀行業界」の制度的根幹保持の要求―

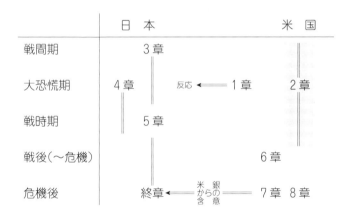

1. はじめに

──本章の検討課題ならびに依拠する資料──

(1) 米国において存在感ある銀行業界組織の一つとなったICBA

既に序章においても言及したが，米国コミュニティ銀行家協会（Independent Community Bankers of America［ICBA］，1999年3月以前はIndependent Bankers Association of America［IBAA］）[1]は，筆者が米国コミュニティ銀行に関する研究を始めて以来，論文・著書あるいは一般向けの論考等，いずれにおいても言及する度合が極めて多い業界組織であった。

たとえば由里［2000a］3章Ⅱならびに5章Ⅲは，IBAAの組織・加盟銀行向けサービスの紹介ならびに連邦議会でのロビー活動（1991〜1996年）の紹介に主にあてられ，由里［2009］5章もICBAの連邦議会でのロビー活動（1999年グラム＝リーチ＝ブライリー法［GLB法］[2]に至る過程）に焦点を当てている。

そのリーマン・ショック後の金融規制改革論議──金融危機の主たる震源地となった大手金融機関やデリバティブ市場についての規制再強化策を軸とする──は，その後2010年7月にドッド＝フランク法[3]として結実した。詳しくは第7章に譲るが，リーマン・ショックとそれに続く金融・経済危機を契機に大手投資銀行・商業銀行などいわゆる「ウォール・ストリート」勢（それを構成員に含むABA［米国銀行協会，American Bankers Association］も半ば含まれる）が世評を落としたのとは逆に，もっぱらコミュニティ銀行業界を代表するICBAの政治的存在感は相対的に増した。

またこれは1990年代からのことであるが，筆者が毎号のように目を通す*American Banker*紙上にて，ICBA首脳への取材や彼らの言辞に接することは，ごく日常的なことである。

(2) 米国のコミュニティ銀行業界団体の発足に関する研究・報道資料の少なさ

上記のようなICBA（またはその前身のIBAA）の諸活動の規模・存在感（政策関係者やメディアが着目する度合）に比すれば，その元々の発足時の規模や注目度は，極めてささやかなものであった。その経緯・資料等に関しては後に詳述するが，1930年5月にIBAAの前身たる独立銀行家協会（Independent Bankers As-

sociation〔IBA〕）が設立されたことに関し，英文でも既往文献はほとんど存在せ
ず，当時の *American Banker* 紙も記事にしてはいない[(4)]。

　筆者が渉猟した限りでIBAの設立・草創期に言及している書は，Chapman
and Westerfield〔1942〕，Lamb〔1961〕ならびにPopple〔1944〕程度であり，ま
た，モノグラフ的な論文も見つけることはできなかった[(5)]。のちに本節(4)で述べる
ICBA関係者に聞いても，やはりIBA史にかかる研究書・研究論文は知らない
とのことである。

　上記3つの研究書のうち，まずChapman and Westerfield〔1942〕は，その
pp. 127-128 においてIBAならびに他州の同様の単店銀行（unit bank）[(6)]からな
る諸団体[(7)]を紹介し，それらいずれもが全国的展開には達していないこと，しかし
州議会への影響は大である旨，述べている。同書はまたpp. 112-115において，
1930年前後の連邦監督当局者ならびにABA（(1)にて述べた現存のABAに同じ）
が支店銀行制度の拡大を推進または認容する姿勢であったことを記し，そのこと
は，後述するようにIBAの発足・活動の動機を理解するうえで重要である。

　次にLamb〔1961〕は，そのpp. 37-43において，1900年代初頭から1930年代に
かけての支店銀行制度の可否をめぐる銀行業界および監督当局の動きを概観し，
Chapman and Westerfield〔1942〕の上記内容と概ね同様の状況整理を行ってい
る。後者の書ほどには単店銀行諸団体をつぶさに紹介していないなか，IBAに
関しては名称・設立年・主張を紹介し，Popple〔1944〕（次に述べる）の書を同
主張面の典拠として挙げている。なおこのLamb〔1961〕の書は，その7章
"Regulation of Group Banking" において，1938年から1954年にかけての米国議
会における銀行持株会社規制論議を概観する中でIBA等小銀行団体の主張すな
わち多店制反対の論理を紹介する（pp. 178-180）とともに，IBAが1955年時点で
5,200強の加盟銀行数を有する組織となっていたことを注記において記している
（p. 306）。

　3つ目のPopple〔1944〕は，本章でのちに同書も引用しつつ詳述する，ミネソ
タ州の2つの大きなグループ・バンキング組織（Northwest Bancorporationな
らびにFirst Bank Stock Corporation）を主題としており，同じく（というより
それら2つの大きな銀行組織の存在ゆえにこそ）ミネソタ州にて結成された
IBAの主張にも言及している。ただし同書はIBAの組織名称等は記しておらず，
典拠として記した連邦議会公聴会議事録に拠り（恐らくはIBAに限らぬ）単店

銀行家たちの意見を紹介している。同書の記述内容も本章でのちに折にふれ紹介していきたい。

なお上記3つの書のほか，1930年代の銀行制度論議あるいは銀行産業組織にかかる書につき，同時代または1930年代からあまり時期を置かずして書かれたものをなるべく多く見てみたが，単店銀行勢力の動静につき，概ね，せいぜい一段落以内か注程度の扱いであり，IBA その他の単店銀行組織の名前も記されていなかった（年代を限らず米国金融・銀行通史の書を管見したところ単店銀行への言及度合はさらに少ない）。

⑶　IBA の成立・発展の要因を理解するうえで有用な政治学分野の先行研究

「IBA という組織に明示的に言及しているか否か」という，前段における文献探索基準を拡げ，「単店銀行群ないしは農村部所在の銀行群の政治的組織化と利益団体としての政治的影響力の拡大」という視点から本章の先行研究を挙げるとすれば，追加的にいくつかの有用な研究書に行き当たる。

その一つ目は，由里［2000a］（4章Ⅳ）にても取り上げた Roe［1994］である。同書は米国企業の企業統治，関連する諸制度，その背景に横たわる政治思潮の相互連関を論じたもので，米国の銀行業界については，ドイツや日本よりも中小銀行が強く大手銀行の勢力が相対的に弱いことが米国企業における経営者主導型の企業統治につながった，と論ずる。

IBA の設立・発展史との関係では，1930年代銀行法論議以来，小銀行業界（戦後はその利益団体）が米国議会での銀行関連論議に影響を与えるようになり，しかもその政治的圧力は大銀行・大企業のそれに比して無害であると国民・議員たちに感ぜられ総じて好意的に受け取られている（「ポピュリズム」的な政治風土の存在），と述べている点（Roe［1994］邦訳書 pp. 32-43, 50-53, 120-125, 277-278）が，関連性の深い知見であろう。

2つ目は，IBA もその一典型である米国の利益団体に関する研究，とりわけ「利益団体政治（interst group politics）」の生成期とされる20世紀はじめの約30年間（Clemens［1997］pp. 1-8）における利益団体諸組織（とりわけ農業・労働者・女性関連など同時期に勃興したタイプ）の組成・発展に関する研究として一定の評価を得ている Clemens［1997］である。

同書は，「団体がどのようにして組織されていくかは，それら組織の活動目的

や動員しうる資源と同様の重要性を有する」(p.6) と述べ，組織化する手腕 (art of association) の有無が利益団体の生成・発展ないしは失敗・消滅の分かれ目において重要，と述べる。仮に上記 Roe [1994] の言う「ポピュリズム」的な政治風土が単店銀行の利益団体の主張に対する国民からの支持につながったとしても，その利益団体の代表的存在に IBA が発展していったことの説明にはならず（単店銀行の利益団体は全米では他にも少なくなかった［注7参照]），Clemens [1997] のように利益団体の組織そのものに着目した先行研究の視座は有用であろう。

また同書は，ミネソタ州でも盛んであった農業者層運動に一つの焦点を当て，地方に軸足を置く利益団体がワシントン DC（首都すなわち連邦議会・中央省庁）に影響力を伸長させる様相や成功の要因を説明しようと試みており，その点も IBA の発展史の解釈に際し有用である。同様の有用性は，ミネソタ州をはじめとする米国中西部（Midwest）の西側の諸州で特に盛んであった農業者層運動と連邦議会・中央省庁との連関を詳述する Saloutos and Hicks [1951] にも見出され，この古典的な研究書も本章にとってある意味での先行研究と位置づけられよう。

しかしながら，以上の3書いずれも，単店銀行や銀行業への言及はほとんどなく，（解釈論ないしはより大きな文脈への連接に先立ち必要な）"fact finding" 作業という目的にとっては，本段(2)に挙げた文献に加えるところはほとんどない。そして，その(2)の文献も IBA という組織そのものの生成・発展に関しては多くを述べていないのであり，結局は，次段で述べる ICBA 資料を辿ることが本章の作業の中心となる。

(4) IBA の発足・草創期にかかる ICBA の刊行資料・保存資料

筆者は，以前から知己を得ていた ICBA（IBA の現在の後継組織）元会長（在任2011年3月～2012年3月）の Salvator Marranca 氏（Cattaraugus County Bank 元頭取・CEO）に直接，協力要請の仲立ちをしてもらい，2015年3月，ICBA ワシントン DC 本部の事務局長（Senior Executive Vice President, Chief Operating Officer）Mark Raitor 氏を訪ねた。

同氏との間では予め，当方の目的（「専ら学術的」）ならびに所望する資料のタイプなどを伝えてあったが，残念ながら戦前期の IBA に関する一次資料は下記

「DuBois メモ」のみで，他は戦後に書かれた二次資料，または戦後期にかかる一次・二次の資料であった（それらについては数十種類の提供を受けた）。上記のように近年の元会長の直接の紹介により訪ねたこと，ならびに Raitor 氏は ICBA ミネソタ本部での事務総括者経験も長いこと（Sturgeon and Lobdell [2003]），ならびに2日かけての訪問・面談時の雰囲気も友好的かつ協力的であったこと，さらに Raitor 氏や Marranca 氏の話しぶりからも，筆者としては ICBA が組織として資料の出し渋りをしたとは考えにくい。

それゆえ本章では，さしあたり依拠する ICBA（その前身たる IBA・IBAA を含む）資料を，ICBA 訪問時に入手した刊行資料・本部保存資料，ならびに筆者がその前から保存していた *Independent Banker* 誌（ICBA［または前身の IBAA］の機関誌）の諸記事などに限ることとしたい。

なお，IBA の草創期・初期（概ね1960年代半ばまで）の出来事や運動重点項目，理念等を知るうえで大なり小なり有用と思われる，ICBA 訪問時に入手した本章にとっての主要資料は下記①〜⑧のとおりである（刊行・作成年月順に配列，丸カッコ内は筆者付言；IBA 史が主題のものでも下記列挙資料と内容が重複し付加価値が少ない資料は省略）。

① Ben DuBois [1963 ?]，"History of the Independent Bankers Association," pp. 10
（本章にて「DuBois メモ」と呼称，その内容全体を本章末尾に〈資料〉として掲載。IBA の草創期から30余年にわたり事務の総責任者を務めた DuBois 氏の手記であり，Raitor 氏によれば，IBA 発足・揺籃期にかかる現存内部メモ・公表記事等は基本的に本メモに依拠している。）

② Independent Bankers Association [1965]，*Independent Banking: An American Ideal*，Independent Bankers Association（IBA を銀行業界人・メディア・研究者等に紹介するのに有用な *Independent Banker* 誌の記事・論説等を集めた，いわば「ポジション・ペーパー［公式見解］集」的なもの。）

③ Stenehjem [1965]（「引用文献」欄参照）（上掲①の「DuBois メモ」に多くを依拠しつつも，IBA の利益団体としての成果等につき固有の観察・評価も示す。）

④ *Independent Banker*, Nov. 1966（IBAA 新本部建物の披露式典記念号で

あり，式典に参列した IBA 草創期の功労者たちが並ぶ写真等もある。）

⑤ IBA・IBAA の 1951〜1978 年年次大会における決議文（*Independent Banker* 誌所収）

（ただし筆者が帰国後に確認したところ決議文全部はコピーされていない年もある。）

⑥ Independent Bankers Association of America［1980］, "IBAA in Perspective," memorandum, Aug. 8, 1980, pp. 19（上掲①の「DuBois メモ」との重複もあるが，加盟銀行数，会費制度，会費総収入などのデータ，ならびに 1980 年までの IBAA の発展・組織・課題など，本資料独自かつ有用な情報が多い。）

⑦ *The Wall Street Journal*, "Country Cousins: Small Town Bankers Fight to Keep Curbs on Big Rivals' Growth," by Christopher Conte（staff reporter）, Jun. 3, 1983（州際支店展開自由化論議が活発となるなか，IBAA ミネソタ本部，DuBois 氏の子息，同州大手銀行持株会社 First Bank System を取材して記した分量のある第 1 面所載記事で，IBA 発足期を含めた俯瞰的記述にも価値あり。）

⑧ ICBA［2005］（「引用文献」欄参照）（IBA 発足 75 周年に発刊された写真を主とした記念冊子で加盟銀行や関係者への配布用「非売品」。発足時来の Chairman 一覧も巻末に掲載。）

なお，上記に加え，*Independent Banker* 誌が IBA 発足 75 周年に際して掲載した下記⑨・⑩の特集記事も併せて「ICBA 資料」と位置づけ，①〜⑩を前述のとおり本章が依拠する基本資料とする。

⑨ Cook［2005］（「引用文献」欄参照）（IBA に関してはほぼ「DuBois メモ」情報の範囲内だが，IBA の発足・発展と対応する金融（制度）史上の動きを記している点が有用である。また同稿中のコラム Gamble［2005］は［出典不記載ながら］DuBois 氏の，上記メモより後の回想的述懐も記している。）

⑩ Patton［2005］および Phillips［2005］（「引用文献」欄参照）（⑨への筆者付言前段に同じだが，追加的な情報はより少ない。）

第1部　大恐慌期・戦時期における日米の地域銀行政策・業態の分岐

(5)　本章の構成と課題の範囲の設定

　次の2節では，まず，上の(2)の段で記した文献をはじめとする諸論考等に基づき，1930年春のIBA発足の背景となった1920年代の米国銀行業界，とりわけミネソタ州の銀行業界の様相を概観する。

　その後，3節および4節では，1930年から1960年代半ばまで（この終期は「DuBoisメモ」の終期にほぼ対応）のIBA設立期・発展初期の様相を，上の(4)の段で記した①〜⑩の「ICBA資料」を基本に，上記(2)の諸文献その他の論考や*American Banker*紙などの報道資料も時に援用しながら，描出する。それら2つの節の間では，1930春〜1933年春（"bank holiday"［大統領令による銀行一斉閉鎖］直後まで）を3節にて，1933年夏〜1960年代半ばを4節にて，各々分担する。（なお，注20に記したようにIBAは1965年にはIBAAに名称変更するが，組織体としては継続するので，IBAAさらには現在のICBAの時期を含め4節の対象時期は概ね「発展初期」の時期と位置付けられよう。）

　「IBAの設立の経緯，初期の発展の様相」を主題とする本章にとり，これら2つの節はその中心部分をなすが，それらのうち，3節の記述は，組織のその後への影響度という観点から設立時・揺籃期の目的・理念・組織・出来事は重要性が高いと考えられること，および同時期にかかるICBA資料（前段の①〜⑩）の充実度から，なるべく細かい点まで記す。それに対し4節の記述はより概論的なものとするが，3節で詳述された設立時・揺籃期の理念・組織等との関連性ならびに設立目的の達成度如何に関しては重点的に述べたい。（もちろん，4節の対象時期におけるIBAの組織・活動の一層詳細な検討は筆者にとり今後の課題であると認識している。）

　最後の5節では，「大恐慌期米国における小銀行独自の業界団体設立の動機と経緯—大手行の勢力拡大に直面した単店銀行家たちの組織形成—」という本章の題目の傍点部分に表されている筆者の関心・着眼点につき，IBAという組織が形成され，揺籃期の脆弱性を乗り越え存続し，全国的組織へと発展し得た，その要因に関し，準備的・仮説的な考究を行いたい。それはすなわち，上記3節・4節が描出した「IBAの設立の経緯，初期の発展の様相」の解釈の試みである。

　この5節を置く理由には，本章の主たる動機づけとも言える筆者の問題意識がある。それはすなわち，「なぜ［1930年当時］既に半世紀余の歴史があり全米的に組織・影響力ともに確立されたABA（米国銀行協会）が存在していたのに，

数は多いものの個々には『弱小』な単店銀行が独自の利益団体を起ち上げ発展させ得たのか？」というものである。

政治学分野の利益団体論においても，たとえば Schlozman［2010］のように[21]，大企業・富裕層を代弁する利益団体が優位に立ち続け，それ以外の利益団体は結成されても政治過程に影響力を発揮するまでに成長しにくい，という指摘が少なくないようである（現に注7に記した他地域の単店銀行家たちの組織の多くは現在まで系譜を留めていない）。その意味でも IBA が（単店銀行家も事業基盤が揺らぎ個人的資力も弱化していたであろう）大恐慌期に存続し，ワシントン DC 進出まで果たしていったという歴史的事実には意外性・特例性があり，本章の小括部分にあたる5節において，先の(3)の段で挙げた一種の先行研究も援用しつつ，若干の考察を加えたい。

2．IBA 設立の契機となった1920年代のミネソタ州銀行界における変化

(1) 「DuBois メモ」に記されたミネソタ州2大銀行持株会社の脅威

前節の(4)にて記した ICBA 資料のうち，a）の「DuBois メモ」（同所で述べたとおり IBA 史としての本章にとり最も基本的な資料；その原文全体を本章末尾に〈資料〉として掲載），ならびに③の Stenehjem［1965］（同メモに依拠しつつもその補完ないし明確化のため有用な資料）はともに，「IBA の発足の動機は何よりも，ミネソタ州本拠の2大銀行持株会社が単店銀行諸行の存続にとり脅威となっていたこと」を述べるためにかなりの紙幅を割いている。

以下は，それら2大銀行持株会社に対する，IBA 発起母体となっていく単店銀行家たちの1929〜30年当時の捉え方につき，「DuBois メモ」1〜19段目の記述を Stenehjem［1965］により補いつつ，筆者がその要点を箇条書き形式（本節の a）から第4節の x）まで）でまとめたものである。

なお，その要約文の記し方につき，筆者として下記の点につきあらかじめ申し述べておきたい（1〜5）。なおこれらは，本段より後の「DuBois メモ」からの要約文についても同様である。

1）文頭のアルファベット記号は本章のための便宜上の通し符号で，概ね「DuBois メモ」の1〜2段落分に対応するが，（人物名を列挙した部分など）より長い部分に対応することもある。また，本章の当該節・段のテー

61

マとの関連性が強い段落を抽出していく関係上，必ずしもすべての段落が
順番に要約されているわけではない。

2）要約文の最後にある括弧内の「〜段目」との記載は，〈資料〉「DuBois
メモ」の中の段落番号を示す。

3）本章の読者に理解しやすいよう，組織名・指示語など原表現・表記を置
き換えた場合もある。

4）注番号とそれに対応するおよび当該注記，およびより短い補記に用いた
角括弧部分は，筆者によるもの。

5）「DuBois メモ」は時として，表現が事象の正確な表現よりも当時の感慨
を伝えることに重点を置いた語調になることがある。その点に鑑み Stene-
hjem［1965］により語句を置き換えた場合，また同稿により情報を補った
場合には，"＊"を付してある。

a）ミネアポリス本拠の2大銀行持株会社の爆発的な拡張＊こそは，ミネソ
タ州の独立銀行家［independent bankers または independents；当時にお
いては「単店銀行家」とほぼ同義［注10参照］］たちが新たな組織を起ち上
げようとする動機付けの鍵となった。（3段目）

b）それら2つの銀行持株会社の役職者の一人が「3年以内に第9連邦準備
地区（Ninth Federal Reserve District[22]）には一つとして独立銀行は残らない
だろう」と述べたと報じられるなか，われわれには2つの道しか残されて
いないと思われた――2大銀行持株会社への身売りか，自分たちの組織を
結成して集団的な力により彼らと戦うか，である。（4〜53段目）

c）銀行持株会社は非常に強大であったので，彼らの敵と見られることを恐
れる銀行家たちもいたし，IBAの創設初期には協会加盟の条件として加盟
銀行名を秘匿する旨の了解があったほどであった。（6段目）

d）Northwest[23]の役職者たちは，時流に乗り米国北西部地方諸州の銀行を
次々と持株会社傘下に収めようとしていた。［ミネソタ州法により［注10参
照］］支店による拡張には法的制約があったが，持株会社の傘下に収めるこ
とによる拡張にはほとんど制約はなかったからである。しかも Northwest
は，支配される恐れを感じさせかねない＊「持株会社」という名称ではな
く，"group banking"との呼称で，参加する単店銀行の独立性と地域との

関係を保つ新しい方式，と標榜した[24]。それはもちろん，まやかしであった
のだが。（7〜10段目）

e）Northwest は1929年1月に持株会社形式での銀行業拡大に乗り出すと
宣言し，ミネソタ州をはじめ両ダコタ，モンタナ，ワシントン，ウィスコ
ンシン，アイオワそしてネブラスカの各州に勢力を急拡大した[25]。（13段目）

f）［元々ミネアポリスで Northwest と並ぶ大手行であった］First Nation-
al Bank of Minneapolis は，上記 Northwest の勢力拡大によりコルレス
（correspondent banking）関係にあった農村部の単店銀行顧客を失い苦境に
陥った。そこで［隣接する州都］セントポールの［別の大手行］First Na-
tional Bank of St. Paul と共同で，First National（注23参照）というもう一
つの大手銀行持株会社を1929年8月に設立し[26]，Northwest 同様，優良な単
店銀行を狙い傘下行獲得に乗り出した。そして実際，Northwest にも First
National にも，彼らの動きに応じて銀行を売り渡してくれる［銀行経営権
売買の］市場が用意されていたのである。（14〜16段目）

g）Northwest も First National も，その中軸銀行が元々，第9連邦準備地
区さらにはその区域を越えて，数多くの独立銀行との間にコルレス関係を
築いていた。それゆえ，持株会社の傘下に入った銀行が中軸銀行のコルレ
ス顧客たる銀行と近隣関係で競合し合う，という奇妙なことも起こるよう
になった。それを嫌ってコルレス銀行を変更する独立銀行も多数あった。
（17〜18段目）

以上の記述に続き，「DuBois メモ」19段目では，以下のように述べられている。
h）2大銀行持株会社の以上のような猛々しい急拡大に悩まされ，独立銀行
家たちは行動へと突き動かされた。1929年の終盤から1930年の早くにかけ，
独立銀行家たちは［既存の ABA やその系統の地方組織ではなく］彼ら自
身の組織を結成すべく，幾度となく集まったのである。

⑵　1930年前後の銀行持株会社勢力の概観とミネソタ州本拠の同勢力の位置づけ
　前段⑴の末尾で記したように，「DuBois メモ」は，ミネソタ州本拠の銀行持株
会社 Northwest および First National（注23参照）の存在と動きこそは「独立銀
行家たちを行動へと突き動かした急拡大する脅威」であった，と述べている。そ

第1部　大恐慌期・戦時期における日米の地域銀行政策・業態の分岐

の2つの銀行組織の，全米中での相対的位置付けや，ミネソタ州における実際の伸張度・寡占度等は，果たしてどの程度のものだったのか。この段ではその点に関し，米国銀行（制度）論の諸論考などでも用いられる標準的な資料・データも援用し，より客観的に押さえておきたい。

　その観点から最も主題的に重なるわが国の先行研究として，平田［1965］がある。約半世紀前と古い論文であるが，その題目「アメリカにおける銀行集中と銀行構造―1920年代」も示すように，本段の上記課題と検討対象の一致度が高く，また資料・叙述面でも丁寧に記されている。（なお，より近時の邦語文献としては小林［2009］pp. 5-15 が，概ね平田［1965］と同じ時期・事象を対象に論じている。）

　また，上記平田［1965］も用いている Willis and Chapman［1934］，および Lamb［1961］（後者は既に1節(2)において先行研究として挙げた）は，前者は大恐慌以降に，また後者は大恐慌から戦後に至るまで，各々時間軸的な関心の中心が1920年代より後にあるとはいえ，銀行産業組織の集中化，銀行組織の部分的大型化が顕著であった1920年代についても有用な情報を多く含んでいる。

　加えて，これも既に1節(2)において先行研究として挙げた Popple［1944］は，当の Northwest および First National を対象とした詳細な事例研究である。また最後に，Banking and Currency Committee Hearings［1930］pp. 450-474 所収の，連邦準備制度理事会（FRB）が連邦議会下院銀行通貨委員会のために取り揃えた "Branch, Chain, and Group Banking" と題した詳細な図表データ集（以下「FRB資料」，以下で引用する場合のページは上掲書上のページ）も，有用かつ信頼度の高い資料と言える。

　以下では，以上の諸研究・資料に依拠しつつ，それら知見・データの一部を引用等しながら，前述した検討作業を概観的に行いたい。

　まず，FRB資料が示す，1929年当時の大手銀行グループならびに大手銀行チェーンは，図表2-1のとおりであった。

　「FRB資料」で同表に続く文には，1929年末時点で米国中に287のグループ銀行組織およびチェーン銀行組織があったことが記されているが，図表2-1からは，Northwest も First National も，それらの中で傘下銀行数においては全米最大手2行，資産規模（loans and investments）においても全米6・7位の大きさであった，ということが分かる。

第 2 章　小銀行独自の業界団体設立

図表 2 - 1　銀行グループ大手ならびに銀行チェーン大手

（原表の注には「1929 年 7 月公表の数値に概ね基づく」と記されている。）

Name and address of management or controlling interest	Number of banks in group of chain in December	Loans and investments
Principal groups:		
Northwest Bancorporation, Minneapolis Minn.	92	$339,754,000
First Bank Stock Corporation, Minneapolis Minn.	78	339,267,000
Guardian Detroit-Union group, Detroit, Mich.	35	403,998,000
First Security Corporation, Ogden, Utah	25	34,723,000
Old National Corporation, Spokane, Wash.	22	32,981,000
First National-Peoples Wayne County group, Detroit, Mich.	21	705,032,000
Southwest Corporation, Tulsa, Okla.	21	77,743,000
First National-Old Colony Corporation, Boston, Mass.	20	508,312,000
Marine Midland Corporation, Buffalo, N. Y.	19	425,436,000
Transamerica Corporation, New York, N. Y.	18	1,418,361,000
First Wisconsin National Bank, Milwaukee, Wis.	18	168,466,000
Anglo-National Corporation, San Francisco, Calif.	17	146,138,000
First Securities Corporation, Syracuse, N. Y.	14	115,559,000
First National Bank, Atlanta, Ga.	7	104,904,000
Principal chains:		
Rogers Caldwell, Nashville, Tenn.	66	131,308,000
Otto Bremer, St. Paul, Minn.	71	52,932,000
Foreman Family, Chicago, Ill.	14	270,719,000
James F. Toy, Sioux City, Iowa	17	13,056,000
A. E. Sleeper, Bad Axe, Mich.	16	5,612,000
Thurmond Bros., Oklahoma City, Okla.	15	4,664,000
Geo. Wingfield, Reno, Nev.	12	18,911,000

出所：Banking and Currency Committee Hearings［1930］p. 455.

　なお，同じ「FRB 資料」中の図表 2 - 2 からは，図表 2 - 1 において大きなグループ・チェーン銀行組織が存在する州では，支店展開が制限（左から 2 番目の欄），禁止（同 3 番目），ないしは法律が備わっていない（同 4 番目）場合がほとんどであることが知られる。特に支店展開が禁止されている州は，ミネソタ州も含め後に IBA 初期の展開域となる米国中西部（Midwest）の諸州が多く含まれていく。「（単店銀行の要望による）支店展開禁止立法→グループ・チェーン銀行組織の（単店銀行家たちの眼には「抜け駆け」的な）拡大→IBA の規制強化の主張に賛同して単店銀行家たちが加盟」という連関図式をも示唆しているようである。

　次に，Northwest および First National がミネソタ州という枠内においてどの

65

第 1 部　大恐慌期・戦時期における日米の地域銀行政策・業態の分岐

図表 2 - 2　銀行の支店設置に関する州法の概要

（原表付近の文中には，FRB・連銀各行の法務責任者が近時まとめた，との旨が記載されている）。

States permitting state-wide branch banking（9）（州内での幅広い支店設置を認める州）	State permitting branch banking within limited areas（10）（州内の限られた地域で支店設置を認める州）	State prohibiting branch banking（22）（支店設置を禁じる州）	State having no legislation regarding branch banking（7）（支店設置にかかる州法を有しない州）
Arizona	Georgia[2]	Alabama	Kentucky[12]
California	Louisiana[3]	Arkansas	Michigan[13]
Delaware	Maine[4]	Colorado	New Hampshire
Maryland	Massachusetts[5]	Connecticut	North Dakota
North Carolina	Mississippi[6]	Florida	Oklahoma
Rhode Island	New Jersey[7]	Idaho	South Dakota
South Carolina	New York[8]	Illinois	Wyoming
Vermont[1]	Ohio[9]	Indiana	
Virginia	Pennsylvania[10]	Iowa	
	Tennessee[11]	Kansas	
		Minnesota	
		Missouri	
		Montana	
		Nebraska	
		Nevada	
		New Mexico	
		Oregon	
		Texas	
		Utah	
		Washington	
		West Virginia	
		Wisconsin	

1　No provisions regarding branches, but state-wide establishment of "agencies" permitted.
2　City of municipality.
3　Municipality of parish.
4　County or adjoining county.
5　Same town.
6　Same city.
7　Same city, town, township, borough, or village.
8　City limits.
9　Same city or city or village contiguous thereto.
10　Corporate limits of same place.
11　County.
12　No provisions regarding branches, but court decisions permit establishment of additional office or agencies to receive deposits and pay checks.
13　Industrial banks may establish branches in city or village of head office, but no provisions covering establishment of branches by other banking institutions.
出所：Banking and Currency Committee Hearings［1930］p. 463.

66

程度のプレゼンス（店舗・預金額・貸出額などのシェア）を有していたのか，探ってみたい。「DuBois メモ」では，IBA 結成へとミネソタ州の単店銀行家たちを突き動かしたのは Northwest および First National が彼らにもたらした強い圧迫感であった，ということが記されているが，その圧迫感の度合いはそれら2組織の全米での序列ではなく州内プレゼンスおよびその伸張の度合いによるところが大きかったであろう，と推察されるからである。

　この観点から有用なのが，平田［1965］による図表2-3である。

　この図表2-3からは，銀行数シェアと資産（貸付・投資）規模シェアとを併せ勘案して，ミネソタ州が全米でグループ・チェーン銀行組織が極めて高い比重を占める州の一つであったことが分かる。そのような州のうちワイオミング，ユタ，ネヴァダなどは，そもそも銀行数・資産規模からみて銀行セクターの規模が小さな州であったことを考えれば，ミネソタ州およびミシガン州は，銀行数や総銀行資産規模が大きく，かつグループ・チェーン銀行組織のシェアが高い2つの州として特筆することができる。そしてそのことは，前掲図表2-1が示す大手グループ・チェーン銀行組織がそれら2州に複数所在することとも整合的である。

(3)　単店銀行側の事情も大手銀行持株会社の伸張を促進した

　先の(1)で見たとおり，「DuBois メモ」からは，ミネソタ州の2大銀行持株会社 Northwest および First National につき，一種「悪役」的ニュアンスがその勢力拡大行動の描写に付随する。しかしながら関連する先行諸研究からは，それら2組織の行動につき，同メモでは語られていない単店銀行の側に由来する理由もあったことが理解される。それらの知見は，当時のミネソタ州における農村部をはじめとする単店銀行諸行の状況の，より客観的な理解のためにも有用であり，（本格的な議論は本章の主題上行うことはできないものの）若干の紹介を行っておきたい。

　まず，既に何度か挙げた平田［1965］は，ミネソタ州に限った議論ではないが，単店銀行に代表される地方の小銀行が支店制銀行に吸収合併されたりグループ・チェーン銀行組織の傘下に入っていった理由として，1920年代の農業不況，交通手段の発達，チェーン・ストアの発達による在来小売店の衰退など，小銀行の地盤域や取引先層の弱体化を挙げている。

　次に Wheelock［1993］は，1920年代（20年と29年とを比較）の各州の人口当

第1部　大恐慌期・戦時期における日米の地域銀行政策・業態の分岐

図表2-3　グループ・チェーン銀行組織の州ごとの銀行数・運用資産額シェア

※筆者補記：本表上では単店銀行の数は明らかではないが，同じ基準時点のFRB調査による全州の単店銀行数データが「FRB資料」pp.464-465にあり，それとの照合から，本表(4)欄から(2)欄の数を引いたものが概ね単店銀行数となることが分かる。

(ミネソタ州のように銀行の支店設置が禁じられている［前掲図表2-2参照］州では，「1,046$^{(4)}$-308$^{(2)}$=738」の計算結果は「FRB資料」上の単店銀行数と正確に一致する。)

（貸付・投資の単位は100万ドル。1929年12月末基準）

	チェーン・グループ数(1)	チェーン・グループ参加銀行		全銀行		(2)/(4)%(6)	(3)/(5)%(7)
		数(2)	貸付・投資(3)	数(4)	貸付・投資(5)		
東部							
ニュー・イングランド							
マサチュセッツ	5	45	871	450	4,225	10.0	20.6
ロード・アイランド	1	3	153	33	533	9.1	28.7
小　　　計	9	69	1,132	1,080	7,088	6.4	16.0
その他共　計	48	213	3,211	3,579	26,562		12.1
南部							
ジョージア	5	22	166	405	334	5.4	49.7
フロリダ	6	40	134	235	258	17.0	51.9
アーカンソー	3	72	50	415	198	17.3	25.3
ケンタッキー	3	16	124	572	554	2.8	22.4
テネシー	4	32	149	484	430	6.6	34.7
その他共　計	46	321	815	5,706	5,168	5.6	15.8
中西部							
イリノイ	12	84	1,212	1,765	3,802	4.8	31.9
ミシガン	11	135	1,262	743	2,021	18.2	62.4
ウィスコンシン	6	58	212	960	917	6.0	23.1
ミネソタ	37	308	583	1,046	901	29.4	64.7
その他共　計	90	731	3,644	9,032	13,176	8.1	27.7
西部							
ノース・ダコタ	6	114	58	412	112	27.7	51.8
サウス・ダコタ	5	61	47	387	137	15.7	34.3
モンタナ	2	45	81	195	144	23.1	56.3
ワイオミング	5	32	22	86	58	37.2	37.9
ニュー・メキシコ	2	9	3	56	41	16.1	7.3
オクラホマ	8	85	103	617	401	13.8	25.7
その他共　計	60	523	452	3,900	1,918	13.4	23.6
太平洋岸							
ワシントン	12	75	188	340	460	22.1	40.9
オレゴン	7	36	82	234	260	15.4	31.5
カリフォルニア	5	49	1,528	437	3,420	11.2	44.7
アイダホ	3	41	37	137	81	29.9	45.7
ユタ	5	26	50	104	162	25.0	30.9
ネヴァダ	1	13	20	35	38	37.1	52.6
アリゾナ	1	6	18	46	81	13.0	2212
計	34	246	1,923	1,333	4,502	18.5	42.7
総　　計	287	2,103	11,177	24,630	58,417	8.5	19.1

注：州名をあげた州は(2)/(4)=15%以上，あるいは(3)/(5)=20%以上の州。
出所：平田［1965］p.22。（横罫線の一部は筆者追加，語句の一部補正。）
（原表下に「Federal Reserve Bulletin, Apr. 1930, pp.153-4, 157により作成」とある。）

たり銀行数・国法銀行比率（の変化）の決定要因の実証分析を通じ，1920年代半ばまでの農業・農地価格ブームと以後の落込みが，農業州（特に預金保険制度州）の銀行数（特に州法銀行）の増加，次いで減少に及ぼした影響を論証している。

同じ1920年代（および1930年から33年にかけて）を対象に，小林［2009］pp. 61-65 は，米国の銀行の規模別や地方区分別の破産件数・破産率を検証している。それによれば，1920年代における銀行破産率は小規模銀行，小規模人口地域所在銀行において高く，また West North Central 地方（ミネソタ州が位置する），South Atlantic 地方および Mountain 地方において突出して高い（図表 2 - 4）。

図表 2 - 4(b)が示す West North Central 地方の1920年代における高い銀行破産率は，州預金保険制度を導入した両ダコタ・カンザス・ネブラスカ諸州における破産率の相対的高さ（預金保険が銀行経営上のモラルハザードを助長）にも起因してはいる（Wheelock［1993］）ものの，ミネソタ州自身も多分にその銀行部門における不安定な傾向を周辺諸州と共有していた。

このミネソタ州内，とりわけ前述の平田［1965］や小林［2009］の指摘にもあるような農村部の小規模人口地域に所在する単店銀行群に焦点を当てた先行研究に，Stevenson［1934］がある。同研究はミネソタ大学雇用安定化研究所（Employment Stabilization Research Institute, University of Minnesota）の一連の調査報告書の一つであり，「雇用安定化研究所が［同大学が所在する］Twin Cities［ミネアポリスとセントポール］およびダルースの失業増加を引き起こしている［地域経済の］不安定性の原因の分析に乗り出した際，ほぼ即座に農村部の銀行情勢の問題の考察に向かわざるを得なかった」（同 p. 7）という動機によるものである。

同報告書は大恐慌期の最中にまとめられたものにつき，全般的には1930年代に入って以降の州内銀行情勢分析ならびに対処策（州内農村部銀行部門の健全化）の案出が中心であるが，銀行部門不安定化の根が1920年代から顕在化していたことも繰り返し指摘している。

図表 2 - 5 は，その1920年代における農村部銀行部門の不安定性を数値的に示す同書のいくつかの表の一つであり，州内農村部の人口600人以下の行政区域では，1920年代初頭前後の銀行数ピーク時との比較で約 3 ～ 4 割の銀行が1929年央には消失していたことを示している。

そして Stevenson［1934］の報告書は，ミネソタ州農村部所在の単店銀行群の

第1部　大恐慌期・戦時期における日米の地域銀行政策・業態の分岐

図表2-4　人口規模別(a)および米国9地方区分別(b)の銀行破産数・破産率

(原表付近の文中には，1929年末基準のFRB調査によるデータ，と記載されている。)

(a)人口規模別

人口数	1921-29		1930-33	
	支払停止数	%	支払停止数	%
-500	2,108	39.0	2,496	28.3
500-999	1,089	20.1	1,690	19.2
1,000-2,499	1,080	20.0	1,725	19.6
2,500-4,999	437	8.1	858	9.7
5,000-9,999	224	4.1	567	6.4
10,000-24,999	200	3.7	504	5.7
25,000-49,999	57	1.0	225	2.6
50,000-99,999	65	1.2	195	2.2
100,000-	151	2.8	552	6.3
合　計	5,411	100	8,812	100

(b)　米国9地方区分別

※筆者補記：ミネソタ州の属するWest North Central地方には，同州のほかアイオワ・ミズー
リ・両ダコタ・ネブラスカ・カンザスの諸州が含まれる。

	1921-29			1930-33		
	破産数	%	1920年初銀行に対する破産率	破産数	%	1930年初銀行に対する破産率
New England	10	0.2	1.4	131	1.5	19.0
Middle Atlantic	41	0.8	1.6	692	7.9	23.3
East North Central	375	6.9	7.0	2,533	28.8	48.1
West North Central	2,567	47.4	28.5	2,647	30.0	42.5
South Atlantic	944	17.4	29.8	917	10.4	39.8
East South Central	200	3.7	11.0	549	6.2	32.2
West South Central	614	11.4	18.9	741	8.4	29.0
Mountain	530	9.8	33.7	300	3.4	32.2
Pacific	130	2.4	9.4	302	3.4	30.7
	5,411	100	18.7	8,812	100	37.3

出所：小林［2009］p.64.

(原出所：*Federal Reserve Bulletin*, Dec. 1937, pp.1210, 1211.)

図表2-5 ミネソタ州農村部の行政区人口規模ごとの銀行数の推移

※筆者補記：「ミネソタ州農村部（rural Minnesota）」とはミネアポリス・セントポール・セントポール・グループの3市以外を指し、脚注"***"にある"national country banks"とは、連邦準備銀行所在地（ミネアポリス・セントポール）の外に所在する国法銀行を指す（Stevenson [1934] p. 11）。なお、そのような計上基準の差を踏まえても本表表下2欄の"Total"数値の1929年・1931年の差（銀行数にして1929年は80行、1931年は122行の乖離）は過大なように思われるが、同書にはその説明は見当たらない。

POPULATION OF TOWN†	NUMBER OF BANKS				PERCENTAGE OF PEAK YEAR			PERCENTAGE OF 1929
	1913	PEAK YEAR	1929	1931	1913	1929	1931	1931
Less than 100	36	123(1920)	67	51	29.3	54.5	41.4	76.1
100– 200	107	162(1920)	104	76	66.0	64.2	46.9	73.7
200– 300	118	163(1920)	110	86	72.4	67.5	52.7	78.2
300– 400	115	162(1918)	95	78	71.0	58.6	48.1	82.1
400– 600	142	178(1920)	116	99	79.8	65.2	55.6	85.3
600– 800	101	114‡	84	67	88.6	73.7	58.8	79.8
800–1,000	66	74(1919)	55	42	89.2	74.3	56.8	76.3
1,000–2,000	173	206(1921)	151	127	84.0	73.3	61.6	84.1
2,000–4,000	89	104(1919)	78	73	85.6	75.0	70.2	93.6
4,000–6,000	38	50§	33	32	76.0	66.0	64.0	97.0
More than 6,000	73	98(1921)	69	59	74.5	70.4	60.2	85.5
Total	1,058	1,424(1921)	962	790	74.3	67.6	55.4	83.2
Total ** banks reported by comptroller in operation, June 30-h	1,048	1,486(1921)	1,042	912	71.2	70.1	61.4	87.5

*Compiled from the figures in the *Monthly Review of Agricultural and Business Conditions in the Ninth Federal Reserve District*, Vol. V. No. 186 (June, 1930), and from figures for 1931 supplied by the Federal Reserve Bank through the courtesy of Mr. Oliver S. Powell.

† Grouped on basis of census figures for 1920.

‡ 1917, 1918, and 1922.

§ 1920 and 1922.

**State banks and national country banks.

出所：Stevenson [1934] p. 15

銀行危機前後を，集計・平均データを重視しつつ分析し，「農村部単店銀行の経営方針・技量には貸出・有価証券運用とも改善余地が多々あり，それに比してグループ・チェーン制銀行のほうが保守的に運営され資産健全性も高い」との趣旨の結論へと至っている。

本節で既に何度か引用した Popple［1944］も，その Chapter Ⅲ・Ⅳにてミネソタ州農村部の農業不況ならびに所在する単店銀行群の脆弱性・不安定性の問題を，具体的事例を交え論じている。その中では，2大銀行持株会社の元となった諸行をはじめとする都市部有力行が，コルレス関係引受け銀行として農村部単店銀行の流動性の要として機能する様相（p.132 など）も述べられ，同書の結論としては Stevenson［1934］同様，2大銀行持株会社が中心となる州内銀行群の再編は州の銀行業の基盤を健全化・強化する，としている。

最後に，Popple［1944］による追加的な情報・主張を挙げておくと，2大銀行持株会社に傘下入りする単店銀行の株主（往々にして単店銀行家自身）にとって（他では叩き買いされざるを得ない）持ち株（傘下入り後は持株会社の株式）の価値上昇こそが最大とも言える動機であろうこと（pp.172-173），そして「東部（ニューヨーク）など州外資本による州内銀行の再編ではなく，Twin Cities（ミネアポリスとセントポール，2大銀行持株会社の地盤域）を中心とした再編と安定化が望ましい」（p.173 など）といったものである。

以上のように，1929年以前から，ミネソタ州農村部の単店銀行諸行を取り巻く客観的情勢は厳しいものであり，そこに同年秋以降大恐慌が襲うことになる。その中で米国東部銀行界・政府・（東部地方の）大学識者などの議論（第1章注22参照），さらには多くの単店銀行家も加盟する ABA（米国銀行協会）までもが，ミネソタのような農業州のみならず全米的な銀行再編・銀行大型化を是認・推奨するようになっていく。次節でみる IBA 結成を取り巻く，銀行界の時代背景は，まさにそのようなものであった。

3．IBA の設立と揺籃期の3年間
──1933年 Bank Holiday 直後まで──

⑴　IBA 設立の直前から直後まで
前節⑴では，「DuBois メモ」19段目の記載，すなわち「…1929年の終盤から

第2章　小銀行独自の業界団体設立

1930年の早くにかけ，独立銀行家たちは彼ら自身の組織を結成すべく，幾度となく集まった……」という局面まで紹介した。本段ではそれに続く「DuBois メモ」の内容を，前節⑴におけると同様の要約文形式により，記していきたい（各要約文の頭のアルファベット記号も前節⑴からの続き）。

なお，1930年4月から5月にかけてのこの時期については，同メモの補完となる ICBA 資料（1節⑷参照）はなく，わずかに ICBA 資料⑩のうちの Phillips [2005] に紹介されている ICBA ホームページ中の "75th Anniversary" リンク所載（2005年当時）の議事録2編のみが，貴重な一次的資料である。[34]

i）[Northwest および First National という] 2大銀行持株会社の反対派の単店銀行を纏め上げるのは容易ではなかった。それら組織の中軸銀行は農村部諸行にとりコルレス業務提供行であり，勇敢な独立銀行家のみが銀行持株会社反対派として名乗り出ようとしたからである。反対派として参加した銀行家が裏ではそれら2大グループのどちらかに参加し，我々の動きを遅らせようと策したこともあった。（20〜21段目）

j）1930年4月29日，11名の独立銀行家たちがミネソタ州アレクサンドリア[35]に集まり，ミネソタ州に独立銀行家たちの協会を組織するために[賛同者たちの]総会を開催することにつき，十分な "sentiment" がある，との決定を行った。同集会の議長は Lowry の Farmers & Merchants State Bank の Vern Weaver，私[DuBois]は事務責任者（secretary）であった。（22段目）

このj）の集会と次のk）の5月9日の集会（その場で IBA を結成）との関係，ならびに "sentiment" の語の意味するところにつき，4月29日の集会の議事録（注34参照）により若干補足しておきたい。

同議事録によれば，同集会に先立ちポープ郡（注35参照）銀行協会が，州内の数多くの独立銀行家たちに「"organizing an Independent Bankers Association for Minnesota" の目的のために[賛同する]銀行家たちの総会を開催する」ことに対する[賛否の]気持ち（sentiment）を問い合わせるため，"cards"[往復葉書か]を送った。それに対し，それら銀行家たちから[既存の ABA やその系統の地方組織から]独立した組織を求める意向を十分に示す返信葉書が送られてきた，という。

73

また，同議事録には，j）記載の「決定」に先立ち数時間（a couple of hours）の議論が交わされたこと，および，5月9日の総会（general meeting）には銀行持株会社の所有・支配下にない州内の全ての銀行家たちを招くことが決定されたことも記されている。

k）5月9日，28名の独立銀行家たちがグレンウッド（注35参照）に集まり設立総会が開かれた。（23段目）

この設立総会に関し「DuBois メモ」23～27段目では人物の記載が中心であり議事内容に関しては今ひとつ明らかでないため，同集会の議事録（注34参照）から議事の要点を以下に記す。

議長などの選任ののち，役員候補の選出および定款取り決めの各委員会が組成された。それら委員会からの報告を受け，IBA の規約・定款および役員（officers）ならびに運営委員会（Council of Administration）メンバーが選出された。

10分の休憩時間中に一人25ドルの設立拠出金が徴収されたのち，総会は再開され，ワシントン DC での連邦議会 Banks and Banking 公聴会に出席する2人の銀行家に関し IBA として支持する（endorse）ことを取り決めた。また，ミネソタ銀行協会の1930年度集会の前日午後3時に IBA の集会を開催すること，ならびに同協会加盟のすべての単店銀行家たちに通知状を送ることも取り決めた。

このようにして1930年5月に IBA は発足した。それに続く半年余の期間に関する「DuBois メモ」の以下の記述からは，発足後もひとまず順調に推移したように思われる。

l）IBA の協会長（president）に選ばれた Lee 氏[36]は，事務局長（Administrative Secretary）を雇う権限を与えられ，［氏と同郷の］ロング・プレーリー（注35参照）の Beery 氏を選任した。Beery 氏は元連邦銀行検査官で今は退官しており，IBA の加盟員増強に乗り出した。1931年1月16日までに，彼および役員・加盟員の尽力で，［協会費］2,620ドルが集まった。（28～30段目）

(2)　**1931年初から1933年初まで：米国銀行界激動のなか IBA は雌伏期か**

前段の最後の l）に続く「DuBois メモ」の記述は，以下のとおりである。

m）この新しい組織に対しては，多くの反対もあった。時に「過激な」組織

と名指しされもしたが，IBAの目的は，長年にわたり米国に良いサービス
を供してきた［単店銀行という］銀行業の一つのかたちを永続させたい，
というものだった。しかしながら協会に敵対する者たちにとっては，その
用語［「独立（independent）」か］自体が中傷的意味合いを有していたので
ある。（31段目）

　n）２大銀行持株会社のコルレス先［単店］銀行の代表者たちは，実際に反
　対工作を行い，IBAの成長を遅れさせる強力な要因となった。（32段目）

　上記n）の箇所の次に，「DuBoisメモ」はいきなり1933年の出来事に飛ぶ。他
のICBA資料（②③⑥⑨⑩など）にも，その間（1931年初～1933年初）に関す
る記述はない。ただ，l）およびn）の箇所は，その期間のIBAの状況に関する
質的な描写であろうし，組織員獲得やロビー活動的な動きが総じて鈍かったがゆ
え，多くは記されていないのかも知れない。（１節(4)のはじめに記したように，
ICBA事務所でもその間の集会等の議事録や資料は見当たらないという。）

　また後述するように，この期間に年次総会［convention］は開催されておらず，
そのことからしても，この２年間がいわば「雌伏の時期」（目立った動きをすれ
ば妨害工作も激しくなりかねないので，ともかく組織の存続に注力する）だった
のかも知れない。

　IBAを取り巻く情勢としては，周知のとおり，1930年から1933年にかけての
時期は，米国の銀行業界にとり特に大きな激動の時期であった。それは銀行危機
の時代とほぼ一致しており，第１章２節においてWicker［2000］に基づき記し
たように，1930年11月から1931年１月に銀行破綻の第１波（806行，預金総額6.3
億ドル）が襲い，1931年４月から８月には第２波（573行，同5.0億ドル），1931
年９月から10月にかけては第３波（827行，同7.1億ドル）が襲った。そして1933
年２月から３月には銀行恐慌となり，米国全土で"bank holiday"すなわち銀行
業務全面停止措置が施行された。

　他方，ABA（米国銀行協会）は1930年10月のクリーブランド大会において大
きな方針転換を行っていた。すなわち同大会では，単店銀行の存在意義を認めつ
つも都市圏内や郡域内における支店制銀行の経済的意義も認める旨の決議が採択
され，それまでの単店銀行の権益重視の基本方針（Lamb［1961］pp. 38-40）を転
換したのであった（同p. 40; Chapman and Westerfield［1942］pp. 114-115; *American*

Banker, Oct. 3, 1930, p. 1)。この方針転換については，*American Banker* 紙が同協会メンバーから ABA 執行部に宛てた（決議の妥当性再検討の）要請書の文面をそのまま掲載するなど，[37]（数の上では ABA 構成員の中でも多かったであろう）単店銀行側の違和感や不満の大きさが窺える。

　単店銀行を取り巻くこれらの諸情勢は，単店銀行家たちの危機意識を，単店銀行の存続を可能ならしむるよう銀行制度論議に働きかけることの緊要度も含め，促したであろう。上述のように仮に IBA が組織面・行動面で雌伏期にあったとしても，銀行破綻の大波を生き残り得た単店銀行家たちの眼には，IBA に対する期待度が増していったことも推量され，それが次段で述べる同協会の「最初の戦い」の基盤となったのかも知れない。

⑶　**1933年前半：最初の議会での戦いと Bank Holiday による財源枯渇，そして復調**
　この時期についての「DuBois メモ」の記述は，以下（要約文）のとおり再び具体的になる。

　　o）ミネソタ州議会1933年会期において，銀行の支店設置を認める法案が上程された。IBA は最初から，それが２大銀行持株会社を大いに利するものと気づいた。銀行支店が容認されているサウス・ダコタ州では，彼らは傘下の単店銀行を本店とし周囲の単店銀行を吸収合併させて支店とし，地域ごとの支店制銀行のシステムを築いていたからである。（33段目）

　　p）IBA 事務局長の Beery 氏は，銀行支店制度反対の戦いに奮って身を投じた。彼は会期中ほぼ州都セントポールに常駐した。支店制法案は敗退した。（34段目）

　　q）しかしながら，この議会闘争は，IBA の銀行口座に大きな打撃を与えた。そこに1933年３月の "bank holiday" による組織面の揺らぎおよび混乱が重なり，まだ自力飛行できるかどうかという IBA を揺さぶった。独立銀行家たちは銀行制度の維持よりも自分の銀行を守ることに気を取られるようになったのである。1933年５月には，IBA の現預金残高はわずか98.18ドルとなった。（35段目）

　　r）ほぼ時を同じくして*，事務局長の Beery 氏に州銀行局長（後に州知事）Elmer A. Benson 氏より電話が入り，銀行精算の役職官になってほしいとの要請があった。彼から「どうしよう」と聞かれた私は，彼に引き受

けるよう促し，自分が当面は［彼の役割を］代行すると述べた。(37段目)

s ）"bank holiday"は残忍かつ強行的な措置であったものの，不透明感を取り除き，［存続し得た］銀行は［自行存続の］将来への希望を再度いだくようになった。[38] 確かに銀行家たちは巨額の損失を被った——［それゆえにこそ］彼らは［単店銀行の経営を続けることにより］それらを部分的にでも回収する機会を望んだのである。他方，銀行の売却価格も極度に落ち込んだ当時，銀行持株会社に自行を売り払う気にはなれなかった。また銀行持株会社のほうでも，一時的ではあるものの，勢力拡大志向はなくなった。［このような情勢のもと］IBA は再び新たな加入員を加え始めた。(39段目)

t ）1933年 6 月14日時点で，IBA の現預金残高は591.17ドルとなった。私の事務局長代行としての身分および50ドルの月給も機関決定された。そして協会長と私は，1933年 8 月30日にセントポールで会員総会を開催するための準備をすることとなった。IBA はひどい嵐を乗り切ったようであった。(40段目)

「DuBois メモ」の以上の記述については，具体的，かつ半年間という期間にしては他の期間についてよりも詳細であり，特に補足する必要は少ないと思われる。ただ一点， t ）に記されている会員総会（convention）については，ICBA［2005］p. 11，Patton［2005］p. 85 の両者が「1934年に第一回総会がセントポールで開催された」と述べていることから，実際の開催はその翌年であったと考えられる。

4 ．IBA のその後の展開
——1933年夏～1960年代半ば——

⑴　当該時期の資料の収集状況と本節の課題の設定

前節の終わりで述べた状況からは，IBA は設立後 3 年余にしてようやく，組織の存在意義ならびに存立基盤（組織員・財政面）の手ごたえを得たかのように見える。もちろんそれも，あくまで DuBois 氏が数十年ののちに IBA の歩みを回顧しての評価である。氏自身が「事務局長代行」——その「代行（acting）」または「暫定（temporary）」の呼び名が変わることは退任までなかった——として30年余りも担ってきた組織の歩みを振り返ったとき，1933年の夏をもってようや

く新生IBAは存亡の危機から脱したと言える，というDuBois氏の所感なのであろう。

しかし，1933年夏当時を生きるIBA幹部たちの胸中においては，組織の先行きに関する不安が「単店銀行」という銀行運営方式の将来性ともども，つきまとい続けていたのではなかろうか。その意味で，1933年夏以降のIBAの動静もまた，IBAの発展をたどる上で，それ以前の時期と同様重要であろうが，本稿執筆時点では，筆者に同程度の詳述を行いうるだけのIBAならびに同組織を取り巻く状況に関する資料の備えがない。一つの救いは，ICBA資料（1節(4)参照）が1960年代半ばのものにつき比較的充実しており，当時のIBAの状況をかなり良く知ることができることである。

なお，今後の資料収集の見通しに関して筆者の正直な感触を述べれば，IBAに関する資料に関しては1節(4)で述べたように一種の行き止まり感があり，また戦中から1960年代にかけての米銀関連の資料は日本国内には欠落が多く米国での本格的な資料収集が必要であり，いずれもさらなる収集には相当の企画・準備を要しよう。

そのように1933年夏以降の資料は不足しているとはいえ，「DuBoisメモ」48段目が「1956年銀行持株会社法の制定は14年間の議会への働きかけの最終成果であり，ミネソタ州の銀行持株会社の脅威が発足の動機であったIBAにとり一回りのサイクルの完成であった」（要旨）と記すように，たとえ概観的であれ，揺籃期のIBAの企図がその後どう結実して行ったか――ないしは結実しないまでもメンバーたる銀行家たちの間で企図として共有され続けたか――を本章にて簡記しておくことに意味はあろう。

そこで本節では，1節(5)（本章の構成）で述べたとおり，3節で叙述された設立時・揺籃期の理念・組織等との関連性ならびに設立目的の達成度，という観点に留意しつつ，1933年夏から1960年代半ばにかけてのIBAの歩みを概観したい。またその際，以下2つの段のタイトルにあるように，組織形成面（ワシントンDCへの進出と組織の全米的拡大），ならびにロビー活動面（銀行持株会社の規制立法などロビー活動の成果）の2つの側面に分け，論述していきたい。

なお，本節においても基本的に「DuBoisメモ」から叙述を始め，2節(1)に記した同メモの要約文の方式も継続する。しかしながら上記のように，本節ではIBA史を「組織形成面」と「ロビー活動面」という2つの側面に分けて検討す

る関係上，前節までのように同メモを順序どおり逐次たどることはせず，関連した部分のみ抽出する。また前述のように，1960年代半ば頃のICBA資料は比較的充実しており，1950年代以前に関する情報も含めそれら資料のほうが情報が豊富であることも多いため，同メモの要約文が占める比重はかなり低くなる。

(2) 組織形成：ワシントンDC進出と組織の全米的拡大

a）1934年はじめのワシントンDC出張が州境を越えた組織を志向する契機に

IBAの組織形成面での1933年夏以降の動きに関し，「DuBoisメモ」には，まず以下の内容が記されている。

> u）IBAの米国レベルの拡がりは1934年2月にさかのぼる。その月，われわれは2週間ワシントンDCに滞在し，1つの州を代表しているだけでは連邦議会に対しわずかな力しか持ち得ないことを確信した。そして，独立銀行業が生き残るには持株会社制・支店制の銀行を連邦法により制御することが必要なのは明らかだった。(41段目)

この1934年2月のワシントンDC出張につき，IBAA［1980］（ICBA資料⑥）pp. 4-5には逸話が記されている。すなわちミネソタからシカゴの空港，シカゴからクリーブランドの空港，そしてクリーブランドから車でワシントンDCへという長い旅行であり，その間空調の不備でDuBois氏は文字通り凍えかけたことなど，である。

なお，上記u）のように「ワシントンDCにおいて影響力を発揮しうる組織になること」は，次のb）で述べるIBAの組織的発展の原動力となっていくが，ワシントンDCに常設拠点たるオフィスを構えるまでには長い期間を要した。それが実現したのは1963年2月であり，当初は——ミネソタ州ソーク・センターのIBA本部［DuBois氏の銀行の一室］が当初そうであったように——実質的に担当者1人の体制であった（IBAA［1980］p.8）。

b）会員数基盤・会費収入基盤の増強と周辺州さらには全米的な組織拡大

IBAA［1980］にはまた，当時のIBAの組織面での動きを知るうえで価値の高い情報があり，それは現預金残高の推移である。3節(3)の終わり近く，「DuBoisメモ」要約文のt）に「1933年6月14日時点で，IBAの現預金残高は591.17ドル

となった」とあるが，IBAA［1980］p. 4 によれば，現預金残高は1934年初には754.82ドル，その「1 年後」（1935年初か）には1,574.27ドルへと増加した，という。その間上記のワシントン DC 出張もあり，また 3 節(3)の末尾に記したように協会初の会員総会もあった。それらの出張・行事をこなした上で現預金残高が堅調に増加したのは，次に記すような会員基盤の増勢が寄与していたのであろう。

> v）IBA には既に，勧誘を受けずしてミネソタ州外のいくつかの銀行が参加する事例があった。協会執行部は近隣諸州に支持者を募ることを決定した。会員数は緩やかではあるが堅実に増加した。州の会員数が IBA 内である程度の比率に達した場合，当該州からの IBA 役員が新たに選ばれた。それら州代表役員たちは，各自の州の会員数増強のみならず，全国的視野での銀行情勢の把握など，組織に多大な貢献をした。(42～43段目)

ここに記されている会員増強の具体的データはないが[40]，たとえば75周年記念誌である IBCA［2005］p. 11 の1934年 IBA 第 1 回総会の写真からは，フロア参加者数は概ね150名規模かと推察される。出席率の如何は不明だが数百名規模の会員数であったとして，次に情報が得られる1946年の会員数が1,620である（IBAA［1980］p. 5）から，その間平均して年100名程度の会員数増加があったことになる。

IBAA［1980］p. 7 に記されている会費収入の情報も有用である。1936年の年会費は一銀行10ドルで追加（寄付金）は任意であったが，それで7,152ドルの会費収入となった。仮に寄付金収入が 4 割とすれば約300行，2 割とすれば約500行の会員数となり上の段落の情報と整合的である。同所にはまた，1946年の会費収入（会費の規定額は1936年と同じ）が 2 万8,776ドルとなったとあるので，同年には 1 万6,200ドル（前記1,620行×10ドル）の規定会費収入と 1 万2,500ドル台の寄付金収入とがあったことになる。

ICBA の Raitor 氏によれば，銀行の規模に比例させない比較的フラットな会費料率の仕組み[41]は IBA 以来留意されてきたもので，組織内の相対的に大きな銀行の影響力を抑える配慮であり，ABA との大きな違いの一つ，とのことである。「DuBois メモ」の末尾近く，51段目の "The Independent Bankers Association has always been a grass-roots organization … " の記述も，IBA のそのような組織的性格・理念を記したものと考えられる。

なお，「DuBois メモ」には記載されていないが，以上のような会員数基盤・会

費収入基盤の増加の裏には，DuBois 氏の（わが国の地域金融の現場で言う）「どぶ板訪問」的な努力の積み重ねがあった。Stenehjem［1965］p. 31 および IBAA［1980］p. 5 によれば，同氏とその子息 Pat DuBois 氏は手分けして，モンタナからフロリダまで，またメーンからニュー・メキシコまで，銀行を一行一行，戸口の呼び鈴を叩いて回った，という。

　そのような努力の積み重ねもあり，1956年には会員数は5,147行となり，さらに1966年には6,325行になった（IBAA［1980］p. 5）。1965年の会員構成はロッキー山脈以東の40州へと拡がり，同以西における連携組織である12連銀地区 IBA の[42]会員基盤と併せ，組織の基盤は実質的に全米的なものとなった。[43]

(3)　ロビー活動：首都での信頼獲得と1956年銀行持株会社法という成果

　IBA のロビー活動面での1933年夏以降の動きについては，「DuBois メモ」に以下の内容が記されている。

　　w）IBA が成功裏に支持した重要な立法的成果として，第二次大戦［終期］のブレトン・ウッズ提案ならびに1956年銀行持株会社法が挙げられる。IMF 設立と国際復興開発銀行の設立を取り決めたブレトン・ウッズ提案に対する IBA の賛意表明は，同組織に対する「田舎者的で偏狭」との世評を払拭することに役立った。IBA は今や，小銀行の問題のみならず国際金融にも関心を有する組織として認められたのである。（45～47段目）

　　x）1956年銀行持株会社法の制定は，IBA の14年間の議会への働きかけの最終成果であり，ミネソタ州の銀行持株会社の脅威が発足の動機であった IBA にとり，一回りのサイクルの完成であった。1956年，同法によってついに銀行持株会社は連邦政府の規制下に置かれたのであった。（48段目）

　銀行持株会社法案への取り組みの前に書かれているブレトン・ウッズ提案への賛意表明は，IBA のロビー活動の成果と言うには場違いな感もあるが，他の後年の ICBA 資料にも記され，w）記載のとおり，組織イメージを変化させるという意味で重要な取り組みだったようである。[44]

　また，銀行持株会社規制のためのロビー活動に関しては，再度 IBAA［1980］が有用な資料となる。その pp. 7-8 には，DuBois 氏が下院銀行通貨委員会の有力議員たちのもとへ足しげく通い，Wright Patman, Brent Spence, Sam Rayburn などと信頼関係を築いたこと，その際に同氏の粘り強さと熱心さとが彼らに強い印象を残したこと，1942年に DuBois 氏が Patman 議員の法案作成を手助けしたことで銀行持株会社規制に向けての IBA のロビー活動に弾みがついたことが，記されている。また，1940年代終盤には12連銀地区 IBA の幹部 Harry Harding 氏と共同歩調を取るようになったことも，ワシントン DC での影響力を増すことに資した，とある。

　もっとも，以上の資料からは，1942年のくだり以外，銀行持株会社規制にかかる議会の具体的な動静は分からない。その情報の補完に資する，銀行持株会社規制の流れの概要を記したものとして，Eisenbeis［1978］pp. 40-42 および Lamb［1961］pp. 178-180 があり，主に前者，補完的に後者を用いて1956年の立法に先立つ連邦議会での動きの概略を記せば以下のようになる。

　1933年から1956年にかけ，銀行持株会社規制の動きはほぼ絶え間なくあった。1937年には McAdoo 上院議員から法案が提出され，1938年にはルーズヴェルト大統領があらゆる持株会社の禁止を提案した。規制提案は第二次世界大戦中も散発的に続き，また FRB も1943年年次報告書で1933年銀行法における銀行持株会社規制の欠落を指摘している。

　終戦後，銀行持株会社規制の動きは再び活発化し，1947年には上院委員会に議案が出され公聴会が開かれ，その後1949年から1955年にかけては15もの議案が提出（introduce）され，1953年以降は特に立法化機運が高まった。

　これらの叙述の中で IBA が言及されているのは Lamb［1961］p. 180 において一度のみで，それも具体的な動きについてではなく銀行持株会社を批判する意見の紹介に際してであるが，その注記で IBA が5千余の会員を有していると記されているなど，同組織が連邦議会での立法論議上も存在感を有するようになっていたことを示している。

　また同書 pp. 90-103 には，1930年代から1950年代にかけ，大恐慌期を乗り越えた一群の銀行持株会社がミネソタ州など中西部および西海岸で強い勢力を示していたことが述べられており，そのような銀行業界の状況は IBA のロビー活動を促す方向に作用したものと思われる。

　なお，1965年当時の IBA の「ポジション・ペーパー集」ともいえる IBA［1965］（ICBA 資料②）を一瞥すれば，ロビー団体としての同組織の主眼点—それはすなわち，当時の小銀行にとって脅威と感じられていた銀行制度論議のポイン

ト，とも解せられよう—が，銀行支店展開の自由化問題に移っていたことが分かる。そして銀行支店規制の法的所管が1927年マクファデン法・1933年銀行法により各州法に拠っていた当時，IBA のロビー活動も各州議会において展開されねばならなかった。かくして IBA［1965］にもイリノイ・テキサス・ミネソタ・ウィスコンシン・ミズーリ・ニューヨーク州などからの報告が寄せられており，ロビー団体としての活発な活動振りが窺える。

　そのようにして，銀行持株会社に関する規制強化の要求，次に間を置かずして支店規制強化の要求と，相次いで取り組むべき課題が表れたことは，IBA の発展を促進する効果があったのではなかろうか。加盟する小銀行諸行——戦後においては「独立銀行家」という語はローカル色を損なわない少数の支店を有する銀行も含めて用いられるようになっていた（Albic［1965］）——にとり喫緊と感ぜられる課題を発信し取り組むことにより，既存メンバーおよび潜在的（加盟勧誘先）メンバーにとっての IBA の有用度をアピールし続けることができたであろうからである。

5．IBA 史にかかる小括，および若干の考察
——局地的・草の根的なロビー団体の存続・全米的展開を可能ならしめた要因——

⑴　本章の小括と残された課題

　以上，本章の"fact finding"部分たる 2 節から 4 節にかけ，1 節⑷に記した ICBA 資料ならびに関連する諸研究および議会・当局資料などにより，情報を整理し時に比較検討することにより，IBA の1930年前後から1960年代半ば頃までの歴史を描出してきた。

　1 節⑵に記したとおり，IBA の歴史に関する研究書・論文が，知りうる限りでは見当たらない状況下，ICBA 資料の中の①「DuBois メモ」は，手の込んでいない手記ながら，貴重な設立期・発展初期の「通史」である。本章では，同メモの要約文を，2 節⑴および 3 節・4 節の全段にわたり，ａ）からｘ）まで書き連ね，適宜その内容を他の ICBA 資料および他の資料・論考などにより補い（稀には訂正），そして注などにより米国の銀行業界・銀行制度に関する諸情報・諸知見と関連づけてきた。それにより，本章は知りうる限り米・日において初の，IBA 設立期・発展初期に関する「歴史研究」の試みになったのではないかと思

う。

　もっとも，１節(4)にて記したとおり ICBA 資料には不足・未整備の点が多く，ある程度詳しい検討を試みた IBA 創設期（1929年～1933年夏，２節(1)および３節）についても，もし当時の役員会議資料・議事録などが得られたならば，さらに詳細な検討を行うことができよう。仮に，当時の一種「レジスタンス組織」的な IBA の性格——２大銀行持株会社およびその親密派単店銀行家たちの目を避けねばならない面もあった（３節の「DuBois メモ」要約文ⅰ)・m)・l)など)——も手伝い，その種の一次資料が本当に ICBA にも当時の関係銀行にも存在しなかったとしても，少なくとも1930年初のミネソタ州議会でのロビー活動などに関しては，議会関係資料や地方新聞など，他にもオフィシャルな情報源が存在するはずである。

　上記のように「歴史研究」と称する限り，そのように IBA 創設期（1929年～1933年夏）に関しても課題は多々残されている。そしてあらかじめ１節(5)にて記したとおり，1933年夏～1960年代半ばの時期（４節）に関しては，まだ着手の段階に過ぎない。また銀行論研究の一環としての IBA 史であれば，特に銀行持株会社・銀行支店にかかる制度論議との比較対照なども残された課題となる。

(2)　米国政治の流れにおける利益団体の勃興期・連邦議会進出期との一致

　１節(5)で前言したとおり，「なぜ［1930年当時］既に半世紀余の歴史があり全米的に組織・影響力ともに確立された ABA（米国銀行協会）が存在していたのに，数は多いものの個々には『弱小』な単店銀行が独自の利益団体を起ち上げ発展させ得たのか？」というのが，本章の動機付けとも言える筆者の疑問であった。本章の最後，この(2)および次の(3)においては，仮説提起の手始め程度にとどまるにせよ，１節(3)で挙げた関連した研究の諸知見を参照しつつ，その疑問に関する若干の考察を行いたい。

　その１節(3)では，「少なからず関連性がある」という意味で本章の先行研究とも言うべき諸研究を紹介したが，そこで最初に挙げた Roe [1994] から始めたい。同書は，IBAA（1965年に IBA から改称）をはじめとする小銀行の業界団体の存立基盤は強固であり，それが米国の金融制度しいては企業統治に少なからぬ影響を与えている，と述べる。本章との関連で重要なのは，自分たちの小地域の自律性を奪う大手銀行，域外行ではなくローカルな小銀行を好み続ける米国民の

「ポピュリズム」的な支持基盤の頑強さが存在し（邦訳書 pp. 35-41），それに拠って立つことのできる小銀行の「利益集団」は相対的に有利である（同 pp. 50-53），との立論である。

　本章は Roe［1994］のこの所説が対象とする小銀行組織の典型的事例（実際，同 p. 53 に IBAA が取り上げられている）を見てきた。しかし本章においては，元々 ABA のみが米国商業銀行の業界団体であった状態から，IBA をゼロから起ち上げた――その当初は（もちろんのこと）国民・議員が具体的に支援してくれるわけでもない――その困難は相当のものであったことも描出された。

　Roe［1994］は銀行業界自体の構成員の間の組織的思考や集団心理などにほぼ言及しないが，本章において浮かび上がったのは，むしろ単店銀行家たち自身の中に「既に ABA が存するなか IBA は余計な業界団体である（そしてその「余計なもの」への関わりは避けたい）」との思考と行動様式が存しており，そのことが揺籃期の IBA にとり大きな困難となった，という状況であったようにも思われる。利益団体の生成発展の阻害要因としてしばしば指摘される，集合行為理論が説く「ただ乗り」問題――団体に関わるのはわずらわしく，しかも団体が［持株会社規制などの］成果を勝ち取ればその成果は自動的に享受できる（注21の②参照）――は，IBA にも無縁ではなかったのである（2 節中の「DuBois メモ」要約文 c）および 3 節中の同 i ）・q）参照）。

　1960年代に IBA 会長職を務めた Stenehjem［1965］が，「DuBois をはじめとする IBA の創設者たちに『一体全体，なぜこのようなことを成し遂げることができたのか？』と聞けば，彼らは一言『もちろん簡単ではなかったよ』と答えるだろう」と記しているのも，上記の揺籃期の相当な困難さを想起し得たがゆえ，と思われる。

　しかしながら他方，IBA のような単店銀行家たちの組織が1920年代～30年代に十指近く勃興した（注7参照）のも事実である。存続し続けられるかはともかく，同じような企図は他州にもあったのであり，IBA 創設者たちの発想が特異であった，ということでもなさそうである。

　なぜ，ABA や（コルレス業務など業務上重要な取引先である）大手銀行を敵に回してまで単店銀行独自の利益団体を立ち上げるという動きが，1920年代を中心に10件ほども起こり得たのであろうか。その説明として，あるいは有用と考えられるのは，政治学分野の利益団体論における Clemens［1997］の所説である。

同書 pp. 4-8 は以下のように，19世紀末から1920年代の約30年間に，米国政治システムにおいて新しいタイプの利益団体の参入・発展（政治的影響力の増大）がブーム的に起こった，と述べる。

1）米国の政治システムに，政党ルート以外に利益団体ルートが生成し，既存の政治機構との相互　反応を起こした。

2）議会・行政機構・世論という米国政治の3つの foci（影写点・結節点）が成立した。

3）農業者層運動は1896年ポピュリスト党敗北後間を置かずして再組織化され，米国福祉国家［所得保障］システムの最初の利得者の一つとなった。すなわち，ニューディール期の農業調整局に先立ち，1920年代の農業問題への対応として「営農指導・規制・補助金」を組み合わせた「農業普及制度」が生成した。それは，全米農務局連合との緊密な連携により，圧力団体・議会委員会・所管官庁を結びつける「鉄の三角形」の最初の事例の一つとなった。そしてそれは，20世紀半ばまでには圧力団体政治システムの特徴となっていく。［農業制度等の訳語ならびに角括弧部分の補筆は筆者のもので，その際に久保［1984a, b］を参照した。］

4）議員たちは新たに利益団体に対しても議決行動の説明責任を負うことになるが，他方，新たな集票源・組織的資源を獲得し政党上層部への依存度を低くすることもできるようになった。

5）自発的に形成された利益団体が特定の利害を明示的に述べ，それに対応する政府の官僚組織が整備されていく。（中略）多数の支持を得た団体が明示する要求，それに対する議会の反応，そして専門特化した政治色ある諸機構は，世紀の変わり目［19世紀から20世紀へ］の遺産であった。

6）（20世紀に入ると利害関係団体の意見を相応に評価する見解も多くなっていったが）1920年代の米国においてもなお，集団的利益の追求に対する激しい非難はあった。（中略）そのような非難に対し，農民団体は（労働団体や女性団体と同様）「もしわれわれが特典を求めているのだとしても，それは［大手］企業群が既に享受している特典に過ぎない」と主張した。

以上の Clemens［1997］の観察・解釈は，本章で描出した IBA の設立期・発展初期についても，多くの点にわたり援用できないであろうか。

第2章　小銀行独自の業界団体設立

　すなわち，IBA の設立・発展の過程で「政党ルート以外に利益団体ルートが生成し」（上記1）），10余年のちには連邦議会議員たちとも協力関係を築くようになった（上記3）・4）；4節(3)記載の Patman 議員らとの関係参照）。本章ではあまり描かれることはなかったが，IBA 以来，現在の ICBA に至るまで築き上げられてきた各州銀行監督当局や FDIC（連邦預金保険公社）などとの親密な協力的関係には上記2）・3）・4）・5）との共通性がある。1933年の制度創設以来「その便益が小銀行に偏している」との批判もあった連邦預金保険制度（第1章2節(3)参照）は，上記3）の中の所得保障システムと似ている面があろう（少なくとも大恐慌期のように小銀行業態に偏倚して信用不安の種がある場合には）。

　そして上記の最後，6）に関しては，IBA が「もしわれわれが特典を求めているのだとしても，それは大手銀行群が（個別行として，ないしは ABA を通じた政治的影響力の行使により）既に享受している特典に過ぎない。1933年銀行法の欠点を立法措置せず銀行持株会社が野放しになっているのはその好例である」など，ほぼ同様の主張を行ったのではないかと思われる。（実際には，本章執筆のベースとなった諸資料において，「単店銀行は特典を求めている」という問い，およびそれに対する IBA 側の答えに出会うことはなかったが。）

　以上のように考えると，Clemens [1997] が述べる「米国政治システムにおける新しいタイプの利益団体の参入・発展（政治的影響力が連邦レベルまで増大）のブームの時期」に IBA も乗ることができたのではないか，との捉え方は，「ABA の存在にもかかわらず IBA が生成・発展し得た」ことの一つの説明として有り得よう。そしてそのブームの時期が，1920年代末から1930年代はじめという単店銀行業態の危機の時期とかろうじて重なり，それが IBA の結成の時期と一致していることは，示唆的である。

　本章1節(2)の銀行論分野の文献レビューからも，従来の銀行制度論の諸研究において銀行業界団体は取り扱われることが少なく，また本段冒頭でみた Roe [1994] のように，小銀行業界団体の銀行制度への影響力への着目はあっても，「小銀行の利益団体はなぜ生成・発展し得たのか」という「問い」への取り組みはなかった。実質 Clemens [1997] のみに拠る筆者の上記説明も，説明というより問題提起の域を出まいが，そのような「問い」が銀行制度論において交わされることがあってもよいのでは，と思われる。

87

⑶　なぜ全米組織の発祥の地がミネソタ州だったのか：農業団体運動との関連

　上の⑵において，Clemens［1997］が述べる米国政治システムにおける新しい
タイプの利益団体の参入・発展（政治的影響力の増大）のブームに，IBA も乗
ることにより生成・発展し得たと，一つの考えうる説明を述べた。しかし，「そ
れがなぜ他州の単店銀行組織ではなくミネソタ州の IBA であったのか」という
問いには，⑵では取り組んではいない。

　実際，たとえば IBAA［1980］pp. 1-2 は，「1930年に IBA を組織した28名のミ
ネソタ銀行家たちには，今日の IBAA という［全米的に］広範な基盤を有する
組織の核となるのだ，といった意図はなかった。彼らの視野は，自分たち自身の，
局地的な存続に限られていた」と述べている。IBA がそのまま州内の組織にと
どまり，どこか他州で始まり全米展開していった他の単店銀行組織に吸収されて
いった，という歴史の経路も，十分ありえたであろう。

　この「なぜミネソタ州の IBA であったのか」という問いは，上の⑵の，より
正確に言えば「なぜ（何らかの）単店銀行組織が ABA とは別に全米的銀行業界
組織として成立したのか」という問いより，さらに答えにくいものかも知れない。
⑵の末尾で「説明というより問題提起の域を出まい」と述べたが，その言辞を繰
り返したうえで，以下のとおり，「同地域の農業利益団体の動き」という観点に
着目して，考えうる一つの要因を述べてみたい。

　米国の農業利益団体史・農業政策史における基本的文献の一つに数えられる
（久保［1984a］p. 8）Saloutos and Hicks［1951］は，Midwest（センサス地方区分
［注31参照］の一つ）の西側 9 州を，"the western Middle West"（以下「西部ミ
ドルウェスト」）と呼び，同地域こそが米国全体の中でも「農業従事者たちの不
満の中心域（the Center of Agricultural Discontent）」であった，と述べる（図表 2 -
6 ）。そして同地域が全米の農業利益団体の動きの中心域となり，また連邦政府
の農業政策の眼目も同地域に置かれていた，とする（pp. 4-8）。

　上記 Saloutos and Hicks［1951］を含め，多くの文献をもとに米国政府・議会
の動きをも俯瞰したうえで，久保［1984a］p. 21 は以下のように述べる。

　　さて，第一次大戦後アメリカ農業は，既に触れたように深刻な不況に見舞わ
　　れ，再び農民運動が発生する。しかし，この運動の態様や戦略は従前のそれ
　　とは大きく異なったものとなっていた。それは『1896年から1920年の間に
　　農 業 政 治の一大再編成が起こった』からにほかならない。『農民に関する
　　ファーム・ポリティクス

図表2-6 「西部ミドルウェスト」(the western Middle West) 諸州
（原図表の下には "The Center of Agricultural Discontent" と記されている。）

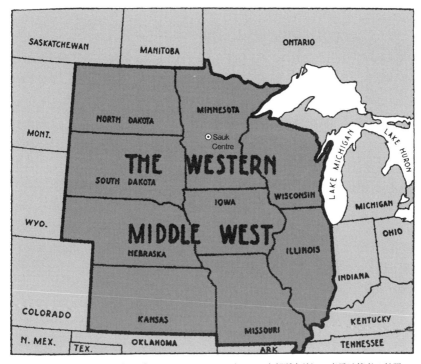

出所：Saloutos and Hicks [1951] p.5. Sauk Centre（IBAの本部所在地）の表示は筆者の付記。

限り政党は消え去ったのである。』そして，これに代わって政策決定過程に登場したのが，いくつかの農民団体であった。20年代以降の農業政策をめぐる政治過程は，もはやこうした全国的農業団体を抜きにしては語りえないとさえいえる。

上記 Saloutos and Hicks [1951] と久保 [1984a] の所見を併せれば，「西部ミドルウェスト」の比較的人口規模の大きな農業州であるミネソタ州の単店銀行家たちは，連邦政府への働きかけも含め活発な農業団体運動を日常的に目にし，それら団体の預金口座や会費・出費の動きを業務上知悉する銀行家もいたのではなかろうか。米国金融史において農民層と銀行家たちとはとかく対立的に捉えられがちであるが，Saloutos and Hicks [1951] p.263 など，農業団体を銀行家たちが

第1部　大恐慌期・戦時期における日米の地域銀行政策・業態の分岐

支援したという記述もあり，またそもそも同じコミュニティに属する者同士，農業者と単店銀行家との間にも密度の高い人間関係があったろうことは，想像に難くない。

　また，利益団体の組織理論も踏まえ議論する Clemens ［1997］は，Tocqueville ［1945（1840）］も引用しつつ「組織化の手腕（art of association)」が組織の継続性にとって重要であることを強調する（p.6 など）。その点においても，農民運動の組織化・組織運営のノウハウが存在する地域では，単店銀行家の間にもそのノウハウが伝播し，単店銀行家組織の存続可能性も高まるという相互作用がありえよう。IBA の設立期・発展初期に貢献した DuBois 氏自身，あるいはそのノウハウに学んでいた面があったかも知れない。

　最後に言及しておきたいのが，1920年代における州議会・連邦議会における「農業ブロック」（所属政党の枠を越え農業団体の利益を擁護する議員たちの集団）の形成である（Saloutos and Hicks ［1951］Chapter XI, Clemens ［1997］p.183)。

　1920年代のまだ早期に，全米農務局連合（AFBF; 注47参照）は連邦議会への積極的な働きかけにより「農業ブロック」の結成に成功したが（久保［1984a］p.23)，AFBF の連邦議会でのロビー活動の中心を担っていたのは，「西部ミドルウェスト」の構成員たちであった（Saloutos and Hicks ［1951］pp.323-324)。

　「西部ミドルウェスト」地域（前掲図表2-6）の一翼をなすミネソタ州の単店銀行家たちにとり，いわば片田舎から首都ワシントン DC に出向き上記のように連邦議会に影響力を発揮する AFBF のロビー活動は，刺激的な成功の実例として脳裏にあったかもしれない。また，同様にして"can-do spirit"（「やればできる」の気概）をいだいていた近隣諸州の単店銀行家たちが，自主的に揺籃期の IBA に参集してきた（4節(2)b）の「DuBois メモ」要約文v))ということもあったかもしれない。

　もちろん以上述べたことは，「なぜミネソタ州の IBA こそが全米組織になっていったのか」という本段冒頭の問いへの答えに，十分なってはいない。それは，「西部ミドルウェスト地域には，農村部を基盤とした多くの州にまたがるロビー組織が発達する素地があった」ということの一つの説明の試みに過ぎない。しかしながら，本章冒頭に述べたとおり「仮説提起の手始め」としては，農業団体のロビー活動との関係から「西部ミドルウェスト」に着目するという視点[49]にも，何らかの意味があると考える次第である。[50]

第2章　小銀行独自の業界団体設立

　最後に，本節(2)(3)で述べてきた説明仮説と2節で述べたミネソタ州銀行界の動きとを組み合わせるならば，本段はじめに置いた問い「その西部ミドルウェストの中でなぜミネソタ州だったのか」に対しては，「全米中でも強大な2つの銀行持株会社が同州に存在し単店銀行諸行にとり存亡にもかかわる脅威と捉えられていたから」ということが，一つの答えとしてありえよう。

　そしてもちろん，多くの歴史的事象におけると同様，Ben DuBois 氏をはじめとする IBA 幹部の発想や熱意・働き，ないしはチームワークなどに，利益団体を伸張させる秀でた属人的あるいは偶発的な要素——本節(2)で述べた利益団体生成・発展を促す潮流や(3)で述べた農業者運動における組織化・影響力行使のノウハウには還元し切れない——が存在していた，といったこともあったであろう。

　本節(2)でも言及したとおり，1920年代～30年代には IBA のような単店銀行家たちの組織が（文献記録があるだけでも）十指近くも存在していた（注7参照）。その中で IBA だけが，現在の ICBA に至るまで組織の血脈を保ち，本章冒頭に述べたとおり活発に活動しているという事実は，以上のような諸要素の，あるいは稀なる重なり合いによるものかも知れない。

注

(1)　ICBA（米国コミュニティ銀行家協会）は，1999年3月の年次総会での改称（*Independent Banker,* Apr. 1999, p. 9）以前は IBAA（米国独立銀行家協会）と称していた。

(2)　正式名称は，Financial Services Modernization Act of 1999（Gramm-Leach-Bliley Act; Pub. L. No. 106-102）。1999年11月に成立した包括的な金融規制緩和に関する法律で，その内容の要約は由里［2009］5章末尾の〈資料〉を参照。

(3)　正式名称は，Dodd-Frank Wall Street Reform and Consumer Protection Act of 2010（Dodd-Frank Act; Pub. L. No. 111-203）。この法律ならびにその立法経緯に関しては，本書の第7章にて詳しく取り上げる。

(4)　中京大学図書館所蔵の *American Banker* 紙マイクロフィルム（1930年の巻）につき，1930年5月分を通覧したが，ICB 設立に関する記事は発見できなかった。ただし同マイクロフィルムの状態は十全ではなく，紙面の一部（多くは端）が暗すぎて判読が難しかったり，そもそも文字が全般的に小さいため，数行程度の短信・法的告知（legal notice）については全てつぶさには読めていない，ということを付言しておきたい。なお，銀行業界専門紙である *American Banker* 以外にも，ミネソタ州や（IBA 発足の地である）Sauk Centre 地域のローカル紙において記事となった可能性も考え

91

第1部　大恐慌期・戦時期における日米の地域銀行政策・業態の分岐

られるが，今般の調査ではそこまで行い得なかった。

(5)　邦語の著書・資料・論文に関し国会図書館のデータベース（http://iss.ndl.go.jp/）により，また国内大学図書館所蔵の邦語・英文の著書・資料に関し CiNii データベース（http://ci.nii.ac.jp/books/）により，そして英文著書・資料・論文に関し，JSTOR データベース（http://www.jstor.org/）により，種々のタイトル・キーワードを入れて検索したが，本章で挙げた著書以外の資料・論文は見出すことはできなかった（本章原論文執筆時の2015年8月末時点）。

(6)　「ユニット・バンク（単店銀行）」とは，支店を有せず本店のみで営業する銀行を指し，その経営者を「ユニット・バンカー（単店銀行家）」と称する（高木 [1986] pp. 105-106）。1933年銀行法に先立つ1930年（月不詳）において，米国の商業銀行23,679行のうち22,928行が，また1935年（12月）においても15,488行のうち14,666行が，ユニット・バンクであった（Fischer [1968] p. 31）。

(7)　Chapman and Westerfield [1942] pp. 127-128 が挙げる「支店銀行制度に反対し単店銀行制度を擁護するため」の諸組織は，以下のとおり（同書が列挙する順）である。（カッコ内は本部所在州および設立年。なお組織を挙げるに際しての基準年等は記されていないが，同箇所は "History and Legal Status of Branch Banking, 1933 to 1940" と題した第V章の "Summary" 部分にあるので，一つの可能性としては1940年時点かもしれない。）

- Independent Bankers Association（Minnesota, 1930）
- Association of Independent Unit Banks of America（Pennsylvania, 1932）
- California League Independent Bankers（California, 1922）
- Independent Bankers Association of Southern California（California, later [than 1922]）
- Independent Bankers Association of Central California（California, later [than 1922]）
- Independent Bankers Association of Washington（Washington, later [than 1922]）
- Independent Bankers Association of Oregon（Oregon, later [than 1922]）
- Independent Bankers Association of the Twelfth Federal Reserve District（still later [than the above four]）
- United States Bankers' Association Opposed to Branch Banking（Kansas City, 1921）

　なお，これら組織の掲載順の根拠については特に記されていないが，筆頭の IBA についてはその強固な姿勢もコメントされており，それはあるいは IBA が相対的に勢力が大きかったり，圧力団体としての行動がより目立っていたことの反映かもしれない。

⑻　多少なりとも単店銀行側の銀行制度論議への働きかけや主張に言及している書として，Willis and Chapman［1934］（Chapter XVII），Whittlesey［1935］，Fischer［1968］（Chapter 2），Burns［1974］（Chapter 3），Savage［1978］などが挙げられる。

⑼　たとえば，米国銀行通史たる Trescott［1963］は，当時まだ単店銀行・小銀行が加盟銀行数中ある程度高い比重を占めていたと推量される ABA の記念事業の一環であるが，マネーセンター銀行や主要地方都市の有力銀行に関する記述が中心的で，小銀行については，銀行業界の全体的数値（銀行数など）への言及に際して多少触れられる程度である。

⑽　IBA が発足した1930年当時，単店銀行数は全商業銀行数の97％を占め，支店制銀行の比率はわずか 3 ％（751行）に過ぎなかったが，Roe［1994］がしばしば言及する戦後の銀行持株会社規制論議の最初の高揚期にあたる1955年には支店制銀行は同13％（1728行）に拡大し（経年的変化のデータは第 6 章 2 節⑵の図表 6 - 2 参照），IBA 加盟銀行や銀行持株会社反対派の小銀行も必ずしも単店銀行とは限らなくなっていった。おそらくそれゆえ Roe［1994］の書は「単店銀行」ではなく「小銀行」や「小さな町の銀行家」などの表現を主に用いるのであろう。それに対して本章では，その大部分が戦前の出来事に関するものであること，および当時ミネソタ州では銀行の支店設置が州法により禁じられていた（Popple［1944］p. 113, Stevenson［1934］p. 31）ことから，IBA 揺籃期の加盟銀行（ほとんどは州内）はほぼ全て単店銀行であったものと推量し，基本的に「単店銀行」の語を用いる。

⑾　戦後の銀行持株会社規制論議に関し，同書は具体的に IBA（「独立銀行家協会」）の名を挙げ，「銀行の産業支配の制限を求めるとともに，銀行持株会社の拡大を制限するよう求めるロビー活動をより強力に展開した」と記している（Roe［1994］邦訳書 p. 53）。

⑿　たとえば Halpin［2014］は，p. 49 において Clemens［1997］を利益団体の形態にかかる "new institutional analysis" 研究系譜上の研究書の一つとして挙げ，また p. 148 において Clemens［1996］を利益団体の生成・組織固めに関し特筆すべき研究書の一つとして挙げている。

⒀　久保［1984a］p. 8 は Saloutos and Hicks［1951］をニューディール期農業政策全般にかかる基本文献の一つに挙げ，Clemens［1997］も同書を用いている。

⒁　Marranca 氏が日本金融通信社「ニッキン第23回特別国際金融セミナー」（2012年11月；http://www.nikkin.co.jp/kokusaIBAcknumber/backnumber23/）の講演者の一人として来日した際，筆者は関西から東京にかけ同氏を案内し，東京では全国信用金庫協会ならびに全国信用組合中央協会への表敬訪問ならびに協同金融研究会（協同組織金融 4 業態の業界人ならびに研究者による研究会）における同氏の講演（同研究会

第1部　大恐慌期・戦時期における日米の地域銀行政策・業態の分岐

の「ニュースレター協同金融」No. 107, 2013年2月, pp. 2-10 に講演・質疑録所収, 本書終章「コラム」に抄録所載）に帯同した。

(15)　Raitor 氏は「ミネソタ勤務当時も自ら倉庫に入り草創期の史料的価値の高い書類の発見・整理を試みたが本当に見当たらなかった」と筆者に語り, また上記 Marranca 氏は2015年9月に筆者が同氏の地元（ニューヨーク州バッファロー市郊外）を訪問取材した際,「多分 Raitor 氏の言うとおり, 実際保存されていないのだろう。[国自身歴史が浅い] アメリカ人は歴史を軽んじる傾向がある。良くないことだが, ICBA のように絶えず走ってきたような組織では, なおさら資料の保存は省みられなかったのだろう」と語った。

(16)　IBA は1952年5月のミネアポリス年次大会にて,「協会自前での機関紙発行は限られた財政規模ゆえ行いえないが, Roger J. Lewis 社の *The Independent Banker* を協会として推奨する（commend)」旨決議した（*Independent Banker,* Jun. 1952, p. 18)。なお, 筆者が Raitor 氏から一号ほぼ全体の写しの手交を受けた同誌1966年11月号（1節(4)の資料リスト④）によれば, 同号は "Volume 16, Number 11" であり, そのことから上記 *Independent Banker* 誌の発刊は1950年であったものと推測される（年表上の文言記載ではあるが Montgomery [2005] p. 68 も1950年の欄に "Independent Banker begins publishing" と記しており, 整合的である)。

　　なお, 上記1966年11月号の巻頭表記においては, 同誌は IBAA（IBA の後の名称）自身が発行する機関誌となっている。IBAA [1980]（1節(4)の資料リスト⑥）p. 8 には, 1956年に Howard Bell 氏が IBA に来て *Independent Banker* 誌の編集者となった, と記されており, あるいはその時期に同誌は上記 Roger J. Lewis 社の手を離れたのかも知れない（ただし1節(4)の資料リスト⑤中の1955年〜1957年年次大会決議文では確認できず [ただし各年とも決議文全部はコピーされておらず決議文の確認作業は未完])。（また, CiNii [NII 学術情報ナビゲータ] データベースによれば, 同誌の日本国内所蔵は名城・駒沢の両大学図書館および全国銀行協会銀行図書館のみで, それら3館を通じ1972年以降のものしか所蔵はなく, 帰国後の補完的なバックナンバー探索もできなかった。）

(17)　それに該当する資料として, 下記がある。"How It All Began," (author not writtten), *Independent Banker,* Apr. 1970, pp. 10-11。

(18)　「DuBois メモ」の冒頭近くに,「33年前の春にミネソタの小さな町々の少数の銀行家たちが集まって」云々と, 1930年4〜5月の IBA 発足時につき記していることから, 同メモは1963年に記されたものではないかと推測される。また同メモの末尾近くに「1962年末の私の退任時に」云々の記述がある（なお IBA1962年年次大会決議文にも同氏1962年末退任の旨の承認あり [*Independent Banker,* Jun. 1962, p. 16])ことは, その推測と整合的であるとともに, 同メモの執筆動機につき, DuBois 氏が退任を期

に30余年の IBA との関わりを書き留めておこうとしたものではないかと推量される。

⒆　Bavisotto［2005］p. 90 によれば，IBA から IBAA への名称変更の年は1965年である。当時の IBA 会長の手になる Zaum［2005］は，改称の理由につき，①アイオワ・イリノイ・インディアナ（いずれも州名が "I" で始まる）の３州の地方組織において各州［"I"］の銀行協会［"Bankers Association"］と紛らわしいとの不満があったこと，および，②IBA が一層全米的な役割を果たすべきとの氏の思い，を挙げている。詳しい改称年月日は不詳だが，(a)Independent Banker 誌の同年６月号所載の Stenehjem［1965］ではまだ "IBA" となっていること，また(b)Zaum［2005］が「執行委員会（Executive Council）」（年次大会ではなく）に対し「新名称の採択を要請した」と記していること，および(c)Raitor 氏からコピーの交付を受けた「1965年」と記した資料（「ICBA 資料」以外）で "IBAA" となっているものも存在することから，1965年の年央から秋にかけてのどこかで，IBAA となったものと推測される。

⒇　ABA のウェブページ中の "ABA's 140th Anniversary Timeline"（http://www.ABA.com/About/Pages/140timeline.aspx）によれば，同組織の結成は1875年７月，349名の銀行家たちがニューヨーク州の Saratoga Springs に集まり結成決議したことにさかのぼる。

㉑　Schlozman［2010］は，①政治学分野における古典的指摘である，Schattschneider［1960］による「[国民の間の多様な利害は多様な利益団体の活動を通じて反映されるという]政治的多元主義者にとっての天国の欠点は，その天国で響く歌声が上層階級の声音（accent）に偏っていることである」という指摘や，②経済学分野の同じく古典的な理論である Olson［1965］の集合行為理論（メンバーとしての貢献努力は惜しむが成果のみ得ようとする「ただ乗り」の動機が存在するがゆえ，多数メンバー間の共通利益獲得のための集団的行動は実現しにくい）などに基づく理論的レビューを行ったうえで，近時のデータによる実証的考察により，ワシントン DC で実際に影響力を有する利益団体のタイプ別構成は経年的にも変化しにくいことを実証的に論じている。

　　なお，上記①の点に関し筆者の元々の知識が十分ではなかったため，上記 Schlozman［2010］のほか内田［1995］第８章および中谷［2004］を参照した。また②の中の Olson［1965］は，上記の知見以外にも IBA の歴史を解釈するうえで関連性のある知見をいくつか述べており（その中には上記 Schattschneider「1960」への言及もある），本章の５節にて若干ではあるが援用したい。

㉒　連邦準備銀行ごとに管轄設定された全米12地区のうち，「第９連邦準備地区」はミネアポリス連銀所管の地区で，（西から並べて）モンタナ州，ノースダコタ州，サウスダコタ州，ミネソタ州，ウィスコンシン州西北部，ミシガン州 Upper Peninsula 地方，からなる（http://www.federalreserve.gov/otherfrb.htm）。なお，12の連銀地区

第1部　大恐慌期・戦時期における日米の地域銀行政策・業態の分岐

全般につき，1913年の設定当初以来，区域の境界は微細な変化を除き変更されていない（Kaufman［1995］p. 526）。

⑳　「DuBois メモ」をはじめとする ICBA 文書中の諸回想録において，ミネソタ州の2大銀行持株会社とその主力銀行の名称の使い分けは必ずしも厳密ではない。それら組織に関する詳細な研究書である Popple［1944］の p. 201 および p. 223 所載の両持株会社の組織図ならびにその周辺の本文によれば，持株会社 Northwest Bancorporation のもとに主軸行たる Northwestern National Bank が存し，持株会社 First Bank Stock Corporation のもとに2つの主軸行たる First National Bank of Minneapolis および First National Bank of St. Paul が存していた。本章において IBA 首脳陣やそれを構成する単店銀行家たちの当時の見方を整理・検討するに際し，資料に記されている名称が銀行持株会社か主力銀行か（それらは実質的に同一の経営陣が担っていることが通常）にこだわる必要性は少ないと考え，Northwest Bancorporation および Northwestern National Bank は単に "Northwest" と，また First Bank Stock Corporation および First National Bank Minneapolis（または St. Paul）は単に "First National" と，各々表記することを基本としたい。なお，銀行持株会社（bank holding companies）という銀行制度に関しては，たとえば Watkins and West［1982］がその簡明な解説として有用である。

⑳　「DuBois メモ」9～10段落目の，「グループ銀行制が支店制（によるコントロール関係）の隠れ蓑（みの）であった」との捉え方は，金融論・銀行論の学者たち（多くは銀行再編・大型化を首肯）においても多数説であった（たとえば Willis and Chapman［1934］p. 389 は，Northwest を「支店規制回避型」の代表例の一つとして挙げている）。

⑳　「DuBois メモ」13段落目の書きぶりでは，「元々銀行事業体でなかった Northwest Bancorporation が1929年に銀行業に新規参入した」とも解されかねないが，Popple［1944］p. 35, Ch. Ⅴ，Ch. Ⅸ によればあくまで，従前からの有力行であった Northwestern National Bank の経営陣が1920年代の試行錯誤（特に州法による厳しい支店設置規制）の末に構築した業容拡大方式が持株会社方式であり Northwest Bancorporation であった，ということである。

⑳　この段の角括弧内の筆者補足，すなわち当時のミネアポリスおよびセントポール両市の（有力）銀行諸行に関する情報については Popple［1944］p. 106 を，また銀行持株会社形態の First National の組成に関しては同 Chapter Ⅹ を，各々参照した。

⑳　同論文の著者平田善彦には，主著として平田［1969］が，また銀行論分野の主編著として平田および侘美［1988］があり，同氏は本文にて挙げた平田［1965］の後も戦間期米国の銀行業の検討を中心とした研究で実績を残している。

⑳　平田［1965］p. 20 による銀行制度論的な整理によれば，「一人または数人のグループが複数の独立銀行を支配する」個人所有形態をチェーン銀行制（chain banking）と，

他方,「持株会社,銀行が複数の独立銀行を支配する」法人所有形態をグループ銀行制(group banking)と呼称していた。また実際には,傘下の独立銀行ごとに上記の種別を峻別することが難しいこともあり,データ・統計上は「チェーン・グループ」と一括することが多かった,という。実際,本章2節(2)で用いるデータ・図表にもそのように一括する扱い方が見られ,筆者も文中で「グループ・チェーン銀行組織」などと便宜的に表記することもある。

⑵ 「支店展開禁止立法→(支店制銀行組織ではなく)グループ・チェーン銀行組織の拡大」という関連性については,平田[1965]pp. 35-36 が論証している。

⑶ 佐々木[1975]pp. 154-159 は,シカゴ市の最大手銀行(Continental Illinois, First Chicago National)が,支店制展開よりもコルレス関係の維持のほうが自行の着実な業務・収益確保につながると考え,他のマネーセンター銀行の動きを認識しつつも,チェーン制・グループ制展開に乗り出さなかったこと,また結果的に,それらに乗り出した同地域の銀行よりも大恐慌時の打撃(チェーン・グループの中心行自体かなりの破綻率を示した)が少なかったことを明らかにしている。このような事例に照らせば,ミネソタ州大都市部の Northwest および First Bank の戦略ならびにその成功(大恐慌を生き延びたことも含め)は,必ずしも米国内で一般的な姿ではなかったと言えよう。

⑶ 図表2-4が準拠する米国の9地方区分は,米国センサス[国勢調査]局(U. S. Bureau of Census)が設定しているもの(http://www2.census.gov/geo/pdfs/maps-data/maps/reference/us_regdiv.pdf)で,基本的には1910年センサスにおいて固まり,以後継続して用いられてきている(https://www.census.gov/history/www/programs/geography/regions_and_divisions.html)。なお,この9地方区分よりラフな区分である5地方区分も用いられ,その場合,(ミネソタ州の属する)West North Central と East North Central を併せた "Midwest" が一つの区分となる。

⑶ Popple[1944]の著者はミネソタ州の出身,家系的にも3世代来の同州人であり,また2大銀行持株会社の一つ First Bank Stock Corporation での勤務経験もある(同書 "Editor's Introduction" by N. S. B. Gras, p. xviii)。同書がハーバード・ビジネス・スクール経営史教授 Gras の指導下で記されたこと(同 p. xxii)とも併せ,大手銀行組織寄りの視点も否めない。それでも,上記のように同州出身の著者が丹念に諸資料を収集し,また時に直接の見聞も交えて記した同書には,同州経済・銀行部門の当時の状況の直接の証言者としての価値があろう。

⑶ 1節(4)で列挙した ICBA 資料の⑦(The Wall Street Journal, Jun. 3, 1983, Conte 記者の記事)によれば,1929年に Twin Cities 有力行が First National グループを結成した動機として大きかったのは,Transamerica Corp.[本文の図表2-1にも見られるように当時全米最大の銀行持株会社で本拠地はニューヨーク市;その主柱はカリ

フォルニア州本拠の Bank of America］の襲来に対する抵抗軸の形成であった，とい
う。

(34) Phillips［2005］p. 78 所載のリンクは本章執筆時にはなくなっているが，本章の原
論文執筆時においては，Apr. 29, 1930 の議事録（minutes）は http://www.ICBA.org
/tools/index.cfm?sn.itemnumber=1726&itemnumber=7859&pf=1 の URL で，May 9,
1930 の議事録は http://www.ICBA.org/tools/index.cfm?ItemNumber=7860&sn.Item
Number=1726 の URL で，各々閲覧可能であった（2016年2月5日最終確認）。

(35) IBA の発足に際し単店銀行家たちの集会の場となった Alexandria（Douglas 郡）お
よび Glenwood（Pope 郡），ならびにのちに IBA の本部事務所にもなった DuBois 氏の
First State Bank がある Sauk Centre（Stearns 郡），および IBA 初代協会長となった
Lee 氏の Long Prairie（Todd 郡）の4つの地は，互いに隣接する郡の中にある。そ
れら4つの地はミネアポリス中心部から概ね西北西方向に150〜190km の位置にあり，
なだらかな丘陵地に米国でも有数の酪農業地帯が広がっている。なお近年のデータ
（2012年米国農業センサス）では，Stearns 郡は乳牛飼育頭数で米国19位にランクされ
ている（*Hoard's Dairyman* 誌ウェブページ［http://www.hoards.com/T14aug10-top-
counties-cow-numbers］）。

(36) 5月9日設立総会の議事録に IBA の3名の役員の一人で "President" として記され
ている "Harry Lee of Long Prairie" のことと考えられる。

(37) ニューヨーク州 Long Island National Bank 頭取の William J. Large 氏は，ABA 協
会長の Stephenson 氏宛ての書状で，「会員のわずか25％が出席する総会で，［ABA 会
員たる］何千もの独立銀行家たちの稼ぎ，およびわが国銀行業の根本的変化に影響し
かねない方針転換を決議することは，［組織上層部の］政治的思惑や個人利得狙いも
疑われかねない。今からでも書状を全会員に送り，意向を集計して ABA の方針を決
し直すのがフェア・プレーというものであろう」との趣旨を綴っている（*American
Banker,* Oct. 10, 1930, p. 7）。

(38) 「DuBois メモ」のこのくだり（39段目）は，"bank holiday" の効果に関しある程度
通説となっている評価と整合的である。たとえば Silber［2009］pp. 23-24 は，連邦準
備制度理事会（FRB）も復興金融公庫（RFC）も銀行危機に対して積極策を欠くなか，
ルーズヴェルト大統領が全米 bank holiday の最中，1933年3月12日の第1回「炉辺
談話（Fireside Chat）」（週ごとのラジオ演説）において「健全な銀行（のみ）の窓口
再開」を直接国民に向かって確約したことが銀行不安の沈静化に大きく寄与した，と
論じている。その「確約」実現のための行政手段も既に一部具体化しており，同年3
月9日に連邦議会で可決された「緊急銀行法（Emergency Banking Act）」は，大統
領の銀行危機対処権限，FRB の緊急通貨発行権，RFC の銀行優先株引受プログラム
などを盛り込んでいた（同 pp. 24-26）。さらに，その後まもなく1933年6月には連邦

第 2 章　小銀行独自の業界団体設立

預金保険制度を盛り込んだ1933年銀行法が成立したことは，第 1 章 2 節(4)で述べたように，その時まで存続し得た単店銀行の存続可能性を一層高めた。

⑶⑼　CiNii（NII 学術情報ナビゲータ）データベースによれば，*American Banker* は1944年から1970年代にかけての国内所蔵はない。その点，*ABA Banking Journal* は比較的揃っているものの，同誌は ABA の機関誌であり，IBA およびその後継組織に関しては今日に至るまで同誌に情報が載ることはほぼない。

⑷⑴　ICBA の Raitor 氏によれば，ワシントン DC の他の業界団体を含め，ロビー組織の会員数や総会参加者数の情報は，自組織の実勢を示す機密情報であり，正確に開示されることは稀である（したがって「加盟銀行数は約 6 千行」などといった表現の仕方になる）。

⑷⑴　IBAA［1980］p. 6 によれば，1956年までには銀行規模による段階的会費料率制が導入され，15・25・50ドルの 3 段階制，1976年までには50〜250ドルの 5 段階制となっていた。

⑷⑵　注 7 で Chapman and Westerfield［1942］にもとづき記した "Independent Bankers Association of the Twelfth Federal Reserve District"（12連銀地区 IBA）と同名称であり，恐らく同一組織であろう。同サンフランシスコ連銀地区は 9 州を所管している。なお Lamb［1961］p. 306 には，1955年時点でこの組織が約300人の単店銀行家会員を有していると記されている。また，IBAA［1980］p. 5 には，IBAA が1979年に同連銀地区の諸行の加入を認めたこと，現在［1980年央か］の ICBA 加盟銀行が47州に及んでいることが記されており，この頃に「12連銀地区 IBA」の IBAA への実質的吸収が進んだものと思われる。

⑷⑶　本文に載せるには細かい話と考え割愛したが，「DuBois メモ」49段目には IBA のミネソタ州内組織 Independent Bankers of Minnesota が1961年 9 月に結成されたことが記されている。同様の組織は各州にでき，IBAA［1980］p. 14 には「IBA の州組織の数は28に伸びた」と記されている。なお，IBCA の Raitor 氏からの情報では，2015年 3 月時点でもまだ，ICBA 派の地方組織が全州に揃ってはいない。また，組織継続のまま ABA から ICBA 傘下へと切り替えたケンタッキー州銀行協会のようなパターンもある，とのことである。

⑷⑷　ブレトン・ウッズ提案には英国に対する債権放棄の条項もあったため，ニューヨーク州の大手銀行などは批准反対派に回っていたが，彼らも加盟する ABA は批准賛成派，米国世論の過半も賛成派であった（Mikesell［2000］Chapter 4）。

⑷⑸　IBAA［1980］p. 7 には，"The drive for legislation to control multibank holding companies began in 1942 when Mr. DuBois helped congressman Wright Patman draft a bill" とあるが，文頭の "drive" が①議会における機運の高まりなのか，②IBA のロビー活動の活発化や効果の増大なのかは不明である。本文ですぐ後に述べるよう

99

に戦時下のこの時期議会の銀行持株会社規制に関する動きは活発とは言えなかったこ
とから，②と解すれば，本文前掲の「DuBois メモ」要約文 x ）の「1956年銀行持株会
社法の制定は，IBA の14年間の議会への働きかけの最終成果……」とも整合的である
（1956 - 14 = 1942）。そのように考え，「IBA のロビー活動に弾みがついた」と解した。

(46)　IBA［1965］と時期が近い1970年代初め頃の時期の，米国の銀行支店制度に関する
議論および銀行支店の州ごとの浸透度合いなどを，ある程度詳細に紹介した論考とし
て，田村［1975］を挙げておく。

(47)　全米農務局連合（American Farm Bureau Federation; AFBF）は1919年に結成さ
れ，ある程度以上の事業規模・収入基盤を有する営利農民を代表する，全米で最大最
強の農業団体となった。連邦議会への活発なロビー活動を行い，1920年代はじめには
「農業ブロック」（党派を超えた農業利益擁護派の議員集団）の結成に成功した（久保
［1984a］pp. 22-23）。

(48)　そのような捉え方の根拠として，たとえば1880年代に国法銀行制度打破もスローガ
ンの一つに掲げ盛んになった農民同盟の運動（西川および松井［1989］pp. 73-75）な
どが挙げられよう。より詳細に見れば，農民層の不満の対象は米国東部の大手銀行で
あった場合も多いが（同 pp. 76-77），不作期などには単店銀行も含め農民層の不興を
買ったのも事実であったようである（由里［2000a］p. 190）。

(49)　久保［1984a］pp. 36-38 は，本文で論じた農業団体のロビー活動を別にしても，
1930年代の米国政治において国民経済の中の農業部門の位置づけおよび農業政策の位
置づけは今日の目で想起するよりも相当大きかったことを，以下の事実を挙げ，述べ
ている（要約引用するにあたり若干の字句変更）。
- ルーズヴェルト大統領は，当初から農業問題を非常に重視していた。
- ［1932年］当時は，国民の半分が農業［関連］従事者であると［政治的シーンで］
語られることも稀ではなかった。
- 1932・33年においては，農業政策は恐慌脱出策・不況回復策として特に重視され，
農業の救済にこそ最大の優先順位が与えられていたといっても過言ではない。

そのような状況においては，農業州の農村地帯の単店銀行団体の訴えも，今日の目で
想起するよりも，連邦議会や連邦政府にとり，より傾聴すべきものであったかも知れ
ない。

(50)　農業の利益団体と単店銀行の利益団体との間に，地域の人的関係や銀行取引関係な
どを通じた相互作用があったのかどうかは，政治学分野の利益団体研究においても関
心が持たれるべき課題となり得よう。もちろん，そのような相互作用の視座を含め，
さらなる調査・考究は，筆者自身の課題でもあると認識している。

第2章 小銀行独自の業界団体設立

〈資　料〉

「DuBois メモ」

(Copyright 2018, The Independent Community Bankers of America)

注1） 以下は，The Independent Bankers of America の許諾のもと，筆者が「DuBois
メモ」（本章1節(4)所載の文書①）の全体を書き写したものである。

　2） 各段落冒頭の片括弧番号ならびに "(sic)"（「原文のまま」の意）は，筆者が追記
したもの。

HISTORY OF THE INDEPENDENT BANKERS ASSOCIATION
by Ben DuBois

1) When a handful of small town Minnesota bankers gathered in Glenwood,
Minnesota, on a spring day 33 years ago, they had no idea that they were the
nucleus of a national organization of independent bankers that today has over
6,200 member banks.

2) I was privileged to be one of the 28 bankers who attended this first meet-
ing of (sic) The Independent Bankers Association. But at the time, we were in a
last-ditch struggle for survival in Minnesota and I don't believe any of the
founders visualized a membership beyond state boundaries.

3) The phenomenal success of two Minneapolis-based bank holding companies
was a key factor in motivating the Minnesota independents to set up the new
organization.

4) An officer of one of the holding companies had reportedly said that there
wouldn't be an independent bank left in the Ninth Federal Reserve District
within three years.

5) We saw two alternatives for independent bankers—either sell out to the
groups or organize among ourselves to combat the holding company challenge
with collective strength.

6) The holding companies wielded such power that some bankers were afraid
to be identified as opponents, and in the early days of the association, member-

ships were solicited with the understanding that the bank name would be kept a secret.

7) The two holding companies—Northwest Bancorporation and First Bank Stock Corporation—were products of the industrial boom period of the 1920s.

8) Apparently affected by the spirit of the times, officers of Northwestern National Bank in Minneapolis saw an opportunity to bring many banks in the Northwest under their control through the holding company device. There were legal difficulties involved in expanding through the branch bank route, but there were little, if any, restrictions on bank holding companies.

9) Since the term "holding company" was in ill repute at the time, the Northwestern organizers called their system "group banking." They implied that they had discovered a completely new device for the conduct of banking, with the banks owned by the corporation retaining their unit structure and operating on a local basis.

10) This was only an illusion, of course.

11) The system was a (sic)siamese twin of branch banking. Control of the subsidiary banks remained with the head office of the holding company.

12) And while the banking fraternity, in general, opposed branch banking beyond state lines, there was nothing to stop holding companies from marching across state borders.

13) In January, 1929, Northwest Bancorporation was ready to announce its entry into the banking field. Officers of the corporation secured ownership of banks in Minnesota, the two Dakotas, Montana, Washington, Wisconsin, Iowa and Nebraska.

14) Success of the new corporation began to distress First National Bank of Minneapolis, which found many of its correspondent banks joining the holding company.

15) A few month after Northwest Bancorporation began operations, First National officers set up their own holding company with First National Bank of Minneapolis and First National Bank of St. Paul as the nucleus(sic).

16) Officers of this new organization—First Bank Stock Corporation—scurried through the territory acquiring many good banks. Stock in First Bank, like that of Northwest Banco(sic), found a ready market.

第2章 小銀行独自の業界団体設立

17) Because Northwestern National and First National were correspondent banks for independents of the Ninth Federal Reserve District and even beyond, a curious situation arose. Subsidiaries of the holding companies now became competitors with many correspondents of the parent banks.

18) There was much switching of accounts among independent banks that did not want to give their correspondent business to an organization that owned their local competitor.

19) The menacing growth of these two holding company juggernauts spurred the independent bankers to action. Late in 1929 and early in 1930, independent banker⁽ˢⁱᶜ⁾ met many times with the intention of forming their own organization.

20) Solidifying opposition to the holding companies was no easy task. Banks of the two groups were largely the corespondents for the country banks, and only the bolder independents were willing to identify themselves as holding company opponents.

21) Early meeting of these opponents were far from successful. Some of the participants used delaying tactics and later it was found that they had joined one of the groups.

22) Then, on April 29, 1930, eleven independent bankers met in Alexandria, Minnesota, and decided that there was sufficient sentiment to warrant a general meeting for the purpose of organizing an association of independent bankers in Minnesota. Vern Weaver of the Farmers & Merchants State Bank, Lowry, served as chairman of the Alexandria meeting and I was secretary.

23) Twenty-eight bankers appeared in Glenwood on May 9 for the charter meeting. Of this initial group, only four are alive today—Norman Tallakson, board chairman of the Bank of Willmar; Edward S. Olson, president of the First National Bank, Starbuck; A. J. Reichmuth, executive vice president of the Chokio State Bank, and myself. I was the managing officer of the First State Bank, Sauk Centre, at the time.

24) The meeting was called to order by Theodore Aune of the Glenwood State Bank, Glenwood, and Senator A. P. Gandrud of Sunburg was elected meeting chairman. Mr. Olson was named secretary.

25) Officers elected at this meeting were Harry Lee, Bank of Long Prairie, president; Oluf Gandrud, Pope County State Bank, Glenwood, vice president, and W.

103

第1部　大恐慌期・戦時期における日米の地域銀行政策・業態の分岐

W. Churchill, Union National Bank, Rochester, treasurer.

26) Elected to the council of administration were Mr. Aune; Mr. Tallakson; A. P. Stoll, Farmers & Merchants State Bank, Pierz; Henry Sampson, Bank of Elbow Lake, and myself.

27) The minutes show that the meeting was recessed for ten minutes while each bank paid $25 in dues to start the association.

28) As president of the new association, Mr. Lee was authorized to hire an administrative secretary. I recall that when I was riding home with him the day of the first meeting, he asked me if I had anyone in mind for the secretary post. I said I did not, and he replied that there was a man living in his town that he believed was well qualified.

29) The man was Robert D. Beery of Long Prairie, who had assisted in organizing one or two banks, had been a federal bank examiner and had recently been in charge of the liquidation of a national bank.

30) Mr. Beery, now retired and living in Long Prairie, began to solicit memberships. By January 16, 1931, with the assistance of some of the officers and members he had collected $2,620.

31) There was much opposition to the new organization. It was sometimes referred to as a "radical" group, even though its purpose was to perpetuate a form of banking that had rendered good service to the nation for many years. However, the term had a defamatory value for the Association's enemies.

32) Representatives of the correspondent banks of the two holding companies were active in their opposition and were a potent factor in retarding the Association's growth.

33) In the Minnesota legislative session of 1933, a bill to permit branch banking was introduced. We had realized from the start that the two holding companies would find branching to be very advantageous. They would be able to make the larger subsidiary banks in various sections of the state the main offices for branches in the same section. This was the plan used in South Dakota, where branch banking is permitted.

34) Mr. Beery plunged vigorously into the branch banking fight. He spent most of his time during the legislative session at the state capital in St. Paul. The branching bill was defeated.

第2章　小銀行独自の業界団体設立

35) But the legislative battle made sizeable inroads into the Association's bank account. This shortage of funds, coupled with the disorganization and confusion that followed the Bank Holiday of March 1933, left the fledgling Independent Bankers Association teetering. Independent bankers became more interested in saving their own banks than working for the preservation of a system of banking. By May of 1933 the IBA treasury balance had dropped to a meager $98.18.

36) How well I remember the circumstances that made me the "temporary" secretary of the association. Mr. Beery and I were discussing association affairs in my office at the First State Bank in Sauk Centre when I was advised there was a long distance call for Mr. Beery.

37) When Mr. Beery got on the line, he learned the caller was Elmer A. Benson, then commissioner of banks, later governor, offering him a job as officer in charge of bank liquidation with (sic) the state banking department. He turned to me and asked, "What shall I do?" My advice was, "Take it. After all, you've got to eat. I'll take over until we can find a permanent secretary."

38) Then I called the late Theodore Aune, our president, to advise him what had taken place.

39) Cruel and drastic as it was, the Bank Holiday seemed to clear the atmosphere and banks again were hopeful about the future. The bankers had lost tremendously—they wanted the opportunity to recoup some of their losses. They were reluctant to sell out to the holding companies during a period when the sale price would have been so small. Furthermore, the holding companies had—temporarily, at least—lost their taste for expansion. The Association began picking up new members.

40) By June 14, 1933, the Association had a balance in its treasury of $591.17. My appointment as acting secretary was confirmed at a meeting of the executive council in Minneapolis and my salary was set at $50 per month. The president and secretary were instructed to arrange a convention in St. Paul for August 30, 1933. The Association appeared to have weathered a bad storm.

41) Expansion of the IBA into a national organization really dates from February of 1934, when a week's stay in Washington convinced us that an organization representing banks in only one state had little strength on Capitol Hill.

105

And it was apparent to us that if independent banking was to survive, federal legislation was needed to restrict and control both holding company and branch banking.

42) The Association had attracted the interest of a few banks outside Minnesota, and they had joined without solicitation. The Association's governing board now decided to send circulars to independent bankers in nearby states asking for support. The membership grew slowly but steadily, and when any state achieved a fair representation in the organization, a director for that state was elected.

43) These state directors contributed enormously to the organization. They not only increased our membership in their respective states but also broadened the organization's scope and understanding of banking matters countrywide.

44) Today, the Association extends into 39 states. A sister organization, (sic)The Independent Bankers Association of the Twelfth Federal Reserve District, operates in nine Western states, including Hawaii and Alaska.

45) Amomg the more significant pieces of legislation that the IBA has successfully supported were the so-called Bretton Woods Proposals following World War II and the Bank Holding Company Act of 1956.

46) The Bretton Woods Proposals, so-named because they were adopted at the 44-nation United Nations Monetary and Financial Conference at Bretton Woods, New Hampshire, provided for the establishment of an (sic) International Monetary Fund and an (sic) International Bank for Reconstruction and Development.

47) The IBA's identification with the Bretton Woods matter seemed to mark a new era for the Association. Since the proposals dealt with international economic cooperation, supporting them helped erase the Association's provincial image. The IBA was now recognized as an organization concerned not only with the problems of the small bank, but also with international finance.

48) When the Bank Holding Company Act of 1956 was signed into law, it climaxed 14 years of legislative effort by the IBA and the IBA of the Twelfth Federal Reserve District. It also marked the completion of a cycle, of sorts. The IBA got its start because of the holding company threat in Minnesota. In 1956, the IBA was instrumental in placing bank holding companies under federal control.

第2章　小銀行独自の業界団体設立

49) The IBA came "full circle" in another way just a little over a year ago. In September of 1961, a new state association of independent bankers was founded in Minnesota, birth state of the national IBA. The Independent Bankers of Minnesota employs its own full-time secretary and concentrates its efforts on matters of interest to independent bankers of the state. Several other states have their own independent bankers associations that work in harmony with the national organization.

50) I remained as association secretary until the IBA's national convention in Washington, D. C., in April, 1961, when I was named executive director. At that time, Howard Bell, assistant secretary and editor of (sic)The INDEPENDENT BANKER magazine, was elected secretary. He was advanced to executive director upon my retirement at the end of 1962, and the position of secretary was filled on January 1 by Gene Moore, manager of the Iron River (Michigan) REPORTER.

51) The Independent Bankers Association has always been a grass-roots organization, with most of its members relatively small country banks.

52) Since 1933, the IBA has maintained its headquarters in Sauk Centre, Minnesota, a community of about 3,500 population. In 1962, the Association membership voted by nearly a two-to-one margin to retain the headquarters office in that city.

107

第3章
「統制経済」志向
───戦前期銀行合同政策の背景───

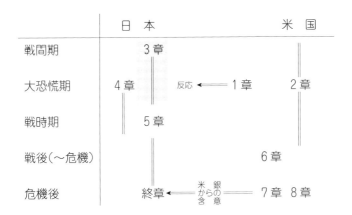

1. はじめに
──本章の問題意識と検討課題──

第1章「預金保険制度──小銀行政策の分岐点」において，1930年代を境として，日米の間で，銀行産業組織が小銀行数の多寡という点で大きく相違していった，その背後にあった政策の相違を論じた。同章での検討により明らかになった対比は以下のようなものであった。

- 米国においては，小銀行諸行を銀行システム・中小企業金融の重要な要素と考え連邦預金保険制度導入（1933年）により，多数の小銀行に特徴づけられた銀行産業組織の保持につながる政策が採られた。
- 日本では，「無資格銀行」（1927年銀行法）の「整理」に引き続き，低金利政策・金融機関統制効率化といった見地から銀行合同促進政策を取り続け（「一県一行主義」），小銀行はほぼ皆無となった。

そして同章の結語部分では，両国の政策が相違したことの根底には，当時の両国における「社会の構成原理」（河村［1995］p. v）の相違，すなわち，片や米国における中央政府・ニューヨーク金融街に対する不信感ならびに州権・コミュニティ（所在の私企業［含小銀行］）の自律性へのこだわり，他方わが国における中央政府の役割（当時の言葉では「統制」）への期待・志向性が，横たわっていたのではなかろうか，と述べた。

そのような第1章を受け，本章においては，わが国における同時期の政策論議，特に「国策」・「戦時動員」といった領域における政策論議──上記河村［1995］の視角[^1]からはそれこそが対金融機関政策・中小企業政策の態様を規定したと推量される──を，政治史・社会史・経済史の諸分野に求め，上述の「中央政府の役割（『統制』）への期待・志向性」が1930年代の政策論議や世論に明白に存していたのか否かを探っていきたい。

検討結果を予め申せば，1914年から1918年にかけての第一次世界大戦を契機に，（「総力戦」の不可欠な構成要素としての）「経済戦」，「国策」，「経済統制」，「（有事の）国家総動員」といった概念が生起し，1920年代の概念的・技術的準備期を

経て，1932年の満州事変・満州国建国，1936年の2.26事件，1937年の日中戦争全面化というように「総力戦」状況が昂進するにつれ，「統制経済」が政治・政策思潮の潮流としても経済運営方式の実態としても強化されていったことが，主に1980年代～1990年代の主として政治史方面の諸研究成果（歴史学者・政治学者双方の手になる）によって明らかにされていることが知られる。

　それらの諸成果は金融史の学界内では管見する限り散発的にしか紹介・引用されていないようであり，本章2節ではそれら諸研究を紹介しつつ，第一次世界大戦以降太平洋戦争初期までの「統制経済」にかかる政策潮流を概観・整理する。

　続く3節では，2節でみた政策潮流を背景に，「統制経済」志向が強まるのに応じ銀行合同政策も「直接統制」的性格を強めていった，その政策的連関を指摘する。それとともに，銀行合同政策にかかる今までの金融史分野の諸研究では考察対象に含められることが稀であった「統制経済」の政策潮流という，より包括的かつ影響力の強い政策の流れを併せ鑑みることが，銀行合同政策の変遷――とりわけ1936年以降――を説明するうえで有効な検討視角であることを論ずる。

2．第一次世界大戦以降の「統制経済」にかかる政策潮流

⑴　「統制経済」に関連した先行研究と「統制経済」の概念規定

　前節でも述べたように，筆者は，1930年代の対金融機関政策・中小企業政策に影響を与えたと推量される「国策」・「戦時動員」といった領域における政策論議を，政治史・社会史・経済史の諸分野の先行研究に求めた。その結果，同時期においては「総力戦」に備えるための「国策」，その不可欠の要素としての「統制経済」，といった思潮が台頭し支配的となっていったことが，政治史の分野における標準的知見となってきていることが分かった。

　筆者が通読した同分野の主たる論考は，伊藤［1989］，古川［1992］（補完的に古川［2005］），御厨［1996］（主に第1章）であり，それに一般向けの書ながら筆者としては得るところが少なくなかった水谷［1999］第5章，橋川［2008］第4部である。加うるに，経済史の観点から「統制」の考察へと及んだ加藤［1979］，中村［1987］，ならびに社会史的観点から中小企業主等中間層の凋落とファシズム思想台頭との関連を論じた金澤［1994］を，併せて挙げておきたい。

　さて，上記諸論考のうちでも伊藤［1989］は，その検討対象が筆者の関心と最

も重なる度合が多く——その論題「『国是』と『国策』・『統制』・『計画』」もそれを示す——，しかも上記の他の論考によっても比較的よく引用されていることから，本章においても「国策」・「統制」等の概念・思潮に関する基本的論考として依拠することにする。

　「（経済に対する）統制」の概念規定に関しては，同論考は「政治による経済の支配」を意味すると述べ，また，同概念が牽引力を有した基底に，欧州諸国を史上初の「総力戦」（産業「動員」をその不可欠な要素とする）に巻き込んだ第一次世界大戦の経験，およびソ連邦で実行され始めていた計画経済・全体主義の魅力，それとは対照的に（特に世界大恐慌以降）実感されていく資本主義の「没落」があった，とする（伊藤［1989］p. 326-327, 362；古川［1992］p. 1 も参照）。

　伊藤［1989］の上記所論と概ね整合的ではあるが，古川［1992］p. 31 は，世界恐慌下の1930年代になると「国家による経済統制」とは「資源配分を国家がコントロールすること」と捉えられていた，と述べる。伊藤［1989］pp. 334, 349-352も，同時代の代表的な「革新派」（資本主義の修正と国家コントロールの強化を主張）の官僚として内務官僚松井春生を挙げ，彼が『経済参謀本部論』（1934年）において述べた，「個々的統制」にとどまらぬ「経済の全般にわたる統制」が必要，という「統制経済」観を紹介している。これらから，1930年代の半ばまでには，（労働・物資）資源配分と不可分な通貨・金融システムを国の政治・行政機構がコントロールすることは，「統制経済（体制）」の不可欠な要素として捉えられていた，と考えてよかろう。

(2)　1930年代半ばまでの「統制経済」の 2 つの系譜

a）有事対応策としての「戦時総動員」

　前段で，世界恐慌を機に1930年代半ばまでには「統制経済」概念が国民経済の経済活動全般を対象とするものになっていた，と述べたが，古川［1992］pp. 4-6は，それに先立つ第一次世界大戦後期以降「戦時総動員」の計画・実施機関（「総動員機関」）が官制設置され，[(2)] それらの国家組織が統制経済専門家および統制・計画技術を涵養する場になった，と述べる。1929年以降1936年までの総動員機関であった資源局は毎年国家総動員（軍の動員，そのための国力全部の動員）計画を作成し，1930年 4 月に同局が策定し閣議決定までされた「総動員基本計画綱領」は，既に極めて広範・総合的なもので総動員・統制にかかるノウハウや発

想の相当な蓄積も示していた（伊藤［1989］p. 338-339）。

　もっとも，この「戦時総動員」はその名のとおり「戦時」のための計画であり，満州事変（1931年）や国連脱退（1933年）を経て戦時色が濃くなっていた1935年に至ってさえ，（上記資源局が法案化を検討中であった）「総動員基本法」も「戦時体制に移行しない限り…現実に制定発動される可能性はまったくなかった」（御厨［1996］p. 32）。戦時総動員体制の発動可能性を段階的に高めるべく，「総動員基本法」の代替策として資源局が帝国議会に提出した「総動員秘密保護法案」さえ，資源局内の企画部（武官側）と総務部（文官側）との内部対立を知悉した芦田均・砂田重政両議員の委員会質疑の前に問題点を露呈し，審議入りもせず会期終了となった（1935年 5 月，同 pp. 32-36）。

　後藤［1981］，伊牟田［2002］，白鳥［2006］など，昭和戦前期の中小銀行群や銀行合同政策に関するまとまった研究（本章自身，次の 3 節はこれらの知見に多くを負っている）においては，必ずしもこの時期の上記のような統制法制の頓挫ぶりは特筆されていないようであるが，1933年から35年にかけて「準戦時体制」が強まる中でも，「戦時統制」自体は強まらなかったことは，銀行合同政策をとりまく政策環境として押さえておくべきであろう。すなわち，水谷［1999］p. 254の言うように政党・軍・官僚・天皇・重臣等の間に不安定ながら均衡状況が成立し「一種のエア・ポケットに似た状況が維持」され，軍部や一部「革新派」官僚たちの望むような政策・制度変化は遅々としていたのであった。

　1933年から1935年にかけ経済面での不況色が薄らいでいき，新聞等は「非常時小康」と書きたて，中上流層などは昭和戦前期における消費文化のピークを享楽していた（井上［2011］pp. 146-149）。このような世情は，思うに，元々上述のように政策・制度変化の「遅々とした」状況を不満としていた軍部などには一層の苛立ちの元となり，1936年の2.26事件に象徴される，以降の軍部暴走の一要因をなしたのかもしれない。

b）恐慌対処策・産業合理化政策としての「経済国策」

　1930年代の初頭から半ばにかけての政策思潮として，議論もより活発で現実にも試みられ始めたのは，むしろ「経済国策」（「（国家）統制経済」と称されることも）のほうであった。この政策概念も第一次世界大戦期に関係各国で考察され始め，「総力戦」経験から派生した「経済戦」（平時の「産業戦」をも含む）とい

第1部　大恐慌期・戦時期における日米の地域銀行政策・業態の分岐

う概念を中心に据えていた。わが国ではまず，経済調査会（1916年〜17年）および帝国経済会議（1924年）という時限的な経済政策機関を実現させた（伊藤[1989] pp. 326, 331)。帝国経済会議における「内閣の移り変わりのなかでも継続性をもった経済国策が必要」という考え方は，1927年設置の商工審議会へと継承される（商工官僚吉野信次が主導）（同 pp. 331-332, 340-341)。

　その直後，1928年にはソ連邦で第1次5か年計画が開始され，翌1929年末には米国発の世界恐慌が起こって，わが国の政策論議にも自ずと，現行の経済制度を「資本主義」として意識化しその欠陥および是正策をも論ずる姿勢をもたらした（同 pp. 332-333)。浜口内閣の俵孫一商工相による事業者間協定奨励策（企業経済合理化・資本効率増進策として）の答申を受けて1930年に臨時産業商工審議会・臨時産業合理局が組織されたのもこの時期のことである（同 p. 341)。これらの機関（実質的には前記吉野ら商工官僚が担った）の主導により，1931年7月には工業組合法が施行され中小工業の業種別統制が開始され（由井[1964] pp. 206-213)，また同年8月には重要産業統制法という「[対象部門を予め限定しない] 包括性において世界で最初の……[産業] 統制法」（平沢[2001] p. 45)が施行され，大企業中心の21の産業部門のカルテルが政策的に助成されることとなった（宮島[2004] pp. 50-51)。

　この1930年代初頭の一連の産業統制政策に関し，平沢[2001] pp. 7-9, 46-47 は，恐慌（再発防止）対処策としての性格が強く，その（企業さらには雇用確保のための）「セイフティーネット」的性格，また企業間の自主的協力関係をある程度尊重していたという意味で，その後の「戦時」統制と区別されるべき，とする。それに対して宮島[2004] pp. 122-123, 137 は，重要産業統制法に関し，それが恐慌対処策を越えて，「合理局官僚」の「産業の自由主義」（参入の自由と契約の自由）に対する「拘泥」からの開放，ならびに産業合理化（独占組織の指導による需給調整・生産性向上・「無謀の競争」回避）の指導権限の法認，という構想の法的具体化である，とする。

　筆者は，この「セイフティーネット」政策か（官僚主導の）産業合理化政策かという評価の如何を判断しうるものではない。ただ，本段のa）で述べた1930年代前半期における政党・軍・官僚等の間の不安定な均衡状況（水谷[1999] p. 254)からすれば，両側面を併せ持っていたとも考えられる。そして，「統制経済」の政策思潮に関する次なる展開は，この不安定な均衡を軍・（統制志向的）官僚の

第 3 章 「統制経済」志向

側に大きく揺り動かした，いわゆる「陸軍パンフレット」の登場であった。

⑶ 「広義国防」概念の流布と「戦時」化とが相合わさり「戦時統制」実施へ

　1934年10月，陸軍省新聞班は「国防の本義とその強化の提唱」と題したパンフレット（陸軍省新聞班 [1934]）を刊行した。「国民生活の安定」・「農産漁村の更生」などをも「国家の生成発展の基本的活力」の一環として広義の「国防」概念の中に位置づけ（同 pp. 267-268，277-278），「国民共存共栄の全体観」のもと諸々の対立状況や閉塞状況に関する「根本的の対策」を打ち立てる（同 p. 278 など）ことを主張するこの通称「陸軍パンフレット」は，種々の分野における統制政策（含金融制度）に言及しつつ，それらに「（広義）国防」という統一的な目標を付与した点で画期的であった（伊藤 [1989] p. 355）。統制派軍人永田鉄山の指導下で作成された同パンフレットは，当時の政友会などの選挙公約などよりもよほど国民生活・経済のことを考えているように映り，[3]「政治・社会の変革主体としての陸軍」に対する国民や一部の政党などの期待を高めるうえで大きな効果を持った（加藤 [1979] p. 101；古川 [1992] pp. 71-72；加藤 [2009] pp. 315-317）。

　同パンフレットは，「第二の世界大戦」に備えることは既に「焦眉喫緊の作業」であるとし（陸軍省新聞班 [1934] p. 270），平時の状態においても「深刻なる経済戦，思想戦等 [を] ……随所に展開 [し]，対外的には国家の全活力を総合統制するにあらずんば，武力戦はおろか遂に国際競争そのものの落伍者たるのほかなき事態となりつつある」[傍点原文のまま]（同 p. 267）と主張し，他方で「利己的個人主義的経済観念より [の] 脱却」を国民に要請する（同 p. 277）など，随所に「革新派」官僚たちを勢いづかせそうな統制志向的主張をちりばめていた。（上記のような戦前の資料・論考等の引用に際しては，漢字字体，仮名表記，ならびに漢字・仮名表示の選択は現代語式に変更。以下，本章において同様。）

　本節の⑴において，そもそも「統制」政策思潮が高まる背景には，計画経済・全体主義の魅力，それとは対照的に実感されていく資本主義の「没落」があった，とする伊藤 [1989] の所見を紹介したが，1934年秋にはソ連邦・ドイツ・満州国における計画経済・全体主義の試み，他方で大恐慌から脱しえぬ米国という現実があり，その点でも陸軍パンフレットは時機に適っていた。[4]さらに翌1935年には，その満州国において「統制経済実施のための絶好の実験の機会を与えられ」（橋

115

川［2008］p. 453），しかも自らの政策の正しさと成功とを自認する（古川［1992］p. 44）岸信介ら革新派官僚たちおよび石原莞爾ら陸軍参謀たちが帰国した。彼らとともに，関東軍特務部と満鉄経済調査会とによって担われた「事実上［の］総合国策機関の機能」および「強度の統制経済体制を指向する」満州国の統制経済システム（同 p. 39）が，わが国に還流したのであった。

　そして1936年2月の2.26事件を機に，政党・軍・官僚間の力の均衡は急速に瓦解し，「ほぼ15年間の軍事占領の時代」に入っていく（水谷［1999］p. 255）。前段でみた「統制経済」の2つの系譜のうち，① 有事対応策としての「戦時総動員」は実質的に「戦時体制」入りすることにより，また② 恐慌対処策・産業合理化政策としての「経済国策」は議会制民主主義という歯止めが効かなくなり，両者ともに軍や革新派官僚（彼らも軍の威光を活用）が考えるところの「国策」に沿い「張り切って」運用されるようになっていく（同 p. 257；古川［2005］pp. 72-73）。

　本章の次節でその銀行合同政策を検討する大蔵省に関して一例を挙げれば，2.26事件後の広田内閣で蔵相として「乗り込んできた」馬場鍈一は，軍部の求める軍事予算大幅拡充に「大盤振る舞い」を企図して「心ある」大蔵官僚たちを嘆かせた（水谷［1999］p. 260）。他方大蔵省は，資金よりも物資が重要な時局下，[5]「統制経済参謀本部」として脚光を浴びた商工省などに比し勢力が後退していき（同 pp. 255，260；古川［1992］pp. 69-71），「国家総動員の中枢機関」として1937年に発足した企画院に予算編成権すら奪われかけたほどであった（同 pp. 93-98；水[6]谷［1999］p. 260）。

　その企画院もまた，上記のような中枢組織的位置づけの割には大蔵・商工・陸軍各省の調整役・緩衝剤としての実務的役割にとどまる面が大きく，わが国は統制経済政策全体の計画化・総合化機関が未充足のまま，各省庁の個別統制政策（銀行合同政策も含まれよう）だけは活発化していく（御厨［1996］pp. 91，95-96）。1938年初頭の議会では国家総動員法ならびに電力国家管理法という統制経済推進のための2つの重要な法律が制定された。特に前者は非常に広範な統制権限を官僚機構に白紙委任するものであり，翌1939年以降「大胆に適用」されるようになっていった（中村［1989］pp. 10-11）。

3．「統制経済」と銀行合同政策との関連性の検討

(1) 「統制経済」・銀行合同政策年表ならびに銀行合同政策にかかる先行研究

　前節でみた「統制経済」関連の政策潮流を，同時代の金融法規・銀行政策（特に中小銀行や銀行合同政策関連）の動向と照らし合わせるため，図表3-1を作成した。

　前節(2)a）でも前言したが，図表3-1に示した時代に概ね該当する1920～30年代の中小銀行群の動向や銀行合同政策に関しては，既に後藤［1981］，伊牟田［2002］，白鳥［2006］という，いくつかのまとまった研究書がある。加えて，朝倉［1988］，寺西［1982］，伊藤［1995］も，関連性が強い研究書である。また，日本銀行調査局［1943］ならびに日本銀行調査局特別調査室［1948］も，特に（上掲諸論考が「準戦時」の始まりとして位置づける）2.26事件以降の金融統制政策に関する詳細な資料である。

　上記諸研究のうち，前節で整理したような「統制経済」の政策潮流を金融法規・銀行政策の背景として視野に入れて論じているのは伊藤［1995］であり，同書に先立つ論文である伊藤［1983・84］と併せ，金融分野における統制強化をより巨視的に政策間相互作用（伊藤［1995］p.90 は「統制波及メカニズム」と呼ぶ）および「（統制）イデオロギー」（同 pp.70-76，90）の観点から捉える，という意味で，本章の研究視座と共通する面が強い。ただし，伊藤のこれら研究では，中小銀行に対する銀行合同政策はほとんど議論されていない。[7]

(2) 銀行合同政策の質的転換点に関して浮かび上がる新たな見方

　「統制経済」政策の潮流を踏まえて銀行合同政策を俯瞰する，より具体的には，前記の伊藤［1995］の概念を援用し「統制波及メカニズム」（政策間相互作用）および「統制イデオロギー」の観点から銀行合同政策の流れ（前掲図表3-1参照）をあらためて見直すことで，既存研究では指摘されてこなかったような見方も浮かび上がるように思われる。紙幅の関係もあり，ここでは1936年馬場蔵相発言の捉え方に関してのみ論じたい。

　1936年における馬場蔵相の「一県一行主義」発言は，従来，1920年代初期から採られ27年金融恐慌後に加速した「銀行合同政策」と連続体をなすものとして論

第1部　大恐慌期・戦時期における日米の地域銀行政策・業態の分岐

図表3-1　第一次世界大戦から日米開戦までの期間（1917～1941）における「統制経済」関連の政策潮流ならびに金融法規・銀行政策の動向

	政治・経済	「統制経済」関連政策	金融法規・銀行政策	銀行数増減
17		陸軍内で「国家総動員」提言起こる		（年末時点，カッコ内は前年末比増減率）
18	第一次大戦終了			
20	戦後恐慌	国勢院，軍需工業動員計画設定開始	銀行条例改正（合併促進）	
21			高橋蔵相，地方小銀行合同提唱	【参考】1922年末普通銀行数1,799
23	関東大震災		モラトリアム震災手形法	-98　（-5%）
24		帝国経済会議（4～11月）	銀行合同促進の通牒	-72　（-4%）
25 （大14）		新設の商工省，軍需調査事務所管 重要輸出品工業組合法		-92　（-6%）
26 （大15）		整備局（統制・動員の2課）設置	金融制度調査会官制公布	-117　（-8%）
27 （昭2）	金融恐慌	内閣資源局設立 商工審議会設置	銀行合同政策加速（1県2行） 銀行法（28年施行）	-137　（-10%）
28 （昭3）	地方銀貸出減甚し 中小商工業窮状拡大			-252　（-20%）
29 （昭4）	世界恐慌・昭和恐慌 生糸価格等暴落	資源局，年次で国家総動員計画作成		-150　（-15%）
30 （昭5）	恐慌深刻化，農業恐慌 左右の政治運動激化	臨時産業商工審・産業合理局設置 「総動員基本計画綱領」閣議決定		-99　（-11%）
31 （昭6）	満州事変 金輸出再禁止	重要産業統制法，工業組合法 中小工業輸出組合・工業組合結成		-99　（-13%）
32 （昭7）	5.15事件，政党内閣制瓦解→満州国建国	「国策」研究集団次々に組成 資源局，応急総動員計画策定	銀行法「無資格銀行」整理期限	-145　（-21%）
33 （昭8）	国際連盟脱退	工業組合法改正（政策的組織化強化）	金融統制を目的に内容堅堅実行も含めた「地方的合同」の新方針	-22　（-4%）

118

第3章 「統制経済」志向

	政治・経済	「統制経済」関連政策	金融法規・銀行政策	銀行数増減
34 (昭9)	陸軍省「国防の本義とその強化の提唱」	松井春生『経済参謀本部論』		−32 （−6%）
35 (昭10)	岡田「挙国一致」内閣により，内閣審議会・内閣調査局設置 石原莞爾，参謀本部作戦課長着任，日満財政経済研究会発足			−18 （−4%）
36 (昭11)	2.26事件(蔵相等暗殺) 陸軍省，軍備充実五ヶ年計画，「革新派」馬場蔵相「大盤振舞」		馬場蔵相，低金利政策等統制強化のため非効率行合同推進表明	−42 （−9%）
37 (昭12)	上海事変，日中戦争 戦時経済，軍事費急騰	財政経済運営「賀屋・吉野三原則」 「国家総動員の中枢機関」企画院設立	臨時資金調整法 堅実経営小銀行も被合併（36年〜）	−47 （−11%）
38 (昭13)	統制・組合化で地方事業者の営業基盤揺らぐ	国家総動員法（官僚統制に白紙委任） 電力管理法，電力国家管理へ		−31 （−8%）
39 (昭14)	欧州大戦勃発	予算作成主導権，軍・企画院（物動計画）に移動，大蔵省地位低下 大蔵省は増税・公債増発・金融システム「合理化」に役割限定		−28 （−8%）
40 (昭15)	日独伊三国同盟	重点産業中心主義強化 「経済新体制確立要綱」閣議決定	地方銀行に興業債券特別割当	−32 （−10%）
41 (昭16)	日米開戦，太平洋戦争	財政金融基本方策要綱，国家資金動員計画（国民貯蓄目標算定） 「金融新体制」（金融機関組織化・整理統合）		−100 （−35%）

【参考】1941年末
普通銀行数186

出所：「統制経済」関連政策——主として本章2節の記述より抜粋。
　　　金融法規・銀行政策——主として本章3節(1)記載の諸論考に依拠。
　　　（普通）銀行数増減データ——後藤［1970］pp.56-58により筆者計算。

じられてきた。⁽⁸⁾しかし「革新派」蔵相の同発言は，大蔵省の金融・銀行政策の流れとは別の，「統制波及メカニズム」ならびに「統制イデオロギー」の持つ強力な推進力が銀行合同政策に加わった，という意味で画期的なものであり，同発言こそを機に銀行合同政策の質的転換が起こった，という見方も可能ではなかろうか。⁽⁹⁾

　前節でみたように，1930年代半ばまでには「統制経済」の2つの系譜——①

119

有事対応策としての「戦時総動員」ならびに②恐慌対処策・産業合理化政策としての「経済国策」——は十分な蓄積を重ねていた。しかし大蔵省の銀行合同政策は，それら「統制」政策の本流とは別に，経営基盤が脆弱な中小銀行の整理により預金者保護を図る，ということを主目的に行われ，また，銀行界では自由主義的な考え方が根強かったゆえ，中小銀行に対しても（最低資本金・支払準備等）資格制限的な監督権限を越えた直接的・個別的な経営介入は難しかった（伊藤［1995］p. 59）。前掲の図表 3 - 1 において，1930年前後から「『統制経済』関連政策」欄に次々に画期的施策が現れるのに比して，「金融法規・銀行政策」欄では統制政策上の動きが少ないのも，そのことを反映していよう。

加えて，前節の(2) a)でみたように，1933年から1935年にかけて「準戦時体制」が強まる中でも，「一種のエア・ポケット的状況」の中，「(準) 戦時」を大義名分とした統制は一般的に実効性が強まらなかった。一つの——とはいえ銀行再編ペースへの影響度が高いと思われる——事例を挙げれば，1935年 4 月「銀行検査の新方針」（大蔵省銀行局検査課）がある。遵［2005］p. 10 によれば大蔵省検査の主眼はそこで，銀行整理も辞さない不良債権の強制処理から，不良債権の発生防止を主眼とし，債務者の存続と銀行の緩やかな合同を図る長期的観点へと転じた，という。

前掲図表 3 - 1 において1933年から1935年までの銀行数減少が，1933年 8 月の「地方的合同」新方針（後藤［1981］pp. 50-51）にもかかわらず，絶対数としても減少率としても小さいのも，1932年末に1927年銀行法が規定した「無資格銀行」の整理期限が終了していたことに加え，以上のような統制政策環境が影響していたのではなかろうか。

しかしながら，このような状況は，前節の(3)でみた1934年10月の「陸軍パンフレット」，1935年秋の革新派官僚・陸軍参謀たちの帰国にともなう満州国統制経済システムの伝播，1936年 2 月の2.26事件，という一連の「統制イデオロギー」の奔流により一変する。満州国における統制経済の実践経験と，わが国において蓄積されてきた「統制経済」の 2 つの系譜すなわち「戦時総動員」ならびに「経済国策」の合流は，「統制波及メカニズム」（政策間相互作用）をも活性化させた。それらの結果，それまで統制政策との関わりが少なかった諸官庁においても軍人官僚・革新派官僚による「軍事占領」が進行し（水谷［1999］p. 255），また帝国議会の政策過程への実質的な関与度合も著減した（古川［2005］pp. 72-73）。

やはり前節の(3)でみたように，馬場蔵相自身そのような諸省庁への「乗り込み」革新派の代表格の一人であったが，1937年２月の林内閣発足とともに蔵相の座を継いだ結城豊太郎（安田銀行副頭取・興銀総裁等を務めた元財界人）のもとでも，大蔵省が一旦組織目的となった「金融統制」を撤回するべくもなく，「銀行合同促進方針は…決してあと戻りはしないで［戦時下に］むしろ強化されることとなった」（後藤［1981］pp. 65-66）。次いで同年夏には日中戦争が全面化し，「統制［権限］が統制［権限］を呼［び］」……「［各］役所の機構と規模も飛躍的に拡大する」（水谷［1999］pp. 274, 280）という，いわば「統制ブーム」（その「活況」にあずかるのは主として官僚システム）が現出した。

　以上のような，いわば大局的な観察を現場の目で証左するものとして，当時の大蔵省銀行行政官僚（本書第５章の銀行再編交渉事例で主要人物の一人として登場する舟山正吉）[12]の回顧談の一部を以下引用しておきたい。

　　　［『一県一行』を最初に唱えた］馬場蔵相のときの昭和11年から12年の間……在任期間が短かったので合同の数はすぐには現われなかったのですけれども，『一県一行』というお題目はその後ずっと効いてきて，統制経済になると，それは国策だという説得と相まって，相当の威力を発揮していきました。
　　　　　　　　　　　　　　　　　　　　　　　　　　　　　　（高本［1985］p. 41）

　　　合意のうえ［合併合意の］判を押させるのですから，頑張るところはダメだった。（中略）ただこれも，政府の統制が強くなってきますと，県単位でいろいろ指令したりするようになってきましたから，銀行が一つにまとまっていたほうが便利であったということもあるのです。……行政の第一線では，一県一行という形にこだわって強力な指導を行っていたところもありました。
　　　　　　　　　　　　　　　　　　　　　　　　　　　　　　（同 pp. 66-67）

⑶　小括：金融史研究において「政治」領域にも目を向けることの有用性

　本章は，冒頭で述べたように，1930年代のわが国において「中央政府の役割（『統制』）への期待・志向性こそが社会の構成原理であったのではないか」との問題意識を出発点として，第一次世界大戦期以降の「統制経済」にかかる政策潮流を追った。その結果，（社会の構成原理であったのかどうかの疎明には至らぬまでも）確かに同時期において「統制経済」が政治・政策思潮として非常な高ま

第1部　大恐慌期・戦時期における日米の地域銀行政策・業態の分岐

りを見せ，実際に経済関連政策にも適用されていったこと，そして1936年以降は銀行合同政策を加速させる方向にも作用した可能性があること，が見出された。

　2節(1)でも述べたように，経済に対する統制は「政治による経済の支配」(伊藤 [1989] p. 362) を意味する。そして銀行合同政策にかかる金融史分野の諸研究も1930年代半ば以降の「統制強化」に関してはほぼ異論がない。それであれば，その「統制」が基盤として拠る「政治」の領域に関し，その背景に存する「民意」ならびに実施主体たる官僚機構の行動様式を含め，検討視野に入れること，ならびにその際，次にその一例を示すように政策過程論の知見なども援用することは，有益であろう。

　本章の検討対象時期の最末期に関し，朝倉 [1988] pp. 186-187 は以下のように述べている。

　　　[1938年から1941年までに銀行数が半減した際] 合併された小銀行は…金融恐慌以来の整理合同を免れてきた堅実なものが大部分であったので，十分自立可能なものであった。したがって，資金の『全面的統制の必要上』合併されたものといえる。

　筆者は，朝倉 [1988] の金融通史としての評価には何ら異議をさしはさむものではないが，引用後半部分の資金の「全面的統制の必要上」という表現に関しては違和感を覚える。それを戦時下の特殊な (客観的) 問題状況――その合理的解決方法として「堅実小銀行群の大挙合併」を必要とする――と把握すること (政策過程論でいう「合理モデル」の適用) だけでは，極めて不十分ではあるまいか。

　資金の「全面的統制の必要上」とは，「統制権限の白紙委任」(2節(3)；そこには「民意」も部分的には作用していた) を受けた大蔵省が正当化のために掲げたスローガンでもあり，所轄官僚組織は「それがもたらすであろう結果をいちいち予測したり，あらためて評価するということはめったにない」(久米ほか [2003] p. 304) まま，十数年来の同一行動パターン (合併勧奨権限の行使) を強化・反復し続けた，という理解 (「組織過程モデル」の適用) も，少なくとも同程度以上に可能であろう。そしてまた，そのような解釈を併用してこそ，上記の「堅実な」小銀行群の政策的「整理」さらには「処理」(当時の官僚用語 [佐藤 [2000] pp. 206-210]) が決して戦時下の特殊な出来事ではなく，程度の差や政策的態様の相違こそあれ反復されうることを念頭に置き続ける，すなわち「歴史に学ぶ」そ

の内容も一層増すのではなかろうか。

注

(1) 河村［1995］p. v は同書全体の考究に基づき下記の観察を提示する。

　Ⅰ）「[総力戦の状況下では]『市場経済』を超える『経済の組織化』が必要」であること

　Ⅱ）当該「組織化」の様相を規定するのは，その国における「政治・軍事要因，そして一つの社会の構成原理の基層にある文化要因まで［の］複合」であること

　Ⅲ）「危機」的状況における「組織化」には，「それぞれの社会の基層をなす社会の構成原理の特質や文化的特性」が「戦時の政治・経済の具体的な姿として増幅させて顕現化」されるこれらの視角を援用する上での大きな前提条件は，"Ⅰ"にある「総力戦の状況下では…」との条件であるが，わが国では1932年（満州事変）以降準戦時体制，1936年（2.26事件）以降は戦時体制となり，また後に示すように「戦時体制＝総力戦体制」との考え方も政策論議を覆いつつあったので，同条件は満たされていた（より厳密には1930年代が進むにつれ満たされていき1936年以降は完全に満たされた）と言える。

(2) 軍需局（1918年6月～1920年5月），国勢院（1920年5月～1922年11月），資源局（1927年5月～1937年10月）が1920年代以前に設置された総動員機関である（古川［1992］p. 5）。

(3) 1930年代前半期には，「（総合的）国策」に関する数多くの提案が官僚・研究集団・政党人などによって提起された（伊藤［1989］3節）が，古川［1992］p. 34は「当時，陸軍パンフレットほどの具体性と包括性と説得力を持った政策構想を公に打ち出した政治勢力は他に存在しなかった」と述べる。なお，陸軍パンフレットに記された経済政策諸案の執筆者に関しては牧野［2010］pp. 21-25を参照。

(4) 筆者は田中［2004］に着想を得，側面的調査として，戦前日本における自由主義経済思想（これこそは「陸軍パンフレット」の一大標的であった）の最大の擁護者の一つであったと目される『東洋経済新報』の1934年周辺の諸巻を通覧してみた。同誌は1934年新年初号（pp. 49-73）において「資本主義は倒壊するか？」と題した座談会を組んでいるが，同座談会においても，資本主義・自由主義が現下のままでは立ち行かない，との議論が優勢である。なお「陸軍パンフレット」そのものに対しては，はたして同誌は即座に批判的な社説を掲載している（1934年10月13日号）が，その批判は揚げ足取り的で，同パンフレットが自由主義経済や個人主義思想の根幹を標的としていること，およびその文面の扇動的効果，などに対する危機感は感ぜられない。

(5) 1936年6月に「物の予算」概念を併用した財政経済運営原則（時の蔵相・商工相の名を冠し「賀屋・吉野三原則」）が採用されたのが，「物の経済」が「金の経済」に優

第1部　大恐慌期・戦時期における日米の地域銀行政策・業態の分岐

越する分水嶺となった（原［1989］pp. 73-74，中村［1987］pp. 6-15）。

(6)　1935年5月設置の内閣調査局（岡田「挙国一致」内閣のもとで構想された「恒久性
をもった」政策立案機関［御厨［1996］pp. 22-24]）が拡充改組された企画庁（1937
年5月）と資源局（注2参照）が，陸軍主導で資源局を実質合併主体として合併し
（同 p. 90），1937年10月に内閣直属機関として企画院が発足した（古川［1992］pp. 51-
53；中村［1989］pp. 8-9）。

(7)　他に，経済史分野の中村［1987］は，政治史の領域に踏み込むことを回避しつつ，
なおかつ，1930年代後半期において経済の領域が政治の領域から強いられた避けよう
のない「現実の要請」の存在を，浮かび上がらせている。

(8)　寺西［1982］pp. 336-340 は，大蔵省が1933年「地方的合同」の新方針を打ち出した
ことを期に，銀行合同政策は，従来の預金者保護の一環という位置づけから，戦時金
融統制の一環として推進されるようになった，と述べる。銀行合同政策の主目的が変
質した，という意味では筆者の見方と共通するものの，その転換期としては1936年が
より妥当ではあるまいか，と考える。

(9)　地方における銀行合同政策の実施状況を詳細に追う伊藤［1980］p. 420 および白鳥
［2006］p. 454 が，いわば帰納的に本章と同じく1936年を同政策の転換期と位置づけて
いるのは興味深い。

(10)　ただし伊牟田［2002］7章によれば，この「預金者保護」という政策目的は，1930
年代に至るまで不十分にしか達成されていない。

(11)　伊藤［1995］p. 59 のほか，たとえば串本［1937］p. 106 の「銀行や信託会社の経営
の衝にあたる人々の間に，かかる［私益追求の］思想が濃厚に瀰漫しているのではな
かろうか」との指摘を参照。また，1935年東京銀行倶楽部新年晩餐会において若槻元
首相（同倶楽部名誉会員）が「所有権を確保して各人をして一杯に能力を発揮せしめ
て自己の運命を開拓せしめる」という原則の強調等，当時の政治家としてはおそらく
異例な自由主義擁護の演説を行いえた（若槻［1935］）のも，銀行業界人の集まりで
あればこそであったろう。

　　高本［1985］pp. 47-49 所載の元大蔵官僚舟山正吉（戦後に銀行局長・事務次官を務
める）の次の回顧談もそのような気風を裏打ちしていよう。「自由経済のなかで育ち，
昭和恐慌をくぐり抜け金融資本を担う自負を持つ金融界首脳は『政府なにするもの
ぞ』との気概で統制経済にも真っ向から反対だった。大蔵省銀行局の首脳部も自由主
義者が主で，安易に外部の圧力に屈せず慎重に事を運ぶスタイルだった」。山崎
［2011］pp. 96-110 もまた，金融統制会の実際の「計画」達成方式が，統制強化や指導
者原理を主張する革新官僚の意を体せず，業界組織と個別金融機関の間の自律性と協
調とによるものであった，と述べる。

(12)　舟山正吉は，高本［1985］所収の同氏略歴・談話（pp. 37, 42 など）および本書第

5章で扱う日銀アーカイブ資料から，1942〜1944年頃に普通銀行課長を務めたと推察されるが，1934年以降少なくとも戦時末期まで銀行局にいて，当時の銀行合同政策を間近に見続け直接担当もしたと考えられる。

⒀　対象データがより早いが（1931〜1935年），退出した325の普通銀行を「被合併・買収」（152行）と「その他」（解散・破産・廃業［なお昭和2年銀行法による「無資格銀行」整理期限は1932年末］，173行）に分けて実証研究を行った岡崎［2002］は，前者すなわち銀行合併の対象となり消失した諸行は存続行よりも規模は相対的に小さかったものの経営パフォーマンスは劣後していなかったとし，銀行業を効率化することに寄与したのは銀行合併ではなく解散・破産・廃業であった，と結論づけている。別の角度からこの知見を解釈すれば，1935年末における存続諸行は，有意に非効率な諸行が除去されたのちの，存続行および被合併・買収行の銀行経営資源を引き継ぐ，総じて見れば経営パフォーマンスに難のない諸行であった，とも言えよう。

⒁　久米ほか［2003］p. 303。組織を統一的な合理的思考過程を有する行為者とみなす政策過程分析モデルであり，Allison［1971］が「3つの理論モデル」の分析的パラダイムで提示した「Model I」に由来する。当該組織自身の手になる政策叙述にもこのモデルは用いられやすく，本文の朝倉［1988］引用文と同時期の金融統制政策を叙述した日本銀行調査局［1943］pp. 403-409 にも，自組織を含め金融統制関連諸組織が統一的な合理的統制原則のもとに行動しているかのような叙述がみられる（実際にそのような統一的統制原則が存していたかどうか疑わしいことは本章2節⑶末尾の段落を参照）。

⒂　戦前期の銀行合同政策に対しては，近年堀内［2005］や寺西［2003］pp. 173-185 など，リレーションシップ・バンキング理論も踏まえ，その実体（地方）経済に対する悪影響を指摘する見解が主流である。金澤［1994］の言うように地方経済・中小企業者の衰退が中間層の親ファシズム化（そのさらなる帰結は2節⑶でみたように大蔵省の相対的凋落）と関係しているとすれば，「それがもたらすであろう結果をいちいち予測したり［しなかった］」ことの帰結は大蔵省自らにも及んでいることになる。なお，戦時期の「統制経済」諸政策が「地方利益的要素」を等閑視していたことに関しては，国土計画に関する御厨［1996］p. 229，労働力動員に関する大門および柳沢［1996］，銀行合同政策に関する白鳥［2006］pp. 453-456 など，諸方面からの指摘がある。

⒃　久米ほか［2003］pp. 303-305。組織（たとえば大蔵省）を，官僚的行動パターンをとる下位組織（たとえば銀行局さらにはその下位組織）のゆるやかな連合体とみなす政策過程分析モデルであり，Allison［1971］の「Model II」に由来する。

⒄　"Those who cannot remember the past are condemned to repeat it." （過去を心に留めることができない者たちは，必然的にそれ［過誤］を繰り返す）（Santayana［1962（1905）］, p. 184）。

第4章
「一県一行」主義
―神戸銀行の成立・展開の事例―

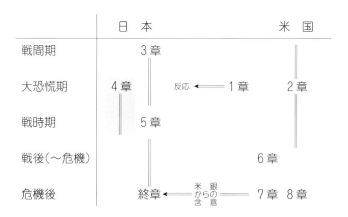

［銀行設立後約5年間の］以上のような店舗網の整備，拡充の成果はまことに見るべきものがあったとはいうものの，なお店舗の大部分は兵庫県下にあり営業基盤の地域的偏在性は否定することができなかった。いうまでもなく当行の使命は都市店舗を拡充して営業基盤を全国的に拡大し，神戸市を中心とした有機的発展を図ることにあり，創立以来当行首脳部が苦慮したのも実にこのことであった。このためしはしば当局に『陳情書』を提出した。しかし日華事変の推移とともにますます統制の強化される異常な情勢下にあって，当行の直摯な意図も容易には受け入れられず，全国的規模に対して<u>余りにも濃厚な地域的限定性という矛盾</u>を蔵したまま経営をつづけることを余儀なくされた。

（『神戸銀行史』［神戸銀行史編纂委員［1958］］p. 151，下線引用者）

1．はじめに

(1)　銀行合同の具体的様相に関する本章・次章の事例研究について

　直前の第3章3節では，昭和戦前・戦時期の「一県一行」銀行合同政策につき俯瞰的視点から検討した。この「一県一行」政策において，兵庫県が元々の銀行数の多さと実質的「一県一行」実現過程の遅滞・輻輳ぶりとにおいて特異な事例をなしたことは，しばしば指摘されてきた（同 pp. 446-465；日本銀行百年史編纂委員会［1984］pp. 437-439；佐藤［2000］など）。本章および次の第5章では，この兵庫県における銀行合同の経緯につき，地域金融史的な視点を中心に据え，検討していきたい。

　本章および第5章で行うように，個別銀行のデータや文書資料にまで立ち入り，都道府県ないしはそのサブエリア単位で，銀行合同の様相を当局の政策的関与や銀行の経営戦略などとの関連で解明ないしは解釈しようとする論考も，徐々に蓄積されつつある。そのような個別事例研究は，日本銀行等による史資料（刊行物または開示制度）の充実（佐藤［2000］p. 178）も手伝い，おおむね1980年代以降，増加してきたように見受けられる（「一県一行」政策期に関するものとして，朝倉［1980］第4章・第5章；石井・杉山［2001］第2部；佐藤［2000］；白鳥［2006］，など）。しかしながら，そのような個別事例研究の蓄積のなかでも，管見するかぎり兵庫県の銀行合同過程を検討したものは見当たらない（地方金融史研究会［2003］所収の高嶋［2003］も，「一県一行」政策期に関しては上掲の後藤［1981］

pp. 446-465 に付け加えるところ僅少である）。

　本章および第 5 章は，以上のような既存の研究状況に鑑みて取り組んだ，「一県一行」政策のもとでの兵庫県における銀行合同に関する地域金融史的な事例研究である。その中で本章は，主に神戸銀行に焦点を当て，同行が1936年に県下 7 行による新立合併で発足し1945年に実質的「一県一行」を達成した，その合併・店舗展開の動的プロセスを，営業上の重点地域の識別や競合他行との店舗競合に重点を置きつつ描出しようとする。また第 5 章は，日本銀行金融研究所アーカイブ資料に拠り，戦時下の1943年から1945年という「一県一行」達成の最終局面における，神戸銀行と播州・兵和・全但 3 銀行との当局も絡まっての合併の企図・交渉を描出しようとする。それら 2 つの章は，大蔵・日銀当局の銀行合同政策と並んで個々の銀行の業務計数，経営戦略あるいは店舗網基盤やその展開戦略に焦点を当てようとする共通の姿勢を有するとともに，本章は県内を細区分した店舗や人口に関する地図を多用し小地域の地域特性にも目を配るという地理学的アプローチ，他方第 5 章は具体的交渉の記録など当時の記録文書に多くを依拠した歴史学的アプローチに拠っており，対象とする事象としては一体性がありながら，筆者としては両者は別個の事例研究である，との意識を持っている。（なお，本章および次章における戦前・戦時期諸資料の引用に際しては，戦前式のカナ表記・漢字字体・漢字／仮名［洋数字］選択・送り仮名・返り読み等は原則として現代文式に改め適宜ルビを付したが，句読点の用法に関しては原則として原文のままとし，また引用文中の角括弧部分は引用者による補記である。文書の表題に関しては，漢字字体を除き原文表記のままとした。）

　そしてそれらの事例研究においても，本書の諸章に通底する問題意識，すなわち，限られた地域を営業地盤とする小銀行が多数存続し続けている米国と，元々は米国の銀行制度からも多くの影響を受けながらも太平洋戦争末期を最期にカテゴリー（産業組織上および国民の認識上）的には小銀行が消滅したわが国との，彼我の差をもたらした要因は何なのか，という疑問は，共通のモチーフをなしている。前述のように「元々の銀行数の多さと実質的『一県一行』実現過程の遅滞・輻輳ぶり」において特異とされる兵庫県の事例は，わが国における小銀行消滅の具体的様相——とりわけローカル色の強い銀行と県域全体の中心たらんとする銀行とのせめぎあい——を探るうえで示唆するところが大きいと想起されたことも，同県を取り上げる理由の一つである。

第1部　大恐慌期・戦時期における日米の地域銀行政策・業態の分岐

⑵　**本章の検討アプローチ：小経済圏ごとの地域性および銀行経営の視点を考慮するための地理学的視点・技法の援用**

a）「小経済圏」への着目の必要性と市区町域単位の地図の有用性

　前段で事例研究の一つとして挙げた白鳥［2006］は大部の研究書であり，その終章においては，同書の諸事例研究ならびに既往諸研究を踏まえたうえで，次のように述べられている。

　　「……銀行合同政策による地方金融の再編成は地域ごとに固有性を帯びた，
　　諸利害の錯綜関係に基づく諸困難に逢着することになった。」（p. 447）

　そしてその終章の冒頭には，「地域」という語に関し，次のような付言がなされている。

　　「その際に留意しなければならないことは，この場合の地域が府県単位ではなく，郡部など府県内部の小経済圏であったことである。」（p. 435）

　そもそも「一県一行」へと至る銀行合同過程においては，県内の小銀行諸行が府県内部の異なった小経済圏を各々営業地盤とする，いわば「群雄割拠」的な状態から，終局的には，「一県一行」を達成した地方銀行が営業地盤をいわば「県下統一」的に県内全域に及ぼす状態へと至る，という銀行産業組織の空間的再編成がなされる。白鳥［2006］は，上記のようにその過程が県ごとに諸困難を内包し，また跛行性を有していた（同 p. 442）と述べるが，都市・経済地理学者の阿部［1991］は銀行店舗網に関する精細な主題図を作成することにより[1]，そのような県ごとの銀行合同過程の跛行性を明瞭に示すことに成功している（図表4-1 a），b））。

　本図によれば，昭和戦前・戦時期の銀行合同過程の初期および終期に相当する[2] 1928年末・1940年末の対比で，奈良県および滋賀県において「一県一行」ないしはそれに近い状況にまで銀行合同が進捗したことが，まず目を引く。兵庫県の場合は，神戸銀行（神戸市）次いで播州銀行（小野町）を中心とする本支店網が形成されているものの，本店の記号“〇”の多さが物語るように，当時の日銀が同県に関し目指していたとされる「県内4行」の目標（佐藤［2000］p. 185）に比してさえ程遠い。

　この阿部［1991］の銀行本支店網の図は，銀行合同過程を俯瞰するため，また

第4章 「一県一行」主義

図表4-1　近畿地方の府県内の銀行＊本支店関係

＊『銀行総覧』において当該府県内に本店が掲載されている全ての銀行（本図内の府県の場合，普通銀行・貯蓄銀行・農工銀行）

a) 1928年末

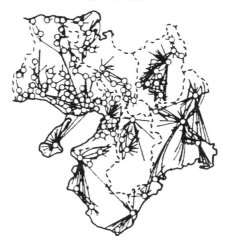

b) 1940年末

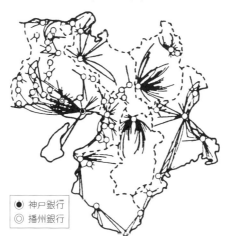

● 神戸銀行
◎ 播州銀行

注：各府県内所在の銀行（支店を有するもの）につき，本店を"○"，その同一府県内の支店を本店から延びる線の先端点で表している（同一市町村内に複数の支店があっても一点で表現）。
出所：阿部［1991］pp. 165, 171（原データ：大蔵省銀行局『銀行総覧』）に筆者加筆（兵庫県内銀行2の表示，および付注）。
（なお，原図には沖縄を除く全道府県が示されている。）

131

上記白鳥［2006］の強調する「府県内部の小経済圏」を踏まえた考察を進めるうえでも有用——小銀行の店舗網と小経済圏との対応関係は有意であろうから——と考えられる。しかるに，銀行合同に関連した文献の渉猟がかなり精細な白鳥［2006］にあってさえ，この阿部［1991］の図や考察は言及されてはいない。学問間の壁ないしは懸隔を物語る一例とも解されるが，学部生時代に人文地理学を専攻（次いで経済学を専攻）した筆者には，（近年の米国における歴史的事象に関する空間的アプローチの台頭を挙げるまでもなく）地理学的な概念・手法・研究諸成果はあえて目をつぶるにはあまりにも有用と思われる。また金融経済学自身の立場からも，地域金融機関の店舗網の空間的配置状況がもたらす「営業地盤」の分析が重要，との指摘がある（堀江［2008］pp. 188-192）。

　以上のような考えから，本章においても主題図（特に市区町域単位の分布図等）や地形条件・中心地・都市化など地理学上の概念をしばしば援用したい。さらに付言すれば，それらの知識・技法は，金融史分野では「五十の手習い」の徒に過ぎない筆者が銀行合同過程の研究領域へと持参しうる何某かの独自性ないしは付加価値となるのではないか，とも思われる。（なお，上記のように数多い主題図に関しては，原論文を本書に収録するうえで紙幅の関係などから，文字通りの意味で割愛したものがある。その旨は適宜付注により示すので，関心のある読者は，中京大学学術情報リポジトリ［https://chukyo-u.repo.nii.ac.jp/］などで原論文［由里［2012］・由里［2013］］をご覧いただければ幸いである。）

ｂ）銀行の店舗戦略に影響する都市化・工業化の地域的展開を視野に入れることの有用性

　本章冒頭の『神戸銀行史』からの引用文にあるように，店舗の地域的な配分は草創期の神戸銀行経営陣にとり苦心の的の一つであった。同史の記述ならびに本章で後に用いる同行の当時の当局宛文書などにも，競合他行の動静を含め店舗展開の成果や店舗展開の不十分さに言及したもの，ないしはその焦り等を窺わせるものが少なくない。

　それらの銀行内部資料からは，県内が地域区分（神戸東方の住宅地域，同工業地域，神戸西方の「典型的地方」，播州沿岸の新設工場地域，など）を伴って認識されていたことが窺われ，時には店周地域の概略図も付されている。銀行の店舗配置や店舗展開に関する先行研究等は，設置検討地域の経済的発展の趨勢や開

発計画等，定量的・定性的属性の重要性を指摘しているし，また筆者の銀行・信用金庫での実務的経験に照らしても，このような空間的・地理的理解が当時の神戸銀行の店舗戦略や支店の営業推進上も重要であったものと推察される。

本章が検討対象とする時期は概ね昭和10年代（1935～45年）に相当するが，この時期の兵庫県における空間的・地理的事象として特筆されるのは県南部臨海域（播磨灘沿岸～大阪湾臨海地域）の急速な重化学工業地帯化，ならびに県南部神戸以東の平野部の同じく急速な都市化の進行であった。上記の神戸銀行内部資料の記載内容や『神戸銀行史』における同時期を回顧した記述においても，それらの空間的・地理的変容が店舗展開さらには経営戦略上重要なポイントとなっていたことが窺われる。

このように，銀行の実際の店舗戦略・行動は，特に兵庫県のように広域かつ自然・人文的に多様な県域の場合，県単位というよりむしろそのサブ地域単位での地域条件との連関において，企図・遂行されていく。それゆえ，上記ａ）で述べた地理学の概念・手法とは別に，地理学のなかの地誌（特定地域に関する叙述）分野の研究蓄積の援用もまた，有用と思われる。

銀行史の分野の先行研究を管見するかぎりでは，たとえば，迎［2001］は研究対象地域たる福岡県内を「商工業地域」・「鉱業地域」・「農業地域」に３区分し当該地域区分ごとの地方銀行の経営状況を検討しており，上述の「県単位というよりむしろそのサブ地域単位での地域条件との連関」が意識されている。他方，既に何度も言及した白鳥［2006］は，たとえば第４章における福島県中通地方のうち３つのサブ地域（信達・安達・安積）ごとに銀行合同の背景を論じているものの，人口・経済等の地域的条件への言及は僅少である（同書中の他の事例研究についても概ね同様）。この迎［2001］と白鳥［2006］とのアプローチの相違は，あるいは研究対象地域の都市化・工業化度合いの相違——すなわち後者が研究対象地域とする農山村・農業卓越諸県においては人口・経済等の地域的条件の相違は説明要因としてさほど有意ではない——によるものかとも思料される。しかしながら，たとえば村上［1980］は都市化・工業化の進展地域たる愛知県を研究対象としつつも県内における地域的条件の相違にはほとんど言及していないなど，総じて言えば，銀行史の分野の先行研究において地域的条件への顧慮は十分であったとは言いがたいように思われる。

本章との関連に話を戻せば，神戸銀行草創期の経営環境を理解するうえで，日

本地誌研究所［1973］や藤岡［1983］のような標準的な地誌的成果は勿論のこと，近年関西在住の都市地理学者たちを中心に研究の蓄積が進んでいる兵庫県内の昭和戦前期の都市化・工業化の地域的展開に関する知見（たとえば水内ほか［2008］）などもまた，有用な情報ないしは示唆を与えてくれるものと思われる。本章においてはそのような諸論考も参照しつつ，神戸銀行ならびに競合他行——特に県外大手行や銀行合同進展により形成された県内有力行——の店舗展開・競合状況を検討していきたい。

2．神戸銀行発足直前の兵庫県下諸銀行の本店分布状況ならびに神戸銀行の前身7行の店舗網の位置づけ

⑴ 神戸銀行発足直前の県下諸銀行の本店の分布状況

a）戦前における兵庫県の銀行数の多さ

　後藤［1981］p. 446，『神戸銀行史』p. 25，高嶋［2003］p. 279 などにおいて繰り返し指摘されてきたのが，1936年5月に当時の馬場蔵相が「一県一行主義」を表明した時点において，兵庫県下の普通銀行数が「全国一」であった，という事実である[10]

　この兵庫県の普通銀行数の突出した多さは，「銀行条例」（明治23年法律第72号）が施行されわが国において普通銀行が制度化された1893年以来，太平洋戦争末期に至るまでほぼ一定した傾向であった[11]。上記「一県一行主義」蔵相発言のあったその1936年の年内に実際に新立合併にまでこぎつけた[12]神戸銀行の行史には，「［7行合併による］当行の設立が当時如何に望まれていたか」（『神戸銀行史』p. 31）等，県下諸行の合併進展が政策的ないしは経済合理的に必然的なものであったとする見方が処々に記されている。そして実際，県内の銀行統合は，1945年に一県二行体制にまで進んだのであった。

b）銀行数の多さの要因の一つとして考えられる谷筋ごとの集落分布

　以上のような，兵庫県においても結局銀行統合は他府県並みの行数まで進捗したという歴史的事実にもかかわらず，筆者には，前節⑵にて前言した地理的視点からすれば，普通銀行制度発足以来戦時期までほぼ一貫して継続していた兵庫県の普通銀行数の突出した多さには合理的な要因もあったのではないか，と思われ

るのである。

　兵庫県の都市・集落分布図（日本地誌研究所［1973］p. 335）ならびに地勢図を併[13]
せ眺めて知られるのは，兵庫県内に全体的に見られる複雑な河川分布とその河谷
に沿った多数の村落の分布，および多くの河谷の上流域・谷壁（そこには山地が
分布）において集落分布が途切れること（これは異なった河谷の集落間では経済
的・人的交流が少なくなることを示唆）である。

　この兵庫県に見られるような，(1)多数の河谷，(2)河谷沿いの多数の集落，およ
び，(3)異なった河谷間の集落の分断，という地形条件ならびにそれに規定された
集落・人口分布の状況は，わが国では多くの府県に存在しているように思われる
が，必ずしもそうではない。すなわち，「(1)多数の河谷」という条件を満たして
いる府県は多くとも，「(2)河谷沿いの多数の集落」ならびに「(3)異なった河谷間
の集落の分断」という条件を併せ満たすためには，集落の分布を阻む程度に傾斜
が急な山地が卓越しつつも，その間に存する河谷自体はある程度の広がりを有す
る谷底平野や盆地を形成していなければならない。

　以上(1)～(3)の地形条件は，日本列島の大地形区分の中で相対的に緩やかな山地
構造である西南日本内帯（中国地方～九州北部）の山地，しかもその中でもいわ
ゆる「隆起準平原」の性質を持つ中国山地において最も広い範囲にわたって観察
され（中村ほか［2005］pp. 144-146），兵庫県の特に但馬・播磨・丹波地域は，それ
ら条件をよく具備している。谷底平野は総じて広めで，より多くの集落が立地し
うる。加えて丹波山地中にはかなりの広さを有する篠山盆地もある。[14]

　以上述べてきたような，兵庫県の地理の規模的広がり，地形上の細区分の様相
をも反映し，またそれに「畿内」・「山陰道」・「山陽道」など歴史的に形成された
地域性なども加わり，図表4-2に示す旧5か国ごとの所属感覚が，ほぼ今日に
至るまで県民意識上無視できない（金田および石川［2006］pp. 230-231）。それに加
え，同じく平野・盆地と山地とが入り組んだ他の近畿諸府県に比べ，兵庫県だけ
は県庁所在地（神戸市）が県内の主たる平野（自ずと中心地としての条件を備え
ている；同県の場合播磨平野）に所在しない（同 p. 6）。

　前述の，多数の河谷や盆地という小規模な地域群に加え，以上のような中規模
地域（かつての国レベルのような）の並立と県庁所在地の地理的中心性の不十分
さもまた同県の特徴であり，それは本章および次章でたどるように，銀行合同
（の協議等）に際しても少なからぬ影響を及ぼしているように見受けられる。

図表 4-2　兵庫県の旧国名による地域区分

（摂津地域は「阪神間」・「北摂」のサブ区分も付記）

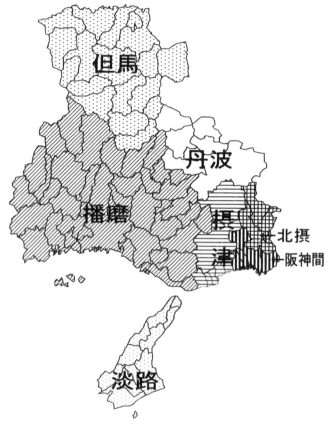

出所：筆者作成。
（市区町域ごとの塗り分けに使用した地図ソフトについては注4の後段参照
［以下の市区町域単位の地図につき同様］。）

c）多数の小経済圏を反映した多数の小銀行の分立

　本章の1節(2)a）において，府県内部の小経済圏を踏まえた考察，および小銀行の店舗網と小経済圏との対応関係への留意，といった視座の必要性に関し前言した。上述のように多数の河谷や大小の山間平坦地に分散して集落が分布する兵庫県は，そのような小経済圏，しかも相互の人的・経済的連絡が（時代を遡るほどに）必ずしも密ではない小経済圏を，多数擁していた可能性がある。ここでは，

その小経済圏の分立状況の反映とも思われる，銀行本店所在地の分布状況を検討していく。

図表 4 - 3 は，本段 a）で触れた馬場蔵相の「一県一行主義」表明（1936年 5 月，同年中には神戸銀行が発足）の直前，1935年末における兵庫県内の銀行本店所在市区町を示した図である。白抜きで市区町名を付した諸地域が銀行（普通銀行または貯蓄銀行，以下別記しない限り本章において同じ）[16]の本店が所在する市区町である。

なお，本章の以下の諸図表ならびにそれに言及した記述では，地元小銀行を有しうる程度の経済的・地理的広がりとして，2000年時点の市区町域（戦前の市区町村域からの変遷については太田［1995］に依拠［本章の以下でも別記しない限り同様］；また2000年時点で兵庫県には村は存しなかったので「市区町」と呼称）を空間的把握の枠組として用いることにする。[17]

そのような方式は経済史を含め歴史学的な立場からは異例とされようが，近年の市区町名を用いることで，市区町村レベルの地図表現にありがちな煩雑さ（1935年の兵庫県には，図表 4 - 3 が表している地域区分の約4.5倍，410余の市区町村があった）を避けることができ，県レベルの拡がりの中での銀行同士の拮抗図式などの状況を概括的に示すための一層明瞭な県内の地域的分布等に関する主題図を描くことができるからである。加えて，2000年時点の市・区名は全て現存していることもあり，たとえば（次段(2)で言及する灘商業銀行の本店所在地たる）「御影町」を「（現神戸市）東灘区」と表現することで，読者にとっても（戦前の市町村レベルの地図の用意がなくとも）論述内容を空間認識を伴って辿りやすい，という利点もあろう。（なお，以下本章においては，神戸市の旧市域に相当する 5 区は 1 つとして数え［図表 4 - 3 "*" 付記参照］，また「神戸市」とは原則として旧市域を指す。その結果，本章における「市区町」の地域区分の数は全部で92となる。）

本段(1)では「兵庫県の銀行数の多さは，同県の居住可能かつ相互に分断された河谷の多さの反映でもあろう」との趣旨のことを何度か述べてきたが，図表 4 - 3 にあらわされた1935年末時点における銀行45行（普通銀行43行，貯蓄銀行 2 行）の本店は，37の市区町に分散的に存在している。普通銀行に限れば，本店銀行が所在する一つの市区町あたり1.16行という地域的分散状況であり，この③の見出しのとおり，「多数の小経済圏を反映した多数の小銀行の分立」という状況

137

第1部 大恐慌期・戦時期における日米の地域銀行政策・業態の分岐

図表 4-3　兵庫県内の銀行本店が所在する市区町（1935年末）

白色・市区町名付きの市区町*には銀行本店あり**
その他（黒塗り）は銀行本店なし（市域にのみ市名付記）
＊2000年時点の市区町域により集計・作図。
神戸市の戦前旧市域（現在の須磨・長田・兵庫・中央・灘の5区）は旧区域の境界と現在のそれとの対応関係が複雑なこともあり一括して表示（後の市区町域単位の地図につき同様）。
＊＊2行の本店が所在していた市町は以下のとおり（他の市区町はすべて1行）。
神戸市（旧市域），姫路市，西宮市，洲本市，豊岡市，加西市，篠山市，香住町

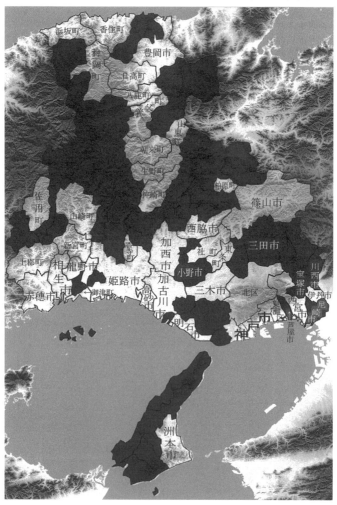

出所：『銀行総覧』第42回（1936年，大蔵省銀行局）にもとづき筆者作成。
（背景の地勢図は「カシミール」地図ソフト［注13参照］を用いて筆者作成。）

を示唆している。また詳述はしないが，昭和金融恐慌以前における兵庫県の百数十行の銀行［注11参照］は，同県の諸市区町にさらに分散的に所在していた（すなわち，同時期において本図と同様の分布図を描けば，「銀行本店なし」の黒塗りの市区町は一層少なくなる）。

本章の１節(1)で述べたように，兵庫県における昭和金融恐慌以降の中小地方銀行の再編に関する研究蓄積はきわめて薄く，筆者自身も本章の対象期間より前の1935年以前に関しては研究途上であるため，図表４-３所載の37市区町の「本店銀行」（本店を当該地域に置く銀行）の沿革や地元地域への貢献度如何などを詳らかにすることは今後の課題である。

しかしながら，１節(2)でも紹介した（対象地域は異なるものの）中小地方銀行の再編に関する先行研究たる白鳥［2006］は，その結語部分で「金融恐慌以後，郡部など府県域内の小地域［の金融経済］に配慮した，『地方分権的性格』を帯びる形で銀行合同政策が展開した」（p. 437）と述べる。そのように，図表４-３所載の45の「本店銀行」[18]群が，日本海側の漁港町群，県央部山間の多数の谷筋・盆地，多様な経済基盤からなる播磨地方（広い平野部の農業に加え，同地方随一の商業中心地姫路，龍野の醤油，西脇の播州織，等），そして都市的性格の神戸ならびに阪神間諸市町に至るまで，兵庫県の多種多様な小地域の金融経済上の要請に呼応して存在していた可能性も否み得ないであろう[19]（『神戸銀行史』p. 60 は１県あたりの銀行数の多さのみをもって「濫立」とするが，他方，姫路商工会議所［1978］は「40余行は各々地方の産業に寄与してきた」と訴える1936年の陳情書[20]を紹介している）。本章でのちにみていく神戸銀行が中核となった銀行合同過程においても，そのような兵庫県の地域的多様性，ならびに恐らくそれを背景とする銀行経営者の「地域性」に関するこだわりが，しばしば影響を――多くの場合，合併抑止的な方向に――及ぼしているように見受けられる。

(2)　神戸銀行の前身７行の店舗網

ａ）合併７行の概要ならびに店舗の分布

1936年の神戸銀行の設立に関しては，既に本節(1)ａ）（ならびに対応する注12）において経緯の概略を述べた。図表４-４は，同行設立（1936年12月12日）[21]に参加した合併７行各々の概要をにまとめたものである。

本表所載の７銀行に関し，『神戸銀行史』はその「序」において「これら七行

第1部　大恐慌期・戦時期における日米の地域銀行政策・業態の分岐

図表4-4　神戸銀行設立に参加した合併7行各々の概要

（データは「合併当時」[『神戸銀行史』p.67など]。）

＊預金額順と思われる

（金額：千円）

『神戸銀行史』所載順＊）銀行名	（現在の市区名）本店所在地	（出…出張所）県内店舗	県外店舗	（払込額）資本金	預金	貸出金
三十八	姫路市	本店、26支店、9出	—	10,600	58,032	25,270
神戸岡崎	神戸市中央区	本店、11支店	4支店、1出	12,500	45,016	24,482
五十六	明石市	本店、13支店、4出	—	2,000	34,582	7,716
西　宮	西宮市	本店、4支店、12出	2支店、3出	2,418	34,099	12,630
灘商業	神戸市東灘区	本店、6支店、5出	1支店	2,100	15,516	5,339
姫　路	姫路市	本店、9支店、8出	—	1,375	10,875	5,940
高　砂	高砂市	本店、10支店	—	988	8,226	3,134

出所：『神戸銀行史』第2章九「前身銀行の沿革」（pp.63-104）ならびに『銀行総覧』第42巻（店舗の県内外の別に関し）にもとづき，筆者作成。

は［兵庫県下41の本店銀行］のうちでも資本金・預金高の最も大きい有力銀行であった」（頁記載はないが冒頭頁）と述べている。この記述の当否を確かめるべく大蔵省銀行局［1936］中の「全国普通銀行別資本金，預金，貸出金調」（1935年末基準）（pp.476-505）を参照すると，確かに1千万円以上の預金高を有する普通銀行は図表4-4 a）所載の6銀行のみ，同表中で残る高砂銀行も百三十七銀行（篠山市，預金高8,343千円）のみがその上位にくる状態である。同「調」所載の他の計数も併せ見て，仮に払込資本金額90万円以上，預金高4千万円以上，年次配当有り，を「中堅銀行」の基準とした場合にも，図表4-4所載の7銀行，上記百三十七銀行のほか，東播合同銀行（社町）ならびに龍野銀行（龍野市）が加わるのみである。（なお後二者の2行は，次章でみる，太平洋戦争後期において神戸銀行と合併交渉を繰り広げる県下有力3行のうちの播州銀行ならびに兵和銀行へと，各々系譜的に連なる。）

　以下，上記7行のうち合併時に業容が際立っていた三十八銀行ならびに神戸岡崎銀行について，発足からの経緯などにつき簡記しておく（他の5行は注の部を参照）[22]。

　三十八銀行は，秩禄処分による華子族等の金禄公債を設立原資として1877年国立銀行として創設され（『神戸銀行史』p.64），「播州長者」伊藤家の本家嫡流をトップに据えた（小川［2000］pp.1-3，115-119；籠谷［2004］pp.152-153），いわば県

下の名門銀行であり，明治終盤には既に姫路本店よりも神戸支店での銀行業務のほうが盛んで県庁の公金取扱銀行でもあった（姫路市史編集専門委員会［2000］pp. 749-750）。1917年以降には播州ならびに神戸地域の9行を合併・買収等した（後藤［1981］p. 696）。合併当時には，図表4-4が示すように県下首位クラスの業容，ならびに7行中でも最も広範囲の，播磨・摂津両地方にまたがる店舗網を有していた。

　神戸岡崎銀行は，図表4-4においては2番目に位置するものの，その本店は神戸銀行の本店として引き継がれ，行名中の「神戸」の名は新銀行名となり，その頭取岡崎忠雄は神戸銀行の代表取締役会長に就く（『神戸銀行史』pp. 38，44，284）など，新銀行に対し実質的に最大の影響力を有した。神戸岡崎銀行は1917年，岡崎汽船会社社長であった岡崎藤吉が船の売却代金を元手に創立したもので，1920年に大阪支店，翌1921年には東京支店を設置する（同pp. 73-74）とともに，店舗展開的には県内では神戸市内にほぼ特化するなど，早くから大都市域を志向した店舗展開を行ってきた。

b）合併7行合算の店舗の分布と銀行業界における店舗シェア

　本段のa）の冒頭において，『神戸銀行史』が「［合併］七行は［兵庫県内の銀行］のうちでも資本金・預金高の最も大きい有力銀行であった」と述べている旨を紹介したが，図表4-4を用いた検討を行うことにより，その記述が概ね首肯しうるものであることが分かった。

　とはいえ，前掲図表4-3に関して述べたように，合併直前の1935年末基準で45行（うち2行は貯蓄銀行）という多数の県内銀行を擁する本県において，それら7行（銀行数では県下の約16％に過ぎない）のみで，どの程度の「勢力」（本章で着目する「店舗網」という観点からは「店舗数シェア」）を有するに至ったのか，さらに検討が必要であろう。また当時の経済誌において，兵庫県は大阪・東京の大手銀行による店舗進出・預貸金シェア増加が顕著，と記されている（東洋経済新報［1936］p. 20）。同時代のそのような指摘も鑑みれば，県外銀行の支店をも含めた店舗数シェアの検討も必要であろう。以上のような諸疑問につき検討するため，図表4-5a）b）c）を作成した。

　本図のa）b）によれば，確かに7行の合算で兵庫県南部（「南部」・「中部」・「北部」の別は淡路島を除く本州部分についてのもの，以下本章において同じ）

第 1 部　大恐慌期・戦時期における日米の地域銀行政策・業態の分岐

図表 4-5　神戸銀行合併 7 行合算の店舗の分布と店舗数シェア

（1935年末の店舗データによる［7 行に関しては単純合算］）

a) 店舗の分布

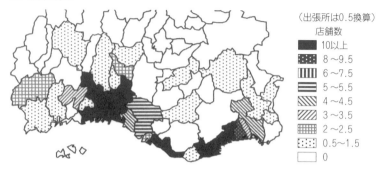

（出張所は0.5換算）
店舗数
- ■ 10以上
- 8〜9.5
- 6〜7.5
- 5〜5.5
- 4〜4.5
- 3〜3.5
- 2〜2.5
- 0.5〜1.5
- □ 0

b) 県内銀行中の店舗数シェア

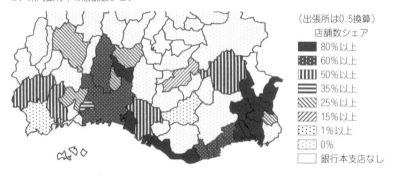

（出張所は0.5換算）
店舗数シェア
- ■ 80%以上
- 60%以上
- 50%以上
- 35%以上
- 25%以上
- 15%以上
- 1%以上
- 0%
- □ 銀行本支店なし

c) 全銀行*中の店舗数シェア

＊県外行を含め，『銀行総覧』に店舗が掲載されている全銀行（但し日本銀行・特殊銀行・農工銀行を除く）

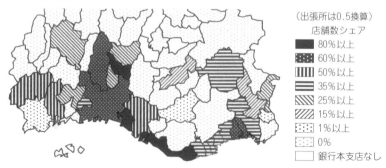

（出張所は0.5換算）
店舗数シェア
- ■ 80%以上
- 60%以上
- 50%以上
- 35%以上
- 25%以上
- 15%以上
- 1%以上
- 0%
- □ 銀行本支店なし

出所：『銀行総覧』第42回にもとづき筆者作成。

第4章 「一県一行」主義

にはかなり稠密な店舗網が築かれることになった（以下，合併7行の1935年末時点における店舗が神戸銀行にそのまま引き継がれたものとして述べる）。特に播磨地方の瀬戸内海沿いの市町ならびに摂津地方の神戸・阪神間・北摂地域においては，概ね店舗数シェア（7行合算の店舗数÷全県内銀行合算の店舗数）が50％を上回っていた。これらの諸地域こそが県内でも都市化・工業化の面で先進的な地域であったことを併せ考えれば，「県下の中心銀行として……産業，貿易上卓越の地歩を占むる当地方の一段の発展に貢献すべき」，また，「生誕の時より既にわが国屈指の大銀行たり」（1936年12月14日開業に際しての岡崎会長訓示，『神戸銀行史』p. 53，引用者ひらがな表記に改め）との自己評価は，（あえて言えば「わが国屈指」の当否如何を除き）あながち過大でもないように思われる。

しかしながら，本図のc）すなわち県外行を含めた店舗数シェアに目を転ずれば，神戸銀行の店舗網の基盤に関する評価はかなり異なってくる。すなわち同図からは，「神戸」という行名が由来する本店所在地の神戸市，ならびに（大阪市・神戸市の郊外として）市街化の進んだ地域となりつつあった阪神間・北摂地域において，概して10～40％台のシェアが多い，ということが分かる（神戸市におけるシェアは38％）。本章の冒頭で『神戸銀行史』の中の「全国的規模に対して余りにも濃厚な地域的限定性という矛盾を蔵したまま……」という文を引用したが，この「余りにも濃厚な地域的限定性」という店舗網偏在の問題は県内に関しても強く意識されていたことは，同史の次の一節にも表れていよう。

　　　「店舗の配置についてみると，当行が兵庫県下に本店をおく7銀行の合併によって創立された沿革からも明らかなように，店舗が兵庫県に偏在することは免かれなかった。兵庫県外にある店舗は大阪支店，東京支店をはじめ，わずか11ヵ店を数えるにすぎず，全店舗の90％余を占める124ヵ店が兵庫県内に散在していた。さらに県内所在店舗のうち，当時市制のしかれていた年に所在する店舗は神戸市25ヵ店，姫路市14ヵ店，明石市6ヵ店，西宮市5ヵ店，計50ヵ店で，のこりの74ヵ店は県内郡部農山村地帯にあった。」（p. 44）

上記c）図にもとづく神戸銀行の店舗シェア（全銀行ベース）に関する観察は，東洋経済新報［1936］の「全国手形交換所加盟銀行別勘定」（1935年末基準）による検討結果とも照応している。同記事は「東京大阪の大銀行の勢力は［兵庫県内有力行よりも］圧倒的に大きい」と述べ，神戸手形交換所参加店舗合算計数にお

いて，三菱・住友・第一・三井・三和の各行は，神戸岡崎や三十八の概ね1.3〜2倍の預金量，0.9〜1.4倍の貸出量を有していること，また1926年末からの増加額ペースでは一層優勢であることを指摘している。筆者が図表4‒5等の作図の基礎データとしてまとめた店舗数の集計表（1935年末，出張所は0.5換算）によれば，上記「大銀行」5行の神戸市内店舗は三和（6店）を除けば1〜3店舗で神戸岡崎（10.5店）や三十八（7店）よりはるかに少ない。その少ない店舗でも「大銀行」各々が上記のような預貸計数を有していた（少なくとも神戸市では）ということは，上述の店舗数シェア（全銀行ベース）にもとづく「神戸銀行は神戸・阪神間・北摂各地域では圧倒的なシェアではなかった」という検討結果がさらに下方修正される可能性を示している。

　本章では東洋経済新報［1936］の用いたような支店計数データまでは踏み込まず，店舗数の経時的増減や店舗数と人口データとの比較などにより，神戸銀行と都市銀行等・大阪府内有力行との局地的な競合状況を検討していく。その結論の一端を述べれば，神戸銀行は上記のように発足当時見劣りしていた神戸・阪神間・北摂各地域の店舗網を（播磨地域のそれを削減して）充実させていくが，都市銀行等・大阪府内有力行のそれら3地域に対する店舗増設行動もあり，店舗数シェアからみた相対的勢力図を変えるには至らない，というものである。

　そのような各行の店舗増設行動（さらには競合地域の小銀行争奪の画策も）の背景には，太平洋戦争（1941年12月開戦）直前期におけるそれら3地域とりわけ阪神間・北摂2地域の人口・工業面での顕著な発展性があり，その発展的傾向は既に1936年の神戸銀行発足時においてかなり明らかであったものと思われる（そのことは，合併参加行のうち播州地域4行の経営陣の脳裏にもあったかも知れない）。そこで次段(3)においては，1936年当時ないしは直前期の兵庫県内の人口・経済の地域別動向を概観しておきたい。

(3)　神戸銀行設立当時の兵庫県内の人口・経済の地域別動向

　(2)のa）冒頭に述べたように，神戸銀行は1936年12月に設立された。その直近の国勢調査結果（1935年10月1日基準）にもとづく，5年間（1930年10月〜1935年10月）の人口増加率を図表4‒6，また同国勢調査人口との対比での神戸銀行合併7行の1万人当たり店舗数を図表4‒7として示した。これらのデータないし傾向は，これら図表と同様のかたちではないにせよ，神戸銀行の発足に際し経営陣，

第4章 「一県一行」主義

図表4-6　兵庫県内各市区町*の1930～35年の人口増加率

＊2000年時点の市区町域により集計・作図，ただし神戸市の戦前旧市域は
一括（図表4-3 "＊" 付記参照）。以下の県内区分図につき別記しない
限り同様。

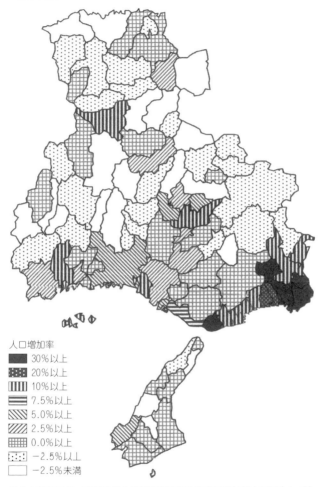

人口増加率
- 30％以上
- 20％以上
- 10％以上
- 7.5％以上
- 5.0％以上
- 2.5％以上
- 0.0％以上
- －2.5％以上
- －2.5％未満

出所：昭和5年・昭和10年の国勢調査における市区町村別人口にもとづき
筆者作成。

本支店の幹部，ならびに経営・営業企画担当者などが十分意識していたものと推量される。

図表4-6を見てまず目に付くのが，摂津地域とりわけ北摂・阪神間地域から

145

図表4-7　神戸銀行合併7行合算の人口1万人当たりの店舗数

(店舗数は1935年末，人口は1935年10月)

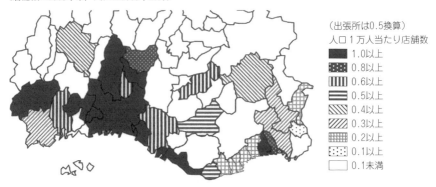

出所：筆者作成（原データ：店舗数は図表4-5，人口は図表4-6に同じ）。

（現神戸市）垂水区にかけての人口増加率の高さである。その高い人口増加率はその西方の明石市にまで及んでいる。その要因としては，まず1930年代における重化学工業の急速な発展，輸出の活発化に伴う繊維製品や生活雑貨等をも含む諸工業の活況（橋本［1984］4・5章）により，大阪市から神戸市さらには明石市付近まで（山口ほか［1973］p.175），後に阪神工業地帯と称されるようになった工業地帯化が進んだ（日本地誌研究所［1973］p.293）ことが挙げられる。それに加え，大阪市，次いで神戸市では，工業・他産業の本社・支社拡充などオフィス機能の増加（阿部［1991］pp.243-249，285-291など），それらに伴う百貨店・都心商店街の発展（水内ほか［2008］pp.153-166）など，都市機能の拡充がみられたことも，人口増加の要因であろう。

　上記の大阪市・神戸市ならびに他の臨海工業地などの発展は，それら雇用を生み出す場所への通勤の増加ならびに郊外住宅地の拡大を随伴した。大阪市への通勤圏は，（戦前の国勢調査において唯一従業地・通学地調査が実施された）1930年において既に大阪府域を越え，兵庫県の北摂・阪神間地域にも優に及んでいた（石川［2008］pp.79-81）。それに加え，北摂・阪神間地域は公務・自由業など中間層人口の割合が高く，地価も神戸市よりむしろ高い場合がみられた（鈴木［2009］pp.148-157）（これらは，銀行の個人顧客層開拓の視点から魅力的な要素である［注8参照］）。

　以上のように人口・経済動向の面で発展性が顕著であった北摂・阪神間地域か

第4章 「一県一行」主義

ら垂水区までの地域における，神戸銀行の店舗数の充実度（対人口比）はどうで
あったのであろうか。図表4-7によれば，0.5店／万人以上であるのは東灘区
（1.09），芦屋市（0.84）および垂水区（0.56）のみで，他は0.4店／万人に及ば
ず，同図表内の神戸銀行の他の店舗展開地域と比べ低い水準であるのは明らかで
ある（人口急増地域では店舗開設のペースが追いつかずどうしても同比率は低く
なるということもあろうが）。

　次に，兵庫県内の他地域に目を転ずるならば，上記の北摂・阪神間地域のよう
な顕著な人口急増地帯ではないものの，明石市から相生市にかけての播磨灘沿岸
各市，西脇市周辺，大屋町（図表4-6で県北西部に飛地的に「10％以上」の表
示となっている地域）などには，周囲よりも人口増加率が高い市町も存在する。
これらは，紡績・機械・化学・造船関連等の工業（播磨灘沿岸）（日本地誌研究所
[1973] pp. 476-478)，播州織（西脇市周辺）（同 pp. 508-509）あるいは明延鉱山
（大屋町）（「角川地名大辞典」編纂委員会 [1988] p. 2232）などの地域経済基盤に支
えられてのものと考えられる（機械・造船業や鉱山には満州事変を端緒とする軍
需景気が及びつつあった）。しかしながら人口増加数としては数千～1万人程度
と限られており，5千～数万レベルの増加数の市区町が続出する北摂・阪神間地
域のそれ（注31参照）とは比肩すべくもなかった。さらに，以上言及した諸地域
以外の，県内農村部ならびにそこに点在する在郷町に関しては，総じて低い人口
増加率ないしは人口減少が通例であった。

　ふたたび図表4-7すなわち神戸銀行の店舗展開に目を向けると，成長性がそ
のように相対的に見劣りする播磨地域においてこそ同行の店舗網は充実しており，
特に姫路市とその周辺では人口1万人あたり1か店以上という市町が多い（主要
市では姫路市1.1店／万人，明石市1.5店／万人，龍野市1.1店／万人）。東京・大
阪といった全国的レベルでの主要都市域への店舗展開不足に加え，県内において
もこのように主要都市域・発展域に重点を置き得ていない銀行発足当時の店舗配
置の状況に関し，『神戸銀行史』p. 148 は「[払拭されるべき]地域的偏狭性」と
表現したうえで，1937年以降の店舗再配置につき述べていく（pp. 148-151）。

　だが本章冒頭の『神戸銀行史』からの引用文にあるように，「日華事変の推移
とともにますます統制の強化される異常な情勢下」（p. 151），店舗新設は容易に
は認められなかった。結局同行は，（店舗新設よりは当局に認められやすい）配
置転換の持ち駒としてより多くの既存店舗数を確保することを恐らくは主要目的

147

の一つとして，さらなる合併――これは政府の「一県一行」政策への協力実績と
もなり店舗に関し当局宛に要望する際にも支援材料となった――を志向する。そ
して神戸銀行がそのように大都市域の大銀行を志向すればするほど，下記引用文
（日銀アーカイブ「検索番号」8304［第5章注1参照］に所収）にあるように，合併対
象たる県内有力行との体質的隔たりも大きくなる，という矛盾を招来する――こ
れは次節以降および第5章で描く1940年代に入ってからの銀行合同の駆け引きに
おいて一つの焦点となる――のであった。

> 「……神戸銀行は普通銀行統制会員たる大銀行にして我々とは頭の向い方も，
> 陣立ても，地方金融経営上においても余に異る性質を有し，現況にては到底
> 一緒になることに同意出来難し。但し神戸銀行が地方銀行になり切って来る
> においては交渉の余地あるべし。」

（1943年11月20日付，日本銀行神戸支店の播州銀行大西頭取からの意見聴取メモ）

3．銀行合同の進展による播州・兵和・全但3行の成立

(1) 1940年代初頭における県下地方銀行の合同の進展

　2節でみたように，神戸銀行は1936年12月に兵庫県下7銀行の合併により設立
され，それら銀行から引き継いだ県内銀行随一の店舗網（県内の本支店86，出張
所38［同節の図表4-4参照］）ならびに銀行諸計数面での業容をもって営業を開始
した。

　同行設立時の店舗網は同県南部（淡路島を除く）に集中し，とりわけ工業立
地・人口分布上の要地である瀬戸内海沿岸部・神戸・阪神間・北摂の諸市町にお
いて県内他行比では圧倒的な店舗数シェアを有していた。しかしながら他方，東
京・大阪本拠の都市銀行が既に神戸・阪神間などに進出しており，それら県外有
力行との比較では必ずしもそれら要地において店舗数・預貸計数上の優位性はな
く，その点が同行の店舗・業務展開上の大きな課題であった（2節(3)参照）。

　そもそも7行合併による神戸銀行の発足自体，大蔵省の直接の勧奨によるもの
であったが，同行発足後の1936年末においても，兵庫県下の普通銀行数は34行と
依然として全国一を数え，「一県一行」（多くとも数行）という当局方針からの隔
たりは大きかった。いみじくも，日中戦争激化・「統制経済」強化（先の第3章
で検討）というわが国全体の情勢・政策潮流のもと，業況が悪化しているわけで

第4章 「一県一行」主義

もない地方銀行同士の合併が国家資金統制の観点から相次ぐ（朝倉［1988］pp. 186
-187）という時期に差しかかっていた。兵庫県下でも1940年代初頭，多数の地方
銀行が一挙に合同する事例が以下のように継起し，県下地方銀行の構図が大きく
変化する。

a）播州銀行

まず，1940年9月，東播磨地方の5銀行（東播合同・加西合同・上荘・美嚢合
同・西脇商業）が合併し，播州銀行が設立された（『神戸銀行史』p. 215，上記合併
銀行名の記載の順は同史に依り以下も同様）。合併銀行の本店は東播合同銀行小野支
店（小野町，後に小野市）の建物に置かれ（本店所在地ならびに1942年末の店舗
網は図表4-8参照），その頭取には上荘銀行頭取の大西甚一平が就いた（同 p.
216）。

なお，この図表4-8をはじめとした諸図表ならびに文中の記述では，前編に
引き続き，2000年時点の市区町域（同時点で兵庫県には村は存在しなかったので
そのように呼称）を空間的把握の枠組として用いることにする。それに付言すれ
ば，たとえば戦前には「加古川市」は存在せず「加古川町」があったが，本章で
は2000年時点で行政域として存した「加古川市」の地理的範囲（そしてそれに随
伴する人口規模等）を地図表現ならびに空間的論述の基本的単位とするので，戦
前の事象の記述に際しても「加古川市」の呼称を用いることがある。もちろん，
たとえば本章の記述対象期間中において存在した飾磨市や広畑町（いずれも戦後
まもなく姫路市が合併）などに関して述べるときには，当該市町村名を用いるが，
その際も記述が煩雑になりすぎない範囲で「（後に姫路市）」などと付することに
より，上記の空間的把握の枠組（2000年時点の行政域）との連接を図りたい。

本章冒頭にても言及したように，播州銀行ならびに兵和銀行，全但銀行の3行
（以下「（県下）合同3行」と総称することもある）に関しては，次の第5章にお
いて1943年晩秋から1944年晩秋にかけての神戸銀行との合併の如何および合併条
件をめぐる協議紛糾の様相を，日本銀行金融研究所アーカイブ資料を用いて詳述
する。しかし本章においても，前節の末尾で前言した「神戸銀行がそのように大
都市域の都市銀行を志向すればするほど，……合併対象たる県内有力行との体質
的隔たりも大きくなる，という矛盾を招来［した］」，その様相を述べるため，そ
れら県下合同3行に関する属性的記述をここで少し行っておきたい。

第1部　大恐慌期・戦時期における日米の地域銀行政策・業態の分岐

図表4-8　1940〜41年の地域別大規模により成立した県下合同3行の店舗分布*範囲（1942年末）

＊3行間では店舗所在市区町の重なり合いはない。
（店舗＝本店・支店，出張所は0.5店換算，以下本章において別記しない限り同じ）

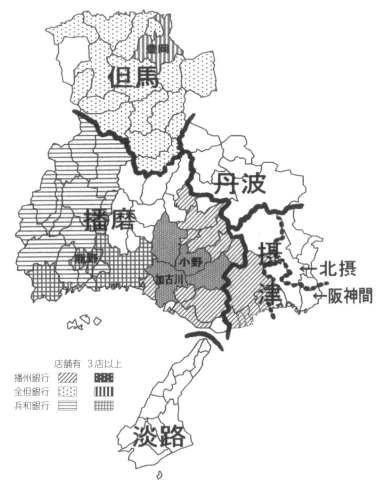

注：＊「但馬」等は兵庫県内の旧国名による地域区分であり，それらの境界を太線で示した。
　　（摂津地域内にはサブ区分［注28・29参照］を太い点線で示した。）
　　＊＊「豊岡」等は3行の本店所在地（いずれも2000年時点で「市」）。
　　播州銀行の本店は設立時は小野，1943年に加古川に移転。
出所：『銀行総覧』第49回（1943年，大蔵省銀行局）にもとづき筆者作成。

播州銀行頭取の大西甚一平は上荘村（加古川近郊）の大地主・資本家の旧家に生まれ，早稲田大学で経済学を学ぶも父の死により退学し帰郷した（中西［1931］p. 52）。1938年来財団法人上荘村農村文化協会を率いて「都市文化に対抗できる農村文化を作り上げる」ことを目指した「農村文化運動」を積極的に展開し，1940年12月にはその農村振興・食糧増産姿勢にかかる時局的な評価もあって大政翼賛会兵庫県支部の常任委員（11名）の一人に選ばれている（加古川市史編さん専門委員［2000］pp. 577-630）。

　上述の「都市文化への対抗」意識は神戸銀行にも向けられていたようであり，同頭取の大蔵省相田銀行局長宛陳情書（昭和16年12月12日付）（日本銀行神戸支店［1941］pp. 442-443）には，神戸銀行以外の県内銀行を播州銀行中心に大同団結せしめ，さらには神戸銀行の農村部所在の店舗・傘下銀行をも吸収して「大県たる本県の地方部を担当する適する銀行にせしむべき」（p. 442）と述べられている。

　播州銀行の成立に際し日本銀行当局の「神戸銀行を親銀行として緊密なる連絡協調を保つ」（日本銀行神戸支店［1940］p. 440）という意を受け神戸銀行が企図した資本・重役の相互派遣が実現しなかった（同）のも，上記のような大西頭取の考え方と無関係ではなかろう。[38]

b）全但銀行

　播州銀行設立の3か月後，1940年12月には，但馬地方の8銀行（生野・但馬・但馬合同・村岡・養父合同・朝来・三共・殖産）が合併仮契約に調印した。「当局の強い勧奨と播州銀行の設立に刺戟されて合同［への動き］は急速に進捗」した（『神戸銀行史』pp. 227-228），という。かくして1941年5月に全但銀行が設立され，同行の本店は但馬合同銀行本店の建物（豊岡町，後に豊岡市）に置かれ（前掲図表4-8参照），頭取には但馬銀行頭取の平尾源太夫が就いた（同 pp. 226, 228）。

c）兵和銀行

　全但銀行設立の翌年，1941年8月，西播磨地方の8銀行（岩見・奥藤・上郡・龍野[39]・松本・佐用合同・宍粟・新宮）が合併し兵和（へいわ）[40]銀行が設立された。これら銀行に対しては1939年に大蔵省より合併勧奨があり合同機運が生じつつあったが播州銀行の設立により拍車がかかった（『神戸銀行史』p. 222），という。兵

和銀行の本店は龍野銀行本店の建物（龍野町，後に龍野市）に置かれ（前掲図表4-8参照），頭取には岩見銀行頭取の上田義二が就いた（同 pp. 220, 222）。『神戸銀行史』には下掲のように新設兵和銀行との友好的関係を示す叙述がある。

　　　「当行は兵和銀行との連携に関する契約にもとづいて兵和銀行の株式7万株のうち1万株を持ち，監査役嘉納徳三郎ならびに行員柏木宗治をそれぞれ同行の取締役ならびに監査役に派遣した。さらに［1941年］10月18日に竜野支店をはじめ西播地方の5支店を兵和銀行に譲渡してその順調な発展を支援した。」
　　　　　　　　（同 p. 222，角括弧内は同書巻末「店舗異動表」を参照し補足）

　もっとも『神戸銀行史』は――社史のほぼ常として――神戸銀行の都市銀行としての着実な歩みを示すべく記され，その組成の元となった銀行合同に関しても一貫して肯定的な筆致であること，[41]それゆえ同史においては，当時における実際の銀行経営層（他行はもちろん神戸銀行にあっても）の銀行間協調さらには合併に関する逡巡等は捨象されている可能性があることも，念頭に置いておくべきであろう。

　なおその「逡巡等」に関しては，上の「ａ）播州銀行」においても言及した，「県下合同3行」と神戸銀行との合併（条件）をめぐる協議紛糾の様相を主題に日銀アーカイブ資料を用いて検討する次章において，兵和銀行経営層のそれを含めて，詳述する予定である。もちろん本章においても銀行合同にかかる同時代の資料は用いるが，日銀アーカイブ資料にまでは原則踏み込まず，上記『神戸銀行史』，『日本金融史資料』（日本銀行調査局編）昭和続編付録第3巻「地方金融史資料」所載の日本銀行資料，および当時の神戸新聞記事など，既刊活字資料を整理・照合することを主としたい。なお，その種の作業にしても，管見する限り兵庫県の昭和10年代の銀行合同に関しては先行研究が存しないようであり，本章がモノグラフとして銀行史上の研究蓄積に寄与するところはあろう。

⑵　県下合同3行と神戸銀行との業容・財務比較および営業地盤の競合状況

ａ）県内普通銀行の業容・財務比較

　前段でみた1940年から1941年にかけての播州・全但・兵和3行の設立により，2節⑴で見たように1935年末にはまだ40行余もあった兵庫県内の普通銀行は，10行余りにまで減少した。すなわち，図表4-9にまとめたように1941年末の普通

第4章 「一県一行」主義

図表4-9 1940～41年の地域別大規模合同後の県内普通銀行の概況

(店舗・バランスシート計数は1941年末、収益計数は1941年下半期)
銀行の並べ方は同カテゴリー内では預金額順

(金額：千円) ＊p÷a×2

銀行名	(2000年時点の市区名)本店所在地	県内店舗 (出…出張所)	県外店舗	資本金a (払込額)	預金	貸出金	有価証券	純益金p (半年決算)	払込資本利益率(年率)＊	配当率(年率)
神 戸	神戸市中央区	本店、77支店、16出	8支店、3出	13,931	561,211	206,257	287,734	1,232	17.7%	7.0%
百三十七	篠山市	本店、4支店	3支店	1,000	14,219	2,972	11,180	58	11.6%	7.0%
中 丹	篠山市	本店、2支店	4支店	276	2,585	1,003	1,020	12	8.7%	5.0%
神戸銀（'42.6合併）計		86本支店、16出	15支店、3出	15,207	578,015	210,232	299,934	1,302	17.1%	—
兵 和	龍野市	本店、36支店、12出	3支店、2出	2,377	45,781	15,037	20,237	35	2.9%	6.0%
播 州	小野市	本店、34支店、2出	2出	1,911	41,931	15,528	16,162	100	10.5%	6.0%
全 但	豊岡市	本店、4支店、12出	12出	2,062	24,180	6,317	11,401	91	8.8%	5.0%
合同3行計		77本支店、16出	3支店、2出	6,350	111,892	36,882	47,800	226	7.1%	—
神戸湊西＃	神戸市兵庫区	本店、9支店、8出	—	442	5,825	2,029	335	10	4.5%	…
恵美酒＃	西宮市	本店	—	625	4,796	1,363	661	40	12.8%	7.0%
香 住	香住町	本店、3支店、2出	—	275	4,665	3,069	403	23	16.7%	7.0%
溝 口	香寺町	本店、2支店、2出	—	475	4,205	2,704	1,607	15	6.3%	5.0%
大 澤	神戸市北区	本店、4支店	—	340	3,617	3,009	846	35	20.6%	7.0%
福 本＊	神崎町	本店、4支店	—	290	3,007	754	1,984	13	9.0%	5.0%
その他6行計		28本支店、12出	—	2,447	26,115	12,928	5,836	136	11.1%	—
県内全12行計		191本支店、44出	18支店、5出	24,004	716,022	260,042	353,570	1,664	13.9%	—

注：＃神戸銀行系列《佐藤［1991］pp.551-552》
＊神戸銀行が1941年9月以降全株式保有（『神戸銀行史』p.231）
出所：『銀行総覧』第48回（1942年、大蔵省銀行局）ならびに東京銀行集会所統計係［1942］にもとづき筆者作成。

第1部　大恐慌期・戦時期における日米の地域銀行政策・業態の分岐

銀行数は12行となり，しかも神戸銀行の次に並べた百三十七・中丹の2行は半年後の1942年6月には神戸銀行および京都府の丹和銀行（京都府における「一県一行」銀行合同の中心）によって県域ごとに分割買収され，程なく10行にまで減少した[42]。

　なお，上記百三十七銀行の帰趨に関しては，神戸銀行は同行の単独買収──その京都府側諸支店が店舗が兵庫・京都にまたがる丹波地方の中心たる福知山市（1937年市制）を中心とするものであったことが主な誘因──を強く大蔵省に要望したが，府県境単位の地銀合同という当局方針により分割買収を余儀なくされた[43]。そればかりか丹和銀行の兵庫県側郡部4支店まで営業譲渡されることとなり[44]，神戸銀行の農村部店舗はさらに増加することとなった。これら分割買収譲渡・営業譲渡に伴う銀行計数上の変化は詳らかではないが，結果的に神戸銀行は図表4-9の「神戸銀計」（神戸・百三十七・中丹3行の単純合計）の欄の店舗数とほぼ同数の店舗数を得ることになったので，とりあえず銀行計数上も同表「神戸銀計」の欄が神戸銀行の1942年6月以降のそれに近いものと考え，県内他行との比較に供したい。

　次に播州・全但・兵和，すなわち前段で「県下合同3行」と呼称した3銀行に関し，図表4-9に即して述べる。3行合算の計数上の規模は「神戸銀計」の概ね2割（預金・貸出金・純益金）であったが，資本金は同約4割，県内店舗数については約9割と，必ずしも比べものにならないほどではなかった。払込資本利益率も兵和を除けば10％前後はあり[45]（兵和も1942〔昭和17〕年6月期には10％台に回復〔東洋経済新報社［1942］p. 198〕），3行ともに合併効果が出にくい合併後間もなくの決算であったことを勘案すれば[46]，必ずしも県内他行比遜色はない収益ぶりと思われる[47]。

　以上のほか，県内には6行の普通銀行があったが，これらはすべて合算しても上記全但銀行をやや上回る程度の計数規模であった。もっともそれら小銀行も神戸湊西を除けば安定した配当率とそれを支えるだけの利益率を上げており（同pp. 198-201；大澤・香住・恵美酒3行は県内上位水準），「［合併された］小銀行は，昭和初期の金融恐慌以来の整理合同を免れてきた堅実なものが大部分であったので，十分自立可能なものであった」との朝倉［1988］pp. 186-187の一般的所見がこれらの銀行にも概ね該当したのではなかろうか。

154

第4章 「一県一行」主義

b）県下合同3行と神戸銀行との店舗競合状況

　次に，本章が神戸銀行と他行との競合そして銀行合同の進捗をたどる上で重視する，店舗の地理的競合度を，県下合同3行と神戸銀行とにつき検討したい。

　県下合同3行の店舗網分布の概況については，前掲図表4‐8に示されているが，そこでは播州・全但・兵和3行各々の店舗網は一切重なり合っていないことに，改めて注意を促しておきたい。すなわち，全但の店舗網の外縁は明確に旧但馬国の地方界によって画され，兵和のそれも旧播磨国内に納まっている（図表4‐9にある兵和の県外支店・出張所はいずれも岡山県内）。残る播州も兵和とは西播・東播で重なることなく棲み分け（本店は小野，後に加古川に移り，いずれも姫路に近かったが兵和の店舗が存する姫路には店舗なし），他方摂津地方（神戸市）にも進出していた（他2行は神戸に進出しておらずそこでも店舗進出地域の重なり合いはなし）。

　しかしながら，神戸銀行との間では店舗進出地域の重なりがあり，しかも得てして進出行各々にとって重点地域と思われる市町における競合が生じていた。その店舗競合度の強弱の度合を，筆者がかつて由里［2000b・c］で用いた「店舗HHI」（HHI: Herfindahl-Hirschman Index）[48]という指標を用いて図化したのが図表4‐10である（同指標の定義は同図表の表題の下を参照）。なお，上のa）で述べたように1942年中にも神戸銀行の丹波地域店舗が大きく変化したため，本図表は1942年末の店舗データにより作成した。

　本図においてHHIが10000となっている市区町は，一つの銀行のみが店舗を置く市区町であり（100［％］の二乗＝10000），他の極としては2つの銀行の店舗数が等しい場合HHIが5000となる（$50^2+50^2=5000$）。（4銀行間の場合理論的にはHHIは2500までありうる［$25^2+25^2+25^2+25^2=2500$］が，上記のとおり播州・全但・兵和3行の店舗の重なりが皆無のため，HHI＝5000が最も店舗数シェア上の競合度が高い状況となる。）

　HHIが5000台という店舗競合関係は，山間部の別の河谷に各々の店舗があり実質的に競合関係が薄いと思われる神戸市北区[49]を除くと，四から相生市，姫路市，高砂市，加古川市にみられた（市区町名については前掲図表4‐3参照）。これら地域は，次節で述べるように昭和10年代当時において人口・産業の増加・発展著しい播磨沿海部にあり，かつ，2節(2)でみたように神戸銀行の前身7行中3行の本拠地でもあった（他方，加古川市は1943年以来播州銀行の本店所在地）。

155

第1部 大恐慌期・戦時期における日米の地域銀行政策・業態の分岐

図表4-10 兵庫県内主要4行(合同3行と神戸)の店舗HHI (1942年末)

店舗 HHI $= \Sum_{j=1}^{4}(BS_j)^2$ BS_j …対象市区町における銀行 $\#j$ の4行中の店舗数シェア,すなわち,銀行 $\#j$ の店舗数÷「全店舗数」(%表示)(本店・支店は1,出張所は0.5としてカウント)

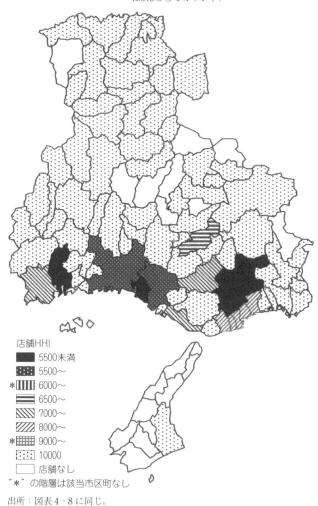

店舗HHI
- ■ 5500未満
- 5500〜
- *||||| 6000〜
- ≡ 6500〜
- ◨ 7000〜
- ◪ 8000〜
- *▦ 9000〜
- ⋯ 10000
- □ 店舗なし

"*"の階層は該当市区町なし

出所:図表4-8に同じ。

後に5節でみるように，当時は金融当局の銀行合同案においても兵庫県では
「神戸銀行＋合同3行主体の合併銀行」という「一県二行」案であったが，上記
播磨沿海部という有望かつ競合度の高い地域は，神戸と合同3行（とりわけ播州
銀）各々の再編の思惑が交錯する――時に大蔵・日銀当局の当惑や両当局間の見
解の相違さえも惹起しつつ――焦点ともなっていく。

4．戦時期までの県内諸地域の人口・産業動向と銀行戦略への影響

⑴ 1930年代後半における兵庫県内の人口増減率の地域別動向

1節⑵ｂ）で前言したとおり，本章では論述対象の銀行の店舗戦略さらには合
併等再編にかかる企図を検討するうえで，営業・店舗戦略に影響すると思われる
都市化・工業化の地域的展開を視野に入れる。既に2節⑶において，神戸銀行の
発足（1936年）の頃の兵庫県内の人口・経済の地域別動向を見たが，本節では戦
時期（本章ならびに次の第5章において1941年12月～1945年8月の太平洋戦争期
を指す）に先立つ1930年代後半の動向を，神戸銀行の営業・店舗・銀行再編戦略
との関連度を念頭に置きつつ概観する。

まず，図表4-11は国勢調査結果にもとづく，1935年10月1日から1940年10月
1日の間の人口増加率である。本図は前掲の図表4-6（1930～35年の人口増加
率）と同じ増加率区分・表現で作成されており，以下では同図とも比較させつつ
人口動向上の特徴を述べる。

本図が示す人口増加率の地域的パターンは，一見したところ図表4-6のそれ
と同様にも見える。すなわち，2節⑶でも述べた，神戸・阪神間・北摂という大
都市部とその郊外域が人口増加の中心をなし，次いで播磨沿海部の人口増加率が
高く，その他の地域すなわち大阪湾・播磨灘に遠い内陸部および日本海側そして
淡路島は特定の地場産業域（西脇市―播州織，大屋町―明延鉱山など）以外は人
口停滞・減少，というパターンである。しかしながら，より詳細に見れば，人口
増加率のパターンは，県内で微妙に変化している（県全体としての増加率は1930
～35年が10.5％，1935～40年が10.2％でほぼ同じ）。

まず，神戸中心5区の人口増加率が15.8％（1930～35年）から6.0％（1935～
40年）へと大きく低下し，阪神間地域のそれも尼崎市（43.1％から58.5％へ）以
外では低下した（しかし依然として10％～30％の人口急増地域ではあり，中でも

第 1 部　大恐慌期・戦時期における日米の地域銀行政策・業態の分岐

図表 4 -11　兵庫県内各市区町*の1935～40年の人口増加率

＊2000年時点の市区町域により集計・作図

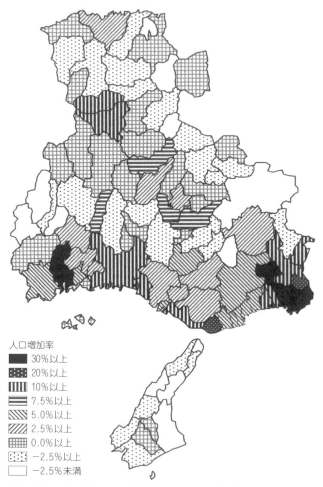

出所：昭和10年・昭和15年の国勢調査における市区町村別人口にもとづき筆者作成。

西宮市の増加率は30.3％)。大阪圏の住宅都市としての性格が強い北摂地域の川西・宝塚両市の人口増加率の増大,伊丹市のそれの高止り (27.6％) と併せ,概括的に言えば,人口増加の中心が神戸市ではなく大阪市の側に牽引されているように見受けられる。

　他方,神戸市から西方,播磨沿海域にも人口増加率が増す諸市町があった。相

生市（10.2％から40.8％へ）は人口増加率の増分（＋30.6％）が上記尼崎市をもはるかにしのいで県下一であったし，姫路市（5.7％から12.1％へ）および明石（8.3％から17.2％へ）も当時の市域の中では目立った人口増加率の増分を示した。高砂市（13.7％から11.9％へ）も増加率は減ったものの引き続き高い人口増加率であった。これら，相生市から明石市にかけての播磨沿海域の人口増加率の高まりの背景には，次段および次々段で述べるような山陽本線沿線の「地方工業化」という国策上，産業立地上の潮流があり，神戸市は同地域との関係でも相対的に勢いを弱めたのである。

　最後に，内陸部・日本海側・淡路島が総じて人口停滞・減少傾向というのは1930年代前半とおおむね同様であったが，1930年代前半において戦前における播州織の全盛期を迎えていた西脇市は飛び的に人口増加を続けていた。しかし同市とて，生産高の頭打ちにより人口増加率も頭打ち（19.0％から9.9％へ）となりつつあった（その後の戦時下においては同地の機業は大打撃を受ける）（日本地誌研究所［1973］pp. 508-509）。

(2)　1930年代後半以降の県内特定地域の重化学工業地帯化

　前段において，播磨沿海域の人口増加率の高まりの背景として，山陽本線沿線の「地方工業化」という国策上，産業立地上の潮流があったことを前言した。従来，銀行史や地域金融史の分野において，この潮流に関し国の政策レベルから具体的工場立地レベルに至るまで整理して言及したものはあまりなかったように見受けられるので，本段にて，その政策的起源から始めて兵庫県下の工場立地に対する影響までを記しておきたい。

　1930年代中葉より，商工・内務官僚らが「地方工業化」を政策課題として掲げるようになった。戦時体制色が濃くなる1930年代後半には陸軍省からの軍需工業拡充要請，1937年4月の防空法公布，さらに1940年代に入ってからは「国土計画」（ナチス・ドイツに倣い）ならびに「防空都市」（イギリスの空襲経験に鑑み）といった国策概念の後押しも得て，地方工業化政策は具体的な推進段階に入っていった（以上，藤井［2004］pp. 94-101；藤田［2006］pp. 182-183；水内［1999］pp. 184-185）。

　もっとも，「四大工業地区及びその近傍に偏在する傾向」の是正という原則（1942年6月企画院策定・閣議決定「工業規制地域及工業建設地域ニ関スル暫定措置要綱」）

は，実態的には新設立地規制にとどまり，既存設備に関しては存続が容認された。加えて工場の地方分散に際しても，具体的な企業の判断においては大都市圏内・付近での立地のメリットが重視され，まず規制地域の外辺（すなわち都市部近郊），次いで東海道本線・山陽本線の近傍が好まれる傾向が目立った（以上，藤井［2004］pp. 100-102）。

兵庫県内で言えば，前節でみた1930年代後半の尼崎市の人口増加率のさらなる増加は，上記のような既存工場設備の存続容認にも助けられてのものであろう。加えて実態的には，建設途上の工場の完成や企業合併による生産集約化などにより，同市の主力産業たる鉄鋼業の生産能力・使用人員数は諸工場合計ベースで1940年頃まで，中でも基幹的工場であった住友金属工業の場合は戦時末期の1944年に至るまで，増加し続けたのであった（渡辺［1970］pp. 684-691）。

他方，伊丹市は大都市圏内・付近での立地「分散」の事例と考えられる。大阪近郊の交通・通勤の利便性と空気の清澄さを兼ね備えた条件が，住友電気工業[51]（1941年操業開始）や千代田光学精工（1944年操業開始，後のミノルタカメラ）といった規模の大きな工場の立地につながった（伊丹市史編纂専門委員会［1972］pp. 498-502）。

もちろん，軍需・重化学工業化および防空上の国策的要請から実際に大規模工場の地方立地が推進され実現した事例も多い。そしてその際に着目された方面の一つが，播磨を含む山陽地方の瀬戸内沿岸であった（水内［1999］pp. 180, 187-190；藤井［2004］p. 77）。実際の大規模工場立地，周辺都市基盤整備の動きは日中戦争期に入る1930年代後半に起こるが，いささか後付け的に「国土計画設定要綱」が1940年9月に閣議決定され，そこに記された「新工業基地建設」の具体化として，同年より都市計画事業制度に国庫補助付きの「新興工業都市計画事業」が組み入れられ，兵庫県の広村（現姫路市）を含む全国22の地域が同事業の対象として指定された（水内［1999］pp. 186-189；沼尻［1999］p. 76）。

その広村（1941年4月より広畑町［北側に隣接の八幡村との合併により][52]）の日本製鉄広畑製鉄所は，1937年4月に用地整備が始まり，同年7月より高炉建設，1938年6月より海面埋立工事も始まった。1939年10月に第1高炉稼動，そして1940年10月の第2高炉稼動により本格操業段階に入った（新日本製鐵㈱広畑製鐵所［1990］pp. 8-16）。1939年には工場周辺の都市基盤整備のための土地区画整理も始まり，その事業規模（3,782坪，789万円）は，全国的にも群馬県太田市（1万

1,570坪, 1,265万円, 中島飛行機が基幹工場）に次ぐ大規模なものであった（水内［1999］pp. 187, 191-192）。

広畑製鉄所の設立は, 「官民一丸」の大合同会社として1934年に特別立法により設立された日本製鉄㈱による日本の鉄鋼業の自給自足化という国家的構想の目玉として位置づけられ, 1939年10月15日の創業式典には商工・陸軍・海軍3大臣が肩を並べた（新日本製鐵㈱広畑製鐵所［1990］pp. 4-5, 13）。この広畑製鉄所そのものの生産波及効果（製鉄副産物だけでも神戸・明石・姫路市の消費量を上回る燃料ガスをはじめ大量のタール・硫安等が産出［神戸新聞昭和14年10月14日, 以下別記しない限り日刊]）があり, 高砂市や赤穂市に旭硝子等の窯業諸工場の立地を誘発した（日本地誌研究所［1973］p. 478）。

播磨沿海域では他にも, 相生市の播磨造船所（1930年代後半に生産設備大規模拡張［相生市史編纂専門委員会［1988］pp. 438-442]）, 飾磨市（1940年に市制, 1946年に姫路市に編入）の山陽特殊鋼, 高砂市の鐘淵化学, 大久保村（1938年に町制, 1951年に明石市に編入）の神戸製鋼・川西航空など, 1930年代に操業開始もしくは操業拡大した重化学分野の主要工業が多数立地していた。

以上の工場立地動向を含め, 昭和戦前期・戦時期の工場立地動向をまとめたのが図表4-12であり, 大正期以前の既存工場と併せ, 明石から赤穂に至るまでの播磨沿海域には後に「播磨臨海工業地域」と呼ばれるようになった重化学工業地帯が出現しつつあった（日本地誌研究所［1973］pp. 478-479, 483-484）。戦後, 京浜・阪神・中京・北九州の四大工業地域に続くものとして政策的に推進された「新産・工特」計21の新工業地域の中でも, 播磨地域が特に重化学工業化・都市化の実効性の高い地域と評された, その工業的・都市的基礎は, かなりの程度昭和戦前・戦時期に据えられていたように思われる。

⑶　戦時期の「大港都」構想に象徴される神戸市の相対的地位の低下と播磨沿海域に対する期待感のさらなる増大

井上［2011］はその緒言にて, 昭和戦前期を現代同様「格差」が社会問題として意識された時代であったと述べ（pp. 7-8）, その対立軸の一つが「都市と農村」であったと述べる（pp. 124-126）。この「都市と農村」という対立軸は, 幼少期は播州, 青年期は茨城の同じく農村部で育った（柳田［1974］pp. 9, 36-37）柳田国男の手になる『都市と農村』（柳田［1929]）の表題かつ主題ともなっている。

第1部　大恐慌期・戦時期における日米の地域銀行政策・業態の分岐

図表4-12　昭和戦前・戦時期の播磨臨海地域における主要工場設立年

（出所本刊行時［1973年］の市域境界により集計。ただし本表掲載の各市については，本章の諸図における境界基準年たる2000年と，この1973年との間に境界の変化はない。）

	明石市	加古川市	高砂市	姫路市	相生市	赤穂市	龍野市	その他
昭和前期		S2大庫機械	S4東洋化成 6野田醤油 9鐘淵化学	S1山陽色素 9滝川セルロイド(網干) 9山陽製鋼 9日本砂鉄		S3東洋紡績 9大日本紡績	6玉越鉄工	S10タキロン化学(御津町) 10兼松羊毛(揖保川町)
	S11東洋紡績 12神戸製鋼 12川西航空 13大和ゴム		11日本砂鉄 12播磨耐火 13田熊内罐 14旭硝子	12神戸鋳鉄 12富士製鉄 13日伸製鋼	S13日新耐火	15播磨耐火 15天和耐火	14神戸機工	
第2次世界大戦	S17神戸工業 20大和製衡	S19別府化学	S16日本油化 19陸軍造兵廠	S16大塩塩業 16網干東芝電気 17網干西芝電気 18余部東芝電気 18三菱電機 19日輪ゴム	S17中国造船	S16太陽鉱業 19大日製鋼		

出所：日本地誌研究所［1973］p. 477（兵庫県「兵庫県の工業の概況」，国土計画協会「阪神播磨工業地帯学術調査報告書」等により稲見悦治・三木滋作成）より昭和戦前・戦時期の欄のみを転載。

　兵庫県という広大かつ多様性のある県域には，その播州地域をはじめとする広大な農村部が広がる一方で，神戸市というわが国有数の大都市かつ国際的港都も存していた。

　既に昭和初期において百貨店と街灯のある近代的な商業中心地を備えていた神戸市元町地区は，同県において近代的都市・消費文化を代表するようになり（水

内ほか［2008］pp. 163-166），たとえば1933年に神戸市域初の地下鉄に試乗した新聞記者は「近代感覚の頂点」との見出しで感激調の体験記を綴っている（神戸新聞1933年6月15日）。さらに神戸市は，「対外貿易額……亜細亜の第一位を占め，かつ我国国交の大玄関」たる神戸港を擁する「国際的港都」とも称されていた（新修神戸市史編集委員会［1994］p. 718，引用文の原典は神戸商工会議所『神戸商工情勢』［1935]）。（もっとも，神戸市がこのように近代的都市社会・消費文化ならびに国際化・欧米化の先進的地域を標榜するほどに，たとえば3節(1)a）でみた「農村文化運動」を主導する播州銀行大西頭取などからすれば，同市や神戸銀行への対抗意識醸成の契機ともなったかもしれない。）

　その神戸市も，土地の狭隘さゆえ大規模工場新設の余地が少ない点が弱みであった（戦後に実施されるような大規模な港湾埋め立ての案はあったが実現せず）。それゆえ同市は工業的にはゴム・繊維・マッチ3業種が主力で中小工場比率も大，という構図のまま日中戦争期を迎えることとなり，戦時期には繊維等「平和・犠牲産業」の抑制策によりさらに打撃を受ける，という不遇をかこった（以上，新修神戸市史編集委員会［1994］pp. 699-703，718）。

　そのような工業発展の隘路と，前段でみた国策としての防空対策の要請に呼応し，神戸市当局は人口・産業の分散化計画を1940年ごろには練っていた。同計画は，明石市を含む明石郡ならびに播磨町の合併，神戸－広村（前段で述べた広畑製鉄所がある）ならびに明石－網干（広村に隣接し工業化進展）の2本の幹線道路の敷設，そしてそれら幹線道路の地下を利用し明石さらにはその西の大久保町（前段で述べたように神戸製鋼・川西航空の工場・社宅群あり）まで地下高速鉄道を開通させる，という大規模なものであった（神戸新聞1940年8月29日）。これは，播磨工業地域の東縁を神戸市域に取り込み，かつ広畑製鉄所のある辺りまでを同市の近郊域化する，という狙いであり，逆に言えば神戸市が播磨沿海域の発展性を認めたとも解せよう。

　上記のような構想は戦時期の1942年，再び「大港都」神戸建設計画として持ち上がり，1944年3月に至るまで真剣に起案・議論が繰り返された（新修神戸市史編集委員会［1994］pp. 876-877および次に引用する神戸新聞対談記録）。その内容が窺われる資料の一つが，神戸新聞に1944年2月11日から同18日にかけて掲載された，「決戦下の都市建設」と題した対談記録（出席者は神戸海運局長，神戸市技監，県都市計画課長ら）である。そこには同「大港都」計画のねらい目などにつき，

第1部　大恐慌期・戦時期における日米の地域銀行政策・業態の分岐

下記のような内容が語られている。（発言者区分の詳細は省くが，神戸市側が主に発言。市域拡張については兵庫県側は言質を与えていない。）

＊「大東亜共栄圏の中核たる日本の表玄関」と捉えれば，現状の神戸市とその近傍では後背地として狭すぎる（特に工業）。東播磨はもとより大阪・京都を含め考えるべき。「人口の疎散問題」が取り上げられているが，工業生産力の疎開も必要で，そのためにも都市・工業の開拓の余地のある「東播—加古川平野」を視野に置く必要がある。　（1944年2月15日掲載分）

＊防空の観点からも「大港都」は阪神間ではなく西方に伸びていくべき。淡路島および明石，さらに加古川方面までか。県にとっても「播州開発」は主要施策。　　　　　　　　　　　　　　　　　　　　　　（同15日掲載分）

　このように，「大港都」構想における「大神戸市」の想定市域は東播地方の中心都市たる加古川市にまで及んでいた。このような構想が当時の野田文一郎市長のイニシアティブで推進された（新修神戸市史編集委員会［1994］pp. 874-877）ことは，神戸銀行経営陣の，県下合同3行とりわけ播州銀行——加古川市に本店を置き東播地方に展開する——の地盤域に対する見方（合併相手としての魅力度）にも影響を及ぼしたのではなかろうか。

　以上のように，（播州側から見れば）「六甲山地の向こう側」という距離感のあった神戸市[55]からもアプローチを受けていた播磨沿海域であったが，その播磨の中心都市であった姫路市のほうの動きはどうであったのか。『姫路市史』（姫路市史編集専門委員会［2002］）には，「重化学工業化を通した急激な経済規模の拡張は，戦時体制下の上からの政策によって実現されたものであった」，また「西播磨には県の主導性が顕著になる」（p. 646）と記され，その一例として，姫路市が同市の都市計画と広畑都市計画（広畑製鉄所周辺）との合体を県に陳情したが却下された，ということが挙げられている（p. 652）。

　市勢拡大策として周辺市町の合併構想が，姫路市にも存在していた。しかし，「大播磨市」合併案（姫路市，飾磨市，広畑町など9町村，の合併）が特別委員会答申を1ヶ月以内に控えていた矢先の1944年3月7日，内務省から「市制施行・市域拡張・町村合併1年間停止」との全国的な措置が下され，この合併も立ち消えとなった[56]。（ちなみに，上記の神戸市の「大港都」計画の推進も同措置により解消を余儀なくされた。また，姫路市がほぼ同範囲の合併を実現させるのは

第4章 「一県一行」主義

戦後の1946年3月であった。)

　そのように主導権を取れない不満や合併の頓挫はあったものの，姫路市および
その播磨灘沿海部の近郊域の産業・都市域の発展傾向は戦時中も明白であった。
広畑製鉄所の建設，稼動により，（現）姫路市の臨海部（網干町から広畑町，飾
磨市を経て白浜町まで）において重工業化が進展し，1937年から1943年にかけ，
主に東京・大阪の大企業の工場群の操業開始が相次いだ（姫路市史編集専門委員会
[2002] pp. 643-647）。（これら地域の広畑製鉄所以外の主要工場に関しては，次節
で神戸銀行の営業展開との関連で言及する。）

⑷　神戸銀行の播磨新工業地域に対する業容拡大意欲

　前述のように新たに勃興しつつあった明石から赤穂にかけての「播磨臨海工業
地域」に対しては，同地域を主要地盤の一つとする神戸銀行（その店舗展開域は
前掲図表4-5を参照）も，当然大いに関心を向けていた。その一つの証左が
『姫路市史』（姫路市史編集専門委員会 [1994]）pp. 885-890 所載の「西部統括店管
内ノ業態ニツキテ」という同行西部統括店営業課長の報告書（1939〔昭和14〕年
3月行報追録，同市史にて「さくら銀行文書」と呼称する文書群の中の一つ）で
ある。

　この報告書は表題のとおり西部統括店（[旧] 明石郡大久保町以西の播州地域
の店舗を統括）管内の営業エリアに関し，預貸計数の趨勢や競合金融機関の動静
を述べたものである。報告は東播（加古川市中心）・中播（姫路市中心）・西播
（龍野市中心，戦後姫路市に合併される網干町を含む）の3つのセクションに分
かれているが，所々に工場新設や軍需生産景気にかかる預金量増大についての記
述がある。加えて，「付録　播州沿岸方面ニ於ケル主要工場調」という既存・新
設工場の箇条書きが付されていて，本章の前掲図表4-12に比してもより詳細な
数の工場が列記されている。

　また，姫路市史編集専門委員会 [2002] pp. 709-712 は，神戸銀行調査課の「兵
庫県下当行営業店付近所在主要新設工場調」（1940年7月，[旧太陽神戸銀行文書]）
を紹介している。同調査報告書は当時の同行のそれら工場との関わりと業務推進
上の課題とを，より具体的に伝えるものである。同書は調査の動機として，「播
州海岸線一帯」が広畑製鉄所設立，工業用水の豊富さ，水陸交通の利便さ，地価
の低廉さなど好条件を背景に「県下の新工業地帯として画期的な発展を示しつつ

165

あ」り，同地域の同行営業店付近でも「既に数十の工場が簇生し」つつあること
を述べ，そのうえで，それら工場との取引開始または深耕のための調査，と位置
づけている。

　図表 4 -13は，上記の神戸銀行調査課による調査報告書に記された「播州海岸
線一帯」（地理的には姫路市付近のみ）に存する主要工場の概要ならびに取引金
融機関の状況を，一覧表にしたものである。

　同表の中で，既述の日本製鉄広畑製鉄所以外で特に規模の大きかった，東京系
資本の 2 工場につき，姫路市史編集専門委員会 [2002] pp. 658-663 にもとづき記
しておく。

　東京芝浦電気（以下東芝）は，1939年下期に 2 億円近くの未発送受注額が積み
上がり，また神奈川県鶴見工場の敷地過密・一極集中リスクの懸案も抱えていた。
折からの政府の生産力拡充計画への即応の必要性もあり，中国大陸にも近い西日
本に重軽電総合プラントを計画した。当初同社は山口県麻里布町（現岩国市）を
検討したが，兵庫県がそれを翻意させ，埋立地の漁業補償解決まで約してくれた
ため，網干町への重電工場建設が決まった。この東芝網干工場は1942年より操業
し，以後約2,500人の工員を抱え図表 4 -13の中では広畑製鉄所（約 9 千人）に次
ぐ大規模工場となった。

　また，軽電工場としては網干工場北方に東京電気（東芝系列，本社川崎市）の
播磨余部工場が造られ，1943年から操業した。通信機器用の真空管生産を担った
同工場も戦時中約1,700人の工員を抱えた。

　このように新たに出現しつつある大工場群と数万人規模の工職員群を前にして，
神戸銀行が店舗・営業展開を企図しなかったはずはあるまい（後に史料価値を有
するような前記調査報告書が作成されたこと自体，その力の入れようの反映であ
ろう）。

　具体的には，同行は1943年 5 月から1944年12月にかけ，東芝網干工場・播磨造
船所（相生市）・日鉄広畑工場に出張員詰所を開設している（『神戸銀行史』 p. 183）。
また， 3 節(1)c ）で述べた新設兵和銀行に対する店舗譲渡にしても，実のところ
国鉄山陽本線以北の店舗のみの譲渡であり，臨海工業地帯の店舗は手放していな
い（日本銀行神戸支店 [1942a] p. 445：『神戸銀行史』巻末資料編 p. 67）。東洋経済新報[59]
社 [1942] p. 119 は「[兵庫県の瀬戸内海沿岸域では大銀行の勢力が強いが］こと
に近年発展の目ざましい飾磨地方には神戸銀行の支店網が張られ，地方銀行は到

図表4-13　播磨臨海地域（姫路市付近）の主要工場の概要ならびに取引金融機関

会社名	本社所在地	創立年月	工場所在地および目標	事業の種類	使用職工数	操業日またはその予定日	取引銀行
株式会社長谷川鉄工所姫路製工場	姫路市仁豊野900	昭和12年2月	姫路市仁豊野900	冷凍機製造（軍需関係）	約500名	昭和12年2月11日	神戸銀行姫路支店、姫路三和
日本砂鉄鋼業株式会社	大阪市東区備後町第2野村ビル	昭和9年12月	飾磨市。当行飾磨支店ノ東南約1.5km	ベアリング特殊鋼材、バナジウム、海綿鉄ノ製造	約700名	昭和14年上期より一部操業	三菱、第一、野村、住友、神戸銀行高砂・飾磨両支店
第一製鋼株式会社	大阪市東区大川町	昭和13年3月	飾磨市。当行飾磨支店南方約1.5km	圧延鋼材、鍛鋼品、軌条製造	約120名		神戸銀行飾磨支店、野村、住友
日本製鉄株式会社	東京市麹町区丸ノ内	昭和9年1月	飾磨郡広村広畑、当行広支店ノ南方約1km	製鉄	現在4,000名	昭和14年10月15日一部操業開始	神戸銀行広支店その他
帝国酸素株式会社	神戸市神戸区明石町	昭和5年8月	飾磨郡広村広畑、当行広支店ノ西南約1.3km	圧縮及液化瓦斯	10数名	昭和15年1月20日	神戸銀行広支店その他
株式会社神戸製鉄所	神戸市林田区御蔵通	大正8年1月	揖保郡大津村宅美、当行網干支店ノ東方約1.8km	製鉄用ケース製造	300余名	昭和12年秋頃	湊川住友、神戸銀行長田・網干両支店
東京芝浦電気株式会社	東京市京橋区銀座西	明治37年7月	揖保郡網干町浜田、当行網干支店ノ西方約1km	電気機関車、電動機その他	完成後には約5万人	見込立たず	三井、その他

（下記出所にて付された注記）「当行」は神戸銀行。現市域に所在した工場。
資本金50万円以上のものを登載したと記されている。
出所：姫路市史編集専門委員会［2002］pp. 710-711.
（原出所は神戸銀行調査課「兵庫県下当行営業店付近所在主要新設工場調」。昭和15年7月付。）

底手も足も出せない」と述べている（もっとも兵和銀行も播磨灘沿岸部の軍需工場に出張員詰所を設置した［『神戸銀行史』p. 222］など，同記事の表現ほどには県内他行の不戦敗状態ではなかったとも思われる）。

⑸　神戸銀行のシンジケート銀行としての大都市店舗網整備要望の高まり

　前段で述べた大工場に対する営業アプローチにあっては，しかしながら，従業員の多くが地元出身でない通勤者や遠隔地からの徴用工であるため，「強制的な天引き預金などの［本社人事部等の許諾を得たうえでの］制度的支援」なくしては個人預金等の取引拡大が難しかった（姫路市史編集専門委員会［2002］p. 711）。そして，たとえば三和銀行姫路支店が日本砂鉄鋼業飾磨工場（図表 4 -13の上から 2 番目）の関連取引を取り込んでしまった事例（同 pp. 711-712）にみられるように，東京・大阪等の大都市域に所在するそれら製造業本社との取引開拓・取引深耕において，それら大都市域の拠点に乏しい神戸銀行の劣位は否めなかった。

　1942年末時点で，神戸銀行の神戸市を除く大都市域の支店は，わずか 8 支店，3 出張所であり，東京府には 1 支店のみであった（残りの支店・出張所は全て大阪府内）。しかも，有力財閥や東京・大阪・名古屋の大企業集積度といったバックグラウンドもなかった神戸銀行の業容や取引企業群は，図表 4 -14および図表 4 -15にみられるように，いわゆる「10大銀行」中でも最下位に位置していた（1941年 6 月に愛知・名古屋・伊藤 3 行の合併により設立された東海銀行［後藤［1968a］pp. 369-371］は，図表 4 -14の各行下段の数値（1941年末計数）が示すように，神戸銀行をはるかに凌ぎ野村銀行クラスの業容となった）。

　加えて，図表 4 -14・図表 4 -15の脚注に記したように「10大銀行」の上位行が主要銀行の中下位行との合同によりさらに大きくなる，という潮流のなか，神戸銀行は「大銀行」の地位を守るためにも，シンジケート銀行らしい大都市域（とりわけ東京・大阪）中心の店舗網を一刻も早く整えたいと希求するようになっていく。

　次に引用する1941〔昭和16〕年12月19日付，八馬頭取の大蔵省山際銀行局長宛具申書（日本銀行神戸支店［1942a］pp. 443-447 所収，うち引用部分は pp. 444-445）には，神戸銀行経営陣のそのような要望が，その論拠とともに，述べられている。

　　（中段の「開陳の趣旨」）

　　「四，弊行の主要地盤は主として県下の海岸線にこれ有り，重要店舗またこ

第4章 「一県一行」主義

図表4-14　1937・41年の主要銀行の計数比較

(単位百万円，上段は1937年末，下段は1941年末，下段右欄は1937年末からの増加度［倍］)

	預　金		貸　出		国　債	社　債
三　和	1,340 3,204	2.4	610 1,666	2.7	392 810	143 350
住　友	1,152 3,007	2.6	736 1,912	2.6	172 657	116 169
第　一	1,120 2,504	2.2	712 1,563	2.2	208 607	88 163
安　田	1,089 2,888	2.7	786 1,695	2.2	181 776	55 145
三　井	945 1,789	1.9	616 1,154	1.9	125 417	80 134
三　菱	932 2,067	2.2	530 1,147	2.2	175 502	120 150
第　百	788 1,698	2.2	398 911	2.3	215 432	72 76
野　村	392 1,133	2.9	290 702	2.4	34 232	1 33
神　戸	240 561	2.3	125 206	1.6	47 170	19 79
十　五	207 423	2.0	162 233	1.4	85 126	42 63
愛知（東海）	175 1,024	5.9	90 434	4.8	36 342	28 112
名古屋（東海）	143 1,024	7.2	91 434	4.8	61 342	9 112

注：1）（上の方から）三和～神戸，および東海（愛知・名古屋・伊藤が1941年6月合併）が「10
　　大銀行」（後藤［1968a］pp.370-372）。
　　2）三井・第一は1943年3月合併して帝国銀行となり，さらに翌年4月十五を合併，また第
　　百は1943年4月に三菱に吸収合併された（「銀行事項月報」p.693ほか）。
出所：山崎［2011］p.61（原資料：東京銀行集会所『銀行通信録』所載「全国各種銀行業務報
　　告」・「全国各種銀行所有有価証券」）。
　　原表の「名古屋（銀行）」より下方の行は省略。

こに存在いたし候。しかしてこれらの中には重工業地帯に属する地域極めて
多く主要工場もまた多数存在いたし候えども，その本社は主として東京はじ
め主要大都市にこれ在り，これが金融もまたその処において行わるるの現
状にこれあり候。しかるに弊行は他のシンヂイケート銀行と異なり前記東京

169

第1部　大恐慌期・戦時期における日米の地域銀行政策・業態の分岐

図表4-15　1938年の主要銀行の主要取引企業*数

＊本表出所の伊牟田［2002］p.224は，下記原資料所載の「主として上場企業」と記す。

銀　行　名	取引企業数	シェア（％）	
三　　　　　井	253	44.2	いわゆる「五大銀行」
三　　　　　菱	206	36.0	
住　　　　　友	209	36.5	
安　　　　　田	259	45.2	
第　　　　　一	273	47.6	
三　　　　　和	195	34.0	五大銀行に次ぐ
第　　　　　百	164	28.6	
野　　　　　村	131	22.9	
十　　　　　五	50	8.7	
昭　　　　　和	28	4.9	
愛　　　　　知	28	4.9	
名　　古　　屋	26	4.5	
日　本　昼　夜	19	3.3	
神　　　　　戸	15	2.6	
第　　　　　三	9	1.6	
伊　　　　　藤	3	0.5	
日　本　興　業	83	14.5	
日　本　勧　業	7	1.2	
北　海　道　拓　殖	12	2.1	
横　浜　正　金	53	9.2	
台　　　　　湾	27	4.7	
朝　　　　　鮮	59	10.3	
朝　鮮　殖　産	15	2.6	
満　州　興　業	20	3.5	
取引銀行記載企業数	573	100.0	

注：1）「いわゆる『五大銀行』」・「五大銀行に次ぐ」の欄外付記および区切り目の罫線は，
　　　伊牟田［2002］p.224により引用掲載者が追記。
　　2）前掲図表4-14付注1）・2）に記した銀行再編のほか，昭和・第三は1944年8月，
　　　日本昼夜は1943年4月，ともに安田に吸収合併等された（「銀行事項月報」pp.694,
　　　712）。
出所：伊牟田［2002］p.225（原資料：山一証券調査部編『株式社債年鑑』1939年版）。

その他わが国主要大都市に存する店舗極めて寡きためこれら取引先の要請
に応じうることすこぶる困難なる実情にこれあり。ことに弊行の主要地盤に
して最近急速に発展を見つつある阪神間ならびに広畑・網干等を中心とせる
西播海岸線の重工業地帯化は，弊行をしていよいよ大都市支店設置の必要を
痛感せしむるに至り申し候。」
「五，弊行は非常時局の進展に伴い政府の戦時金融政策の遂行に積極的協力

をなすがため，創立以来前述のごとく急速にシンヂイケート銀行としての形態を整備いたし致し候。しかしてこれを店舗問題につきて見るに，従来のごとき極地的店舗配置網に根本的検討を加え多数郡村店舗の廃止または併合を断行して只管シンヂイケート銀行としての本来の形態を整うるとともに，近くは兵和銀行との連繋問題に関し多大の犠牲を忍びつつ地方重要店舗の譲渡を行い同行の健全なる発展に協力するとともに，鋭意店舗の配置につき整備を進めきたれるゆえんのものは，一に近き将来弊行がシンヂイケート銀行として当然必要とする他府県大都市への支店新設もしくは同地に店舗を有する地方銀行を買収し得る日の到来を確信せるがために御座候。」
（陳情書末尾の「希望条項」）
「一，東京，京都，大阪，名古屋その他の大都市に支店新設もしくは同地に店舗を有する地方銀行の買収を許可せられたきこと，理由，前述のごとく弊行が将来シンヂイケート銀行としての絶対的要請に因るものに御座候。」

　上掲のような当局宛要望書は同時期に数次にわたり出されていたようで，『神戸銀行史』には上掲具申書の少し前，1941〔昭和16〕年10月1日付の八馬頭取の大蔵省相田銀行局長宛陳情書が掲載されている（pp. 151-154）。次に引用するのは，大都市所在の事業会社本社との直接取引の必要性および当地の金融取引事情をより具体的に述べたくだり（pp. 153-154）で，前掲同12月19日付具申書の「三」（掲載は略した）と概ね同内容である。
　「三，最近，経済機構の再編成を契機として生産配給組織の合理化は地方にも浸透して業者はほとんど統制会社を組織しまたはその傘下に吸収解消せられ，これら諸会社の本店または上部組織はいずれも主要大都市に散在し，その運営にもとづく金融機能もまたおのずから中央に集中せらるることと相成り申し候。したがって地方業者の供出，配給ならびに決済は専ら会社本部の指令によってなされ，<u>金融的にも中央統制会社と取引ある銀行もしくはその所在地に支店を有する銀行</u>と取引関係を結ぶにあらざれば到底その職能を全うし得ざるの実情にこれあり候。しかるに県下のこれら業者と金融的連環関係に立つ弊行はわが国主要大都市に存在する店舗きわめて寡きため業者は取扱い上多大の不便をこうむり，弊行また自然これら業者等に対する地方金融を著しく阻害されつつある現状にこれあり候。」　　　　（下線は引用者）

すなわち当時の神戸銀行にとり，シンジケート銀行としての発展を期する限りは，上記「中央統制会社」との取引のため，また前述した播磨臨海工業地域の大工場の本社との取引のため，先の昭和16年12月19日付の具申書にあるように「東京，京都，大阪，名古屋その他の大都市に支店新設もしくは同地に店舗を有する地方銀行の買収を許可せられたき」との要望は，大変切実なものであった。

しかしながら，銀行買収はもちろんのこと，支店の設置も銀行法（旧，昭和2年3月30日公布法律第21号）第6条が規定する当局（大蔵大臣）認可事項であり，「不当の競争を防止すること」という観点から制限的に店舗新設認可はなされてきた（後藤［1968a］pp. 251-253）[60]。それゆえにこそ神戸銀行のみならず勢力拡大を企図する有力銀行一般として，所望の地域に店舗を有する地方銀行の買収を画策する，ということも行われたのであった。（当時は戦後広く活用された「店舗の配置転換」という制度[61]はなく，目的とする地域と離れた地方銀行を買収し後に店舗を移設することなど，通常は考えられなかった。）

5．日本銀行の県下銀行合同構想と銀行間の店舗展開・業容拡大競争

⑴　日銀神戸支店の県下銀行合同構想

前節の終わりで，神戸銀行が地方銀行の買収も企図していたと述べたが，その実現可能性は店舗新設にも増して，当局の考え方——とりわけ神戸銀行自身その所産たる，府県ごとの銀行合同政策——に依存していた。（昭和戦前期から戦時期にかけての銀行合同政策とその帰結としての銀行再編に関しては，直前の第3章にて大局的な検討を行ったほか，既に本章1節⑴でレビューしたような諸研究があり，神戸銀行の設立との関連でも2節⑴ａ）で触れたので，ここでは紙幅を割かぬようにしたい。）

1942年後半には，日銀・大蔵当局が，それまでの都市銀行による地方銀行の子銀行化策を奨励する方針を転換し，地方銀行を認め日銀取引先とし（都銀ルートに収斂させるのではなく）日銀自身が資金吸収ルートとなるという「地方は地方」の方針に転換した[62]（佐藤［1991］pp. 548-553）。このことは，銀行合同の最終的着地点として，都市銀行による（県別合同後の）地方銀行のさらなる統合という「大銀行主義」が却下され，地方銀行が存在し続けることが認容された，ということを意味し，現に日銀・大蔵当局は1942年10月までには都市銀行による地方

銀行の系列化を抑制する（ただし既存の系列関係の継続は容認）方針を固めた（同 pp. 548-550）。

　1943年1月には，大蔵省の要請を受け日本銀行考査局が各支店長からの意見徴求のうえ「全国銀行統合並店舗整理案」（以下，「日銀の整理案」と略することがある）をまとめた。同整理案は1942年末に148行あった普通銀行を40行台半ばまで減らす構想であり，基本的に「一県一行」を目標としているが，新潟・兵庫は例外的に2行，とされていた（東京も複数の都市銀行，ただし大阪の都市銀行は一行化）（以上，佐藤［2000］pp. 192-195）。

　同整理案の文言や意図については，次の第5章の2節(4)にて紹介・検討するので，ここでは兵庫県に関する結論のみ述べると，上記「2行構想」は具体的には，（第一段階）神戸・播州・全但・兵和の4行への残存他行の集約，（第二段階）神戸と播州・全但・兵和が合併した「新銀行」の2行並存（その際，播州地域の三和銀店舗および神戸銀店舗の一部を新銀行に譲渡），となっていた。

　店舗網上の帰結としては，神戸銀行はその主地盤のうち摂津地域，ならびに播磨沿海域のうち工業化・都市化した（またはその見込みが有望な）地域の地盤を固め，「新銀行」（播州・全但・兵和の合同による）はその他の（地理的面積としては）県内大部分の地盤を固めることにより，「一県二行」にて共存する，ということである。一見したところでは，「都市銀行」神戸と「地方銀行」播州・全但・兵和3行の双方に配慮したもののように見える。

　しかしながら，播州銀行や兵和銀行の側に身を置けば，地元播磨の工業化・都市化の最発展域に神戸銀行が根を残すことに承服しかねるであろう。さらに，日銀の整理案は「一県一行」という最終到達目標の可能性をも併記しており，そもそも神戸銀行の他に地方銀行の存在を最終的に認めようとしていたのか否かもあいまいであった。

⑵　1942年末における「神戸銀行グループ」の店舗分布と店舗シェア

　3節(2)a)で述べたように，1942年6月に神戸銀行は丹波地方にて銀行分割買収・店舗譲渡を行い，その店舗網は丹波地域に関し大きく変容した。それよりは小規模であるが，3節(1)c)でみたように1941年に兵和銀行に西播地方の店舗を譲渡し，さらに行内的には，設立の翌年1937年から1941年までに14支店を店舗整理（地域，継承店名からして営業域重複や低利用度などの事由と思われる）して

いる（『神戸銀行史』pp. 150-151，同書巻末「店舗異動表」pp. 66-67）。

　加えて，前掲図表4-9の脚注に記したように，播磨地域山間部の福本銀行が神戸銀行の100％子会社になっていた。また，神戸貯蓄銀行も神戸銀行と「密接」（日本銀行（考査局）［1943a］p. 449）ないしはその「傘下」（東洋経済新報社［1942］p. 123）と言われ，地方銀行が貯蓄銀行機能を代替し「貯蓄銀行不要論」も出るなか貯蓄銀行が相次いで有力普通銀行に合併されるという時代状況（後藤［1968a］pp. 413-417）を背景に，前述の日銀整理案においても神戸銀行への合併方針が記されていた（日本銀行（考査局）［1943a］p. 449）。これらのことから，福本銀行・神戸貯蓄銀行は，運営実態的にまた銀行合同先としての予定上も神戸銀行と一体性が強かったと考え，神戸銀行と合わせて「神戸銀行グループ3行」とみてその合算ベースの店舗分布を検討していくことにする（店舗網・店舗シェア等を検討するうえで貯蓄銀行の店舗を含めて考える理由については注16を参照）。

　以上のような店舗網の変化ならびに福本銀行・神戸貯蓄銀行との関係の変化の結果，神戸銀行の「神戸銀行グループ（3行）」としての店舗分布状況も，神戸銀行の1936年の設立当初の状況（前掲図表4-5ａ参照）とかなり異なったものとなり，しかもその異同には地域的に差異があった。そのため，1943年以降の神戸銀行を取り巻く銀行合同の動きを叙述する準備としても，その直前期における同行グループの店舗分布状況を図示しておくことは有用であろう。

　まず図表4-16は，前掲図表4-5ａ（1936年神戸銀行設立時の店舗分布）と同じ凡例（店舗数の段階ごとの階調模様［浮田および森［2004］pp. 49-50］）により，神戸銀行グループの1942年末時点の兵庫県内店舗の分布を示したものである。これを図表4-17すなわち1942年末店舗数と銀行設立時（1936年12月）店舗数との地域的増減状況と併せ見るならば，おおむね下記の4つの傾向が指摘できよう。

　(1) 播磨・丹波両地域の内陸部における店舗数の増加

　　福本銀行の100％子会社化により神崎町（同行本店所在地，姫路市北方）など播磨地域内陸域における店舗数が増加し，また，3節(2)ａ）で記した百三十七銀行（本店は篠山市）の分割買収ならびに丹和銀行（京都府）の県内店舗の譲受けにより丹波地域の店舗数も増加した。

　(2) 淡路島における店舗の新設

　　1937年6月，昭和金融恐慌により破綻し再建努力もかなわなかった淡路銀行本店跡地に，神戸銀行は洲本支店を新築・開店させた（『神戸銀行史』p.

図表4-16　神戸銀行グループ3行*合算の店舗の分布
（1942年末）

＊神戸銀行・福本銀行・神戸貯蓄銀行

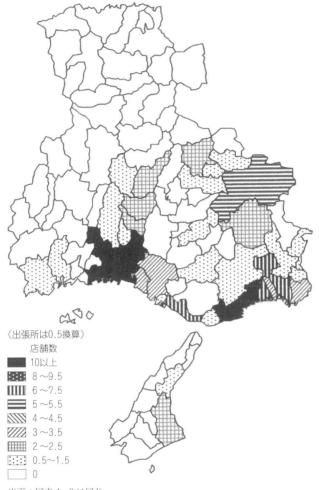

（出張所は0.5換算）
店舗数
■ 10以上
▩ 8～9.5
▥ 6～7.5
▭ 5～5.5
▧ 4～4.5
▨ 3～3.5
▦ 2～2.5
⋮ 0.5～1.5
□ 0

出所：図表4-8に同じ。

148；淡路信用金庫［2007］pp.3-4)。同支店に神戸貯蓄銀行の1支店・1出張所を合わせ，淡路島には計3つの拠点ができていた。

(3) 播磨南部の店舗数が多めの市町における店舗削減

2節(3)にて指摘したように，「播磨地域においてこそ同行の店舗網は充実

しており，特に姫路市とその周辺では人口1万人当たり1か店以上という市
町が多」かった。神戸銀行設立後の約5年間，「地域的偏狭性を払拭」すべ
く店舗改廃を積極的に行った（『神戸銀行史』pp. 148-151）結果，そのような
多店舗地域では店舗数が減少し，図表4-17における龍野市から姫路市を経
て明石市に至る店舗減少地帯はその表れである。4節(1)～(3)で述べたように
同地域沿岸部には工業化・都市化の波が訪れていたものの，既存店舗は概し
てその沿岸部からも若干隔たった既成市街・集落にあった。そのため，兵和
銀行への国鉄山陽本線以北に限った店舗譲渡（4節(4)参照）に端的にみられ
るように，選択的な店舗削減が図られたのであろう。

(4) 積極的な店舗増加地帯は摂津地域に集中

　図表4-18にみられる店舗増加地帯は，上記a）②の要因によるものを除け
ば，摂津地域（同図中に境界線ならびに「摂津」の名称を付記）に集中して
いた。これは，『神戸銀行史』が「店舗の開廃と都市店舗拡充の苦悩」（第18
節，pp. 148-154）と敢えて年史の節タイトルに掲げるように，同行設立以来
の克服すべき課題であった「地域的偏狭性」（p. 148）克服のための都市（近
郊）域店舗拡充の成果であった。

　以上のような銀行再編（2行の系列化および銀行合同・店舗網譲受）ならびに
店舗整理・拡充の結果，果たして神戸銀行における「県内においてもこのように
主要都市域・発展域に重点を置き得ていない銀行発足当時の店舗配置の状況」
（2節(3)）は，設立後約6年を経て十分改善されたのであろうか。図表4-18は，
筆者がその指摘を行ううえで依拠した前掲図表4-7（神戸銀行合併7行合算の
人口1万人当たりの店舗数）と同様の作図を，1942年末基準・グループ3行ベー
スで行った結果である。

　本図によれば，本段の(4)にて前述した「積極的な店舗増加地帯」である摂津地
域（図表4-17上の「摂津」表示参照）が，同じく平野部・都市部である（西から）
相生・姫路・高砂・播磨・明石といった播磨地域の諸市町に比しても店舗網の充
実度が低い，という状況は解消されていない。すなわち，それら播磨諸市町にお
ける人口1万人当たりの店舗数が概ね0.5店／万人以上（加古川市のみ0.40店／
万人）であるのに対し，摂津地域で0.5店／万人以上の店舗配置となっているの
は東灘区・芦屋市・三田市のみである。

第4章 「一県一行」主義

図表4-17　神戸銀行グループ3行*合算の店舗数（1942年末）
　　　　と神戸銀行設立当初（1936年12月）の店舗数※と
　　　　の地域的増減

＊神戸銀行・福本銀行・神戸貯蓄銀行
（※設立参加7行の1935年末時点の合算店舗数をそれと推定［注25参照］）

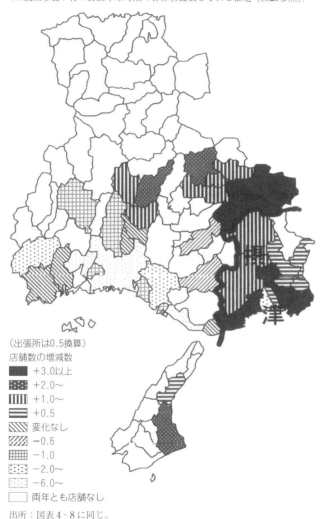

（出張所は0.5換算）
店舗数の増減数
■ ＋3.0以上
▨ ＋2.0〜
▥ ＋1.0〜
▤ ＋0.5
▨ 変化なし
▨ −0.5
▦ −1.0
▨ −2.0〜
▨ −6.0〜
□ 両年とも店舗なし

出所：図表4-8に同じ。

177

第1部 大恐慌期・戦時期における日米の地域銀行政策・業態の分岐

図表 4-18 神戸銀行グループ 3 行*合算の人口 1 万人当たりの店舗数

＊神戸銀行・福本銀行・神戸貯蓄銀行
（店舗数は1942年末，人口は1940年10月）

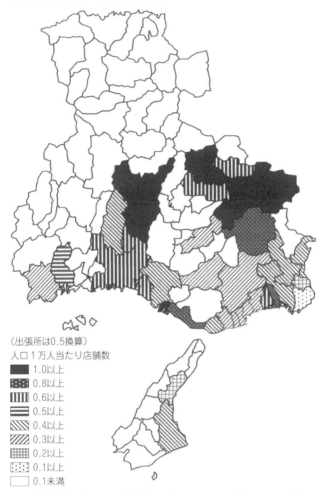

（出張所は0.5換算）
人口1万人当たり店舗数
- 1.0以上
- 0.8以上
- 0.6以上
- 0.5以上
- 0.4以上
- 0.3以上
- 0.2以上
- 0.1以上
- 0.1未満

出所：筆者作成（データ：店舗数は図表 4-8，人口は図表 4-11に同じ）。

摂津地域の中でも，「神戸銀行にとっての主地盤」ないしは都市化・工業化といった観点から店舗展開上重点を置くべきと思われる地域に特に着目してみると，以下のようになり，先に4節(1)および(2)でみたように都市化・人口増加・工業化の傾向からして県内の端的な先進的地域・発展域であったこれら各市への店舗展開は，銀行設立時からの経時的変化（カッコ内に記載）も含め，概して不十分であった。

＊神戸市（旧市域5区，神戸銀行本店所在地）

……0.34店／万人（1936年銀行設立時との対比で＋0.01）

＊西宮市（前身銀行［合併7行］の一つ西宮銀行の本拠地）

……0.41店／万人（同＋0.11）

＊伊丹市（北摂平野の中心都市かつ大阪市郊外の新進工業地域）

……0.27店／万人（同＋0.10）

＊尼崎市（全国屈指の重工業・軍需工業地帯となりつつあった）

‥‥0.13店／万人（設立時は店舗なし）

(3) 三和銀行など大都市圏諸行ならびに県下合同3行との拮抗関係

以上でみたような神戸銀行グループ3行の店舗網の充実度の如何に関しては，2節(2)b）にて行ったように，他銀行（とりわけ摂津地域においては県外の都市銀行等）の店舗網との拮抗関係をも併せ勘案すべきであろう。その検討に進む前に，概ね同時期の新聞記事に当時の神戸銀行の立ち位置を表した銀行間店勢概括図（図表4-19）ならびに観察的叙述があるので，それらを紹介したい。

本図表が添付された「地方銀行の悩み」と題された記事の，県内における銀行諸行の店勢拮抗関係に関する記述は有用な同時代的観察と考えられ，以下若干長くなるが引用する（下線は引用者）。

「◇兵庫県には数度の統合を経て現在普通銀行は八行を数える。図示したように神戸に神戸銀行，湊西銀行，西宮にえびす銀行，加古川に播州銀行，福本に福本銀行，龍野に兵和銀行，豊岡に全但銀行，香住に香住銀行の配置だが，これを勢力的にみると，三和が大阪からぐっと阪神に食いこんできているなかに，酒造金融のえびす銀行がこじんまりと辰馬の自家機関然と西宮に座している。神戸銀行はこの八行中唯一の非地方銀行でその勢力も神戸を中心に姫路以西までのびている。東播の織物，金物その他をとりこんで神戸銀

第1部　大恐慌期・戦時期における日米の地域銀行政策・業態の分岐

図表 4-19　1943年10月23日神戸新聞所載「兵庫県銀行勢力図」

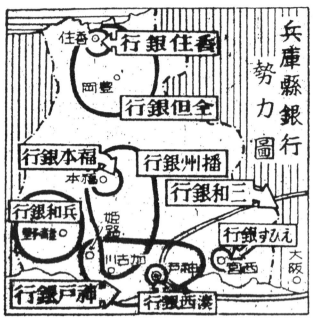

出所：神戸新聞（神戸市立中央図書館所蔵マイクロフィルム），昭和18年10月23日（日刊）「地方銀行の悩み」。

行に次ぐ勢力の播州銀行，西播に赤穂の塩や龍野の工業相手の兵和銀行，福本に農村金融の福本銀行が孤島のごとく，さらに北部にお百姓相手の広範な地区を擁する全但銀行，香住に漁業相手の香住銀行がある。

◇現在地方銀行は預金の減少（農村収入が産組貯金に上から振替えられることと中小商工業の衰微による）と貸出の著しき不振（農村の懐具合の好化，中小商工業の衰微，企業集中央化による中央銀行取引の旺盛化による）で金融機関中最も大きい悩みを懐いているが，特に兵庫県のごとく一県八行などの多数存在の事例は全国にも乏しく，昨年末地銀の全国一銀行あて預金平均額が五千九百万円に達したのに対し，兵庫県は二千五百万円にも及ばぬ実情で所詮統合は必要だ。一，神戸　二，表兵庫　三，裏兵庫と三本建てが理想だが，今月一日を期して播銀が本店を小野から加古川に移してこの新工業地帯の確保に乗り出したこととか，福本と兵和が神戸銀行の資本系統にあるとか，新天地開拓のため預金争奪が非常に表兵庫側ではげしい事実は，問題

180

第 4 章 「一県一行」主義

がなお相当に微妙であることを示している。」

　上記図表 4 -19において目立つのは，一つには，同図に二重線で描かれてほぼ神戸市にまで伸び，また記事中には「大阪からぐっと阪神に食いこんできている」と述べられている，その三和銀行の勢力であろう。当地域において県外都市銀行等の勢力が店舗数シェアが示す以上に大きいことは，既に 2 節(2) b)において東洋経済新報 [1936] の記述にもとづき述べたが，戦時期の東洋経済新報社 [1942] p. 119 もまた，「三和・住友・神戸等をはじめ大銀行」が県南部の海岸沿い地帯において強い勢力を有していることを述べている。

　図表 4 -19においてはまた，県下合同 3 行のうち播州銀行と神戸銀行との，加古川付近での勢力競合が示されている。店舗数データにもとづき競合度を示した前掲図表 4 -10とも整合的な描図と言え，引用記事中の「今月一日を期して播銀が本店を小野から加古川に移してこの新工業地帯の確保に乗り出した」とのくだりは，その競合の激化を示唆している。また同記事は「福本と兵和が神戸銀行の資本系統にある」とするが，福本はともかく兵和の持ち株比率は14％（ 3 節(1) c ）参照）で支配的水準とは言えず，実際同記事が載った頃，兵和は播州・全但との合併へと動いていた。[64]その播州・全但・兵和合併の動きを念頭に置くならば，図表22における神戸銀行の地盤は，県内諸行との拮抗関係でも神戸市（中心 5 区と垂水区）・阪神間・北摂の諸地域を除けば，確たるものとはなっていないように見受けられる。

　次の図表 4 -20は，図表 4 -19ならびに前掲引用記事の描写・観察を店舗数データにもとづき検証すべく，ほぼ同時期における神戸銀行の店舗数の地域別充実度を，その a ）図は大都市圏諸行（その銀行の範囲は図表 4 -20 a ）の“※”書きを参照）との店舗数比較において，また，その b ）図は県下合同 3 行との店舗数比較において，検討するために作図したものである。

　なお， a ）図においては「三和との合併を希望し居れる趣なる」（日本銀行（考査局）[1943a] p. 449）神戸湊西・恵美酒両行の本支店を三和銀行の店舗網に含めた。[65]また， b ）図においては，1942年10月において既に大蔵省から播州銀行への合併勧奨を受けその旨応諾しつつあった溝口・大澤両行（日本銀行神戸支店 [1942b]）の本支店を播州銀行の店舗網に含め，また1943年初「日銀の整理案」（ 5 章(1)参照）において全但銀行と「関係密接」と記され同案でも同行に合併する

181

第1部 大恐慌期・戦時期における日米の地域銀行政策・業態の分岐

図表4-20 神戸銀行グループ3行*合算の店舗数シェア

＊神戸銀行・福本銀行・神戸貯蓄銀行
（1942年末の店舗データによる）

a）神戸銀行グループと大都市圏諸行*の店舗数合計を母数とした場合
※『銀行総覧』に掲載されている東京府・大阪府に本店を置く全銀行（日銀・興銀を除く），および三和銀行系の神戸湊西・恵美酒両行。

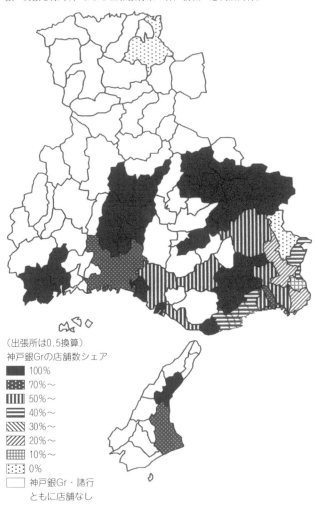

182

第4章 「一県一行」主義

b) 神戸銀行グループと県下合同3行※の店舗数合計を母数とした場合
※播州・全但・兵和の3行。ただし播州銀行の店舗には溝口・大澤銀行（1943年2月被合併）の店舗を含め，全但銀行の店舗には但馬貯蓄銀行（同年12月被合併）の店舗を含める。

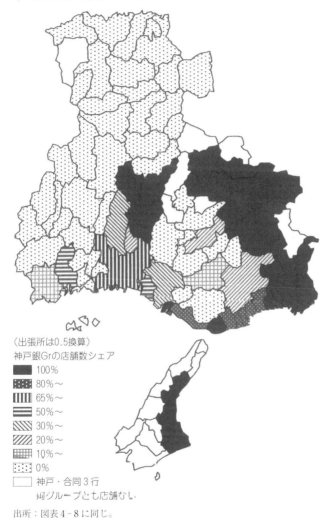

（出張所は0.5換算）
神戸銀Grの店舗数シェア
- 100%
- 80%～
- 65%～
- 50%～
- 30%～
- 20%～
- 10%～
- 0%
- 神戸・合同3行
  両グループとも店舗なし

出所：図表4-8に同じ。

183

図式となっていた但馬貯蓄銀行（日本銀行（考査局）[1943a] p. 449）の本支店を全但銀行の店舗網に含めた[66]。これらにより，ａ）図とｂ）図とを合わせ，兵庫県に店舗をもつ県内外の大半の普通銀行・貯蓄銀行の店舗が勘案されている[67]。

　図表４-20のａ）図からはまず，神戸銀行の本店所在地神戸市（旧市域［同図上で５つの区］，以下同様）を含め，同行の主地盤かつ県内人口・経済活動の集積地である摂津地域において，なおも40％台以下の店舗数シェアの都市がいくつも存することが見て取れる（シェアは増加傾向にはあるが）[68]。具体的には，神戸市（店舗数シェア43％）に加え，尼崎市（同24％），伊丹市（同18％），宝塚市（同27％），川西市（同40％）などの大阪近郊域がそれに該当し，それゆえにこそ神戸銀行は，次節で見るように池田実業銀行（それら大阪近郊域に支店網を有する大阪府の地方銀行）の合併を当局に懇願していた。

　ａ）図でいま一つ指摘できるのは，神戸銀行グループの店舗網が，大都市圏諸行が一切店舗を置かず人口も停滞気味の（前掲図表４-11参照）山間部へと広範に入り込んでいることである。すなわち，姫路市より北側の６町，および三田市より北～北西側の１市５町は，黒塗りすなわち神戸銀行グループの店舗シェア100％となっており，神戸銀行グループが大都市域に本拠を置く銀行である割には，それら山間部とりわけ諸町域でも面的に展開するという，地方銀行的な特色も示している。前掲の図表４-17によれば，それら市町のほとんどにおいて神戸銀行グループの店舗数が銀行発足時と比べて増加しており，「都市銀行としての生生発展をめざす当行設立以来の宿願」たる「都市店舗の拡充」を図るべく（『神戸銀行史』p. 424）当局に要望し銀行合同政策に協力しても，結果として山間部の店舗も同時に増加してしまう，というジレンマがあったことを示している。

　次にｂ）図に目を転ずれば，県下合同３行のみが本支店を置き神戸銀行グループは未進出の市区町（凡例で「０％」の区分［黒粒状の階調模様］）が相当数あることが分かる。また，神戸銀行グループの店舗シェアが５割未満の市区町は，市部だけでも東から三木市（13％），西脇市（０％），小野市（０％），加古川市（33％），加西市（０％），豊岡市（０％），龍野市（０％），赤穂市（15％）に及んでおり，神戸銀行グループは，兵庫県内全県の「一県一行」実現の核としても，多くの地方拠点市につき未進出ないしは進出度が僅少という不十分さを，少なくとも店舗網的には残していた。

　他方，ｂ）図において黒塗りすなわち神戸銀行グループの店舗シェア100％の市

区町は，摂津地域の阪神間・北摂地域，および，姫路市より北側の4町と三田市およびその北側の1市4町であり，後者は先にａ）図における神戸銀行グループ店舗シェア100％地帯として指摘した地帯と概ね重なる。すなわち，ａ）図およびｂ）図を併せ見て，神戸銀行が銀行諸行の中で独占的な店舗数シェアを有していたのは姫路市北方および三田市北方の両山間域のみ，ということになり，大都市圏ならびに主要都市に稠密な店舗網を有する都市銀行としても，また大都市圏外において支配的な店舗網を地理的に広い地域に有する地方銀行としても，当時の神戸銀行グループはまだ中途半端な状況にあった，と言えよう。

(4) 戦時下でも継続した県下合同3行との店舗網上の拮抗関係

　既に本節(1)でみたように，1943年1月の日本銀行考査局による「全国銀行統合並店舗整理案」（「日銀の整理案」）において，兵庫県内の銀行合同は神戸銀行，ならびに県下合同3行（播州・全但・兵和）の合併行を両軸とした「一県二行」で進めることが打ち出されていた（ただし「一県一行」という最終到達目標の可能性も併記）。

　同整理案に先立つ1942年10月，日本銀行神戸支店が，大蔵省の勧奨による播州銀行の溝口銀行（本店：香寺町）・大澤銀行（本店：神戸市北区）の買収を認めた。特に溝口銀行は前掲図表4-19が示す福本銀行の地盤域（播州地方山間部）と姫路市街との中間域に店舗網を有し，播州銀行としては神戸銀行（姫路市にも強地盤を有す）が福本銀行を合併し播州山間部にも勢力を伸ばすことを警戒しての合併策でもあった。日本銀行としては，神戸銀行側に「相当不満の色窺わるる」ことを気にかけつつも，上記「日銀の整理案」に記した「一県二行」路線に背馳せぬ動きでもあり，拒む理由もないゆえ認可したようであった（以上，日本銀行神戸支店［1942b］）。

　この溝口・大澤両行の買収により，播州銀行は姫路周辺（溝口銀行の店舗は姫路市域の郊外のみに分布［1支店・1出張所］）への西進ならびにそこからの北進を果たすとともに，自行の元々の地盤と新地盤とを併せ福本銀行を挟撃する態勢を得た。溝口銀行の地盤域には神戸銀行も各町1か店程度の店舗網を有するがゆえ福本銀行の孤立化には至っていないものの，そもそも播州銀行側の「神戸銀行は『市中大銀行』として瀬戸内沿岸諸都市以外の店舗網は県内地方銀行に譲渡すべき」との主張（同行大西甚一平頭取の大蔵省相田銀行局長宛陳情書［昭和16

年12月12日付］）（日本銀行神戸支店 [1941]）を勘案すれば，播州銀行による溝口銀行買収は，神戸銀行側にとっては「神戸銀行自身の姫路市郊外域の店舗も播州銀行側に譲渡せよ」との暗黙の脅威として捉えられた可能性もあろう。

　また，合同3行のうち，もう一つ播磨地方に位置していた兵和銀行においても，1944年には播磨灘沿岸部の軍需工場に出張員詰所を設置する（『神戸銀行史』p. 222）など，新進の人口・産業発展地域をめぐる神戸銀行との拮抗関係がなかったとは言えない。そして第5章3節で詳述するように，1943年11月には播州・全但・兵和3行は大蔵省の内諾も得て合併直前までこぎつけた（日本銀行側が急遽翻意を説得）という事実からしても，兵和銀行は決して神戸銀行が業務協力・銀行合同図式において安定して頼みにできる「親密行」とは言えなかったのではあるまいか。

　以上のような，店舗網および銀行合同図式をめぐる神戸銀行と県下合同3行の拮抗関係を，銀行業務推進の具体的様相の面から描いた記録として，東洋経済新報社編『地方金融の検討（昭和17年版）』（東洋経済新報社 [1942]）の該当箇所を以下引用したい。

　　「神戸銀行は有馬，多紀，氷上，美嚢，神崎等の諸郡に支店を出して，地方銀行と競合の状態にある。（中略）［競合が］特に著しいのは美嚢郡である。ここは農具，大工道具等の金物製造で有名な三木町のある所だが，播州，大澤の両行が地盤争奪をやっている所へ，信用組合，神戸銀行が加わって卍巴の乱戦を演じつつある。また姫路の近郊御着付近の製革業をめぐって溝口，神戸の両行が酷い競争をしている。ここでは両行とも定期預金利率が3分5厘というから，いかに無理をしているかが判る。（改段落）神戸銀行もシンヂケート銀行になったとはいえ，未だ地方銀行の域を蝉脱できない有様で，この部面において他の銀行をかなり圧迫しているわけだ。」（同 p. 119）

　　「［県下の地場産業で］現在比較的活況を維持しているのは，西脇の織物，三木の木工品（主として算盤），姫路付近の製革（特需品），豊岡の擬革製品ぐらいである。しかもこれらはすべて統制組合ないしは統制会社に統合され，主たる金融は県庁所在地で行うようになった。したがって地元において銀行の行う貸出は従来より著しく減っている。」（同 p. 120）

このように農村部・地方小都市部の銀行貸出市場が縮小傾向にあった中でも，

播州銀行は商工兼営農家への業務推進ならびに積極的店舗政策により貸出を増加させ好業績も維持していた（同 pp. 121-122）。全但銀行は，地盤が日本海側の農山漁村地帯で産業的には振るわぬものの，他金融機関との競合も少なく業績は安定的であった（同 p. 122）。合同3行中残る兵和銀行は，本店所在地龍野の醤油・そうめんといった地場産業が振るわず（他の拠点市たる赤穂の製塩業は盛況），また播磨灘沿岸の新興工業地帯には神戸その他大手銀行に先手を打たれて入り込めず，「消極的な営業［姿勢］」であったと評されている（同 p. 121）。

　この『地方金融の検討』特集号（東洋経済新報社編）においては，銀行合同が帰着していない各県につき，銀行合同の帰趨を論じているが，兵庫県に関しては下記のように「少くも全播州を打って一丸とするが理想的形態」との結論を示している。

> 「次ぎに播磨地方だが，現在東播に播州銀行……西播に兵和銀行が設立され中播に福本，溝口の両行が残っている。……問題となるのが中播の二行である。……中播だけで合同の機運が動いた昨年八月，突如神戸銀行が福本銀行のほとんど全株式を買収してしまった。けだし神戸銀行としては兵和銀行株も多少保有しているところより見て，播州の銀行合同に相当の発言権を持ちたいのであろう。かようなわけで中播に残された溝口銀行の前途は五里霧中となってしまった。記者は少くも全播州を打って一丸とするが理想的形態だと考える。そうならぬ限り地盤争いが絶えず，また大銀行の圧迫にも対抗すべくもない。（山陰地方に関する一段落は中略）……山陽方面は考慮を要すし，殊に全播州だけは何とか統合せねば完璧といえぬであろう。しかしその場合には，神戸銀行はじめ大銀行との営業地盤・分野の協定をするのでなければ甚だ片手落ちと言わねばならない。この点については監督当局の善処を要望しておきたい。」 (同 p. 121)

　銀行合同図式に関する上記提案およびその論拠として挙げられた地域金融の状況と，先に同特集から引用した「神戸銀行もシンヂケート銀行になったとはいえ，未だ地方銀行の域を蝉脱できない有様で，［地場産業向け金融］の部面において他の銀行をかなり圧迫している」（同 pp. 119）との観察とを併せ見れば，この『地方金融の検討』特集号を組んだ東洋経済新報社の編集部から，神戸銀行に対してもメッセージが発せられているようにも思われる。すなわち，「自ら望んで

『大銀行』となった限りは，福本銀行買収にみられるように，（大銀行として有すべき）全国的見地からすれば国土の産業発展軸上にもない一地方の局地的な営業地盤の争奪戦に執心する，そのようにローカルな思考・行動様式からこの際脱却し，県内地方銀行との合理的な営業域・業務上の棲み分けを図るべき」との提案である。

　これは，既に何度か引用した播州銀行大西甚一平頭取の「神戸銀行は『市中大銀行』として県内地方銀行との分業による協調に踏み切り，瀬戸内沿岸諸都市以外の店舗網は県内地方銀行に譲渡すべき」との主張（日本銀行神戸支店［1941］）とも相通ずるもので，また，1943年1月の「日銀の整理案」における「一県二行」案も，それと通底するものであった。

6．神戸銀行による兵庫県下「実質的一県一行」の達成と継続する店舗配置上の桎梏

(1)　神戸銀行主体の県下銀行の大合同と「実質的一県一行」の達成

　本章の冒頭において，「昭和戦前・戦時期の『一県一行』銀行合同政策において，兵庫県が元々の銀行数の多さと実質的『一県一行』実現過程の遅滞・輻輳ぶりとにおいて特異な事例をなした」と前言した。その遅滞・輻輳ぶりは，本章でみてきたように，下記の諸要因とも連関し合ったものであった。

　　1）兵庫県の自然・人文条件的な広大さと多様さ

　　2）それに由来する多数の小経済圏ならびに摂津・播磨・但馬・丹波・淡路の地域的特色と（県単位よりも旧国単位で分立した）同郷意識（注23ならびに注55参照）

　　3）大都市域たる神戸・阪神間と郡部・小都市との間の人口・産業構造や発展速度のコントラスト

　　4）戦時下における郡部・小都市のさらなる停滞と播磨沿海部の新興工業地域の台頭

　　5）生産・物流の戦時統制により，特に「シンジケート銀行」にとっての東京・大都市・県庁所在地店舗の重要度の高まり

　　6）上記5）ならびに大手銀行同士あるいは中堅行との銀行合同の進展により，（大手銀行最下位クラスの）神戸銀行にとっての業容拡大の一層の喫緊化

第 4 章 「一県一行」主義

　神戸市を本拠とし大阪・東京・名古屋・京都など大都市部での展開に主眼を置く神戸銀行と，播州ないし但馬の地方都市から（摂津地域を除く）兵庫県内の地域金融の行方を想念する県下合同 3 行とが，「少なくとも対等合併は困難であろう」と思わせるほどに経営の目指す方向を異にしたまま，戦時下の同じ県内にてそれなりに経営を成り立たせていたこともまた，兵庫県の広大さ・多様性のなせる仕業であったかも知れない。

　かくして同県における銀行合同は，中核的銀行の特定および地方銀行の存否といった基本的図式さえ固まらぬ──少なくとも外部には明らかにされぬ──まま，戦時末期の1944年半ば（ 6 月サイパン陥落，7 月東条内閣総辞職）を迎えた。（昭和戦前・戦時期の「一県一行」実現過程がこの頃なお未実現であったのは，兵庫県の他にはしいて挙げれば福岡県ぐらいであった。[70]）同年神戸銀行では，3 月20日の大蔵省の店舗強制疎開命令に従い，翌 4 月に神戸・西宮・明石・姫路・飾磨各市等の都市部「有力」12支店・3 出張所を「断腸の思い」で廃止した（神戸新聞昭和19年 3 月21日，『神戸銀行史』p. 279）。「阪神間～神戸～播磨沿岸部」という同行の本来的な営業地盤が，その都市域・工業地域という性格ゆえにこそ敵機空襲の標的となるという巡り合わせを招来したがゆえであった。

　実際には，この時期において兵庫県内の銀行合同の動きは，むしろ最終到達点すなわち「一県一行」へと向けて進んでいた。詳しくは第 5 章で記すので，ほんの「あらすじ」を示せば，1943年11月下旬以降の播州・全但・兵和合併撤回工作以来，日本銀行（主に神戸支店）そして副次的には兵庫県は，神戸銀行側が主張する「（一挙）一県一行」方式での銀行合同実現のため関係 4 行（神戸・播州・全但・兵和）ならびに大蔵省と折衝を重ねていた。そして1944年 9 月 5 日，神戸・播州・全但・兵和・福本 5 銀行の合併の基本要綱に関する「申合（もうしあわせ）」の調印がなされ，「戦局の重大局面をよそに……」と地元紙が半ばあきれるスローペース[71]ながら，ようやく実質的な「一県一行」の銀行合同実現への方向が定まった。

　その後1944年11月下旬まで10回開催された合併協議委員会においても，合同 3 行側と神戸銀行側との意見対立は相当激しく，破談寸前ないしは機運消失を思わせる場面も少なくなかったが，最終的には業を煮やした日銀神戸支店長の半ば最後通告により，合併協議は終結し，1945年 3 月の 5 行合併が実現した。すなわち結果的に，兵庫県における「銀行合同政策」では，前節(3)で紹介した東洋経済新報社『地方金融の検討』特集号で提言された「全播州を打って一丸とする理想的

189

形態」も，1943年1月の「日銀の整理案」における「一県二行」の図式も，過渡的にも具体化することはなかったのである。

　この時期，前述のように既に全国的には銀行合同の動きは終息しつつあり，翌1945年央には，佐藤［1991］p. 557が三和銀行による大和田銀行（福井県）の合併に関し言及するように，大蔵省の一県一行に関する方針も「余りに手数のかかるものはこの際中止いたしたき」（引用者ひらがな表記に改め）といったものに変化した。それに鑑みても，『神戸銀行史』p. 210が「県下銀行の大同団結を図り一県一行を［事実上］完成した」と記す1945年3月27日の神戸・播州・兵和・全但・福本5行の合併は，「一県一行」推進派であった神戸銀行ならびに金融当局・県当局にとり，いわば「ラストチャンスを逃さずホームベースに駆け込んだ」かのような成果であった。その金融当局たる日本銀行が戦後間もなくして次の一文を記した際，おそらくこの兵庫県の事例もまた，意識されていたのであろう。

　　「太平洋戦争中の銀行集中政策はかくて長きにわたる政策の最後の段階しかもこの政策の目的地である段階に到達したが，しかしそれがほぼ目的を達したときには久しい日本の侵略戦争も既に終幕に達していたのである。」

（日本銀行調査局特別調査室［1948］p. 224）

(2)　1945年の終戦までの小規模銀行の帰趨

　前段で記した神戸・播州・兵和・全但・福本5行の合併後も，日本海に面した漁業金融の香住銀行，ならびに三和系の神戸湊西・恵美酒両行（注65参照），および神戸貯蓄銀行は県内に残っていた[72]。

　それらのうち，神戸湊西・恵美酒の両行は，1945年2・3月に三和銀行の100％子会社となったが，当局の「一県一行」の方針に従い三和銀行がその持ち株を神戸銀行に譲渡することとなった（『神戸銀行史』p. 213，佐藤［1991］pp. 554-555）。同買収は同年4月21日に実行され（「銀行事項月報」p. 720），神戸銀行は買収2行の4支店を承継した（『神戸銀行史』p. 280）。

　次いで1945年5月，神戸銀行は神戸貯蓄銀行を合併し，7支店・15代理店が加わった（同pp. 214，280）。

　さらに終戦間際の8月2日，神戸銀行は住友銀行より池田実業銀行（7月1日住友銀行が合併［「銀行事項月報」p. 721]）の兵庫県内店舗網を譲り受け，5支店・

5出張所を加えたが, 尼崎・伊丹2支店は住友にとどめ置かれた（『神戸銀行史』pp. 213, 280）。尼崎市・伊丹市は池田実業銀行の兵庫県内営業域のうちでも発展性が高く地域的中心でもあった（4節(2)参照）ため, 同じ都市銀行業態とはいえ住友銀行の側のより優れた駆け引き能力――あるいは当局に尊重される度合いの「格の差」であろうか――が示唆される（佐藤［1991］は三和・住友両行ともに戦時下の銀行合同に際し自行の経済的得失を見据えた立ち回り方をしたと述べる）。[73]

　これらの銀行合同ならびに店舗譲渡等の結果, 香住銀行[74]の本支店および県外大手銀行等の神戸・阪神間・姫路等の主要都市域店舗を除き, わずか10年前（1935年末）には普通銀行・貯蓄銀行45行（2節(1)c参照）に分散していた兵庫県内の銀行店舗ネットワークは, 設立9年足らずの神戸銀行が一手に掌握することとなったのであった。

(3)　戦後に持ち越された「店舗配置上極めて不合理な点」

　本節(1)で記した神戸・播州・兵和・全但・福本5行の合併により, 神戸銀行の店舗網は105支店・16出張所を加え, さらに(2)で記した神戸湊西・恵美酒・神戸貯蓄・池田実業4行からの店舗が加わり, 「昭和20年に入って店舗数の増加は著しくほとんど倍増した」（『神戸銀行史』p. 280）。

　もっとも, これらの合併により, 本章が冒頭にその語句を含む引用文も掲げて着目してきた「余りにも濃厚な地域的限定性という矛盾」（本章冒頭の『神戸銀行史』p. 151 からの引用文参照）が解消したわけではなかった。

　『神戸銀行史』p. 210 は, 神戸・播州・兵和・全但・福本5行の合併は「県下銀行の統一という大乗的見地」により同行が構想した「大同団結」策である, と述べる。しかし他方, その合併が同行店舗網にもたらした影響の受け止め方に関しては, 明らかに不請不請な様相を包み隠さず, 次のように記している。

　　「……これらの店舗はいずれも当局の強い「一県一行」の方針にしたがって承継したもので, 店舗配置上極めて不合理な点があった。これは同時に都市有力店舗が強制疎開や戦災で廃止を余儀なくされたことと相まって, 創立以来当行が営営と努力して築き上げて来た店舗の合理的配置の成果を著しく削ぐものであった。しかし金融統制の極度にまで強化され, ほとんどの店舗が預金専門店と化しつつあったなかでは, このようなことも甘受するしかな

第 1 部　大恐慌期・戦時期における日米の地域銀行政策・業態の分岐

った。」 (同 pp. 280-281, 下線引用者)

　店舗網の変転, 店舗数の対人口比, 他銀行群との比較での店舗シェア, 等々を詳細に追う, という本章の作業軸からすれば, 上記引用文を終戦時点や1945年末時点における店舗データや人口データに照らして検証する, という作業を行いたいところであるが, 本章が依拠してきた『銀行総覧』も1942年末データで途切れ, 筆者が入手し得た限りでは金融通信社『銀行年鑑1950-51』所載の1950年前半のデータが次なるデータとなってしまう。

　終戦からその1950年の間には, 「県下農山村地帯における店舗網の合理化も, ほぼ完了の域に達した」(『神戸銀行史』p. 424) とともに, 1948年以降は当局の店舗政策も都市店舗拡充の追い風に転じた (注61参照) こともあり, 「当行の店舗網は全く面目を一新した」(同 p. 428)。この期間における金融機関規制, 銀行界の動静, 地域的・全国的な産業・人口の状況などに照らし神戸銀行の店舗政策を論ずることは, 基本的に1945年の終戦前の大蔵行政下での事象を扱う本章の検討範囲をやや超えるものであるが, 以下に『神戸銀行史』に掲げられた「店舗配置の推移」の表のみ, 紹介しておきたい (図表 4 -21)。同表によれば, 終戦直後の 6 年間, 県下の「その他」(農村部) 地域の支店・出張所等が著減し, 代わって神戸その他の市域ならびに県外大都市の支店・出張所の増強が行われていることが分かる。

　そしてこの図表 4 -21との関連で, 本章の最後にあたり, 兵庫県の戦時下での銀行合同が県下銀行の総体的・集合的な店舗網に及ぼした影響を一瞥すべく, 以下 3 つの市区町域単位の地図を掲げておく (図表 4 -22～ 4 -24)。

　最後の図表 4 -24により, 図表 4 -21が示す神戸銀行の積極的な店舗再配置戦略の店舗網上の影響が示される。同図の1950年店舗データには出張所 (データ出所たる『銀行年鑑1950-51』には出張所の所在地情報がなく県外含め41ヵ所とのみ記載されている [なお本支店数は県外含め130店]) が算入されていないため概括的把握の域にとどまるが, 阪神間諸市 (芦屋・西宮・尼崎・宝塚) の店舗数の比重が最も増し (+2.0％以上), 明石市 (+1.3％) がそれに次ぐ。他に神戸市 (旧市街 5 区と東灘区) および西脇市 (ともに+1.1％), 洲本市 (+0.9％), 加西市 (+0.6％) なども比重が増えている。

　しかし, その他の大半の市町は店舗数上の比重が減少しており, 白抜きの

192

図表4-21　終戦後の神戸銀行の店舗配置の推移*

＊原表の「昭和28年3月」の欄は割愛

		昭和20年9月			昭和23年3月			昭和26年9月		
		支店	その他	計	支店	その他	計	支店	その他	計
県下	神　戸　市	13	(出)17	14	17	(出)4 (詰)3	24	27	(出)1	28
	市制施行地 (除神戸市)	21	(出)6 (詰)1	28	29	(出)1 (詰)8	38	39	—	39
	そ　の　他	145	(出)21 (詰)3 (代)14	183	104	(出)13 (詰)13 (代)20	150	79	(出)7 (詰)1	87
	小　　計	179	(出)28 (詰)4 (代)14	225	150	(出)18 (詰)24 (代)20	212	145	(出)8 (詰)1	154
県外	東　京　都	2	—	2	2	—	2	4	—	4
	横　浜　市	—	—	—	—	—	—	1	—	1
	名　古　屋　市	—	—	—	—	—	—	1	—	1
	京　都　市	1	—	1	1	—	1	1	—	1
	大　阪　市	4	(出)1	5	4	(出)2	6	7	—	7
	大　阪　府 (除大阪市)	3	(出)2	5	4	(出)2	6	5	—	5
	岡　山　県	3	(出)2	5	3	(出)1	4	2	—	2
	小　　計	13	(出)5	18	14	(出)5	19	21	—	21
合　　　計		192	(出)33 (詰)4 (代)14	244	164	(出)23 (詰)24 (代)20	231	166	(出)8 (詰)1	175

注：（出）は出張所　（詰）は出張員詰所　（代）は代理店
出所：『神戸銀行史』p.425.（一部，同書本文により修正。また，罫線等補記。）

　“×”で示された諸町で少なくとも支店がなくなった（出張所に関しては調べられていない）ほか，市域でも三木市（－2.9％），赤穂市（－1.8％），龍野市（－1.6％）では比重の減少幅が1.5％を超え，姫路市・加古川市といった播州地域の中心的都市も－1.2％となっている。

　図表4-22に描かれた合同参加11銀行の総体的店舗網が，県下全市区町にはば遍（あまね）きものとなっているのに比して，図表4-23に描かれた神戸銀行の店舗網（『銀行年鑑1950-51』によれば香住銀行は同時期わずか4本支店なので実質的に県内銀行全本支店に近い）は，どう解せられるのであろうか。それは，戦時末期の合併協議時に播州・全但・兵和銀行側が繰り返し主張した「（農村部を含めた）

第1部　大恐慌期・戦時期における日米の地域銀行政策・業態の分岐

図表4-22　実質的「一県一行」銀行合同に参加した県内11銀行*合算の県内店舗**分布（1942年末）

＊香住銀行を除く　＊＊計240.5店（出張所は0.5店換算）

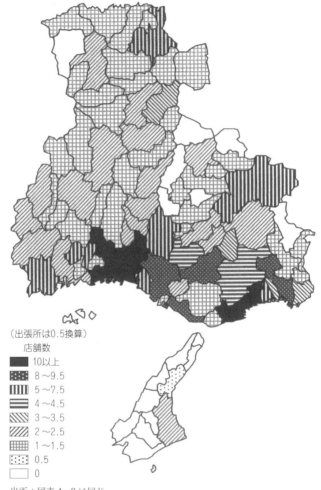

出所：図表4-8に同じ。

兵庫県の銀行」（第5章5節(2)ｃ）本文・注35参照）として相応しいものであったのであろうか。もしそれら3行主体の地方銀行が並存する「一県二行」状態が実現したり，あるいは1945年3月の5行合併未実現のまま戦後に至っていたら，兵庫県の銀行店舗分布状況は違っていたのであろうか。

194

第4章 「一県一行」主義

図表4-23　1950年6月における神戸銀行の本支店*分布

＊県内本支店計114店
（出張所は算入せず；本図では神戸市中心5区を含め2000年時点の市区町域により集計・作図）

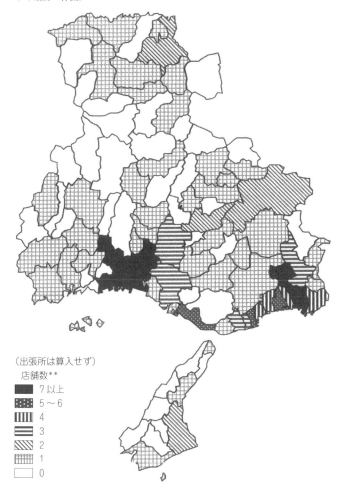

（出張所は算入せず）
店舗数**
- ７以上
- ５～６
- ４
- ３
- ２
- １
- ０

＊＊図表4-22との比較が直感的にしやすいように、出張所が算入されていない本図では、店舗数の凡例（階調模様）の段階を若干変えた。
出所：金融通信社『銀行年鑑1950-51』にもとづき筆者作成。

第1部　大恐慌期・戦時期における日米の地域銀行政策・業態の分岐

図表4-24　図表4-22所載の合同参加11銀行合算の店舗分布（1942年末）と図表4-23所載の神戸銀行の店舗分布（1950年6月）の地域的比重の増減※

※地域的比重の増減(%) ＝ $\dfrac{\text{当該市区町の店舗数(1942)}}{\text{兵庫県内全市区町の店舗数(同)}} - \dfrac{\text{当該市区町の店舗数(1950)}}{\text{兵庫県内全市区町の店舗数(同)}}$

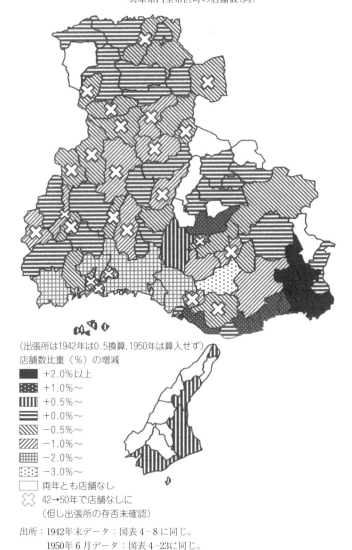

（出張所は1942年は0.5換算、1950年は算入せず）
店舗数比重（％）の増減
- ＋2.0％以上
- ＋1.0％～
- ＋0.5％～
- ＋0.0％～
- －0.5％～
- －1.0％～
- －2.0％～
- －3.0％～
- 両年とも店舗なし
- 42→50年で店舗なしに（但し出張所の存否未確認）

出所：1942年末データ：図表4-8に同じ。
　　　1950年6月データ：図表4-23に同じ。

⑷　結びに代えて

　本章 1 節⑵ａ）で前言したように，今まで銀行史でほぼ用いられることのなか
った図表 4 -23～ 4 -25のような主題図（現代の市区町域を単位として表示した地
図）は，銀行合同の過程を空間的に可視化（今日流には「見える化」とも言えよ
う）する有用なツールである。本章で行ってきたようにさまざまな切り口から店
舗網の変転や銀行間の拮抗図式を図化することは，同過程が銀行店舗網にもたら
した変容という歴史的事実のより精緻な叙述に寄与するとともに，「立ち消えに
なった銀行合同が起こっていたら」，あるいは「かろうじて実現した銀行合同が
なかりせば」といった種々の仮想シナリオに関しても，店舗網上の帰結について
のシミュレーションは表計算ソフトの操作一つで可能である。

　もっとも，本章ではそのような「歴史的 if」にまでは立ち入らなかった。県下
合同 3 行とりわけ播州銀行が主張した「広大な農山漁村地域をも擁する兵庫県に
おいて地方銀行はすべからく存立せしむべし」という理念に実現可能性も含め意
味があったのか否かは，それが「失われた大義」（出口および越知 [1959] p. 310）
という言葉を想起させもするからこそ―― M. ウェーバー流（ウェーバー [1965]
pp. 60-61）に言えば――価値判断混在のリスクを多分に内包し，軽々しく論じら
れるものではない。

　それでもなお，先の図表 4 -24などを眺めれば，「地方銀行ありせば」との「歴
史的 if」に関する想念を搔き立てざるを得ない。それ以降神戸銀行がたどった
「太陽神戸銀行」，「太陽神戸三井銀行」（「さくら銀行」），そして「三井住友銀行」，
さらには昨今また生起しつつある，りそなホールディングス傘下での関西 3 地銀
統合の動き，という70年余の変転を鑑みればなおさらであろう。（なお，この
「70年余の変転」に関しては，終章 2 節にて概略を述べ，その後若干の含意につ
き考えたい。）

注
⑴　地形図など地表の事象を網羅的に取り上げる一般図に対し，特定の主題を強調して
　表現する地図を主題図と称する（浮田 [2004] p. 128）。たとえば本章の図表 4 - 1 は，
　主題図のカテゴリー上は，ドットマップ（本店を"○"，支店を点で表現；浮田およ
　び森 [2004] p. 18）および線記号図（本店と支店との結びつきを直線で表現；同 p.
　24）に該当する。

第1部　大恐慌期・戦時期における日米の地域銀行政策・業態の分岐

(2)　先の第3章で整理を試みたように，図表4-1 a）に表された1928年末は，1920年代初期から採られた「銀行合同政策」が27年の金融恐慌および同年制定の銀行法により加速する時期，また同b）に表された1940年末は，1936年馬場蔵相発言を画期とする「一県一行主義」が戦時「統制」の潮流のもと強化される時期に相当する。なお，1928年末の全国の普通銀行数は1,031，貯蓄銀行数は100，1940年末の同普通銀行数は148，貯蓄銀行数は69であった（後藤［1970］p.58）。

(3)　阿部［1991］も先行研究として依拠する，やはり都市・経済地理学に属する吉津［1978, 1979］は，銀行店舗網が地域経済の中心地体系（白鳥［2006］の言う「小経済圏」を体系的，階層秩序的に捉えようとする概念）に対応していること，そして地域の産業構造とその盛衰とが銀行本支店の立地状況にも影響することなどを指摘している。また岡屋および山根［2004］は阿部［1991］，吉津［1978］などの研究蓄積を踏まえ北陸3県の明治・大正期の銀行店舗網を分析し，やはり銀行店舗網と地域経済の中心地体系との対応関係を明らかにするとともに，県庁所在地等の高次中心地間での銀行の相互進出状況をも描出している。

(4)　Knowles and Hillier［2008］は，1990年代半ば以降の歴史学（主として米英）における GIS（geographical information system［地理情報システム］）の援用の拡大を背景に2004年にシカゴで開催されたコンファレンス "History and Geography: Assessing the role of geographical information in historical scholarship" の報告論文集であるが，同書の序文において編者たちは「GIS は歴史的情報をその地理的文脈において可視化し，それらを多様な縮尺レベルにおいて検討し，それらの空間的パターンを探求する……うえで，かつてなかった陣容のツールを提供してくれる」（p. XIII）と述べる。また，Bodenhamer et al. ［2010］は，「GIS を用いることで，文章や表ではまだ隠れたままであった空間的パターンを視覚的に探ることができ，輻輳した世界をより即座に理解可能なものにすることができる」（p. vii）と述べる。

　　なお，筆者が本章で銀行店舗分布の分析に際し用いた GIS ソフトウェア（本章では「地図ソフト」と称す）は，市区町村別に塗り分けを行うなど初歩的なもの（ニジックス地図デザイン研究所［http://hp.vector.co.jp/authors/VA011609/］のオンラインソフト，ジオリンク XL［2003年10月21日購入］）であるが，それでも表計算ソフト（Excel）上の市区町村別データを瞬時に主題図化してくれることにより，上述の2つの引用文が述べるように，筆者自身の検討作業の支援となり，かつ，本章における立論にも諸図表を通じて寄与しているものと思われる。

(5)　堀江［2008］p. 189 は，地域金融機関の「営業地盤」に関し，次のように規定する。「営業地盤は，各営業店を中心に形成されるエリア内の経済活動水準（特に貸出可能な対象としての企業数や世帯数の多さ等）と，競合金融機関の状態に依存する。その意味では，経営基盤のなかで最も重要であるのは，営業店の配置状況である。」

198

第4章 「一県一行」主義

(6) 「本章においても」と述べたように，筆者は以前にも由里［2000a］第2章，由里
［2000b・c］，由里［2001］，由里［2002］などにおいて地理学的手法を援用している。
そしてその地理学的手法の有用性に関し，月原［2011］は「学際的な場の中で地理学
の果たすべき役割や強みは何なのか」と自問し，以下の4点を挙げている。① 地図
と地図的思考を持つこと，② 地域の括られ方の意義を理解し，思考実験も含めて，
多種多様で柔軟な地域（空間）を設定・構想しうること，③ 人口移動や物流を通じ
て地域間関係が及ぼす影響から地域を理解することに親しんでいること，④ マルテ
ィ・スケールでの空間理解を持ち，大小異質の空間（地域）間の関係も気に留めてい
ること。もちろん，筆者も現在は金融経済学者である限りこれらの視座は副次的に援
用すべきものと心得ているが，初の単著由里［2000a］の書評，高木［2000］により，
既に「（地図や概念図を多用した）これまでの銀行論……では考えられない破天荒な
分析［の試み］」との指摘（p. 139；同拙著第2章「米国中央部における小銀行の存続
状況」に対するもの）をいただいた。そのように，筆者が銀行の店舗等の展開を論ず
る際，金融経済学の論考としては自ずと異色ならざるを得ないのであれば，潜在的・
間接的にではなく，むしろ意識的かつ明示的に，地理学的概念・手法等を援用してい
く——地理学の専門家ではない読み手のためその概念・手法の説明や典拠等も示しつ
つ——ほうが，金融経済学の学界に向けた論考としてより良いものになるのではない
か，と考える。

(7) 本章においておそらく最も頻出する文献である『神戸銀行史』（神戸銀行史編纂委
員［1958］）の引用にあたっては，その文献表示方法として，より読者にとって明解
と思われる『神戸銀行史』という書名を用いることにする。（なお，国立国会図書館
の NDL-OPAC データベース［和図書］で"神戸銀行"および"史"をタイトルとし
て持つ書籍を検索しても，この『神戸銀行史』ならびに『神戸銀行小史』［同じ編者，
1956年］しか見当たらないので，このように『神戸銀行史』という表示方法でも類似
書名との混同は生じないものと思われる。）

(8) 管見する限り銀行店舗企画担当者の手になる銀行店舗立地に関する唯一の単行本で
ある福原［1981］は，店舗設置を検討する場合の基本的な要素として，自行店舗網に
おけるバランス，大蔵省の店舗行政基準，店舗用地（含テナント・スペース）確保の
可能性，地域の経済力を挙げている。同書はさらに「地域の経済力」を測る指標とし
て，① 人口（世帯数）とその増加率，② 事業所数とその増加率，③ 近隣他行の預
金計数，④ 所得水準，⑤ 地域の開発計画，⑥ 購買力ある人口の流れ（集散地点），
⑦ 交通事情，⑧ 付近の施設などを挙げ，また，現実的にはデータ入手可能性から①
および②が相対的に重要，と述べる（pp. 97-98）。また同書も参照文献に挙げる（p.
96）大黒［1969］（同じく銀行店舗企画担当者の手になる）は，店舗設置計画に際し
考慮すべき基本的要素として，① 店舗設置を計画している地域の経済力（銀行預貸

199

金計数，人口，所得，事業所数，開発計画等），② 設置場所が自行全体の店舗網の中で占める役割，③ その地域における金融機関の密集度，を挙げ，全体としてみれば福原［1981］の挙げる「地域の経済力」の要素とかなりの部分共通している。なお，川向［2005］pp. 122-124 が言及するように，より近年においては，地域に関する地理的情報を企業の販売戦略上一層重視する「エリア・マーケティング」（室井［1998］）の概念・手法が，金融機関の店舗に関する実務（たとえば小田［1996］，高島［1997］）や実証分析に取り入れられつつある。

⑼ 筆者の前職は大和銀行（現りそな銀行）の行員であったが，その後半の企画部勤務時代（1990～96年），店舗企画も含め一都市銀行の営業企画部門の仕事内容をかなり間近に見ることができた。また2005～10年，瀬戸信用金庫の員外監事（非常勤）として一信用金庫の店舗企画や（営業店監査の際など）個別営業店の店周地域に関する認識や戦略を聞き知ることができた。

⑽ 1935年末時点における普通銀行数43行は，2位福岡の29行，3位静岡の20行に比してもかなり多数である（データは後藤［1981］pp. 597-599 による）。

⑾ 後藤［1970］pp. 71-75 所載「府県別普通銀行数」の表（明治・大正期では1893・1895・1898・1901・1913・1919の各年末の普通銀行数を記載）によれば，「銀行条例」施行年1893年の年末において兵庫県の普通銀行数は56行で静岡県の91行に次いで全国2位，それから5年後の1898年末には兵庫県の普通銀行数は144行で静岡県の125行を越え全国一となり，以後静岡県と全国1・2位を争うかたちとなっている。昭和元年から20年にかけての毎年末の普通銀行数を示した後藤［1981］pp. 597-599 所載「府県別普通銀行推移表」によれば，兵庫県の普通銀行数は元年末126行（全国一，2位静岡県は113行）以来，1941年末（12行で東京・大阪の13行に次ぐ）および1945年末（2行にまで減少）を除き，おしなべて全国一の多さであった。

⑿ 『神戸銀行史』によれば，1936年5月18日馬場蔵相発言の直後に大蔵省より7行合同の勧奨があり，1か月半後の7月3日に7行代表者から和田銀行局長への合併承諾回答がなされた。その後9月9日に各行間で合併覚書が取り交わされ，10月3日に合併仮契約調印および合併要項合意・発表，10月30日に新銀行首脳人選内定，等を経て，1936年12月12日，創立総会が開催され，新立合併のかたちで神戸銀行が発足した（同pp. 26-32；日本銀行「銀行事項月報」pp. 550, 556-559）。

⒀ 原論文の由里［2012］p. 67 に，都市・集落分布図ならびに地勢図（杉本［2002］付属「カシミール」地図ソフトを用いて作成したもの）を掲載している。

⒁ 兵庫県において幅の広い谷底平野・盆地が多く見られることは前述したが，米倉ほか［2001］p. 18 所載の「直線斜面の勾配」図は，広く日本列島を俯瞰し他の府県域との比較で，同県には多くの低勾配の谷底平野・盆地が帯状に散在していることを示している。なお，注11において兵庫県と同様に銀行数の多い県として言及した静岡県に

ついて，兵庫県と同様に前掲書の前掲図や地勢図などを見ると，山間の谷底平野・盆地ではなく，太平洋岸沿いに丘陵・山地によって相互に隔てられた多数の狭小な谷などが散在していることが分かり，それが多数の小銀行並立の一要因となっていた可能性が示唆される。（もっとも，地形条件だけから小経済圏や銀行数の多寡を説明するのは一種の「（自然）環境決定論（environmental determinism）」[Johnston *et al.* [2000] pp. 212-215] に陥るおそれもあり，ここでは静岡県に関しこれ以上は述べない。「一県一行主義」という，いわば「行政領域決定論」が時に非合理な結果を招きかねない，というのが本章執筆に際しての問題意識の一つであればこそ，他の類の決定論を云々することは自己撞着であろうから。）

(15) 谷底平野の各々が小経済圏を構成しうる経済的基盤ならびに人口集積を持ちうることに関しては，司馬遼太郎が『この国のかたち』（司馬 [1990]）の中の一編「谷の国」において行った指摘，すなわち，（水田耕作に適した）「谷こそ古日本人にとってめでたき土地だった」（p. 164），「日本は二千年来，谷住まいの国だった」（p. 170）もまた，概括的あるいは直感的ではあるにせよ，通底するところのある認識であろう。

(16) 本章において，普通銀行だけではなく貯蓄銀行の店舗を含めて検討していく理由は以下のとおりである。1921年の貯蓄銀行法から十余年以上を経た昭和10年代においては，貯蓄銀行業態固有の業務範囲等の規制が浸透し普通銀行との資金吸収・運用方式の相違は明らかになっていた（竹澤 [1996] pp. 195-200）。しかしながら昭和金融恐慌時に有価証券運用主体の貯蓄銀行の相対的健全性が示されたことなどから，同じく昭和10年代にかけて貯蓄銀行の店舗展開ならびに預貯金シェアの増加（対地方銀行）も進展した（進藤 [1980]）。神戸市・阪神間という都市部を擁する兵庫県には東京・大阪系の貯蓄銀行も店舗を増設し（1935年末13店→1942年末16店），県内貯蓄銀行の店舗数も同時期において増加している（同 2 店→ 6 店）（店舗数データは『銀行総覧』第42回による）。これらのことから，神戸銀行を中心とした銀行間の店舗競合状況の検討に重点を置く本章において，貯蓄銀行を無視することはできないと考えた。

(17) 本章において店舗数・人口等の集計・作図単位として，2000〜2003年時点の市区町の行政区域を用いる理由をより詳述すれば，以下の通りである。まず，本章が検討する昭和10年代における市区町村は銀行が立地する地域単位としては概ね小さ過ぎることが挙げられる。すなわち昭和10年国勢調査時点（1935年10月1日）における全国の市町村数は1万1,545あり，郡部（1万1,418町村）における一町村当りの平均人口数は4,080人に過ぎなかった（矢野恒太記念会 [2006] p. 71）。それに対し，いわゆる「昭和の大合併」（1953〜1961年［総務省 [2010] p. 1 および戸所 [2004] p. 44]）のほぼ終期にあたる昭和35年国勢調査時点（1960年10月1日）における全国の市町村数は3,511で，郡部（2,955町村）における同平均人口数は11,534人に増加した（矢野恒太記念会 [2006] p. 71）。この「昭和の大合併」が町村合併の指針としたのが「中学校

１校を効率的に設置管理」できる「人口規模8,000人」の標準的規模（総務省［2010］p. 1）であり，そのような地域のまとまりは，少なくとも兵庫県の場合には図表４-３などが示すように，昭和戦前期の小銀行が「本店銀行」（本店を当該地域に置く銀行）として立地する地域のまとまりと，かなり合致していたのではないかと考えられる。

他方，いわゆる「平成の大合併」（1999～2010年［総務省［2010］pp. 3-7]）の後の市町（兵庫県におけるその数は91から41へと減少し人口１万人未満の市町は皆無となった［森川［2011］p. 2]）の範囲を本章における集計・作図単位とするならば，小銀行の本店が立地するような地域経済的中心地を複数有する市町が少なからず生じてしまい，主題図としての有効性が損なわれる。それゆえ，「平成の大合併」以降の市区町の行政区域は用いないこととした。ただし，1999年に４町合併により成立した篠山市のみは次の①～⑤の理由から例外とした（なお，たとえば小森［2009］も，それら理由のいくつかを挙げつつ1999年の篠山市成立は実質的に昭和期の合併に含めるほうが妥当，と述べる）。① 同市の中心である篠山城下町は江戸時代において５万石の城下町（「角川地名大辞典」編纂委員会［1988］p. 2118）かつ街道交通の要衝であった（水本［2002］pp. 177-178）。② 明治22年市制町村制施行当初から町制が布かれた（県内では23町のみ［太田［1995］より筆者算出]）。③ 銀行史の面では明治前期に第百三十七国立銀行が設立され，県下有力行の一つたる同行は1942年に神戸銀行・丹和銀行（京都府福知山市）に分割買収されるまで篠山を本拠とした（『神戸銀行史』p. 213，など）。④ このような歴史的・経済的背景にも呼応し，都市地理学的にも，篠山町は既に1965年（上述の「昭和の大合併」直後）の国勢調査の報告書（総理府統計局［1967]）においても「人口集中地区（広い意味の市街地）」すなわち都市核を有する数少ない町の一つとされていた。⑤ 以上のように周辺町村の中心たる資質を備えもちろん「昭和の大合併」においても合併により市制を目指したものの，相次ぐ協議の破談により周辺諸町との分立が続いた（小西［2005］p. 22，瀬戸［2001］pp. 7-10）。

⒅ 本章は神戸銀行の店舗網に着目するので，これら45銀行の店舗網に関しては，神戸銀行設立に加わった合併７行を除けばほとんど言及する機会がないため，若干補足しておきたい。同合併７行以外の県内38行につき店舗データをみると，それら諸行の店舗数は187（出張所は0.5換算）で一行当り4.9か店，進出市区町数は139で一行当り3.6地域である。ちなみに合併７行に関して同様に店舗データを集計的に見ると，店舗数は104.5で一行当り14.9か店，進出市区町数は27で一行当り3.9地域である。店舗数の面では確かに合併７行のほうが約３倍の規模を有するが，進出地域数ではあまり差はないのは，38行が主に農村部の市町に概ね１か店ごと支店を出していた（そして昭和のはじめ頃まではそれらの支店の多くがさらに局地的な銀行の本店であった）ことを反映している。

⒆ 戦前のわが国の普通銀行とりわけ中小規模のものを（特定の産業資本家の資金の導

入機関としての）「機関銀行」と性格づけ，金融システムの脆弱性の一大要因と解する考え方（たとえば加藤［1957］pp. 284-291，朝倉［1988］pp. 54-57，137-138；レビューとしては寺西［1982］pp. 304-308，など）は，銀行史の分野において従来有力であった。しかし近年，地域密着型の中小金融機関が地域経済に対して果たす「リレーションシップ・バンキング」の概念（第1章1節(2)参照）の広まりとも呼応して，地域密着型の中小銀行が（たとえ機関銀行としての側面を有していたにせよ）地元地域の中小企業群の金融円滑化に関して果たしていた役割をある程度評価する見解が，主に金融経済学の分野から提示されている（寺西［2003］pp. 173-179［同著者の問題意識としては寺西［1982］pp. 383-384とも通底］，堀内［2005］，堀内［2013］など）。本文で「『本店銀行』群が……兵庫県の多種多様な小地域の金融経済上の要請に呼応して存在していた可能性」と述べたのは，一つにはそれら近年の諸論考を念頭に置いたものである。もう一つには，前傾の「機関銀行」説がその立論の根拠とする銀行の諸事例の多くは，（それ以前の主に好況期に設立され）昭和金融恐慌から1927年銀行法施行（同法による「無資格銀行」整理期限は1932年末）の過程で破綻ないしは吸収合併等で整理淘汰された銀行に関するものであり，図表4-3における「本店銀行」の過半を占める，1935年末においても存続していた局地的な中小銀行に関しては，別の評価も可能ではあるまいか，との所感からである（無論，その論証は筆者の今後の課題であるが）。

⒇　姫路商工会議所［1978］pp. 85-86は，兵庫県の銀行を数の多さなどを理由に合併させることに反対する姫路商工会議所会頭名の大蔵大臣あて陳情書（昭和11年8月5日）につき記載している。下記イ，ロ，は5項目の反対理由からの抜粋であり，特にロには今日で言う「リレーションシップ・バンキング」的な融資の特徴も述べられている。

　　イ，由来兵庫県は北は日本海，南は瀬戸内海に臨み，摂津，播磨，丹波，但馬，淡路の五ヶ国にまたがり，5市25郡を抱擁せる大地域にして殊に神戸市の如き人口100万を突破せんとする大都市を有し同一県内といえども著しく経済事情を異にせり

　　ロ，現在40有余の銀行を有するは地方独特の経済事情に即し，産業の健全なる発達を助長せるものにして銀行首脳部は地方事情に精通し，資金の貸付に当り事業の現状及貸付希望者の人格性行に鑑み単に物的担保のみに偏せず，対人的信用を加味し，融通をなし，商取引の活況を呈せり（後略）

(21)　神戸銀行の創立総会は1936年12月12日，同行株主4千余名の出席を得て神戸商工会議所において行われた。当日は土曜日であり，旧7行は正午をもって各々の営業を終了した（『神戸銀行史』pp. 31-32）。

(22)　姫路銀行は，本文で記した三十八銀行とは対照的に商工業者中心の出資により1896年設立された姫路商業銀行を前身とする（『神戸銀行史』p. 93）。昭和金融恐慌の直後，

1928～29年に近隣2行を合併・買収した（後藤［1981］p. 696）が，1935年に至っても その店舗網は姫路市に集中していた。

　高砂銀行は1896年設立の高砂貯蓄銀行（1907年に普通銀行高砂銀行に改組）を前身とする（『神戸銀行史』p. 100）。1923年から1928年にかけ4銀行を合併・買収し（後藤［1981］p. 697），店舗網は高砂市の東西，姫路市から明石市にまで広がっていた。

　五十六銀行は，1878年に明石の実業家米沢長衛を中心に設立された国立銀行に始まり，以後も米沢家が経営の中心となってきた（『神戸銀行史』pp. 76-78）。1923年から1928年にかけ姫路市や近隣の3銀行を合併・買収し，1935年における店舗網は姫路市から神戸市にまで広がっていた。

　灘商業銀行は，御影町（現神戸市東灘区）に住居を有していた元蔵相松方正義の働きかけに地元酒造家たちが応じ，1895に設立された。灘区から東灘区に至る，「灘五郷」（日本銀行神戸支店［1930］pp. 572-575，藤岡［1983］pp. 223-224）の中でも有力な酒造業地帯に加え，大阪府茨木市（酒造米仕込み地）や神戸市中央区（船舶融資）などにも店舗網を漸次拡大した（以上，『神戸銀行史』pp. 89-90）。

　西宮銀行は灘商業銀行と同じく「灘五郷」の一つ西宮市に本店を置き，やはり酒造業者を主な顧客層として発展した。同行は酒造米代金の取り込みに一層熱心で，伊丹・宝塚・三田の県内各市から大阪府下の池田・箕面・豊中各市に至るまで，北摂地域にも店舗網を築いた。加えて1932年には西宮市内の他行を合併し，同市・芦屋市・東灘区と，阪神間地域にも連続的に店舗を有するようになった（以上，同 pp. 82-86）。

　なお，原論文の由里［2012］p. 73 に，神戸銀行の前身7行各々の店舗分布図を掲載している。

⒄　『神戸銀行史』pp. 36-37 によれば，1936年10月初旬の合併仮契約の調印後，蔵相，日銀神戸支店長，および7行代表者の間で新銀行の名称が話題となり，「兵庫銀行」等の案も出たものの，結局「大蔵省ならびに日銀の助言もあって『神戸銀行』を採用することにした」という。その理由として同史は，「本店所在地である神戸が古くからわが国屈指の良港として広く知られており，当行が国際的視野に立って発展してゆく上にも，神戸銀行とするのがもっとも適切であると考えた」と述べるが，そうであったにせよ，7行のうち神戸岡崎銀行にとって最も好ましい命名であったとは言い得よう。

　なお，第5章において詳述するように，1944年後半の神戸銀行と播州・兵和・全但3行との合併協議においては，「神戸銀行」という名称を「兵庫銀行」等へと変更するか否かで相当紛糾した。「神戸」が全県的な業容の銀行の名称となることに対するこのような反発は，神戸新聞社学芸部［1979a］や宮川［1993］が指摘し，兵庫県に特徴的な旧国（摂津・播磨・丹波・但馬・淡路）間意識の反映でもあり，また神戸・阪神間の都市的性格と兵庫県のその他大部分における在郷町・農村的性格との不協和

にも起因すると思われる。その旧国間意識のうち，とりわけ経済的・人口的・歴史的基盤を背景とした播磨人の「摂津神戸」に対する対立意識は，飾磨県再置運動（1880年代前半，姫路市史編纂専門委員会［2000］pp. 57-59）をはじめ近代史上もたびたび顕在化し，現在進行中の「播磨圏域連携中枢都市圏」の連携協約（総務省［2017］，日本経済新聞［大阪本社版］2017年8月19日「関西は今」）などもその系譜上にあろう。

　そのような反発が，なぜ1936年の合併時に生起しなかったのか，あるいは生起したが『神戸銀行史』には記されなかったのか，筆者には疑問として残る（同合併に際しても姫路商工会議所からは大蔵大臣宛の合併撤回陳情書が提出されている［注20参照］）。示唆的な論考として，籠谷［2004］の，姫路市を中心とする播磨の経済的・政治的有力者たちは神戸（との連接）を志向し神戸を通しての輸出振興という国策にも積極的に協力する姿勢であった，との所論があるが，これ以上の議論は別の機会に譲りたい。

⒁　『神戸銀行史』pp. 32-34所収の「銀行の合併と私の気持」という一文（岡崎［1958］より転載）の中で，岡崎忠雄は「神戸岡崎銀行は合併七行のうち最も大きい力を持って居るから……」と合併当時を回顧している。また，7行の頭取から7名の取締役を出すのに加え，「総ての状勢より判断して」神戸岡崎と三十八は別に一人ずつ監査役を出す，という方針（岡崎自身のものか頭取間の協議の結果なのかは不明）であった，と述べ，三十八銀行がその次に有力であったことを示唆している。もっとも，その三十八銀行から神戸銀行の役員となったのは前頭取の伊藤長次郎ではなく前専務の麻生政一郎であり，また麻生は神戸銀行においては末席の取締役であった（ちなみに頭取は前西宮銀行頭取の八馬兼介，副頭取は前姫路銀行頭取の牛尾健治）（『神戸銀行史』p. 38）。

⒂　『神戸銀行史』p. 126は「前身銀行の店舗をすべてそのまま引継いだ」と述べているので，このみなし方は概ね当を得ていよう。それでも，1935年末から1936年合併日前までに店舗改廃がなされた可能性は残るが，図表4-4の県内・県外各店舗数を合算して得られる数と本文ですぐ後に引用する『神戸銀行史』p. 44所載の発足時店舗数とが一致しているので，その可能性も少ないものと思われる。（もちろん，新銀行発足後活発に行われた店舗改廃［同 pp. 148-151 など］に関しては別途詳しい検討が必要であり，これは本章4節以降の課題となる。）

⒃　この「県下の中心銀行」という自行に対する呼称は，もしそれを「県下の市区町を幅広く（店舗網として）カバーしている」という意味で用いるならば，決して当を得ていなかった。すなわち，神戸銀行となる7行合算の店舗網がカバーする市区町数は26であり，県内に本店を置く全銀行の店舗（出張所を含む）が1つでも所在する86市区町のうち約30％に過ぎなかった。それでも，うがった見方をすれば，神戸銀行とし

第1部　大恐慌期・戦時期における日米の地域銀行政策・業態の分岐

ては，本文引用文中にある「産業，貿易上卓越の地歩を占むる当地方」以外の県内諸
地域（地理的面積では大半を占める）に関する店舗網のカバー状況は，さしたる関心
事ではなかったのかも知れない。

⑵⑺　この「店舗網偏在の問題」は，神戸銀行の都市銀行（当時の用語では「（国債引受）
シンジケート（団）銀行」とも；『神戸銀行史』pp. 116-117，牧村［1980］p. 368，伊
牟田［2002］p. 224）を志向した経営方針のもとでこそ「問題」（同史 p. 151 では「矛
盾」，また p. 148 では「［払拭されるべき］地域的偏狭性」）と認識されたものであろ
う。もし，2節⑴ c）の末尾近くにおいて述べたように「兵庫県の多種多様な小地域
の金融経済上の要請に呼応」すること，すなわち（少なくとも一面において）「地方
銀行」として都市銀行とは別種の「中小の歯車としての役割」をも果たすことの自覚
（牧村［1980］pp. 368-373 は1936年9月の全国地方銀行協会結成の背景に同役割の自
覚があった，と指摘する）が存していたのであれば，上記とは自ずと異なった認識に
至ったのではなかろうか。

⑵⑻　「北摂」地域（前掲図表4-2参照）に関しては，若干の補足説明が必要と思われる。
旧国名の「摂津」は同地図の県境より東～東南方面の大阪府北部から中央部（大阪
市）にまで及んでいる。そのうち，北摂山地およびその南麓平野部すなわち宝塚・川
西・伊丹市から大阪府内の池田・箕面市にかけては，地理的な連続性ならびに近代的
郊外（生活様式）化を先導した阪急電鉄の沿線色を共有していることから，県境にま
たがって「北摂」と呼称されることが多い。そのような郊外住宅地域には中流俸給階
層が好んで居を構える傾向があった（以上，藤岡［1983］p. 183，「角川地名大辞典」
編纂委員会［1988］pp. 26-27；水内ほか［2008］pp. 85-90；鈴木［2008］pp. 93-98；
鈴木［2009］pp. 155-157，石黒およびアイランズ［2010］pp. 116-117）。

⑵⑼　「阪神間」地域（前掲図表4-2参照）は，（戦前まだ神戸市に編入されていなかっ
た）東灘区から尼崎市までを指す。同地域は，兵庫県下でも最も顕著な（郊外）人口
増加地域ないしは工業化地域（尼崎市など）であり，北摂地域同様，諸銀行が営業戦
略・攻勢上しのぎを削る地域となっていた。

⑶⑴　ここで摂津地域の一部として述べていく（現神戸市）垂水区（神戸旧市域の西隣）
は，旧国界上は播磨に属しており，1935年時点でも明石郡垂水町であったため，精確
には摂津地域の一部として扱うべきではなかろう。しかしながら同町では1930～35年
人口増加率が32％と，1935年時点で既に神戸市の郊外住宅地としての変貌が顕著であ
り（その背景には国鉄が1934年吹田駅―明石駅間で電化し今日のように「都市鉄道」
化した［三木［2010］pp. 176-178］ことも挙げられる），また神戸市への合併（須磨
区に編入）も1941年7月と間もなくのことであることから，ここでの叙述上はこの地
域を摂津地域の一部として扱った。

⑶⑴　その北摂・阪神間地域の中でも特に，工業地帯化に伴い最も著しい人口増加を示し

たのが尼崎市であり，同市の1930～35年の人口増加率は図表 4 - 6 の市区町のうち最大の43.1％に達し，増加数も5.2万人（千人未満四捨五入，以下同じ）と，神戸市（旧市域，12.5万人増，増加率は15.8％）に次ぎ県内では群を抜いていた（その次に増加数が多いのは西宮市の3.1万人増）。大阪市に隣接した尼崎市の工業生産額は1933年以降急速な伸張を示し，その傾向は軍需生産が伸びた戦時期まで続いた（渡辺［1970］pp. 540-544, 548-554, 655-659）。それに伴う市内工場労働者の急増と大阪市隣接の郊外宅地化とが相まって，上記の人口急増へとつながったのである。それに対応すべく都市計画および区画整理事業も急ピッチで行われ（同 pp. 637-640），1930年代における尼崎市の区画整理事業面積は名古屋市・京都市などをもしのぎ（沼尻［1999］pp. 72-73）全国屈指の市街化進行地域であった。

(32) 注31で特筆した尼崎市については，神戸銀行の発足当初の店舗はそもそも皆無であった。それに対して大阪の三和銀行は4.5か店（出張所は0.5換算）も設置しており，また他にも大阪市の野村・日本相互貯蓄が各 1 か店を設置していた。大阪市の 3 銀行による独占的状況は金融恐慌ののち地元銀行を合併したことによるもの（渡辺［1970］pp. 456-458）であるが，大阪市に隣接する同市は銀行勢力図においても実質的に同市の延長のような観があった。

(33) 国勢調査人口の1930～35年の増加数は，播磨沿岸部では姫路市1.2万人（千人未満四捨五入，以下同じ），明石市0.6万人，高砂市0.5万人，相生市0.2万人，また西脇市は0.4万人，大屋町は0.1万人であった。

(34) 皆川［1994］によれば，明治中期から昭和10年ごろまでのわが国の農村部の人口は，基本的に横ばい傾向であった。また，たとえば安富［1994］第 1 章が描出するように，1930年以降のいわゆる農業恐慌により，農村部の経済はさらに疲弊したが，不況下の都市部からの帰郷等で人口は必ずしも減少しない場合もみられた。以上のような農村部の人口・経済動向は，兵庫県下においてもある程度妥当したのではないかと思われる。ちなみに，1932年以降の全国諸農村地域の「自力更生運動」の端緒となったのは兵庫県農会の「自力更生祭」（1932年 5 月）であった（同 pp. 24-25）。

(35) 「都市銀行」は，当時は「（国債引受）シンジケート（団）銀行」，「都市大銀行」ないしは単に「大銀行」などとも呼ばれた「序章注 1 参照」が，この第 4 章および第 5 章では朝倉［1988］p. 203；伊牟田［2002］p. 224；寺西［2011］pp. 328-330 など金融史諸研究における用語法の通例に従い，文献引用時などを除き原則として「都市銀行」の呼称を用いることにする。

(36) 注11でも記したとおり，後藤［1981］pp. 597-599 所載「府県別普通銀行推移表」により昭和元年から20年にかけての県別普通銀行数（毎年末）を一覧することができる。それによると昭和11年末（1936年末）の兵庫県の銀行数は34行で全道府県中一番多く，2 位福岡29行，3 位静岡20行と続いていた。

第1部　大恐慌期・戦時期における日米の地域銀行政策・業態の分岐

㊲　図表 4 - 8 の表示対象である「県下合同 3 行」（播州銀行，全但銀行，兵和銀行；「県下」という語句は『神戸銀行史』p. 210 の「……兵庫県下には［それら三行］が相次いで設立された」との記述にしたがい，概ね「県庁所在地たる神戸市（旧市域）以外を本店所在地とする」という意で用いる）は，すべて1941年 8 月までに設立されていた。したがって，店舗網に関する統一的かつ信頼性のある情報源として年一回刊行されていた大蔵省銀行局『銀行総覧』による場合でも，(1)同書の第48回（1941年12月末データ）を用いて同図表を作図するのが本来自然であろう。しかしながら，本章 6 節の主題が1945年終戦直前期の神戸銀行によるそれら 3 行を含む県下諸行の大規模合併（実質的「一県一行」の達成）であり，(2)その合併の店舗網上の構図を明らかにするうえでは，同大規模合併により近い時期における県下合同 3 行と神戸銀行の店舗網の拮抗図式を描出することが有用であろう（もっとも『銀行総覧』は第49回までしか刊行されなかったため，1942年12月末データがその意味での最善のものとなる）。これら(1)(2)を併せ勘案し，本章では戦時期の銀行店舗網の地理的分布・拮抗図式にかかる図表 4 - 8 以下の市区町域単位の地図はすべて『銀行総覧』第49回に依拠し1942年12月末時点で作成したものを用いることにする。

　　なお，県下合同 3 行はいずれも，設立時以降1942年末に至る期間において追加的な合併や営業一部授受を行っておらず（後藤［1981］pp. 694-698 所載「太陽神戸銀行沿革系統図」），また実際『銀行総覧』の第48回と第49回との比較で県内店舗数等に大きな変動はないため，図表 4 - 8 が示す1942年末の同 3 行の店舗網の概略は1941年末時点のそれと大差ないものと思われる。

㊳　県下合同 3 行の他の一行，兵和銀行の設立（1941年 8 月）に際しては，神戸銀行は同行株式 1 万株の引受ならびに役員 2 名の派遣を行っている（『神戸銀行史』pp. 156, 222）。日本銀行が1943年秋以降兵庫県下における「一県一行」の実現に向け尽力するに際しても同 3 行のうち特に播州銀行の抵抗が強かったことは，『日本銀行百年史』（日本銀行百年史編纂委員会［1984］）p. 438 所載の門川神戸支店長の大蔵省舟山普通銀行課長宛書簡（1943年11月）の次のくだりにも表れている。「……今日迄は敢て急追を避け三行就中播州と神戸銀行との関係を円滑密接ならしめ，其歩み寄りを促進する様指導し来れることに有之候」（同書掲載文のまま，ルビは追加）。ちなみに，この『日本銀行百年史』の第 2 章 5 .(3)「太平洋戦争下の銀行合同と当行」において，兵庫県の事例のみが独立した小見出しのもと叙述されており（pp. 437-439），同県における銀行合同の達成が日本銀行当局にとっても特に難産の部類に属するものであったことを示唆している。

㊴　『神戸銀行史』p. 220 などにおいては銀行名も本店所在地名も「竜野」と記されているが，『銀行総覧』第47回（昭和15年末）所載の銀行名・本店所在地名，ならびに戦後1951年の合併・市制施行以降の市の名称が「龍野」である（「角川地名大辞典」編

208

纂委員会［1988］pp. 1832，1836）ことから，『神戸銀行史』からの引用文の場合以外
は「龍野」に改めた。（なお，「竜野」という書き方は合併・市制施行以前の「竜野
町」につき戦後の表記法で記す際に用いられるようである［同 p. 1836］。）

⑷　兵和銀行の読み方につき，同行に言及した先行研究等（本書末尾の「引用文献等」
に掲げた銀行史分野のもののほか龍野市史編纂専門委員会［1985］pp. 615-617 をも参
照した）および同時代の経済・銀行業界誌等には，管見した限り，特段ルビ等が見当
たらなかった。また，わが国明治期以降の悉皆的な「バンク［名］のデータバンク」
を目指した（田辺［1998］）とする『本邦銀行変遷史』（東京銀行協会［1998］）にお
いては，五十音順の配列上および読み方につき「ヒョウワギンコウ？」としている
（p. 681）。日銀アーカイブ「検索番号」8305の資料の中には，昭和20年2月1日付の
兵和銀行から日本銀行神戸支店長宛の電報文「ガッペイアンカケツサレマシタヘイ
ワ」（その右に「合併案可決されました　兵和」との手書きあり）が見出される。そ
れゆえ，当該読み方は「ヘイワギンコウ」で相違なかろうと思われる。（なお，全国
銀行協会の銀行図書館が運営する「銀行変遷史データベース」〔https://www.zengin
kyo.or.jp/library/hensen/〕においては，同行の読み方は「ヘイワギンコウ」に改め
られている（2017年8月29日時点）。）

⑷　『神戸銀行史』巻頭の岡崎忠頭取による「序」（頁数は付されていない）には次の一
節がある。「［1936年7月合併による発足の］その後，当行は順次兵庫県下における爾
余の銀行の合併吸収を進めて，行礎を固めつつ国家と艱難を共にしたのであるが，今
日においては，都市銀行の一として全国主要都市に店舗を拡充し，外国為替業務にも
積極的に進出して，ロンドン・ニューヨークに駐在員事務所を設置するなどめざまし
い躍進をとげるに至った」。同史が執筆された1950年代後半は既に高度経済成長期に
差し掛かっており，このような筆致の背景には，大・中堅企業部門ならびに都市部人
口・産業の発展を背にした都市銀行業界全体の勢い・自信も手伝っていたのではある
まいかと思われるが，いずれにしても往時（『神戸銀行史』は1958年刊）の神戸銀行
経営陣にあっては，その「都銀化」の主たる原動力の一つであった兵庫県内銀行合同
の評価は肯定的たらざるを得なかったであろう。

⑷　図表4-9にある百三十七・中丹の県外支店はいずれも京都府内のもので，これら
は丹和銀行が買収した（『神戸銀行史』p. 213，「銀行事項月報」昭和17年6月分）。

⑷　昭和16年12月19日付，八馬頭取の大蔵省山際銀行局長宛具申書（日本銀行神戸支店
［1942a］pp. 443-447 所収，うち百三十七銀行買収に関する部分は pp. 445-446）の
「希望条項」の二，⑴には次のように記されている。「⑴百三十七銀行を至急弊行に合
併せしむること（改行）（理由）㈡同行は県下の他の本店銀行と異なり従来小規模な
がら都市銀行としての形態を整うべく鋭意努力しきたるものにこれあり。かつ同行と
の合併問題は多年の懸案にして，また双方の熱望するところに御座候。（以下略）㈣

第1部　大恐慌期・戦時期における日米の地域銀行政策・業態の分岐

丹波地方と播州方面との経済関係は丹波地方と京阪神方面との経済関係に比し遥かに少なく候。（以下略）㈲殊に同行地盤中最も重要なる福知山市には製糸布工場として鐘淵紡績，郡是製糸等のごとき大工場これあり。（中略）しかるにこれらの金融はいずれも大都市銀行において行わるるの実情にこれあり。したがって弊行において同行合併の上はこれらの要望に最も即応し得る次第と相成り申し候。（以下略）㈠弊行はシンヂイケート銀行として多年大都市に支店設置を要望致しおり候ところ，幸い同行が京都府内枢要の地に店舗を有するため，同行の合併によりこれらの店舗を弊行に譲り受くることを得れば，これ最も自然的なる方式において弊行の要望を一部充足し得る次第にこれあり，かつこれにより県下金融界整備の一端をも果たし得る次第と存じ候。」

⑷4　1942年6月20日の中丹銀行分割買収と同日，神戸銀行は丹和銀行の兵庫県下5支店のうち中山支店（後の丹東町に所在）を除く4支店（後の氷上町・山南町・春日町に所在）を譲り受けた（『神戸銀行史』p. 213，「銀行事項月報」昭和17年6月分）。

⑷5　図表4-9の表上方欄外に計算式を記した「払込資本利益率」は，東洋経済新報社［1942］の「行別累期業績表」（pp. 157-221）の「利益率」としても用いられており（ただし［払込］資本額は図表4-9におけるように期末ではなく期初期末平均を使用），当時も用いられていた利益率指標である。

⑷6　堀江［2008］第9章（直接的には近年の信用金庫同士の合併と収益性・経営効率との関連にかかる論考）は，近隣の地域金融機関同士の合併につき，合併後に店舗・人員配置上の見直しが行われていくことによってこそ合併効果の発現に貢献すること，合併する前に抱えていた不振貸出先への対処により収益性が損なわれることもあること，主要都市部以外での合併では貸出先不足から合併効果が結局それほど発現しないこともあること，などを論述している。

⑷7　牧村［1980］pp. 368-369は，昭和10年代の合同を経た地方銀行の収益状況に関し，「……［昭和不況期の］きびしい経営環境の中で健全経営を実現したものだけが生きのびることができたのである。（改段落）しかし，昭和11年頃を境にして地方経済は好転しはじめ，地方銀行の経営環境は大きく変わった。地方銀行の経営内容も急速に改善され，合同によって規模も大きくなり，銀行経営は安定化の方向を進めた」と述べている。

⑷8　通常のHHIでは，図表4-10の「店舗HHI」算出式のBSjの代わりにMSj（対象地域における銀行#jの預金・貸出金額等のマーケットシェア）が用いられ，ある地域における銀行（より一般的には同一産業の企業）相互間の競合度の強弱を測る測度として，独占禁止政策（たとえばDick and Hannan［2010］）や銀行業の実証研究（たとえば細野［2010］第3章）などにおいて利用される。対象地域における1つの銀行のマーケットシェアが100％の場合，HHIは10000となり，他方，たとえば10の銀行が

第4章 「一県一行」主義

10%づつのシェアを等しく有する場合，HHIは1000となる。米国の銀行業に関しては，概ねHHIが1000未満の場合「非集中的」，1000～1800の場合「やや集中的」，1800超の場合「かなり集中的」とされる（Amel［1996］p. 14, Dick and Hannan［2010］p. 422）。

⑷ 神戸銀行が当時の有馬町に，播州銀行が当時の淡河村に，各々1支店を置いていたが，これら町村は距離的にも地域的にも隔たりが大きく，経済圏も異にしていた（図表4-8などでは簡略化のため神戸市北区全体を摂津地域に入れているが同区西端部の旧淡河村は旧国界上は播磨に属していた；他方の有馬町は有名な温泉地で神戸・大阪の大都市域との結びつきが強かった）。

⑸ 近年の近代史学においては日中戦争と太平洋戦争期とを合わせ1937年7月から1945年8月までを「戦時期」と認識することが通説のようである（古川［2012］第Ⅱ部，後藤［2011］など）。もっとも，その通説の一環をなすものと見受けられる吉田［2007］が1941年12月8日をもって「アジア・太平洋戦争」の「開戦」と捉える（p. 9）ように，太平洋戦争への突入をもって一層本格的な「戦時」に入ったとの捉え方がないわけではない。また経済史分野においても，太平洋戦争期にその開戦準備期（1～2年程度）を加えて本格的な「戦時経済（体制）」の時期として認識する見方がある（たとえば原および山崎［2006］，山崎［2011］第1章）。

⑸ 『伊丹市史』が引用する住友金属工業㈱社史の次のくだりは，「地方分散」の国策にもかかわらず，当の製造業企業自身が大都市部隣接郊外への立地「分散」を好んだ事情をよく表している。「［伊丹市街近郊の高台に位置する稲野村昆陽は］何よりも，閑寂で空気の清澄なのが，精密度を必要とする工場の敷地としては理想郷と思われた。付近には伊丹・西宮に通う舗装道路があり，停車場には少し隔たっているが，阪急電車新宝塚線が伊丹から伸びてこの辺りを通過する計画があった。」

⑸ 太田［1995］p. 1156。なお，2節(1)c)に記したように，本章では戦前の市区町村域からの変遷については別記しないかぎり同書に依拠する。本注の直接の対象である「広畑町」については，同書にては「広畑村」と記されているが，姫路市史編集専門委員会［2002］pp. 645-646（現姫路市域の1941年当時の旧市町村一覧を表示）ならびに『銀行総覧』第48回（1942年，大蔵省銀行局）所載の1941年末神戸銀行広畑支店の住所表記により，「広畑町」が正しいと考えた。

⑸ 大久保村の主要工場とその社宅地は，山陽本線西明石駅から大久保駅にかけての耕地・ため池等を整地して展開しており（山口ほか［1977］pp. 174-175），本文中で述べた伊丹市の場合と同様，大都市圏（この場合は神戸市）の郊外型の立地と見ることもできよう。

⑸ 藤井［2004］は，その第4章第4節「新産業都市と工業整備特別地域」において，該当21地区の1970年代後半までの重化学工業化・都市化の達成状況を因子分析によっ

第 1 部　大恐慌期・戦時期における日米の地域銀行政策・業態の分岐

て検証している。それによれば播磨工業整備特別地域は両側面とも達成度が高い少数
の地域の一つと評されている。

(55)　神戸新聞社学芸部［1979a］の「兵庫県人会──一世紀でも生まれぬ連帯感：五ヵ国，
三道，十九藩の特異性」（pp. 9-13）に，「播州の夜明け。六甲連山（摂津国）の上に
太陽が昇りつつある。」とのキャプションを付した大きな写真が掲載されている（pp.
10-11）。私事に属するがその摂津国側（西宮市）に居住する筆者にとり六甲連山は夕
陽が沈む場所であり，同写真は播州側と神戸側の見方や気質の差異そして両者の間の
距離感（特に播州側から見て）につき，筆者に考えさせる契機の一つとして印象的で
ある。

(56)　神戸新聞1944年3月8日「市制［・］拡張［・］町村合併ら今後一年間は行わず
県下の三合併も取止め　あげて戦力増強の一点に集中」の記事による。同停止措置に
関し補足すれば，1944年3月7日に内務省は，決戦非常措置要綱（同2月25日閣議決
定［『近代日本総合年表』p. 338］）の第10項「平時的または長期的計画的事務および
事業の停止」に則り，市制の施行，市域拡張，町村合併を1年間停止した，というこ
とである。なお，上記記事が「県下の三合併」と呼称する他の合併事案は「神戸市，
明石市及び明石郡の地域」および「神戸市及び武庫郡西部6ケ町村の地域」であった。

(57)　原論文の由里［2013］p. 16 に，姫路市南方臨海部の地形図（山口［1977］pp. 190-
191）を掲載している。

(58)　『神戸銀行史』pp. 43-44 によれば，統括店制度は同行創立の1936年12月より1939年
6月まで採られた同行独自の制度で，各地域の特殊事情に即応した業務上の方策をと
るため，また事務の統制・簡捷のために3つの統括店が置かれた。中央統括店は業務
部（神戸市，旧神戸岡崎銀行本部）が当たり神戸地区・大阪地区の店舗と東京支店の
計33か店を統括した（店舗数は創立当初，以下同様）。東部統括店は西宮支店（旧西
宮銀行本店［同　巻末資料編 p. 49］）に置かれ，西宮市を中心とした阪神間14か店を統
括した。最後に西部統括店は姫路支店（旧三十八銀行本店［同前 p. 50］）に置かれ，
明石郡大久保町以西の播州地域46か店を統括した。

(59)　『神戸銀行史』巻末資料編 pp. 66-73 所載「廃止店舗」の一覧表によれば，1941年10
月18日に龍野支店，揖保支店（以上，後の龍野市に所在），鵤（いかるが）支店（後の太子町），
山崎支店（山崎町），ならびに上郡支店（上郡町）を兵和銀行に譲渡している（カッ
コ内に記した支店所在地については『銀行総覧』第47回［昭和15年末］所載の神戸銀
行の支店データを参照した）。

(60)　筆者は，戦時期の店舗行政の実際の運用に関する資料を探し得ていない。しかし，
①　後藤［1968a］p. 202 が紹介する法律制定時の銀行局長による銀行法（旧）主要条
項の趣旨説明（第6条に関しては「不当の競争を防止すること」が目的），②　銀行法
に先立って大正12年（1923）の「銀行取締方針」にもとづき翌年より厳格な支店設置

第4章 「一県一行」主義

規制がなされていたこと（同 pp. 202-204），③ 戦後大蔵省が銀行店舗行政の主導権を GHQ から取り戻した後（1949年9月「銀行店舗の整備に関する取扱方針」以降）も「過当競争の防止に主眼が置かれ，この目標と……銀行経営の健全化の目標とが合体して，銀行店舗の新増設は……おおむね［昭和］20年代はきびしい抑制的な行政方針が貫かれた」こと（小林［1978］p. 40），以上にもとづき，戦時期においても抑制的な店舗新設認可行政が行われたものと推測する。

⑹ 店舗の配置転換（既設店舗を廃止しその見返りとして取引先の著しく異なる場所に店舗を新設すること［島田［1995］p. 39］；これも旧銀行法第6条認可事項）という制度は，1949年9月24日「銀行店舗の整備に関する取扱方針」（銀々第832号通達）において導入され，昭和20年代を通じて活発に利用された（小林［1978］，以下も）。同方針では，その「方針」部分において「……経営合理化の見地から各銀行夫々の地域的な経済事情或は経済的要求に最も通じた店舗配置を図るため配置転換を促進することを原則とする」と明記され，また「要領」の「⑹店舗の配置転換」の項では「店舗の合理的再配置を図るため必要があるとき，又は当該地域の経済事情の変化に即応する必要があるときは店舗数の増加を来さず，むしろ原則としてこれを減少することを条件として店舗の配置転換を認めるものとする」と記されている。本章で後に言及するように，神戸銀行も戦後はこの配置転換制度を活発に利用するようになるが，もちろん戦時中の同行には，兵庫県の農村部で余剰気味の店舗が大都市域の店舗へと「転換」できる制度など，予期すべくもなかったであろう。

⑹ 日本銀行は戦時経済体制がピークであった当時，軍事予算に呼応し著増する国債の市中消化を図りインフレを防止する，という強力な国家的要請の遂行を迫られていた（佐藤［2000］pp. 179-180）。このように国家的レベルの政策的要請に日本銀行の権限・組織の範囲内で応え得る政策手段として，銀行合同とりわけ地方銀行同士の合同も日本銀行自身の課題として重視するようになったのであろう（実際の銀行合同とりわけ地方レベルにおいては全国支店網を有する日本銀行が大蔵省にも増して重要な役割を果たした［同 pp. 177-178，日本銀行百年史編纂委員会［1984］p. 426］）。また，日銀各支店の現場においては，銀行合同は預金吸収面での金利競争緩和や経費率の低下等，経営効率の改善にも寄与すると考えられてもいた（佐藤［2000］pp. 180-181；岡崎［2002］pp. 214-221［ただし pp. 221-228 の検証によればそのような効率改善は必ずしも実現せず］）。他方，日本銀行はシンジケート銀行諸行を結成主体とした全国金融統制会の事務局ともなり（新たに設けられた考査局がそれを主管），1945年4月にはその考査局も統制局と改称し同統制会とほぼ一体化する（『神戸銀行史』p. 171）など，前記の地方銀行に対する働きかけの強化と併せ，統制機関としての役割を強めた。

⑹ 洲本支店の開設経緯に関し，『神戸銀行史』p. 148 は「店舗の箇所を積極的に推進」

第 1 部　大恐慌期・戦時期における日米の地域銀行政策・業態の分岐

したその一環，との書き方であるが，淡路銀行の破綻劇に関しては日本銀行調査局
[1988] は「淡路銀行再建整理案の破綻」との小見出しを付し 3 頁にわたって日本銀
行神戸支店の報告書 4 篇を収め，また淡路信用金庫 [2007] p. 3 は「[1930年 8 月の淡
路銀行再閉店] 以後淡路島は金融不毛の地として中小企業者，産業人の苦悩の時代が
[1937年の神戸銀行の支店進出，信用組合洲本金庫の設立まで] 続くことになる」と
述べている。このような諸資料からみて，洲本支店の開設も金融当局や淡路島の行政
当局等に乞われたものであった可能性もあろう。

(64)　同記事から約 1 か月後の11月20日，播州・全但・兵和の 3 行合併は大蔵省舟山普通
銀行課長の了解を得るところまで進んだが，日本銀行門川神戸支店長が急遽再考を促
して回ったため進捗しなかった（この出来事は本書第 5 章 3 節にて詳述する）。なお，
この11月20日の直前，昭和18年11月17日（日刊）の神戸新聞には「県下八銀行を一つ
に　統合案漸く明確化」と題した記事が載り，「最近の時局の苛烈さは抜本的な手を
うつべしとの機運を醸成し，ついに一行案にと進展し，大蔵当局もかかる意向を有し
ているので神戸銀行を統合主体とする一行案はもはや決定的とみて間違いないまでに
立ち至った」と断定調で「一県一行決着」を伝えている。このような報道は，本文に
て引用した昭和18年10月23日付神戸新聞記事をも含め，新聞業界で言われる「紙取
り」（当局等の内部検討資料を出所を示さず記事化したもの [野々村 [2011]]）の感
もある（特に上記11月17日付記事は日本銀行神戸支店または神戸銀行側が出所か）が，
その真偽はつまびらかではない。

(65)　日本銀行（考査局）[1943c] は，神戸湊西銀行が三和銀行の前身の一つ三十四銀行
から「特別の援助を受け」，三和設立後も「親善の関係にある」こと，そして「神戸
には絶対に行く意思なしと主張」している旨述べている。恵美酒銀行に関しては，東
洋経済新報社 [1942] p. 122 に「（酒造業辰馬一家の）機関銀行も漸次その存在価値を
喪失しつつあるようで，最近当行は営業上三和銀行と密接な関係を持ちつつある」と
の記述がある。さらに，翌1944年12月の日本銀行神戸支店 [1944] には，神戸湊西・
恵美酒両行と三和銀行との間に「合併諒解」があった，と記す。なお，本文図表 4 -
19（神戸新聞記事付図）における両行の描き方も，両行の行名を神戸銀行の勢力円の
外側に記しているなど，両行が三和銀行の勢力圏の一翼をなす旨の表現と解せないこ
ともない。

(66)　但馬貯蓄銀行は1943年12月に全但銀行に吸収合併されている（『神戸銀行史』p. 228,
日本銀行「銀行事項月報」p. 705）。

(67)　図表 4 -20の a ）図からも b ）図からも除外された銀行は，a ）図に注記した日本銀
行・日本興業銀行のほか，香住銀行（本店香住町，県内 3 支店・ 2 出張所）丹和銀行
（本店京都府，兵庫県に 1 支店）ならびに中国銀行（本店岡山県，兵庫県に 1 支店・
2 出張所）のみである。なお，図表 4 -20の a ）図において，図表 4 - 5 c ）図（1935年

214

末の店舗データ準拠）においてその前身の農工銀行店舗を省いたのとは異なり，日本勧業銀行の店舗数をも含めたのは，同行が1941年・42年の勧銀法改正を期に実態的には長期不動産銀行から普通銀行へと近づき（池上［1991］pp. 333-338），神戸銀行との競合度も高くなっていたものと考えたゆえである。

⒅　図は省略したが，神戸銀行発足時（1935年末基準）の大都市圏諸行の中での店舗シェアを計算し，図表４-20に表された1942年末の店舗シェアと比較してみると，東灘区・芦屋市で約５％減，神戸市で１％増，伊丹市で４％増，西宮市・宝塚市で６～７％増，川西市で15％増，尼崎市で24％増，となっている。

⒆　原論文の由里［2013］p. 36に，播州・溝口・福本の各銀行の店舗分布範囲の位置関係を表した主題図を掲載している。

⒇　昭和元年から20年にかけての毎年末の普通銀行数を示した後藤［1981］pp. 597-599所載「府県別普通銀行推移表」によれば，1944年末から1945年末にかけて銀行数が減少している道府県（除，東京・大阪・沖縄）は，福井（２→１），愛知（４→１），三重（３→２），和歌山（２→１），兵庫（８→２），広島（４→１），および福岡（４→１）の７県のみであり，それはそもそも1945年において銀行合同があった県自体少なかったことを物語る。それら７県のうち，福井・愛知・三重・和歌山・広島の５県は，県外都銀ないしは既定の県内中核銀による中小銀行の合併であった（同　第２編「府県別一県一行主義の成立」参照）。兵庫県を別とすれば，福岡県の場合のみ，県内第一規模の銀行（十七銀行）の規模的・店舗網的優位性が他４行を圧しておらず，実質的に県内銀行勢力図の構図を変えた合併が1945年になって起こった。また，同合併における，「1944年10月の大蔵省普銀課長指示（事実上の最後通告），1945年３月の合併談成立，同月末に新立合併実行」という，1944年秋以降1945年３月までのタイムスケジュール（以上，同 pp. 542-545）も，兵庫県の場合と似ていた。もっとも，この福岡県の場合とて，新立の福岡銀行が地方銀行として位置づけられたため，兵庫県のように県内に地方銀行を存続させるか否かという重要な問題は絡んでいない。

(71)　昭和19年９月９日の神戸新聞には「新兵庫銀行の誕生」と題した社説が載ったが，次のくだりなどに，当時の「空気」（その語句もいみじくも使われている）が窺われる。「……とまれ一県一行ともなれば，その金融資本の主的存在となることはなかなか野心的な観点からは魅力であったに違いなく，ために統合問題にほぼ一年を要したという事実は，ガダルカナルの生存勇士や，女，子供にして従容と祖国に殉じつつある愛国的熱情とその行動が普遍化しつつある今日の空気に照らし合わせ一寸割り切れぬ感を与えることは否み得ない。かかる風潮の一掃と……（後略）」

(72)　本章では信託業態を考察の枠外に置いているため本文では言及していないが，そのほか，神戸信託株式会社があり，これは1945年７月に神戸銀行と合併し，神戸銀行は信託兼営行となった（『神戸銀行史』p. 214）。

第1部　大恐慌期・戦時期における日米の地域銀行政策・業態の分岐

(73)　「……三和銀行は，バーターの世界のなかでなにひとつ失ってはいないのである。（段落改め）三和銀行に対する［大蔵省・日本銀行の］地方的合同政策の特徴は，ひとつには既得権益の保障，ふたつには住友銀行とのバランスという二つの原理が貫徹していたことであった。そして三和銀行はこうした政策原理にたくみにかつしたたかに対応したのである」（佐藤［1991］p. 559）。加えて，次の一層俯瞰的な観察も，恐らく関連したものであろう。「もともと一県一行主義には単に弱小銀行の淘汰という目的を乗り越えて巨大銀行を頂点とする中央集権制を確立しようとする隠然または公然たる意図があった。だから……この合同政策の結果として生じたのは少数巨大銀行の地位が圧倒的に強化されたという事態であった」（日本銀行調査局特別調査室［1948］p. 223）。

(74)　香住銀行の銀行合同への不参加に関しては後藤［1981］pp. 464-465，高嶋［2003］pp. 280-281 など既に多くの銀行史文献にて特筆されており，また的確な刊行資料として日本銀行神戸支店［1945］も存するので，それらを参照されたい。加えて，神戸新聞社学芸部［1979b］には，同行は元々，銀行には通例相手にされにくい漁業金融を理解する銀行の存在を希求した水産関係者たちの出資によるものであったこと，また1940年には地元の浦々が連名で香住銀行存続の嘆願書を出したこと，などが記されている。

第5章
「地方銀行」の自覚の生成と銀行合同政策との相克
―兵庫県下3銀行の蹉跌の事例―

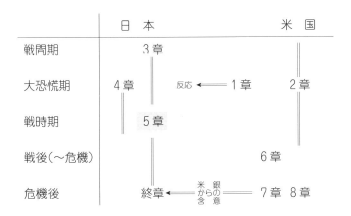

1. は じ め に

⑴　本章執筆の背景

　第4章において，昭和戦前・戦時期の「一県一行」政策のもと，1936年に兵庫県下7行による新立合併により発足し1945年に実質的「一県一行」を達成した神戸銀行に焦点を当て，同行および他行の店舗展開上の特徴に重点を置きつつ，同県における銀行合同過程を描出した。

　本章では，第4章の冒頭にて前言したように，同時期の兵庫県下銀行合同にかかる日本銀行金融研究所アーカイブ資料(1)（書簡・メモ・議事録・調印文書［案］・新聞記事等；以下「日銀アーカイブ資料」）を中心的資料に据え，主たる視点を神戸銀行側からそれら3行側に移し，1943年10月の播州・兵和・全但3行の合併合意とその直後の頓挫から1945年3月の神戸・播州・兵和・全但・福本5行の合併——兵庫県における実質的「一県一行」の完成——に至るまでを描出したい。そこにおいては，諸当事者（関係諸行，日本銀行［神戸支店と考査局等本部］，大蔵省，兵庫県庁）の動向，見解，交渉の様相などに重点を置く，歴史叙述的な手法（時間軸を重視した事象の整理・検討・叙述）による事例研究を試みたい。

　もっとも，日銀アーカイブ資料は注1に記したとおり全部で856葉にも及ぶ大部なものであり，本章においてその内容ならびにそれから浮かび上がる知見を網羅的に示すことは到底できない。そこで本章においては，その執筆のため日銀アーカイブ資料をより詳細にみる中で一層強くなった2つの検討視座（続く⑵および⑶の段で述べる）との関連で特に着目すべきと思われる事象につき，以下3つの局面に段階を区切って論述していきたい。

　　①　播州・兵和・全但3行の合併企図が，1943年10月末に大蔵省の内諾を得た直後，それを知った日銀神戸支店・神戸銀行・兵庫県庁側による撤回の働きかけに遭い同年末までに「延期」（実質は撤回）の運びとなった。

　　②　上記①の合併撤回工作の理由として日銀神戸支店・神戸銀行・兵庫県庁側が主張した神戸銀行を含めた県下銀行大合同案が，実質的には1944年春から関係銀行に働きかけられ，同年9月初めに5行（神戸・播州・兵和・全但・福本）合併の「申合」ならびに記者発表へと至った。

③ 上記②の「申合」では具体的な合併条件は未定であったため，9月中旬から11月下旬まで10回の合併協議委員会が開催されたが，合併条件（合併比率，新銀行の役員数・人選・役職割当，そして行名）の具体的議決どころか協議継続すら綱渡りのような有様であった。結局，10回目の協議会で大蔵省・日銀首脳部の協議遅延不許の意を受けた日銀神戸支店長が，協議打ち切りならびに未決の合併条件につき金融当局による裁定を，5行（特に播州・兵和・全但の3行）側に飲ませるかたちとなった。

上記各局面にかかる叙述に際しては，日銀アーカイブ資料に沿い，時間を追っての概要を時間軸的な「経過表」①②③にて示した上で，文中では経過概要を悉皆的に繰り返すことはせず，以下の(2)および(3)に記す2つの検討視座からして着目すべきと思われる事象につきやや詳しく叙述・検討する，という方法で述べ進めたい。

(2) 本章の検討視座 1 ：銀行経営者における経済主体としての自律性保持の程度

本章での叙述に際して，まず一つ目の視座としては，第4章においても引用した戦時期銀行合同の先行研究の一つである，佐藤［2000］の以下のような視座を援用したい。

> ［この急速な銀行合同］はどのような条件のもとで可能になったのであろうか。戦時金融というきわめて歪な極限状況，換言すれば，強力な国家的要請というだけでは理解できない現象である。正常な経済活動の枠組みでどこまで把握可能なのか，その限界が明示されねばならないだろう。そうでなければ，自己保全にしたたかな執着を示す地方の銀行とその経営者をとらえたことにならないからである。どのような経過のなかで彼らは合併を受容したのであろうか。そこではどのような斡旋が行われたのであろうか。
>
> (p. 177)

上記日銀アーカイブ資料に目を通しての筆者の所感を予め申せば，（当事者の自覚としては「地方の銀行」ではなかった）神戸銀行の経営者にも，そして播州・兵和・全但3行の経営者にも，「正常な経済活動の枠組み」（すなわち銀行業発展プロセスの一つとしての合併参画ならびに合併前後における銀行業務遂行の

継続性確保）の認識も，また「自己保全［への］したたかな執着」も，処々に見受けられる，というものである。「非常時」における「国家的強制力」の影響（1942年5月「銀行整備令」など）が特に強まっていたものと推量される，1943年から1944年かけての戦時真っ只中の時期において，銀行経営者の銀行業を担う経済主体としての自律性がどの程度保持されていたのか，ということに着目していきたい。

(3) **本章の検討視座2：「兵庫県における『地方銀行』の存続」という理念の作用の如何**

　上記「検討視座1」とは重なる部分もあるが，それに包含しきることができないものとして，県下合同3行の経営者たちの行動，発言，書簡などには，「県内に『地方銀行』を存続せしめること」に関する使命感のようなものも窺われる。

　第4章の注27でふれたように，牧村［1980］pp. 368-373 は，1936年9月の全国地方銀行協会結成の背景に，都市銀行（当時は「シンジケート（団）銀行」との呼称がより一般的であったが第4章に引き続きこの呼称を主として用いたい）とは別種の「中小の歯車としての役割」をも果たすことの自覚が存していたと論ずる。さらに同章の5節(1)で述べたように，1942年後半には，日銀・大蔵当局が，それまでの都市銀行による地銀子銀行化策を奨励する方針を転換し，地方銀行を認め日銀取引先とし（都銀ルートに収斂させるのではなく）日銀自身が資金吸収ルートとなるという「地方は地方」の方針に転換した（佐藤［1991］pp. 548-553）。

　このような地方銀行業界ならびに金融当局の政策的動向にも影響され，兵庫県においても地方銀行経営者たちの「地方銀行」存続の意向は強くなっていったのではなかろうか。筆者は，第4章の特に2節(1)において，面積が大きく経済圏も分立しかつ多様であった兵庫県では，諸々の小地域の金融経済上の要請に呼応しうる小銀行の分立状況はそれなりの経済合理性を有していたのではないかと述べ，また同3節において，県下合同3行すなわち播州（1940年5行合併により成立）・兵和（1941年8行合併により成立）・全但（1940年8行合併により成立）の各行が各店舗網において整然と棲み分け西播磨・東播磨・但馬の3地域においてそれなりの業容・利益を確保しつつ存立していた様相を描出した。（なお，第4章におけると同様，以下本章において「(県下) 合同3行」とは上記3銀行を併せ呼ぶ語句として用いる，また文脈上明らかな場合単に「3行」または「三行」

と称する場合もある［日銀アーカイブ文書中にもこの語は頻出し，その引用など
の際には「三行」と漢数字を用いる］。）

　本章でみる県下合同３行の経営陣の書状や発言には，そのように規模の大きな
兵庫県の地域金融を地域ブロックごとに分担する——それも金融当局の意を受け
た銀行合同を果たしたうえで——銀行の経営者として，上記牧村［1980］の知見
とも整合的な「都市銀行には担いきれぬ地方銀行の役割の重要性」を主張するも
のがかなり多く見受けられ，かつそのような主張は金融当局者にとっても神戸銀
行経営者にとっても考慮せざるを得ないものとなっているようである。

　以上のことから，「県内に『地方銀行』を存続せしめること」という理念・主
張，ならびにそれが前記の実質的「一県一行」合同過程において及ぼした影響と
に注目することを，本章のもう一つの検討視座として据えたい。

2．前　　史
——1940年〜1943年初：合同３行の成立と種々の合併構想——

(1)　県内地域ブロックごとの銀行合同による播州・兵和・全但銀行の成立

　播州・兵和・全但３行の1940〜41年の成立経緯ならびにその概要に関しては，
既に第４章３節にて記した。３行は各々西播磨・東播磨・但馬の地域ブロックご
との小銀行群の合併によるもので，同章の図表10（1940〜41年の地域別大規模に
より成立した県下合同３行の店舗分布範囲）に示したように，３行間では店舗網
において整然と棲み分けていた。しかしながら，同章の図表12（兵庫県内主要４
行の店舗HHI）に示したように，播州・兵和両行と神戸銀行との間では店舗展
開市区町（第４章と同じく2000年時点の行政域による，以下別記しない限り同
様）上の競合関係があった。

　上記の第４章３節の(1)cにおいて，兵和銀行には神戸銀行が資本参加（７万
株中１万株）ならびに経営陣派遣を行っていたことを述べたが，これは日本銀行
神戸支店［1940］p.440が記すように「［合同によってできる県下主要銀行はいず
れも］神戸銀行を親銀行として緊密なる連絡協調を保つこと適当なる」と考えた
日本銀行，そして日本銀行神戸支店［1939a］が記すように県外大手銀行資本が
（特に重工業化が進む播磨南部地方に）伸張することを恐れた神戸銀行の両者の
意図によるものであった。

そもそも，播州銀行・兵和銀行・全但銀行の県下合同3行の成立経緯は，日本銀行神戸支店［1939b］p. 438 ならびに日本銀行神戸支店［1940］p. 440 が記すように大蔵当局の斡旋によるもので，その点においては1936年12月の7行合併による神戸銀行成立（やはり大蔵省の勧奨［第4章注12参照］）以来の当局主導型の流れが続いていたと言える。

もっとも，播州銀行の成立に関しては，元々神戸銀行の八馬頭取が「（大蔵省の了解のもと）個人の資格において」諸行間を回り，同行の資本・役員参加の上での合併銀行成立を企図していた（日本銀行神戸支店［1939a］）。しかし，結果的に「［諸行重役中に］神戸への吸収合併を最終目的となすがごとき合同には強行に反対する向き多く現われたる」状態となり，大蔵省側が直接折衝することで合併は実現したが，神戸銀行の資本・役員参加は実現しなかった。

この播州銀行の頭取職に就いた大西甚一平に関しては，既に第4章3節(1)a）に記したが，上荘村（現加古川市）の大地主の家柄で早稲田大学に学び，「農村文化運動」を率い大政翼賛会県支部常任委員も務めていたことなどから，地方銀行経営者としてはそれなりの資質を備え，かつ一家言を有していたのではないかと思われ，上記播州銀行の神戸銀行の経営関与に対する反発にも同氏の見解が影響していた可能性があろう。

(2) 播州銀行・神戸銀行各々の県下銀行合同に関する陳情書・具申書
a) 播州銀行の大蔵省局長宛陳情書

上記の播州銀行大西頭取の見解を知る手がかりとして，また本稿の主題である1943年以降の戦時期の県下合同3行と神戸銀行との銀行合同のあり方をめぐる確執の前史としても重要と思われるのが，同頭取の大蔵省相田銀行局長宛陳情書（昭和16年10月付）（日本銀行神戸支店［1941］pp. 442-443）である。本陳情書には同頭取の「地方金融」観などが窺われる[2]とともに，県下合同3行の合併企図の直接の導線ともなっていると思われ，やや長くなるがその大部分を以下引用したい（下線［直線］は引用者［播州銀行等合同3行側の主張のポイントを示す］，以下本章において別記しない限り同様）。

　　［挨拶文　略］
　県下銀行の合併は大蔵省御当局の御斡旋により弊行まず先駆し全但これに次

ぎ最近兵和銀行の設立を見るに至り一応安定したるは慶賀にたえざる所であります

しかるに内外の情勢は刻々に緊迫しこれに対応するためにもまた将来地方銀行の経営単位としても現状のままでは到底その使命をまっとうすることは出来ません，速やかに県下を一丸とする大同団結をなし大県たる本県の地方部を担当するに適する銀行に進展せしむべきであると考えるのであります

神戸銀行との連繋もこの再編と同時に解決すべきが最も合理的であり初めて全面的本格的連繋をも実現し得ると信じます

今や世界は有史以来の混乱状態に陥り国家興亡の岐るる秋，いやしくも指導的立場にある者は決して過去の行きがかりや現状に捉われるべきではありません

すべては国防国家建設に向かって自己を投げ出し奉公の至誠をもって邁進すべきであると考えます

［中略］

しかしながら万一大蔵省御当局において来たるべき大同団結に備えその準備として漸進的方策を御選びになりあわせて弊行と神戸銀行との連繋を必要なりと御思召さるる場合は是非とも次の三項目に準拠せられんことを切に懇願する次第であります

一，残存地方銀行をただちに合併すること

二，神戸銀行と地方銀行との分野を明確にすること

三，形式的連繋に堕せず真実なる連繋を図ること

右三項目を具体的に表せば

一，は大沢銀行，百三十七銀行，中丹銀行，溝口銀行，福本銀行を直ちに播州銀行へ合併すること

　ならびに湊西銀行を速やかに神戸銀行へ併合し同行三木および明石支店を播州銀行へ委譲すること

二，は東播地方に散在せる神戸銀行の営業所（明石，高砂，加古川を除く）を播州銀行へ委譲すること

三，は今回神戸銀行，福本銀行間に行われたる株式買収のごとき旧時代的行動および考え方を一擲しまず首脳者の交流をなし正々堂々隔意なき連繋を図ること

以上は決して自己本位の主張ではなく県下金融体制の正道であり国策推進の本筋であると信ずるものであります，これによって神戸銀行は市中大銀行としてその本来の使命に躍進し<u>活力ある良き地方銀行</u>を連繋下に抱擁してますます大をなし<u>播州銀行は他の地方銀行と協力して地方金融の万全を期し</u>相共に時局国家に貢献すべきであると確信いたします

　［後略］

　なお，播州銀行から上記陳情書の写しの内示を受けた日本銀行神戸支店は，同行考査部長宛同陳情書送付のための書信（昭和16年12月12日付）（日本銀行神戸支店［1941］p. 442）に「右は同行の一方的見解に基づくものにして如何と存せらるる筋多く候あいだ御含み願い上げ候」と短く付言し，同見解への同支店側の関与や賛同を否定している。

ｂ）神戸銀行の大蔵省局長宛具申書

　日本銀行の上記書信からわずか一週間後の1941年12月19日，今度は神戸銀行側が同日付けにて八馬頭取の大蔵省山際銀行局長宛具申書（日本銀行神戸支店［1942］）を提出している。同具申書の概略ならびに大都市域店舗の設置にかかる要望事項は，既に第4章4節(5)において記したが，同所で述べたように『神戸銀行史』pp. 151-154 によれば同様の内容の大蔵省相田銀行局長宛「陳情書」が1941年10月1日付けで出されており，1941年の秋から年末にかけ，神戸銀行と播州銀行との当局宛のいわば陳情合戦が活発であったことを窺わせる。

　上記神戸銀行八馬頭取の大蔵省山際銀行局長宛具申書には，第4章の上述部分では紹介しなかった，県下農漁村域の地方銀行の合併等にかかる神戸銀行としての意見も詳しく述べられている。上掲播州銀行の陳情書との比較対照のため，以下同具申書の該当部分を引用する（引用部分は日本銀行神戸支店［1942］pp. 445-447 所載；下線［波線］は引用者［神戸銀行側の主張のポイントを示す］，以下本章において別記しない限り同様）。

　　……弊行は県下金融界整備の根本方針として経済状態の比較的都市と近似しかつまた経済情勢の実情が阪神都市に密接なる関連を有する地方に所在する銀行にしてその経営水準の比較的高きものについては直接これを弊行に合同

しもってシンヂイケート銀行としての伸長を期するとともにしからざる地方のものおよび経営水準の比較的低きものについては地域的に一中心銀行を設立してこれに合併せしめ一面これに資本参加をなし姉妹関係を結びこれが経営の指導的立場に立つとともに資金の共同運用の方途を講じもって弊行がシンヂイケート銀行として今後ますます必要とする時局関係資金の確保に資するを最も妥当かつ合理的と思考しもっぱらこの方針のもとに善処しつつある次第にこれあり前述の兵和銀行との連繋ならびに福本銀行株式買い入れのごときは全くこの趣旨に外ならず候

［中略］

以上開陳の趣旨にもとづき改めて右の要望を具体的に左に列記 仕 り候

一，［略—大都市支店設置要望］

二，県下金融界整備の方法は左記によられたきこと

（1）　百三十七銀行を至急弊行に合併せしむること

　　　［続く「（理由）」部分には，同行が福知山等の「重要都市」に支店を置き上記「経営水準の比較的高き」銀行であることが述べられている。なお，その後同行は1942年6月に丹和銀行（京都府）・神戸銀行により分割買収された（第4章3節(2) a 参照）。］

（2）　神戸湊西銀行，恵美酒銀行を弊行に買収せしめられたきこと

　　　［「（理由）」部分は略。なお，両行は（三和銀行子会社化を経て）1945年4月に神戸銀行が買収した（第4章6節(2)参照）。］

（3）　県内郡村銀行たる大沢，溝口，福本の三行は播州銀行へ，香住は全但銀行へ，中丹は丹和銀行へ各々合併せらるべきこと

　　　（理由）前述のごとく弊行は経済状勢の実情が阪神都市と乖離せるものならびに経営水準の比較的低き銀行は各々同地方の地域的中心銀行にこれを併合せしむるを最も妥当かつ合理的と思考する次第にこれあり「以下略」

（4）　播州銀行，全但銀行と弊行との間に適当なる連繋万策を講ぜられたきこと

　　　（理由）弊行は前述のごとく地域的中心銀行に対しては兵和銀行に対すると同様資本ならびに人的参加をなしもって密接なる姉妹関係を確立し経営の指導的立場に立つとともに資金の共同運用の方途を講じたく候

なお右地域的中心銀行は将来さらにこれを合同せしめて県下における唯一の地方銀行となしもって基礎の強化を図り今後の非常事態に即応せしむべく弊行においてこれが経営の指導に当たるとともに弊行は各大都市に支店を持ち純然たるシンヂイケート銀行として経営いたしたき存念に御座候

以　上

(3)　播州銀行・神戸銀行の陳情書・具申書に窺われる「地方銀行」観の相違

　上掲の播州銀行・神戸銀行の陳情書・具申書の下線（播州銀行陳情書では直線，神戸銀行具申書では波線）部分は，各々に通底する「地方銀行」観（ないしはそれを尊重する態度如何）の，あるいは決定的な相違を示唆しているように解せられ，以下で比較対照を行いたい。

ａ）播州銀行：「大県」の「地方部」を担うに相応しい「活力ある良き」地方銀行
　播州銀行陳情書の下線部分には，「速やかに県下を一丸とする［神戸銀行以外の諸行の］大同団結をなし大県たる本県の地方部を担当するに適する［地方］銀行に進展せしむべき」というくだり，また「［大同団結に先立つ段階においても］神戸銀行と地方銀行との分野を明確にすること」および「［弊行と神戸銀行との］正々堂々隔意なき連繋」というくだりに代表されるように，以下のような（兵庫県における）地方銀行観が表出している。
　　（イ）　「大県」たる兵庫県には（神戸市等を除く）その「地方部」を担当するに適する地方銀行が必要であり，その組成のため県下地方銀行は大同団結すべき
　　（ロ）　（時局関係資金の中央への供給等のための）当該地方銀行と神戸銀行との連携は「正々堂々隔意なき」ものであるべき
　後者(ロ)の「正々堂々隔意なき」連携の意味するところは，陳情書中の同語句の直前に（好ましくない連携事例として）神戸銀行による福本銀行の株式取得[3]を挙げていることからも，（資本面での）支配・被支配（また神戸銀行側の具申書にあるような業務運営上の指導・被指導）といったものよりは，より対等に近い協力関係であったのではなかろうか。
　そのように（少なくとも兵庫県においては）地方銀行を都市銀行の劣位に置か

第 5 章 「地方銀行」の自覚の生成と銀行合同政策との相克

ないスタンスの前提の一つをなすと考えられるのが，前者（イ）の中の「『大県』たる兵庫県」という意識である。第 4 章 2 節(1)において，銀行合同進行前の兵庫県の銀行数の多さには同県の地理的な広がり・複雑さとそれに呼応した多数の小経済圏が存することを述べたが，当時の「大県」・「一等県」といった慣例的・通称的な類別をさて置いたとしても，同県の県勢が全国屈指のもの―面積・農水産業・鉱業といった「地方的」側面も含め―であったことは事実であった。[4][5]

　その兵庫県の県勢のうち，上記「地方的」側面の多くを同県の「地方部」（上記（イ），播磨・但馬・丹波の非都市部域）が担っていたのはもちろんであるが，播州銀行の陳情書が出された1941年ごろにおいては重化学工業面でも播磨沿海地域の発展が著しかった（第 4 章 4 節(2)参照）。人口の面でも，兵庫県「地方部」のそれ――すなわち播州銀行陳情書が提言する「大同団結」により設立される地方銀行の事業エリアの人口基盤――は，当時の人口中位県（24位の岐阜県［127万人］）をやや上回る130万人台（長崎・熊本・岡山といった中堅諸県が該当）を擁していたものと試算され，他県における「一県一行」実現後の地方銀行の人口基盤に比しても，決して遜色のないものであった。[6]

　また，播州銀行の陳情書における上記（イ）のような「地方銀行」という態様に対する積極的評価（それは同陳情書の上記引用文末尾の「活力ある良き地方銀行」いう語句にも表出）は，当時の銀行界における「業態」意識の進展とも呼応していた。

　すなわち，本章 1 節(3)（本章の検討視座 2 ）において牧村［1980］に依拠しつつ述べたように，1936年の全国地方銀行協会発足前後から，「都市銀行」に率いられた「普通銀行」中の下位集団ではなく，「地方銀行」をそれ自体として意義ある銀行業の態様として捉える考え方が生成した。上記陳情書とほぼ同時期の1941年11月には金融界内部から統制団体設立の動きが起こり，1942年 4 月に公布・施行された金融統制団体令には「業態別統制会」という用語中に「業態」という言葉が現われ，同令にもとづき「地方銀行統制会」が「普通銀行統制会」（都市銀行13行）とは別個のものとして161行で結成された（牧村［1980］pp. 374-376）。

　東播地方屈指の名望家の出にして農村文化運動におけるリーダーシップ発揮で社会的にも注目され大政翼賛会県支部常任委員にも就いた（加古川市史編さん専門委員［2000］pp. 578, 630）播州銀行の大西頭取が，そのような地方銀行の（当時

227

の国策の一環とはいえ一種の）「地位向上」の機運に乗りまた貢献しようとしていたことは十分に考えられ，同頭取にとっては兵庫県において「地方銀行」を存続させることは大義にかなう当然のことだったのではなかろうか。

　播州銀行陳情書の検討の最後に，同陳情書に述べられた具体的な銀行・店舗再編のあり方に関しても，上記（イ）（ロ）に続く（ハ）として，以下まとめておく。

　　（ハ）　そのような地方銀行結成のため，神戸銀行ならびに同行に合併されるべき神戸市近辺の小銀行（仮に「神戸銀行等」と称する）を除き，県下の大部分の銀行は「大同団結」（合併）し，また神戸銀行等の「地方部」の支店は（加古川等）一部拠点都市のそれを除き，その地方銀行に譲渡する

ｂ）神戸銀行：「シンヂイケート銀行」による指導のもと県内農漁村部を担う地方銀行

　神戸銀行の具申書も，「一県一行」を志向したものではなく，さらに播州銀行陳情書のように「県下地方銀行の大同団結」を述べてもいないことから，（都市銀行たる神戸銀行以外に）県下に複数の地方銀行が存続することも容認しているようにも読める。播州銀行陳情書とより対照をなすのは，同具申書における地方銀行の質や地位に関する捉え方であり，それは下記（イ）（ロ）のようにまとめられよう（播州銀行陳情書に関する先のａ）の中の（イ）（ロ）と各々対応するように記す）。

　　（イ）　兵庫県内の阪神都市域ならびにそれと経済的に近似あるいは密接な係わりを有する地域以外に存し，かつ「経営水準」の比較的低い銀行を，「地域的中心銀行」に合併させるべき

　　（ロ）　その「地域的中心銀行」に対し神戸銀行は資本的・人的参加をなし経営の指導的立場に立つとともに，「シンヂイケート銀行」として資金の共同運用の方途を講ずる

　上記（イ）の「経営水準」の高低云々の具体的意味内容は具申書に明示されていないが，先のａ）の引用文では省いた要望事項二，(1)（百三十七銀行の合併）の理由書きの中に「経営水準」の意味内容に関する記述がある。それからすると，「本支店網が大都市・重要都市域に専ら存し店舗・役職員の資質や業務運営方式も『都会的』（農村部におけるよりも近代的で優れた）である銀行」という意味が込められていたのではないかと推測される。同記述（注９参照）における「播

州銀行等のごとく地方小部落に多数の店舗を有する純然たる農村銀行」（傍点引用者）という書き方ならびに本文上掲の「県内郡村銀行たる大沢，溝口，福本の三行は播州銀行へ……」（傍点引用者）という書き方，そして上記(ロ)の「神戸銀行は資本的・人的参加をなし経営の指導的立場に立つ」というスタンスを併せ勘案すれば，神戸銀行具申書における「地方銀行」観は，先に見た播州銀行陳情書における「活力ある良き地方銀行」とは——同じ「地方銀行」という語を用いてはいても——質的に異なるものであったものと考えられる。

すなわち神戸銀行の見る「地方銀行」は，「郡村銀行の集合体たる農村銀行」であり，「経営水準」の低さや国民経済の中軸からの遠隔性ゆえ，都市銀行たる神戸銀行による資本的・人的参加を受け経営に関する指導を受ける（上記(ロ)）べき存在，ということになる。先にａ）でみた，「1936年の全国地方銀行協会発足前後からたち現れた『地方銀行』をそれ自体として意義ある銀行業の態様として捉える考え方」という地方銀行諸行間における思潮——上掲播州銀行陳情書とも整合的な——ではなく，ａ）の同じ箇所で述べた，それ以前における「『都市銀行』に率いられた『普通銀行』中の下位集団」という「地方銀行」観を神戸銀行は表明していたと言えよう。

ａ）の播州銀行陳情書の検討におけると同じく，最後に，神戸銀行具申書に述べられた具体的な銀行・店舗再編のあり方に関し，(ハ)として以下まとめるが，この再編図式が上記のような「郡村銀行の集合体たる，都市銀行の系列下・指導下に置かれるべき農村銀行」という神戸銀行の「地方銀行」観に沿ったものであることは，付言を要しまい。

(ハ)　百三十七銀行・神戸湊西銀行・恵美酒銀行は神戸銀行に合併または買収させ神戸銀行のシンジケート銀行としての発展に寄与せしめ，県内郡村銀行たる大沢，溝口，福本の三行は播州銀行へ，香住は全但銀行へ，中丹は丹和銀行へ各々合併させる。

「加えて，播州・全但両行を兵和同様に神戸銀行の指導下に置くことは述べるが，前3行の合併如何には言及せず。」

(4)　日銀神戸支店の県下銀行「整理案」と日銀本部の全国的統合ビジョン

ａ）日銀神戸支店の県下銀行「整理案」：「県下2行」が基本線

以上(2)(3)において紹介ならびに内容の検討を行ってきた播州・神戸各々の合

併にかかる意見書とは別に（とは言いながら相互間の影響はあろうが），1943年1月，「近畿地方銀行統合並店舗整理案」（「全国銀行統合並店舗整理案」の一部分，以下「日銀の整理案」と略す）がまとめられた。先に第4章5節(1)でも簡単に記したこの案は，大蔵省の要請を受け日本銀行考査局が各支店長からの意見徴求のうえまとめた県ごとの合同構想で，その兵庫県にかかる記述は以下のようになっていた（日本銀行（考査局）[1943a] pp. 449-450，傍点引用者）。

(1)　本店銀行の統合

当県下本店銀行は現在なお普通銀行10行（本年1月8行に減少）貯蓄銀行2行を数うる状態にして，神戸銀行は既に地方銀行の域を脱しおり，播州，全但および兵和の3行はいずれも最近地方小銀行の統合により設立せられたるものにして，地域的に看るもさしあたりその存続を認めてしかるべきをもって，合同の第一段階として前記4行にその余の8行（神戸湊西，恵美酒，大沢，溝口，福本，香住，神戸貯蓄，但馬貯蓄）をおのおの合併せしめ，第二段階において神戸を除く3行を合同し，本店銀行を2行とすること適当なるべし。しかれどもその他面統制経済の進展に鑑み第二段階において神戸銀行をも含め県下一行となすことも考慮せらる。

［以下は略すが，神戸湊西・恵美酒・神戸貯蓄は神戸銀行，大沢・溝口・福本は播州銀行（前二者は既に合併決定），香住，但馬貯蓄は全但銀行に合併させる旨などが記されている。］

(2)　店舗の整理

［前段落は略］三和銀行姫路支店および明石出張所は前記播州，全但および兵和合同の際これに譲渡せしめ，また神戸銀行は新銀行の地盤内にある店舗のうち姫路，飾磨，広畑，網干および相生等の主要店舗を除き他（支店16，出張所6，預金合計5,930万円）は新銀行に譲渡して，新銀行との連携をますます緊密ならしむるべし。［兵庫県の項終わり］

上記「日銀の整理案」は，同整理案の約半年前の1942年6月に百三十七銀行が前掲神戸銀行具申書に概ね沿い神戸銀行・丹和銀行に分割買収されていた点（第4章3節(2)a）参照）を度外視すれば，県内地方銀行（神戸銀行子会社の福本銀行を含む）の「大同団結」による「県下を一丸」とする地方銀行を設立し，同行には同地方銀行地盤域内の三和銀行店舗ならびに神戸銀行店舗（主要都市拠点店舗

を除く）も譲渡させる——同整理案には明記されていないが同行の地盤域シェア
をより堅固にするため——という，どちらかと言えば播州銀行陳情書に近いもの
であるように思われる。

　また，整理案の末尾に「［神戸銀行と］新銀行との連携をますます緊密ならし
むるべし」と記してはあるが，具体的な連携策（持株・役員派遣関係など）は記
されていない。「日銀の整理案」が持株・役員派遣等の系列関係の形成策に触れ
ていない（既存の系列関係を合併に結びつける策は多いが）ことは，この近畿地
方（日本銀行（考査局）［1943a］）の他の府県，また，たとえば近隣の東海地方（日
本銀行（考査局）［1943b］）の諸県の整理案に関しても見受けられる。「日銀の整理
案」を全道府県にわたり検討した佐藤［2000］p. 201 は，「（日銀の統合構想には）
都市銀行による系列化を排し，『地方ハ地方』という認識が前面に出ていた」と
述べており，同整理案の上記「連携」の語は「大同団結」後の県内地方銀行を神
戸銀行の系列化に置くことを意図していなかった可能性も強かろう。

　その一方で，上記整理案は，神戸銀行にとり播磨新工業地域の対製造業取引拡
大を阻む強敵であった三和銀行姫路支店（第4章4節(5)参照）の播州銀行への譲渡
を含むなど，都市銀行同士の競合関係のうえで神戸銀行の県内基盤固めにも配慮
するなど，神戸銀行にも一定の配慮をしている節もある。

b）日銀の銀行統合にかかる全国的ビジョン

　先に掲げた「日銀の整理案」引用文中のうち，上のa）では説明しなかったく
だり——しかもその後結果的に起こった帰結に近い——が，傍点部分の「第二段
階において神戸銀行をも含め県下一行となすことも考慮せらる」との記述である。

　日銀の整理案が作られた1943年初は，時あたかも「5大終点産業」（鉄・アル
ミニウム・石炭・船舶・航空機）の生産統制がピークに向かおうとする時期にあ
たり（山崎［2011］pp. 29-35），前述の金融機関整備令の強権的文言ならびに当時
の政策潮流としての「統制ブーム」（第3章2節(3)参照）を併せれば，上記のよう
な当局の銀行合同案は半ば強権的に対象諸行に飲まることができたのでは，とも
思われる。

　しかし他方，佐藤［2000］は，日銀の整理案の背景には日銀首脳部の決定によ
る全国的な統合ビジョンがあり，「地方は地方という認識（地方銀行の意義承
認）」とともに，それら地方銀行の最終的規模につき全国を30行程度でカバーす

るほどの銀行合同進展（地方銀行の大型化推進）が企図されていた，と指摘する（pp. 190-191, 201）。いま同論考が同ビジョンの典拠として挙げる『日本銀行百年史』（以下本章では引用に際しこの書名を用いる；末尾「引用文献」の【文献名別】の部参照）pp. 435-436 にあたれば，そこには次のような記述がある。

　（1942年6月設置の企画委員会［委員は秘書役・全局長］が同年11月に出した概ねの結論）

　イ，普通銀行が多数存立している状態は，金融の一元的統制をはばみ，資金の効率的運用上支障が多い。銀行自身の間にも合同必至の機運が熟しているから，この際普通銀行の整理統合をいっそう促進すべきである。すなわち，

　　（イ）　地方銀行については，大体東海・神戸・芸備の各行程度の規模を目標とし，地方の実情，ことに産業界の動向に即し，地方銀行30行程度への統合実現を期すること。

　　［引用者補記：上掲各行の預金残高は，東海523百万円（41年末），神戸650百万円（42年6月末），芸備395百万円（同）であった（東洋経済新報社［1942］）。］

　　（ロ）　東京・大阪における大銀行の処置についても，その規模のやや小さいものは適宜合併統合を行わせる。さらに重要産業の経営形態の整備進捗とにらみ合わせ，大銀行相互の合併にまで誘導すること。

ｃ）「日銀の整理案」および全国的統合ビジョンの兵庫県下銀行合同図式への影響
　ｂ）に掲げた引用文の（イ）すなわち「地方銀行の大型化推進」のビジョンの，「日銀の整理案」への反映が，上記「神戸銀行をも含め県下一行となすことも」とのくだりであった。それは「その他面統制経済の進展に鑑み第二段階において」という条件付きとはいえ，本章が次節以降で日銀アーカイブ資料を検討していく1943年秋以降の時期においてはその条件もいや増しに満たされていく。

　そして同ビジョンは，播州銀行など（神戸銀行抜きの）地方銀行同士の合併を目指す動きにとっては，神戸銀行抜きでは何分規模が小さい（普銀10行計で預金42年6月末残155百万円［東洋経済新報社［1942］p. 119]）がゆえ合併上不利に作用する可能性を内包していた。

　他方，上記ビジョンは神戸銀行にとっても，同行が地方銀行の範例たる規模を有する銀行としてわざわざ名前を挙げられている点（上記（イ）），また（同行が

その一角を務めるものと自負していた）「大銀行」のうち「規模のやや小さいもの」につきさらなる合併が志向されている点（上記（ロ））など，（2）b）にて引用した同行の「大都市部・拠点都市域店舗を選択的に充実させることによるシンジケート銀行としての存続・発展」という企図にとり，不都合な側面をも内包していた。

　すなわち上記統合ビジョンと「日銀の整理案」の兵庫県「第二段階」統合プランとから整合的に導かれ得る神戸銀行の将来像は，神戸銀行が（字句どおり）「一県一行」の組成に参画し「地方銀行」になる（少なくとも東京・大阪の大銀行とは一線を画し兵庫県にとっての「地方銀行」的側面を保持する）か，さもなくば東京・大阪の大銀行と合併するか，という，端的には二通りの帰結であったろう。

　金融監督当局と監督される側の銀行との間にそもそも存する――特にわが国においては――情報の非対称性ゆえ，さらに戦時下ではいや増したであろう情報統制ゆえ，「日銀の整理案」にせよ全国的統合ビジョンにせよ，神戸銀行も播州ほか合同3行も知りうる範囲に限界はあったであろう。しかしながら他方，「一県一行」を「地方の実情に応じて弾力的に運用していく」こと，そのために当該地域の実情を知り銀行経営者とも会う日銀各支店の支店長の手腕に頼むところが大きい（逆にみれば彼ら支店長の評価ポイントともなる）こともまた，日本銀行の基本スタンスであった（『日本銀行百年史』p. 435，佐藤［2000］p. 201 など）ことから，日銀の神戸支店長の側から情報・サインが発せられてもいたであろう。

　そのような環境下，次節以降でみるような銀行経営者と当局者との間，あるいは銀行経営者相互間の駆け引きが展開されていくのである。

　先に1節の（2）（3）において，「本章の検討視座1――銀行経営者における経済主体としての自律性保持の程度」および「本章の検討視座2――『兵庫県における「地方銀行」の存続』という理念の作用の如何」という2つの検討視座を提示した。

　次節以降での日銀アーカイブ資料にもとづく検討結果をやや先取りして申せば，日本銀行は，片や神戸銀行，片や播州・兵和・全但3行の経営者たちの自律性をかなりの程度尊重しつつも，このc）で述べてきたような日本銀行としての合同構想――具体的には神戸銀行を中心とした全県一行の地方銀行（行名も「神戸」から変更）の実現――が「落としどころ」となるよう，斡旋を重ねる。しかしながら，4行中で業容が突出し大都市型「シンヂイケート銀行」たるプライドを有

第 1 部　大恐慌期・戦時期における日米の地域銀行政策・業態の分岐

する神戸銀行の「自律性」は，対等な立場での合併（協議）や地方銀行化に頑強に抵抗し続けた。そのため，1944年も残り少なくなっての合併協議では，「神戸銀行を中心とした合併」と「地方銀行化」とが二律背反の関係となり，銀行間協議の進行を妨げ続けたのであった。

3．1943年秋～1944年初：県下合同 3 行の合併中止の経緯

(1)　時間軸的な経過概要

　本章の冒頭ならびに注 1 で記したとおり，本章は日銀アーカイブ資料「神戸，播州，兵和，全但及福本五銀行合併関係書類」の「1」および「2」を主たる資料とし，同資料のタイトルどおり 5 行の合併（1945年 3 月27日付）へと至る経緯を解きほぐすことを主目的としている。それら資料群の第一葉（除，表紙）は，1943年10月28日付け日本銀行神戸支店二見支店長の渋沢副総裁宛て手書書状である（図表 5 - 1 の「番号」1 ［以下の文中では "#1" と表す］参照）。

　その#1の書状の趣旨は，図表 5 - 1 の「出来事・書類の内容等」の欄に記したとおり，「［播州・兵和・全但の］3 行合併を進めぬよう［大蔵省］船山普銀課長に申し述べた」というものであった。以下本表は，おおむね#28から#30のあたり，時期にして1944年 1 月10日過ぎに至るまで，大蔵省の「指示申し渡し」（#2）ならびに合併「覚書」の調印（#13）にまで至っていた 3 行合併を，日本銀行側とりわけ神戸支店長席（その間，二見→門川の引継ぎも）が東・名・神間を奔走して実質的に撤回（名目的には延期）させた，その経緯を表している。

　なお，日本銀行金融研究所から筆者宛送られてきた原資料にはデジタル写真の通番（本章では "葉" と呼称，図表 5 - 1 では右端の欄に表示）のみ付されており，書類・出来事ごとの「番号」は筆者の判断で日時順に付したものである。

　また，たとえば#4の場合，11月22日付けの支店次長メモであるとともに，その中には11月20日の出来事（船山普銀課長が本省にて播州・全但・兵和 3 行頭取に合併指示を申し渡し）が記されている。図表 5 - 1 をたどれば，書状・文書等とともに出来事も日時順に知ることができるよう，その出来事にも#2という書類・出来事通算の「通し番号」を付している。それらの結果，資料 "8304-007"（アーカイブ資料8304の007葉目）は，#4および#2に二度表れることになる（後掲の同様の経過表すなわち図表 5 - 2 ・図表 5 - 3 についても，この作表要領は同じ）。

第5章 「地方銀行」の自覚の生成と銀行合同政策との相克

図表5-1　合併までの時間軸的な経過表①
——播州・全但・兵和3行の合併中止の経緯——

"（○記載・添付）"は，当該行以外の番号○の項目に記された資料に記された出来事か添付文書であることを示す

「　」内は電報等以外は逐語的ではなく要約

"[　]"は当該資料にない情報の筆者補記，筆者の推定理由等

"【　】"は他の参考文献

（経過表①につき）次長等のメモで，冒頭の日付の行の直後に出来事が記されている場合"（同左か）"とした

番号（便宜上のもの）	書類の日付	出来事の日付	出来事・書類の内容等	日銀アーカイブ資料　番号 - 葉
1	1943年10月28日	（申述べ：左記直前か）	二見支店長［直後に名古屋支店長］→渋沢副総裁「3行合併を進めめよう船山普銀課長に申し述べた」	8304-002～006
2	——	11月20日	（4記載）船山普銀課長が本省にて播州・全但・兵和3行頭取に合併指示を申し渡す【日銀百年史 pp. 437-438】	8304-007
3	11月20日	（聴取：左記直前か）	（筆跡より推定）次長メモ：三行頭取への神戸銀行を含めた合併意向の意見聴取結果	8304-025～029
4	11月22日	（来店：同左か）	次長メモ：三行頭取が来店し，上記船山課長の合併指示の旨ならびに今後に関する挨拶	8304-007
5	（日付なし）	11月27日	次長メモ：[一万田]考査局長より電話「船山普銀課長宛に公文にて日銀側の意見を申し述べるべき」	8304-008
6	11月29日	——	門川支店長［二見の後任］→船山普銀課長「神戸銀行を含む合併が本来望ましい」【日銀百年史 p. 438】	8304-009～014
7	12月1日	（電話：同左か）	次長メモ：考査局長より電話「副総裁が銀行局長と面談，今後大蔵省決定には異議申し立てず静観」	8304-030～031
8	12月1日	——	考査局長→次長「（7の内容に加え）神戸銀頭取にも対県知事等，政治的運動慎ませるよう」	8304-032～034
9	（日付なし）	12月3日（写しを神戸支店に手交）	二見前支店長→考査局長　転出に際し，県下銀行合同働きかけの経緯等説明「（平時色なくなった）8月以降神戸含め4行合同画策」，銀行間関係等に関して知る諸事情の説明	8304-067～069
10	12月4日	12月3日（打電）	支店長→考査局長「（当方け諫言したが）神戸銀頭取県知事陳情の結果，県知事から銀行局長宛，昨日打電」	8304-035～037
11	——	（12月初～7日頃）	（22記載）神戸銀頭取上京，総裁・大蔵大臣・銀行局長等に陳情，大臣が局長に日銀支店長意見聴取指示	8304-047
12	——	12月7日	（22記載）考査局長が二見前支店長に電話「銀行局長が貴職の意見伺い希望，上京されたし」	8304-045

235

第1部　大恐慌期・戦時期における日米の地域銀行政策・業態の分岐

番号(便宜上のもの)	書類の日付	出来事の日付	出来事・書類の内容等	日銀アーカイブ資料　番号 - 葉
13	12月8日	——	(26添付) 三行合併「覚書」調印（各行重役会可決日は11月26日～12月2日）（12月10日に写し大蔵省提出，とのメモ添付）　＊対等合併　＊新立銀行の名称は大蔵省一任　＊本店は姫路市　＊昭和19年4月1日合併実行	8304-088～090, 107
14	——	12月8～9日	(22記載) 二見前支店長上京，総裁・副総裁より4行合併強気推進を指示さる（考査局長にも同指示）	8304-047～049
15	——	12月9日	(22記載) 二見前支店長，船山課長と会見，4行案と「折角自発的申出あった」三行案とで折合つかず	8304-049～051
16	12月10日	(電話：同左か)	次長メモ：二見前支店長が本店より電話「大蔵省は収拾方法困惑，日銀は大合同推進方針に還る」	8304-041
17	——	12月11日朝	(22記載，船山課長が二見前支店長に)「今朝も三行が陳情に来たようだ」；(20記載，前支店長観測)「それに先立ち三行が大蔵省宛に合併断行希望打電との由」	8304-052; 055
18	——	12月11日午後	(22記載) 二見前支店長，船山課長と再度会見。課長「三行合併談しばらく延ばし，期限切り神戸銀の態度見よう」	8304-051～052
19	——	12月11～12日	(22記載) 二見前支店長，船山課長談を副総裁・検査局長に報告。局長「今後本行は4行合併路線」	8304-052～053
20	12月13日	12月12日夕	次長メモ：二見前支店長より電話「考査局が船山課長に4行合併推進申入れ，大蔵省三行合併延期」	8304-054～055
21	12月14日	12月14日	考査局長→支店長「船山課長に電話，年内は様子見とのこと。来春までに4行合併気運醸成を」	8304-042～044
22	12月14日	12月14日	次長メモ：二見前支店長より名古屋で聞取り（前支店長からの情報は上記）	8304-045～053
23	12月1？日	——	二見前支店長→考査局長　船山課長との話合の顛末ならびに神戸・三行に関して知る諸事情の説明	8304-056～066
24	12月16日	——	(26添付) 兵庫県知事→大蔵大臣「神戸銀行を中心としての四行合併の絶対的必要について」の意見書	8304-103～106
25	(日付なし)	12月21日(申渡し)	支店長覚書「三行頭取に1月上旬末頃まで合併手続停止申渡し」三行・神戸銀各々の事情・要求	8304-070～084
26	12月21日	12月21日(申渡し)	支店長→考査局長「三行頭取に合併手続しばらく停止申渡し」三行合併覚書と県知事大蔵大臣宛具申書各々の写し同封	8304-085～110

第5章 「地方銀行」の自覚の生成と銀行合同政策との相克

番号(便宜上のもの)	書類の日付	出来事の日付	出来事・書類の内容等	日銀アーカイブ資料 番号－葉
27	**1944年** ――	（訪問：新年早々か）	（25記載）八馬頭取，岡崎会長と日銀神戸支店訪問，4行合併に向けての協力姿勢示す	8304-084
28	――	（訪問：1月10日または直前か）	（30記載）支店長，上京し船山課長訪問	8304-117
29	1月10日	――	考査局長・支店長（連名報告）→総裁等「大蔵省は3行合併取消し応ぜぬが実行しばらく見合せ。その間に4行間の機運情勢，神戸銀行役員交代も」	8304-113～116
30	1月12日	1月12日（申渡し）	支店長→船山課長「三行頭取に合併の件しばらく延期申渡し，先方諒承。大同団結機運を県庁とも連絡し醸成したい」	8304-117～118
31	1月12日	――	支店長→考査局長「三行頭取に合併の件しばらく延期申渡し，先方一応諒承，本行本店挨拶意向も。大同団結機運を各方面と連絡し醸成したい」	8304-119～120
32	――	1月25日を基準に「過日」	三行頭取大蔵省に「出頭」，銀行局長は3名の話に「諒得」し，三行合併実行可能性，県知事働きかけも」	8304-122
33	1月25日	――	兵和銀須藤専務→同小笹取締役「28日に特別常務会・役員会開催，出席ію。他役員間に三行合併推進継続機運も」［これら2名は神戸銀出身でない【神戸銀行史 p.222】］	8304-121～123

注：＊「出来事・書類内容等」欄について：
　　「A→B」はA氏からB氏宛の文書であることを示し，それに続く「」内は内容の概略
　　「A（＊＊＊）→B」はA氏からB氏宛の＊＊＊形式の通信・文書等であることを示す
　　「銀行局長」・「普銀課長」…大蔵省の銀行局長・普通銀行課長（単に「課長」とも称す）
　　「支店長」・「次長」…日本銀行神戸支店の支店長・（支店）次長
　　その他「副総裁」等の役職は原則として日本銀行内の役職
　＊＊「日銀アーカイブ資料」欄について：
　　「8304-2」等は日銀アーカイブ検索番号（注1参照）と当該資料内の葉番号
　＊＊＊2番・6番の付記の「日銀百年史」は，『日本銀行百年史』
出所：日銀アーカイブ資料にもとづき筆者作成。

第1部　大恐慌期・戦時期における日米の地域銀行政策・業態の分岐

(2)　経過表①の諸資料中の着目すべき内容

a）日本銀行側が三行合併に強固に反対した理由

　前述したとおり，上掲図表5-1（以下「経過表①」とも呼称）に表されているのは，大蔵省の「指示申し渡し」にまで至った三行合併を，主に日本銀行側が東奔西走して実質的に撤回させた，という特筆すべき出来事——『日本銀行百年史』p. 438 にも＃6の書状が半頁強にわたり引用されていることからも同行の歴史上も特筆すべき——である。したがって，まず，前節(4)で見た日本銀行としての合同構想との関連で，なぜ日本銀行側がこの三行合併の撤回に強くこだわったのか，という視点から考察する。（なお，1節(3)にて前言したとおり，「三行」とは播州・兵和・全但の3銀行を併せ呼ぶ語として用いる。）

　前節(4)で見た日本銀行の銀行合同構想を，経過表①に表された1943年10月末以降という戦時局面——「産業が決戦色を帯び」，「重点産業に対してはさらに集中的に資金を注入し遮二無二隘路を突破しなくてはならなかった」（日本銀行調査局特別調査室 [1948] p. 249）まさにそのような時期[(11)]——に照らして整理し直せば，下記のようになろう。

　　1）地方銀行については，大体東海・神戸・芸備の各行程度の規模を目標とし，地方銀行30行程度への統合を実現（前節(4) b）にて引用の全国的統合ビジョン）

　　2）東京・大阪における大銀行も規模のやや小さいものは適宜合併統合を行わせ，さらに大銀行相互の合併にまで誘導（同上）

　　3）神戸銀行をも含め県下一行となすことも考慮（前節(4) a）にて引用の「日銀の整理案」）

　　（上記「考慮」の前提，「統制経済の進展」という条件は既に満たされている，として）

　1943年秋という時期における，兵庫県下の銀行合併の青写真にかかる日本銀行の当事者の考え方が明確に表されているのは，経過表①の＃9，二見前支店長から一万田考査局長への神戸支店離任に際しての書状（県下銀行合同画策経緯・現況や県下銀行間関係等の説明）の中の以下のくだり（8304-068 [日銀アーカイブ資料番号—その中の「葉」番号，以下本章において同じ]）であろう。

　　　四，もちろん当方としてもこの6，7月頃まではまず三行合併，やがて大合

第 5 章 「地方銀行」の自覚の生成と銀行合同政策との相克

同という平時の定石で行くつもりで現に昨年頃貴局へ差出した「県下銀行整
備方針」にもその旨申し上げおり（その趣旨は，大蔵省へ貴局より通報ず
み）たるも，その後の情勢急変に対応して小銀行の新設は面白からざればし
ばらくこのままに差？しおき（格別の実害？がないのだから）神戸への合同
に梶を向け換？えていたところにこれあり。これは貴兄とはたびたび書面ま
た電話にてもお話合いずみ，舟山君にも話してあったことに御座候。

（下線文字に続く "？" は，当該下線文字が明認されぬまでもそう推測されることを
示す，以下同様）

　すなわち，日本銀行神戸支店は本部とも連絡しつつ，1943年8月ごろ上記の
「3）神戸銀行をも含め県下一行となす」方向へと方針転換したということである。
そしてその旨は大蔵省舟山普通銀行課長にも「話してあった」という。
　三行だけの合併に反対する理由としては，上記書状にも「その後の情勢急変に
対応して小銀行の新設は面白から」ずとあり，前掲の1）の全国的方針（東海・
神戸・芸備クラスの規模の地方銀行30行程度への統合）と背馳する，ということ
であろう。加えて，『日本銀行百年史』にて既に活字化されている#6の書状には，
次のように今後の合併勧奨プロセスにとり具体的妨げとなろうという理由も挙げ
られている。

　　[前略]右は県下に新なる一地方銀行の独立を認むる形となり，或は却って
　　神戸との競争を激しくして相互疎隔を招く虞も可有之，延いて全県一丸を目
　　途とする整備方針実現にも遅延を来すことあるべき様存ぜられ……
　　（『日本銀行百年史』p.438，字句も同史のまま，日銀アーカイブでは8304-012所載）

b）大蔵省側が二行合併を認めた理由
　日本銀行側が上記のように兵庫県下の銀行合同方針として「全県一丸」に「梶
を向り」こいたにもかかわらず，大蔵省は二行合併を認め，銀行監督当局間で齟
齬がなぜ生じたのか。先にその「四」を引用した#9の資料の「一」（全文）およ
び「二」（冒頭部分）には次のように記されている。

　　一，神戸への一筆合併は実際問題として従来三行の歩調一致仲々に急速には

239

参り難き空気なりしゆえ，当方としては漸進主義で進み各個撃破で段々に口説き落しを策しいたる次第なるが，いよいよ，となった時には大蔵省と本行とが気合一致して強力するにあらざれば実効は収め難きこと明らかなり。今回のごとく大蔵省が既に「三行合併」で火蓋を切ってしまったからには，今さらこれを「神戸への合併決行」に切り替えることは到底これ◇◇。また大蔵省にその気持ちもなかるべし。舟山君は小生に「当分の現状静観」を約束したるも，下僚からの話に動かされたるべく，またその根底においては「拙速主義」を採ることに変じたるなるべし。さらにその根底に遡りては例の「反神戸熱」が横たわっていること，否み難し。

二，既に火蓋の切られたる今日では三行は共同戦線を張りて「大合同」には極力反対すべく，いわんや今度は大蔵省が look してくれているのだから頗る腰を強くして向かいてくること決定に候［以下，略］

（8304-067）（“◇”は判読難の文字，以下同様）

　上記引用文によれば，銀行合同の推進のためには日銀・大蔵両金融当局の「気合一致」と（強い）協力とが必要なのにもかかわらず，今回は大蔵省が日本銀行の同意を得ぬまま「拙速」な行動に出たこと，その「根底」には三行側の「反神戸［銀行］熱」が横たわっている，ということである。その大蔵省の「拙速」な行動の経緯について，＃22の（梅野）次長メモ[13]（日銀名古屋支店における二見前支店長からの聞き取り）には以下のように記されている。

　一，三行合併談に関し今までの経過は左のごとく推移したりたるものなり

　　（イ）　大蔵省（舟山課長）の説明によれば「大体銀行合併においては大蔵大臣もしばしば言われたるごとく強制はせぬ。しかし当事者が自発的に統合せんとする場合にはこれを認めるという態度なるところ。今回三行が自発的に合同の意志を申し出来たりたるにつきこれに諒解を与えたるものなり。右三行合併は今春以来の懸案にて，かつ三行を合併せしむる案は日本銀行との間の打合せ事項たりしもので他案の話もあったが，この三行合併案も切れたものでもないので宜しかろーと言ったものである。なお合併手続のため近く検査官を派すべき旨を三行に言ったわけだ」と謂うにありたり。

（8304-045〜046）

第5章 「地方銀行」の自覚の生成と銀行合同政策との相克

[日銀総裁「三行合併不可」の意を受け，12月9日二見前支店長が出向いて
舟山課長と会談][二見]「過般支店長会議に上京の際打合せのごとく四行合
併に持ってゆくように考え工作しつつありたるものなり。しかし今は客観情
勢はそれほどに迫っておらずいずれ神戸銀行の地方銀行的性格が瞭きりす
るのがチャンスと考えそれまで待ったらいかがかと思っておりたり。今回の
三行合併談は明らかに策謀があり。小林［兵和銀副頭取］，広田［播州銀常
務］等主動なるべし。全員が自発的だとは認められず。真に自発的なるもの
ならば日本銀行に諒解を求めて来るはずなり。何らの挨拶なり［。］かかる
ことをやるについては私としては小言を言う義務がある。」

[中略][舟山]「私が頼んだのではない。向うからやって来たのだ。二見さ
んと先般打合せしたが，三行合併案も切れてはおらない。宜しかろーと返事
をしたのだ」と従来と同様の話ありたり。なお懇談中に「三行合併は返事を
与えたるゆえ困った状態だ」「神戸銀行の性格は普銀なりや地銀なりやはっ
きりせぬ［「せぬ」の上に条線］近くどちらかに片づけられぬ」「客観情勢迫
っておらぬかも知れぬが銀行整備の方針からすれば合併できるところからや
りたい。いわんや自発的に申し出て来たのだから」「神戸銀行の言うことば
かり聞いて三行を押えることになりては公平でない」等の話もありたり。

(8304-049~051)

上記引用文によれば，大蔵省側は日銀側の「県下一行となす」方針とは異なり，
「日銀の整理案」中の「本店銀行を［合同三行主体の合併行ならびに神戸銀行の］
2行とすること」も「切れたものでもないので宜しかろー」との認識であった，
ということである。(「兵庫県が広大な『地方部』を持つ『大県』であるから地方
銀行同士の大同合併による地方銀行の存続を認める」という播州銀行の主張［2
節(3)a）参照］も大蔵省側の態度の背後にあるのでは，とも推察されるが，資料
上はそのような論拠は表れていない。)

また，文面上もう一つ明確なのは，「銀行合併においては強制はせぬ方針のも
と，自発的に申し出て来たことは好ましく，銀行整備の方針からしても合併でき
るところからやるのは当然」という理由づけである。1節(2)において「本章の検
討視座1」として，「『非常時』における『国家的強制力』の影響下（1942年5月
『銀行整備令』など）のもとで，銀行経営者の銀行業を担う経済主体としての自

律性がどの程度保持されていたのか」という視点を掲げた。それとの関係で，日本銀行よりもさらに最終的な「整備」権限を握る大蔵省側が，「強制はしない，銀行側から合同を申し出てくれば幸い」というスタンスを表明していることは，興味深い事実であろう。

　もっとも，日銀二見前支店長の側が上掲の舟山課長の釈明を額面どおり受け取ってもいない節もある。先に引用した#9の，その「三」には，大蔵省側が三行に三行合併談の進捗につき日銀側へ伝えないよう口止めをしたのでは，との疑念も表されている。それに照らせば，前掲引用文中の同課長の「（三行合併でも）宣しかろー」（「ろー」は原文のまま）という発言が一見軽い調子で表記されているのも，大蔵省側が一種とぼけている（三行側に働きかけてもいるのに受身をあくまで装っている）というニュアンスを込めているようにも解せられる。

c）日銀神戸支店の４行合併周旋が進捗しなかった人間関係的な理由

　三行合併の実質的な意思決定主体が三行側であったか大蔵省側であったかは結局定かではないが，少なくとも，三行側が先のa）にて述べた日本銀行の銀行合同構想，すなわち神戸銀行を含めた合併を嫌っていたのは事実のようである。

　先に②にて引用した#22中の二見前支店長の発言には「今回の三行合併談は明らかに策謀があり。小林，広田等主動なるべし。全員が自発的だとは認められず。真に自発的なるものならば日本銀行に諒解を求めて来るはずなり」とある。しかしながら他方，同じく引用した#9，二見前支店長から一万田考査局長への神戸支店離任に際しての書状には，以下のとおり「三行側が神戸銀行を含めた合併を嫌がるのももっともだ」との所感も綴られているのである。

　　五，［前略］元々三行が神戸［銀行］への合併になかなか乗ってこない素因は何というも神戸の「不徳」によるところにこれあり。近来三和［銀行］のやり方には本行から見て往々眉をひそめしむるものありといえども，どうしても三和に行きたいという小銀行が一，二に止まらざるものあるは（小生京都時代の山城八幡［銀行］，乙訓［銀行］もその一つ，最近には例の神戸湊西［銀行］）やはり三十四［銀行］以来の三和の親切，平素からの徳化によるものと存ぜられ，この点は小生機会を捉えては神戸◇［一行不明］ぬ気持は決して小生にも解らぬことにはなく御座候。岡崎［会長］，八馬［頭取副］，

第5章 「地方銀行」の自覚の生成と銀行合同政策との相克

牛尾［副頭取］の陣容では地方銀行がなついてこないのは無理からぬものこれあり候。［以下略］　　　　　　　　　　　　　　　　　　　　（8304-068～069）

　引用文中の三和銀行の地方銀行との関わりについては，第4章以来しばしば引用してきた佐藤［1991］にも事象としては紹介されているが，二見前支店長が「本行から見て往々眉をひそめしむるものありといえども」と述べる一方で「神戸の『不徳』」との対比で「三十四以来の三和の親切，平素からの徳化によるもの」と評価していることは，同論考の知見を銀行経営者の人間関係構築力の側面から補完するものであろう。

　その二見前支店長の見解はまた，先に②にて引用した＃22中の舟山銀行課長の発言「神戸銀行の言うことばかり聞いて三行を押えることになりては公平でない」と併せ，戦時統制ピーク期の銀行監督当局者にあっても，監督される側しかも中小の地方銀行経営者たちの恩義心や感情に対する顧慮が存していたことをも，窺わせる。これもまた，「銀行経営者の経済主体としての自律性」（本章の検討視座1）につき，それを大蔵・日銀当局も基本的には認めていたことの表れであろう。それとともに，たとえ戦時統制のもとにあっても，合併構想関与諸行の重役陣同士の人間関係的側面が当該合併構想の成否に影響を及ぼすことがあり得た，ということでもあり，本章でもそのような人間関係的要素に関し処々で言及することになる。

　本章の1節(1)の末尾にて前言したように，出来事や交渉の子細を逐次記すことは一論考の紙幅の許すところではなく，基本的には経過表①の記載にとどめたいが，日銀神戸支店・神戸銀行・兵庫県庁側が大蔵省側に三行合併撤回を重ねて働きかけた結果，概ね1943年12月10日頃には同合併は「延期」（実質は撤回）の運びとなった。

　程なくして，同表＃21の「出来事・書類内容等」の欄に記したように，考査局長は「舟山局長としても苦肉の策的に年内は様子見とのことなので来春までに4行合併気連の醸成を」との趣旨の書状（同14日付）を送り，門川神戸支店長はボールを投げ返されたかたちとなった。

243

d）「地方銀行」三行と「都市銀行」神戸銀行との経営ビジョン・組織体質等の
　相違

　上記ｃ）「４行合併周旋が進捗しなかった理由」に含めて述べてもしかるべき，
４行合併の妨げの大きな要素となっていたのが，三行・神戸銀行の地方銀行・都
市銀行という性格的相違であった。この点は「兵庫県において『地方銀行』の存
続をという理念の作用」という「本章の検討視座２」（１節(3)参照）との関連で
別途このｄ）で述べ進めるが，紹介する資料の中には上記ｃ）にて扱った三行経営
陣側の人間関係的・主観的要素に関する記述も処々に表れるため，それら要素に
かかる検討も引き続き行うことになる（付言すれば，銀行経営陣の資質もまた
「地方銀行」的諸要素の一つでもあろう）。

　ｃ）の末尾で述べたように「合併推進」というボールを投げ返された門川神戸
支店長は，＃25の「門川支店長覚書」を（想像するに，鋭意）詳細に記した。そ
れは，今般の三行合併中止の経緯から三行側が神戸銀行に対していだく不信感等
と四行合併実現に向けての対処策（含，神戸銀行側の要望）までを包括的に整理
したもので，三行側・神戸側双方の見解等は＃3の頭取ヒアリング等を反映して
おり，情報的価値が高い。

　その支店長覚書のうち，この④の見出しに掲げた「役員陣・経営の性格的相
違」（片や都市銀行的，片や地方銀行的）を見るうえで関連性の深い「（第二）三
行側において三行合併する主張，四行合併に反対する理由」，「（第三）四行合併
に対する三行側の要求」，ならびに「（第五）四行合併に対する神戸側の態度」の
要点を以下に記す（かぎ括弧部分［原文どおりだが２節(1)に記したように表記法は現代
式］以外は要約であり，意味が通りやすいように言い換えた語句もあり，また句読点はお
おむね引用者による）。

　　「（第二）三行側において三行合併する主張，四行合併に反対する理由」
　　「㈠神戸銀行の経営方針について」［“＊”は引用者，㈡以下につき同様］
　　　＊三行が普通銀行統制会会員行たる神戸銀行に合流すれば，郡部店舗は単
　　　　なる預金吸収店となりその資金は中央に放資され，「地方金融は円滑を
　　　　欠くに至るの恐れあり」。
　　　＊他方，三行合併の場合，純然たる地方銀行，しかも経営状態・規模が似
　　　　た同士の合併であり無理なく進もう。規模の拡大により信用が増した

「本当の意味の地方銀行を作ることは兵庫県のごとき大県にしてかつ大都会と広大なる郡部との両面を具有するところにおいては必要」である。三行の合併行と神戸銀行との競争も神戸市内等の［既存の］競争に比すれば大したことはないであろう。

「㈡神戸銀行の重役陣について」

＊「大資本家」然とした役員席に合流しても事実上の発言権なく程なく退任を余儀なくされるのではないか。

＊重役陣が都会出身で「地方金融に理解乏しく真に地方金融を発展せしめんとする熱意乏し」。加えて「三巨頭」［岡崎会長・八馬頭取・牛尾副頭取］[19]は互いに所有株数の多寡を競い，そのような重役陣に加わっても下位に置かれるだけでつまらぬ。

＊それに比べ，三行の重役同士は資産・勢力等も大体均衡し，かつ昨年6月「三行会」成立以来たびたびの会合により気心も知れている。

「㈢神戸銀行の態度について」

＊神戸の三行に対する態度は「どうせ三行は田舎小銀行にして当然神戸へ吸収さるべきものなりとして何となく見下すがごとき風」あり。加えて，兼ねてより「兵和の」親銀行としての態度に欠け，［両行が競合する］郡部において「相当競争的態度に出たる」こと。

（［支店長所見括弧書き］［それに相当する出来事もあるが］町金庫の奪い合いなど「どちらもどちらの感あるが」。「総じて神戸側に心理的に三行を引き付けるだけの徳のなきことは争うべからざるところなり」。）

「㈣行員ならびに取引先の意向」

＊三行側の行員は「土着のもの」多く職位を喜ばず，採用基準も学歴より「身持・信用等」を重視。神戸と合併すれば重役との親密さを保つことができないうえ，神戸側の学校出身者に押され下積みに終ろう。したがって行員には神戸への合流に反対する者が多い。

＊取引先も，神戸への合併による審査方式の変化や経費算定の変化で不採算と見なされる店舗多数の廃止を懸念し，合併を喜んではいない。

「㈤神戸銀行の今回の運動の悪影響」［このくだりは門川支店長の所見］

＊元々，三行合併は大蔵省の勧奨というより一部の役員同士の合意から話が進み覚書まで進捗した［自主的な］もの。それが「突如その進行を阻

第1部　大恐慌期・戦時期における日米の地域銀行政策・業態の分岐

止せらるるは全く神戸側の政治的運動による」ものと［三行側に］解されており，［三行の役員間の］反神戸の勢力を高めてしまったようだ。

「㈥三行重役の地位，体面の問題」［このくだりも門川支店長の所見］

＊以上が「四行合併反対の基調」であるが，加えて三行合併ならば現重役の半数は新銀行に［重役として］入れるのに神戸との場合ならばせいぜい二三名に過ぎないだろう，ということもある。大蔵省が◇嘱しただけに「これに賛成せざれば所謂バスに乗り遅れ新重役に入ること困難となるべしとの考え方より当初反対申立ての者も全員賛同するに至る形跡あり」。

＊三行合併を「主唱」してきた播州側の重役および意図的に彼らと「策謀」してきた他二行の重役は，「特に強く三行合併に執着し」ているが，彼らの中にも「合併談がこう直進したるに今さらこれを変更すれば他の重役特に他行の重役に対し立場上困るという程度の者もあり」。

「（第三）四行合併に対する三行側の要求」［（イ）（ロ）等は原文のまま］

（イ）「神戸銀行を経営方針を変えこれを地方銀行化すること（普通銀行統制会より脱退し名目上地方銀行となるのみならず事実上においても地方銀行に重きを置くこと）」

（ロ）三行の重役を［新銀行に］入れ，三行の設立地に設ける［地方］統括店の監督の任に当たらせること

（ハ）「神戸銀行の現重役陣を相当改造し一人の指導者統裁のできるよう一元化を計ること」

（「三巨頭を全部退位せしめ」他の第三者に代えられれば「さらに結構なり」）」

［以下は門川支店長の所見］三行側が「さしあたり表面上」主張するのはこれら3点であるが，「右は実現不可能を見越して体裁の良きことを主張せるにとどまれる嫌いなきにあらず」。四行合併反対の本当の理由は，前述のとおり「人の問題［，］感情の問題」にあるため。仮に右3点が全部満たされても「ただちにおいそれと四行合併に乗ってくるか否かは多少疑問」であり，「殊に三行合併の策謀者たる播州側これを然りとす」。

246

第 5 章 「地方銀行」の自覚の生成と銀行合同政策との相克

「（第五）四行合併に対する神戸側の態度」［"イ，""ロ，"等は原文のまま］

イ，三行合併が「仮合併」で神戸への合併を条件とするとしても，それに
は相当の時間を要しようし状勢による変化もあるかも知れないので，こ
の際四行合併を切望すること

ロ，四行合併は「新立合併とせず神戸への吸収合併とすること」

ハ，神戸銀行は「遠い将来は別として当分は兵庫県人をして主宰せしむる
こと（三巨頭の一人をして主宰せしむる意なり）」

ニ，「普通銀行統制会の退会は別問題とし」，「地方金融の円滑を計る」こ
と，統括店を設け三行重役に担当させることは異議なし

ホ，三行から入る重役については，大蔵省・日銀に一任すること

ヘ，重役改選については，八馬は退位差し支えないと申しているが真意で
はない。牛尾，住吉［専務］は，岡崎忠を取締役または岡崎［会長］の
態度いかんにより常務に入れ，その代わり岡崎［会長］を引退させるこ
とが最上で結果として［三巨頭でなく］一頭体制となろう，四行合併の
問題を離れてもこれが実現すれば大変良い，と述べている。

ト，「岡崎の態度」［あえてこの表題を記し，改行］　新年になり八馬が岡
崎と「日銀神戸支店を」訪問し，従来の経緯を報告。前記イ，ロ，ハ，
ニ，ホ，の諸点については［岡崎も］すべて賛成したこと，神戸として
譲るべきは譲り，［八馬・岡崎］「お互い神戸側の［三行に対する］態度
についてもよく考えよう」と「従来になく友好的口調に出でたる」由。

（（第二）～（第五），8304-073～084）

　以上紹介した門川支店長覚書の内容のうち，三行側の見解に関する叙述が，実
際にはかなりの割合を占める。その中で「兵庫県において『地方銀行』の存続を
という理念の作用」（本章の検討視座 2）との関係が直接的であるのは，「（第二）
三行側において三行合併する主張，四行合併に反対する理由」の「㈠神戸銀行の
経営方針について」および「㈣行員ならびに取引先の意向」の記載内容であろう。
　そこには，先に 2 節(2) a）に記し同(3) a）にて検討した播州銀行の「速やかに県
下を一丸とする（神戸銀行以外の諸行の）大同団結をなし大県たる本県の地方部
を担当するに適する地方銀行に進展せしむべき」との主張とおおむね同じ主張が
表されている。（また，同覚書の「第二」㈥，「第三」末尾［支店長所見］，さら

247

に斜線抹消された「第四」[注18参照]，加えて経過表①の他の資料では＃３・＃23などからは，三行合併の推進主体は播州銀行側であり，特に大西頭取は「三行合併」の主張の言説面での主柱的存在であったことが知られる。）

また，同覚書の「（第三）四行合併に対する三行側の要求」において，４行合同化後の銀行（すなわち実質的「一県一行銀行」）の地方銀行化ならびに地方統括店制度の導入を求めていることも，「兵庫県において『地方銀行』の存続を」という要望の表出と解される。

しかしながら他方，その同じ（第三）において，門川支店長は「右は実現不可能を見越して体裁の良きことを主張せるにとどまれる嫌いなきにあらず」，「四行合併反対の本当の理由は，人の問題，感情の問題にある」との所見を付記している。そのことから，「地方銀行の存続を」という三行側の要望の真摯さの度合い，ならびに先のｃ）で述べた「人間関係的な理由」との相対的軽重につき，断じ難い面もある。事実，同支店長は本覚書の相当部分を関係銀行（特に役員陣）の人間関係的側面に充てている。

その役員陣の人間関係的側面に日本銀行の支店長がかくも腐心していたこと自体，「本章の検討視座１」すなわち「銀行経営者の経済主体としての自律性」（今の場合，地方銀行経営者にみられる自己保全へのしたたかな執着［佐藤［2000］p. 177]）への「平時」同様の配慮が，戦時体制のピークのようなこの時期においても存していたことの一証左と言えよう。

そしてそのような「自己保全へのしたたかな執着」は，「地方銀行」よりも組織的に卓越した「都市銀行」であることを自認していた神戸銀行の役員陣にも──先のｃ）で引用した二見前支店長の「不徳」の指摘ならびに門川支店長覚書の（第二）の㊂神戸銀行の態度について」などからすれば「神戸銀行の役員陣にこそ」と言うべきか──どうやら存していたのであった。

それとの関連で，４行合併へのさらなる障害となったのは，次のｅ）で述べるように，その神戸銀行の経営スタイルにかかる自己保身すなわち「都市銀行」として存立し続けることにつき，播州銀行の大西頭取そして門川支店長あたりも懐疑的であったことである。

ｅ）神戸銀行の４行合同案ならびに「都市銀行」としての存続可能性の問題
本節の検討対象である，県下合同三行の合併中止の経緯のはじめの時点（1943

第5章 「地方銀行」の自覚の生成と銀行合同政策との相克

年10月，経過表①参照）において，既に神戸銀行側の態度は4行合同推進派であった。そのため，ｄ）で紹介した門川支店長の覚書においても，神戸銀行側の4行合同にかかる注文事項は「（第五）四行合併に対する神戸側の態度」に見られるよう，役員人事を除けば少なく，一見したところ（やはり役員人事を除けば）同行のスタンスは日本銀行側と平仄が合っているかのようにも見える。

4行合同に関する神戸銀行のスタンスは，経過表①の＃24「神戸銀行を中心としての4行合併の絶対的必要について」の意見書（兵庫県知事の大蔵大臣宛書状に添付）に一層詳しく，以下にその骨子を記す（下線［波線］は引用者）。

　現下金融統制の目標は同業一体の精神をもって互いに無用の競争を排除し決戦下貯蓄の増強に寄与するとともに低利なる生産拡充資金を供与し併せて円滑なる国債の消化を図るにあるは論なきところに御座候［。］この見地よりすれば三行のみの合併は 徒 に県下金融界に波瀾を生ずるのみにして意義少なきものにあらずやと思料せられ候

　すなわち

　㈠　三行のみの合併は神戸銀行との間に無用の競争を激化せしむるおそれ多分にこれあり候

　　［内容略］

　㈡　三行のみの合併は決戦下何らの人的物的節減を期し得ざるものに候

　　［内容略］

　㈢　三行のみの合併は決戦下金融機関としての基盤の強化に役立ち得ざるものに候

　　三行はいずれも地方銀行として預金原価は神戸銀行に比し高率を示せるのみならず，資金の運用また貸出部門の貧困と国債利回の低率とにより良好ならず［。］したがって収益率は神戸銀行に比し 一段と低位に候［。］したがってたとえ三行合併するもこの傾向は 更 まることなく信用力強化もまた充分なりとは申し得ざるべく候［以下略］

　㈣　当県として少なくとも預金十億円以上の中心銀行は必要に候

　　六大府県の一に列せらるる当県としては他府県との対抗上少なくとも預金十億円以上の中心銀行を絶対必要とするものに御座候

　　単に三行のみを合併せしめて神戸銀行と対立せしめ蝸牛角上の争いを繰返

249

さしむることは本県の威信に関するものと思考致し候 [。] 神戸銀行は都市銀行に属するをもって地方銀行たる三行と合併するは理論上経済上正鵠を失するとの論をなすものこれありと候えども神戸銀行がさきに丹波地区における百三十七，中丹，丹和各行の営業を譲り受けたる例を見れば必ずしも正当ならず [。] なお大阪における大銀行が最近同府内に地方銀行を分割買収したる事例これあり候

(五) 県下地方金利の引下げならびに調整を可能ならしむべく候
　　[内容略]

(六) 経済関係ならびに地方人にとりむしろ神戸銀行と合併せしむるをもって得策なりと思料せられ候
　　由来神戸銀行は郡部に支店網を扶植しきたり伝統的地盤を有するをもって三行を吸収するも何ら地方人に不便を与えざるのみならず…… [中略]……現在のごとき配給組織の下においてはむしろ合併により新たに神戸銀行の支店となるべき店舗と取引関係を結ぶを至便とすべく…… [以下略]

（8304-104～106）

　この意見書には三行側が求める神戸銀行の地方銀行化や地方金融円滑化のための組織的手当ては全く言及されておらず，むしろ，(四)のように神戸銀行が都市銀行であり続けることを前提にしたかのような記述，また，(四)・(六)のように神戸銀行を含む合併行の規模の大きさや県都神戸との結びつきの重要性の強調が目立つ。そのような記述スタイルは，先に 2 節(2) b) に記し同(3) b) にて検討した神戸銀行の「地方銀行」観と相似ているとともに，本段の d) にて引用した門川支店長覚書の「(三)神戸銀行の態度について」にある，三行側の「神戸の三行に対する態度は『どうせ三行は田舎小銀行にして当然神戸へ吸収さるべきものなりとして何となく見下すがごとき風』あり」，との問題を緩和しうるものではないように見受けられる。

　また，日本銀行側から見ても，神戸銀行の地方銀行化如何を等閑視するかのような上記意見書は，問題を含んでいたと思われる。すなわち，2 節(4) b) で検討したように，当時日本銀行が有していた全国的な銀行統合ビジョンと「日銀の整理案」の兵庫県「第二段階」統合プランとから整合的に導かれ得る神戸銀行の将来像は，端的には以下のいずれかであったと考えられる。

１）神戸銀行が（字句どおり）「一県一行」の組成に参画し「地方銀行」になる（または，少なくとも東京・大阪の大銀行とは一線を画し兵庫県にとっての「地方銀行」的側面を保持する）

２）神戸銀行が「一県一行」の組成に参画せずして，東京・大阪の大銀行と合併する

　1944年の夏以降の日銀神戸支店の４行合併案は，当然にして上記１）を内包していたはずである。それからすれば，既に先のｄ）にて見た門川支店長の覚書の「（第三）四行合併に対する三行側の要求」（神戸銀行の地方銀行化ならびに三行重役による地方統括店の監督）もまた，もっぱら三行側の要求というよりは日銀神戸支店の意向とも摺り合わせた上でのものだったようにも思われる。

　実際，日銀神戸支店の二代の支店長（二見・門川）はとりわけ「三行合併騒動」ののち，三行側との意思疎通——そして三行側の言い分も日銀として首肯しうる点は受け留める——にも留意していたようであり，経過表①の#23（二見前支店長から考査局長宛の神戸・三行に関して知る諸事情の説明）の中の次のくだりなどに，それは表れていよう。

　　三，なお播州が神戸への大合同につき従来逡巡の色深きことの一因としては神戸銀行の前途・帰趨に対する顧慮（神戸がいずれ大阪［の］銀行と合併するならば播州はこのまま自立し居るほう［が］将来も地方銀行として残存して行かれるとの考え）に加え［,］神戸銀行首脳部に対する一種の不信感（その銀行家のみをもって経営せらるる［という経営トップが明確な］銀行への合同ならば安心して合流する気持になれるがとの考え）存し居ることにして［,］この点は神戸銀行としても今後にわたり冷静に自制善処を要することなるべし。　　　　　　　　　　（8304-064~065）

　本章においては，より大局的な社会・経済的環境への言及には主眼を置かないものの，時あたかも，戦時末期の都市空襲激化期に差し掛かろうとしており，1943年10月に大蔵省は，全国金融統制会を通じ半強制的な店舗疎開対策を要請していた。神戸銀行でも1944年４月には三宮・有馬道・柳原・三宮駅前等の「有力店舗」を「断腸の思い」で廃止し（『神戸銀行史』pp. 279-80），また他方1943年央

より「海上輸送ほぼ麻痺」の状態に陥るなど（同 p. 167），非常時のこととは言え，同行の行勢にも神戸の市勢にも明らかに翳りが差していた。

　そのような中で，前述のように三行側に「どうせ三行は田舎小銀行にして当然神戸へ吸収さるべきものなりとして何となく見下すがごとき風」と受け取られる態度を神戸銀行側が継続することは，交渉戦術的にも得策ではなかったであろう。また，上記のような情勢に照らしての筆者の推量ではあるが，空襲にさらされる戦時がどれくらい続くのか予測し得なかった当時，交渉相手（三行側・日銀神戸支店長［ちなみに門川支店長も農村県宮崎の出身］[23]）の側としては，空襲に対して脆い大都市部ではなく相対的に広大な農村部を重視する地方銀行の存在が重要，との思念もあったのではなかろうか。

　そのような思念の存否はともかく，合併交渉過程の次なる局面は，門川支店長が播州銀行大西頭取に対し「君らの希望条件が全面的に受入れられる場合でも合併に反対するのか否や」と言明することから始まることになる。

4．1944年初～1944年9月初旬：5行合併「合意」発表に至る経緯

(1)　時間軸的な経過概要

　前節冒頭の経過表①（図表5-1）に続く図表5-2は，1944年3月下旬から同9月5日までの約半年間にわたる，神戸銀行，播州・兵和・全但の「三行」，ならびに福本銀行（神戸銀行の子銀行）の5行の合併「合意」（「申合」調印）とその発表までの過程を，日銀アーカイブ資料「神戸，播州，兵和，全但及福本五銀行合併関係書類」の「1」（図表5-1所載のものの続き）に基づき一覧表にしたものである（以下「経過表②」）。なおここで，5行の合併「合意」とわざわざ括弧書きを用いたのは，同「申合」調印後の合併協議委員会においても紛糾が続いたがゆえである（その模様に関しては次節で取り扱う）。

(2)　経過表②の諸資料中の着目すべき内容

a）三行側が神戸銀行を含めた合併の話し合いに応じた理由

　上の経過表②と先の経過表①との間には，日銀神戸支店側の動静に関し，2か月間以上（1月半ば～3月中旬）の空白期間がある。そのブランクを埋める，筆者の見る限り稀な手がかりが，経過表②の#20，播州銀頭取から神戸支店長宛の

第5章 「地方銀行」の自覚の生成と銀行合同政策との相克

図表5-2　合併までの時間軸的な経過表②
——神戸・播州・全但・兵和・福本5行の合併「申合」調印までの経緯——

"（○記載・添付）"は，当該行以外の番号○の項目に記された資料に記された出来事か添付文書であることを示す

"「　」"内は電報等以外は逐語的ではなく要約

"［　］"は当該資料にない情報の筆者補記，筆者の推定理由等

"【　】"は他の参考文献

#20の263-2は263の次葉，その次葉は264

番号(便宜上のもの)	書類の日付	出来事の日付	出来事・書類の内容等	日銀アーカイブ 資料 番号-葉
	1944年			
1	——	3月23日	（20記載）支店長→播州銀頭取（会話）「君らの希望条件が全面的に受入れられる場合でも合併に反対するのか否や」	8304-263
2		3月29日	（3記載）船山普銀課長来神（県金融協議会総会列席）の折，県下全銀行合併工作の状況説明	8304-127
3	3月30日	——	支店長→考査局長「兵和・全但・香住大筋合意。播州と神戸が各々合併条件提示，両行への説得工作が鍵」	8304-124~127
4	——	4月10~13日	（6記載）「東京大銀行の合併発表［帝国が十五を，安田が昭和・第三を※］あり，神戸がぐずぐずしていては物笑いになるところ」【※後藤［1981］pp. 250-61】	8304-129
5	4月13日	（取締役会可決：同左）	（6添付）神戸銀会長名「兵庫県金融整備に関する意見書」（「兵庫県下銀行統一案」を含む）	8304-130~134
6	4月13日	（来店：同左）	次長メモ：神戸銀頭取来店し（支店長上京中につき次長が対応），本日同行取締役会可決の県内銀行合同に関する意見書提出	8304-128~129
7	4月14日	（電話・来店：同左）	次長メモ：神戸銀会長より電話（支店長宛に引続き次長宛），また同行頭取来店。両者とも上記5の意見書を補足説明	8304-140~143
8	4月15日	——	考査局長・支店長（連名報告）→［日銀］重役陣　神戸銀意見書（新たに下記9「合併案」添付）回覧ならびに同書中の注意すべき点	8304-144~177
9	（日付なし）		（神戸銀行作成）「合併案」合併比率，（計数準拠）重役人数割当案，等	8304-156~177
10	（日付なし）	（6の上京後の「帰店早々」）	支店長→考査局長「神戸銀『三巨頭』［会長・頭取・副頭取］と面談。3人の間でも役員人事意見相違，これでは他行に進めず」【役員在任期間…神戸銀行史　巻末資料編 p.34】	8304-178~180

253

第1部　大恐慌期・戦時期における日米の地域銀行政策・業態の分岐

番号(便宜上のもの)	書類の日付	出来事の日付	出来事・書類の内容等	日銀アーカイブ資料　番号‐葉
11	──	(10と13の間)	(15記載) 神戸銀三首脳より進退［支店長案：大同合併時に退任］の返答なく訊くに大蔵・日銀一任にも不同意	8304-189
12	5月25日	──	神戸銀（前田常務持参）→支店長「国家の要請に応えての大同団結ゆえ銀行・株主への課税面で軽減策乞う」	8304-197
13	5月27日	──	支店長（打電）→播州・兵和・香住・福本・全但・神戸各頭取「至急ご懇談申上げたき儀」有り 5月29日来店要請	8304-183
14	(日付なし)	──	(13の打電原稿の添付文書か) 播州・兵和・香住・福本・神戸・全但［イロハ順］合併「申合（もうしあわせ）」の案	8304-184〜185
15	5月30日	5月29日	支店長→考査局長　6銀行代表者に合併「申合」の案 (14) 提示し10日程度で回答する旨申渡し（香住頭取のみ席上で異議なしと答える）	8304-188〜191
16	6月1日	──	全但頭取→支店長「貴案には合併比率，資本金，持寄積立金，役員数・人選等御明示なく諾否回答に苦しみ候」	8304-192〜193
17	(日付なし)	──	(16の追加付箋か［全但銀行内便箋］)「合併比率1：1，神戸・郡部諸役員比率5：5，香住は2次合併で「今回強いれば撤退可能性も」	8304-193〜194
18	6月1日	──	神戸銀頭取→支店長「5月29日付ご内示案への回答に先立ち銀行・株主への課税に関するお答え，また新銀行の役員数に関するお考えを乞う」	8304-198
19	6月3日	──	支店長→神戸銀頭取　5月25日申出 (12)・6月1日照会 (18) の株主宛新銀行株交付に係る課税につき大蔵省の回答＋新銀行役員構成に係る私見	8304-195〜196
20	6月6日	(「申述書」の常務会決定：左記以前)	播州銀頭取→支店長「兵庫県下銀行合併に関する申述書」「3月23日支店長が『君らの希望条件受入れのため最後的努力する』旨仰せ，今般の案はそれを無視	8304-261〜263-2
21	6月8日	(各行回答：左記以前)	支店長→考査局長「当店合併申合案 (14) に対し香住を除く5銀行より回答。播州のみ全面的反対，再考促した」	8304-199〜208
22	6月8日	──	香住銀頭取（打電）→支店長「今確答できぬ　しばらくお待ちを乞う」	8304-209
23	6月8日	──	神戸銀頭取→支店長「5月29日付ご内示案への回答として別記希望条項申し出候」＊「兵庫県中心銀行」，新立合併の負担如何，合併時増資	8304-248〜250

第5章 「地方銀行」の自覚の生成と銀行合同政策との相克

番号(便宜上のもの)	書類の日付	出来事の日付	出来事・書類の内容等	日銀アーカイブ資料 番号－葉
24	6月9日	――	福本銀頭取→支店長「5月29日付ご内示案への回答として別紙希望条項申し出候」	8304-250～252
25	6月11日	――	香住銀頭取→支店長「重役会で具体的方途にかかる意見一致せず、再度の重役会で合同参加せぬことに」	8304-210～214
26	6月14日	――	香住銀頭取(打電)→支店長「16ヒ[日?]行きます」	8304-215
27	(日付なし)	――	神戸・播州・兵和・全但・福本5行の資本勘定・対神戸比率の計算表	8304-216
28	6月14・15日	――	(27の添付書類か)播州・兵和・全但・福本・香住[「電話三番」から推定]の5行の債券評価損益・未収利息額報告	8304-217～228
29	6月15日	――	兵和銀頭取→支店長「5月29日付お示し合併申合案[14の文書に1条項追加]に関し左記希望申合せ案を決定いたし候」	8304-250～252
30	6月22日	――	全但銀頭取→支店長「ご提示の合併申合事項につき当行意見左の通りご回答」	8304-259～260
31	6月23日	(2行申し出：左記以前)	支店長→考査局長「全但・福本より合併に係る希望案申し出。播州・香住は引続き考慮中だが近日回答見込」	8304-229～236
32	6月29日	――	播州銀頭取→支店長「県下銀行合併に関する希望条項」(頭取が支店に持参、その際下記34の内容も述べた可能性も)	8304-264
33	(日付なし)	(32と34の間)	(支店作成)5行合併条件希望まとめ書き(下記34も反映)当店案・播州・兵和・全但…「地方銀行」、神戸・福本…「県中心銀行」	8304-237～247
34	7月[空白]日	――	播州銀頭取→支店長「5月29日付ご内示案に御改案の上、合併御推進願いたし」	8304-252～254
35	7月20～21日	(協議会：同左)	[経過表①-25と同じ筆跡(以下の協議会録も)]支店長メモ：第1回合併協議会 ＊協議銀行の範囲：香住は回答無しにつき5行で開始 ＊合併方式、本店立地、統括店制度、合併比率、役員等	8304-269～275
36	7月27日	――	香住銀頭取→支店長「重役決議は合同不参加に。お伺いして詳細開陳したきも体調不良」	8304-265～267
37	7月28～29日	(協議会：同左)	支店長メモ：第2回合併協議会 ＊合併比率、役員(播州は大蔵省の協議参加希望したが説得、当行一任には反対)	8304-276～281

第１部　大恐慌期・戦時期における日米の地域銀行政策・業態の分岐

番号(便宜上のもの)	書類の日付	出来事の日付	出来事・書類の内容等	日銀アーカイブ資料　番号－葉
38	８月12日	(協議会:同左)	支店長メモ：第３回合併協議会　＊三行側一致の条件：役員・合併比率・行名・普銀統制会脱会＊支店長は三行に折衷案提案の上、役員問題打開のため「大蔵省に出向かれたし」と提案	8304-282〜286
39	８月22〜29日	(上京：同左)	支店長メモ：上京し (1)兵庫県知事、(2)本行前総裁・重役会、(3)大蔵省船山課長と面談（詳細下記）	8304-287〜296
40	――	(日付なしだが41の前)	(39記載) 支店長・知事大体意見一致：経営陣、役員総数、合併形式・合併比率、地方銀行化 [但し時期は中央一任]、行名 [日銀総裁・大蔵大臣等一任]	8304-287〜288
41	――	８月24日	(39記載) 前総裁が私邸にて支店長に「三点だけ特に：１）岡崎の個人銀行色除去、２）神戸銀重役陣総入替不可、３）本合併不可でも大蔵省に神戸銀・三行合同銀の対立政策は取らせぬよう」	8304-289〜291
42	――	８月25日午前	(39記載) 上記 (41) 前総裁の意見を総裁に伝え、直後に重役会。前総裁意見・知事会談 (40) の通り承認	8304-291
43	――	８月25日午後	(39記載) 上記 (42) 重役会の結果を大蔵省銀行局長・普銀課長に伝える。課長、上記41の３）の日銀方針につき「三行側に不公平な措置も取り続けられぬ」、状勢の推移によっては三行合併の可能性も、と述べる	8304-291〜293
44	――	(来神予定)９月１日	支店長メモ(39の末尾部分)：船山課長と意見交換。同課長の意向：＊５行首脳に「最後の勧奨」の意向、と述べる＊９月２日の会議に先立ち広田 [播州]・小林 [兵和] 両氏に次の事項につき意向を述べておく：新銀行の首脳陣、役員総数、合併比率	8304-293〜296
45	(日付なし)	[46より]９月２日	兵庫県下銀行統合打合会にて「申合」内容固まる出席者：大蔵省普銀課長・銀行保険局、兵庫県経済第二部長、日銀支店長、５行首脳	8304-325〜326
46	(日付なし)	９月４日	(支店内メモ、電報添付)「申合」案の重役会での承認につき「各行から打電・電話あり」	8304-331〜334
47	９月４日	――	支店長→５行頭取（打電原稿）「各行重役会可決(改行記号) 明日午後２時申合調印す」	8304-335
48	９月４日	――	支店長→考査局長（打電原稿）「合併申合の件各行とも重役会可決」	8304-336

第5章 「地方銀行」の自覚の生成と銀行合同政策との相克

	書類の日付	出来事の日付	出来事・書類の内容等	日銀アーカイブ 資料　番号‐葉
49	9月5日	——	5行頭取「申合」（＋通知状）　1）合併方式　2）合併比率等（今後協議）　3）役員（同左）　4）協議委員　5）本年12月までに合併	8304-338～340
50	9月5日	（合併申合せ：同左）	支店長→考査局長（打電原稿）「合併申合調印済みたり（改行記号）大蔵省にも伝達を乞う」	8304-342
51	9月5日	（合併申合せ：同左）	支店長→考査局長「合併申合調印完了。合併協議会の運営に係る岡崎会長希望2条件は知事・銀行課長とも打合せのうえ了承（各行も諒承の旨の付箋貼付け）」	8304-343～347
52	9月5日	——	大蔵省銀行保険局長談（同手書き原稿添付）	8304-350～351
53	9月5日	——	成田知事談話	8304-352～353

注：＊「出来事・書類内容等」欄について：
　　「A→B」はA氏からB氏宛の文書であることを示し，それに続く「」内は内容の概略
　　「A（＊＊＊）→B」はA氏からB氏宛の＊＊＊形式の通信・文書等であることを示す
　　「普銀課長」…大蔵省の普通銀行課長（単に「課長」とも称す）
　　「支店長」・「次長」…日本銀行神戸支店の支店長・（支店）次長
　　その他「総裁」等の役職は原則として日本銀行内の役職
　　＊＊「日銀アーカイブ資料」欄について：
　　「8304-124」等は日銀アーカイブ検索番号（注1参照）と当該資料内の葉番号
出所：日銀アーカイブ資料にもとづき筆者作成。

「兵庫県下銀行合併に関する申述書」（1944年6月6日付）の以下の記載内容である（下線は引用者）。（なお，3節(1)の末尾にて述べた経過表の事象・時間軸を重視した作表方針により，引用文中の3月23日の出来事については経過表②の#1に掲げてある。）

　　[三行合併の大蔵省許諾ののち] たまたま新任の日本銀行神戸支店長［門川氏］より前記三銀行を招致せられ今回決行せんとする三銀行の合併はもとより時宜に適したる企てなれどもこの際さらに　歩を進め全県下の銀行を網羅する大同合併を促進したきにつき暫時このまま見送られたき旨要望せられたり，これに対し吾等は神戸銀行その他を加うる大同合併には難色あることを縷述し反対の意見を表明したるも一応日本銀行の御立場を尊重し日限を定め待機することとなしたり［以上は経過表①の#31，1944年1月12日の出来事か］
　　爾来三行代表者はしばしば日本銀行支店長と会見しその都度大同合併の困難

なるゆえん殊に神戸銀行の性格につき同行は都市銀行にして普通銀行に列し
その経営方針としても資本主義的傾向を多分に有する銀行なること，しかも
大資本を擁し株式は一部首脳者に偏在せる状態なれば無条件に同行を加えて
大同合併をなすことは徒に神戸銀行色濃厚なる銀行を誕生せしむるに止ま
り県下地方銀行としてふさわしき銀行の成立を見ることけだし不可能なり
[，]かつまた大蔵省当局の指導方針はいささかの変更なきをもって大同合併
案には絶対反対なる旨申述きたりたり

日本銀行支店長におかせられても時日の経過に伴い吾等の主張に抜くべから
ざる根拠あることを認めらるるとともに本問題解決の難点を御認識あそばさ
れ去る３月23日拙者［大西頭取］との会見において君らの希望条件が全面的
に受入れられる場合においてもなお合併に反対するものなりや否や訊され
最後的努力を傾倒せらるる旨お話ありたり

もとより吾等は反対のために反対するものにあらず［。］もし支店長御言葉
のごとく吾等の主張が完全に受け入れられ真に大兵庫県の中心銀行として理
想的地方銀行の実現を見るならばあえて大同合併に反対するものにあらざる
旨を述べ［，］あらためて最も重要とする希望条件数項を提出しこの条項に
して全面的に貫徹せられざるかぎり大同合併は有名無実に終わり何らの価値
なきをもって［，］その見通しつきたる上にあらざれば大同合併に関する協
議を続行する意思なきことを明言し置きたり　　　　　　　　（8304-263）

　前節の(2) e)において，日銀神戸支店長の側も三行側との意思疎通を図り三行
側の言い分も日銀として首肯しうる点は受け留めるようになっていったようだ，
と述べたが，上掲の申述もその論拠の一つである。下線を引いた部分が，その
「三行側の言い分も日銀として首肯しうる点は受け留めた」ことに係る部分であ
り，門川支店長のそのような姿勢によってこそ，三行側が神戸銀行を含めた合併
の話し合いに応じるようになったのではないかと推量される。

　それにしても，３月23日の播州銀行大西頭取との会見において「君らの希望条
件が全面的に受入れられる場合においてもなお合併に反対するものなりや否や」
と聞き（ニュアンス的には「迫り」にも近い「聞き」か），「最後的努力を傾倒す
る」と言明したあたりは，交渉戦術的には勇み足的で，弁の立つ大西頭取に言質
を取られたかたちとなった。

第5章 「地方銀行」の自覚の生成と銀行合同政策との相克

　ふたたび「本章の検討視座１」すなわち「『非常時』における『国家的強制力』の影響下のもとで，銀行経営者の銀行業を担う経済主体としての自律性がどの程度保持されていたのか」という視点との関連で言えば，上記のような日銀支店長と一地方銀行の頭取とのやりとりもまた，銀行経営者の自律性尊重の一つの証左とも解せられよう。付言すれば，「経済主体としての自律性尊重」という契機もさることながら，そこには「（日本人的に）人間関係をギクシャクさせず友好裡に事を進めたい」という心理的傾向なり属人的要素が，「平時」同様かなり作用していたのではなかろうか。

b）歩み寄らぬ神戸側・三行側の希望条件：①都市銀行か地方銀行か

　しかしながら，神戸側と三行側との間にはそのような心理的傾向は（少なくとも合併条件を折り合わせる方向には）作用しなかったようであり，日銀支店側が偏りなく双方の意見を取り入れようとすればするほど，むしろ双方が差異のある意見にこだわるようになるきらいさえ見受けられる。

　先のa）の引用文にあるように，播州銀大西頭取は「［議論のテーブルに着くにあたり］あらためて最も重要とする希望条件数項を提出し」と明言している。それについて知ることのできる日銀アーカイブ資料は経過表②の♯3の資料，３月30日の門川支店長から考査局長宛の書状であり，その最初の「一，」の項目に以下のように記されている。

　　全銀行大合同について兵和および全但は異存なきに至り香住も賛意を表せるも播州は神戸が対等の地位に立ち重役陣も改造することを条件として同意，神戸は同行を中心に他を吸収する合併を希望，かくて問題の焦点は主として［神戸銀側の役員構成につき］播州を同意せしめかつ神戸に妥協せしむる方途如何の点に繋がりたり　　　　　　　　　　　　　　　（8304 124 -125）

　また，上掲文書には（引用を省いた箇所を含め）記されていないものの，a）の引用文にある大西頭取の明確な要望事項は「真に大兵庫県の中心銀行として理想的地方銀行の実現を見る」ということであった。これに関してはタイムリーに1944年４月，東京で２組の大銀行合併（帝国・十五，安田・昭和・第三）が発表され，神戸支店梅野次長も「神戸がぐずぐずしていては物笑いになるところ」

（経過表②の#4）と記すなど，（日本銀行の普通銀行全体にわたる合併構想からみて）神戸銀行を「大手地方銀行」の枠へと導く客観情勢はより整ったように思われる。

　しかしながら，神戸銀行側も（三行側の希望，日銀側の構想意図・勧奨に対し予め釘をさすかのように）上記大銀行合併発表とほぼ同時期の４月13日，同行取締役会にて「兵庫県金融整備に関する意見書」（岡崎会長名）を可決し（経過表②の#5），同日中に日銀神戸支店に提出している（同#6）。同意見書の中の，大合同後の神戸銀行（神戸銀行の主張では「吸収合併」につき同行が存続）の「地方銀行化」如何にかかるくだりは以下のとおりである（下線［波線］は引用者）。

> わが国現下の経済情勢は既に現存する金融統制会の機構においても全面的改組，整備をせなければならぬ段階に達しているということを聞く，新聞もまた爾く報道している，もしこの報道にして誤りなしとすれば現存する普通銀行がどうの，地方銀行がどうのという観念は当然更新再検討されねばならぬ，神戸銀行は今日普通銀行として，一面中央の共同融資に参加してはいるがまた一面には兵庫県下金融の中枢機関として地方金融にも充分の役目を果たし，何らの不都合をきたしていないのである
> 普通銀行であるがゆえに，地方金融ができないの，地方銀行であるから中央金融ができないのというようなわけがあるものではなく，その力に応じいずれとしても国家のお役に立てばそれで結構であると思う，
> ［播州・兵和・全但三行の合併で地方銀行を設けようとするのは］神戸銀行設立当時と情勢が違う［から］というが，一県一行の精神は現在においても放棄されたわけでもなく，当局は否，むしろ勧奨しつつあると見るべきで，現にその実例はこれを他県に見るのである，
> しからば兵庫県下においてのみ情勢が変化したとは解釈に苦しむ次第である，
> （8304-131）

　上記意見書のこのくだりは，「大合同後の神戸銀行」の性格付け（都市銀行［「普通銀行」］か地方銀行か）の問題につき，下記３点の理由をもって，「そもそも黒白付けるべき問題ではない」と，身をかわしているように解せられる。

1）（それら業態ごとの）金融統制会の機構そのものが全面的に改組される
情勢と伝えられること
2）今まで神戸銀行は地方金融にも充分の役目を果たし「何らの不都合をき
たしていない」こと
3）「一県一行」の銀行合同政策は今も継続している［はず］であること

それらの論拠については，日本銀行側としても（特に1），3）の点），三行側
としても（特に2）の点）いろいろ反駁の余地があったであろう。先のa）で見た
播州銀行大西頭取の「真に大兵庫県の中心銀行として理想的地方銀行の実現を」
という希望—それに門川支店長も「乗ろう」と述べた様子—に対し，「大兵庫県
の中心銀行として理想的普通銀行の実現を」では何の不都合があるのか（そちら
が論証せよ）と，挙証責任を転嫁するような論法であり，それなりに巧妙な反駁
かも知れない。

そのような，ある意味横柄な論法が通じるのも，上記意見書の引用部分に先立
って記されているように，神戸銀行には「神戸銀行設立の趣旨たる兵庫県下銀行
の統一という［大蔵大臣の勧奨に沿った］伝統的精神」という「大義名分」があ
り，かつ，既に三行合算の業容をもはるかにしのぐ業容を有し業績面にも問題が
ないがゆえ，大合同の手続き（経営者，組織，資本関係等）上も中心的な存在と
して位置づけざるを得ない同行の協力は不可欠であったからであろう。

かくして日銀神戸支店の側は，大合併後の銀行の性格づけにつき，平行線的に
折り合わぬ三行側・神戸銀行側の要求の間で立ち往生するようなかたちとなって
いく。1944年5月29日に関係各行に提示された（経過表②の#15）日銀神戸支店側
からの「申合」の案（#14，その内容は#33の引用文［このb）および次のc）所載］
の「当店の提案」に同じ）には「主として地方銀行として」というあいまいな表現
が用いられ，播州銀行人西頭取の失望を買うことになった（#20）。

その後，1944年の6月末頃に記されたと見られる経過表②の#33，日銀神戸支
店の「5行合併」（この頃にはとりあえず香住銀行は対象から除かれ，神戸・福
本・三行の合併に絞られつつあった）の「申合」に向けての各行の希望のまとめ
書き（手書きではあるが整然とした文字［支店長・次長の筆跡とは異なる］で記
されている）には，下掲引用文の「一」のように記され，結局のところ「各論併
記」にとどまっている（下線は引用者，日銀神戸支店・神戸銀・三行側の各案の特筆す

べき相違点を各々二重線・波線・一重線にて表示)。

　なお，同まとめ書きの続きの部分のうち，「二，合併の方式」ならびに「三，合併比率」も併せて記載する。これらについては「一，」に比すれば対立度合いは少なく多言は要しまいが，合併比率に関しては神戸銀行側が株主資本価値に基づくという合併経理上の定石に拠ることを主張し，より資本の論理を前面に出している。このあたりもまた，「銀行経営者の銀行業を担う経済主体としての自律性」を当局に対しても堂々と表明し得たことの一つの表れと解し得よう。(もっとも，そのような主張を行うことが合併談進捗の助けとなったかどうかは，自ずと別問題であるが。)

　　一，申合の趣旨
　　当店の提案　［1944年5月下旬頃記され各行に提示された「申合」案［経過表②
　　　　　　　　#14］と同内容，以下の項についても同じ］
　　　　時局の要請に鑑み兵庫県下所在下名各銀行は合同し<u>主として地方銀行として</u>県下金融に一層の貢献をなすため
　　各行希望案
　　　神戸・福本　<u>兵庫県中心銀行として県下ならびに国家に対し一層職域奉公</u>
　　　　　　　　　<u>の誠を致すこととす</u>
　　　播州　新銀行は<u>名実ともに地方銀行たること</u>
　　　　　　　この際県外銀行の県内支店を整理し新銀行設立の意義を明らかにすること
　　　兵和・全但　<u>当店案の通り</u>
　　二，合併の方式
　　当店提案
　　　合併の方式は新立合併によること
　　各行希望案
　　　新立合併に全部賛成，ただし
　　　神戸・福本　合併の方式如何によりては税関係において当該銀行ならびに
　　　　　　　　　株主に対し不測の負担となるやも計りがたきにつきかくのご
　　　　　　　　　ときことなき方法に留意致されたし
　　三，合併比率

第5章　「地方銀行」の自覚の生成と銀行合同政策との相克

当店提案

合併比率，資本金，持寄積立金等の決定は大蔵省および日本銀行に一任すること

各行希望案

神戸・福本　合併比率の基礎たるべき各行の資産査定は各行において査定委員を任命し大蔵省指示の一定方式に基づき協議す

意見の一致を見ざる点はこれが解決を大蔵省および日本銀行に一任す

播州　各行間一対一とすること

兵和　大蔵省および日本銀行に一任す

但し受任者の参考に供するため意見を陳述することを得

全但　絶対に一対一を希望，やむを得ずば成績下位の銀行を一とし比率を定むること　　　　　　　　　　　　　　　　（8304-238～240）

　なお，上記にて引用はしなかったが，同まとめ書きの「五，銀行の名称」においては，播州銀行が「兵庫銀行」との行名を提示したほかは，4行ともに銀行間協議による，としている（日銀支店提案はなし）。この点は，次節で扱う1944年9月半ば以降の合併協議会さらには同協議会終了後合併契約書案の確定ぎりぎりまで，紛糾材料の一つとなる。

c）歩み寄らぬ神戸側・三行側の希望条件：②役員構成

　上のb）で見た大合同後の銀行の性格づけの問題にも増して，この頃門川支店長を悩ませていたのは役員構成の問題であった。先の3節の(2)c）・d）にて引用した資料の処々に述べられていた，神戸銀行首脳陣（「三巨頭」と称される岡崎会長・八馬頭取・牛尾副頭取）の間での不協和，ならびに「岡崎の個人銀行たるの色彩（は除去せねばならぬ）」と結城日銀前総裁にも言わしめた（経過表②の#41）岡崎会長の（家族・同族を含めた）突出した持株比率とは，合併談を進捗させようとする門川支店長を引き続き煩わせていた（経過表②の#10，#11，#18，#19など）。

　b）で引用した，1944年の6月末頃に記されたと見られる経過表②の#33，日銀神戸支店の合併「申合」に向けての各行の希望のまとめ書きの，役員人事にか

263

第1部　大恐慌期・戦時期における日米の地域銀行政策・業態の分岐

かる「四,」の部分もまた，上記のような問題状況を反映し，「各論併記」にて以下のように記されている（下線は引用者，日銀神戸支店・神戸銀・三行側の各案の特筆すべき相違点を各々二重線・波線・一重線にて表示）。

四，役員の員数，人選

当店提案

　新銀行の役員の員数，その人選ならびに新銀行の名称については各行間において予め協議を遂ぐること

各行希望案

　神戸・福本　役員の員数は過多ならしめざることを旨とし誠意をもって協議に当たりこれが解決に努力すること

　　　　　　　なお万が一にも意見の一致を見ざる場合はこれが斡旋解決を大蔵省，兵庫県および日本銀行に一任すること

　播州　（イ）役員選出の割合は神戸二に対し三銀行（播州，兵和，全但）各一の割合をもってすること

　　　　（ロ）頭取は神戸の役員中より選出のこと

　　　　（ハ）副頭取は一名とし三銀行頭取中より選出のこと

　　　　（ニ）専務取締役は大蔵省の推薦により地方銀行に理解ある責任者を求むること

　　　　（ホ）常務取締役は都市部担当者として神戸より一名［,］地方部担当者として三銀行より各一名を選出すること

　　　　（ヘ）前四条の役員の選任については合併関係銀行の協議によりこれを定むること

　兵和　大蔵省，兵庫県および日本銀行の斡旋のもとに各銀行間において協議決定すること

　全但　各行間に協議の件異議これなし

　　　　協議不調の場合といえども役員の員および人選については銀行の地方色を堅持するため神戸銀行系統の役員数と地方銀行系統の役員数との比率を常に五対五とすることを絶対に主張す（8304-241〜243）

　上記のように，三行間にも温度差があるものの，播州・全但側は具体的員数や

264

比率基準を述べて，地方銀行色の保持を主張している。それに対し神戸側は具体案を一切示さず，「申合」調印の後の銀行間協議あるいは当局斡旋に委ねる立場である。これを「銀行間協議・当局斡旋ではどのみち神戸側が厚遇されるのだから」との読みがあったと解することもできようが，次節で見るように銀行間協議の場においても神戸銀「三巨頭」は三行側委員の顰蹙を買うような不協和音を呈してもいるので，実際自行案を示しかねていた，という可能性もあろう。

d）ふたたび日銀門川支店長が「東奔西走」

　b）およびc）で引用した，1944年の6月末頃に記されたと見られる，日銀神戸支店の合併「申合」に向けての各行の希望のまとめ書き（経過表②の#33）を（「各論併記」に満ちた）たたき台として，7月20日〜21日，7月28日〜29日，8月12日の3度にわたり，5行（神戸・福本，三行［播州・兵和・全但］，以下の「5行」につき同じ）による合併協議会が日銀神戸支店にて開催された（経過表②の#35，#37，#38）。

　それに先立ち播州銀行からは#34の同行希望合併諸条件が改めて提出され（内容は#33中の同行希望条件と同じ），そこには「［それら条件を盛り込んだ］合併申合案に御改案のうえ合併御速進相願いたく［同行重役会の］希望に御座候」とあり（8304-254），#20・#21に記されていたような播州銀大西頭取の席を蹴って合併談から離脱せんばかりの憤激は，とりあえず収まったようである（そのために門川支店長が努力したことは十分推量され，あるいは上記#34も同支店長による懐柔策の一環［支店長のほうから提出を促した］かも知れないが，それについて知るよすがとなる資料は見当たらない）。もっとも，播州銀行側が合併協議の席に着くのは，日銀神戸支店の合併条件案（#33中の「当店提案」，これは前述の通り#14に同じで，その#14は#20・#21にて大西頭取に拒否されている）が修正され播州銀行側が希望する条件に（全面的とまでは言わずとも少なくともかなりの程度）改められるであろう，との期待感があってのことであったろう。

　しかしながら，上記の3度にわたる合併協議会（『参会者』は5行頭取と日銀神戸支店長を基本メンバーとした模様[27]）において，神戸側（同行が全株所有する福本銀行の委員も含む）と三行側との希望条件の歩み寄りはほとんど見られなかった。最後の3回目には三行側の共同要求案が下記のとおり提示され，再び三行側の足並みが揃った。

第1部　大恐慌期・戦時期における日米の地域銀行政策・業態の分岐

　　イ，常勤重役は神戸側と三行側と半々にすること
　　　　もしこれができるならば［この語句は下記「ロ，」にのみかかるよう］
　　ロ，総重役の比率も半々にすること
　　ハ，合併比率は各行一対一とすること
　　ニ，合併の方式は税金が多額となるようならば手続き上新立に代え吸収合併
　　　　もやむを得ざること
　　ホ，行名は変更すること
　　ヘ，総重役の員数は二十名内外とすること
　　ト，頭取は神戸側，副頭取は三行側より選任，専務は［5行以外の］新人を[28]
　　　　もってし適当の人なければ神戸側より選任差支えなきこと
　　チ，普通銀行統制会を脱退すること　　　　　　（8304-282〜283；下線引用者）

　これら諸条件は概ね，b）およびc）で引用した各行の希望のまとめ書き
（#33）の播州銀行側の希望に近いものの，「イ」・「ロ」については同まとめ書き
「四，役員の員数，人選」の部の全但銀行の希望条件に近く，また「ニ」・「ト」
については神戸銀行側への歩み寄りないしは現実主義路線も窺われる。
　また，b）で検討した「都市銀行か地方銀行か」という論点についても，元々
の播州銀行の希望すなわち同まとめ書き「一，申合の趣旨」に見られた「名実と
もに地方銀行たること」および「県外銀行の県内支店を整理し」云々から，
「ホ」・「チ」のように名称上・制度上の地方銀行化を求めるにとどめるなど，こ
れもまた現実主義的な歩み寄り姿勢が見られる。
　以上のような三行側（特に主導的立場の播州銀行大西頭取）の，原則論的な硬
化した態度からの変化は，三行側内部の非公式協議の結果とも解せられるととも[29]
に，日銀神戸支店長の側が三行側との意思疎通を図り（先のa）で見た門川支店
長と播州銀大西頭取との非公式懇談の継続など），現実的路線を示唆あるいは教
導した，という可能性もあろう。
　もっとも，c）で見たように重役構成の問題に関しては神戸銀行内部に火種が
あり，またb）の#33引用部分中の「三，合併比率」も，株主対策（それは大株
主が多い役員の問題とも重なる）を他行と比べても気にする神戸銀行が強く反発
しかねなかった。それらに関し，門川支店長は「右［上掲引用イ〜チ］の要求は
余りに一面的にして」と述べ「（小生の意見としての）折衷案」を下記のとおり

266

第5章 「地方銀行」の自覚の生成と銀行合同政策との相克

第三回合併協議会の場で提示した。

　　イ，頭取，副頭取，専務は神戸側より出すこと（[他に] 副頭取1名は三行
　　　　側）
　　ロ，合併比率を各行一対一とするも別に神戸側に3割程度の増資（現金払
　　　　込）を認むること
　　ハ，重役員数も常勤重役数を神戸側の方に12名程度と多くすること

(8304-284)

　そのうえで門川支店長は，これら3点の条件で三行側が納得するなら「一度上
京して大蔵省係官の来神を請うべし」と提案し，三行側からは「右にて何とか妥
協の見通しあり」と回答した，と合併協議会メモに記されている（8304-284）。
　同メモは，続けて大西頭取の発言を記す。同頭取は神戸銀行の希望条件が別に
日銀支店宛提出されていることから，上記3点も具体的には三行重役会に示さず，
下記イ〜ロ等の条件にとどめることを提案した（下線引用者）。

　　イ，合併条件はすべて新立銀行の精神をもってすること
　　ロ，重役陣は人の和を得た一頭政治とし単に神戸銀行重役陣の増強したるに
　　　　過ぎざるがごとき陣容を避け真に新立の実を備うる事なること
　　ハ，地方銀行となること

(8304-285)

　3回目合併協議会のメモは，5行と門川支店長とのやりとりに関しては上記ま
でで，「あとは大蔵省にも動いてもらわねば」との趣旨の記述にて終わっている。
このメモに神戸銀行側の意向が一切表れてこないのは奇妙でもあるが，実際その
10日後には門川支店長が上京して大蔵省　日銀本部等にて詰めの協議を行ってい
ることから，「5行合併に向けての当該5行経営者からの（少なくとも合併を是
とするに最低限必要な）合意は取り付けた」との認識を支店長は持ったのであろ
う。
　その門川支店長の，8月22日から29日にかけての上京時の記録文書は経過表②
の#39（直筆メモの様子）で，同資料記載の22日から25日までの諸会談に関して
は#40〜#43に簡記してある。

267

それらの諸会談を通じ，9月5日発表の5行合併「申合」あるいは12月20日発表の「合併契約書」に盛り込まれていくことになる，合併にかかる以下のような基本的諸事項が，実質的に取り決められていった。

1）合併比率（一対一だが神戸側に3割程度の増資を認める）
　　#40の県知事会談，#42の日銀重役会，#43の銀行課長会談
2）地方銀行化（ただし統制会との関係で時期は「中央に一任」）
　　#40の県知事会談，#42の日銀重役会，#43の銀行課長会談
3）行名変更（日銀または大蔵省の「第一人者に一任」）
　　#40の県知事会談，#42の日銀重役会，#43の銀行課長会談
4）神戸銀行岡崎会長の個人銀行色は取り除くが同行重役陣の総入替はしない
　　#41の前総裁会談，#42の日銀重役会，#43の銀行課長会談
5）頭取：八馬，副頭取：牛尾・大西，専務：住吉，常務：前田・岡崎忠［以上，大西以外は神戸銀］　他に三行側より常務2～3名
　　#40の県知事会談，#42の日銀重役会，#43の銀行課長会談
6）重役総数は神戸側12名ほど，計20名程度（場合によりある程度多数も可）
　　#40の県知事会談，#42の日銀重役会，#43の銀行課長会談［基本了承，下記のとおり三行側要求を受け計24・5名の案に］

　支店長メモ#39の最後には，別途#44に記したように，9月1日に船山銀行課長が5行に対し「最終的勧奨」をするため来神する予定であること，およびその際に5行に対して述べる予定の同課長の意向についても記されている。同意向についての三行側との事前協議のやりとりについても記載されており，上記の合併にかかる諸事項のうちやはり人事面につき三行側に不承不承の面が残っていたこと，同課長はそれらにつき概ねは上記案のとおり納得させ，6）についてのみ三行側からの「24・5名」の要求を同課長が受け留めたことが知られる（8304-295～296）。

　他方，#41・#43に記したように，この期に及んでも日銀前総裁・大蔵省銀行課長から「5行合併破談の場合は……」との懸念が表明されるなど，当局の実力

者・決定権者の目にも５行合併は危うさを孕んでいたようである。大蔵省銀行課長は，その場合三行合併路線を復活させる可能性（三行のままで「ジリ貧状態に至」る場合は，という条件で）も述べ，それに関しては門川支店長もやむなく同意している（8304-292〜293）。

e）神戸側・三行側の希望条件の乖離を内包した曖昧な「申合」の発表

　以上，ｄ）で記したとおり，５行合併「申合」の調印・公表に向け，1944年８月の暑い最中に主に日銀・大蔵・三行の３者間で精力的に調整が進められた（資料には表れておらず推測の域に属するものの神戸銀行側に対しても働きかけはなされたであろう）。その結果，９月２日には「兵庫県下銀行統合打合会」が日銀神戸支店にて開催され（出席者：大蔵省普銀課長・銀行保険局，兵庫県経済第二部長，日銀支店長，５行首脳），「申合」の内容が取り決められた（#45）。

　そして，９月４日中に各行より重役会承認の旨の電報が日銀神戸支店に届き（#46），９月５日午後の「申合」調印・公表へと至ることになる。#49の文書が５行連名での公表文であり，以下はそこに記載された「申合」の内容全文（末尾の日付・銀行名・代表者名の欄は割愛）である（下線は引用者，本段ａ）〜ｄ）にて引用してきた神戸銀・三行側の諸要求との照合により神戸銀・三行側の要求を反映していると思われる箇所につき各々波線・一重線にて表示するとともに，合併諸条件決定の「先送り」となっている部分につき破線にて表示）。

　「申合」
　兵庫県下所在下名各銀行は時局の要請に鑑み強力なる兵庫県中心銀行を具現しもってわが国ならびに県下金融に一層奉公の誠を致さんがため［，］この際速やかに合併することとし［，］ここに左記申合をなすものなり
　　　　　　　記
一，合併は新立合併の精神によるも手続その他の事情により便宜神戸銀行において播州，兵和，福本および全但の４行を吸収合併する方式を採ること
二，合併比率，持株積立金ならびに存続銀行の資本金等については大蔵省の方針ならびに査定に基づき予め５行間において本合併の趣旨を体し誠意をもって協議決定すること
　　　もし意見の一致を見ざる事項あらばその点につきこれが解決を大蔵省お

第1部　大恐慌期・戦時期における日米の地域銀行政策・業態の分岐

および日本銀行に一任すること

三，神戸銀行の現役員は合併実行と同時に辞任すること

存続銀行の役員数，その人選，役職の割当ならびに商号その他本合併をなすに必要なる事項については前項に準じ5行間において予め協議をなしこれを内定し置くこと

右につき万一にも意見の一致を見ざる場合はこれが決定を大蔵省，兵庫県および日本銀行に一任すること

四，前各項の協議に当たらしむるため各行は委員2名補欠1名を選任し大蔵省，兵庫県および日本銀行に通知すること

五，各行は本年12月までに本合併を完了するよう早急諸般の手続を取り運ぶこと

右申合の証として本証8通を作成し各行代表者記名捺印の上各自その1通を保有するとともに他の3通は大蔵省銀行保険局長，兵庫県知事および日本銀行神戸支店長に提出するものとす　　　　　　　　　（8304-339〜340）

　上掲のように，この「申合」には，前段の終わり近くで記した日銀・大蔵・兵庫県協議済み事項の1）〜6）は，全く記されていない。合併合意の発表において大事なのは当事者の合併意思それ自体で，合併条件の細目を明示しないのは昨今の金融機関合併でもよくあること，と言えばそれまでかも知れない。しかし次節で見るように9月中旬からの2か月余りの合併協議会の場で，特に新銀行の地方銀行化如何，行名，役員人事をめぐり紛糾が続くため，実態的にも，先にd）で見た門川支店長苦心の基本的諸事項のうち特に2）〜6）などは，5行経営陣（とりわけ神戸銀行「三巨頭」）の共通了解事項となっていなかった可能性が強いと考えられる。

5．1944年9月中旬〜1945年3月：合併協議会右往左往ののち「当局一任」で合併へ

(1)　時間軸的な経過概要

　本章の，合併経緯にかかる最後の経過表③（図表5-3）は，1944年9月上旬から1945年3月31日までの約半年間にわたる，神戸銀行，播州・兵和・全但の

第5章 「地方銀行」の自覚の生成と銀行合同政策との相克

図表5-3　合併までの時間軸的な経過表③
——神戸・播州・全但・兵和・福本5行の合併実行までの経緯——

（○記載・添付）は，当該行以外の番号○の項目に記された資料に記された出来事か添付文書であることを示す

「　」内は電報等以外は逐語的ではなく要約

［　］は当該資料にない情報の筆者補記，筆者の推定理由等

番号(便宜上のもの)	書類の日付	出来事の日付	出来事・書類の内容等	日銀アーカイブ資料　番号-葉
1	**1944年** 9月3～5日	——	5行頭取→支店長　合併協議委員届出書（5通）	8304-369～374
2	9月5日	——	支店長→考査局長「合併協議委員別紙のとおり」	8304-357～360
3	9月5日	（合併申合せ：同左）	支店長→考査局長「合併申合調印完了。合併協議会運営に係る岡崎会長希望2条件は知事・普銀課長とも打合せのうえ了承（各行も諒承の旨の付箋貼付け）」	8304-343～347
4	——	9月5日	(13記載) 合併申合調印の場で調印後，神戸岡崎会長が委員会「幹事」職権に関し「強圧的」異議申立て，反感を持った三行側は福本代表委員の適格性への異議等申し立て，混乱	8304-403～405
5	9月5日	——	支店長→総裁「合併愚案は申合せに至るも岡崎氏の横槍（上記4）入り協議会の紛余曲折は免れず宜しくご厚高配賜りたし」	8304-381～383
6	9月5日	——	支店長→大蔵省銀行保険局長・兵庫県知事「合併協議委員別紙のとおり，貴方へ伝達ありたしと依頼ありたるにより」	8304-375～378
7	9月6日	——	支店長→5行代表者「合併協議委員左記のとおり」	8304-361～364
8	9月6日	——	支店長→一万田理事「とにかく申合せ調印さるも岡崎の横槍（上記4）入り同人自ら協議会出席意向ちょっと厄介な事…」	8304-384～385
9	9月6日	——	支店長→考査局長「申合せ調印されちょっと肩の荷を軽くした感。［神戸］新聞論評は余計にも役員人事言及…」	8304-386～387
10	9月8日	——	前総裁・支店長「人事，県知事に当行意向提示も同意なし。（牛尾を避けたい）三行側も頭取は当行等一任では納得しまいが，岡崎の思惑『三者とも退場』も困る。神戸側は中央各方面に運動も。」	8304-388～391
11	——	9月10-11日	(13記載) 10日予定の第1回合併委員会延期（上記4記載の混乱収まらぬため）。支店長，県経済局長と協力し三行側に幹旋重ねるも神戸への不信感強固で委員会決裂寸前，ようやく局長の強力勧奨で了解取付け	8304-402～407

第 1 部　大恐慌期・戦時期における日米の地域銀行政策・業態の分岐

番号(便宜上のもの)	書類の日付	出来事の日付	出来事・書類の内容等	日銀アーカイブ 資料　番号 - 葉
12	──	9 月12日	(13記載) 第 1 回合併委,「主要了解事項」取決め, 神戸岡崎会長を「幹事」に選任, その他今後の委員会運営のための諸事項取決め	8304-402, 407 ～409；議事録は 8305-006 ～ 011
13	9 月12日	──	支店長→考査局長「(合併委員会の開始前からの紛糾ぶり伝え) 神戸三首脳間の対立暴露, 三行側も神戸側にはばかぬ不満示し…」	8304-402～409
14	──	9 月28日	第 2 回合併委, 三行側とりわけ播州大西委員より新銀行の性格づけ・行名 (地方銀行,「神戸」を改称) につき主張開陳, 岡崎幹事も所論述べる；合併比率につき神戸側各行資産査定が先決とし議論を遷延させる姿勢, 次回は10月13日に	8304-415～416 議事録は 8305-011～027
15	(日付なし, 9 月28日合併委員会で神戸側が机上提示)		神戸銀行「神戸銀行の名称を存置すべき理由書」(第 2 回合併委議事録所収) …時局下, 用紙・ゴム印等資材節約,「神戸」名は既に堅固たる地歩	8305-020～027 (14の議事録所収)
16	9 月29日	──	支店長→大蔵省銀行保険局長「(第 2 回合併委で神戸側要請の) 各行資産査定結果10月上旬までに教示請う」	8304-415～417
17	9 月29日	──	支店長→考査局長「(第 2 回合併委で三行側要請の) 福本役員の件, 同行臨時株主総会にて [委員の] 牛尾・前田両氏取締役選任」	8304-418 (牛尾就任報告状 421～422)
18	10月 6 日	(2 ・ 3 日前)	考査局長→支店長「神戸岡崎会長上京, [大蔵] 大臣・総裁を訪ね自説 [10記載の八馬・牛尾・自分同時退任?] 開陳, 大臣は『総裁に一任』, 総裁は意見申さず」	8304-419～420
19	──	10月13日	第 3 回合併委, 各行資産査定表配布, 重役問題議論, 兵和小林委員と門川支店長との間で「神戸・三行重役比率半々」の言質の有無で行違い一座白ける (議事録不掲載部分もあり)	8305-027～033
20	──	(第 4 回委に先立ち)	(21中の門川発言) 大蔵省が先般来しきりに合併委員会の進行促進を要望, 日銀は査定表未着で言いわけしてきたが, 査定表到着しそれも不可に	8305-034
21	──	10月19日	第 4 回合併委, 合併比率および新銀行の理念・性格づけ・名称・重役構成など神戸・三行間「全面的に意見の対立を来たし」, 神戸岡崎幹事半ばさじ投げ, 門川支店長「大蔵省一任は銀行側の不名誉」ととりなし	8305-034～045

第5章　「地方銀行」の自覚の生成と銀行合同政策との相克

番号(便宜上のもの)	書類の日付	出来事の日付	出来事・書類の内容等	日銀アーカイブ資料　番号 – 葉
22	——	10月20日	第5回合併委，合併比率・重役問題につき三行側が委員会中断し三行協議要請，再開後，全但平尾委員欠席等理由により次回委員会まで三行間協議のため少し間を要請，神戸岡崎幹事「互譲的精神」での合併合意を最後に訴え	8305-049〜053
23	——	10月26日	第6回合併委，神戸岡崎，神戸側意見開陳「神戸銀勢力格段優位，都市が経済の中心」[→余計に行詰り色]，記録取らず懇談	8305-053〜056
24	——	10月26日	第6回合併委の懇談（無記録）での合意事項（翌27日委での岡崎談）：行名問題後回し，重役問題は門川支店長中心に忌憚なく折衝し打開図る	8305-057
25	——	10月27日	第7回合併委，岡崎幹事の懇談合意事項説明（24記載）に対し，三行側が行名に関する意見書提出，次いで重役問題折衝のため委員会は休会，再開後，重役問題での各行内相談のため次回委員会は11月8日に	8305-056〜061
26	（日付なし，10月27日合併委員会で播州側が提出）	——	「新銀行商号につき三行意見書」(25[議事録]所収，新立合併の精神を表す「清新溌剌たる」新名称，神戸のような一都市圏名でなく「兵庫県中心銀行たる心持ち」を表す新名称，資材節約は創意工夫により可能)	8305-059〜061（25の議事録所収）
27	11月2日	——	支店長→神戸・三行頭取　大蔵省例示書式に支店加筆の「合併仮契約書案」（神戸銀の合併前増資規模［実質的合併比率の決定要素］は空欄），および「付帯確約案」（支店綴込には次いで北海道拓殖銀と北海道銀との契約書案・付帯覚書案の添付あり）	8304-444〜451（添付452〜461）
28	11月2日	——	支店長→考査局長「合併委で合併比率は合意（神戸銀事前増資［規模当局一任］のうえ対等），重役構成・行名（双方の意見書添付）まとまらず，三行側4日夜上京予定」	8304-462〜466（添付467〜478）
29	11月6日	11月5・6日	考査局長→支店長「三行頭取来訪，『神戸銀態度が支店長の話と相違し合併後心配，地元銀行たるべき，新行名，重役構成』訴え。当方からは『当の時局，兵庫金融のため大同に付くように』とだけ説いた」	8305-140〜145

第1部　大恐慌期・戦時期における日米の地域銀行政策・業態の分岐

番号(便宜上のもの)	書類の日付	出来事の日付	出来事・書類の内容等	日銀アーカイブ資料　番号 - 葉
30	(日付なし,合併委での根回し用か[神戸銀増資額試算的につき])	――	一万田理事・考査局長・支店長の意見一致による合併条件案（神戸銀増資ののち対等合併，役員構成は神戸13：三行11：外部3，行名は当座「神戸」で将来改称，統制会改組の機に名実とも地方銀行に，等）	8304-479〜487
31	――	11月8日	第8回合併委，開催後すぐに岡崎幹事が支店長と三行頭取とが懇談に入る旨述べ中断，再開予定の午後1時30分にも同懇談継続，結局午後3時に流会に	8305-061〜062
32	――	11月9日	第9回合併委，全但田治米委員が小委員会組織提案，各行1名（頭取・会長）で小委員会組織し協議（無記録），再開後，三行側で意見取りまとめるため，として散会	8305-063〜064
33	――	(不明だが帰任後すぐ第10回委召集)	(35記載) 支店長上京し[少なくとも]考査局長と打合せ	8305-068
34	――	11月21日	第10回合併委，支店長「内外空気緊迫下，大蔵省・日銀はこれ以上遅延認めぬ方針，意見取りまとめ急ぎ，まとまらぬ点は当局に一任を」と説諭，神戸八馬委員一任勧奨受入れ提案，三行側別室にて協議求め，20分後再開，全但田治米委員三行代表し受入れ同意。合併委員会として解散合意。	8305-065〜067
35	11月21日	――	5行頭取→大蔵大臣・兵庫県知事・日銀総裁　合併条件未定事項「御裁断」依頼書（神戸銀増資額，役員数・人選・役職割当，行名につき）	8305-068〜070
36	(11月22日[内容より推測])	――	(35の送付状) 支店長→考査局長「先般上京時の打合せ通り合併委にて指導，昨夕電話の通り合併条件未定事項の当局一任決定」	8305-068
(以下は，日銀アーカイブ資料のうち合併実行までの主要公式文書等のみを示す)				
37	12月4日	――	大蔵省銀行保険局長→5行頭取「貴行等合同に関する協議事項中御意見一致を見ざる点に付」いての裁定	8305-253〜258
38	12月5日	――	支店長→5行頭取「合併契約書案」（行名，役員の数・職制・人選・権限は大蔵・県・日銀裁定）「付帯覚書書案」（行名は新行名に，但し物資・労力圧縮という中央の方針により将来に）	8305-109〜117
39	12月20日	――	5行頭取「合併契約書」，「合併契約書付帯覚書」および「申合」（各行委員2名を出し当局指導下，定款・諸規定・給与水準・店舗廃合等協議）	8305-269〜277

第5章 「地方銀行」の自覚の生成と銀行合同政策との相克

番号(便宜上のもの)	書類の日付	出来事の日付	出来事・書類の内容等	日銀アーカイブ資料 番号－葉
40	12月20日	——	「新聞発表文（兵庫県より）」と手書きされたタイプ文「行名は『新立合併の趣旨』から『当然新商号を用いるべき』だが物資労力節約の中央方針により『将来適当の時期に変更することとなっている』」	8305-278〜279
41	**1945年** 2月10日	——	5行合併後の神戸銀行の役員構成にかかる「新聞発表文案」（「20.2.10」と手書き付記）	8305-297〜298
42	3月27日	3月27日	支店長→大蔵省普銀課長「神戸銀行臨時株主総会［増資報告・合併報告・神戸貯蓄銀行合併承認］にて別紙議案満場一致可決」	8305-342〜347
43	3月31日	（合併実行日） 3月31日	神戸銀八馬頭取→支店長「合併実行届」（3月27日，播州・兵和・全但・福本4行との間で「存続合併」）	8305-359〜360

注：＊「出来事・書類内容等」欄について：
　　「A→B」はA氏からB氏宛の文書であることを示し，それに続く「」内は内容の概略
　　「A（＊＊＊）→B」はA氏からB氏宛の＊＊＊形式の通信・文書等であることを示す
　　「普銀課長」…大蔵省の普通銀行課長（単に「課長」とも称す）
　　「支店長」・「次長」…日本銀行神戸支店の支店長・（支店）次長
　　その他「総裁」等の役職は原則として日本銀行内の役職
　＊＊「日銀アーカイブ資料」欄について：
　　「8304-369」等は日銀アーカイブ検索番号（注1参照）と当該資料内の葉番号
出所：日銀アーカイブ資料にもとづき筆者作成。

「三行」，ならびに福本銀行（神戸銀行の子銀行）の5行の合併実行までの過程を，日銀アーカイブ資料「神戸，播州，兵和，全但及福本五銀行合併関係書類」の「1」（図表5-2所載のものの続き）および同「2」に基づき，一覧表にしたものである。なお「経過表②」までと異なり（1944年8月に異動があったため）本表冒頭からは（日銀の）「考査局長」は前神戸支店長の二見貴知雄のことであり，また前任局長（1944年4月から日銀理事）の　万田尚登は考査局長委嘱を解かれたため「一万田理事」と記されている。[30]

　また，対象期間のうち，5行間での合併条件協議は実質的に11月21日の合併条件未定事項「御裁断」依頼書（5行頭取から大蔵大臣・兵庫県知事・日銀総裁宛，経過表③の#35）をもって結了するため，同表の#36と#37の間にも記したように，#37以降の文書・出来事については主な公式文書・事項のみが記されている。

第1部　大恐慌期・戦時期における日米の地域銀行政策・業態の分岐

⑵　経過表③の諸資料中の着目すべき内容

ａ）神戸銀「三巨頭」の振舞により合併協議委員会は当初より波乱

　前節⑵のｄ）で述べたように自らが取りまとめたような5行合併合意につき，当の門川支店長は，経過表③では＃5・＃8のように早速合併協議の先行きにつき不安を表明している。同ｅ）でも付言したように，9月5日の「申合」は合併比率，役員数・人選［神戸：三行比］・役職割当，商号という合併上枢要な事項につき同四項により起ち上げる協議委員会に委ねていたが，その委員内定者（＃2）の一人である神戸銀岡崎会長が，（結果的に自らが「幹事」に就いた［＃12]）同委員会の運営につき，神戸銀行側に有利になるような注文（＃3）を出し，また（同じ神戸銀側の委員をも槍玉に挙げ）「幹事」の優越的地位を主張し始めた（＃4）からである。門川支店長が＃5・＃8等で「岡崎の横槍」と表現する，9月5日の「申合」調印直後の同じ席上での混乱につき，＃4には次のように記されている。

　　一，去る5日申合調印当日の出席者（委員ほとんど全部出席［中略]，牛尾途中退場）において委員会規約案を一応別紙のとおり作成したるところ［,］これに対し岡崎神戸会長は「幹事は委員会の取纏役たるべきことを申合調印の前提条件としたるものにしてかつ右につき大蔵省，兵庫県および日本銀行の諒解を得たるものと承知したるゆえに調印せしめたるものなるをもって［,］「取纏役」たることを明記いたされたく，しからざれば申合は遺憾ながら無効となるほかなく，したがって今後の［協議］委員会にも出席いたしがたく［,］かつ右規約案に賛意を表したる八馬頭取はその責任を負うべきものなり」と意外なる主張を強行に申し出来たりたり
　　　　八馬頭取ならびに前田常務は右取纏役なる文字を明記すべきことがかかる重大なる含意あるものとは諒解しおらざりしもののごとく旁々規約案協議の際にも特にこれを主張せざりしものなるが，岡崎の右意向に基づきあらためて三行側に諒解を申し出たり
　　二，しかるに三行側は岡崎の強圧的態度に頗る憤激を示すとともに今後いかなる勝手の主張をなすやも測られずとなし反感的空気頗る強く容易に承知するに至らず
　　　　一方また福本銀行委員として同行重役にあらざる牛尾および前田を選任し

たることに対しても [，] その資格が法律的にはともかくとするも一般的
通念に反するものとして三行側において 頗 る 憚 らざるものあり　前記取
纒役問題と併せて神戸に対する不満を申し出たり　　　　（8304-403～405）

　上記のように神戸銀会長の岡崎委員が「申合」そのものの効力をも含め異議を
唱え始め，また八馬頭取を責め立てた（加えて「三巨頭」のあと一人の牛尾副頭
取は ［その後の収拾過程で］ 八馬に対し「なんら救援的態度に出でざりし」
［8304-406］）ことは，上記「二」の福本銀代表委員問題と併せ，三銀行側の反感
を高めるのに十分であった。

　それとは別に，＃10（側面的には＃9も）にあるように，神戸銀行が再び兵庫県
に協力要請し，新銀行人事についても画策し始めていた。これらの混乱や策動を
総合すれば，前節(2) d）の終わり近くで掲げた関係当局間協議結果の5），すなわ
ち新銀行の最上層部人事は，神戸銀「三巨頭」の不協和もあり結局実効性ある合
意ではなかったと推察される。また，そもそも同協議結果の4）・5）にて新銀行
では登用しない方針と位置づけた岡崎会長――退く場合は他の「二巨頭」も道連
れにする気構えであった（＃10, 8304-390）――が合併協議の場に加わったことは
人選ミスとも思われ，現に門川支店長自身「[岡崎] 自ら協議会出席意向ちょっ
と厄介な事」と述べている（＃8）。その人選リストは9月5日付の門川支店長か
ら考査局長宛の書状に添付され（＃2），一見したところ当局側の人選のように見
受けられるが，それ自体関係銀行からの要請をも織り込んだ妥協の産物だったの
かも知れない。

　そのような中，門川支店長は県経済部長とともに「種々の斡旋を重ね」るが，
三行側の態度硬化により「一時ほとんど決裂の余儀なきに至るかと思われ」た
（＃11, 8304-405～406）。9月10日に開催される予定であった第1回目の合併協議
委員会（議事録集 ［8305-002～067］ にある正式名称）が2日遅れでようやく開催
できたのは，同11日の夕刻に至ってようやく，「県経済部長の強力なる勧奨によ」
り三行側が矛を収めたがゆえのことであった（＃11, 8304-406）。

　かくしてようやく開催にこぎつけた同12日の第1回合併協議委員会（＃12）で
は，下記「主要諒解事項」につき，合意された（下線は引用者，神戸銀岡崎会長の
要求事項 ［＃3所載分（注31参照）を含む］ につき波線，三行側要求事項につき直線にて表
示 ［「相互に人格を尊重し」については三行側からのものと推察］）。

「主要諒解事項」

一，本委員会の運用につき別に規約を設けず

委員は本申合の趣旨を体し相互に人格を尊重し大和一致の精神をもって円満迅速に協議の実を挙げるものとす

一，委員会は神戸銀行選任の委員中より幹事1名を委嘱す

幹事は委員会の議事の進行取纏めおよび庶務の任に当たるものとす

一，大蔵省，兵庫県および日本銀行当局は委員会に出席し意見を述べれが運用につき指導の任に当たるものとす

一，協議は多数決によらず，全員の合意によりこれを定むるものとす

一，福本銀行委員資格の件につきては牛尾および前田を早急に福本銀行の重役に選任する手続きを採ること

（右に基づき福本銀行においては牛尾を同行取締役会長に，前田を取締役に夫々新たに選任することにし，本日同行および神戸銀行重役会において決議，来たる27日臨時株主総会に付議することとなれり）

(8304-407〜409，8305-006〜007)

b）2か月間10回にわたる合併協議委員会でも協議進捗はわずか

　上記のとおり開始自体が難航した合併協議委員会は，実質的協議が始まった第2回（9月28日）も神戸側が各行資産査定が先決とし議論を遷延させる姿勢をとり（#14），また第3回（10月13日）は兵和小林委員と門川支店長との間で重役員数構成につき「神戸・三行比率半々」の言質の有無で行違いが生じ「しばらく一座は為に白けたる」（#19，8305-031）など，未決の合併条件に関する協議の進捗は遅遅としていた。

　その次の第4回（10月19日）には経過表③の#21に記したとおり，合併比率および新銀行の理念・性格づけ・名称・重役構成など神戸・三行間で「全面的に意見の対立を来たし」，神戸岡崎幹事は半ばさじを投げ，再び門川支店長がつなぎ役となって「大蔵省一任は銀行側の不名誉」ととりなし，かろうじて協議が暗礁に乗り上げるのを回避した，といった状況であった。

　続く第5回（10月20日）以降第9回（11月9日）までは，議事録を取る正式の委員会の場を中断し三行間ないしは門川支店長と各行トップとの間で懇談したり，「意見取りまとめ」のためといった理由で委員会そのものを早めに終えてしまう

第5章 「地方銀行」の自覚の生成と銀行合同政策との相克

する場面が目立つようになる（＃22，＃23・＃24，＃25，＃31，＃32）。そのような場は，主に役員人事の問題を打開するために設けられることが多かったようであるが，少なくとも委員会の議事録上は，実質的に最後の協議の場となった第9回目まで，役員数・人選（神戸と三行との比率）・役職割当に関する具体的な進捗は記されていない。

　新銀行の名称の問題に関しても進捗はなく，第2回委員会に提出された神戸銀行の「神戸銀行の名称を存置すべき理由書」（＃15；時局下，用紙・ゴム印等資材節約のため改称は控えるべき，また「神戸」の名は既に堅固たる地歩を占めている）と，第7回委員会に提出された三行の「新銀行商号につき三行意見書」（＃26；新立合併の精神を表す「清新溌剌たる」新名称，神戸のような一都市圏名でなく「兵庫県中心銀行たる心持ち」を表す新名称，資材節約は創意工夫により可能）とが委員会に提出されたものの，議論はまとまらぬままであった。

　協議進捗の妨げとなったと考えられるのは，まずもって3節（三行合併中止の経緯）から本段のa）に至るまで繰り返し持ち上がってくる神戸銀行経営陣の人的な問題であろう。それに加えて，岡崎幹事が下記のように（幹事としてよりむしろ）神戸銀行会長として同行の規模の優位性および同行が基盤とする都市部経済の中心性を明言したことも，委員間での「大和一致の精神」（本段のa）にて引用した「主要諒解事項」の最初の条項にある）の醸成を妨げた一因と見受けられる。

　　神戸銀行としては三行側の立場をも考え譲るべき点はこれを譲る気持あるも，
　　［合併比率・重役の割合などにつき］三行側の意見があまりに強きに過ぎるため，われわれとしては手の打ちどころなくまた話し合いの端緒を見出し得ざる実情にあり，両者の勢力に格段の差あるにもかかわらず，［全但］平尾頭取のごとく，すべてに対等を要求せらるるがごとき即ち然り，ゆえに双方の力に大なる懸隔ある客観的事実を卒直に認められたるうえ妥当なる要求を提出せらるるならばわれわれとしてもまた互譲的に歩み寄る意思は十分にこれを有しおれり，……（中略）
　　さらに大西委員の意見によれば新銀行の経営方針は若干農村偏重の感あり新合併銀行の経済活動の中心は何と言うも農村より都市にありと思考せらる，
　　（後略）
　　　　　　　　　　　　　　　　　（第6回委員会［＃23］，8305-054〜055）

第1部　大恐慌期・戦時期における日米の地域銀行政策・業態の分岐

　以上のような発言は，ふたたび「本章の検討視座1」，すなわち「『非常時』における『国家的強制力』の影響下で，銀行経営者の銀行業を担う経済主体としての自律性がどの程度保持されていたのか」という視点との関連では，日銀神戸支店で開催された合併協議委員会という場で同委員会幹事が「神戸銀行経営者として，都市銀行業を担う経済主体として堂々と発言し得た」ことの一つの証左ともなろう。

　議事録を見る限り，岡崎幹事の同発言に対し門川支店長が言を差しはさむこともなく，また岡崎幹事のほうもそのすぐ後には「(もっとも) 日銀支店長の言われるとおり三行経営者と自分との4人だけで率直に話し合う場を［委員会を中断して］設けるのも良いでしょう」との趣旨の発言をし，それを実行している。このように，国家権力との関係につきそれなりの経験と立ち位置の自覚とを有していたであろう[34]老練かつ最有力な銀行経営者の側が「(大同合併という) 基本線には賛同した上で具体的な合併条件交渉につき自行の利益を擁護する」という態度を取った場合，銀行監督当局の側としても「大同合併さえ実現すれば」との枠内で「経営者としての自律性」を認めざるを得なかったのであろう。

c)「地方銀行化」に関し合併協議委員会にて交わされた議論

　b)の末尾にて「本章の検討視座1」との関連を述べたのに続き，「本章の検討視座2」，すなわち「兵庫県において『地方銀行』の存続をという理念の作用」という観点から，合併協議委員会での特筆すべき議論を紹介しておきたい。

　これも普通銀行統制会脱退の如何のように明らかな結論としては神戸・三行間で妥結に至りはせず，委員会の後のほうでは行名問題 (本段のb)参照) に矮小化されていったきらいがある。しかし，おおむね委員会の中盤までは「地方銀行としての位置づけ」につき，ある程度議論が重ねられ，地方銀行と都市銀行との中間的なビジョン——もっとも三行側には前者，神戸側には後者がより大きく目に映っているような——が，言わば「場の空気」的に共有されはしたようである。b)の引用文の最後のくだり (「大西委員の意見[35]によれば新銀行の経営方針は若干農村偏重の感あり」云々の岡崎幹事発言) もその一つであるが，筆者の見るところ最も有用であったやり取りは第2回委員会 (9月28日) において交わされた以下の議論 (#14の議事録から抜粋) である (発言者の両端の括弧ならびに発言部分のカギ括弧は意見のやり取りの模様の明確化のため引用者が補ったもの，下線も引用者で神戸

280

第5章　「地方銀行」の自覚の生成と銀行合同政策との相克

銀側の特徴的な主張につき波線，三行側のそれにつき直線，三行側主張に岡崎幹事が歩み
寄る発言につき二重線）。

（大西委員）「自分は青年的かつ独断的意見かも知れざるが」と前提し「申合
　　事項の具体案の討議に先立ちて一応申合事項の前文たる新銀行設立の趣旨
　　理念につき委員会において意見の交換を行いその意見を一致せしめ置くこ
　　とが先決問題なり」とし……
　　[その発言を受け岡崎幹事は門川支店長に新銀行の理念を議題にすべきか
　　問う。支店長の答えは「必要なし」。岡崎幹事それを受け，新銀行の理念
　　については各行の常務会・重役会にて十分検討済み，と答えたところ]

（上田委員［兵和]）「新銀行は県下全体の金融機関として発足するものなる
　　をもって組織ならびに人的に十分地方色を生かせしめられたし」との希望
　　ありたる

（岡崎幹事）「地方銀行と地方人とがあまりに親密に過ぐるはかえってその銀
　　行の発展に支障をきたす場合ある」を自己の体験より述べさらに「神戸銀
　　行は播州，兵和銀行の地盤内に多数の店舗を有しこれら地方の経済状勢は
　　十分承知しおれるをもって何らこの点懸念なきよう」希望し，同時に神戸
　　銀行設立の場合の例を引用し「最初採用せる監督役制度も3，4年後には
　　経営上その必要なきを知りついにこれを廃止したる」旨を述べ，しかし
　　「少なくとも当時監督役を置かざりしほうが宜しかりしとの後悔は現在に
　　おいてもこれを有しおらず」とし，「大西委員のいわゆる地方事情ならび
　　にその銀行の歴史伝統を尊重すべきも［,］それに捉われ過ぎてはかえっ
　　て逆効果をきたさざるやを惧る」と述べたり

（上田委員）「今のお話により十分岡崎委員の地方銀行に対する理解ある態度
　　を知り得たり」となしさらに「兵和銀行の実例に徴し今回の合併に際して
　　も播州，兵和等を一単位とし組織ならびに人的にある程度自治制を敷くと
　　ともにこれらのものにつき漸次改善是正をなしいくにおいてはわれらの理
　　想は達成さるべし」と主張したり

（岡崎幹事）「この点神戸銀行においても今次合併に際し考慮しいたり」とな
　　し「これがため一時は監督役を作っては如何と思いしことあるも，なぜか
　　今次の申合事項中にはこれは削除されあるをもってこれは今後の話し合い

第1部　大恐慌期・戦時期における日米の地域銀行政策・業態の分岐

によりたし」となしたる

［中略］

（大西委員）「自分の思いつきなるが」と前提し新銀行の性格につき左の3項
　　目を主張したり

　　［一，時局の要請に基づくもので経営困難や自己保存のためではない，二，
　　株主本位，営利本位を排し積極的に国家目的に即応し戦力増強に寄与，に
　　続き］

　　「三，新銀行はあくまで兵庫県下地域を基盤とせる県内唯一の地方銀行と
　　して成長すべく大銀行の龍尾に付するがごとき経営方法を避くること」

（岡崎幹事）［一，二，の点につき株主の利益を度外視して国家目的のみに副
　　うことに疑問を呈したのち」「第三の点については新銀行が兵庫県内のみ
　　にて果して今後経営し得るや否や，県内特に神戸市内には現在県外大銀行
　　の支店が多数設置されつつあるをもってこれが引き上げを見ざる限り県内
　　のみを対象としての経営は今後困難なりと思惟す」と述べ「これがために
　　は新銀行は県下の金融のみならず国家の金融にも当然関与すべきものな
　　り」とし氏の新銀行に対し抱懐する所見を詳細に開陳するところありたり

［新銀行に関する構想につきようやく大西，岡崎両委員の意見の開陳があっ
たことを受け］

（小林委員［兵和］）「お話を承れば御両氏の意見は結局同一と見らる，大西
　　委員の国家目的云々の点も株主を全然度外視するという意にあらずと解
　　す」となし，

（大西委員）またしかる旨を述ぶ

（平尾委員［全但］）また同一見解を陳べたるうえ「新銀行の経営方針をかか
　　る風に樹てて，◇くにおいては一同安心して協議し得る」旨を述べたり

(8305-013〜016)

　上記の議論の中で兵和銀上田委員の言う「自治制」ないしは岡崎幹事の言う
「監督役」は，元々三行側の5行合併にかかる要求事項の中の「地方部担当常務
の選出」（4節(2)ｃ）の引用文中の「四」播州の(ホ)）とも重なり合うものであっ
た。それはその後の合併公式諸文書には表れないものの，加古川（旧播州銀地
域）・竜野（旧兵和銀地域）・豊岡（旧全但銀地域）の3地方事務部の設置（『神

戸銀行史』p. 274）へとつながっていったと見られる。

d）中央からの合併圧力強まり未定事項は当局一任で合併協議は終わる

　9月初旬の「申合」調印から1か月余が経過した10月中旬ごろには，大蔵省から日銀側に5行合併進捗如何の問い合わせが増えた（#20）。11月へとさらに月が替わる頃にはさすがに日本銀行側の動きも慌しくなり（#27～#29），合併協議委員会の議論の進捗を待つのではなく日銀側が合意案を用意する方向へと切り替えられたようである。（その間，#29にあるように三行側が一万田理事に直訴に上がった場面もあったが，同理事は「当の時局，兵庫金融のため大同に付くように」とだけ説き，引き取らせたようである。）

　11月初旬のものかと思われる，#30の一万田理事・二見考査局長・支店長の意見一致による合併条件案（神戸銀増資ののち対等合併，役員構成は神戸13：三行11：外部3，行名は当座「神戸」で将来改称，統制会改組の機に名実とも地方銀行に，など）により，第8回（11月8日，#31）・第9回（11月9日，#32）の合併協議委員会の場では，何とか三行側と神戸銀側とを説得しようと，10名からなる委員会ではなく各行トップだけを集めての「懇談」が繰り返された。

　しかしながら，上記合併条件案のうち「神戸銀増資ののち対等合併」（これはそもそも第7回委員会までに増資額算定方法の細目を除き話がまとまっていた［#28］）以外の点は，目だった進展がなかったようである（上記「懇談」については一切議事録に表れないため不明な点が残るが，妥結事項があればその後正式に委員会の場［議事録付］に上ったはずと思われる）。そして第9回委員会ののち，門川支店長は上京し（#33），次の第10回委員会（11月21日，#34）では「大蔵省・日銀はこれ以上遅延認めぬ方針につき意見取りまとめ急ぎ，まとまらぬ点は当局に一任を」と強い調子で説諭することになるのである（#34，8305-066；同支店長発言については第4章6節(1)にて既に引用）。

　この支店長のいつになく強い語調を受け，神戸銀八馬委員は当局一任の勧奨受入れを提案する。三行側は別室にて協議求め，20分後再開した委員会の場で，全但銀田治米委員が三行を代表し受入れ同意を表明した。次いで合併委員会の存続如何につき「二，三の意見交換ありしも」，結局同委員会は「一応その任務を終了せるをもって」解散することが合意された（以上，8305-066～067）。

　上記決定を受け，11月21日（第10回委員会と同日）付で下記事項の「御裁断」

第1部 大恐慌期・戦時期における日米の地域銀行政策・業態の分岐

を大蔵大臣・兵庫県知事・日本銀行総裁宛に依頼する文書が、5行頭取連名で出状されることとなった（#35）。

　　一，神戸銀行は合併前に現金払込による増資をなしたるのち1対1の比率をもって合併するものとす
　　　　ただし右増資額につきてはその決定を御当局に一任する事
　　二，存続銀行の役員数，その人選，役職の割り当てならびに商号につきては意見の一致を見るに至らざるにつきその決定を御当局に一任する事

（8305-069）

上記2点のうち，「一」の点は前述のとおり方針に関しては実質的合意されており，同一基準・同一時点での正確な計数を有し計算能力も確かなはずの大蔵省に委ねたい，という程度の問題と解せられる（第4回委員会議事録［#21］中の8305-034～039を参照）。合併協議委員会の不振ぶりを示すのは「二」の未決諸事項であり，結局，同年9月5日の合併「申合」の「三」（前節(2) e 参照）にて「右につき万一にも意見の一致を見ざる場合は」と記されていた，その「万一」の事態が起こったことになる。

e）5行合併条件の帰結

上記「御裁断」依頼書ののちは，合併にかかる協議は5行の手を実質上全く離れたこともあってか，日銀アーカイブ資料綴りにもそれまでのような支店（長）メモ等の当事者間の交渉経緯をうかがい知ることのできる一次資料は見当たらなくなってしまう。よって，本章の表題にも「合併交渉過程」と記した，そのように過程を逐次追う探求は終わらざるを得ず，以下では「結局どうなったか」という結末の要点を簡記しておきたい。

まず，5行合併協議で始終焦点であった，前掲「御裁断」依頼書の「二」の役員問題については，12月4日付の大蔵省銀行保険局長名の裁定書（#37）にて具体的人選も含め示達された。下記図表5-4は同裁定書および「日本銀行神戸支店」の印字のある便箋に手書きされた5行間配分一覧図（8305-259；経過表③には載っていない）をもとに，役員問題の帰結を示したものである。なお，同一覧図には載っておらず後の新聞発表資料（1945年2月10日［#41］）にも見当たらない

284

第5章　「地方銀行」の自覚の生成と銀行合同政策との相克

図表5-4　5行合併後の神戸銀行の新役員の構成

役職　役職補記	神戸	福本	播州	兵和	全但	5行外	（前職または兼職）
会長　取締役会統理,代表権無						水津彌吉	（台湾銀行頭取）
頭取	八馬兼介						
副頭取	牛尾健治		大西甚一平				
専務	住吉四郎						
常務	岡崎　忠						
取締役　常務重役会出席者	団野源三郎			上田義二	平尾源太夫		
取締役　地方常勤			広田伝左衛門	須藤良三	佐川　実		
取締役	嘉納　純 神田勝次 小林芳夫 吉田孔七郎 高垣謹之助		北村長三	小林善太郎	田治米吉郎右衛門	（県財界代表）菊池吉蔵　田宮嘉右衛門	（神戸市商工会議所会頭）（神戸製鋼社長）
常任監査役	前田一雄						
監査役	山口次郎	柏木宗治	来住梅吉	奥藤益雄			
計	12	1	4	4	3	3	

注：＊8305-298は1945年2月10日新聞発表資料［#41］で，それとも照合済（元の5行の上級役員については，注32［合併協議委員名］を参照）。

出所：日銀アーカイブ資料（8305-237～239,248～250,298＊）および『神戸銀行史』（所属行，前・兼職）にもとづき筆者作成。

が，上記大蔵省裁定書には神戸銀岡崎会長が新銀行の相談役に就く旨記されている（『神戸銀行史』p. 284も実際同役に就任した旨記述）。

　上記の役員配分比は結局，先のd）にて内容を記した11月初旬の日銀からの合併条件案と同じであり，同案が示されたと推察される第8回以降の合併協議委員会で同案を受け入れるのと結局同じではなかったか，との感もある。5行の経営者たちとしては自身にも関わるリストにつき当事者同士では首を縦に振りにくかった，ということなのかもしれないが，それもそもそもは三行と神戸銀行，また神戸銀経営層同士が最後まで「大和一致の精神をもって円満迅速に」（本段a）所載の「主要諒解事項」の「一」）という状態に立ち至れなかったからであろう。

　また，当初の三行側要求（1944年6月末頃，4節(2)c）参照）と比べ，日銀の合併

第1部　大恐慌期・戦時期における日米の地域銀行政策・業態の分岐

条件案が三行側にとり明らかに不利であったことも，同委員会にては決まらなかった理由であろう。そのように三行側が明らかに納得しかねる条件を飲んでまで結果的に5行合併に至ったことは，「本章の検討視座1」すなわち「『非常時』における『国家的強制力』の影響下で，銀行経営者の銀行業を担う経済主体としての自律性がどの程度保持されていたのか」との関連では，「5行合併の方向が1944年9月既に公表されてからは，また同年秋に戦局が危急事態となり当局および新聞等（第4章注70参照）からの合併実行圧力が増してからは，確かに当事行に対し『国家的強制力』が作用する場合もあった」と言い得るであろう。

　なお，残る「商号」すなわち新銀行の行名の問題については，前記の大蔵省裁定書（＃37）では次のように記されている。

　　「三，新銀行商号」
　　一，新銀行の商号は新立合併の本旨上新行名を用うべきのところ物資労力とも最小限度に圧縮せしむる中央の方針なるにつきさしあたり「神戸銀行」とし将来適当の時期に改名をなすこと　　　　　　　　　　　　　　（8305-255）

　この裁定は，先のb）に記した，神戸銀行の「神戸銀行の名称を存置すべき理由書」（＃15）の「時局下，用紙・ゴム印等資材節約のため改称は控えるべき」との主張と，三行の「新銀行商号につき三行意見書」（＃26）の「新立合併の精神を表す新名称が必要」との主張を組み合わせたうえ，先送りを含む結論である。この条項は1944年12月20日付「合併契約書付帯覚書」（＃39）の第一条にほぼ同文で盛り込まれ（8305-273），新聞各紙でも報じられた（8305-284）が，その後結局改称はなされなかった。

　また，行名問題とも関連し，実のところ新銀行の性格づけ上より本質的な問題であるはずの「地方銀行化」如何については，11月初旬の日銀合併条件案（本段d）参照）でも「将来は神戸銀行をして名実ともに地方銀行たらしむるべきこと，ただしその時期は将来統制会改組の歳に譲ること」と明記されていた（8304-480）にもかかわらず，12月20日の合併契約書・同付帯覚書から1945年3月末までのアーカイブ文書中には表れてこず，結局公に表明されることはなかったようである（上記の大蔵省局長「裁定書」は，前記「御裁断」依頼書で問われた新役員・商号に関してのみ回答）。合併契約書の冒頭文では9月5日「申合」（4節(2)e）参

286

照）の「兵庫県中心銀行」との表現がそのまま用いられ，この点でも神戸銀行側の主張が通ったかたちとなった。

6. 小 括
──本章の2つの検討視座につき──

　本章では，1節(2)(3)にて予め2つの「本章の検討視座」を提示し，それを2つの検討軸としながら，播州・兵和・全但の三行合併の頓挫から神戸・福本を含めた5行合併（兵庫県における実質的「一県一行」の実現）につき，かなり詳細に諸当事者の動きを検討してきた。

　既に「ファクト・ファインディング」に大部の紙幅を費やしたこともあり，この最終節においては，それらの検討結果を含めた2つの検討視座にかかる小括に絞り，本章で追った事象の要約をも兼ねたかたちで，行っておきたい。

　なお，この合併の2000年代に至るまでの「長い後日談」を終章2節として付した。そちらも参照していただければと思う。

(1)　小括①：「地方銀行化」の意図は日銀・三行側に強かったが実現せず

　（視座「1」・「2」の順序が前後するが）まず「本章の検討視座2」，すなわち「兵庫県において『地方銀行』の存続をという理念の作用」という観点からの小括を行いたい。

　「前史」（1940～1943年初）にかかる2節の，(2)aでみたように，元々播州銀行は神戸銀行を除く「県下を一丸とする大同団結」により「大県たる本県の地方部を担当するに適する」地方銀行の結成を望み，大蔵省宛に要望書も出していた。

　他方，2節(4)cでみたように1942年11月までに日本銀行は，都市銀行・地方銀行ともに銀行合同で規模を拡大させ，地方銀行30行程度への集約を企図するビジョンをいだくようになっていた。そして同ビジョンにおいて都市銀行としては最小クラスの神戸銀行は，むしろ「30行程度への集約後の地方銀行」として相応しい規模を有する銀行として，地方銀行化も考慮されていたようであった。

　3節でみたように，二見前支店長メモなどから日銀神戸支店が1943年8月以降，実際に神戸銀行を含めた「一県一行」大同合併の働きかけを行っていたことが知られる。そのような中，日銀側にとっては青天の霹靂のごとく，播州・兵和・全

第1部　大恐慌期・戦時期における日米の地域銀行政策・業態の分岐

但三行の合併を大蔵省側が認めてしまう。日銀側は大蔵省に合併差し止めを乞うが，その際にも「右は県下に新なる一地方銀行の独立を認むる形となり，或は却って神戸との競争を激しくして相互疎隔を招く虞も可有之」（3節(2)a）の最後の引用文）と記すなど，既に三行と神戸銀行とを地銀同士のように捉えている節がある。

　1943年末までに大蔵省が日銀側の懇願を受け入れ，三行合併を「延期」したのちは，日銀とりわけ門川神戸支店長の側が三行への説諭の矢面に立つことになる。その際門川支店長が強調したのは「大兵庫県の中心銀行として理想的地方銀行を実現させる」という，播州銀大西頭取のかねてよりの理想（2節(2)a），同(3)a）であった模様であり（4節(2)a），神戸銀行を含めた大合併後の銀行の位置づけを「地方銀行」とする基本線—日銀側のビジョンと三行側の理想との結節点として—がその時以来存していたのは，ほぼ相違なかろう。

　その「地方銀行化」（都市銀行たる神戸銀行が軸とならざるを得ない合併につき「化」を付す）の基本線については，4節(2)b）・c）・d），5節(2)b）・c）でみたように，繰り返し5行合併協議の過程で三行側から提示され，日銀側も側面支援した。しかし結局は規模が突出し合併の軸となる神戸銀行側の抵抗と時に説得力をもった論駁——4節(2)b）で引用の「意見書」，5節(2)b）で述べた行名存置の「理由書」，同節(2)b）・c）で引用した岡崎会長の各弁論など——が奏効し，「神戸銀行」名もその都市銀行としての名実も存続し続けることになった（5節(2)e）。

　そのような，（本章の副題でもある）「兵庫県下における『地方銀行』の存続を」という企図の挫折」の原因につき，検討対象とした過程の全体を省みてあと一つを挙げたい。1944年9月5日の「申合」および同12月20日の合併契約書・同付帯覚書という，その後当事行・当局を縛る鍵となりメディアにも（少なくとも一部は）伝えられる公式文書に，日銀上層部まで推していた「地方銀行化」の鍵となる事項（たとえば同11月初旬の日銀合併条件案にある普通銀行統制会脱退）は，不思議と載ることはなかった。この点に関しては神戸銀行が（仲の良かった）県当局，さらには大蔵省側に働きかけた可能性などが考えられるが，今般のように日銀アーカイブ資料（そこには神戸銀あるいは県・大蔵省当局の内部資料［日銀と行き来したもの以外］はほぼ含まれていない）に専ら依拠した検討作業では，不明点として残らざるを得ない。

288

第5章 「地方銀行」の自覚の生成と銀行合同政策との相克

追加して指摘しておきたいのが，大蔵省，日本銀行，そして実態的な関与度合いが強かったことが知られる県当局の3者が，そもそも「気合一致」（二見前支店長，3節(2)b）の1番目の引用文参照）してはいなかったことである。「地方銀行化」の意図が日本銀行にあっても，神戸銀行と近い様子の県当局は，あるいは「大都市」神戸を自負する意識もあってか「都市銀行にとどまる」姿勢の同行と意を違えることはなかった。また，元々三行のみの合併（当然地方銀行として）を支持していた大蔵省も，神戸銀行を含めた合併談になって以降，（前の段落で述べたように大蔵省側の資料に当たり得ないという問題ゆえでもあるが）「地方銀行か都市銀行か」に関して関与するより，むしろ合併談を事務的に捌こうとする姿勢であったようにも見受けられる。

最後に付言すれば，このような当局間の意向の不一致は，次の②で述べる神戸銀・三行の交渉場面での「自律性」発揮（「地方銀行化」の是非などにつき議論する余地があること）にとっては，寄与する方向に作用したのではと思われる。

(2)　小括②：「銀行経営者の銀行業を担う経済主体としての自律性」

次に「本章の検討視座1」，すなわち「『非常時』における『国家的強制力』の影響下のもとで，銀行経営者の銀行業を担う経済主体としての自律性がどの程度保持されていたのか」という視点との関連で小括しておきたい。

この視座については，4節のほぼ全編および5節のd）まで（すなわち最後の合併協議委員会は除く），5行合併協議の過程では，三行・神戸銀各々に主張の自由——話が揉めるのは日常茶飯事で当局者の面前や公式の席で激昂する自由すら（5節(2)a））——があり，合併協議につきストレスを感じるのはしばしば当局者の側という有様であった（4節(2)a）・d），5節(2)b））。そのことから，「銀行経営者の銀行業を担う経済主体としての自律性は保持されていた」と基本的には認められよう。

また，3節(2)c）の引用文（「五」，二見前支店長の一種「嘆き節」）にあるよう，「国家的強制力」を有するはずの当局の地方トップにして，「合併談進展の鍵は結局は合併相手を惹き付ける人徳だ（そして神戸銀経営者にはそれが不足）」と述懐していることは，当局者が銀行経営者の感情面を含めた意思を尊重していたことの一証左であろう。もう一つ挙げれば，1944年10月合併条件協議の行き詰まり局面で，門川支店長が「大蔵省に決めてもらうのは銀行側の不名誉」と銀行側を

289

励ましている（経過表③の#21）ことも，当局者が銀行経営者の自律的な判断を尊重していたことの現れであろう。

　もっとも，上記の「自律性」は三行・神戸銀の双方に均等に存していたわけでもなかろう。5節(2)b）の末尾で述べたように，合併に際しての存続行（資本の中核）たる神戸銀行の有利さは，確かにあったと認められる。

　思うに，銀行組織同士の規模的に大きな合併という，そもそも国家の強制力云々以前に株主資本主義的かつ商法等の法技術的な諸側面を一つ一つ解きほぐさねばならない合併過程にあっては，そして特に本事例における神戸銀行のような他の関係行を圧する規模で業績も健全な組織が存する場合には，「金融機関整備令」のような強権発動の根拠法があっても，その「強権」はあまり実効性を有しないのではなかろうか。

　特に，複雑な業務内容・資本構成を有する中上位規模の銀行の場合，仮に当局に合併命令権があっても，合併形態・合併比率にはじまり合併後の資本構成・主要株主さらには合併後の店舗網の見直し・取引先移管に至るまで，合併に伴う実務的諸課題につき具体的に落としどころを見定め指示できるものではなく，当該銀行の役員・経営管理部署のノウハウや専門的作業が不可欠であろう。法的実務や合併後の営業体制構築上も合併の軸として位置づけざるを得ないそのような「中心的銀行」の，ある程度前向きにその責を担おうとする姿勢なくしては，上記のような合併実務の諸課題を一つ一つ解きほぐすことは困難である。

　それゆえ，「銀行経営者の銀行業を担う経済主体としての」自律性，少なくとも株主に相対し銀行組織を運営する経営的技量に，当局側としても寄り頼まざるを得ないのではなかろうか。しかも，本事例の神戸銀行の場合のように，その「中心的銀行」が多数の有力行の合併という実際上の経験において，交渉相手行はもとより，あるいは当局者に比しても上回っている場合には，なおさらのことであろう。

　元々当局が仕向けた「大合同」であっても，「中心的銀行」の前向きな協力姿勢を取り付けることが重要，と上述したが，そのことは，本章の事例で言えば神戸銀行にとって「乗りたくなる」合併ビジョン・条件を当局側も用意せざるを得ないことを意味する。実際，同行と相対する側の三行については，合併協議の後半（具体的には1944年9月の五行合併「申合」の後）になるほど自由度を狭められる面が強まったように見受けられる。その点は既に5節(2)e）の半ばにて多

少論じたゆえ（紙幅の関係もあり）繰り返さない。ここではただ，三行側でも神戸銀行と元々対立色が強く，本章で見た諸過程を通じ三行側の代表的論客でもあった播州銀大西頭取につき，上記のような神戸銀有利の客観的情勢のなか，ひとかどの論客でもあった神戸銀岡崎会長（注34参照）と時に渡り合い，最終的に新銀行の副頭取職に入り込むなど，よく「健闘」したのではないか，との筆者の所感を付記しておきたい。

　三行合併から神戸銀行を含めた合併へと力づくで舵を切る際，日銀の門川支店長が語り合い助けられた交渉相手は大西氏であり（4節(2)a）），彼個人として，当局から見ても話が通ずる相手と見られていた可能性もある。川﨑［2009］は，銀行合同において当局と内容のある交渉相手となりうる地方銀行経営者の資質につき「（当局者と）共通のフィルター（思考枠）を有していること」との議論を展開しているが，東京の大学に学んだ経験があり大政翼賛会を通じ中央とのつながりもあったであろう同氏に関し，示唆するところがあるかもしれない。

　その大西との関連，そして神戸銀行が都市銀行であり続けたこととの関連で，最後に，本章の題目からは逸れることは承知で，戦後まもなく起こった公職追放につき付言しておきたい。神戸銀行が都市銀行として敗戦を迎え，GHQによる公職追放の対象に「影響力の大きい金融機関」（1947年1月勅令の経済条項［連合国最高司令官総司令部［1996］p. 66］）の一つとして含められた（同 p. 191）ことにより，1947年2月，本章に登場した諸人物中，八馬兼介（頭取，当時［以下も］），牛尾健治（副頭取），大西甚一平（同），および岡崎忠雄（相談役）が神戸銀行を去ることとなった（『神戸銀行史』pp. 348-349）。

　上記勅令経済条項には地方銀行は一行も含まれていないので，もし神戸銀行が地方銀行として敗戦を迎えていたならばそのようなパージもあり得なかった。合同後の銀行が地方銀行たるべきことを一貫して主張し続けた大西甚一平が，都銀経営層の一人となったゆえにこそ早々と銀行界を去らねばならなかったことは，はなはだ皮肉な結末と感ぜられる。

注
⑴　「日本銀行金融研究所アーカイブ」ウェブページ（http://www.imes.boj.or.jp/archives/）中の「日本銀行アーカイブ目録（支店資料）」所載の「神戸，播州，兵和，

全但及福本五銀行合併関係書類１」（日本銀行神戸支店営業課，「検索番号」8304）ならびに「神戸，播州，兵和，全但及福本五銀行合併関係書類２」（同，「検索番号」8305）が，兵庫県における実質的「一県一行」の完成とみなし得る1945年３月の５行合併に関する日銀アーカイブ資料である。前者（8304）は，1943年10月28日から1944年の概ね11月初旬までに記された，日銀・大蔵省・関係銀行等（日銀支店長・銀行頭取等の自筆による時に個人的所感をにじませた書状等も含む）の資料366葉（2011年８・９月に同アーカイブより筆者に送付されてきたデジタル撮影プリント総枚数），後者（8305）は1944年11月から1945年３月31日までの同様の資料490葉（同）からなる。

(2) 一般的には，銀行頭取の署名文書が，実質的に機関決定内容の引き写しであったり有能・能弁な他の重役・幹部職員の手になるもの，というケースが多かろう（筆者自身のかつての銀行本部企画職員としての経験に照らしても）。しかしながらこの播州銀行大西頭取の陳情書の場合，かなりの程度本人自身の論理ならびに意見を反映したものではないかと推測される。その理由として，本章で後に見るように，金融当局者による頭取自身の意見聴取や頭取間の合併協議の場での大西頭取の発言が最も活発かつ能弁な部類に属するとともに，その内容も本陳情書と整合的（とりわけ「地方銀行」の役割ならびに神戸銀行の「市中大銀行」としての位置づけなどにつき）であることが挙げられる。

(3) 神戸銀行は1941年９月，福本銀行の全株式を取得した（『神戸銀行史』p. 231）。なお，この株式取得に関し，第４章５節(3)にも引用したとおり東洋経済新報社［1942］p. 121 は，「…中播だけで合同の機運が動いた昨年八月，突如神戸銀行が福本銀行のほとんど全株式を買収してしまった。けだし神戸銀行としては兵和銀行株も多少保有しているところより見て，播州の銀行合同に相当の発言権を持ちたいのであろう」と記している。

(4) 昭和戦前期における「大県」・「一等県」に関し，管見の限りでは百瀬［1990］p. 105 に次の引用文の記述があり，当時の兵庫県知事の前歴（第26代～28代［1938年６月～1945年１月］の關谷・坂・成田３知事ともに他県知事または内務省局長［兵庫県「歴代兵庫県知事」ウェブページ等］）を併せ鑑み，同県が「大県」ならびに「一等県」と通称されていたものと思われる。「知事の前職をみると，北海道庁・府・大県は他府県知事か内務省局長クラス，中県は小県知事か府県部長または内務省課長，小県は府県部長または内務省課長であった。知事の俸給は（中略）加俸として東京・京都・大阪の各府，神奈川・兵庫の各県知事は700円，長崎・新潟・愛知・宮城・広島・福岡・熊本の各県知事には500円がついた。一等～三等県といった奇妙な区分はこういったことも関係があろう。」

(5) 1940年国勢調査における兵庫県の人口は約322万人で全国４位，面積は8,323平方キ

ロメートル（「國勢グラフ」編集部［1940］p. 171）で全国12位であったが，人口3百万人以上の6府県中では突出して広かった（同県に次ぐのは愛知県の5,081平方キロメートル）。また，1937年の農産物生産額1.14億円は全国5位，同畜産物0.17億円は全国4位，同水産物0.11億円は全国15位，同鉱産物0.19億円は全国11位，同工産物31.0億円は全国3位であった（同 pp. 74-75）。

(6) 第4章のため筆者が1940年国勢調査データに基づきまとめた兵庫県市区町人口（2000年時点の行政域に再編成したもの）の表計算シートにより，兵庫県の「地方部」の人口（播磨［神戸市垂水区は除き西区は含める］・但馬・丹波の諸市町の人口；ただし本文所載の播州銀行陳情書中で神戸銀行支店の存続を可としている明石市・加古川市・高砂市の人口の半分，および［前記3市の類推で神戸銀行の地盤存続を認めざるを得まいと考えられる商工業拠点の］姫路市・相生市の人口の半分は，神戸銀行と地盤を分け合うとみなして除く）を計算した結果，約132.6万人となった。なお，同人口を除く神戸銀行側の県内地盤の人口は約189.5万人となる。仮に兵庫県がそれら132.6万人と189.5万人の2県であった場合，前者は人口8位（現実の兵庫県なかりせばの仮定での順序）の静岡県に次ぎ9位，後者は人口20位（実際の順位［兵庫県なかりせばの仮定，かつ，前記189.5万人の「兵庫県（大）都市部」が上位に来るため］）の岡山県（約132.9万人）に次ぐ21位となり，依然として中位より上の人口規模である。

(7) 播州銀行大西頭取の「地方銀行」の存立の必要性・意義について述べた文章や聞取り内容等については後の本文で日銀アーカイブ資料から紹介するが，ここでは同氏が「県翼賛文化連盟副会長」として「県下文化運動の実勢」と題し神戸新聞に寄稿した文章の一部を紹介したい。それを読むと，同氏の上荘村文化協会以来の農村文化協会運動でのリーダーシップ発揮が，村や町からなる（本文に引用した陳情書の言葉で言えば）「（県の）地方部」の民度・地位向上へのコミットメントに由来したものであることが感ぜられるとともに，頭取として「地方銀行」（個別行さらには業態として）にコミットする，また大政翼賛運動の「地方部」を担うことは，そのような姿勢と自ずと連続体をなしているのではなかろうかと思われる。

「……かくて文化運動第一次の目標は，この国難にあたって文化人の総決起を促すことであった，全国至る所に続々として文化人を指導者とする文化協会が生まれた。これはまことに下から盛り上がる力の結集としての大政翼賛運動であった。ここで注意を要することは，……いわゆる文化を語り芸術を弄ぶような会では決してなく，いかにして村を，町をよくするかを熱情をこめて考え，実践する会であったことである。（中略）それではその形態の如何にかかわらず文化運動者に通ずる共通の理念とは何か——ということについては，大政翼賛会文化部が出した『地方文化建設の根本理念』がよく尽している……」（神戸新聞，昭和19年1月11日［日刊］）。

第1部　大恐慌期・戦時期における日米の地域銀行政策・業態の分岐

(8)　この（イ）に対応する神戸銀行具申書の部分（本文中の引用文の上部）には「地域的に一中心銀行を設立して」とあるが，同具申書の要望事項の二，(3)・(4)項（本文中の引用文の下部）には３度にわたって「地域的中心銀行」という語句が現われるので，後者の表現を用いた。

(9)　神戸銀行具申書中の該当部分は以下のとおりである。

　　「（イ）（一段落略）すなわち同行は古くより福知山市のごとき重要都市に支店を設置するとともに，他方寒村僻遠の地には一切店舗を設けず行員の素質また向上し都市銀行におけると大差なく夙に弊行との合併方針を決定してもっぱら経営水準の向上を計りかつ何時にても弊行との合併を実行し得るの態勢を整備いたしおり候この点播州銀行等のごとく地方小部落に多数の店舗を有する純然たる農村銀行とは本質的に相異なるものこれありしたがって同行の弊行への合併はその意義および価値において最も有効適切なるものと存じ候」（日本銀行神戸支店［1942］p. 445）

　　なお，上記引用文中の「都市銀行」という用語は，同具申書においては神戸湊西銀行（本店神戸市兵庫区）・恵美酒銀行（同西宮市）（両行に関しては第４章６節(2)参照）に対しても用いられており（日本銀行神戸支店［1942a］p. 446），当時の最大手諸行ないしはシンジケート銀行という意味ではなく，大都市部を本拠とする小銀行をも包含する呼称として用いられているようである（本稿では特にことわらない限り引き続き前者の意味で使用する）。

(10)　日本銀行神戸支店のホームページ中の「歴代支店長一覧」（アドレスは末尾参照）によると，第10代支店長二見貴知雄は1942年４月着任，第11代支店長門川暴は1943年10月着任，となっている。図表１の資料＃23などから，二見は次任地の名古屋支店にあっても，後任者門川とともに三行合併を阻止すべく相当な努力を払ったことが知られる。

(11)　本文で引用した語句を含む，日本銀行調査局特別調査室［1948］p. 249 の記述は以下の通りであり，日本銀行という組織そのものも軍部・大蔵省等との関係で逼迫した状況下に置かれていたことが感ぜられる。「［1943年央以降の］かかる悲痛な敗戦の凶報は直ちにわが産業界へ反映した。産業政策は超重点主義から航空機の増産第一主義へ改変された。（中略）……産業が決戦色を帯びたのである。そしてそのような決戦生産に応ずるための財政と金融はインフレ一本槍であった。（中略）金融政策が重点産業資金の供給を円滑化する政策に転換した……。［著しい労力・資材不足等による］隘路の発生によって生産が限界点に達していたからこれら重点産業に対してはさらに集中的に資金を注入し遮二無二隘路を突破しなくてはならなかったのである。（中略）この頃東洋経済紙上で賀屋蔵相は『最近の財政金融問題』として次の如く述べている。『私共の心掛けと致しまして，……。物資労力の続く限りこれを円滑に運転すべき資金は必ず供給する。またやらなければならないという責任感で初めからやっておりま

第5章 「地方銀行」の自覚の生成と銀行合同政策との相克

す。金は心配いらない……必らずやり通す。労力や技術や資材は何とかなっても金の方が巧く行かないから戦力増強が狭められた。ということのないやうにやって来たのであります云々』（19年1月19日号）これは実に驚くべき発言であり無限のインフレの約束である。」なお，1943年央とりわけ同9月以降に戦時動員体制が最も強化された，その具体的かつ詳細な記述に関しては山崎［2011］pp. 593-608を参照。

⑿　経過表①の＃1の書状（二見支店長から渋沢副総裁宛）には，より具体的に次のように記されている（8304-002～003）。「二，三行の合併については機運は十分熟しおりこれを実現せしむるつもりならば至極容易と考えらるるところまで来たりおるが，三行併せても預金1億9千万円の小銀行に過ぎずして大局より見れば銀行数減少というほかには格別実益もこれなく，かついずれは『神戸』に合併させるとなればかえってその間余計な手数を◇ませて『神戸』への合併時期を遅らせる結果となるわけにつき，この方法は得策ならず」。

⒀　経過表①の＃3以降，「次長メモ」と記された文書が散見されるが，それらにつき注記しておきたい。それらは，宛名・差出人がなく小さな印章（「木？野」の二文字）のみが押されたメモ書きのようなものがしばしば存する（同印章は門川支店長名が記された文書にも同支店長の印章と並び押印されていることも多い）。その印章は，8304-375の資料では（「支店長」のゴム印の右側に）「次長」のゴム印が押されたそのすぐ下にも押されていること，また，8304-128（門川支店長宛，「日本銀行神戸支店」の便箋）には「梅野友夫」と記されていることから，同名が支店次長として押印したものであろうと推測される。なお，阿部［1955］p. 80によれば，1946年6月の同行内辞令で梅野友夫が総務部総務課長から岡山支店長へと異動とあり，また柳ヶ瀬［1971］p. 76によれば，1951年設立の日本開発銀行初代理事の一人として，当時日銀資金局長であった梅野友夫が任命されたとあり，恐らくそれらと同一人物であろうと推量される。

⒁　「小林」および「広田」は文脈からして三行側の人物の可能性が高いと考え，『神戸銀行史』pp. 214-231（「二九，合併銀行略史」中の同三行部分）から該当する役員名を探した。その結果，「小林」も「広田」も一名ずつ存し，前者は兵和銀行の小林善太郎取締役副頭取，後者は播州銀行の広田伝左衛門常務取締役であろうと推測される。（なお以下においても，神戸銀行との合併4行［福本銀行を含む］の役員情報については，別記しない限り『神戸銀行史』の上記「二九」の節を参照した。）

⒂　「［"三，"の項，前略］三行側は今日に至り『大蔵省から御話があるくらいだから日銀支店とも何もかも御打合せずみのことなりしと諒解しいたり』などど体裁のいい事を申しおれども，菊池田あたりの口止めありしは十分うなづかるるところにて，こういう事で結局日本銀行がいつも歩の悪い役廻りになるのは真に残念に御座候。この点についてはあえて『勉強が足りなかった』とは思わず候。」（8304-068）

第 1 部　大恐慌期・戦時期における日米の地域銀行政策・業態の分岐

⒃　当該アーカイブ資料8304（検索番号）（注 1 参照）は固定具にて綴込みされており，他方，元々の文書の用紙は公用便箋から手書きメモまで種々にわたり，用紙の大きさや記載部分の用紙の端までのマージンも様々であり，稀にではあるが綴込み部分にかかる文字列が読めない場合がある。

⒄　『神戸銀行史』巻末資料編 pp. 34-39「役員異動表」参照。神戸銀行の役員情報については，以下においても別記しない限り同表に依った。

⒅　同覚書には日付がないが，日銀アーカイブ資料8304の綴込み順も鑑み，経過表①では＃25として示している。実際，内容のほとんどは12月中旬以前に門川支店長が収集してきた情報（同アーカイブ資料内の時間的に先立つ諸文書にある情報と重なる点も多い）である。しかしながら，最後の「（第五）四行合併に対する神戸側の態度」の最後尾「ト，岡崎の態度」には「新年になり……」とのくだりがあり，その箇所，ないしは（第五）の他の箇所も含め，1944年 1 月初旬に加筆されたのかもしれない。なお，その（第五）は覚書のそれ以前の部分とはページを変えて書かれているが，その直前には「（第四）播州の大西氏の所論」とのくだりが「イ，」の断片のみ記されたうえで全面的に斜線抹消されている。このあたりにも，門川支店長が諸銀行の実力者間を時間に追われながら取り持とうと努力していたことが表れているように感ぜられる。

⒆　日銀アーカイブ資料8304-178（後掲図表 5 - 2 ［経過表②］の＃10の一葉）に「神戸銀行三巨頭」の文言があり，同箇所の記載内容より，それが岡崎会長・八馬頭取・牛尾副頭取のことであると知られる。

⒇　岡崎忠（ちゅう）は，1904年東京生まれ，東大卒，三菱倉庫勤務ののち神戸岡崎銀行入行。神戸銀行成立後，東京支店次長，大阪支店長などを務め，岡崎忠雄会長の娘婿でもあった（『コンサイス人名辞典—日本編—』p. 235 および谷 [1943] p. 37）。

㉑　タイプ書き 5 ページに及ぶ同文書には作成者名がなく，神戸銀行のことを「当行」などと称することもない。しかし，経過表①の＃9にある「八馬はまた，県庁に泣きつき知事の名で反対運動をさせるつもり」［と聞く］（8304-069），また＃10にある「先日八馬頭取が県知事に対し三行合併よりも四行合併を可とする旨陳情したる」および「［県の大蔵省宛の四行合併を推す電報は］全く神戸銀行の一方的陳情を聴きたる［もの］」，などの記述から，同文書は実態的には神戸銀行の手になるものである可能性が高いと考えられる。

㉒　本文で引用したのと同じ＃23の二見前支店長の説明書きの他の部分には，播州銀行の大西頭取との「懇談」を通じて三行役員陣の中の人事面での懸念を聞き出した，とのくだりもあり（8304-061〜062），同頭取は必ずしも中央・都会人に対し頑ななだけの地方人士ではなく，当局者側にとっても協議相手になれうる人物であったようである（第 4 章 3 節⑴ a）で触れたとおり，早稲田大学に学んだことがあり，また大政翼賛会県支部常任委員でもあったため，東京や官界の動静に疎くなかったのかも知れない）。

第5章 「地方銀行」の自覚の生成と銀行合同政策との相克

㉓　門川 暴 に関しては，宮崎県のホームページの中の「ふるさと再発見①　みやざき
の 百 一 人」（http://www.pref.miyazaki.lg.jp/contents/org/chiiki/seikatu/
miyazaki101/hito/index.html）（その50人目）の記述が人物面も含め参考になる。そ
れによれば，同氏は1894年に現串間市に生まれ，東京商科大学卒後日本銀行に入行。
戦後1948年，「多くの人に請われ」て日向興業銀行（現宮崎銀行）の４代目頭取に就
任したが，1952年「[同行20周年に際し次々と文化行事を打ち出し]県民文化への献
身的奉仕の途中に急病に臥し」急逝した。なお同記述の最後には，氏の信条は「『誠』
をもってすれば苦難を打破できる」というものであった，と記されている。

㉔　同意見書の引用部分（「わが国現下の……」）の前には，大蔵省が三行合併を認めた
ことに関し，「そもそも神戸銀行は一県一行化政策の核となるようにと同省の勧奨で
設立されたものにつき，同行としては反対せざるを得なかった」という趣旨の文章が
ある。それに続き，「神戸銀行は普通銀行であるから，三行合併により[県下をまと
める]地方銀行を別途設立する，というが」との意のくだりがあり，当該引用部分が続
く。

㉕　香住銀行の県下銀行大合同からの離脱に関しては第４章の注74において既に記した
が，経過表②の＃14，＃15，＃17，＃21，＃22，＃25，＃26，＃28，＃35，＃36に同
行名は合併談上の直接関与行として表出し，それらの資料自体，別個の論考となるに
足る研究素材と思われる。しかし，本章にては立ち入ることはしない。

㉖　筆者にそのための予備知識や側面調査の備えもなく理由は詳らかでないが，日銀神
戸支店門川支店長は1944年８月以降の重要な局面で時々，予め（現総裁ではなく）前
総裁の結城豊太郎（在任1937年７月～1944年３月，日本銀行ホームページ中の「歴代
総裁」による）と相談し，そこで表明された同前総裁の意向は日本銀行本部にあって
も影響力は大きかったようである。

㉗　第２回協議会はその基本メンバーどおり（8304-276），第１回協議会はその６名に
加え５行の副頭取または常務取締役１名と日銀支店次長および営業課長が加わってい
る（8304-269）。第３回協議会の議事メモには参加メンバーの記載がない（8304-282）。

㉘　この「新人」とは，４節(2)ｃ）で引用した各行の希望のまとめ書き（経時表②の
＃33）の「四，役員の員数，人選」に，播州銀行の希望として「（二）専務取締役は
大蔵省の推薦により地方銀行に理解ある責任者を求むること」とある，それに対応し
た文言と推察される。

㉙　本章で引用していない日銀アーカイブ資料も含め見渡しての筆者の印象として，三
行側の相互に協調的な態度は一貫しており，神戸銀行の資本を受け入れている兵和銀
行を含め，神戸側に寝返ったり，その可能性を示唆して揺さぶるような言動は見受け
られない。また逆に，行き詰まり打開のためという前向きな意味で，神戸銀行とのパ
イプ役を務めたりするような銀行[県内の関与行ないしは県外有力他行]も存在しな

297

第1部 大恐慌期・戦時期における日米の地域銀行政策・業態の分岐

かった（それゆえ日銀神戸支店をはじめとする当局者の苦労が増したということはあろう）。

(30) 一万田尚登考査局長は，1893年大分県生まれ，東大卒ののち1918年日銀入行，1942年5月考査局長（1944年4月には同行理事に［同8月までは引き続き考査局長，後任は本章でしばしば現れる二見前神戸支店長]），1946年6月日銀総裁（上級理事の公職追放による）。その後1954年には大蔵大臣として入閣もしている（以上，阿部 [1955] pp. 80, 300-301；『コンサイス人名辞典—日本編—』p. 108）。

(31) 経過表③の#3にある岡崎会長の「希望2条件」は，「申合」の「二」・「三」項の協議事項の議決は多数決に依らないこと，および，「申合」の「四」の委員会の委員長または幹事等は神戸銀行側委員とすること，というものであった（「申合」のこれら条項については4節(2)e）を参照）。

(32) 経過表③の#2記載の「合併協議委員」は次のとおりである（掲載順）。播州銀行：委員—大西頭取・広田常務，補欠—蓬莱会長。兵和銀行：委員—上田頭取・小林副頭取，補欠—須藤常務。福本銀行：委員—牛尾（神戸銀副頭取）・柏木頭取，補欠—前田（神戸銀常務）。神戸銀行：委員—岡崎会長・八馬頭取，補欠—住吉常務。全但銀行：委員—田治米会長・平尾頭取，補欠—佐川常務。

(33) 神戸銀行が兵庫県に協力要請することは，三行合併撤回運動（経過表①の#8・#10など）以来よく見られることで，日本銀行側は時に政治的「運動」と呼称し（同#8など）快く思っていなかった様子である。

(34) 『神戸銀行史』は，戦時色が濃くなっていた1940年11月の行報に岡崎会長が「第四周年に当たりて」と題して載せた文章を紙幅を割いて引用している。その中で岡崎会長は，「高度国防に資するための金融新体制」が喧伝されることにつき次のように手厳しく批判し，政府批判と解しうるくだりすらある（pp. 142-145，下線引用者）。「彼等理論家は現在のような銀行の機構を自由主義的経済組織の残滓なる言葉をもって貶し，その企図する改新案をもっていわゆる新しき理念の下における経済体制の顕れなりと誇称し，理由強調の具に供している。（中略）少なくとも彼らは数個の錯誤をなしていることを指摘せねばならぬであろう。［「錯誤」の指摘の㈠は略]㈡彼らの優先的に投資せしめんとする所の産業は国家的使命を有し，いわゆる高度国防に欠くべからざる産業であると言うのである。しかしながら（中略）彼らが必要不可欠と思うものが果たして国家のため不可欠であるがどうかを誰が判断するか。（中略）国家不可欠など言うことは実際の苦労も知らない経験の乏しい人々の単純なる理論—時には感激的な—判断をもってしては極めて危険であることを考うべきであり，また往々にしてこれが政略的に乱用さるるの例が今日まで少なくない。よく考うべきである。また政府当局が国家的と信じていることが，一般国民に必ずしも信頼を受け得ないことがはなはだ多い。（後略）」

第5章 「地方銀行」の自覚の生成と銀行合同政策との相克

　　岡崎会長はこの寄稿文を，「我々はあくまでどこに真理があるかを静思反省して一時の興奮に踊らず，もって金融業者としての使命を達成すべき重大なる責任の地位にあることを自覚すべきである……」との「行員諸君」への呼びかけで結んでいる。これら引用文中の下線部分（引用者）を見るに，同会長は畢竟，1930年代においてなお銀行業界では有力であった「自由主義的」考え方（第3章3節(2)参照）の持ち主（少なくとも銀行組織のあり方に関する限り）であったのではないかと推察される。

(35)　その大西委員の地方銀行的経営にかかる意見表明については，本文で直後に引用する第2回委員会での発言のほか，第4回委員会（昭和19年10月19日）議事録（経過表③の#21）に，同氏が新銀行の理念につき以下のように述べたと記されている。「一，新銀行は兵庫県の銀行なることを自覚すること（改行）新銀行が兵庫県の中心銀行なる以上，県下金融において県外銀行に比し一段の理解を持ち，海岸線一帯の企業金融に充分の理解と努力を払うはもちろん，その他の農村地帯においても零細預金の取扱い，貸出を回避すべきにあらず。かくてまず足許を堅めたるうえ，県外はもちろん海外主要都市に店舗を設くることを当然考うべきなり。（以下略）」

(36)　この点にかかる川﨑［2009］p. 132 の論旨は要約すれば以下のとおりである。大蔵省・日本銀行等の公権力者，次いで都市銀行の経営者たちは，彼らが受けた高等教育ならびに所属官署の情報装備という共通のフィルターにより欧米の金融事情にも通じ，イギリス式の大銀行主義およびそれに基づく国内特定拠点への集中投資による重化学工業化，というビジョンを共有していた。他方，地方銀行の経営者（地方名望家層）たちは，多くはそのような共通のフィルターならびにビジョンを有せず，銀行経営においても各地域における属人的（含，出身家系）信用力に依存することとなり，その結果，概して銀行合同による広域化には抵抗があった。同論考はなお，pp. 130-131 にてその例外的な事例として岡山県の第一合同銀行を挙げ，同銀行経営者が有力紡績業大原家であったこと，他にも東京の大学で学んだ経営者がいたことを「共通のフィルター」の存在要因としている。

299

第2部

金融危機以降の米国銀行制度と
日本の地域銀行にかかる含意

　［コミュニティ銀行で］私はリーダーを務めている。……能力あるテラーたち，貸付担当者たち，事務担当者たちが現場で汗をかいてくれるからこそ，銀行はまともに機能する。彼［女］らの顔と名前はもちろん分かる。

　［大手金融機関で］サブプライム・ローン証券を売る現場では……担当者たちは，他の銀行，国外，保険会社，年金基金などに，自身は際物（きわもの）だと知っている商品を売っていた。彼らに対しリーダーシップは機能していたのだろうか？

　問題の核心はリーダーシップでも管理者でもない。問題は職業倫理であり，部下たちが仕事として，利益追求として，行って良いことと行ってはいけないことをはっきり画することである。1兆ドル規模の金融機関の役員たちで，［所管の現場すべてにつき］このことを実行しているか質（ただ）され，即時に答えられる者がいるだろうか？だからこそ，ウェルズ・ファーゴ，バンク・オブ・アメリカ，シティグループ，JPモルガン・チェースといった［最大手］金融機関は規模縮小を命ぜられなければならないのである。なぜなら，それら役員たちはもはや個々の顧客のことも知らず，そして多分，自行が拠ってきたる組織文化のことも本当には理解せず，どのような職員たちを雇っているかも知らないからである。

　［そのような金融機関は］"too big to manage"（大きすぎて運営管理できない）なのか？　間違いなくそうである。

（Farmers State Bank［カンザス州 Holton 市］頭取・CEO ジム・メイヤー氏が米国銀行協会［ABA］機関誌 *ABA Banking Journal* に送った意見書［2009年7月号，p. 6］。同誌2009年5月号巻頭にてストリーター編集長が大手行の "too big to manage" 問題を否定したことに対し強く反駁したもので，以後，同編集長による同様の弁護は鳴りを潜めた。）

第6章
「ウォールストリート」発の金融経済危機と
コミュニティ銀行業界
―― ニューディール期銀行制度の持続と変貌ののちに ――

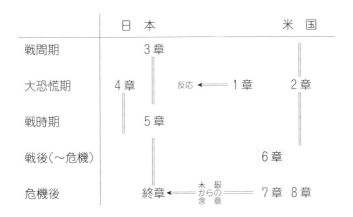

第 2 部　金融危機以降の米国銀行制度と日本の地域銀行にかかる含意

1．はじめに

　本書は本章から第 2 部に入るが，序章でも述べたように，2008年以降の米国発の世界的金融危機がなかりせば，この第 2 部は今あるような構成・内容では書き得なかったであろうし，本書はあるいは第 1 部の諸章のみで終っていたかも知れない。

　第 2 部の実質 3 つの章のうちでも中心部分をなすのは，第 7 章「小銀行業界団体の政治的自律性」および第 8 章「ニューディール期金融制度の評価」である。それら 2 つの章に通底するのは「コミュニティ銀行という銀行業のあり方」，およびそのあり方を制度的に支えてきた「ニューディール期金融制度」の再評価（英語では "second look"）である。（なお，上で「第 2 部の実質 3 つの章」と述べたように，最後の終章「地方銀行業界が残った日本とコミュニティ銀行業界が残った米国と」は，形式上は第 2 部に置かれているものの，第 1 部・第 2 部の両方を受けた本書全体のまとめである。）

　その再評価によって，第 1 部の第 1 章・第 2 章で見た米国における単店銀行業界（後にコミュニティ銀行業界）の存続，そして今日なお現存していることが肯定的に評価される度合いが高まった（第 6 章・第 7 章）。そしてまた，1930年代の大恐慌下で単店銀行を主とする数多くの小銀行群の存続を支えた連邦預金保険制度やグラス＝スティーガル法（銀行業・証券業の業態分離規制）をはじめとする「ニューディール期金融制度」もまた，金融危機前における「緩和・撤廃すべき規制体系」との論調から再評価の機運へと転じた（第 8 章）。

　以上のような本書第 2 部のはじめにあたるこの第 6 章では，上述のように第 2 部の中心部分をなす第 7 章および第 8 章の準備となるよう，まず2008年金融危機までの米国戦後の銀行業界・金融制度の変化を概観し，次いで，コミュニティ銀行業界の動静を含めたサブプライム・ローン問題（2008年金融危機の主因）につき述べる。

304

2．戦後におけるニューディール期金融制度および単店銀行業界の変貌

⑴　ニューディール期金融制度とその変貌

　本書の第1章において，1933年銀行法により発足した連邦預金保険制度につき詳述した。Roe［1994］（第2章1節で米国の銀行産業組織に関する先行研究の一つとして引用した）は，「ニューディール金融諸法」がその後の銀行産業組織（その特徴は多数の小銀行の存続）に及ぼした影響は大きいと述べ，その中でも重要な法制度として，①　連邦預金保険制度のほか，②　銀行支店設置規制（1927年マクファデン法の強化）および，③　グラス＝スティーガル法（銀行業・証券業の分離規制，以下「GS法」）を挙げている（邦訳書 pp. 118-121；番号は同書にはない）。加えて，Calomiris and Haber［2014］（第8章で詳しく取り上げる規制緩和論者の書）が挙げる④預金金利規制も看過すべきでなかろう。

　以下では，これら4つの法制度を中心とする，1930年代以降の米国銀行業のあり方に影響の大きかったニューディール期諸改革に基礎を置く金融諸制度を「ニューディール期金融制度」と呼称する。

　図表6-1は，大恐慌の直前1920年代から近年に至るまでの，米国の金融制度（銀行関連を中心）ならびに銀行業界の動向の略年表である。同表の左欄外にも示したとおり，主に1933年銀行法に始まるニューディール期金融制度は，戦後も20年余はあまり変わらなかったが，1970年代ごろから立法・規制および業界の業務革新の両面から綻びを見せ始めた（左欄外に縦書きした「……金融制度」の下方向に点線が延びているのはその「綻び」の意）。そして最終的には1999年グラム＝リーチ＝ブライリー法（以下「GLB法」）をもって，その多くは終焉した[1]（連邦預金保険制度のみは存続）。

⑵　ユニット・バンクの米銀界における比重の低下

　第2章でみたように，米国の1930年代において，単店銀行（ユニット・バンク）という銀行形態が銀行業界における一大勢力をなしていた。この単店銀行もまた，戦後において銀行産業の中での比重を漸減させていった。

　図表6-2は，単店銀行の銀行産業中の比重の低下を確認すべく，筆者が作成したものである。同表では，銀行数と「店勢」（本店は1，支店は0.5の業務量・

第 2 部　金融危機以降の米国銀行制度と日本の地域銀行にかかる含意

図表 6 - 1　米国の1930年代以降の主な銀行規制の動向と関連する銀行業界の動向

"20s" は「1920年代」の意味

	金融規制・銀行政策	銀行業界の動向
20s		ユニット・バンクの破綻増加，合併件数多し，支店制銀行の勢力漸増
32	連邦住宅貸付銀行（FHLBs）設立 米国議会にペコラ委員会設置（銀行の証券業務を調査）	
33	ルーズヴェルト大統領，全国銀行休業令を発出 1933年銀行法（銀行・証券業分離規定［GS法］を含む）	大恐慌期における銀行破綻件数ピークに達す
34	連邦預金保険公社（FDIC）設立 連邦住宅機構（FHA）設立（住宅貸付保険業務）	
35	1935年銀行法（FDIC 恒久組織化）	
38	連邦住宅抵当金庫（Fannie Mae）設立	
55-60		銀行合併ブーム，ニューヨーク・サンフランシスコに世界的大手銀行群形成
56	銀行持株会社（BHC）法 • ダグラス修正条項… BHC の展開範囲を州内に限定	
68-70	70）銀行持株会社法改正（規制強化）◀━━	米銀大手が相次いで持株会社制採用，70年までに大手行の主流に，非銀行業務進出も増勢
70s初		住宅モーゲージ担保証券市場出現（証券化現象の嚆矢）
78		預金金融機関，Money Market Certificates 取扱開始
78-82		各種マネー・マーケット・ファンドの残高急伸，銀行の流動性預金との競合激化
80	預金金融機関規制緩和・通貨管理法	
82	ガーン＝セントジャーメイン預金金融機関法 • 破綻銀行の州外銀行持株会社による破綻━━▶ 　銀行の買収，MMDA 認容	預金金融機関，マネー・マーケット預金勘定（MMDA）取扱開始，残高急増
83	FRB，バンク・オブ・アメリカのシュワーブ社（証券業）買収を認可（大手銀持株会社の証券業務拡大にはずみ）	
84	預金保険制度改革問題◀━━	コンチネンタル・イリノイ倒産，FDIC は預金保険限度超過分も支払引受（"too-big-to-fail"）

（縦書き左側ラベル：ニューディール期金融制度）

第6章 「ウォールストリート」発の金融経済危機とコミュニティ銀行業界

	金融規制・銀行政策	銀行業界の動向
79-90	15州が銀行支店設置規制緩和；うち多くの州は州外銀行による買収容認	
87	FRB，シティなど大手数行の証券引受・ディーリング子会社の業務範囲拡大を収入割合制限付で認可（GS法の形骸化進む）	
89	金融機関改革・再建・執行法（FIRREA）◀――（80年代）貯蓄金融機関（S&L）大量破綻，商業銀行の破綻も増加	
91	FDIC改善法（FDICIA）	
94	リーグル＝ニール法，銀行州際支店設置自由化	
99	グラム＝リーチ＝ブライリー（GLB）法 ・GS法の銀行・証券兼営・結合禁止規定撤廃	
02	ブッシュ大統領，"Blueprint for the American Dream" 構想表明（2010年までにマイノリティ人種の住宅取得者を500万人増加させる）	
07-09		サブプライム金融システム危機
10	ドッド＝フランク ウォールストリート改革・消費者保護法	

出所：筆者作成（主な参照文献：井村 [2002]，高木 [1986]，西川および松井 [1989]，松尾 [2010]，Calomiris and Haber [2014]，Fischer [1968]，Kaufman [1995]，Reinicke [1995]）。

営業力を有するものと便宜的に見なして計算）につき，商業銀行全体の中での単店銀行が占める比重の推移，および銀行業界全体として支店数が著増してきた様相が示されている。

　前述の Calomiris and Haber [2014] は，ニューディール期金融制度をユニット・バンカー（単店銀行家）勢力の既得権益確保のための金融制度として批判する（第8章で詳述）が，図表6-2によれば同制度のもとでも，単店銀行の銀行数の比率および「店勢」の比重が経時的に着実に減じていることが分かる。

　すなわち，前述のようにニューディール期金融制度の諸立法のうち銀行業への影響度において根幹をなした1933年銀行法の直後の1935年において，単店銀行は銀行数比率94％，同「店勢」比重85％を占めていた。それが，ニューディール期金融制度がまだ崩れていなかった1960年において既に，同銀行数比率82％，同「店勢」比重58％と低下した。さらに1980年においては，同銀行数比率53％，同「店勢」比重22％となった。ニューディール期金融制度の綻びがレーガン政権の規制緩和路線のもと本格化する1980年代が始まる時点で既に相当程度，単店銀行の銀行産業中の比重は減じていたのである。

307

図表6-2 単店銀行（ユニット・バンク）の米国商業銀行の中での比重の推移

(1935年以降は12月時点。それ以前は不定期)　　　　　　　（「店勢」は、本店を1、支店を0.5とみなして累計し算出したもの）

年	ユニットバンク数	比率	支店制の銀行数	比率	全銀行数	支店数 b	b/A	本支店総数 A	支店制銀行平均支店数	ユニット・バンク店勢*	比重	支店制銀行店勢*	比重
1900	12.340	99%	87	0.7%	12.427	119	1%	12.546	1.4	12.340	99%	147	1%
1905	17.956	99%	196	1.1%	18.152	350	2%	18.502	1.8	17.956	98%	371	2%
1910	24.222	99%	292	1.2%	24.514	548	2%	25.062	1.9	24.222	98%	566	2%
1915	26.993	99%	397	1.4%	27.390	785	3%	28.175	2.0	26.993	97%	790	3%
1920	29.761	98%	530	2%	30.291	1.281	4%	31.572	2.4	29.761	96%	1.171	4%
1925	27.722	97%	720	3%	28.442	2.525	8%	30.967	3.5	27.722	93%	1.983	7%
1930	22.928	97%	751	3%	23.679	3.522	13%	27.201	4.7	22.928	90%	2.512	10%
1935	13.329	94%	796	6%	14.125	3.112	18%	17.237	3.9	13.329	85%	2.352	15%
1940	12.509	93%	933	7%	13.442	3.489	21%	16.931	3.7	12.509	82%	2.678	18%
1945	12.210	92%	1.092	8%	13.302	3.896	23%	17.198	3.6	12.210	80%	3.040	20%
1950	12.179	91%	1.267	9%	13.446	4.832	26%	18.278	3.8	12.179	77%	3.683	23%
1955	11.509	87%	1.728	13%	13.237	6.965	34%	20.202	4.0	11.509	69%	5.211	31%
1960	10.740	82%	2.386	18%	13.126	10.556	45%	23.682	4.4	10.740	58%	7.664	42%
1965	10.352	76%	3.192	24%	13.544	15.872	54%	29.416	5.0	10.352	48%	11.128	52%
1970	9.518	70%	3.993	30%	13.511	21.839	62%	35.350	5.5	9.518	39%	14.913	61%
1975	8.868	62%	5.516	38%	14.384	30.205	68%	44.589	5.5	8.868	30%	20.619	70%
1980	7.592	53%	6.842	47%	14.434	38.738	73%	53.172	5.7	7.592	22%	26.211	78%
1985	7.360	51%	7.057	49%	14.417	43.790	75%	58.207	6.2	7.360	20%	28.952	80%
1990	5.378	44%	6.969	56%	12.347	50.897	80%	63.244	7.3	5.378	14%	32.418	86%
1995	3.399	34%	6.544	66%	9.943	56.898	85%	66.841	8.7	3.399	9%	34.993	91%
2000	2.512	30%	5.803	70%	8.315	64.916	89%	73.231	11.2	2.512	6%	38.261	94%
2005	1.972	26%	5.551	74%	7.523	73.613	91%	81.136	13.3	1.972	4%	42.358	96%

| 2010 | 1,501 | 23% | 5,018 | 77% | 6,519 | 82,646 | 93% | 89,165 | 16.5 | 1,501 | 3% | 46,341 | 97% |
| 2015 | 1,073 | 20% | 4,267 | 80% | 5,340 | 81,581 | 94% | 86,921 | 19.1 | 1,073 | 2% | 45,058 | 98% |

出所：1935年以降は連邦預金保険公社（FDIC）の"Historical Statistics on Banking"ウェブページ（https://www5.fdic.gov/hsob/）中のCB01表*ならびにCB03表**のデータ、1930年までは Fischer [1968] p.31 所載のデータにもとづき、筆者作成。

*Number of Institutions, Branches and Total Offices

**Number of Unit Institutions and Institutions with Branches

（"*"．"**"ともに、FDIC付保の商業銀行の計数であり、1935年以降もFDIC非付保の銀行もわずかに存在するがゆえ、上表の数値は1930年までと1935年以降とで連続してはいない。）

このような単店銀行勢力の退潮，さらには（少数の支店を有する場合を含め
た）コミュニティ銀行勢力の減衰に関し，Calomiris and Haber［2014］pp. 195-
202は下記の5つの要因を指摘している。

　　1）人口統計学的要因：20世紀において，米国は農村人口主体の国から都市
　　　　部人口主体の国へと変化
　　2）情報技術の発達（ATM，与信判断スコアリング等）による銀行立地の
　　　　経済的レントの縮減
　　3）1960・70年代のインフレ基調の時代に進んだディスインターミディエー
　　　　ション（銀行以外のマネーマーケット系金融商品の台頭）
　　4）米銀の国際競争力減退に危機感をいだいた政策当局者・政治家による一
　　　　連の規制緩和措置（金利規制，支店展開規制，業務分野規制等の緩和・
　　　　撤廃）
　　5）1980年代の銀行危機の波：「S&L［savings and loan associations］金融
　　　　危機」として知られるが，商業銀行も多数破綻し，ユニット・バンカー
　　　　中にも自ら持株売却や救済合併を望む者多数

　図表6-2を今一度見れば，これら5つの要因が全て出揃い，上の(1)でも挙げ
たGLB法がニューディール期金融制度の多くの部分の終焉を1999年に画したそ
の翌年の2000年には，単店銀行の銀行数比率は30％，同「店勢」比重に至っては
わずか6％となり，その後も減少を続けている。
　後に第8章2節のc）にて述べるように，2008年金融危機後にはニューディー
ル期金融制度を振り返って肯定的に評価する声も増した（銀行産業組織に関して
は1940年代から1970年代にかけての銀行破綻件数の少なさの指摘［Johnson and
Kwak［2010］p. 36]）。しかし規制緩和立法・政策が相次いで打ち出され，大手米
銀が銀行合併や証券業務拡大などで業容・業績の伸張を現に成し遂げていた1980
〜90年代においては，学界にあっても規制緩和を推進すべきとの議論に勢いがあ
った（たとえば，支店設置規制を歴史的経緯から遡って批判したCalomiris
［1993］は，その翌年の1994年に成立した州際支店自由化法［リーグル＝ニール
法］の推進派勢力と呼応し合うものであった）。
　1999年GLB法によりグラス＝スティーガル法（1933年銀行法中の銀行業・証
券業の兼営を禁止した諸条項）の主要部分が撤廃された（松尾［2010］p. 19）こと

を大きな区切りとして，米国の金融制度はニューディール期金融制度から概ね脱し，民間組織とりわけ大手金融機関と取引所の自主性を基調とする新たな段階に入った。カロミリスなど，ニューディール期金融制度に対し批判的な規制緩和論者たちの主張に従えば，米国の金融部門の活動を阻害していた制度的桎梏が取り払われ，同部門さらには米国経済は新たな発展期に入るはずであった。

3．サブプライム金融危機およびコミュニティ銀行業界との関連性

⑴　ニューディール期住宅金融制度の変貌とサブプライム金融危機

　しかしながら周知のごとく，GLB 法から10年を置かずして，2007年後半から2009年前半にかけて米国はサブプライム・ローン証券化市場の動揺に端を発した金融システム危機[3]に見舞われた。（以下，同危機を指し示す場合，「サブプライム金融危機」，また文脈から明らかな場合単に「2008年［にピークを画した］金融危機」などと略称）。この金融危機は，同米国はもとより世界的な経済金融危機の主たる震源地となり，またゼネラル・エレクトリック社やゼネラル・モーターズ社・フォード社など米国を代表する製造業企業も破綻の危機に瀕したことから，米国民のみならず諸外国に対しても，米国金融業界さらには米国経済の信頼性を大きく損なう出来事となった。

　2008年金融危機の原因となった，2000年代に入ってからのサブプライム・ローンの粗製濫造や，それらに手の込んだ「加工」を施した証券化市場のバブル的な膨張（以下，これらの問題事象をまとめて「サブプライム・ローン問題」と呼称）に関しては，既に邦語だけでも数多くの論考・書籍が公にされており，本書で新たな検討や解説を加えることは必要ないと思う。しかしながら前言のとおり，本章以下の諸章がこの金融危機を契機とする事象を扱うのであるから，サブプライム・ローン問題につき，その概要をごく簡単に，なおかつ歴史的経緯やコミュニティ銀行業界との関連にウェイトを置きつつ，述べておきたい。

　ニューディール金融制度下の米国では，貯蓄貸付組合（savings & loan association）および相互貯蓄銀行（mutual savings bank）（両者を併せて「貯蓄金融機関」）が住宅ローン（[residential] mortgage）を本業とし（井村［2002］第1章），他の銀行すなわち「商業銀行」はその名のとおり事業者向け与信を本業とする，という分業がなされていた。そして，単店銀行ないしはそれを起源とするコミュニ

ティ銀行のほとんどは，規模が小さく小企業向け与信を本業とする，後者の商業銀行に属していた。

しかしながら，1970年代から80年代の金融自由化で，貯蓄金融機関，商業銀行，およびノンバンク（預金を取り扱わない貸出機関；住宅ローン分野のそれは「モーゲージ会社」と称される）の間の業務の垣根が撤廃または大幅緩和され，住宅ローン業務においても業態相互間の競争が激化した。加えて米国経済はインフレーションに悩まされた時期で，市場・モーゲージ金利は乱高下し，地域によっては不動産バブルも発生・破裂した。そのような中，貯蓄貸付組合を中心とした大量破綻が起こり（「S&L 金融危機」，詳しくは井村 [2002] 第 4 章），結果的にモーゲージ会社が住宅ローンの組成（オリジネーション）におけるシェア 1 位の業態となっていった（同 pp. 296-302）。商業銀行も住宅ローン取組みにおけるシェアをある程度伸ばしたが，大手・中規模銀行の中にはモーゲージ会社を傘下に収め，子会社経由で大々的にシェア拡大を図る銀行もあった。

Muolo and Padilla [2008] は，サブプライム・ローン問題の起源を，上記の S&L 金融危機とモーゲージ会社の台頭にまで遡って活写している。同書第 3 章・第 4 章には，S&L の大量破綻により大挙して職場を失った住宅ローン営業担当者たちが，自営業者たる「ローン取次人（loan broker)」としてモーゲージ会社の主たる営業部隊となっていく様相[4]，モーゲージ会社の親会社・資金供給元ないしはローンの買い手（証券化する目的で）となり大手銀行・大手証券会社が取り入っていく様相が描かれている。

2000年代初頭，モーゲージ会社の営業部隊の間では，ローン組成の件数に応じた成功報酬制に突き動かされ，当初から住宅価額上昇と借り換えを当て込み，借り手の返済能力を二の次とする営業姿勢が台頭する。当初 2・3 年の金利や返済額を抑えた（その分 2・3 年後に到来する「支払額ショック」後の金利・返済額は割高になる）商品設計にすれば，本来住宅ローンを組むことが難しい中低所得者にも当面の「返済」は可能である[5]。さらに，この商品設計は，通常の住宅ローンを組むことのできる所得水準の借り手に対するセールスにも「応用」された。通常の住宅ローンであれば例えば30万ドルしか借りられない夫婦が，より低額の月次「返済」額で50万ドルも借りられる，というセールスを受け，夫婦ともに公務員，といった典型的な中流で身持ちの堅い（はずの）家族まで，サブプライム・ローン同様の住宅ローン（Alt-A loan）[6]に流れた（Cocheo and Streeter [2008]）。

図表6-3 米国における住宅ローン証券化の図式

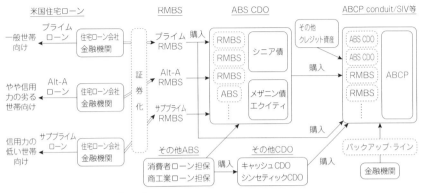

出所：日本銀行金融市場局［2008］p. 29.

　以上，説明してきたサブプライム・ローン（中低所得者向け）およびAlt-A loan（サブプライム・ローン同様の返済能力上の難点あり）は，いずれも通常の住宅ローンよりも高金利であり，なおかつ（土地神話のもとでは）リスクも限定的（予測の範囲に収まる）と考えられ，ウォールストリートの大手金融機関にとり証券化商品の恰好の「原材料」とみなされた。そして折からの低金利環境のもと，米国内のみならず海外の投資家も，証券化の実績が長く大きな不良債権化をきたしたこともない米国の住宅ローンをベースとした，高金利商品を渇望していた（Muolo and Padilla［2008］pp. 23-28，徳永［2009］，川波および地主［2013］）。

　大手金融機関はサブプライム・ローンやAlt-A loanの貸出に従事するモーゲージ会社や銀行にローンの組成を（本来の「待ち」の姿勢ではなく）急かせるようになり，それらを束ねてモーゲージ債（residential mortgage-backed security; RMBS）として証券化し，さらにリスク度の異なったモーゲージ債や他種のローン債券と組み合わせた2次証券化（asset-backed securities collateralized debt obligation; ABS CDO）を行い，米国のみならず全世界の投資家の幅広いリスク-リターン，投資期間などの要望に応えられるようにした（図表6-3の右側参照）。

　さらには，期間マッチング（短期間で償還する金融商品は短期もので運用すべき）の原則に反して，長期のモーゲージ債を運用手段とする短期証券ファンド（図表6-3の右端の"ABCP conduit"や"SIV"）まで登場し，国内外から巨額の短期資金まで呼び込むことになった。「短期に償還され，一流銀行の償還保証までついて，しかも長期金融商品並みの高金利」というこれらのファンドを「開

313

第2部　金融危機以降の米国銀行制度と日本の地域銀行にかかる含意

発」したのは名門のベア・スターンズ証券，それに支払保証を付けたのは同じく
名門のシティ・グループで，他の大手証券・銀行もそれに遅れじと続いた。[8]（償
還を保証する大手銀行は，「モーゲージ債の信用度や市場が大きく揺らぐことは
あるまい。実際に当行が損失負担するすることはあるまい」と高をくくっていた
が，その事態は2007年秋以降現実のものとなり，シティ・グループをはじめとし
た最大手金融機関が大打撃を受ける要因になった。）

　世界中から巨額の長短期資金を呼び寄せ（カンサス［2009］p. 43），米国の住宅
市況はバブル状態となった。最盛期の2005年および2006年には，サブプライム・
ローンと Alt-A loan を合わせた組成額が年1兆ドル近くにも達し（ディアキン
［2009］p. 10），住宅ローン・ビジネスは「投資家の（高利回り商品への）欲望に
煽られるローン製造機」（Hyde and Saumya［2007］）になり果てて「ウォールスト
リート［資本市場］の音楽に合わせて踊った」（Muolo and Padilla［2008］p. 67）の
であった。

　「バブル」の常として，永遠に踊り続けることはできない。2006年後半以降は
さすがに住宅価格・地価にも反落傾向が現れ，また，緩みきった住宅ローン審査
基準のたたりで，前述の「支払額ショック」以前でさえ延滞する借り手も続出し
始めた。紙幅の都合で，また良く知られた内容なので，以後2008年9月のリーマ
ン・ショックに至るまでは割愛するが，大まかに言って，そこからは下り坂の一
途で，2008年に入ってからは転がり落ちるような急坂が待ち受けていた。

⑵　金融危機前後の米銀産業組織の変化とコミュニティ銀行業界への影響

　本節⑴のはじめで，サブプライム金融危機が米国金融業界の信頼性を大きく損
なった，と述べた。しかしながら，米国の銀行諸行の中で詳細に見れば，金融危
機による業況・資金繰り悪化のピーク期においても，存続の危機に瀕することな
く，顧客や資金取引の相手の信用も失わなかった銀行も多かった。

　2008年暮れ頃から2009年にかけ，わが国メディアでは，米銀，なかでも中小銀
行の破綻が頻発しているとしばしば伝えられ，中小銀行はやはり「弱小」なのか[9]
との印象を増幅させたきらいもある。しかしながら，図表6-4ａ)の「期中減少
率」の平均値（表右側欄外）がコミュニティ銀行において1.0％と最も少ないこ
とが示すように，コミュニティ銀行の業況悪化度や消滅ペースが中間規模行や大
手行より悪い，ということはなかった（大手行に対し後述の「大きすぎて潰せな

314

第6章 「ウォールストリート」発の金融経済危機とコミュニティ銀行業界

図表6-4 金融危機以降の四半期ごとの商業銀行数の推移と期中減少率*

＊期中減少率＝(被合併行数＋破綻行数)÷前期末銀行数

a) コミュニティ銀行（総資産10億ドル未満）

	08/9	08/12	09/3	09/6	09/9	09/10	10/3	10/6	10/9	10/12	
銀行数(期末)	6,637	6,574	6,512	6,462	6,386	6,325	6,249	6,171	6,114	6,019	
被合併行数	64	58	39	30	36	35	30	47	21	66	08/10-
破 綻 行 数	3	9	18	18	33	30	31	34	31	26	10/12平均
期中消滅率		1.0%	0.9%	0.7%	1.1%	1.0%	1.0%	1.3%	0.8%	1.5%	1.0%

b) 中間規模の銀行（総資産10～100億ドル＊＊）

[＊＊これらのうち，総資産30億ドル程度までは，コミュニティ銀行と称されることも多い]

	08/9	08/12	09/3	09/6	09/9	09/10	10/3	10/6	10/9	10/12	
銀行数(期末)	425	425	438	445	440	429	440	421	421	424	
被合併行数	2	5	1	4	4	0	2	10	3	3	08/10-
破 綻 行 数	3	1	2	3	8	6	6	8	1	1	10/12平均
期中消滅率		1.4%	0.7%	1.6%	2.7%	1.4%	1.9%	4.1%	1.0%	1.0%	1.7%

c) 大手・中堅銀行（総資産100億ドル以上）

	08/9	08/12	09/3	09/6	09/9	09/10	10/3	10/6	10/9	10/12	
銀行数(期末)	84	86	87	88	85	85	83	84	87	86	
被合併行数	1	2	0	0	2	0	1	0	1	0	08/10-
破 綻 行 数	0	0	0	0	1	1	0	1	0	0	10/12平均
期中消滅率		2.4%	0.0%	0.0%	3.4%	2.4%	1.2%	1.2%	1.2%	0.0%	1.3%

注：米銀には商業銀行のほか貯蓄金融機関の業態があるが，統計集計方法が異なるため，本表では合算
　　されていない。
出所：四半期ごとの"FDIC Quarterly Banking Profile"（FDIC［2012a］など）にもとづき筆者作成。

い（"too-big-to-fail"）」政策が時に採られたことを勘案すれば，なおさらそうであ
ろう）。

　図表6-4が示すような合併や破綻が2008年金融危機後に頻出したことの結果
として，米国の銀行産業組織はどのように変化したのであろうか。FDIC加盟銀
行の資産規模別データは毎年6月末時点のものが得られるが，危機の直前として
2008年6月末を，危機の直後としてとりあえず2011年6月末（米銀の年間破綻件
数が同年3年ぶりに100件を割った[(10)]）を採り，その両者を比較したのが図表6-5

第2部　金融危機以降の米国銀行制度と日本の地域銀行にかかる含意

である。

　この表からは，まず銀行数では，米銀全体で11％減ったなか，狭義のコミュニティ銀行（総資産10億ドル未満）全体の減少率は12％であり，総資産規模別で唯一10～30億ドルの階層のみは銀行数が増加（＋6％）していることが知られる。序章で述べたように広義のコミュニティ銀行に含められるこの規模階層は，店舗数・国内店預金額といった業容も伸張している（そこには「規模の経済」も作用していよう［Backup and Brown［2014］など］）。しかしながら狭義と広義両方のコミュニティ銀行を合わせても（図表下欄外「広義のコミュニティ銀行合計」），国内店預金額が4％伸びたほかは，銀行数も店舗数も3年間のうちに減少し，全米銀中のシェア（a）・b）表の％数字）も減っている。

　また，この「広義のコミュニティ銀行合計」における一行あたりの平均国内店預金額は2.1億ドル／行から2.4億ドル／行へと増加しており，コミュニティ銀行業界の中でも大型化が進んでいる。とはいえ，この一行平均2.4億ドル（日本円にして200億円台半ば）という規模は，なおわが国の銀行どころか信金・信組の規模の分布に照らしてもかなり小規模であり，「多数の小銀行の現存」という米国の銀行産業組織の特徴は金融危機後も残った，と言える。また，FDICのエコノミストたちの手になるBackup & Brown［2014］によれば，2003年から2013年にかけてのコミュニティ銀行の被合併事例の分析で，それら銀行の65％は他のコミュニティ銀行[11]に合併され，店舗や国内店預金の多くはコミュニティ銀行業界内にとどまった。

　他方，大手・中規模行を表す総資産規模100億ドル以上の階層を見ると，その銀行数はやはり9％減ったものの，その業容は店舗数・国内店預金額ともに増加し，大手・中規模行トータルでは，危機前の長期的趨勢を引き継ぐかたちで業容もシェアも拡大している。逆に言えば，（広義の）コミュニティ銀行業界は，金融危機の前と後との比較でも，長期的なシェア漸減傾向に歯止めを掛けられていない。

　しかしながらその一方で，上記Backup & Brown［2014］は，合併するにしてもコミュニティ銀行の規模でコミュニティ銀行業のスタイルに留まるという傾向を指摘し，由里［2009］pp. 29-30で取り上げたような「コミュニティ銀行業の存続可能性に関する議論」（より大きな規模の諸銀行に併呑されよう，との予想）が，金融危機後に再燃したということもないようである。

316

第6章 「ウォールストリート」発の金融経済危機とコミュニティ銀行業界

図表6-5　金融危機前後のFDIC加盟銀行の総資産規模別の銀行数などの変化

ａ）金融危機前の2008年6月

米銀（商業銀行＋貯蓄金融機関）資産規模別分布　　　　　　　2008年6月末

（単位 百万ドル）	銀行数		国内店舗数		国内店預金額 （百万ドル）	
～25	477	6%	573	1%	6,438	0%
25～50	1,075	13%	1,663	2%	32,710	0%
50～100	1,735	21%	3,873	4%	104,644	1%
100～300	2,910	35%	11,893	12%	413,260	6%
300～500	854	10%	6,292	6%	259,474	4%
500～1000	707	8%	8,306	8%	374,238	5%
コミュニティ銀行小計	7,758	92%	32,600	33%	1,190,764	17%
1000～3000	410	5%	9,808	10%	492,615	7%
3000～10000	146	2%	8,665	9%	520,683	7%
10000～	116	1%	48,077	48%	4,814,631	69%
合　計	8,430	100%	99,150	100%	7,018,691	100%

…平均国内店預金
153百万ドル
…広義のコミュニ
ティ銀行に入る
…平均国内店預金
41,505百万ドル

（「合計」のうち商銀　7,203行）

広義のコミュニティ銀行　計	8,168	99%	42,408	52%	1,683,379	31%

…平均国内店預金
206百万ドル

ｈ）金融危機後の2011年6月

米銀（商業銀行＋貯蓄金融機関）資産規模別分布　　　　　　　2011年6月末

（単位 百万ドル）	銀行数		国内店舗数		国内店預金額 （百万ドル）	
～25	276	4%	333	0%	3,916	0%
25～50	763	10%	1,130	1%	24,342	0%
50～100	1,511	20%	3,253	3%	95,258	1%
100～300	2,812	37%	11,009	11%	420,063	5%
300～500	802	11%	5,586	6%	253,122	3%
500～1000	682	9%	7,829	8%	381,532	5%
コミュニティ銀行小計	6,846	91%	29,140	30%	1,178,233	14%
1000～3000	433	6%	10,431	11%	565,544	7%
3000～10000	128	2%	9,036	9%	520,011	0%
10000～	106	1%	49,576	50%	5,966,364	72%
合　計	7,513	100%	98,183	100%	8,230,152	100%

…平均国内店預金
172百万ドル
…広義のコミュニ
ティ銀行に入る
…平均国内店預金
56,286百万ドル

（「合計」のうち商銀　6,413行）

広義のコミュニティ銀行　計	7,279	99%	39,571	50%	1,743,777	28%

…平均国内店預金
240百万ドル

第2部　金融危機以降の米国銀行制度と日本の地域銀行にかかる含意

ｃ）金融危機前後３年間の変化

米銀（商業銀行＋貯蓄金融機関）資産規模別分布の変化　　　　　2008年→2011年

（単位 百万ドル）	銀行数		国内店舗数		国内店預金額 （百万ドル）		％は減少率
〜25	− 201	− 42％	− 240	− 42％	− 2,522	− 39％	
25〜50	− 312	− 29％	− 533	− 32％	− 8,368	− 26％	
50〜100	− 224	− 13％	− 620	− 16％	− 9,386	− 9％	
100〜300	− 98	− 3％	− 884	− 7％	＋ 6,803	＋ 2％	
300〜500	− 52	− 6％	− 706	− 11％	− 6,352	− 2％	
500〜1000	− 25	− 4％	− 477	− 6％	＋ 7,294	＋ 2％	
コミュニティ銀行小計	**−912**	**−12％**	**−3,460**	**−11％**	**−12,531**	**−1％**	…平均国内店預金 ＋19百万ドル
1000〜3000	**＋23**	**＋6％**	**＋623**	**＋6％**	**＋72,929**	**＋15％**	…広義のコミュニテ ィ銀行に入る
3000〜10000	− 18	− 12％	＋ 371	＋ 4％	− 672	0％	
10000〜	− 10	− 9％	＋ 1,499	＋ 3％	＋ 1,151,733	＋ 24％	…平均国内店預金 ＋14,781百万ドル
合　計	− 917	− 11％	− 967	− 1％	＋ 1,211,459	＋ 17％	

（「合計」のうち商銀−790行）

広義のコミュニテ ィ銀 行 計	**−889**	**−11％**	**−2,837**	**−7％**	**＋60,398**	**＋4％**	…平均国内店預金 ＋34百万ドル

出所：FDIC ホームページ，"Summary Tables-Summary of Deposits"
　　　（http://www5.fdic.gov/sod/sodSummary.asp?barItem=3）の中の "02 Asset Size"

　たとえば Gilbert *et al.*［2013］は，2008年から数年間の米銀一般の不振時にも
ダメージを受けなかったコミュニティ銀行を定量（財務分析）・定性（インタビュー等）の両面から検討し，「信用リスク管理の頑健さ」を「栄え続けた銀行」の共通要因として挙げている。同論考はその一方，「これのみが正しい」と言える戦略・業務方式はないとし，地盤地域の特性に適したビジネスモデルを銀行自らが見出すことが重要，としている。
　また，農業主体の諸カウンティ（中西部・アパラチア山脈・ミシシッピ下流域などに多く分布）のコミュニティ銀行諸行は，地盤地域の人口同様に終わりの見えない長期低落傾向が指摘されてきた（たとえば内田［2009］第4章）が，Anderlik and Cofer［2014］によれば，2006年以降の米国農業部門の復調に助けられ，人口減少が続いている地域のコミュニティ銀行は，他地域のコミュニティ銀行よりむしろ銀行資産の伸び率が良かった。そして，都市部に支店を進出させそこでの不動産ブームに乗った銀行を除き，金融危機によるダメージは少なかった，と

いう。そして同論考は，「今後も農業地域におけるコミュニティ銀行の数の減少は続くであろうが，農業地域のコミュニティ銀行業の役割もしっかり続くであろう」と結んでいる。

⑶　サブプライム・ローン問題への関与が少なかったコミュニティ銀行の業務方式の再評価

コミュニティ銀行諸行の大半はサブプライム・ローン問題への関与が僅少であり，同問題の深刻化（2007年秋以降）による直接的影響は少なかった。むしろ，破綻したり著しい業況悪化に陥った大手銀行（シティ，バンク・オブ・アメリカ，ワコビア，ワシントン・ミューチュアル，ナショナル・シティ等）・中規模銀行の諸地元域にあって自らは財務的健全度を保っていたコミュニティ銀行諸行は，小企業融資を肩代わりしたり，リストラ対象店舗を譲り受けたりして，小企業にとっての融資窓口というライフラインの存続・維持に貢献した事例も多かったようである。

2節の⑵でも言及したように，サブプライム・ローン問題の火種をまいたのは，金融業界では主に住宅ローン専業ノンバンク，大手証券会社，大手銀行グループであり，コミュニティ銀行業界は一部の例外を除き関与していない。Independent Community Bankers of America（米国独立コミュニティ銀行家協会，以下本章・次章において ICBA）のファイン理事長は，「今回の惨状で，コミュニティ銀行が長らく提供し続けてきた常識ある貸出方法の価値が再確認できた。また，一部の巨大金融機関に資金を集中させるのではなく，何千というコミュニティ銀行が各地で金融を担うという多様性ある金融システムの重要性も示された」と述べている（*Independent Banker,* Jan. 2008, p. 13）。

また，銀行監督官庁である FDIC（連邦預金保険公社）のベーア長官，FRB（連邦準備制度理事会）のバーナンキ議長も，ICBA（米国コミュニティ銀行家協会）全国大会（2008年3月）における講演において，コミュニティ銀行のサブプライム・ローン問題への関与が僅少であったことを認め評価している（*Independent Banker,* May 2008, pp. 64–65）。さらに *American Banker* 紙の年間総括記事（Dec. 16, 2008, pp. 1, 13）においても，「［サブプライム・ローン問題の打撃が少なかった］コミュニティ銀行業界にとっては，大手・中堅銀行がリストラする店舗・職員，離反させてしまった顧客を取り込む絶好の機会である」と述べられて

いることからして，上記ファイン理事長の発言は，あながち自画自賛でもなかろう。

また，銀行の顧客である米国人一般の間で，コミュニティ銀行に対するイメージが，大手銀行の側のいわば「敵失」で相対的に高まった，という現象も見受けられた。彼らの非難の眼がメディアが日々映し出すウォールストリートや大手金融機関の「強欲（greed)」に向けられがちな中，「メインストリート」――「小さな町の商店街」の意，また，そこに集う人々の生業・生きざま，および地域社会における実直な生産活動や商取引なども意味する――すなわち一般住民の側に立つ「町角・村の身近なバンカー」を標榜し顧客とのリレーションシップ（人間味ある付き合い）をアピールしてきたコミュニティ銀行のイメージは相対的に高まったという（*American Banker*, Dec. 1, 2008, pp. 1, 5)。

⑷　それでもコミュニティ銀行が金融経済危機から受けた打撃は少なくなかった

しかしながら，自らがまいた種ではなくとも，サブプライム・ローン問題，金融危機の余波からコミュニティ銀行だけが無縁ではいられない。コミュニティ銀行とりわけ商業銀行のカテゴリーに属する諸行は，元々小企業向け貸出が重点業務であったが，借り手小企業の中で建設・不動産開発業者のウェートも元来高い。2000年代の住宅ブームのなか，建設・不動産業向け貸出の全貸出額中の比重がコミュニティ銀行業界においてさらに高まっていることに対し警鐘もあった（Barrickman [2006])。しかし地元顧客とのリレーションシップを重視する立場上，懇意の業者の建設・開発資金借入要請を無下に断ることもできず，建設・不動産業向け貸出の比重が高止まりした状態で2008年秋の金融危機を迎えたコミュニティ銀行が多かった（*American Banker*, Sep. 23, 2008, pp. 1, 8)。そしてそれら貸出に起因する信用コストの高まりは，2008年度の銀行業界の決算悪化の主要因の一つとなった（Bech and Rice [2009] pp. A74–A75)。

また，割合としては多くはないが，サブプライム・ローンにのめり込むモーゲージ会社やローン取次業者並みの熱心さで，建設・不動産業向け貸出にのめり込み深手を負ったコミュニティ銀行もあった（*American Banker*, May 13, 2008, pp. 3, 6)。設立間もないコミュニティ銀行にそのパターンが多かった（同，Dec. 2, 2008, pp. 1, 4)。不幸な事例としては，モーゲージ会社がコミュニティ銀行の創業者一族から銀行株を買い取り系列下に収めたのち，親会社となったモーゲージ会社が

サブプライム・ローンを次々に押し込み販売するその側面支援部隊として，ほぼ専ら住宅建設・不動産業向け貸出に傾注した挙げ句，不良債権まみれになって破綻したコミュニティ銀行もあった（本章本文末尾の「コラム」参照）。

さらに，2008年9月初旬に米国政府の公的管理下に置かれたファニーメイ（連邦住宅抵当金庫）およびフレディマック（連邦住宅貸付抵当公社）の優先株を余資運用の一環として多く所有していた[14]コミュニティ銀行も，所有株が紙切れ同然の値段となり多額の損失計上を余儀なくされ，自己資本比率の低下で身売りを余儀なくされた事例まであった（*American Banker*, Dec. 9, 2008, pp. 1, 8）。資金運用の結果が自己責任であるのは（ましてや銀行なのだから）当然であるが，ファニーメイ・フレディマックはその名称が示すとおり元々政府系金融機関であり，危急の際に政府による支援がなされるであろうことは市場関係者・金融界の暗黙の理解であった[15]ので，優先株を保有していたコミュニティ銀行の側には約束違反の感もあったであろう。

上記の諸要因以外にも，しばしば"Great Recession"（「大不況」；1930年代の「大恐慌（Great Depression）」をもじった呼び名）と称された2008年以降の不況下で，個人・法人ともに借り手顧客の返済能力や担保価値の下落により，コミュニティ銀行一般が収益性・バランスシートの両面でかなりの影響を受けた。

それにもかかわらず，前掲図表6-4が示すようにコミュニティ銀行の消滅率がより規模の大きな銀行と比べ高まらなかったのは，やはりコミュニティ・バンカーたちが金融危機以前から堅実な経営にこだわってきたからであろう。というのも，彼らの銀行が規模的に小さく営業地域も限られているゆえ，経営の舵取りや地域産業の不振により，経営が傾くリスクも高いからである。そしてまた，小さなコミュニティ銀行が再起不能に陥ったとて，公的な支援が発動されることは望みにくく，破綻ないしは被吸収合併されるばかりである。コミュニティ・バンカーたちは，自分たちがそのような「自己責任」と向き合わざるを得ないことは重々承知している。それだけに，次節でみるように，経営の舵取りの誤りどころか，意図的に過分の収益（それが過度のリスクを随伴することは金融のプロならば分かっていたはず）を追い求め，「自己責任」も取らずに公的な救済を甘んじて受けた——そして金融・経済の混乱でコミュニティ・バンカーを含む一般国民を巻き込んだ責任には口をつむぐ——一群の大手金融機関に対し，コミュニティ・バンカーたちは納得できないのであろう。

4．金融危機とそれに対する政策対応が惹起した 金融規制改革論議とコミュニティ銀行業界の発言の活発化

⑴　顕在化した「大きすぎて潰せない（too-big-to-fail）」問題とコミュニティ銀 行業界における不公平感の高まり

　米国の2008年金融危機は「リーマン・ショック」とも称され，実際リーマン・ ブラザーズは世界的な影響をもたらす破綻をした。しかしながら巨大金融機関 （「最大手10指」といった意味で）の破綻は，そのリーマン・ブラザーズ（投資銀 行），およびワシントン・ミューチュアル（貯蓄金融機関の最大手，略称 WaMu, 2008年6月末国内店預金額で全米銀中6位）のみである。これら2社は確かにサ ブプライム・ローン問題への関与度合が深かったが，同問題への関与の度合や同 問題絡みでの損失規模からして負けず劣らずの「有名銘柄」だった巨大金融機関 の多くは，政策的サポートで破綻を免れた。

　米国政府による政策的サポートの代表的な事例としては，破綻寸前で巨額の公 的資金による救済を受けたシティ・グループおよび AIG（保険会社）がある。 また，公的資金のバックアップ付で相対的に体力のある他の巨大金融機関に吸収 合併させる，という政策的サポートの方式もあり，それらに該当するのは投資銀 行のベアー・スターンズ（モルガン・チェース銀が買収）ならびにメリルリンチ （バンク・オブ・アメリカが買収），また，大手銀行のワコビア（2008年6月末国 内店預金額3位，ウェルズ・ファーゴ銀が買収）ならびにナショナル・シティ （同9位，PNC 銀が買収）である。バンク・オブ・アメリカはメリル買収（2008 年9月）の少し前にもモーゲージ会社最大手のカントリーワイドを（救済色が強 いかたちで）傘下に収めており（*Business Week*, Jan. 28, 2008, pp. 19-20），それら両 社（特に規模が巨大なメリル）に起因する損失負担が予想外に膨らみ（同，Feb. 9, 2009, pp. 24-26），結局自らが過小資本に陥って2009年1月に公的資本の再注入 を受けた。

　これらの結果，最大手米銀に関していえば，2008年6月末国内店預金額トップ 10のうち，1行（WaMu）が破綻し，他にも1行（ナショナル・シティ）が破綻 に近い状況（政府が資本支援を拒否）で吸収合併（買い手の銀行には政府が資本 支援）され，ワコビアも「次の破綻候補」として信用不安が高まった（*American*

Banker, Sep. 29, 2008, pp. 1, 12）が，FDIC が（金融システム危機の昂進を恐れる ブッシュ政権からの要請もあり）その不良資産の整理に多額の公的支援を約して [19]（後述する "too-big-to-fail" 措置の一例）Open Deal の形で買収金融機関を募り，ウェルズ・ファーゴに買収された（同，Oct. 14, 2008, pp. 1, 8）。そしてさらに，シティとバンク・オブ・アメリカの2行は，各々450億ドルという巨額の資本支援を受け，実質的に政府管理下に置かれた。

　以上のようにトップ10大手行のうち，割合にして3割が破綻またはそれに近い状態，他の2割が民間企業としての独力では存立できない，という惨状であった。さらに，（他の大手銀行・投資銀行を引受けた見返り分も含まれるとはいえ）250億ドルという多額の資本支援を受けたモルガン・チェースおよびウェルズ・ファーゴを加えれば，トップ10で生き残った7行のうち4行が米国政府の大規模な公的支援を2008年9月の金融危機発生から間髪を置かずに受けた（同，Oct. 15, 2008, p. 3）ことになる。

　これらの公的支援の少なからずを裏打ちしたのが，2008年10月初旬に米国議会が可決した金融安定化法（Emergency Economic Stabilization Act）による TARP（Troubled Asset Resolution Program［問題資産買取プログラム］）のサブ・プログラムである TARP 資本注入プログラム（TARP Capital Purchase Program）であった。計2,500億ドルの同プログラムは2008年10月の開始（最初に大手9金融機関に [20] 1,250億ドル注入を決定）以来，常により大きい金融機関（銀行・投資銀行）を優先させる運営がなされ，当初は非上場の銀行（コミュニティ銀行の大多数が該当）はそもそも除外されていたほどであった。[21]

　コミュニティ銀行を中心に中小銀行からの申請に対する FDIC（連邦預金保険公社）の審査は遅れ（*BusinessWeek*, Mar. 2, 2009, p. 54），2009年3月下旬時点でも約750行もの申請が未決裁状態にあった（決裁済は約1,200行［*Independent Banker*, Jun. 2009, p. 49］）。上述のように大手金融機関が金融危機発生の直後に資本注入を受け，また大手・中規模銀行でサブプライムないし Alt-A loan ローンへの関与が強かったワシントン・ミューチュアル，ワコビア，インディー・マック（2008年7月に破綻）などの処理が預金保険制度に多大な出費をもたらしたことに関し，ICBA 会長（当時）のシンシア・ブランケンシップは，コミュニティ銀 [22] 行経営者たちの憤りを代弁し，以下のように述べている。

　　「……財務省の7,000億ドルの救済策の相手は，何にも増して，公的支援の戸

口を叩き続けた，この国の最大手金融機関でした。その間，われわれコミュニティ銀行は当然なすべき日々の仕事を黙々とこなし続けていました。自らのコミュニティ，地域経済が必要とする資金を供給し続けていたのです。私にとって最も納得が行かないのは，われわれは引き続き［金融機関として服すべき］ルールに従い業務を営んでいるのに，『大きすぎて潰せない（too-big-to-fail）』金融機関は同じそのルールを無視することが許された，ということなのです。『大きすぎて潰せない』金融機関は［どのみち預金が全額保護なので］預金保険が効く預金上限額も気にせずとも良いし，［救済合併などの際にはふんだんにお世話になるのだから］預金保険料も高くはない，ということなのです。」

「ICBA を構成している諸銀行は『大きすぎて潰せない』規模ではありません。しかしながら，小さすぎて［経済的に］意味をなさない，という規模でもありません。実際，われわれコミュニティ銀行こそ，わが国の金融システムのなかで最も健全な部門なのです。それなのに，［健全経営の］道を踏み外した［大手・中規模銀行の］兄弟たちのために預金保険を再建する請求書だけは回されるのでしょうか。これは［フェアなルールの精神にもとり］『非アメリカ的（un-American）』であるばかりでなく，小さくとも実直な者たち（the little guy）に不利なダブル・スタンダード，という意味で大いに憤慨すべき（outrageous）ことです。……」

(*Independent Banker*, Jan. 2009, p. 7)

⑵ 「大きすぎて潰せない」問題に対するオバマ政権の金融規制改革プラン

　前段の末尾で紹介した，ICBA のブランケンシップ会長の言葉で何度も述べられる「大きすぎて潰せない（too-big-to-fail）」（大手金融機関）という政策的選択肢は，1984年にコンチネンタル・イリノイ銀行に対する発動を皮切りとし，1991年FDICIA（連邦預金保険公社改善法）において法的に規定され，*Too Big to Fail* というその名の通りの単行本まで複数出版されていた（Stern and Feldman [2004], Gup [2004]）。

　もっとも米国の金融監督当局の見解は，どの大手銀行が too-big-to-fail の対象か予め決められてはいないとし，またそもそも too-big-to-fail が実際に発動される可能性に関し否定的であった（*American Banker*, Jun. 4, 2001, pp. 1, 4; *Business-*

第6章 「ウォールストリート」発の金融経済危機とコミュニティ銀行業界

図表6‑6 「大きすぎて潰せない（too-big-to-fail）」可能性の高い銀行トップ10

銀　行（グループ）	公的支援の可能性	金融危機時の出来事
1．Bank of America	極めて高い（70％〜95％）	公的資金で国が支配株主に
2．Bank of New York	極めて高い	公的資金注入（2009/6完済）
3．Citigroup	極めて高い	公的資金で国が支配株主に
4．JP Morgan Chase	極めて高い	公的資金注入（2009/6完済）
5．State Street	高　い（50％〜70％）	公的資金注入（2009/6完済）
6．U. S. Bancorp	高　い	公的資金注入（2009/6完済）
7．Wachovia	高　い	公的支援で Wells Fargo に被合併
8．Wells Fargo	高　い	公的資金注入（2009/12完済）
9．SunTrust Banks	低　い（30％以下）	公的資金注入
10．Washington Mutual	低　い	破　綻

出所：「公的支援の可能性」は *BusinessWeek*, Feb. 4, 2008, p. 34（原データ：Moody's Investors Service），「金融危機時の出来事」は本章の本文・注で記した事項のほか，みずほ総合研究所
　　　［2010］p. 8「金融機関向け公的資金注入・返済状況（2009年12月末時点）」（原データ：米財務
　　　省）による。

Week, Feb. 4, 2008, pp. 32-34）。しかしながら，金融業界や経済メディアは，too-big-to-fail の対象範囲がある程度存在していると観測しており，格付機関による
「too-big-to-fail の可能性の高い銀行トップ10」リストまで公にされていた（図表
6‑6）。

　2008年金融危機は，図表6‑6に示された「too-big-to-fail 対象行リスト」が相
当程度的を射たものであったことを示した。すなわち，7番目のワコビアには実
際に too-big-to-fail 措置が発動された（*American Banker*, Sep. 30, 2008, p. 4）。また
3番目のシティグループ，次いで1番目のバンク・オブ・アメリカには例外的に
多額の TARP 資本注入がなされ公的管理に準ずる状態に置かれ，too-big-to-fail [24]
措置（狭義では FDIC 資金による救済）を「大規模金融機関の公的資金による救
済」（Leathers and Raines ［2004］, p. 4）と解すれば，上記の表中で公的支援の可能
性が「極めて高い」とされた4行のうち2行，「高い」とされた4行のうち1行
が，実際に too-big-to-fail 措置を受けたことになる。

　2008年金融危機下での too-big-to-fail 措置の以上のような多発ゆえ，同措置を
「例外的措置」と言いなすことはもはや難しくなった（第7章2節にて再論）。
FDIC や連邦預金保険の存在自体を「小銀行の政治的圧力の産物」と言いなして
きた金融論学者も，考え方や（少なくとも）言い方を変えざるを得なくなった
（第8章3節にて後述）。そのように，too-big-to-fail 措置の「乱発」は，金融規

325

制改革論議にとっても金融制度を巡る論壇の議論にとっても，大きな潮目の変化（sea change）をもたらすことになる。

　このように too-big-to-fail 措置が，前述の監督当局の「ごく例外的な措置」との位置づけに反し，次々と大々的な規模で行われたことは，前節の終わりで紹介したようにコミュニティ・バンカーたちにとり憤慨すべき事態であったばかりでなく，金融危機の最中に共和党ブッシュから政権を引き継いだオバマ民主党政権にとっても，明らかに改革を必要とする事態であった。同政権は2009年1月の発足後，金融規制改革に重点課題の一つとして取組み，約5か月後の6月17日，オバマ大統領自らが規制改革案白書（*White Paper: Financial Regulatory Reform*）を公表した。同報告書はその冒頭（Introduction）において以下（抄訳）のように述べ，（その言葉自体は用いないものの）too-big-to-fail 措置の発動に遺憾の意を表している。

　　　「過去2年間，われわれは大恐慌以来最も深刻な金融危機に直面してきた。アメリカ国民は皆，失業，事業倒産，住宅価格の下落，そして貯蓄の取り崩し，といった問題と格闘してきた。このような苦境下，国民が家や車，子供の教育や事業のため借り入れる道が閉ざされないように，政府は金融システムの復活のため異例の諸措置を取らざるを得なかった。」

　　　「わが国の最も高度に発達した金融組織のいくつかにおいて，新種の金融商品の複雑さにリスク管理システムが追いついていなかった。」

　　　「これらの諸問題の多くに対し，政府はもっと予防策を講じることができたはずで，そうすれば手を付けられなくなるまで問題は拡大せず金融システムの安定性が危機に瀕することも防げたはずである。」

　このような問題認識のうえで，同改革案は5つの主要改革目標の第一に，（やはりその言葉自体は用いないものの）too-big-to-fail 措置の対象になるような大手金融機関に対する監督体制の強化を以下のように掲げている。

　　　「(1)金融機関に対する頑強な監督・規制体制を打ち立てる——市場経済の機能にとって枢要な位置を占める金融機関は，強力な監督のもとに置かれるべきである。金融システムに対し重大なリスクとなりうる金融機関は，一つた

りとも規制を免れていたり，規制が弱かったりしてはならない。」

⑶　活発化するコミュニティ銀行業界の規制改革発言

　上述のオバマ政権の改革目標は，金融危機が深刻化して間もない2008年10月の
議会証言以来 ICBA が訴え続けてきた「①（無規制または規制の弱い）ノンバン
ク（モーゲージ会社等）に対する規制強化」および「②大規模ないしは業種複合
的な金融機関に対する規制強化」という主張に沿ったものである。

　しかし ICBA が同じく強く主張してきた「too-big-to-fail 金融機関の規模縮小
（組織分割や店舗網売却）」は改革案に含められてはおらず，改革案が出されて約
1 か月後の議会証言（Menzies［2009］）において，ICBA 会長のマイケル・メンジ
ス（Easton Bank and Trust Company［Maryland］頭取）は以下のように要求を繰
り返している（同 p. 9 より抄訳）。

> 「連邦議会は，金融システムにリスクをもたらす金融機関の規模縮小は望ま
> しいだけではなく，われわれが今後金融の大惨禍を避けるためには不可欠な
> ことである，という認識を明確に持つべきです。余りにも少数の金融組織に
> これほど巨大な影響力と富の集積とを保有させ，わが国の経済全体を揺るが
> す力を与えるのは，明らかに公共の利益（public interest）に沿いません。」
> 「金融システムにリスクをもたらし続ける金融機関に対し，システム・リス
> ク限度枠以下への規模縮小を 5 年以内に達成させるべきです。そして規制未
> 達成の金融機関には厳格な罰金と経営責任の追求を行うべきです。規模縮小
> 計画には組織の分割，およびコミュニティ銀行を含む他金融機関への部分的
> 売却が含まれるべきです。」
> 「研究が示すところでは，銀行業における規模・業務範囲拡大の経済的メリ
> ットは［too-big-to-fail 金融機関よりも］はるかに小さな規模で頭打ちとな
> り，むしろ巨大な規模に伴う弊害—独占的（市場）支配力，「複合的利益相
> 反」，銀行が決済・支払不能に陥るのを回避することを納税者が保証するこ
> とによる暗黙の経済的補助—が確実に生起します。このような力の濫用は終
> わらせねばなりません。現在の危機と too-big-to-fail 金融機関の終焉の先に，
> 金融機関同士が金融サービスを競い合う活気に満ちた市場を実現せねばなり
> ません。」

第2部　金融危機以降の米国銀行制度と日本の地域銀行にかかる含意

　「司法省は，独占禁止政策の強化・改革を通じ金融システムにリスクをもたらす金融機関に規模縮小を命ずる権限を付与されるべきです。規制当局は今後合併申請を詳細に審査し，新たに too-big-to-fail 金融機関が生じないよう合併認可・拒否権限を行使すべきです。」

　1990年代の金融制度改革論議においても「メインストリート（3節(3)でも述べたようにコミュニティ銀行やコミュニティの生業を指す）対ウォールストリート（主に同地区に集中する米国の巨大金融資本）」というコミュニティ銀行業界側の対立図式が存在していた（由里［2000a］p. 234，由里［2009］pp. 232-235）。それは以上見てきたように，2008年金融危機に際しての「（メインストリート金融機関[28]を後回しにし，さらにはそれに負担転嫁して）ウォールストリート金融機関に（コミュニティ銀行家たちの目には）不当な肩入れを行う」という政府の行動を目の当たりにして，一層先鋭化していく（この点の検討は次の第7章にて続けたい）。

5．結びに代えて
──コミュニティ銀行家たちの「話し振り」に見る米国の「社会的基層」──

　本章は，その「はじめに」で述べたように本書第2部の冒頭の章として，ニューディール期金融制度の変貌と2008年金融危機とに関して概略的に述べ，以下の第7章・第8章へとつなげる役割の章である。それゆえその検討事項はそれら2つの章へと持ち越され，そこで何らかの結論ないしは残された検討事項へと至るので，ここでは通常の章のような結語は置かない。

　むしろここでは，まさに「結びに代え」て，本章の4節(1)・(3)にて紹介した，2008年金融危機の最中ないしは直後に大きく発せられるようになったコミュニティ・バンカーたちの「話し振り」と，第2章で紹介した大恐慌最中の単店銀行家たちの「話し振り」とが相似ていることに読者の関心を促し，そこから米国の社会的・政治的「基層」につき若干考えてみたいと思う。

　2008年金融危機は「大恐慌以来最大の」と称される（4節(2)のオバマ政権規制改革案白書の引用文にもある）が，本章で何度もその活動や発言を紹介したICBAは，第2章で詳述したように，その大恐慌においてコミュニティ銀行業界

の存続を団結して守るために生まれた組織であった。約5千行という傘下銀行の数の多さを基盤に，予算規模や関連事業の多様性からしても米国の諸業界団体のなかでも有力なものの一つに数えられるが，その強みの一つは政治的主張力にある。

4節(1)で引用したICBA前会長シンシア・ブランケンシップ氏は，「私にとって最も納得が行かないのは，われわれは引き続きルールに従い業務を営んでいるのに，『大きすぎて潰せない（too-big-to-fail）』金融機関は同じそのルールを無視することが許された，ということなのです。『大きすぎて潰せない』金融機関は［どのみち預金が全額保護なので］預金保険が効く預金上限額も気にせずとも良いし，［救済合併などの際にはふんだんにお世話になるのだから］預金保険料も高くはない，ということなのです」と，最大手金融機関の行動を痛烈に皮肉っている。彼女はテキサス州GrapevineのBank of the West（2008年末総資産2.5億ドル）の副会長である。

また，4節(3)で引用したICBA現会長マイケル・メンジス氏は「『大きすぎて潰せない』金融機関の力の濫用は終わらせねばなりません。現在の危機と『大きすぎて潰せない』金融機関の終焉の先に，金融機関同士が金融サービスを競い合う活気に満ちた市場を実現せねばなりません」と，最大手金融機関の強制的分割・解体論を堂々と米国議会で主張している。彼はメリーランド州EastonのEaston Bank & Trust（同1.7億ドル）の頭取・CEOである。

わが国でいえば信用金庫・信用組合の最小規模クラスに相当するコミュニティ銀行の経営者が，公然と米国屈指の巨大金融機関をほぼ名指しで糾弾しその組織分割・解体を迫る，という姿に，筆者は"We the People"で始まる憲法前文に象徴される米国の民主主義の根強さを感じる。米国の政策論議においては，「大組織を背にする者よりもコミュニティに生きる常識感覚（コモンセンス）ある人間の訴えが尊重されねばならない」という理念が息づいており，それは約80年前の大恐慌下の米国議会におけるコミュニティ・バンカーの以下の訴えにも鮮明な，コミュニティ銀行業界の連綿たる伝統をなしている。

　　「銀行業を行う個人はアメリカ人の中の金融取引の達人だ。すべての人間は生まれながらにして自由で平等だ，という我々の独立宣言と同時に個人の歴史と発展も始まった。…銀行業の草創期はまさに個人のユニット［単店］バ

ンカーの発展期だった。彼の歴史とともに我々の財産も変化した。彼が金融面の管理をするなかで，この国は偉大で裕福になった。」

「［小さな］町の事業は，遠く離れた都市の［大手行の配下の］支店ではなく，ユニットバンカーの興味を惹くだろう。<u>自らが（自らの財産をもって）経営責任を担う［単店］銀行家は個人事業家というものを，その性格と志とを知っており，彼らが町を発展させたいと思う気持に共感するだろう</u>。一方，外部の支配に服している銀行管理者は，そのような親密な関係を築けず，融資を断るだろう。（中略）<u>［ユニットバンカーの］そのような権限とこの発展を支える心意気を損なえば，アメリカの原動力の大切な源を絶つことになる</u>。わが国の最も偉大な事業体の多くも，元はといえばそのような融資から始まったのだ。」（下線は引用に際して追加）

（ケンタッキー州 Citizens National Bank and Bowling Green Trust Co. の Max B. Nahm 副頭取，支店網を拡張する大手・中規模銀行に対する規制を要請）（Banking and Currency Committee Hearings［1930］pp. 1665, 1669；由里［2000a］pp. 174–175 にも所載）

　筆者としては，1930年代の大恐慌，2008年金融危機という2度の大きな危機に際して立ち現れたコミュニティ・バンカーたちの訴え，およびそれ（常識感覚での政策提言）を許容する米国の政治風土に，河村［1995］の言う「社会の基層」を垣間見る思いがする。序章の4節(1)で述べたように，この「社会の基層」が政策形成に対して持つ影響力に着目することは本書全体にわたる視座の一つである。

　上記の1930年代の大恐慌に際してのコミュニティ・バンカーたちの声は，第1章で見たように，預金保険制度に関して意見が割れていたコミュニティ・バンカーたちを尻目に，彼らと同じ「社会の基層」を共有するスティーガル議員などの訴えを通じ，結果的にコミュニティ銀行業の存続にとり好ましい政策として実現した。次の第7章では，本章で紹介した2008年金融危機に際してのコミュニティ・バンカーたちの声が，1930年代と異なり全米的な業界組織に育った ICBA を経由して，実際に金融規制改革論議に影響を及ぼしていく，その様相を描いていきたい。

第6章 「ウォールストリート」発の金融経済危機とコミュニティ銀行業界

| コラム | 米国の小銀行の破綻劇に思う協同組織金融機関制度の意義
――サブプライム・ローン問題に巻き込まれた「株式会社銀行」の末路――

　米国における金融危機の最中，2009年3月28日付けのニューヨーク・タイムズ紙に，ジョージア州の小さな町ギブソンを揺るがしたコミュニティ・バンク破綻劇の様相が，かなり詳しく掲載された。

　ギブソンは人口わずか700人，グラスコック郡全体でも3000人弱ではあるが，1世紀余もの歴史を有するコミュニティ・バンク，ギブソン銀行（Bank of Gibson）が地域金融を支えてきた。グリフィン家が家業として守ってきた，本店一店舗だけの同行のかつての行風を，町の古老たちは哀惜の情をこめて思い起こす。「創業者の名前がやたら長かった［エラスムス・エッグルストン・グリフィン］ので，みんな"ミスターE. E."と呼びかけていた。彼との立ち話だけで借入れがOKとなることもしょっちゅうだった。」

　創業者の曾孫，リー・グリフィン氏（47歳）もこう語る。「銀行の窓口が閉まってからは，わが家が銀行の営業場でした。人々からしょっちゅう電話がありました。『いい車を見つけたんだがね』とか。電話主の素性はもちろん家族まで知り尽くしていますから，『話を進めなさい。小切手を切りなさい。その小切手がうち［ギブソン銀行］に呈示されるまでには融資手続の形をつけておくから』，と即決でした。」

　しかし2000年，同行の命運は急変する。ジョージア州の大都会アトランタ，その急拡大する郊外住宅化の波に乗った住宅金融（モーゲージ）会社ファースト・シティ社が，買収を仕掛けてきたのである。（米国では一般事業会社の銀行買収は実質的に禁じられているが，「金融事業」に属する住宅金融会社の銀行買収は可能であり，そのことは全米的にも，サブプライム・ローン問題の傷口を拡げる要因の一つともなった。）

　創業者から数えて3代目に当たるリー・グリフィン氏とスキップ・グリフィン氏の兄弟，そして他のグリフィン一族は，高額の買収条件，そして同兄弟に対する役員ポスト保証の条件に折れ，同行株式の売却に同意した。

　しかし，総資産わずか1000万ドル余のギブソン銀行を買収するファースト・シティ社の狙いは，同行を同社の手先として大いに活用することにあった。ギブソンの町の店舗は維持されたが，そこから百数十キロも離れたファースト・シティ社の地盤ストックブリッジ市近辺に3か店が新設され，本店もその一つへと移され，銀行名自体もファースト・シティ銀行に改称された。

331

第2部　金融危機以降の米国銀行制度と日本の地域銀行にかかる含意

　ファースト・シティ社は，ストックブリッジ近辺で「コミュニティ・バンク」業務を展開するつもりは毛頭なく，預金ブローカー経由の大口市場性預金が大半となった。その資金はサブプライム・ローンの隆盛でバブル化したアトランタ郊外の宅地造成・住宅建設のため融資され，次いでファースト・シティ社がサブプライム・ローンを次々に押し込み販売し，同行の土地・建設事業者向け融資が回収される，という資金循環ループが形成され，膨張していったのである。

　サブプライム・ローンが大挙して不良債権化した2007年の末には，ファースト・シティ銀行の融資総額は2億ドルに達し，その4分の3が土地・建設事業者向け融資となっていた。ギブソン銀行としての最後の年度末決算（2000年末）に17％強を数えた自己資本比率は，無理な資産膨張の結果10％まで低下していた。翌2008年度には800万ドル強の最終赤字を計上したが，実態はより悪く，2009年初頭には既に監督当局（州銀行局・FDIC）も救いようのない状態になっていた，という。

　かくして2009年3月20日，ファースト・シティ銀行はFDICに接収され，業務を停止した。2007年以降の48件の米銀破綻事例のなかでも，事業譲渡先が見つからないほど悪化していた破綻事例は，同行のほか一件のみ，という。2001年に銀行名が変わってからも，同行を家計・事業のメインバンクとして利用し続けたギブソンの町の大半の人々は，突如としてキャッシュカードも小切手も使えなくなり，町役場には年金小切手の入金先がなくなった老人たちが問い合わせに押し寄せた。

　以上述べてきたギブソン銀行およびギブソンの町の悲劇は，もしこの小さな銀行が株式会社組織でなく，地域メンバーの小口出資による「コミュニティ」型クレジット・ユニオンであったならば，住宅金融会社などによる買収提案も起こりにくかったであろう。また，クレジット・ユニオンは米国でも展開地区に制約がある（の場合）ため，百数十キロも離れたアトランタ郊外への支店進出も制度的に不可能であったであろう。加えて，ギブソン銀行クラスの業容のままでも，ギブソン唯一のコミュニティ・バンクとして有していた安定したシェアと利鞘とによって，その存立は十分可能であったと思われる。

　遠く米国南部の小さな町の出来事ではあるが，わが国には株式会社組織の銀行とは別に信用組合・信用金庫といった協同組織金融機関が存在する，そのことの意義につき深く考えさせられる小銀行破綻の事例である。

注

⑴　グラム＝リーチ＝ブライリー法すなわち Financial Services Modernization Act of 1999（Gramm-Leach-Bliley Act；PL106-102）は，1999年11月に成立した包括的な金融規制緩和に関する法律で，ニューディール期金融制度に関しては GS 法の実質的撤廃が特筆すべきものである。（なお，由里［2009］5章ではその末尾の〈資料〉に同法の内容の要約を記している。）

⑵　リーグル＝ニール法すなわち Riegle-Neal Interstate Banking and Branching Efficiency Act of 1994（PL103-328）は，1994年9月に成立した全国的に州際支店展開を認める法律である（由里［2000a］pp. 240-241 に同法の内容の要約を記載）。

⑶　この金融危機はわが国でも衆目を集めてきたうえ，それに関しては研究者の論考からエコノミストの解説書まで数多（あまた）の論文・著書があるので多言を要しまいが，研究者の手になる書（かつ金融専門家以外に向けての解説も意図したもの）としてはさしあたり，日本金融学会の共同研究とも言うべき櫻川および福田［2013］，ならびに翁［2010］を挙げておく（特に，危機自体の事象的整理として，前者の第4章および後者の第1章）。米国においては同金融危機に関する書はもちろん数多（あまた）あり，そのアカデミックなものは第8章で取り上げるが，本章を書く上でも参考にした危機の全体的描写としてはさしあたり次のものが挙げられる。危機ピーク時（2008年春～2009年初）の主要プレーヤーの詳細な叙述として Sorkin［2009］，また危機の前後を含む全容の編年体録として Markham［2011］ならびに Lybeck［2016］（うち Part I），である。

⑷　2000年代初頭において，ローン取次人または複数のローン取次人からなる組織は，米国で組成される住宅ローンの6～7割を担っていた。（サブプライム・ローン全盛期の）2006年末には，全米すべての州にローン取次業者が存在し，その業者数（個人または法人）は5万3,000にも及んだ。それに対し，協会加盟のモーゲージ会社数は2,300であった。（以上，Muolo and Padilla［2008］p. 66，その原データは住宅ローン関連情報・コンサルティング専業の Wholesale Access 社［現 Access Mortgage 社］による）。

⑸　当初の月次返済額が月次利息額以下，すなわち元本が逆に上乗せされていく，といった商品設計すら2006年ごろには横行していた（Muolo and Padilla［2008］pp. 263-264；ディアキン［2009］p. 9］）。

⑹　"Alt-A loan" とは，「通常（Aクラス）の住宅ローンに返済能力の確実性など審査基準の充足度がやや劣る（"alt" は alternative の略）ローン」という意（Muolo and Padilla［2008］p. 320）。所得額の証明書類を徴求しないことを「売り文句」にしたものも多く，そのような Alt-A loan には信用情報の履歴は良いが所得額に比して無理な額のローンを組みたい住宅購入者が多く群がった，という（*Business Week*, Jun. 15,

333

第 2 部　金融危機以降の米国銀行制度と日本の地域銀行にかかる含意

2009, pp. 26-28）。

⑺　"ABCP conduit" の "ABCP" は asset-backed commercial paper の略，"SIV" は structured investment vehicle の略。住宅ローンを原資産として何段階にもわたり種々の方式で証券化がなされたが，その解説には多くの紙幅を要するので，ここでは参照文献として岩田［2009］を挙げるにとどめたい。ただ，それら証券化金融商品の多くが結果的に惨憺たる状況となったことに照らし，筆者には米国の大手資産運用会社 Pimco 社の投資部門責任者 Mohamed El-Erian による「アルファベットのごた混ぜ（alphabet soup）」という形容（*Business Week*, May 18, 2008, p. 63）が，（商品設計に関する精確な説明よりも）かなり本質を言い当てているように思われる。すなわち，「もっともらしい名称で飾り立てて（ないしは幻惑させて）はいるが，実は信頼の置ける金融商品ではなかった」という指摘である。

⑻　*Business Week*, Oct. 29, 2007, pp. 32-34; Dec. 10, 2007, p. 26; Dec. 31, 2007, pp. 30-32.

⑼　一例として，中日新聞2009年11月 3 日「金融危機が再燃した」（社説），日本経済新聞2011年 1 月 4 日（夕刊）「米銀破綻18年ぶり高水準」など。

⑽　FDIC ホームページ中の "Statistics At A Glance"（http://www.fdic.gov/bank/statistical/stats/）によれば，2008年以降の FDIC 加盟銀行の破綻件数は，2008年25件，2009年140件，2010年157件，2011年92件，2012年51件，2013年24件，2014年18件，となっている。

⑾　Backup & Brown［2014］における「コミュニティ銀行」の範囲の設定は，FDIC［2012b］にならって銀行の総資産規模とビジネスモデルとをクロスさせ振り分けるもので，総資産規模が30〜100億ドルと大きくても，与信対象などビジネスモデルにおいてコミュニティ銀行的である銀行も多く含まれている。

⑿　*American Banker,* Dec. 16, 2008, pp. 1, 13, "Big-Bank Troubles, Small-Bank Opportunity", *American Banker*, Dec. 15, 2008, p. 16, "PNC-Nat City Divestures: Opening for Growth in Pa.", など。

⒀　もっとも，比較的規模が大きいコミュニティ銀行の中にはモーゲージ会社を系列下に持ち Alt-A loan を積極的に組成・売却していたものもあった。売却に際し，不良債権増加時に買戻す旨の特約を付けていて（その方がローンを高く売れるため），2007年後半以降大打撃を被った事例もある（*American Banker*, Nov. 9, 2007, pp. 1, 5）。

⒁　コミュニティ銀行の業界団体 ICBA の機関誌 *Independent Banker*（Jan. 2009, p. 36）によると，監督当局の一つ FRB はファニーメイ・フレディマックの優先株の保有をコミュニティ銀行に勧めていた。

⒂　ファニーメイおよびフレディマックは，米国の（信用度が通常クラス以上の）住宅ローンの証券化の中核を担い，そのモーゲージ債は日本・中国といった資本輸出国の

334

第 6 章 「ウォールストリート」発の金融経済危機とコミュニティ銀行業界

資金を資本赤字国の米国に呼び寄せるという，いわば米国そのものの信用度の屋台骨をなしていた。両社の経営不安が広がった2008年 7 月には米国財務省および FRB が緊急の支援声明を出したほどであった（*BusinessWeek*, Jul. 28, 2008, pp. 28-30）。結果的に，確かに同年 9 月，国家的な支援がなされたが，それは米国の国際的信用にも関わる両社のモーゲージ債の価値の保証に主眼を置いたもので，両社（株式公開企業）の普通株や優先株は強制的に無配とされ，市場の信認を失墜したまま放置された。

⒃　以下，米銀大手の2008年 6 月末国内店預金額順位につき，FDIC ホームページ，"Summary Tables-Summary of Deposits" メニュー（http://www5.fdic.gov/sod/sodSummary.asp?barItem=3）の中の "Top 50 Commercial Banks and Savings Institutions by Total Domestic Deposits, Data as of June 30, 2008" を参照した。

⒄　リーマン・ブラザーズに関してはわが国でも様々に伝えられたのでここでは措くとして，ワシントン・ミューチュアル（Washington Mutual Bank）に関し，そのサブプライム・ローン問題との関わりを簡記する。剛腕経営者 Kerry Killinger（1990年 CEO 就任）に率いられた同行は，貯蓄金融機関らしく自らの資金で住宅ローンを供与することに飽きたらず，1990年代後半からモーゲージ会社（サブプライム・ローン専業も含め）を次々に買収した（Muolo and Padilla［2008］pp. 80-81; *American Banker*, Sep. 29, 2008, p. 12）。Killinger 氏の経営が専横色を強めるなかサブプライム・ローンの盛期を迎えた同行は，"Power of Yes" という広告キャンペーンを張り，そのスローガンの通りローン案件のほとんどを通すため，不動産担保鑑定人（appraiser）には評価額を高める圧力をかけ，ローン審査部門の否決意見は上部で握りつぶすという，預金者の資金を預託された銀行とは思えないような内情を呈していた（*New York Times*, Jan. 4, 2009, Weekly Review, p. 4）。

　　なお，ワシントン・ミューチュアルの資産および預金に関しては，JP モルガン・チェース銀が引き受けた（預金以外の負債・優先株は引き受けず，普通株ともども無価値に）ため，預金保険制度には負担はかからなかった（*American Banker*, Sep. 29, 2008, pp. 1, 5）。

⒅　ナショナル・シティ銀は，米国政府の TARP プログラム（本文参照）による資本支援を申請する意向を示したようであるが，銀行監督官庁は同行に身売りを迫り，買い手（一株わずか2.23ドルの買値）の PNC 銀にはナショナル・シティ銀の分も上乗せした額の資本注入を行った。このことは，銀行監督官庁はナショナル・シティ銀が TARP プログラム規模の公的資本注入によっては存立不可能と判断したことを意味する（*American Banker*, Nov. 4, 2008, p. 20）。なお，ナショナル・シティ銀も，1999年にサブプライム・ローンに強いモーゲージ会社 First Franklin を傘下に収めるなど，サブプライムおよび Alt-A loan との関わりの強い銀行であった。First Franklin に関しては2007年 2 月に10億ドル近くの売却益をもって売却に成功したが，銀行自体が

335

第2部　金融危機以降の米国銀行制度と日本の地域銀行にかかる含意

Alt-A loan などを保有しすぎていたことが命取りになった（Muolo and Padilla ［2008］pp. 23-25）。なお，First Franklin の買い手はメリル・リンチで，同社は対価が割高と目された（同 p. 25）同買収をはじめ，サブプライム・ローン・ブームの後半から末期にかけ同ブームに入れ込んだのが傷を深める原因となった（*Business Week*, Nov. 5, 2007, p. 32）。

⒆　ポールソン財務長官を中心としたブッシュ政権のワコビア危機にかかる対応に関しては，同行の買収を巡るシティとウェルズ・ファーゴの対立を含め，Sorkin ［2009］pp. 494-503 に詳しい。併せて *American Banker*, May 1, 2009, p. 11 所載の財務省 TARP プログラム関係官たちの回顧談も参考になる。

⒇　TARP 資本注入プログラムの内容に関し，より詳しくは第7章注46を参照されたい。

㉑　*American Banker*, Oct. 15, 2008, pp. 1, 6 参照。同紙やコミュニティ銀行業界などに即座に問題を指摘された当局はプログラムを改善したが，非上場銀行の申請は結局約1か月遅延することとなった（*ABA Banking Journal*, Jan. 2009, p. 28）。

㉒　米国の預金保険制度には預金保険の上限額（2008年の金融危機前には原則10万ドル，退職準備口座25万ドル）があり，同一銀行にそれ以上の額を保有する預金者には，銀行破綻時に同上限額での打ち切り補償（ペイオフ）が行われるのが原則である。ただし破綻銀行の規模が比較的大きく，かつ預金・貸出を継承する他行が存する場合は，資産の痛み具合に応じてその継承銀行に資金援助がなされ，結果的に預金の全額ないしはほぼ全額が保護されることも多い（翁［2002］pp. 20-27）。2008年の金融危機に際して破綻処理されたワシントン・ミューチュアルやインディー・マック（*American Banker*, Jul. 11, 2008, pp. 1, 4）などの大手・中規模銀行，および too-big-to-fail 措置を受けた大手銀行ワコビアは，預金保険の原資に大きな打撃を与えた（同，Oct. 8, 2008, pp. 1, 3）。

㉓　米国の連邦預金保険制度（現行のそれは1991年連邦預金保険公社改善法［FDICIA 法］に拠る）には，「システム・リスク例外措置」と呼ばれる too-big-to-fail 措置の根拠規定が存在する（Macey *et al.* ［2001］pp. 745-746; Dabós ［2004］p. 149; 翁［2002］pp. 71-74）。同規定は，FDICIA 法が規定する「最小費用処理原則」どおりに破綻銀行処理を行えば経済や金融システムに甚大な悪影響を及ぼすと，FDIC，FRB，財務長官が米国大統領にも諮った上で合議・決定した場合には，当該銀行を預金保険の費用負担で公的に救済することができる，とする。

㉔　*New York Times*, Feb. 1, 2009, Weekly Review, pp. 1, 4, "U. S. Bank and Trust? For Capitalists, Nationalization May Be Reality" および *Business Week*, Jun. 22, 2009, pp. 12-13, "Facetime, Maria Bartiromo: Vikram Pandit of Citi, Man on a Tightrope".

㉕　第7章の注1後段を参照。

336

第6章 「ウォールストリート」発の金融経済危機とコミュニティ銀行業界

⒇ *Independent Banker*, Jan. 2009, pp. 32-35, "ICBA Maps Path toward Financial Restructuring".

⒇ ICBA の証言録（Menzies ［2009］）には，この「研究」の典拠として "Builter, Too Big To Fail Is Too Big" とのみ注記されている。これは，英国フィナンシャル・タイムズ紙の電子版中の Willem Builter 教授（London School of Economics and Political Science）の寄稿サイトに2009年6月24日付けで掲載された同名の論説（http://blogs.ft.com/maverecon/2009/06/too-big-to-fail-is-too-big/）のことと思われる。（上記ウェブアドレスは2009年9月21日付最終確認。同教授の同紙寄稿のバックナンバーは本書執筆時点でも2009年分含め掲載されている［https://www.ft.com/stream/46b66b9c-e922-3f81-86c8-6d26b2ec2027?page=5］が，上記寄稿は載っていない。）

⒇ 「メインストリート金融機関」は，特に注釈せずとも，本文で述べた全米各地の「メインストリート」を本拠とするローカルな金融機関のことと理解できようが，その語を主たる概念の一つとする書として，内田［2009］を挙げておきたい（「メインストリート金融機関」の語については同書 pp. 6-12 を参照）。

⒇ 本「コラム」におけるギブソン銀行（Bank of Gibson）のデータならびに破綻の顛末は，ニューヨーク・タイムズの同記事を主とし，併せて FDIC ウェブページ中の "Institution Directory" を参照した。

第7章
小銀行業界団体の制度的環境に対する自律的働きかけ
―― ドッド＝フランク法制定過程とICBA ――

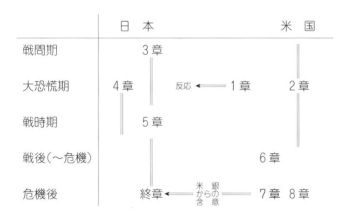

第2部　金融危機以降の米国銀行制度と日本の地域銀行にかかる含意

1. はじめに

⑴　本章の執筆動機：ドッド＝フランク法に至る金融規制改革論議とICBA

　第6章の3節以下では，2008年秋以降の米国の深刻な経済金融危機ならびにそのもとで進展しつつあった金融規制改革論議につき，米国のコミュニティ銀行業界の状況ならびにその業界団体であるICBAの主張をたどることを中心に，検討を行った。

　金融規制改革論議に関し，同章ではオバマ政権の規制改革案白書（*White Paper: Financial Regulatory Reform*；2009年6月17日）への言及までにとどまったが，周知のように2010年7月には大規模な金融規制改革法（ドッド＝フランク法）[2]が制定されている。本章では，規制改革案白書からドッド＝フランク法制定との間の1年余の期間（2009年6月〜2010年7月）にどのような政策過程（政権・議会・金融業界団体などによる）があり，そこにおいてICBAがどのように振る舞ったのかを検討したい。その検討を通じ，前章と併せて，「サブプライム信用バブルの瓦解―リーマンショック―ドッド＝フランク法」という米国金融業界・同規制当局にとっての激動期におけるコミュニティ銀行業界・ICBAの動きを，筆者なりに理解できるのでは，と考える次第である。

⑵　本章に特に関連した筆者の既往論考，および本章の研究視座との関連
ａ）米国の金融制度改革論議にかかる論考

　上記「ドッド＝フランク法制定過程とICBA」という本章の検討課題は，主題のカテゴリーおよび研究アプローチ的には，筆者にとり真新しいものではない。そのような研究としては，1991〜1996年の金融制度改革論議（その立法成果としてはFDICIA法・リーグル＝ニール法など）[3]を対象とした由里［2000a］第5章，および，1999年金融制度改革法（GLB法）[4]に至る論議を対象とした由里［2009］第5章があり，本章はそれらに続くものとして位置づけられる。

　すなわち，「米国における近年の顕著な金融制度改革論議とICBA」というテーマを，政策過程論を援用（本節⑶にて後述）して論述する論考として，本章は筆者にとり3度目の執筆機会となる。しかもドッド＝フランク法は，1980年代以降基本的に規制緩和の方向に進んできた金融規制関連立法の流れとは異なる，規制

340

強化の方向の大規模な立法であるがゆえ，筆者にとり再び筆を取る誘因としては
十分なものである。つまり，先の2論考で論じた金融規制（緩和）論議の流れが，
リーマン・ショックに端を発し世界的影響をもたらした米国発の大規模な金融経
済危機を経て，どのように変化または変化しなかったのか，という問題意識が，
本章の執筆動機の一つとなっている。

なお，「ドッド＝フランク法に至る政策過程とICBA」という本章の検討課題
のうち，「～とICBA」の部分に関しては，申すまでもなく筆者の研究者として
のほぼ一貫したテーマである米国コミュニティ銀行諸行・業界への関心の一環を
なすものであり（次のb）にて言及），その点もまた，由里［2000a］第5章および由
里［2009］第5章と同様である。

b）IBA（ICBAの原組織）にかかる論考

本書第2章の冒頭近くにおいて筆者は，下記の引用文のように記した。本章で
具体的に描出するICBAの2009年から2010年にかけての連邦政策過程への積極
的なロビー活動と少なからぬ影響力，ならびに代表的な銀行業界紙 *American
Banker* からの着目度の高さと，同稿にて追った同組織の草創期との対照が，筆
者には鮮烈であったからである。

> ［ドッド＝フランク法制定に至る政策過程での］上記のようなICBA ……の
> 諸活動の規模・存在感（政策関係者やメディアが着目する度合）に比すれば，
> その元々の発足時の規模や注目度は，極めてささやかなものであった。……
> 1930年5月に……前身たる独立銀行家協会（Independent Bankers Association
> ［IBA］）が設立されたことに関し，英文でも既往文献はほとんど存在せず，
> 当時の *American Banker* 紙も記事にしてはいない。

第2章で述べたとおり，ICBAの原組織たるIBAは，当時の小銀行諸行の存
続にとり脅威となっていた大手銀行持株会社の拡大に銀行規制上の歯止めをかけ
ることを目的に，米国中西部のミネソタ州にて発足した。当時既に，全米的に組
織力（小銀行の会員を含め）・政治的影響力ともに確立された American Bank-
ers Association（米国銀行家協会，以下ABA）が存在していたなか，小銀行が独自
の業界団体を発展させることは容易ではなかったが，約四半世紀後の1956年には
連邦議会レベルで銀行持株会社法が制定される，そのことに寄与したロビー団体

第2部　金融危機以降の米国銀行制度と日本の地域銀行にかかる含意

の一つへと発展した。しかしその頃でさえ，IBA はワシントン DC に常駐のオフィスを有していなかったのである。

　このような草創期・初期の状況に比すれば，本章で描く2009年〜2010年頃の ICBA の議会・政策当局者に対する関与の度合いには，隔世の感がある。その一方，「大手銀行の勢力拡大に銀行規制上の歯止めをかける」という IBA 発足当時の組織目的はドッド゠フランク法に至る過程においても一貫するものがある。以上のような意味で本章は，「ロビー団体としての IBA ― IBAA⁽⁶⁾ ― ICBA 史を綴る」という執筆作業の一環をなすものでもある。

⑶　本章が採る政策過程論的視座：アジェンダ・アプローチ

　⑵a）にて前述のように，米国の金融制度改革論議にかかる既往論考として，筆者は由里［2000a］第5章（1991〜1996年の金融制度改革論議）ならびに由里［2009］第5章（1999年 GLB 法）を記している。それらにおいて用いた検討方法は，政策過程を分析・解明する諸手法のうち「アジェンダ（agenda）・アプローチ」（笠^{りゅう} ［1988a］p. 49，笠［1988b］p. 95）と呼ばれるもので，政策論議の過程を，それに顕著な影響を与えると目される（政策決定者・関与者に認識されたところの）経済・政治情勢および政策関係者の動静に関連づけながら検討しようとするもの（Kingdon［1984］pp. 92-94 など）である。ここで「アジェンダ」とは政策論議の焦点となる課題のことであり，議会・政権・世論・メディアなどが輻輳する政策過程を観察・分析するうえでの，政治学（political science）の基本的概念の一つとされる（Calise and Lowi［2010］pp. 29, 42-48）。

　このアプローチにおいては，政策論議の時々の「アジェンダ」ならびにその優先度・強調度合いを，その時点における政策決定者たる議会の議員や政権側の担当者が経済・政治情勢をどう捉えていたかに関連付けて捉えようとする。

　「アジェンダ・アプローチ」の代表的著作とされる Kingdon［1984］は，「特定の政策課題がアジェンダとなる」条件を「政策の窓（policy window）」として概念化し，それは図表7‐1に示されているような①「問題の窓（problem window）」と②「政治の窓（political window）」とに区分できる，と述べている（pp. 176-177）。

　そして同書は「政策の窓」を，目的となる天体が一定の位置に来たときだけ開く宇宙ロケット発射台の天窓になぞらえ，政策案をロケットに喩えている（p.

342

第7章　小銀行業界団体の制度的環境に対する自律的働きかけ

図表7‐1　Kingdon の「政策の窓」
──「問題の窓」と「政治の窓」──

---

① 「問題の窓」
　多くの政策関係者に「これは明白な『問題』だ」と感じさせるような「喫緊の問題」
　──具体的には，以下のような状況の生起（pp. 96-99）
①‐a ：広範な国民の関心を引き付ける（危機的・象徴的）事件の発生
①‐b ：国民が身近に実感できるような困った状況の継続・深化
①‐c ：経済・社会の「大変化を示す（と思われる）データ」の表面化

---

② 「政治の窓」
　政治家（大統領・議員）に対し，国民の目に明らかな立法成果を要請するもの
　──具体的には，以下の2つ（pp. 153, 160-162, 170）
②‐a ：「国民的ムード（national mood）」
　　　　（例：「米国の衰退」への懸念，「小さな政府」を求める潮流）
②‐b ：政権・議会指導層の決意・公約（Washington commitment）
　　　　（とりわけ政権［大統領］交代時の決意・公約の影響力は大きい）

出所：Kingdon［1984］（具体的引用箇所は表内に記す）により筆者作成。

174）。ロケットが大きい（すなわち政策案の影響度が大規模・抜本的である）ほど，その天窓は「問題の窓」・「政治の窓」の両面で大きく開いている必要がある，という。

　ここで，金融制度改革論議に関する「アジェンダ・アプローチ」を用いた既往2論考（⑵a にて前述）の知見をあらためて詳述する紙幅はないが，由里［2000a］pp. 218-234 ならびに由里［2009］pp. 205-206 において筆者は，1992年から1996年にかけて金融制度改革論議にとっての「政策の窓」が閉ざされていき，そのほぼ閉ざされた状況は，GLB 法成立の1999年に至るまで同様であった，と述べた。大規模な金融規制緩和法案である GLB 法案に対しても米国民一般の注目度はほとんどなく，政権ないし議会指導層の一般向け公約にも掲げられてはいなかった。（その執筆時に大規模な金融経済危機が目の当たりにあった）由里［2009］pp. 228-229 に記したように，1990年代後半当時をかえりみれば，好調な経済状況，また総じて順調な金融業界を背景に，GLB 法による規制緩和が内包する金融システム上のリスクが政策関与者にも国民の目にも見えにくくなっていたのかもしれない。

　そのような1990年代後半の状況下，「大手銀行業界やその声（政治資金）を受けた議員たち」（同 p. 207）を中心に立法化が図られた GLB 法は，その後のサブ

343

プライム・ローン問題と2007年央以降の金融システム不安定化を促進ないしは放置する当局姿勢の制度的枠組[7]となった。そして結果的に，本章で見る（ドッド＝フランク法に至る）「政策の窓」の一つの形成要因となったのであった。

(4)　本章の検討課題：その限定について

　本章が対象とするドッド＝フランク法は16編，2,319ページに及び，米国の金融規制関連法としては最長であり，243の新規制と金融規制諸当局（新設・廃止を含む）の多数の権限加除をもたらした[8]。当然のことながらその立法過程においても，政策関与者間，また彼らと関連業界・メディア等との間における，膨大な数・量の交渉・対立・連携などのやり取りを経ている。

　前段で概説した「アジェンダ・アプローチ」において，一つの典型としては，それら数多くの具体的やり取り・相互作用図式を描写・解釈し，検討対象とする立法成果（または成果の未達）に至ったプロセスをなるべく総体的に把握しようとする。筆者もまた，何度か触れた既往2論考すなわち由里［2000a］第5章ならびに由里［2009］第5章においては，そのような姿勢で検討作業を行った。

　しかしながら，上記のように膨大かつ多岐に渡る金融規制システム・内容の変更にかかるドッド＝フランク法につき同様の検討作業を行うことは，相当量の準備を要するとともに，到底一つの章の紙幅では論じ尽くせない。また，先に(2)で述べたように，筆者が金融規制改革の政策過程を検討する際の一番の焦点は，一貫してICBA（またはその前身組織）に置かれており，特にドッド＝フランク法の制定過程の場合，(2)ｂ）で述べたようにICBAにとり設立時以来聳え立ち続けたライバルであるABAの挙動・影響度との比較対照にも，強く関心が持たれる（本章で示すように，実際，2つの利益団体のロビー活動の戦術・成果にはかなり際立った差異があった）。

　そのように考え，また現時点では既に同法の制定過程にかかる和・洋の書・論考も公にされている（次段で紹介）ことにも鑑み，本章ではドッド＝フランク法制定に至る政策過程につき，特にICBAの動き，そしてそれとの対照でABA（および副次的にその他の大手金融機関関連ロビー組織）の，ワシントンDCにおけるロビー活動および法案・審議への影響度を比較対照することに主眼を置く。そして方法論的には，(3)で述べたアジェンダ・アプローチを中心に政策過程論の諸知見も援用しつつ，検討していきたい。

すなわち，本章においては，① ICBA の関与（結果的に失敗したものも含め），また副次的に ABA などの関与（同様に失敗したものも含め）に焦点を置き，なおかつ次段(5)で挙げる諸資料から知り得る範囲で政策過程を検討する。そして，② それら ICBA・ABA 等ロビー組織の関与の有効性の如何，およびその要因を政策過程論的に理解するために必要な範囲で，上記政策過程を取り巻く政治・経済・金融・社会的背景ならびに議会・政権などの諸プレーヤーたちの動静を検討する。これら①②が，本章の限定的な検討課題である旨，前言しておきたい。

なお，本章冒頭に述べたように，直前の第 6 章 3 節以下では，2008年秋以降の米国の深刻な金融経済危機，ならびに，そのもとで進展しつつあった金融規制改革論議につき，2009年 6 月のオバマ政権の規制改革案白書までを概観している。それゆえ2009年前半までについては，適宜第 6 章と「分業」することにより，本章の紙幅を有効に使いたい。

また，立法化されたドッド＝フランク法の内容に関しては，ICBA を構成するコミュニティ銀行に関係する規制の紹介を中心とし，上記①の検討課題との関連性に応じ，主として大手・中規模銀行に関係する規制にも言及することとする。

本段の最後に，本章で言う「コミュニティ銀行」の語が指す内容につき，予め述べておきたい。本章においては，「コミュニティ銀行」が総資産10億ドル以下の銀行を指す，という伝統的な定義（由里［2009］p. 20）よりも拡げ，ICBA にも加盟例が少なくない（*Independent Banker*, Aug. 2011, p. 26 など）総資産100億ドルまでの銀行を，概ね指すこととする。（なお，「コミュニティ銀行」の語義に関しては，序章 2 節(1)を参照されたい。）

本章で見るように，ドッド＝フランク法およびそれに至る諸法案の規定においては，総資産100億ドルが銀行規模に応じた規制が取り決められる場合の閾値（threshold）となることが多かった。その背景には，近年加盟行中に10億ドル超の銀行の比率が増えそれら銀行も「コミュニティ銀行」と捉えようとする ICBA の組織事情ならびにロビー活動上の働きかけもあった。そのような状況に照らし，ドッド＝フランク法に至る法案審議過程を主題とする本章の論述においては，上記の100億ドル基準を便宜的に用いたい。

なお，FDIC（連邦預金保険公社）の調査部門が近年用い始めている，コミュニティ銀行を業務の質的側面を併せ見て規定する方式（たとえば，地元からの預金とリレーションシップ貸出とに着目し，展開地域が限定的な総資産10億ドル以

第2部　金融危機以降の米国銀行制度と日本の地域銀行にかかる含意

上の銀行をもコミュニティ銀行に含める FDIC［2012b］Chapter 1，など）におい
ては，実際，総資産10〜100億ドルの銀行もその多数がコミュニティ銀行に含め
られている。その意味では，上記の100億ドル基準はあながち便宜的なものでは
なく，監督当局が考え始めている銀行の質的区分さらには「銀行規模ごとの規
制」（5節(2)にて後述）との関係で，ある程度意味を有するものである。

⑸　**本章が依拠する主な文献・資料**

　ドッド＝フランク法の制定過程に関しては，まず，米国議会の立法過程にかか
る定評ある（たとえば松本［2017］pp. 83，98）年鑑である *CQ Almanac* の2009年
版（*CQ Almanac* 2009: 111st Congress 1st Session）ならびに2010年版（*CQ Almanac*
2010: 111st Congress 2nd Session）を，由里［2009］第5章におけると同様，ベーシ
ックな拠り所とする（引用に際しては適宜 “*CQA2010*” などと略す）。加えて，
本章においては，併せて Kaiser［2013］を多用する。同書はワシントン・ポスト
紙のベテラン政治記者の手になるもので，ほぼドッド＝フランク法の制定過程の
みにつき，400ページ余りの紙幅をさいて詳述している。同書は ABA と並び
ICBA の動きにも注目しており，両者のトップ・ロビイストたち（ABA のイン
グリング氏および ICBA のファイン氏）の証言も繰り返し紹介・分析している
点でも，本章にとり参照すべき点が多い。
　次に，銀行業界のロビー活動に着目するという本章の視点から欠くことができ
ないのが，銀行業界専門紙である *American Banker* である。また，ICBA の *In-
dependent Banker*，ABA の *ABA Banking Journal* の両機関誌も，両組織の動
静・スタンス・歓喜消沈の度合いなどを知るうえで重要な情報源である。
　また，立法過程における諸法案を知るうえで有用な LLSDC（ワシントン DC
法律司書協会）のホームページ中の，ドッド＝フランク法議会制定過程にかかる
経過表兼法案等ウェブ・リンク（注1参照，以下「LLSDC ウェブページ『DF 法』」と略
す）も参照した。さらに，Skeel［2011］および Blinder［2013，2014］など，金融経
済危機とその後の対処をテーマとする，金融制度や法務の専門家の手になる書に
も，同法制定までの経緯や関与者の見解などを知るうえで有用な章・箇所がある。
　加えて邦語文献では，松尾［2010］，若園［2015］，および大崎［2010b］も，そ
れぞれある程度有用であり，特に法案・ドッド＝フランク法の用語の邦語訳，規
制内容の邦語解説に関しては，本章を記すに際しても適宜参照している（法令・

組織等の邦訳語に関しては法律専門家の手になる松尾［2010］を最も多く参照した）。

次に，立法成果たるドッド＝フランク法の内容に関しては，まず，LLSDC「DF 法」ウェブページの最上部近くから同法全文（U. S. Printing Office 提供）へのリンクがある。[9] 次に，筆者の管見の限りで，同法を解説した専門書としては，刊行順に Morris and Price［2011］，Berson and Berson［2012］，および Evanoff and Moeller［2014］が挙げられる。うち最後者は逐条解説ではなく論考集であるが，連邦準備銀行や FDIC など当局者の同法立法・施行にかかる見解に接することができる。また Anand［2011］は簡便なレファレンス書で，法の内容に関する解説は簡潔に過ぎる面もあるが，Appendix A（pp. 145-171）にある同法全条項タイトル一覧はユニークかつ有用である。

その他，前述の *CQ Almanac 2010* の pp. 3_10-18 [10] もドッド＝フランク法の簡便かつ正確な内容概説であり，前記 Morris and Price［2011］の pp. 4-21 所載の同法概説も同様に有用である。また，邦語本では松尾［2010］が解説・訳語ともに参考になる度合いが高く，他方，若園［2015］は金融規制の潮流，特に資本市場規制・住宅金融市場規制のそれと関連づけた諸論考に特徴がある。最後に（と言っても管見の限りにおいてであるが）中空および川崎［2013］Ch. 4 の 3 は，論題にあるボルカー・ルール以外にも市場関係者が留意すべき同法の勘どころを簡明に解説している。

2．ドッド＝フランク法制定過程の概略と大規模な改革案の打ち上げを可能ならしめた「政策の窓」

⑴　2009〜2010年の政策過程の概略とドッド＝フランク法の主要規定

前節の⑷で述べたように，また本章のタイトル・副題にも表されているように，「『政策の窓』の開閉状況と ICBA・ABA のスタンス・動き」が，本章の検討課題の中心であるが，その前にドッド＝フランク法制定に至る2009〜2010年の政策過程の概略，ならびに最終的な立法成果たる同法の主要規定とを，予め2つの表で示しておきたい。図表7-2は，ドッド＝フランク法に至る政策過程の概略であり，図表7-3は，同法の主要規定の概観である。

ドッド＝フランク法に至る政策論議の過程につき，次段以下で具体的に期間を

347

第2部　金融危機以降の米国銀行制度と日本の地域銀行にかかる含意

図表7-2　ドッド＝フランク法制定までの政策過程の経過表

(左欄外に本書の節［太字の数字］・段［括弧内の数字］との対応関係を付記)

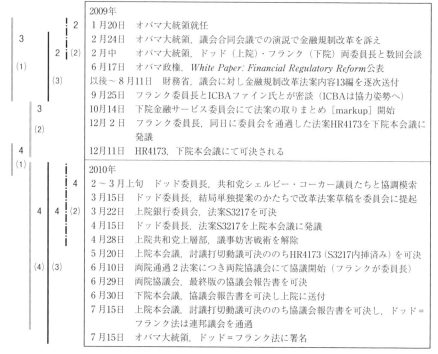

出所：筆者作成（若園［2015］p. 41, Kaiser［2013］, LLSDC「DF法」ウェブページ［注1参照］, *CQA2009*, *CQA2010*などを参照）。

　区切って追っていく前に，その重要な前段階，すなわち図表7-2がカバーしていない2008年秋の極めて深刻な金融危機につき，本章との関係で一言前言しておくべきであろう。それは，周知のように，米国の一群の大手金融機関ならびに金融システムそのものが（少なくとも大恐慌の後では）最大の危機的状況にさらされ，米国政府・中央銀行が巨額の公的資金注入・流動性供与に奔走した，という事態である（第6章4節(1)参照）。

　そのような危機的状況の最中，2008年11月初旬に選出されたのがバラク・オバマ新大統領であった。

348

第7章　小銀行業界団体の制度的環境に対する自律的働きかけ

図表7-3　ドッド＝フランク法の主要内容の概観

※同法の編［Title］番号・表題に付した“［　］”内の語句は，当該表題にかかる筆者の補足。また，
“―”以下は筆者による内容の概略説明であるが，決して悉皆的なものではない。

Title I	Financial Stability（金融の安定）§（Section）101-§176 ［いわゆる“too-big-to-fail”問題の防止策］ ―金融システムに重大な影響をもたらす可能性のある金融機関への対処。金融安定監督評議会（Financial Stability Oversight Council）・金融調査局（Office of Financial Reserach）の設立。
Title II	Orderly Liquidation Authority（整然清算権限）§201-§217 ［いわゆる，大手金融機関の“living will”［生前遺言］］ ―預金金融機関の整然清算は FDIC が所管。整然清算基金（但し事前積立なし）の設立。
Title III	Transfer of Powers to the Comptroller of the Currency, the Corporation, and the Board of Governors §300-378 （通貨監督官局［OCC］・FDIC・連邦準備制度理事会［FRB］への権限委譲） ―貯蓄金融機関監督局［OTS］の廃止。預金保険制度の改善。
Title IV	Regulation of Advisers to Hedge Funds and Others §401-§416 （ヘッジファンドその他ファンド等に対する助言業者に対する規制）
Title V	Insurance（保険業務［に対する規制］）§501-§542 ―連邦保険局（Federal Insurance Office）の設立。州の保険規制権限の位置づけ。
Title VII	Improvements to Regulation of Bank and Savings Association Holding Companies and Depository Institutions §601-§628 （銀行および貯蓄金融機関の持株会社ならびに預金金融機関の規制の改善） ―自己資本比率・貸出限度額規制等，ボルカー・ルール，巨大金融機関のシェア上限。
Title VII	Wall Street Transparency and Accountability §701-§774 （ウォールストリートの透明性および説明責任） ―デリバティブ市場・取引などの規制。
Title VIII	Payment, Clearing, and Settlement Supervision §801-§814 （資金移転・精算・決済の監督） ―金融システム上重要な資金移転・精算・決済組織の指定・監督。
Title IX	Investor Protections and Improvements to the Regulation of Securities §901-§991 （投資家保護および証券規制の改善） ―証券取引委員会（SEC）の規制権限強化，企業の役員等報酬に対する投資家監視の強化。
Title X	Bureau of Consumer Financial Protection（金融消費者保護局）§1001-§1100H ―金融消費者保護局（CFPB）の創設。消費者ローン・住宅モーゲージ等にかかる金融取引規制などの同局への移管。
Title XI	Federal Reserve System Provisions（連邦準備制度に関する諸規定）§1101-§1109 ―ニューヨーク連銀総裁を大統領任命職に。FRB のガバナンスの強化。
Title XII	Improving Access to Mainstream Financial Institutions §1201-§1210 （［中低所得層の］主流［高利業者等以外］金融機関との取引の支援） ―財務長官に中低所得者・少数人種等のための支援プログラムの実施を授権。
Title XIII	Pay It Back Act（返済法）§1301-§1306 ―2008年金融危機への対処策に関連した財政負担増に歯止めをかける諸施策。
Title XIV	Mortgage Reform and Anti-Predatory Lending Act §1400-§1498 （モーゲージ改革および略奪的貸付取締法） ―［住宅］モーゲージ業者［含預金金融機関］の商品設計・融資審査・顧客説明等の規制強化。

Title XV（その他）・Title XVI（［内国歳入法］1256条契約）〈略〉

出所：筆者作成（邦訳語は松尾［2010］pp. 6-8 を主とし，内容面では Morris and Price［2011］，
　　　Anando［2011］，*CQA2010*, pp. 3_10-18, Kaiser［2013］，*Bloomberg Businessweek*［Oct. 15,
　　　2012］pp. 102-103 なども参照）。

(2) オバマ新政権の発足と「政策の窓」～2009年1‐2月～

米国歴代の新大統領は，就任後初の議会合同会議（joint session of congress）での演説において，新政権の基本施政方針を提示してきた。オバマ新大統領にとっては図表7‐2の経過表に記した2009年2月24日の議会演説がそれであり，2008年秋以来の金融危機ならびに金融規制改革の必要性につき，同大統領は次のように述べた。

> 先の［ブッシュ］政権がこの議会に対し苦境下にある銀行への支援を求めた際，民主党議員も共和党議員も等しく，それら銀行の経営の失敗とその帰結につき，どれだけの怒りを覚えたか，私は理解しています。米国の納税者たちも怒り心頭でした。私も怒り心頭でした。（中略）これ程の規模の危機が決して繰り返されることがないよう，私は議会に対し，時代遅れとなった［金融］規制システムを遂に改革する立法措置にすばやく取り掛かるよう要請します。今こそ，金融の場において意欲と創造性とが報いられ，抜け道や手玉に取ることが罰せられる，そのような常識に沿った業務のルールが厳しく据えられねばなりません。
>
> （*CQA2009*, p. D_6, 筆者邦語訳［以下，英文文献からの引用につき別記しない限り同様］）

上記の引用部分の前・後，および引用文中の「（中略）」部分にも，金融機関や金融の円滑化（特に住宅・中小企業向け与信）に関する政策の必要性の訴えがかなりの演説時間を割いて盛り込まれ，*CQA2009* の紙幅にして全演説5ページ弱のうちほぼ1ページが金融問題・同政策に充てられている。これは，大統領の年一度の議会での施政方針演説（就任演説ならびに年次教書演説［State of the Union Address］）としては，異例の重点の置き方であった。

前節(3)で紹介した政策過程論のアジェンダ・アプローチにおいて，一般的には大統領は経済問題に関しアジェンダ（議論すべき政策課題）を設定する力が強くはない，とされる（Calise and Lowi［2010］p. 47）。しかし例外として，経済状況の悪化さらには危機的状況の場合があり，2008年以降などはその端的な例とされる（同）。

実際，前節(3)で図表7‐1として掲げた Kingdon［1984］の「問題の窓」概念に依拠すれば，2008年秋の一連の最大手金融機関の破綻ないしは政府による救済，

そしてまた米国製造業の象徴とも言えるゼネラル・モーターズ社まで政府の救済を仰いだことなどは，同表のうち「①- a：広範な国民の関心を引き付ける（危機的・象徴的）事件の発生」に他ならなかった。それ以降の「大恐慌以来」と称される深刻な不況局面入り，ならびにサブプライム・ローン顧客をはじめとした住宅モーゲージ顧客の窮状の頻出は「①- b：国民が身近に実感できるような困った状況の継続・深化」であったし，当時のメディアは，半ばこぞって"Great Depression"（大恐慌）以来の"Great Recession"（[世紀の] 大不況）」との連呼のもと，「①- c：経済・社会の『大変化を示す（と思われる）データ』」を並べ立てていた。

そのように明確に「問題の窓」が開かれた状況は，図表7‒1にある「政策の窓」のもう一つの要素すなわち「政治の窓」の開扉へとつながる。とりわけ，金融危機の最中の2008年秋に選出されたオバマ大統領の「②- b 政権・議会指導層の決意・公約（Washington commitment）」の影響力すなわち政策推進力は，Kingdon［1984］の次の観察に照らしても看過すべからざるものであった。

> 第2章で記したように，政権［大統領府］は政策形成の場（arena）の参加者たちの中でも最上位に位置する。新政権の第一年目は［実証的にも］明らかに，変化をもたらすことに専心するうえで最上の時期である。（同 p. 161）

米国大統領制の研究においてしばしば"mandate"（国民からの付託）と呼称される「国民が求める政策」（Jones［1994］p. 149）は，オバマ大統領の場合，自他ともにとりかなり明白であったろう。すなわちそれは，上記2009年2月の議会演説の冒頭に述べられた危機的な米国経済であり雇用不安であった。そしてその原因の多くが，同演説中の先に引用した部分におけるように，金融業界・金融規制の問題——すなわち不可抗力ではなく立法・規制により対処・改善が期待できると考えられる——に帰せられていた（少なくとも同大統領・議会民主党とその支持者たちの多くにあっては）のであった。

⑶　「政策の窓」から打ち上げられたオバマ政権改革白書・財務省法案～2009年2‒8月～

前節の⑸で本章が依拠する主な文献の一つとして挙げたKaiser［2013］は，ドッド゠フランク法の制定過程全般につき，政府高官・議会要人を含む多くの関係

者への綿密な取材を重ねてまとめられた，本章の検討目的にとり大変有用な書である。同書は pp. 36-38，75，374-375 などにおいて，2009年2月中のオバマ大統領自身を含む政権側とフランク下院金融サービス委員長（Barney Frank, D-Mass; Chairman, House Financial Servises Committee）[13]およびドッド上院銀行委員長（Christopher J. Dodd, D-Conn; Chairman, Senate Banking, Housing, and Urban Affairs Committee）との数次の会談で，金融規制改革がオバマ政権にとり優先度の高いものであり政権主導で着手される旨，同委員長たちには予め告げられ，彼らも同意したことを記している。

このことはドッド＝フランク法に至る金融規制改革が，前節(2)の末尾に記した政治過程論における知見と整合的に，オバマ大統領のイニシアティブのもと政権側にて推進され始めたことを示している[14]。そして実際，オバマ政権はその4か月後の6月17日，規制改革案白書（*White Paper: Financial Regulatory Reform*，注1後段参照）を公表し，その後8月11日まで足掛け3か月にわたり，財務省から具体的な法案の中身が連邦議会に届けられた（大崎［2010b］pp. 80-81，松尾［2010］p. 11，Kaiser［2013］p. 115 など）。

前節の(3)で紹介したように，Kingdon［1984］p. 174 によれば，政策案というロケットが大きい（すなわち政策案の影響度が大規模・抜本的である）ほど，その天窓は「問題の窓」・「政治の窓」の両面で大きく開いている必要がある，という。2,319ページという巨大なドッド＝フランク法の多岐にわたる改革案のほとんどは既にこの財務省法案に盛り込まれており[15]，次の図表7-4が示すように同法案自体が多岐にわたり巨大なものであったが，それは Kingdon［1984］の知見によれば，オバマ政権が「問題の窓」・「政治の窓」の開き具合が大きいと見込んでいたことの表れとも解せられる。（実際に，政治の窓が，特に議会方面において十分大きく開いていたかどうかは，以下で見るようにその後も時期により浮き沈みがあるのであるが。）

そのように巨大な財務省法案ではあったが，国民一般の目にも明らかな問題状況（すなわち「問題の窓」を構成）として，オバマ大統領が自身の "mandate"（国民からの付託，新政権の重要課題）と捉えていたのは，図表7-4に筆者が付した政策課題の番号では①（副次的に③）および⑩のみであった（*CQA2009* p. 3_5，Kaiser［2013］p. 133）。①の "too-big-to-fail"（「大きすぎて潰せない」金融機関を政府が公的資金で救済すること）禁止措置への大統領の決意は，本節(2)の議

352

第7章　小銀行業界団体の制度的環境に対する自律的働きかけ

図表7‐4　金融規制改革の主な論点，財務省法案，ドッド＝フランク法の対比表

※監督官庁の名称等につき，本章（含，図表7‐3）で略称が既出の場合，また本図表上で繰り返し用いられる場合，略称のみで表した場合がある。

	政策課題／規定	論議の主論点	財務省提案（2009）	ドッド＝フランク法（2010）
①	"Too-big-to-fail" 金融機関への対処	・処理権限を新たに法定するか法廷での破産手続を用いるか ・"Too-big-to-fail" 金融機関を分割するか	・処理権限を新たに法定し，FDIC を受け皿または管理人とする ・分割はしない ・"Living will"（生前遺言）を書かせる	・処理権限を新たに法定し，FDIC により秩序ある精算処理を行う ・納税者資金は使用しない ・分割はしない ・"Living will"（生前遺言）を書かせる
②	システミック・リスクの監督官庁	どこが所管するのか？	FSOC（金融安定監督評議会）の勧告のもと FRB が所管	FSOC が所管し，FRB に対しても指示
③	FRB の改革	・FRB の緊急貸付 Section 13(3) 権限を制限するか？ ・FRB の監督・規制権限を縮小するか？ ・FRB の政府・議会に対する説明責任を拡大するか？	・財務省の事前承認を義務付け ・FRB の監督権限を拡大；システム上重要な金融機関（SIFIs）を規制監督 ・FRB がその組織・ガバナンスに関する改善提案を行う	・Section 13(3) 権限を［特定企業ではなく］幅広い与信対象先に開かれた信用ファシリティを対象とする場合に限る ・FRB の監督権限を拡大；システム上重要な金融機関（SIFIs）を規制監督 ・特別信用ファシリティに対する監査；会計監査院が FRB のガバナンスに関し調査報告
④	グラス・スティーガル（GS）法の隔壁	GS 法の隔壁を再構築？	しない	しない
⑤	証券化	証券化にかかる市場をどう規制するか	原組成者に 5 ％のリスク負担（skin-in-the-game）を義務付け	証券化当事者に 5 ％のリスク負担（skin-in-the-game）を義務付け
⑥	自己資本規制・流動性規制	・自己資本比率規制をどれだけ強化するか？ ・オフバランス扱いの関連組織の扱い ・流動性規制の尺度は？	・高い比率を求め，SIFI には上乗せ ・オフバランス扱いの関連組織も規制対象に含める ・流動性規制の新たな尺度を設け，SIFI には一層高く	・高い比率を求め，SIFI には上乗せ ・オフバランス扱いの関連組織も規制対象に含める ・流動性規制の新たな尺度を設け，SIFI には一層高く
⑦	格付機関に関する改革	・格付機関を公共事業組織（public utilities）とするか？ ・［高い格付けを期待する証券化業者等ではなく］第三者による格付手数料の支払い？	・SEC による監視を強化 ・規制上，格付への依存度を減らす	・SEC による規制を強化 ・規制上，格付への依存度を減らす ・［格付判断を偏向させかねない］インセンティブ問題を調査
⑧	銀行の自己勘定取引［高リスク取引につき］	禁止または制限？	制限をかけない	ボルカー・ルール

353

第2部　金融危機以降の米国銀行制度と日本の地域銀行にかかる含意

	政策課題／規定	論議の主論点	財務省提案（2009）	ドッド＝フランク法（2010）
⑨	金融機関規制当局	• 銀行監督当局の数を減らす？ • SECとCFTC（商品先物取引委員会）との合併？ • 連邦レベルのモーゲージ規制官庁を創設？	• OTS（貯蓄金融機関監督局）を廃してOCCに統合 • SECとCFTCとを各々存続させる • 創設せず。	• OTSを廃してOCCに統合 • SECとCFTCとを各々存続させる • 創設せず。
⑩	金融取引にかかる消費者保護	• 独立した規制官庁を新たに設立するか？ • 平易な（plain vanilla）英語の標準約款およびそれに準拠した金融商品を取り決め？ • 平易な標準約款・金融商品の取扱いを義務化？	• 独立した金融消費者保護庁(Consumer Finance Protection Agency)の新設 • 実施 • 義務化［各金融機関独自の商品も消費者が理解できることを条件に提供可能］	• 独立した金融消費者保護局（Consumer Finance Protection Bureau)をFRB内に新設 • 実施せず • 実施せず
⑪	デリバティブ取引の規制	• 店頭デリバティブ取引を規制するか？ • デリバティブ取引の標準規格化，支払準備・集中決済・取引所経由等を義務化するか？ • リスクヘッジ目的でないクレジット・デフォルト・スワップ（naked CDS）を禁止するか？	• 店頭デリバティブ取引を規制 • デリバティブ取引の集中決済機関を創設 • 特定のデリバティブ取引につき指定取引所等での規格化された取引を規定 • 禁止しない	• 店頭デリバティブ取引を規制 • デリバティブ取引の集中決済機関を創設 • 特定のデリバティブ取引につき指定取引所等での規格化された取引を規定 • 禁止しない
⑫	ヘッジファンド規制	ヘッジファンドを規制対象とするか？　するならばどのように？	• 監督当局への登録義務・開示義務を課する	• 監督当局への登録義務・開示義務を課する • 銀行が所有することを禁止
⑬	経営陣への［高額］報酬の規制	規制するとすればどのように──上限の設定かルール改革か？	• 当局がガイドラインを設定 • 報酬額認容につき定期的な株主票決を公開会社に義務付け • 役員報酬委員会の独立性確保	• 当局がガイドラインを設定 • 報酬額認容につき定期的な株主票決を公開会社に義務付け • 役員報酬委員会の独立性確保
⑭	住宅モーゲージ金融制度の再設計	• ［実質的に政府保証の］ファニーメイ・フレディマックの廃止後にどんな制度にするのか？ • 「組成‐証券化」（originate-to-distribute）方式を終止？ • 審査基準の改善	［いずれも］未着手	• 未着手 • 未着手 • 審査基準の改善

出所：Blinder［2013, 2014］pp. 307-309 の表から筆者邦訳*。

＊マル番号は筆者が便宜的に付加したもの。また原表の使用用語はしばしば簡略に過ぎるため，前掲図表7‐3出所欄所載の文献やWarren［2009］により適宜語句を補った。なお稀に，左方の政策課題と右方の政策内容との関連性が薄い場合，該当部分を省略した。

会演説中でも「（銀行への巨額の支援に）米国の納税者たちも怒り心頭でした」のくだりに表れているし，⑩の金融消費者保護強化への決意は，同演説の「金融の場において……抜け道や手玉に取ることが罰せられる……業務のルールが厳しく据えられねばなりません」に表れている。

　なお，具体的な政策案が作成・提示されるためには，「政策の窓」とは別に，多くの場合「政策の窓」が開く以前から，政策案の原型・断片が別途専門家たちの間で練られていなければならない，と Kingdon［1984］は言う（p. 187 など）。上記財務省法案の場合，その「専門家たち」の一つは米国財務省・FRB（G20 財務相・中央銀行首脳会議から金融危機を再度引き起こさないよう規制改革を迫られていた）であり（漆畑［2015］pp. 268-273；松尾［2010］pp. 4-5；Kaiser［2013］pp. 36-37），もう一方はハーバード・ロー・スクールのウォーレン教授（Elizabeth Warren）であった。オバマ大統領のもとに設けられた高度な金融法務専門家たちからなる特命チームは，それら組織ないしは同教授による政策原案を法案化すべく，取りまとめ作業に当たった（Kaiser［2013］pp. 84-86）。

　なお，ウォーレン教授が上記⑩の中核をなす Consumer Financial Protection Agency（金融消費者保護庁，以下「CFPA」）を提案したのは，2007年夏の Warren［2007］および Bar-Gill and Warren［2008］においてであった。さらにその前には，クレジット・カードの手数料・金利約定の高負担の罠を明らかにする Warren and Tyagi［2003］が刊行されており，その反響の大きさは同教授が米国民一般にも名をはせる契機となっていた（Kaiser［2013］p. 133; Skeel［2011］pp. 50-51, 100）。

　ウォーレン教授は2007年・2008年の上記２論考で，FRB が既に有している金融取引における消費者保護にかかる権限が，FRB が同時に有する金融機関監督権限行使に際しての「安全性・健全性（safety and soundness）原則」（金融機関の経営の安全性・健全性確保を要請）と利益相反関係にあることを指摘し，専ら消費者保護の責に任ずる監督当局の新設を提案していた。財務省法案には同２論考を主たるベースとした CFPA 新設案が盛り込まれ，ワシントン DC の政策専門家たちの驚きを買った（Skeel［2011］pp. 99-100）。それは Kingdon［1984］p. 121 の知見によれば，専門家の既存の提案が『直面する問題（"the" problem)』（オバマ大統領が演説で述べた，顧客を手玉に取る金融機関の厳しい取り締まりの必要性）と出会い，勢いのあるアジェンダとして浮かび上がった，そのような瞬間であった。

3．2009年の政策過程と ICBA・ABA のスタンス・動き

⑴　オバマ政権の発足から財務省法案提出の頃までの ICBA と ABA の動向〜
　2009年 1‐8 月〜

　（本段以下，ドッド゠フランク法に盛り込まれていく［ICBA または ABA などにとっての］重要な改革項目が交渉・審議される場面には，"【　】"の小見出しを付した。また，その小見出しのもとでの記述がどこまでなのか明確にするため，その開始・終了箇所では一行を空けた。なお，そのような「交渉・審議」につき筆者が知り得る範囲は，基本的に 1 節⑸に記した諸資料の範囲にとどまるため，実際にはロビー活動の対象となった「重要な改革項目」であっても，以下の記述から漏れているものもあろうと思われる。）

a）ICBA の動向：「ウォールストリート対メインストリート」というメッセージを掲げ，政権・議会首脳と協力

　ICBA はその機関紙 *Independent Banker* の Sep. 2010号にて，ドッド゠フランク法の制定過程を振り返る特集を組んでいる（pp. 26-35）。"The Mouse That Roared"（吼えたネズミ［小銀行の業界］）とのタイトルの背景には，ネズミと逃げていくネコ（ウォールストリート勢を象徴）の写真が置かれ，ニュアンス的には祝勝ムードが漂う。そしてその副題としては，「コミュニティ銀行諸行［のロビー活動］は太ったネコたち（ウォールストリート金融機関）［のロビー活動］とどのように距離を置いたのか」という一文が置かれている。

　この，「ウォールストリート金融機関のロビー活動と距離を置く」というのは，確かに ICBA，具体的にはトップ・ロビイストのファイン理事長（Camden Fine, President）（以下，同氏のロビイストとしての側面を重視し主に「ファイン氏」と呼称）の早い段階からのほぼ一貫した戦略であった。すなわち Kaiser［2013］p. 138（同氏とのインタビューに基づく）によれば，ファイン氏は金融危機の兆しが見え始めた2007年から，「問題を招いたのはウォールストリート勢（大手［商業］銀行・投資銀行・ノンバンクなど）であって決してコミュニティ銀行諸行ではない」というメッセージを伝えねばと意識し，その後 ICBA が組織として，政策関係者——従来彼らは大手銀行もコミュニティ銀行も同じようなものだと考えていた

——に対して直接，または政界・金融紙誌への意見広告掲載などにより，意識的にそのメッセージを広めるべく努めてきた。

そして2008年金融危機以後は，第6章4節で見たように，ICBAの会長（加盟銀行のトップが選ばれて就く）からも，上記の「問題を招いたのはウォールストリート勢であって決してコミュニティ銀行諸行ではない」という公式メッセージが，より頻繁に発せられるようになっていた。

そもそも，「ウォールストリート対メインストリート」（「メインストリート」とはコミュニティ銀行が典型的に位置する町の目抜き通りのことで「普通のアメリカ人の日々の仕事・家計の営み」をも意味する）という対立図式は，ICBA（またはその前身のIBAA）が1990年代の金融制度改革論議においてもしばしば用いていた（たとえば由里［2000a］pp. 217-218, 234）。しかしながら，大局的に見れば1970年頃から2000年頃までの金融制度・規制の諸改革は，「メインストリート金融機関」の側よりもウォールストリート勢（特に大手銀行・投資銀行など）の側に目を向け，それら金融機関の業務・組織の自由度をさらに広げる傾向をたどっていた。

そのような規制緩和の根拠は「市場の自主規制力（self-regulation）」さらには「効率的市場の理論（efficient markets theory）」であった（Johnson and Kwak［2010］p. 89; Shiller［2011］pp. 21-26）。その思潮のもとでは，ICBA（IBAA）の上記のような訴えに対しても，ワシントンDCの政策担当者たちは「メインストリートの銀行が普通のアメリカ人にとって大事だとしても，ウォールストリート金融機関も問題なく機能しているではないか[16]」，つまり"So what?"（それ［大手銀行・投資銀行の業務拡張・勢力拡大］の何が問題なのか？）という反応であったと，総じて言えよう。

しかしながら，2008年秋の劇的な金融危機——当のウォールストリートが筆頭震源地になった——を契機に，「規制をかけずともウォールストリート金融機関は問題なく機能している」という考え方に対する批判・反省が相次ぎ，また同時に「メインストリート（普通のアメリカ人の日々の仕事・家計の営み）の苦境」（しかもウォールストリートに起因する資産の喪失や不景気）に衆目が集まった（2節(2)で引用したオバマ演説もそれらを反映）。その中でICBAの「ウォールストリート（大手金融機関）対メインストリート（コミュニティ銀行）」の主張は，にわかに訴求力を高めたようである。

第2部　金融危機以降の米国銀行制度と日本の地域銀行にかかる含意

　その一つの証左に，オバマ新政権発足から間もなく，ファイン氏はガイトナー財務長官から電話を受け（2009年1月27日，同長官の執務開始2日目），その翌日には財務省で75分間もの直接対話がなされた。財務長官から「あなたが，私が財務長官として会談する最初の人だ。（中略）［前職］ニューヨーク連銀総裁の時以来，あなたの主張には傾聴すべきところがあると思っている」という言葉をかけられ，ファイン氏は「ICBAとしては大変なチャンス」と考えた，という（以上，Kaiser[2013] p.139)。

　その後，ICBA の年度替わり・新体制の発足[17]を経た2009年4月以降，ファイン氏は10名からなる執行委員会の面々に次のような説得を行った[18]。

　……議会両院を民主党が固め，大統領も民主党です。いや，仮に共和党が支配力を持っていたとしても[19]，このように深刻で恐ろしい経済危機・金融危機のもと，現下の議会が何もしないでは済まされないでしょう。［金融規制改革］法案は出ます。しかもそれは抜本的・大規模なものでしょう。

　われわれはここで，よくよくリスクを計算して行動すべきでしょう。［ウォールストリート勢ないしはそれと利害を共にするロビー組織の］Financial Services Roundtable, ABA, Financial Services Forum, Mortgage Bankers［Association］，これらは必死にこれ［金融規制改革法案］に反対するでしょう。しかしこれら大物たち（the big boys）の隊列に加わり改革案に反対するのは，わが［コミュニティ銀行］業界を滅ぼすことにならないでしょうか。単に彼らと組むだけでは，われわれの意見はかき消され，金融界という高速道路でコミュニティ銀行はひき殺されるだけでしょう。ウォールストリート勢の手中に飛び込んでしまったならば。元々われわれと彼らとの間には真性の利害の隔たりがあるのに，です。われわれがチャレンジすべきなのは，改革法案のプロセスに良い影響を与えるようトライすることではないでしょうか。金融規制改革が，金融危機をもたらした真の極悪人どもを取り締まり，コミュニティ銀行に関しては手を付けない，さらにはコミュニティ銀行にはより良い規制となるように，です。

　皆さん，考えてもみてください。ウォールストリート勢には放っておいても［政府・議会要人との］話し合いのテーブルが用意されます。彼らには腕力があり，資金力があり，［政治的］影響力があり，Kストリートのあらゆる主要ロビー活動会社と提携し[20]［すぐにでも］議事堂にロビイストの大群を

358

派遣できます。

　JP モルガン・チェースの CEO ジャミー・ダイモンは定期的にホワイトハウスに招かれています。ウォールストリートの他のいくつかの大手金融機関の CEO も同様です。しかしわれわれは違います。彼らは「反対，反対，反対」と述べることができ，それでもなお話し合いのテーブルに招いてもらえるのです。もしわれわれが「反対，反対，反対」と言えば，話し合いのテーブルにわれわれの席がなくなるばかりでなく，改革を巡る議論に声を届けることさえできなくなるでしょう。なぜなら大物連中（the big guys）［の大声］にかき消されてしまい，彼らの［トランペットの］マウスピースに過ぎない存在になってしまうからです。われわれは，そのような道をたどるわけにはいきません。

（以上，Kaiser［2013］pp. 139-140）

　ICBA の執行委員たちは，以上のファイン氏の提案を受け入れた。その後，2009年 6 月・7 月に CFPA（金融消費者保護庁）に関する公聴会が議会両院で開かれた際，上記ファイン氏の弁のとおり，ABA のトップ・ロビイストのイングリング理事長（Edward L. Yingling, President）（以下，ファイン氏と同様ロビイストの側面を重視し主に「イングリング氏」と呼称）は両方の公聴会で意見陳述の機会を得たが，ファイン氏をはじめ ICBA 側は招かれなかった。そのような場合も意気消沈せず「火薬を乾かして発砲の用意をしておく（Keep our powder dry）」のが ICBA の流儀であり，イングリング氏が公聴会で（ABA にも多数所属する）コミュニティ銀行家たちの利害を盾に ABA の主張を訴えた（「既に規制遵守コストに押しつぶされそうなコミュニティ銀行諸行に新たに CFPA による規制などもってのほか」）のを聞くや，反攻に出た。すなわち，下院金融サービス委員会のフランク委員長その他の議員たちに対し，「コミュニティ銀行の利益を代弁しているのは ABA ではなく ICBA である」と訴えたのである[21]（以上，Kaiser［2013］pp. 136, 140）。

　フランク委員長はファイン氏の意図を理解し，2 つの銀行業界団体の間の対立的関係を利用しようとした[22]。7 月27日，同委員長はナショナル・プレス・クラブでの演説で，コミュニティ銀行は金融危機の原因でないこと，新たに設置される CFPA もコミュニティ銀行の有用な役割を念頭に置いて運営されるべき，と述べた。他方，コミュニティ銀行を盾に規制に反対する "big brothers"（大手金融

機関［の業界団体]）には釘を刺し，コミュニティ銀行業界は望ましい消費者規制を実現するため議会の規制改革努力に手を貸すべき，と訴えた。ファイン氏はそれを耳にするや，即座にフランク委員長にパーソナルな所感を交えた礼状をしたため，ICBA として CFPA 新設を強く支持すること，そして同機関が，消費者をないがしろにしがちな，コミュニティ銀行以外の金融機関を正しく標的にするよう要望することを述べた（以上，Kaiser［2013］pp. 118-119, 140-141）。

なお，以上記した動き以外にも，ICBA の動きは公式の（すなわち水面下ではない）ものだけでも2009年3月以降活発であり，そのことはこの(1) a)の冒頭に記した *Independent Banker*, Sep. 2010 の特集記事の中の「経過表（timeline)」に詳しい。紙幅の有効活用のためにも，同経過表を本章末尾に〈資料〉として載せ，本文・注の補足としたい。

b) ABA の動向：「ABA がメインストリートの銀行の利益を代弁」と訴えるも CFPA への強固な反対がフランク委員長との関係悪化を招く

本段 a)にて述べたように，ICBA の「われわれコミュニティ銀行は決して金融危機の原因ではない」という主張が時宜を得ていたうえ，ファイン理事長の思慮・手腕も寄与して，ICBA は政権・議会要人との良好な関係を拡げつつあった。しかし，本章が着目するもう一方の銀行ロビー組織 ABA にあっては，そういった要素は，当時ほぼ真逆に作用していた。

ABA は，その名称（American Bankers Association）のとおり最大手銀行からコミュニティ銀行までを傘下にかかえ（ただし日本の銀行業界組織のように実質的に全行加入させる［暗黙の］強制力のようなものはない），銀行規模に応じた加盟料拠出システムのため，加盟銀行数の割合では少ない大手銀行の利害を決して軽んじることができない。そのため「ウォールストリート勢の一味」と名指しされても反論しきれない状況にあった。

しかしながら他方，JP モルガン・チェースをはじめとする最大手銀行群を加盟銀行にかかえているだけに，本段 a)にて引用したファイン氏の言うように「腕力があり，資金力があり，政治的影響力があり」，ワシントン DC の諸業界団体組織中でも最大手クラスのロビイスト集団・リサーチ専門家集団を擁してもいた（Kaiser［2013］pp. 131, 133）。

また，ABA がコミュニティ銀行の利益にも留意し，また寄与していることも

第7章　小銀行業界団体の制度的環境に対する自律的働きかけ

ある程度事実であった。筆者自身，ABA が長年運営する Stonier Graduate School of Banking[24]の修了生の一人であるが，同教程が毎年多数のコミュニティ銀行中堅行員たちの視野や経営センスを高めるのに寄与していることを実際に目の当たりにした（由里［2000a］pp. 128-138）。そして ABA の中にはコミュニティ銀行家協議会（Community Bankers Council）が存在し，コミュニティ銀行家がその議長に就き，コミュニティ銀行からの意見の集約や彼らに適した協会サービスの検討も行ってきた（同 p. 127；*ABA Banking Journal*, Feb. 2009, pp. 20-28）。

　そのように，実際にコミュニティ銀行のためでもある ABA という組織を代表し，トップロビイストのイングリング氏は 6 月24日，下院金融サービス委員会（フランク委員長）において次のように弁を打った。

　　……コミュニティ銀行は決してサブプライムローンに手を染めず，今も地元顧客たちの信頼と支持を集めています。この委員会でも頻繁に指摘がなされているように，これらコミュニティ銀行は既に規制遵守のためのコストに圧迫され，そのコストは徐々に，しかし確実に，それらの銀行を窒息させつつあります。それなのに先週，現政権は，コミュニティ銀行に［他の種の銀行より］不当に重くのしかかる，CFPA という潜在的に巨大な規制の重圧の提案を行ったのです。　　　　　　　　　　　　　　（Kaiser［2013］p. 136）

　既に本段 a）の後ろのほうで述べたように，この演説は裏目に出た。すなわち直後に ICBA ファイン氏がフランク委員長に「ICBA こそがコミュニティ銀行の代弁者」と訴え，結局それが奏功することになる。しかも，ABA にとりそれ以上の誤算だったのは，フランク委員長が ABA の CFPA に対する反対姿勢に怒り，7 月27日の講演などで「（銀行業界団体が）あくまで CFPA に反対するなら私も戦い返す。その論争は『人々対銀行［ABA］』の構図となり，私は君たちを悪党扱いするだけだ」とまで言わせてしまったことだった（Kaiser［2013］pp. 118-119, 137）。

　概して共和党および規制緩和派に対する筆致のほうが手厳しい（すなわち民主党・消費者保護派へのシンパシーが感ぜられる）Kaiser［2013］ではあるが，ABA のイングリング氏の上記の誤算に関しては，長年の議会観察者としてかばうような筆致でもある。すなわち，フランク委員長のいる下院はともかく，ドッド委員長の上院委員会では，共和党との両党派協調的（bipartisan）な法案作成・

361

合意形成が目指されるのが通例であり，しかも上院案のほうが最終的な立法に多く組み込まれがちなので，CFPA にしても（フランク委員長への働きかけよりも）上院での内容改善に期待すれば良い，というのがイングリング氏の戦略であり，それはそれで理解できる，というものである。

確かに，政策過程論においても，政府の業界規制に関する諸政策（「規制型」の政策領域）は政権側のイニシアティブではなく議会の審議過程により決せられる（または現状のまま放置される）傾向がある，との観察がある（Spitzer［1983］pp. 150-154）。事実，1999年 GLB 法の審議過程においても「国民一般の注目度はほとんどない」中，大掛かりな立法であったにもかかわらず，総じて「議会の審議過程により決せられる」という傾向が観察された（由里［2009］pp. 226-228）。さらには，2009年のオバマ政権の規制改革案についてもまた，2節(3)で見たように "too-big-to-fail" 禁止措置と金融消費者保護強化（前掲図表7－4の①と⑩）の2点のみが「問題の窓」に直接対応するオバマ大統領自身の "mandate"（国民からの付託，新政権の重要課題）であったのであり，その他の改革内容は議会の審議過程により決せられる傾向の強い「規制型」の政策領域に属するものだった，と言えよう。

しかしながらやはり，オバマ大統領や，当時政権内部また世論に対し顕著に影響力を増していたウォーレン教授[25]にとっての最重要事項であった金融消費者保護強化すなわち CFPA につき，「上院で銀行業界にとり温和なものに改善されるだろう」と，「規制型」法案としての先行き——以下で見るようにその読みは相当程度外れる——を期待したとすれば，熟練トップ・ロビイストたるイングリング氏としては落ち度だったのではなかろうか。

そのイングリング氏は，ドッド＝フランク法が成立した直後，ABA 機関誌に次のようなコメントを述べている。

> これは単なる規制改革法案ではなかった。それは規制改革に加えて巨大な社会政策[26]だった。同法案は，文字どおりあらゆる消費者運動団体がこれまで10年間にわたり求めてきた諸施策——金融危機とは何のかかわりもない——の運搬車となった。（Yingling［2010］p. 43）（イタリックは原文［*plus*"］のまま）

議会の運動法則のような習いとして，「『政策の窓』が開いた」と見るや，修正・新提案・無関係の項目などが改革法案に「ゴミ箱」のように放り込まれる，

とされる（Kingdon［1984］pp. 185-186）。今般の金融改革法案が，イングリング氏の言う「あらゆる消費者運動団体が10年間にわたり求めてきた諸施策」を積み込めたこと自体，Kingdon［1984］的に言えば「政策の窓」がそれだけ大きかった――イングリング氏自身はそのことにも気づいていたのであろうが[27]――ことの証左であろう。

⑵　下院委員会審議から改革案の下院通過までのICBAとABAの動向――2009年9〜12月

a）ICBAの動向：フランク委員長の信頼を得て審議過程に入り込む

　本節⑴a）で見たように，2009年7月末ごろ，ICBAファイン氏はフランク委員長と意思疎通し合えた手ごたえを感じ，さらに同委員長の信頼を得るべく書簡を送った。フランク委員長は同書簡を受け取り，自身が7月27日プレス・クラブで発したファイン氏・ICBA宛のシグナルが伝わったことを喜んだ（Kaiser［2013］p. 160）。

　議会の8月休暇期間が明け，下院委員会も稼動し始めて少し経った9月25日，フランク委員長はファイン氏と二人だけで会談した（以下のフランク―ファインの秘密裡の交渉とその「成果」についてはKaiser［2013］pp. 160 164に拠る）。どこでも報じられたことのないこの会談で，フランク委員長はCFPAに関するICBAの事実上の「中立」，すなわち表面上は反対姿勢だが実際には口を差しはさまないことを求め，その応諾のための条件を尋ねた。

【CFPA検査対象からのコミュニティ銀行の除外】および【預金保険料の総資産準拠への変更】

　その後，同委員長との数次のやりとりの後，ファイン氏は，① CFPA検査対象からコミュニティ銀行（総資産100億ドル以下）を除外しCFPAが定めるルールにより既存の監督官庁が検査すること，および，② FDICに各銀行が支払う預金保険料を従来の預金額準拠から総資産準拠に変えること，の二点を求め，フランク委員長も応諾した（②に関してはICBAがFDICベアー総裁［Shieila Bair, Chairman］の了解取り付けに動くことを条件とした[28]）。

　この交渉妥結（実際に握手が交わされた）ののち，ファイン氏はICBAの執

務室に急ぎ帰り，「ULTRA SECRET …… 見るだけ，他に見せること・転送は堅く禁止」との書き出しで，フランク委員長との交渉結果，ならびに，ICBA が異例中の異例で，ABA などを出し抜いて同委員会の「内輪」となった（"We are on the inside, and the other guys are wondering what is happening"）旨を，執行委員たち宛にメール発信した。

なお，FDIC に各銀行が支払う預金保険料を従来の預金額（正確には国内預金のうち付保対象額の総計）基準から総資産基準に変えることは，銀行は一般に規模が大きくなるほど総資産／総預金比率が高まるため，大手銀行に不利で小銀行に有利である。その変更により，ICBA 加盟コミュニティ銀行諸行の年間保険料負担総額を15億ドル下げる効果があると予想され（同 p. 163），ICBA にとり同措置は，今般の規制改革にもぐり込ませたい最重要項目の一つであった。

下院金融サービス委員会に話を戻せば，元々オバマ政権から上院より素早く動くようプッシュされていたこともあってか（Kaiser［2013］pp. 36-37），2009年秋のフランク委員長の動きは総じて手際よく（前掲図表2参照），12月11日には金融規制改革法案（HR4173）[29]が下院本会議を通過する［（賛成）民主223票－（反対）共和175＋民主27票］（*CQA2009* p. 3_8; Kaiser［2013］p. 224）。その進み具合を大きく助けたのが，上記のファイン氏との「密約」であり（同 pp. 164, 222），また次のb）で見る ABA の黙認的態度であった。通過した同法案は，「反ウォールストリート」になびく傾向が強かった当時の「問題の窓」，および上記 ABA の振舞いなどの帰結として，最大手銀行（数にして1ダース程度），次に大手～中堅規模行（総資産500億ドル以上），次いで中規模銀行（同100億ドル以上）の順に，厳しいものとなった。[30]

上記の「密約」とは，あくまで筆者の呼び名であるが，たとえば *Independent Banker,* Nov. 2009, p. 20 "Association in Action"（活動する ICBA）は，ICBA 会長メンジー（Mike Menzie, Chairman）の「CFPA の新設には大いに懸念を持っている」との下院公聴会発言を紹介しており，上記フランク・ファイン両氏間の約束どおり「反対する振りをして実は審議通過を黙認する」というパフォーマンスが実際に演じられたことが知られる。しかも同記事は，同「密約」の大事な交換条件であった CFPA 検査から総資産100億ドル以下のコミュニティ銀行を除外

第7章　小銀行業界団体の制度的環境に対する自律的働きかけ

する案がフランク委員長のもと採択されたことを，より目立つ位置に記しているのである（末尾〈資料〉の2009年10月の欄にも記されている）。加えて，ファイン氏が前記のように「密約で」求めた預金保険料算定基準変更の件も，フランク氏の委員会を通過するまでにはちゃんと組み込まれていた（注30の末尾参照：この件はKaiser［2013］には記されていない）。

　また，上記改革法案の下院本会議通過後の12月22日には，オバマ大統領がICBA首脳を含むコミュニティ・バンカーたちを招き，彼らの要望を直接熱心に聞いた（*American Banker*, Dec. 23, pp. 1, 2）が，この会合なども筆者には上記「密約遵守」に対する政権側の一種の「お礼」とも感じられる。そして，オバマ大統領がその席上で改革法案立法化への協力を呼びかけたのに対し，ICBAリーダー陣の一人マクフィー頭取（James McPhee, President, Kalamazoo County State Bank；2010年3月～2011年3月ICBA会長）は「われわれは皆，規制改革賛成派ですよ——あなたの手腕で規制がコミュニティ銀行に降りかからないようにしてさえくれればね」と冗談気味に答えた（同）のも，上記「密約」を知る者同士の一種のサインの交換のようにも思える。

【一般事業会社が行う金融業務の規制強化】
　なお，CFPAの創設にICBAが反対しない理由として付け加えておくべきは，同庁の設立により，長年ICBAが規制強化を訴えてきたウォルマートに代表される大手小売・自動車会社など一般事業会社が行う金融業務（由里［2009］pp. 236-237）にも規制の網が掛かるようになることを期待して，という面もあった。また，そのロビー活動の経緯が筆者参照の諸資料では不明なため，結果のみ簡記するにとどめたいが，ドッド＝フランク法は603条においてindustrial loan company（一般事業会社が実質的に銀行業に参入するため設立する金融事業組織［高山［2007］，高山［2008］］）の設立認可を3年間停止することを規定し，ICBAは同規定を同法の主要成果の一つに挙げている（ICBA［2010］）。

b）ABAの動向：フランク委員長との音信不良のもと個別条項での改善働きかけが一部成功したのみ
　本節(4)b）で記したように，6・7月の下院委員会の立ち上がり段階で，ABA

365

はフランク委員長との関係を悪化させてしまった。それもトップ・ロビイストの
イングリング氏のみならず「ABAロビイスト集団」としてである（Kaiser
［2013］pp. 136-137）。そこでイングリング氏は，やはり(4) b）で記したように
「CFPAを含め，上院で（大手を含め）銀行業界にとり温和なものに改善される
だろう」との読みに基づく戦術に切り替え，どうやら下院フランク委員長との直
接のコミュニケーションはほとんど回復させようとしなかったようである。

　そう推察される理由の一つは，Kaiser［2013］Chapter 14（下院金融サービス委員
会での審議）およびChapter 16（下院本会議での審議）の，特にフランク委員長なら
びに同委員会政策スタッフの動きに関するかなり詳細な記述の中に，ICBA はと
もかく ABA に関しほとんど記述がないことである。二つ目には，直前の a）で
記したように，この時期フランク委員長と「内輪」の関係にさえなった ICBA
の「経過表」（末尾〈資料〉参照）の2009年10月の欄に，Associated Press の情報
（筆者未確認）として次のように記されていることである。

　　下院金融サービス委員会が規制改革法案の取りまとめ（marking up）を開始
　　するに際し，コミュニティ銀行［の業界団体＝ICBA］の議員たちへの影響
　　力は，最大手諸行［の業界団体…筆頭格が ABA］を上回っている。同委員
　　会の委員長バーニー・フランク（D-Mass.）は次のように語る。「大手銀行諸
　　行には何の影響力（clout）もない。誰も，彼らが何を考えているのか，文字
　　通り気にも留めない。」

　なお，以上で用いた情報源だけでは，ABA の動きに関し手薄になるきらいも
あろうが，*CQ Almanac 2009* の下院での金融規制改革法案審議に関する記述に
も ABA ないしは大手銀行業界の動きに関する記述はない。それもまた ABA の
動きが少なかったことの反映であろう。

【連邦法規制と各州法の同種規制との優先関係（preemption）】
　Kaiser［2013］の下院委員会での審議の段階に関する記述中，ABA の委員会
審議への影響が垣間見られるとすれば，pp. 185-188 に，クリントン政権時代に
伸張した親ビジネス・親市場の New Democrat Coalition のメンバーたち（"New
Dems"）の動きにより，委員会審議の土壇場で，連邦監督当局規制と各州法の同
種規制との優先関係[31]が大手銀行界の望む方向にやや改善されたことが，記されて

いる程度である。

　以上のように ABA としては成果が乏しいなか，同時期の ABA イングリング氏の考えを知るよすがになるのは，*American Banker* の「規制改革：戦うべき対象はあまりに多く，時間はあまりに短い（Reg Reform: So Much to Fight, So Little Time）」と題した記事である（Nov. 16, 2009, pp. 1, 3）。

　同記事において，同紙の取材に対しイングリング氏は，下院委員会で練られつつある法案に関し「議論すべき何百もの規制改革項目が一挙に盛り込まれており［交渉の］テーブルに着くどころではない」と述べ，「この法案には包括的反対（blanket opposition）」の態度，と明言している。同氏が，金融システミック・リスクへの対処など個々には規制改革の必要性に同意する旨も述べつつ，「この法案には」と述べたあたり，やはりフランク委員長との音信不良の様子を示唆しているように見える。

　また，上記の「議論すべき何百もの規制改革項目が……」の述懐どおり，そもそも大手銀行こそがやり玉に挙げられ規制強化の主対象となっている状況下，大手銀行の利害を守らねばならない ABA は，短期間では対処しきれない大量の交渉課題を背負っていたと言える。その点，直前の(2) a ）で紹介した ICBA 首脳のバンカーの「われわれは皆，規制改革賛成派ですよ――コミュニティ銀行に降りかからないようにしてさえくれればね」という大統領の面前での冗談めかした談笑が象徴するように，ICBA の側はそもそも相対的に楽な戦いであった，とも言えよう。

　上記 *American Banker* の記事に戻れば，同記事は次いで，ABA をはじめとする銀行業界ロビー[32]が上院ドッド委員長のもとでの改革論議に期待している，との筆致で同委員長の動きに話を転ずるが，これはイングリング氏自身の当時の目の置きようでもあったのではあるまいか。

　しかしながらそのドッド委員長は，2009年11月中に，銀行委員会共和党筆頭メンバーのシェルビー議員（Richard C. Shelby, R-Ala）との協力取り付けに失敗し，ABA が期待をかける両党派協調的（bipartisan）な法案作成作業――それが上院金融委員会の伝統的姿勢でもあった[33]――の目途が立たないままであった。さらに当時上院本会議で山場を迎えつつあった健康保険改革法案（国民皆保険を目指す通称 Obamacare 法案で，議会では金融規制改革をも上回る審議の焦点であった

［*CQA2009*, p.1_9］）にも煩わせられ，ドッド委員長は結果的にほぼ成果なくクリスマス休暇を迎えることになった（Kaiser［2013］pp.195-203, 227-229）。

4．「政策の窓」の推進力の再加速とドッド＝フランク法の成立まで
——2010年1-7月——

⑴　上院審議段階での金融規制改革の推進力の低下を期待した ABA：「政策の窓」が開く期間は一般的には短い

　2節⑶において，政策過程論における Kingdon［1984］の「政策の窓」概念を用いれば，2009年はじめのオバマ大統領就任から同年夏までの期間，「政策の窓」（およびその構成要素たる「問題の窓」・「政治の窓」の両面）が大きく開いていたからこそ巨大な財務省法案というロケットが同政権から打ち上げられた，との解釈が可能であろう，と述べた。そして下院フランク委員長は，その打ち上げ時の推進力に乗るかのように，同法案が2009年8月に出揃ってから間を置かずに委員会審議を進め，しかも少数派政党たる共和党との協調をさほど気にせず「効率的に委員会を運営した」（*American Banker,* Dec. 7, 2010, p.3）。その結果，下院では早くも同年内に，金融規制改革法案（HR4173）の本会議通過まで漕ぎ着けた（3節⑵ a 参照）。

　しかしながらその間，上院の金融委員会ドッド委員長のほうは，前述のとおり両党派協調的（bipartisan）な法案審議の開始目途が立たないまま2009年12月を迎えていた。上記の「政策の窓」に関して言えば，深刻な不況や住宅モーゲージの借り手の苦境は続いていた（前掲図表1の同①-b「国民が身近に実感できるような困った状況の継続」）ものの，金融機関・自動車産業各大手は同年初頭のような危急の事態を脱していた（同①-a「危機的事件」の連続発生は止まる）。また，2009年12月の上院は前述のように健康保険改革法案が大詰めを迎え，議員たちもオバマ政権も関心の的はそちらに向いていた，というように，金融規制改革にとっての「政治の窓」の狭まり見受けられた（同②-b「議会・政権指導層の決意」が一時的にせよ他方向に向いていた）。

　そもそも Kingdon［1984］は，「政策の窓」が開くのはむしろ偶然的事象であり，それが開いている時間も短い，と述べる（p.177）。金融制度改革論議にしても，たとえば1990年代前半のそれは，「政策の窓」が小さくなるにつれ大規模な

第7章　小銀行業界団体の制度的環境に対する自律的働きかけ

改革から遠ざかる様相が観察された（由里［2000a］第5章，特に pp. 218-222）。ABA のトップロビイスト，イングリング氏がベストシナリオとして期待していたのも，彼の長年の対議会経験，金融制度・規制改革論議の歴年の経緯に関する知識に基づき，「審議速度の低下→改革内容の穏健化」という道を今回の規制改革案も辿るのでは（またそのように銀行業界として仕向けるべき），ということだったのかも知れない。

　そして，3節(1)b）にて Spitzer［1983］の知見を引き述べたように，政府規制にかかる政策領域は政権側のイニシアティブよりも議会の審議過程により決せられる（または現状のまま放置される）傾向がある，という。もし上記の「政策の窓の縮小」ならびに「審議速度の低下」が起こり，議会の審議過程が政権の影響力よりも相対的に重みを増したとすれば，ドッド議員が上院銀行委員会の良き伝統として遵守しようとする両党派協調的な法案審議の実現可能性もまた，増すことになったかも知れない（それもまた ABA の望む方向であった）。

　しかしながら，その後実際に上院審議が辿った経路は，以下で見るように，上述のような ABA の期待からは相当程度離れたものとなっていく。

(2) 推進要因の追加や再加速に恵まれた金融規制改革の「政策の窓」〜2010年1 - 4月〜

a）新たに付け加わった上院委員長の「政治の窓」：ドッド委員長の再選不出馬決断と金融規制改革の立法成果への思い入れの増幅

　その「ABA の期待からの離反」の，時間軸的に最初の原因は，意外にも，ABA がその両党派協調的姿勢（bipartisanship）を頼みとしていた，当のドッド委員長自身から生じた。すなわち，同委員長が2009年暮れに突如下した次回議員選不出馬の決断とその表明（2010年1月6日）であり，それに伴う委員会運営スタンスの変化であった。その決断は基本的にはパーソナルなものであったが，前述のように審議入りすら思うに任せぬ状況にあった金融規制改革法案に関し，2010年秋の選挙に自分は出馬しないのであれば，その選挙で多数党の座に就くことが有力視されていた上院共和党の指導層の顔色など窺わず，自らの政治的信条により取り組むことができる，という，委員長としての采配姿勢の変化にもつながりうるものでもあった（Kaiser［2013］p. 230）。

　当時の金融・経済メディアも同委員長の再選不出馬宣言を即座かつ比較的大き

369

な扱いで報じ，「少なくとも，同委員長が金融規制改革法の成立を自らの遺産（legacy）として成し遂げようとすることは確実」との読みを述べている（*American Banker,* Jan. 7, 2010, pp. 1, 3; *Bloomberg Businessweek,* Jan. 18, 2010, p. 25）。すなわち，再び Kingdon［1984］の「政策の窓」概念を用いれば，「政治の窓」を開く一つの有力な力である「議会指導層の一人（ドッド上院銀行委員長）の立法化への決意」（前掲図表7 - 1の中の②- b，"Washington commitment"）が強まり，ABA が期待するシナリオの一つ，「立法化遅延」（翌年，さらに翌々年へ，と審議を先送り）の確率が低下する，ということを主要メディアも予想した，と解釈できよう。

　もっとも，立法化の可能性を高めるためにドッド委員長がどのような方途を取るのかに関しては，元々民主党中道派であり Kaiser［2013］が描くとおり両党派協調的姿勢の同委員長としては，法案の内容をより穏健化させ共和党の一部を加えた賛成多数派確保に乗り出すであろう，との観測があった（*American Banker,* ibid.; *Bloomberg Businessweek, ibid.*）。その一方，もはや資金力ある金融諸会社からの政治献金を気にしなくてよくなった同委員長は，ウォールストリート勢の影響から自由になるだろう，との予想もあった（*Bloomberg Businessweek, ibid.*）。

b）推進力を増した政権・議会民主党サイドの「政治の窓」：健康保険改革法案の望外の成立がオバマ政権・議会民主党を勢いづかせた

　上記 a）で述べた，約30年間の上院キャリアを持つドッド委員長の急遽不出馬決定，ということだけでも，確率的にあまり起こることのない出来事，そして新たに付け加わった「政治の窓」（中でも "Washington commitment" の類）であった。そして2010年の最初の四半期が「政策の窓」の視座から見て一層珍しかったのは，同3月にもう一つ，別方向から「政治の窓」が開いたことであった。

　すなわち，3月21日に，議会共和党の一貫して強硬な反対を押し切り，賛成219- 反対212という僅差で健康保険改革法案が下院を通過し，オバマ大統領の署名を待つばかりとなった。健康保険改革（国民皆保険制度の創設，通称 "Obamacare"）は金融規制改革にも増して，オバマ大統領が最も力を入れてきた政策課題であり（*CQA2010* p. 1_3），他方巨大な医療ビジネス・民間医療保険業界の利権もからむだけに，オバマ政権初年（2009年）において政権・議会民主党上層部は，金融規制改革よりはるかに大きな苦労を強いられていた（*CQA2009* p.

第7章 小銀行業界団体の制度的環境に対する自律的働きかけ

1_9)。健康保険改革の達成により，政権・議会民主党上層部は同改革に向けていたエネルギーを金融規制改革に向けなおすことができるようになったばかりでなく，オバマ大統領というある種「勝ち馬」の勢いをも得た（*American Banker,* Mar. 25, 2010, pp. 1, 3; *Bloomberg Businessweek,* Apr. 5, 2010, p. 30; Kaiser［2013］pp. 260-261, 332）。

　他方，既に何度か述べたように両党派協調的姿勢を重視するドッド委員長にとり，このような政権・議会民主党上層部の勢いづきよう（「次は金融規制改革だ」といった）は，問題含みでもあった。すなわち，後に(3)で見るように，銀行委員会の共和党議員とりわけその筆頭シェルビー議員との交渉をドッド流に納得できるところまで行うよりも，往々にして「見切り発車」（たとえば，「委員会審議で未了の論点は本会議にて」といった風に）を余儀なくされることにもなっていく。そして，筆者の見るところ，2010年が最後の議会会期，と自らの判断で決め，金融規制改革法が成立すればそれが委員長としての遺産（legacy）となる（日本流に言えば「花道を飾る」）ことになったドッド委員長自身，「見切り発車」を志向する誘因をかかえてしまったと言えよう。

ｃ）新たな「問題の窓」：ゴールドマン・サックス社のSEC訴追と議会審問を契機に再燃した「反ウォールストリート」の機運

　2008年秋から2009年早春にかけての金融経済危機を契機とした「反ウォールストリート」の風潮は，（本章の叙述の中心とならざるを得ない）ワシントンDCでの動きとは別に，米国内さらには米・欧をまたぎ，間欠泉のように新たな動きを重ねていた。

　たとえば，由里［2011］で紹介した，2009年年末から2010年春にかけ全米的に盛り上がった「Move Your Money（あなたのお金を移し替えましょう）」運動もその一つであった。著名ウェブサイト Huffington Post の運営者アリアナ・ハフィントン（Arianna Huffington）氏が「大手銀行からコミュニティ銀行またはクレジット・ユニオンへの預金預け替えを」と提唱し，それに対し ICBA が賛同・協力したのはもちろんであった（*Independent Banker,* Feb. 2010, p. 20）。同運動の盛り上がりぶりは，*American Banker* も「大手銀行のイメージをさらに悪くし，コミュニティ銀行のそれを大きく押し上げ，金融規制改革の審議にも影響するのでは」と推し量って特集記事を組んだほどであった（Jan. 12, 2010, pp. 1, 3）。

371

第２部　金融危機以降の米国銀行制度と日本の地域銀行にかかる含意

　また，金融消費者問題関連のオピニオン・リーダーとしては，３節(1)ｂ）で言及した反ウォールストリートの急先鋒ウォーレン教授が引き続きメディアの注目の的であったし（*Bloomberg Businessweek,* Mar. 15, 2010, p. 17 など），加えて，もともとウォールストリートの主たるプレーヤーないしは理論的支持派であった著名人の中にも，ウォールストリート金融機関やデリバティブ取引に関する規制強化への支持を表明する者が相次いでいた。さらに，このような規制強化論や金融システム維持コストの大手金融機関賦課論（いわゆる"bank tax"）の高まりは，主要先進諸国の間でも見られた（たとえば2010年３月独メルケル首相の大手銀行税構想［*American Banker,* Mar. 23, 2010, p. 16］，同４月英国の銀行制度改革委員会の発足，同月 G20会議における銀行課徴金の議論［International Monetary Fund［2010］p. 6］など）。

　そのような時勢下で，2010年４月初旬以降，上院常設調査小委員会（Permanent Subcommittee of Investigation）の活動が活発化し，同月中下旬に行なわれた，2008年金融危機の原因に関連した金融機関・監督当局・格付機関の審問はメディアの注目の的となった（Kaiser［2013］pp. 274-275）。特に，４月27日のゴールドマン・サックス社の審問は，その直前の16日に SEC（Securities and Exchange Commission［証券取引委員会］）がサブプライムローン証券化商品に関連して同社を訴追していたことも加わり，あたかも「重大犯罪事件の容疑者逮捕の場面のような」メディアの押しかけようであった（同 pp. 275-276, 279-280）。しかもその審問においては，同社取引担当者が対顧客推奨商品を内部 E メールでは「shitty deal（しょぼい取引）」と呼び，その後のサブプライムローン関連市場の崩壊局面では（取引相手の大損をよそに）社内で歓声が上がっていた様相が暴かれるなど，上記 SEC 訴追案件と同様，同社が抱える利益相反問題——顧客に「しょぼい取引」をつかませ，自己勘定取引では顧客と逆方向のショートポジション（先物売りの類）取引で利益を得る——の根深さが衆目にさらされることになった。

　ゴールドマン・サックス社のこれら一連の利益相反問題の露呈は，たとえばSkeel［2011］pp. 56-57 が "The Goldman Moment" と小題を付しドッド＝フランク法立法化への最終的決定打と位置づけるように，論者・報道メディアを問わず，政策過程への影響力の大きな出来事であった。ABA のイングリング氏も同様で，健康保険改革法の議会通過（本段ｂ）参照）に続き民主党側を金融規制改革へと勢いづかせた連続的ダメージとして挙げている（Yingling［2010］p. 44）。経済メディ

372

アの *Bloomberg Businessweek* は，上記のゴールドマン・サックス社の「ショートポジション取引」をもじり，「今度はウォールストリートのロビイストたちを［値下がりを見越し］先物売りする局面だ」との見出しで，彼らが今までのようには金融規制改革に抵抗することはできまい，との観察を記した（Apr. 26, 2010, pp. 38, 42）。オバマ政権の側，たとえば大統領首席補佐官のエマニュエル氏（Rahm Emanuel）も，同社の訴追は政権が目指す金融規制強化の正当性を裏打ちするもの，と述べている（*Bloomberg Businessweek,* Apr. 26, 2010, p. 41）。

　これらはいずれも，Kingdon［1984］の「政策の窓」概念では，「（自組織または個人的利益のため国民の利益を損なう危険性のある）ウォールストリート金融機関」という「問題の窓」が，新たな「象徴的事件の発生」（前掲図表7‐1の中の①‐a）により，さらに大きく開いた，かなり明白な事例，と解することができよう。

　加えて，たとえばコリンズ上院議員（Susan Collins, R-Maine）の場合，上記調査委員会の審問でゴールドマン・サックスの社員・役員たちに「顧客利益の優先」を遵守しているか否かを一人一人問いかけたのに，総じてあいまいな返答しか聞くことができなかった（*The New York Times,* Apr. 28, 2010）ことが，同議員が共和党でありながら直後の上院本会議で改革賛成票を投じるにつき，何らかの影響を及ぼしたかもしれない。Kaiser［2013］も，議会両党派のリーダーや委員長などを除き，個々の議員の動機・心理まではあまり書き及んではいないが，コリンズ議員は結果的に金融規制改革の成否の鍵となった一握りの共和党上院議員の一人であり，上記のゴールドマンとの直接の接点がその態度の変化に寄与したとすれば，それも看過すべからざる「政治の窓」（前掲図表7‐1の中の②‐b，"Washington commitment"［Kingdon［1984］は論じていないがキャスティング・ボートを握る議員としての]），と言うことができるかも知れない。

⑶　上院委員会審議からドッド＝フランク法成立までの審議経緯の概要〜2010年 1‐7月〜

　ここまで，ドッド＝フランク法を実現させた「問題の窓」および「政治の窓」（それらを合わせた「政策の窓」），そしてオバマ政権および上下院所管委員会の委員長2人との関係での，ICBA・ABA各々の立ち位置につき，検討してきた。事後的に振り返れば，既に見たそれら諸要素により「上院委員会審議からドッド

＝フランク法成立まで」（本段の表題・検討対象時期）の政策過程は，大勢とし
ては決せられた，との感が強い。

　本段では，2010年における具体的な審議の節目を，まず概観しておく。4節(2)
ｂ）で述べた健康保険改革法案の議会通過のまさに翌日の3月22日，オバマ政権
からの催促も受けドッド委員長は，（賛成）民主13票－（反対）共和10票のきれ
いな党派別票決（party-line vote）で金融規制改革法案（S3217）の委員会可決・通
過にこぎつけた（Kaiser［2013］pp. 260-262; *CQA2010* p. 3_4）。そして，前段のｃ）
で述べた"The Goldman Moment"が米国民の衆目を集めた直後の4月28日，
「親ウォールストリート」と国民から見られることを恐れた議会共和党は議事進
行妨害（filibuster）戦術を解き，上院本会議審議の早期開始のめどが立った（Kai-
ser［2013］pp. 282-283; *CQA2010* p. 3_5）。

　2010年は中間選挙の年でもあり，8月以降の選挙運動活発化のための選挙区帰
還のスケジュールも考えれば，7月の実質的な審議期間は短く，それから両院協
議会（各院通過法案のすり合わせ）の期間も含め逆算すれば，上院審議のため残
された期間は長くなかった。結果的に，ドッド委員長が引き続き望んでいた内容
のある審議を総じて欠いたまま，5月20日に金融規制改革法案（HR4173）は上院
本会議を通過した［（賛成）民主53＋共和4＋無所属2票－（反対）共和37＋民主
2票］[38]（Kaiser［2013］pp. 298-325; *CQA2010* pp. 3_4-5, 8）。[39]

　その後6月の両院協議会──近年の議会では同会の開催自体稀になってきてい
たが，フランク委員長は「この巨大な改革法案には同会での協議が必要」と見抜
いていた（Kaiser［2013］pp. 331-332）──において，議長に就いたフランク氏の
采配のもと，ある程度実質的な協議・修正がなされ，6月29日に協議会報告書が
党派別票決により採択された（同 p. 357）。

　採択済みの協議会報告書（内容的には法案そのもので，既に「ドッド＝フラン
ク」の名も冠されていた）は，先に下院本会議に送付され，下院本会議は翌30日，
2009年12月よりも大きな票差で可決した［（賛成）民主234＋共和3票－（反対）
共和172＋民主20票］（*CQA2009* p. 3_9; Kaiser［2013］pp. 355-357, 364）。この票差
の拡大，特に前年末にはゼロであった共和党賛成票の発生にも，前段のｄ）で見
た「問題の窓」の拡大に伴う，議員たちの「親ウォールストリート」と見られか
ねない行動を回避する気持ちが表れているのかも知れない。

　協議会報告書が一つの院で可決されれば，残る院は同報告書のまま可決するか

否決するかしか道がなくなる（先議するほうの院は両院協議会への差し戻し可；Oleszek［2001］p. 264）。しかしながら上院少数党による議事進行妨害戦術はなおも可能であり，それを乗り越えるには討議打切動議（cloture）が 3 分の 2 以上の賛成票で採択されねばならない（同 pp. 232-233）。上院民主党指導層ならびにドッド委員長の説得工作により共和党議員 3 名（前述のコリンズ議員を含む）の賛成票をようやく 7 月12日に確保し同動議が採択され，かくして「ドッド＝フランク法」は 7 月15日，上院本会議において可決され議会を通過した［（賛成）民主54＋共和 4＋無所属 2 票－（反対） 共和38＋民主 1 票］（Kaiser［2013］pp. 366-368；*CQA2010* p. 3_9）。続く大統領署名は 7 月21日になされ，ここに同法が成立した。

⑷　上院委員会審議からドッド＝フランク法成立までの ICBA・ABA その他の動向〜2010年 1 - 7 月〜

a）ICBA の動向：「改革後退」の印象をもたらさない範囲でコミュニティ銀行に有利な法案諸条項を盛り込んでもらうよう働きかけ

　以上のように，2010年春のうちには金融規制改革はますます立法化が確実視される法案となっていったが，そのような状態の法案（「容量」の大きな大型法案ならなおさらのこと）につき，Kingdon［1984］は，その有名な「ゴミ箱モデル」[40]の一つの特徴的な現象として，立法審議過程で次のような様相が生起する，と述べる。

　　①「参加しないリスク」の増大を察知し論議への参加者が雪だるま式に拡大し，反対者までが改革案を自分の側に有利に引き寄せようと対案を出してくる（p. 169）。
　　②「窓が開いた」と見て，修正・新提案・無関係の項目などが改革法案に「ゴミ箱」のように投げ込まれる（pp. 185-186）。
　　③「ゴミ箱」化した改革法案は誰にも制御できなくなり（「パンドラの箱が開く」），提案者が予期しなかった方向に議論が向かうことも起こる（p. 186）。

　特に，4 節(2) b ）で述べた健康保険改革法案の議会通過の後（2010年 3 月下旬以降）は，オバマ政権・議会民主党にとっての最優先立法課題となった金融規制改革法案——しかも内容・紙幅ともに相当な大型法案——を巡って，上記のうち

②の現象が生じることとなった。①に関してはほぼなかったと言ってよく[41]，③に関しても，本節の(2)で述べたように改革推進派が一気呵成の勢いで法案成立を目指し，また同(3)で述べたようにそもそも中間選挙の年で審議期間が限られるなか，厳格なデリバティブ規制やボルカー・ルールなどの修正条項（amendments）が「中小規模のパンドラの箱」になった程度であった（しかも立法化までには温和な方向へと修正；詳しくは次のb）にて述べる）。

　以下では，上記②と関連した諸修正条項を含め，ICBA との関連が強い委員会・本会議法案や修正条項などにつき検討する。この(4)の段のタイトルに添えた「2010年1月～7月」の時期において，ICBA が新たに改革法案に盛り込もうとしたもの，ないしは改革法案に盛り込まれようとすることに反対したもの，それらは数としては多くなかったが，いずれもコミュニティ銀行にとっては影響度の大きいものであった。

【預金保険料の総資産準拠】

　まず，この時期に先立つ2009年秋の下院法案の段階で，ICBA が改革法案に盛り込むことに成功していた預金保険料算定方法の変更（下院フランク委員長との「密約」の一つ［3節(2)a）参照］）は，テスター・ハッチンソン修正条項として上院本会議でも可決された（末尾〈資料〉の2010年5月；*CQA2010* p. 3_5; *American Banker,* May 6, 2010, pp. 1, 4）。

【預金保険限度額の恒久的引き上げ】

　それに加え，同じく連邦預金保険制度関連では，一預金者一銀行あたりの預金保険限度額が両院協議会段階で恒久的に25万ドルに引き上げられた[42]（*American Banker,* May 26, 2010, p. 3 and Jun. 16, 2010, pp. 1, 3；ドッド＝フランク法335条）。これは，Kaiser［2013］にも *CQA2010* にも言及されていない動きではあるが，預金保険限度額の引き上げは ICBA の従来からの要求事項であり（由里［2009］pp. 237-238），上記 *American Banker* の記事でも ICBA 関係者の歓迎コメントが載っているので，ICBA のロビー活動も寄与したものと推量される。（もっとも，本件に関しては TAG 口座無制限付保の件と併せ ABA の働きかけも同じ程度に考えられる。[43]）

【デビット・カード手数料の規制：ダービン修正条項】

　次に，上記②相当の「ゴミ箱に投げ込まれた」修正条項で，ICBA が「はた迷惑」と考えたものの代表格は，上院民主党副リーダー（Majority Whip）のダービン上院議員（Dick Durbin, D-Ill.）から上院本会議審議の大詰め近くに提出された修正動議であった。デビット・カードで商品を購入する際，カード発行元の金融機関が課する手数料に上限を設定する同動議は，金融システムの安定化とは関係なく，あえて言えば金融消費者保護の強化，という意味で金融規制改革と関係していた程度であった[44]。しかし，4 節(2) b) で見たような「（大手）金融機関たたき」の風潮のなか，賛成64 – 反対33と難なく上院本会議にて可決された（Kaiser [2013] p. 307；*American Banker,* May 17, 2010, pp. 1, 3）。

　本規制案は，コミュニティ銀行やクレジット・ユニオンへの配慮から，そもそも総資産100億ドル以下の金融機関は規制対象外となっていたが，ICBA およびクレジット・ユニオン業界団体は「大手・中堅銀行の手数料率が下げられれば，小規模金融機関も手数料率を下げねば消費者からそっぽを向かれるので，結局影響は甚大だ」と，上院法案可決（5 月20日）後もダービン修正条項の撤廃の働きかけを強く行った。しかし同修正条項には小売業界の支持もあり，結局両院協議会でも覆ることはなかった（*American Banker,* Jun. 7, 2010, p. 3 and Jun. 10, 2010, p. 3；ドッド＝フランク法1075条；松尾［2010］pp. 326–327）。

【信託優先証券の自己資本算入制限：コリンズ修正条項】

　金融危機以前に大手行からコミュニティ銀行に至るまで銀行持株会社の自己資本比率の向上策として多用されていた「信託優先証券（trust-preferred securities；"TruPS"）[45]」の規制もまた，ICBA にとっては「はた迷惑」な，5 月13日という土壇場で「投げ込まれた」修正条項であった。銀行監督当局出身のコリンズ上院議員（Susan Collins, R-Maine）の発案，そして実質的には同氏とも近かった FDIC ベアー総裁とそのスタッフの起案によるこの修正条項は，大手銀行持株会社に（信託優先証券よりも）実質度の高い自己資本を積ませたいという，銀行監督当局者たちの意向を反映していた（Kaiser ［2013］p. 309）。また，複数の銀行持株会社の信託優先証券をまとめ証券化した商品が，サブプライム・ローンの証券化ブーム時に乱発され，銀行持株会社の安易な自己資本調達にもつながった，という反省もあった（*American Banker,* Apr. 27, 2010, pp. 1, 2）。

377

しかしながら，同証券の自己資本調達手段としての利用は，総資産10億ドル以下のコミュニティ銀行の間でも約600行にまで広がっており（*Bloomberg Businessweek,* Jun. 14, 2010, pp. 40-42），それらコミュニティ銀行の中には金融危機下で公的資本支援を受けていた銀行も少なくなく[46]，ABA のみならず ICBA にとっても，突如降りかかった難題となった。

このコリンズ修正条項は結局，採択され上院法案に組み入れられたが，その後の審議の帰趨は Kaiser［2013］にも *CQA2010* にも記されていない。ただ，*American Banker*（Jun. 7, 2010, p. 3; Jun. 10, 2010, pp. 1, 2）が，「（コミュニティ）銀行諸行への影響の大きさから，両院協議会で修正されるだろう」との観測を述べている程度である。

結局，ドッド＝フランク法においては，総資産5億ドル以下の銀行は適用除外，総資産150億ドル未満の銀行は既発行分につき適用除外となった（同法171条）。Yingling［2010］p. 44 は，両院協議会において ABA が修正を働きかけ奏功した旨を述べ，また ICBA［2010］も上記適用除外を「（コミュニティ銀行にとって）有用な除外規定（helpful exemptions）」の一つ，すなわち「成果」と位置づけている。これらのことから，両院協議会に向け ABA・ICBA 両者の働きかけがあったのではないか，と推察される。

b）ABA の動向：ロビイスト活動を活発化させるが清算処理基金の拠出回避など「局地戦」の戦果のみ

本節の(3)で記したように，ドッド委員長が引き続き望んでいた内容のある審議を総じて欠いたまま，金融規制改革法案は2010年3月22日に銀行委員会を，5月20日には上院本会議を通過した。これは，本節の(1)で記した ABA 期待のシナリオ，すなわち審議の引き延ばし（できれば年度や選挙をまたぐほどの）はおろか，「少数政党の側の意見も極力聞いて汲み上げる」という上院の伝統（Kaiser［2013］p. 279）に立つドッド委員長など，上院本来の「熟議」——そこでは業界ロビーによる働きかけの余地も多くなる——に期待した ABA を，すっかり失望させる速い審議ペースであった。

ABA のトップロビイスト，イングリング氏はこの「失望的展開」の要因に関し，次のように *ABA Banking Journal* 誌インタビューにおいて振り返っている。
　（前略）ドッド，コーカー[47]，シェルビー議員たちは，上院本会議で80票の賛

成が得られるような［両党派協調的］法案にたどり着こうと，本当に誠実に協議を重ねていた。そのようなおり，情勢はわれわれ［ABA］の期待から外れて悪化した。健康保険法案通過ののち，民主党の中に「われわれがその気になれば突っ切ってしまえる」という戦略を取る人々が現れた。加えて，ゴールドマン・サックス社審問があり，それは規制改革法案に勢いをつけるため，政治的に利用された。[48] そして，率直に言って，われわれの［銀行］業界は分裂していた。ある人々［主に ICBA のことであろう］は「［委員会レベルで］駆け引きはせず，法案を本会議に上程すべき」と言っていたが，信じられないほど無謀な発言だ。　　　　　　　　　　　　　　（Yingling［2010］p. 44）

【金融消費者保護局（CFPB）の創設とその組織・権限】

　上記引用文に記されているように，「情勢はわれわれ［ABA］の期待から外れて悪化し」，上述のように早いペースで上院本会議に上程された。それが招来した悪い結果としてイングリング氏が真っ先に挙げるのが，金融消費者保護局（Bureau of Consumer Financial Protection, CFPB）の創設とそのデザイン（組織・権限）である。上記のように業界ロビー組織にとり委員会レベルよりも扱いにくい本会議段階における「CFPB 関連の戦いで［ABA 手持ちの］チップ［賭け札］を使い果たしてしまった」と，同氏は述懐している（Yingling［2010］p. 44）。

　このイングリング氏の述懐のとおり，金融消費者保護のための監督組織設立に関しては，財務省案・下院通過法案の独立組織たる CFPA と異なり FRB 内に CFPB を設置するという変更点（上院銀行委員会でコーカー議員のアイデアをドッド委員長が採用［Kaiser［2013］pp. 250-251］）以外には，ABA が期待していた共和党経由の「改善」は，ほぼなされなかった。また同変更点にしても，CFPB が FRB の予算の恩恵を受けるという便宜面が大きく，FRB は CFPB に何ら影響を及ぼし得ない（同 p. 343）。かくして，ABA が最も懸念した大手・中規模銀行に対する CFPB の直接的・専権的な規制権限が，ドッド＝フランク法に盛り[49]込まれることとなった。

【"too-big-to-fail" 金融機関の清算処理基金】

　CFPB ほどではなかったものの，2009年末の下院通過法案の諸規定の中で「清算処理基金（resolution fund）」もまた，ABA 加盟の大手・中規模銀行に影響度の

大きな規制改革項目であった。その破綻が金融システムに大きな影響をもたらす規模の金融機関（「大きすぎて潰せない［too-big-to-fail］金融機関」）を事前に当局が清算処理するため，2000億ドルの清算処理基金を設け，うち1500億ドルは総資産500億ドル以上の銀行持株会社などから徴収する，という規定（既に注30でも言及）であり，ICBA などは「"too-big-to-fail" 金融機関の当然の負担分だ」と賛同していた（*CQA2009* p. 3_6; *Independent Banker,* Jan. 2010, p. 7）。

この基金の積立規模は上院委員会ではドッド委員長のもと500億ドルまで下げられていたが，その全額を総資産500億ドル以上の銀行持株会社などが拠出する案となっており，共和党側（および ABA など）は強硬に反対し，改革法案全体の審議進捗にとりネックになっていた。その打開のためドッド委員長は，共和党側リーダーのシェルビー議員と事前積立基金そのものを廃した「ドッド・シェルビー修正条項」を共同提出する方向へと，思い切った譲歩をした（4 節(2) a ）で述べたように退任を決めている同委員長にとり立法化実現のほうが重要であった）（Kaiser［2013］pp. 299-302; *American Banker,* May 4, 2010, p. 4）。

この修正条項は当然にして上院本会議で可決され（*CQA2010* p. 3_5），"too big to fail" 金融機関の「整然清算（orderly liquidation）」が行われた場合，国庫（財務省）に「整然清算基金」が設置され，FDIC がそれを管理し財務省が借入枠を提供することとなった。同基金のコストは第一に被清算金融機関の資産の売却代り金でまかなわれ，それでは不足する場合にのみ，総資産500億ドル以上の銀行持株会社などに対し FDIC が賦課金を課することとなった（*CQA2010* pp. 3_5-6; 松尾［2010］pp. 147-149）。

以上のように，当初「1500億ドル」が示された大手・中規模銀行等宛の「事前請求書」に関しては，ABA は（少なくとも「整然清算」が行われない限り）それを突き返すことに成功した。しかしその後，ドッド＝フランク法全体の運用にかかる財政コストの増分190億ドルを，FDIC が総資産100億ドル以上の銀行に課する預金保険料の増額でまかなうことが両院協議会の土壇場で決まった（Kaiser［2013］pp. 355-356, 359-361; *American Banker,* Jul. 1, 2010, pp. 1, 3; *CQA2010* p. 3_8）。最後まで ABA や大手・中規模銀行には「請求書」が付いて回ることとなったが，そのような議会の「しつこい」動きの底流には，既に見たような2010年春以降の「反ウォールストリート」の機運の高まりを受け，何らかの「銀行税（bank tax）」を新設したいという，ワシントン DC 内の機運も存していた（*American Banker,*

Apr. 20, 2010, pp. 1, 3）ようである。

（なお，3節(2)b）で言及した連邦法・各州法の優先適用［preemption］問題の，上院での扱いおよびABAの関与に関しては，同所に対応する注31を参照されたい。）

c）大手銀行・投資銀行などの動向：高リスク取引・デリバティブ取引規制案などに関し実現可能な案への修正に一定の効果をあげる

Kaiser［2013］, *CQA2010, American Banker* などにおいて，ロビー活動主体が「ABA」とは記されず，「（大手）銀行諸行」・「5大銀行」（Kaiser［2013］pp. 292, 305［いずれも投資銀行を含む用語法］），ないしは「金融業界」などと表現される活動主体が頻繁に登場する審議段階がある。それが，このc）(ICBA・ABA以外のロビー活動）が対象とする諸改革項目を巡る局面である（ただし，そこには大手銀行も加盟するABAの関与もあったであろう）。

2009年からの金融規制改革論議において，銀行から証券業務を切り離すグラス・スティーガル法（Glass-Steagall Act［GS法］）の復活（前掲図表7-4④参照），ならびに（銀行が行うか否かにかかわらず）デリバティブ業務の規制強化（同⑪参照）は，当初から改革の検討項目に含められていた。しかし，図表7-4の「財務省法案」の④⑪の項に見られるように，GS法の復活による銀行業・証券業の切り離しや，（金融危機の主要契機の一つと目されていた）店頭デリバティブ以外の広範なデリバティブ業務の規制や銀行組織からの切り離しは，少なくとも2009年には政権・議会民主党のアジェンダや法案に含まれてはいなかった。

【銀行による高リスク取引の規制：ボルカー・ルール】

そのような風向きが変わったのは，2010年1月21日にオバマ大統領が，いわゆる「ボルカー・ルール」（Volcker Rule）の規制改革法案への組み入れを提案してからであった。元FRB議長でいまだその見識が影響力を有していたポール・ボルカー氏が提唱する銀行・証券・保険各業務の相互隔壁の再構築案を，オバマ政権は前年秋までは取り上げることがなかったが（*American Banker*, Nov. 10, 2009, p. 3），1月19日のマサチューセッツ州上院補選での民主党敗北が影響し（Kaiser［2013］p. 238），主に大手銀行を念頭に置いた他の追加的規制強化策とともに，急

遽アジェンダ化した。（Kingdon［1984］の概念を用いれば，「政権側からのゴミ箱への投げ込み」とも言えよう。）

その急遽さ（準備期間の短さ）を恐らく反映し，オバマ提案の中の銀行・銀行持株会社による自己勘定取引・投資ファンド出資の禁止規制は，当初から曖昧さやボルカー氏提案とのずれを指摘する声がドッド委員長も含め相次いだ（*American Banker,* Jan. 27, pp. 1, 4 and Feb. 4, 2010, pp. 1, 3）。また，一旦「高リスク取引」と分類されれば一律に取引が禁止され，その規制が米国内の外銀拠点にまで及ぶであろうことに関し，上記の曖昧さと相まって，日・欧の金融界・当局にも波紋をもたらした（大崎［2010a］など）。

以後，上記のように影響力あるボルカー氏の名を借りた「ボルカー・ルール」の諸議論・諸提案（中には前述のGS法の復活を唱えるものも）がなされたが，その間ゴールドマン・サックス社審問（4節(2)c)参照）などにも助けられ（*American Banker,* Apr. 28, 2010, pp. 1, 3），（何らかの）「ボルカー・ルール」を組み込みたいという議会（必ずしも民主党に限らず）および政権の気運は審議過程の終盤まで持続した。

結果的にドッド＝フランク法に組み込まれた「ボルカー・ルール」は，提案者が「温和なGS法」と形容したマークリー・レヴィン（Merkley-Levin）修正条項であった。銀行の自己勘定取引および投資ファンド（private equity funds および hedge funds）への出資を強く規制するこの修正条項は，技術的な理由で上院本会議での採択はなされていなかったが，両院協議会に上げられることがドッド委員長など上層部で合意されていた（Kaiser［2013］pp. 310-314; *American Banker,* May 26, 2010, pp. 1, 3）。

もっとも大手銀行などの働きかけで，両院協議会にてマークリー・レヴィン修正条項はある程度温和なものとなり，投資ファンドの自己資本の3％まで銀行所有を認めること，また諸投資ファンドへの出総額資についても銀行の Tier 1 自己資本の3％までは許容することとなった（Kaiser［2013］pp. 344-355; *CQA2010* pp. 3_9, 3_12; 岩園［2015］pp. 72-73）。[52]

【デリバティブ業務規制：リンカーン修正条項】

銀行のデリバティブ業務の広範な制限は，上記マークリー・レヴィン修正条項（ボルカー・ルール）の起案にやや先立つ2010年4月21日，上院農業委員会のリ[53]

ンカーン委員長（Blanche Lincoln, D-Ark）から提案され同委員会にて可決され，ドッド委員長が規制改革法案に組み入れた（*CQA2010* pp. 3_5）。このリンカーン修正条項は，Kaiser［2013］p. 310 が「［マークリー・レヴィン修正条項と］ほぼ同じ程度に銀行界が嫌っていた」と記し，また同 pp. 292, 305 が「最大手5銀行（銀行・投資銀行）がロビイスト150名を動員して上院議員たちに反対に回るよう説得しようとした」と述べるほど，大手銀行を慌てさせたようである。（*Bloomberg Businessweek*［May 10, 2010, pp. 42-43］は，「米銀最大手40行の年数千億ドルの利益を吹き飛ばし，それら諸行の業務構成を変容させるであろう」と述べていた。）

　リンカーン修正条項の内容については，前述のマークリー・レヴィン修正条項（ボルカー・ルール）と「重複していて無用」との批判が，事情通の間では当初からあった。しかしゴールドマン・サックス社審問直後の反ウォールストリートの風潮の中，上院議員たち，とりわけ中間選挙での民主党多数党維持に腐心する民主党議員たちは同条項への反対表明に躊躇し，当初は不賛同姿勢であったオバマ政権側も中立姿勢に転じた（以上*American Banker*, May 5, 2010, pp. 1, 3）。

　結局リンカーン修正条項は，Kingdon［1984］的に言えば「ゴミ箱に投げ込まれ」，周辺情勢に恵まれ首尾よく上院本会議にて採択された。しかしその具体的内容は荒削りであり，同採択時点から両院協議会における要調整事項の一つと位置づけられ，大手銀行ロビーも同協議会への働きかけに的を絞った（Kaiser［2013］p. 314; *CQA2010* p. 3_5）。

　両院協議会において，下院農業委員会側の修正要求およびドッド委員長がデリバティブ「作業班（working group）」に任じた共和党2議員からの修正提案，また民主党の中でビジネス界・金融市場と近しい"New Dems"と呼ばれる議員たちの要望などにより，リンカーン修正条項は比較的緩やかなものとなった（Kaiser［2013］pp. 351-355; *CQA2010* pp. 3_8-9）。預金保険加入銀行にとっての取引ウェイトが高い金利スワップ・通貨スワップをはじめ，精算機関経由の投資適格クレジット・デフォルト・スワップなどのスワップ取引，および，リスクヘッジ目的の諸デリバティブ取引を行うことが許容され，最大手米銀にとって収益ダメージもかなり緩和される見込みとなった（*American Banker*, Jun. 30, 2010, pp. 1, 2; ［ドッド＝フランク法716条につき］松尾［2010］pp. 179-184）。

以上の，ボルカー・ルールおよびデリバティブ業務規制にかかる修正条項とその審議過程に共通した特徴をまとめれば，下記のようになろう。

① 2010年4月という反ウォールストリートの機運の高揚期において，立法化の勢いがついた規制改革法案に審議過程の終盤段階で「投げ込まれた」追加的規制案であった。

② 両院協議会を経て，結果的には，大手銀行・投資銀行にとっての劇的変化や市場機能の閉塞をもたらさないプラグマティックな（または監督当局の施行ルールによる「さじ加減」の余地を残した）規制へと修正された。

③ 上記②の過程では，金融機関や証券・デリバティブ市場の実務を理解する，または理解しようとするプラグマティックないしは親ビジネス・親金融市場的な共和党・民主党の一部議員たちの動きがあり，さらに彼らの後ろには大手銀行・投資銀行ロビイストたち多数の存在があった。

5．小　括
──3つの視点から──

(1)　ドッド＝フランク法制定過程に関する小括：「政策の窓」概念の説明力とICBAのロビー活動の有効性

1節で述べたように，本章では，Kingdon［1984］の「政策の窓」モデルを中心とする政策過程論の諸知見をベースに，ドッド＝フランク法の制定過程をICBA・ABAのロビー活動を軸にたどってきた。筆者はもとより政治学や政策過程論の専門家ではないが，米国銀行制度の形成・変容過程に対するアプローチのため，それらの知見の援用を試みたものである。

結果として，今回のドッド＝フランク法の立法事例については，立法プロセスの進捗・遅滞の度合いとその要因，ならびにICBA（概ね立法促進派）・ABA（概ね立法阻止派）のロビー活動の成否とその要因につき，「政策の窓」概念により理解が助けられる度合いは総じて高いのではないか，と筆者は考える。

すなわち，米国銀行制度に関連した立法過程にかかる筆者の既往の研究の一つ，由里［2000a］第5章（1991～1996年）において検討した立法（またはその頓挫）の過程に比し，ドッド＝フランク法立法化のプロセスは，明らかに短期かつスムーズ（裏を返せば見切り発車的）であった。その立法化促進要因として，「政策の

窓」概念による説明としては，同法制定の2年前（2008年）以来「問題の窓」が大規模・明瞭かつ複数次にわたり開き，そこに大統領府，議会首脳陣，さらには個々の議員や政策提唱者（特にウォーレン教授）たちにとっての「政治の窓」が重なり，大規模な立法の実現が可能になった，と言うことができようかと思われる。

そのような流れのなか，3節(1)a)で見たようにICBAは，論議プロセスの早い段階（2009年前半）からオバマ政権・フランク委員長に対し「立法化（総論）賛成」のスタンスを表明しABAとの差異化を図り，また，同政権・議会民主党に「ICBAがコミュニティ銀行業界の代表」と位置づけさせる——言い方を変えれば「（加盟行数約5千の）ICBAさえ納得させれば各州・各選挙区においてコミュニティ銀行諸行を敵に回さずに済む」と思わせる——ことに成功した。そして，オバマ政権にとり特に重要な改革項目であったCFPA（最終的にはCFPB）創設につき，3節(2)a)で見たように応諾の旨「密約」したうえで，同箇所および4節(4)a)で見たようなコミュニティ銀行諸行にとっての有利な施策（または，望まない施策の大手・中規模行よりは緩やかな適用）を引き出していった。

以上のICBAの動きに対し，規制強化の主対象として槍玉に挙げられている大手銀行の利害をも守らねばならないABAは，3節(2)b)で述べたように「議論すべき何百もの規制改革項目」をかかえ短期間では対処しきれない大量の交渉課題を背負っていた。そのため2009年中に下院本会議通過にまで漕ぎ着けたフランク委員長・下院民主党の動きに対しては「不戦敗」に近く，イングリング氏などABA首脳は，翌年の上院での党派協調的な審議（の引き延ばし）に賭けた。しかしその2010年には，4節(2)で述べたように新たな「問題の窓」や「政治の窓」が開き，特に4月以降は，結果的に前年の下院と大差ない短期間の審議ペースとなった。そのため結局，4節(4)b)で見たようにABAのロビー活動はせいぜい局地戦における成果を上げたにとどまった。

1節(2)b)にて前言したように，本章の執筆動機には「草創期（IBA）から今に至るICBAの展開」という視角も含み持つ。そのような視点からは，「ABA対ICBAの［議員たちを味方につける面などでの互角の］衝突」と題したような記事が*American Banker*に載る（Dec. 21, 2010, pp. 1, 3）こと自体，1930年の発足以来長らくABAと比肩すべくもなかったICBAが，2010年頃までには隔世の感のあるロビイイングの力量を有するに至ったことそのものが，特筆すべきこ

385

第2部　金融危機以降の米国銀行制度と日本の地域銀行にかかる含意

とに思われる。ただし，ABAのロビイイングの力量との比較に関しては，本章で繰り返し見たように明瞭な「反ウォール・ストリート」の世論・政界の風向きの中，専らコミュニティ銀行業界を代表するICBAは元々それを追い風とすることができ，上記のように向かい風に抗するABAよりも有利であったことを勘案する必要があろう。[56]

　なお，本段の最後に付言しておきたいのは，とりわけ米国のように金融分野の諸業界団体がロビー活動を活発に展開し諸メディアによる報道も多くなされる国では，本章のようにそれら業界団体の動静に着目し，また政策過程論の諸知見をも援用して，政策過程をある程度仔細に検討することができること，そしてそのような検討作業が，当該審議過程を経て立法化される金融制度・諸法規の由来を理解するうえでも寄与する度合いは少なくない，ということである。

⑵　ドッド＝フランク法を端緒とする中小規模銀行規制の新機軸：Tiered Regulation

　仮に本章の主題が「ドッド＝フランク法の制定過程とICBA・ABA」であるとしても，何度も形容したように巨大な同法の，多岐にわたり少なからぬ新機軸も有する諸内容が，中小規模の商業銀行に対して（直接，または施行時の取り決め等により）有する影響については，多少なりとも言及しておくべきであろう。ただ既に，一論考としては大部の紙幅を費やしているので，「本章では論じ尽くせなかった米銀規制にとり重要な検討課題の指摘」という程度にとどまらざるを得ない。

　中小規模銀行の規制上の新機軸に関し，筆者の見るところ特に着目すべきなのは，第一には"Tiered Regulation"（銀行規模ごとの規制），第二にはCFPBという金融消費者保護専門の金融監督組織の新設であろう。紙幅の制約，および，CFPBに関しては既に邦語論考もあることなどに鑑み，以下では"Tiered Regulation"に関してのみ，簡単に述べておきたい。[57]

　3節⑴ａ）で述べたように，ICBAのファイン氏は，金融危機の兆しが見え始めた2007年から「問題を招いたのはウォールストリート勢（大手［商業］銀行・投資銀行・ノンバンクなど）であって決してコミュニティ銀行諸行ではない」というメッセージを政策担当者やメディアに対し発信し続けていた。金融規制強化との関連では，同メッセージは「ウォールストリート勢に規制の網を強める一方，

386

（既に規制遵守事務負担に苦しむ）コミュニティ銀行には極力規制を追加しないよう」という主張になるのであるが，ICBA のそのような主張は，金融危機の相当以前にまで遡る系譜を有していた。

　すなわち，由里［2000a］5 章 pp. 223-229 において処々に言及したように，1990年代半ばから IBAA（ICBA の旧名称）は，コミュニティ銀行諸行の「規制の重荷（regulatory burden）」（複雑・多様化する規制の遵守のための人件費・事務システム費等の増加と収益性の低下）を政策担当者たちへの働きかけの主要項目に掲げるようになった。そのような働きかけもあり，由里［2009］5 章Ⅲに記したように1995年以降 CRA 法（地域社会再投資法）の規制においてはコミュニティ銀行（当初は2.5億ドル未満，2005年以降は10億ドル未満）に対し大・中規模行よりも簡便な規制が適用されるようになった。ICBA ファイン氏は2005年年初ごろ「ICBA は10年前から tiered regulation という考え方を提唱し始めた」（*Independent Banker,* Jan. 2005, p. 13）と述べており，また，同時期の *Independent Banker* 誌には「実質的に 2 つある銀行業界には『一つのサイズで全て間に合わせる（one-size-fits-all）』規制体系ではなく 2 層立ての規制（two-tiered regulatory system）を」という主張の，一種のポジション・ペーパーが掲載されている（Pike［2005］）。

　本章 3 節(2) a ）で見たように，ドッド＝フランク法に至る論議の早い段階すなわち2009年 9 月において，ICBA が CFPA の検査対象に関し銀行規模別の規制を提案することができた背景には，以上のような継続的な政策検討ならびに政・官界向けの発信の積み重ねの実績が寄与していたのではなかろうか。本章でその「政策の窓」概念をしばしば援用してきた Kingdon［1984］は，「いつか『政策の窓』に出会うことを期して政策案を案出し暖め続ける」"policy communities"（政策官僚たち，学者たち，利益団体など）についても言及しているが（Chapter 6），ICBA において約15年来育まれていた「銀行規模別の規制」のアイデアとドッド＝フランク法論議との関係も，そのような出会いではなかったかと思われる。

　Kingdon［1984］p. 190 は，自らの政策案の実現に漕ぎ着ける「政策企業家（policy entrepreneur）」の恐らく最も重要な資質は "persistence"（粘り強く訴え続けること）であろう，と述べている。「政策の窓」と出会うためにもその資質は重要であり（同 p. 173），本書第 2 章で見たように，ICBA が草創期（当時は IBA）以来，粘り強く――他団体から見れば頑なに――保持してきた，「米国民にとり

387

第2部　金融危機以降の米国銀行制度と日本の地域銀行にかかる含意

図表7‐5　ドッド＝フランク法の銀行規模による区別を含んだ規定

（中・小規模の銀行に関連する主なもの）

- **リスク管理委員会の設置義務：**
  総資産100億ドル以上かつ株式を公開する銀行持株会社*
- **2002年 Sarbanes-Oxley 法（PL107-204）404条(b)が規定する内部統制の外部監査義務の免除：**
  時価総額7500万ドル以下の株式会社**
- **ストレステストの実施義務：**
  総資産100億ドル以上の銀行（但し同法施行にあたり監督当局は総資産50億ドル以上の銀行には実施を勧奨）†
- **成果連動型報酬の規制：**
  総資産10億ドル以上の銀行・銀行持株会社
- **金融消費者保護局（CFPB）の直接的な監督・検査権限の及ぶ範囲：**
  総資産100億ドル以上の銀行（3節(2)a）および4節(4)b）参照）
  （但し同局の規制制定権限は全銀行に及ぶ）
- **住宅モーゲージの規制強化規定のうち，商品設計（借り手の支払能力に見合った返済額）等，一部の規制項目の適用免除：**
  CFPB が別途定める一定の総資産規模［2015年9月に20億ドルと規定］未満かつ組成件数が一定数以下の銀行††
- **デビット・カード手数料の規制：**
  総資産100億ドル以上の銀行（4節(4)a）参照）
- **信託優先証券の自己資本算入制限：**
  総資産5億ドル以下の銀行は適用除外，総資産150億ドル未満の銀行は既発行分につき適用除外（4節(4)a）参照）

注：　＊ *ABA Banking Journal*, Aug. 2010, pp. 40-41.
　　＊＊ *CQA2010* pp. 3_10-18.
　　　† *American Banker*, Mar. 19. 2012, pp. 1, 5.
　　††　Motley［2010］, *Independent Banker*, Oct., 2014, p. 59, ICBA［2016］.
出所：各規定の末尾に記した本章当該部分，松尾［2010］ならびに Vartanian and Ansell［2014］のほか，下記の諸文献を参照して筆者作成。

コミュニティ銀行の存続は良いことと信じ，コミュニティ銀行が存続し続けられるような銀行制度・規制を政府に要望し続ける」という姿勢が奏功した事例，と言えよう。そして，その要望の実現を ICBA が大いに喜んだ様相は，彼らが法案立法過程の最終段階で表明したコメントに，よく表れている（末尾〈資料〉中の2010年6月・7月の諸声明を参照）。

　なお，本章で交渉・論議の過程につき説明が及ばなかった規定も含め，ドッド＝フランク法に盛り込まれた銀行規模別規制を図表7‐5にまとめた。付言すれば，同法制定ののちも，FRB などの銀行監督当局者たちの間で，銀行の規模および業務の複雑性（complexity）またはビジネスモデルに即した，階層別規制（tiered regulation）を企図する動きがより活発になってきている，とのことであ

388

る（Duke［2013］および Tarullo［2015］）。

⑶ 「反ウォールストリート」の風潮が "national mood" 化しつつある可能性

　本章の擱筆時期は奇しくも，米国で大統領選挙（ヒラリー・クリントン氏［D］対ドナルド・トランプ氏［R］）が行われた2016年11月であった。金融制度論議の枠を越えたテーマとは知りつつ，2010年以降も収まらず昨今また再燃しているかのように見える「反ウォールストリート」の機運の盛り上がりにつき，Kingdon［1984］の "national mood" 概念とも関連させつつ，若干言及しておきたい。

　上記の "national mood" 概念は，本章 1 節⑶にて図表 7 - 1 の②- a の項目として既に示しているが，筆者は本章を通じ同概念への言及には慎重を期してきた。というのも，Kingdon［1984］が主に pp. 153-157 にて記す "national mood" は，一つには10年単位といった長期的に振れるものであり（例として1960年代の政府介入志向から1970年代末以降の政府規制反対志向への変化），もう一つには，その所在が実際には検証しにくい場合が多い（世論調査では捉えにくく，政策担当者やメディアなどが相互作用経由で主観的に存在すると思っている場合も多い）からである。それでもなお，ワシントン DC の政策担当者たちは "national mood" が政策に影響する度合いは大きいと確信し，彼らの政策案に有利な方向に "national mood" が変化するのを待つ（p. 156）という。

　オバマ政権誕生前後の2008年秋から2009年 3 月（概ね金融危機と一致），そして2010年初から春にかけ，「反ウォールストリート」の機運が 2 度の盛り上がりを見せたことは，既に 3 節⑶d）などで述べたとおりであるが，本章でみた時期の後も，わが国でも周知のように2011年 9 月から11月にかけ「ウォール街を占拠せよ（Occupy Wall Street）」運動が起こった。同運動に際しての *The New York Times* 紙の社説（Oct. 11, 2011）は，約 3 年前の金融危機・大手金融機関救済問題への言及とともに，米国の所得上位 1 ％の家計の所得が全家計の所得の 4 分の 1 近くを占めることを指摘し，より広範な格差是正政策の必要性も併せ訴えている。

　詳述するためには別途一論考を要するであろうが，その後も大手金融機関の不祥事や司法省などへのサブプライム商品関連の巨額賠償金支払などがしばしば報じられ，2016年大統領選挙の候補者たちも（少なくとも選挙演説上は）「反巨大

389

企業」「反ウォールストリート」で一致する（*Bloomberg Businessweek,* Feb. 29, 2016, pp. 10-12; Aug. 1, 2016, pp. 44-45）。既に金融危機が約9年前のことになる中、グローバリズムや所得・資産格差において優位に立つ層の代表格という位置づけで「ウォールストリート」を名指しにすることが連邦レベルの政治家・候補者たちに中期的に定着しつつあるとすれば、それはあるいは、「反ウォールストリート」ないしは「反『上位1％族』」の気運の "national mood" への「熟成」を示唆するものかもしれない。

そもそも前述のように "national mood" は検証しにくい面を持ち、2016年の大統領選挙を含めて俯瞰できるようになった時期に再論すべきこととは思うが、最後に金融制度を論ずる者の一人として、以下の点だけ付言し、ひとまずの結びとしたい。

本章の4節(4)b）で見たように、2010年春の反ウォールストリート機運の再度の高揚の中で迎えたドッド＝フランク法制定過程の最終局面において、ボルカー・ルールやリンカーン修正条項など、ウォールストリート勢に対する規制強化案が「投げ込まれ」た。それに対し、審議時間が相当限られている中でも、上記の本文該当箇所および注52・注55で簡記したように、大手銀行・投資銀行の収益構造の短期的・劇的な変化や市場機能の閉塞をもたらさないようにするプラグマティックな解決策が探られ条文化された。そこには、ABAや個々の大手金融機関ロビイストなどと対話し得る「親ビジネス」ないしは（いわば）「プラグマティックなウォールストリート規制派」（大手銀行・投資銀行の業務を含め金融機関・金融市場の機能を不用意に阻害すべきでないという考え）の議員たちの動きがあった。

そのような議員たちには共和党（中でも「保守本流」的な穏健派）が多いが、ビル・クリントン元大統領の親ウォールストリート的スタンス——GLB法制定に代表される——以来、民主党議員たちの間で増加した "New Democrats" たちも少なくない（Kaisar［2013］pp. 103-104, 184）。そして、それら議員たちの多くは、（大小を問わず）金融機関の機能や金融市場の機能と、住宅問題や格差問題を含めた社会問題への対処とは、適切な規制システムや継続的な政策論議を前提として、本来的には並存しうるものだと考えてきた（由里［2009］第5章Ⅴ［結び］、など）。

本章を擱筆するに際し、あえて筆者の金融制度にかかる価値観の一端を申せば、

第7章 小銀行業界団体の制度的環境に対する自律的働きかけ

このようなプラグマティズムは金融機関・金融市場の機能に関わる制度論議において，踏まえるべき重要な姿勢の一つではなかろうか。そしてそのような姿勢が，議員たちや大統領府の間で，上記のような「反ウォールストリート」的 "national mood" の昂進——2016年の大統領選挙もそれを示唆するように筆者には感ぜられる[60]——のなか，今後一層減退することがあれば，金融制度論議の迷走や金融制度の不安定性，さらには金融に関連した社会問題への対応策の後退につながらないか，という懸念が持たれる。

注

(1) ドッド＝フランク法の制定過程にかかる種々の公式文書（政権側からの提言，審議各段階における法案・修正案，公聴会等議事録）の参照に関しては，Law Librarians' Society of Washington, DC（ワシントン DC 法律司書協会，以下 LLSDC）のホームページ中の "Dodd-Frank Wall Street Reform and Consumer Protection Act: A Brief Legislative History with Links, Reports and Summaries"（http://www.llsdc.org/ dodd-frank-legislative-history；本章で「LLSDC『DF法』ウェブページ」と呼称）が有用であり，本章執筆に際してもしばしば参照した。

　　オバマ政権からの2009年6月17日規制改革案白書は，同ウェブページの一番上の "Text of Bill Versions on Financial Regulatory Reform" の部に記載され，同項目から米国財務省が提供する同文書ウェブページ（https://www.treasury.gov/initiatives/ Documents/FinalReport_web.pdf）にリンクしている。

(2) Dodd-Frank Wall Street Reform and Consumer Protection Act of 2010（Dodd-Frank Act；PL111-203）。以下本章では「ドッド＝フランク法」と呼ぶ。なお，上記カッコ書き中の "PL" は "Pub. L. No.（Public Law Number）" のさらに簡略な表示で，*CQ Almanac* をはじめとする議会関係紙誌で通例用いられており，本章でも以下その略記法を用いることにする。

(3) 1991年から1994年にかけ連邦議会が立法化した主な金融制度改革法は，① Federal Deposit Insurance Corporation Improvement Act of 1991（1991年連邦預金保険公社改善法［FDICIA法］；PL102-242），② Riegle Community Development and Regulatory Improvement Act of 1994（1994年リーグル地域社会開発・規制改善法；PL103-325），③ Riegle-Neal Interstate Banking and Branching Efficiency Act of 1994（1994年リーグル＝ニール州際銀行支店効率化法［リーグル＝ニール法］；PL103 -328）の3法である（1995年・1996年には立法成果としては特筆するほどのものはなし）。由里［2000a］5章ではその末尾の「資料」に同3法の内容の要約を記している。

391

第2部　金融危機以降の米国銀行制度と日本の地域銀行にかかる含意

(4)　GLB法の位置づけと内容については，第6章2節(1)，同(2)の末尾，および同章の注1を参照。

(5)　ドッド＝フランク法に関する詳細な邦語文献として本章でも依拠する松尾［2010］は，松尾［1996］（筆者も由里［2000a］の参考文献欄にて同書を挙げた）以来の米国の金融規制立法の俯瞰的観察に基づき，大恐慌期の1933年銀行法以来同著者が継続してきた米国の金融規制立法を次の4種類に分類している（松尾［2010］pp. 20-21）。① 金融危機に対応する規制強化立法（含，FDICIA法，ドッド＝フランク法），② 金融環境の変化に対応する規制強化立法，③ 金融環境の変化に対応する規制緩和立法（含，リーグル＝ニール法，GLB法），④ 消費者保護規制立法。

(6)　ICBAは，1999年3月の年次総会での改称（*Independent Banker,* Apr. 1999, p. 9）以前はIBAA（Independent Bankers Association of America［米国独立銀行家協会］）と称していた。

(7)　GLB法のサブプライム・ローン問題やその後の金融危機との関連につき，たとえばAndenas and Chiu［2014］p. 283は，GLB法が大手金融機関のさらなる巨大化や国際的競争激化を招来し過大なリスク追求を促したとする。他方，たとえばZingales［2012］は，GLB法が直接の契機となり暴走・（実質）破綻した金融機関はシティグループの例外と除き見当たらないと述べ，その直接的影響は小さかった，とする。その一方同書は，GLB法が商業銀行・投資銀行・保険の各業界の相互進出を促進した結果，それら業界のロビー工作の同一方向化と影響力の強大化が起こったとし，その意味で同法の弊害を認めている（pp. 51-52）。

(8)　ドッド＝フランク法の大部さを種々の表現で述べる書・論文・記事は枚挙に暇がないが，筆者はここではBerson and Berson［2012］pp. 1-2，松尾［2010］pp. 6-8，および若園［2015］p. 49を参照した。

(9)　より具体的には，LLSDC「DF法」ウェブページ（注1参照）の最も上部のセクション "Text of Bill Versions on Financial Regulatory Reform" の1行目にある "07/21/2010-H. R. 4173 as enrolled（w bookmarks）& enacted as P. L. 111-203（848p.）（Remarks）" のうち，"P. L. 111-203" に貼ってあるリンクから，U. S. Government Publishing Officeが同法全文を無償提供するサイト（https://www.gpo.gov/fdsys/pkg/PLAW-111publ203/pdf/PLAW-111publ203.pdf）に飛ぶことができる。

(10)　本章でしばしば引用する*CQA*（*CQA2009*および*CQA2010*）は，たとえば2010年度版の金融制度改革関連ページならば初頁が3-3，次に3-4，…というようにページが付されている。しかし，*CQA*からの引用の際，そのまま，たとえば"p. 3-4"などと表記すると，「3ページから4ページまで」の意に誤解されるおそれもある。そのため，ハイフンの代わりにアンダーバーを用い，その場合"p. 3_4"と表示することにする。また，たとえば，本文で述べたドッド＝フランク法の概要説明の掲載ページである

「"3-10" のページから "3-18" のページにかけて」を指す場合，"pp. 3_10-18" と表示することにする（以下 *CQA* からの引用につき同様）。

⑾ 2008年秋以降の米国の金融経済危機に関しては，わが国メディアでも広く報ぜられてきたので一つ一つの出来事に関する出所をすべて記す必要はないと思われるが，筆者は（特に記した資料のほかでは）同危機の前後を含む全体の編年体録であり，かつ個々の「事件」の経緯についても簡にして要を得た記述の Markham［2011］を，しばしば参照している。たとえば本文で記したゼネラル・モーター社救済については，同書 pp. 603-608 "The Motor City Bailout Begins" を参照。

⑿ その一例であるが，*Business Week,* Dec. 8, 2008, p. 19 所載の "How Bad Is It ?" と題した記事および表には，2008年9月から11月までにかけての市場・経済諸指標の（時に「ほぼ一世紀ぶり」クラスの）落ち込みぶりが並べられている。

⒀ 以下，連邦議会の議員の名の初出のたび，*CQA2009*または*CQA2010*に依拠して，カッコ内に英語名表記，所属政党（"D" は民主党，"R" は共和党），選出州名（略称），（該当する場合）役職名を補記する。なお，本文で直後に記すドッド委員長の委員会名は，正式には同英文補記にあるように「銀行・居住・都市問題委員会」とすべきであるが，繰り返し記すには冗長のきらいがあり，Kaiser［2013］（本文で始終 "Banking Committee" の語を使用）に習い「銀行委員会」と記すことにする。

⒁ 本文ですぐ次に記すオバマ政権の2009年6月規制改革案白書の作成の模様に関しては Kaiser［2013］pp. 84-90 に詳しい。2009年1月から6月の作成期間中，議会委員会の法務スタッフには相談があったものの直接議員たちに連絡が入ることはほぼなかった。しかしフランク委員長だけは例外で，ニューヨーク州選出でウォールストリートの事情にも通じた同委員長の金融・規制制度（の経緯）についての知識・意見は重宝された，という。

⒂ Blinder［2013, 2014］（著者はプリンストン大学教授・元 FRB 副議長）pp. 303-304 が解説しているように，米国でも政権側が法案を実質的に作成して両院の所轄の委員会に審議「させる」ことが多い。そうではなく所轄の委員会が法案を作成すれば，足しげく出入りするロビイストたちの介入（「政策提案し，条件交渉し，条文作成すら行う」）にさらされかねないからである。そのような実態に照らし，本章では「財務省法案」という語を用い，松尾［2010］p. 12 も同様の語を用いている。ただし，米国議会の法案作成の規則上はもちろん法案は議会上院または下院への議員による発議（to introduce）から始まる（Oleszek［2001］p. 14 ["How a Bill Becomes Law" chart]，阿部［1993］p. 110）。その規則にもとづき Blinder［2013, 2014］は pp. 307-309 の表（本章で図表7-4として用いた）においても "Treasury Proposal" という語（"Treasury Bill" ではなく）を欄の見出しとして用いている。（もっとも，本章では語彙の統一のため，図表7-4の同欄見出しにも「財務省法案」の語を用いることにする。）な

393

第2部　金融危機以降の米国銀行制度と日本の地域銀行にかかる含意

　　お，上記「発議」の語をはじめ，本章における米国議会審議過程にかかる邦訳語は，
　　多くの場合阿部［1993］に依拠している。

⒃　このワシントン DC 政策関係者の「規制緩和下でもウォールストリート金融機関も
　　問題なく機能しているではないか」との感覚を支えたものとして，Kaiser［2013］p.
　　33 は，FRB グリーンスパン議長（在任1987-2006）に対し彼らの多くが有していた
　　（同書の書き方のニュアンスでは「眩惑させられていた」）強固な信認を挙げている。

⒄　ICBA では，毎年 3 月の年次総会で新会長（地方組織も含め ICBA 活動歴が長く，
　　特に熱心または使命感の強いコミュニティ銀行トップが就く）以下，新体制が承認さ
　　れる（*Independent Banker* 各年 4 月号参照）。とはいえ，ファイン理事長以下，ICBA
　　の実務組織（その最重要部門がロビー活動部隊）のほうは，年度をまたいでの継続性
　　が強い。

⒅　Kaiser［2013］は pp. 139-140 のほぼ 1 ページの分量で，ファイン理事長からの聞
　　き取りをもとに，時に著者としての注釈を入れつつ，同氏の ICBA 執行委員会（exec-
　　utive committee）での説得内容を伝えている。筆者は，その内容が「ドッド＝フラ
　　ンク法制定過程と ICBA」という本章の検討課題にとっても非常に寄与するところが
　　多いと考え，同箇所をほぼフルに用い，ファイン氏から執行委員会に対する語り口の
　　直接話法表現（原文は所々間接話法）で，同氏の説得内容を続く本文にて再現した
　　（部分的には要約・省略箇所もある）。

⒆　Kaiser［2013］は pp. 137-138 によれば，ICBA のファイン理事長は自身コミュニテ
　　ィ銀行家であったとともに，地元カンザス州で民主党からの選挙出馬も考えたことの
　　ある，民主党にも親近感を持つ人物である。他方，ICBA を構成する銀行家たちの75
　　〜80％は共和党支持者（Kaiser［2013］p. 139 所載のファイン氏の説明）であるため，
　　このくだりのような，共和党支持者に配慮した言い回しになったものと推察される。
　　なお，第111回議会（2009〜2010年）における上院・下院の政党別勢力図は両院とも
　　に民主党が明確に多数派であり，2010年会期末（2010年12月22日）時点で上院は民主
　　党56名，共和党42名，独立系 2 名，下院は民主党255名，共和党179名であった
　　（*CQA2010* pp. A_14-15）。

⒇　Kaiser［2013］p. 140 はこのくだりで，ワシントン DC 政界の精通者らしく以下の
　　解説を付している。主要米銀が各種改革法案への対応のため大手ロビー活動会社のほ
　　とんどを契約で押さえていたこと，および，大手ロビー活動会社のほとんどはかつて
　　K ストリート（ワシントン DC の東西の目抜き街）にあったため「K ストリート」と
　　言えばワシントン DC の用語で一群の大手ロビー活動会社を指すということ，である。

(21)　Kaiser［2013］p. 140 には，"Fine looked for ways to remind Frank and other
　　members that…" と記されており，具体的な接触手段は不明である。筆者は由里
　　［2016］執筆のため，同稿にも記したように2015年 3 月に ICBA ワシントン DC 本部

（Kストリートの一筋北，Lストリートに所在）を訪問したが，同稿注41に一端を記したように，業界ロビー組織が自身の組織情報やロビー活動の「手の内」につき秘匿性をかなり気にしていることを感じた。上記の接触手段に関しても，その種の秘匿マターに属するのかも知れない。

⑿　Kaiser［2013］は，その謝辞（Acknowledgements, pp. 387-389）の筆頭に書き記しているようにフランク・ドッドの両委員長およびその委員会スタッフたちに詳細な聞き取りを重ね，付注の部の各chapterの冒頭には当該章にかかるインタビュー相手先（「匿名希望のロビイスト」等も含む）を記し，さらに処々に特定の情報源を注記してもいる。ここ以下のくだりは，同書 p. 140 に "Frank understood that..." と書かれ，注記は付されていないが，同頁を含む Chapter 11 のインタビュー相手先にはフランク委員長が含まれており，実際に同委員長自身またはその側近から聞いた内容ではないかと推量される。なお，同謝辞が議員・議会スタッフ以外で「顕著な支援」に謝意を表している 9 名の人物たちの中には，ICBA ファイン氏のほか，ABA イングリング氏も含まれる。

⒀　それに対し，ICBA ではそのように銀行規模により組織内での扱いの軽重が顕著にならないよう，規模による加盟料の段階差をなるべくフラットにしている（第 2 章 4節⑵ b ）参照）。

⒁　Stonier Graduate School of Banking は1935年の創立以来，本稿執筆の近時（2016年 8 月）までに 2 万人余の卒業生を送り出している。筆者が在籍していた1997 -99年度はデラウェア大学，現在はペンシルバニア大学にて，毎年夏期にスクーリング教育を行っている（http://www.ABAstonier.com/）。

⒂　既に 2 節⑶の後半で紹介したウォーレン教授は2008年秋の金融危機を機にウォールストリート金融機関に対する急先鋒として急速に世評を高め，2008年秋に TARP（経営危機に陥った銀行・投資銀行・ノンバンク等を公的に救済する臨時かつ巨額の仕組み［詳しくは後の注46参照］）の施行を監視するために議会が設置した Congressional Oversight Panel の委員長に就いた。オバマ政権発足後は大統領アドバイザー（実態的にはフランク委員長などにとってもアドバイザー役）として金融規制改革のプロセスの要所要所に関わり（Kaiser［2013］pp. 165-166 など），彼女の政権内での重要性を認めた主要経済メディアもその見解をたびたび追い求めた（一例として，*Business-Week*, Jul. 27, 2009, p.76）。

⒃　Spitzer［1983］は，中低所得層やマイノリティ人種などに所得や住宅資源等の再分配を図る政策を「再分配型（redistributive）」と呼び，その類型の政策においては大統領のイニシアティブがかなり有効に作用する（その点「規制型」とは対照的）旨を論じている（pp. 30-31, 79-80 など）。イングリング氏が金融改革法案中の「社会政策」的（上記「再分配的」カテゴリーと多分に重なり合う）要素を感じ取っていたと

第2部　金融危機以降の米国銀行制度と日本の地域銀行にかかる含意

すれば，議会内の調整機能を大統領のイニシアティブが凌駕する展開もありうると（実は）想定していた（しかしインタビュー［Yingling［2010］］では「敗軍の将」らしく多言を慎んだ），という可能性もあるかもしれない。

⑵7　イングリング氏は2009年から2010年にかけ，銀行業界の集まりで決まったように「2009年の始めにおいてわれわれは既に［3つで足りず］4つもストライク［カウント］を取られていた」と繰り返していた，という。一つ目は「大恐慌以来最も深刻な不況，それも金融部門から起こった」，二つ目は「TARP による銀行救済，それも銀行・銀行家を『本来もらう資格のない納税者の金を掠め取った』と悪人呼ばわりする災厄（disaster）」，三つ目は「友好的でない議会」，四つ目は「元市民運動家の大統領（すなわち銀行とは性格的に友人になりにくい）」（以上，Kaiser［2013］p. 379）。そして2009年7月（2節⑷b）で述べた，CFPA 設置反対に関しフランク委員長の怒りを買った前後）には，イングリング氏自身，同庁は実現するだろうと思っていたが，議会の審議過程には「予期できない展開」（"We don't know where things are going to turn out"）があると考え，「『反対』を言い続けることにより修正に漕ぎ着ける」という「戦術的判断」をした，という（同 pp. 136-137）。

⑵8　9月25日の時点で，ICBA は，預金保険料の算定基準の変更につき，下院金融サービス委員会のグティエレズ下院議員（Louis V. Gutierrez D-Ill）の議案修正案（amendment）提出の約束を既に取り付けていた。また ICBA と FDIC ベアー総裁との関係は，同総裁の回顧録（Bair［2012］）pp. 312, 315-316 に記されているように同総裁在任（2006-2011）中ずっと友好的なものであったため，フランク委員長からの「FDIC 総裁の了解取り付け」の条件に対しても，ファイン氏は既に期するところがあった（Kaiser［2013］p. 163）のであろう。

⑵9　下院を通過した HR4173 法案の原文は，LLSDC「DF 法」ウェブページ（注1参照）の "12/11/2009-H. R. 4173 as passed by the House" のリンクから，U. S. Printing Office 提供の正式版を閲覧・保存することができる。また，同法案の要約は *CQA2009,* p. 3_6 を，同法案の条項タイトルの邦訳は松尾［2010］pp. 14-15 を，各々参照。

⑶0　*American Banker,* Dec. 2, 2009, pp. 1, 3 は，下院金融サービス委員会が改革法案を委員会通過させる予定の日にあたり，それまでに固まりつつあった同法案の諸条項が，銀行の規模が大きくなるにつれてより厳しい影響をもたらす旨，解説している（結果的に同諸条項は下院通過までほぼ変わらなかったので，以下は HR4173 の条文ならびに *CQA2009* をも参照して記す）。

　まず，①1ダース程度の数の "too-big-to-fail"（大きすぎて破綻させられない）金融機関は，金融システムに危険をもたらさないよう厳格な監督・定期チェックに服し自己資本比率等の要求度も厳しくなる。次に②総資産500億ドル以上の40行弱の銀行は，①の金融機関に属さないものも含め，新たに設けられる "too-big-to-fail" 金融機関清算

処理基金に拠出せねばならない。また，③ 同100億ドル以上の110行弱の銀行は新た
に発足する CFPA の資金を拠出するとともにその検査に服さねばならない。以上に加
えて，預金保険料算定基準が総国内預金ベースから総資産ベースに変更されることで，
傾向的には銀行規模が大きくなるほど，預金保険料負担が増す（HR4173の1402条）。

(31) "preemption"（[連邦法の州法に対しての] 優先適用）問題（わが国の行政法学で
は「先占論」[岩橋 [2001]] と称される，連邦法規制と州法規制との所管調整の問題
（Natter [2017] など）は，1990年代から2000年代初頭に OCC（財務省通貨監督官局）
の銀行保険業務規制と州法の同規制との関係に関し先鋭化したが（*American Banker,*
Mar. 9, 1998, p. 2; Cocheo [2004]），新たに CFPA が連邦の規制官庁として設立され
れば再燃することが予想された。多数の州でビジネス展開する大手銀行は，既存ルー
ルよりも一層，連邦規制が州法に優先するよう，ビーン議員（Melissa Bean, D-Ill；
フランクの委員会内の "New Dems" のリーダー）などに働きかけていた（Kaiser
[2013] pp. 184-185; *American Banker,* Dec. 9, 2009, pp. 1, 3）。この "preemption" 問
題に関しては，翌2010年5月の上院本会議審議においても ABA などの金融ロビイス
トたちが重点的に働きかけ，上院本会議通過までに妥協を経た規定（*American Bank-
er,* May 4, 2010, pp. 1, 3 and May 19, 2010, pp. 1, 3）が，ドッド＝フランク法に組
み入れられた（Title X, Subtitle D; 松尾 [2010] p. 81）。

(32) ABA 以外で一つ紹介しておきたい業界団体・ロビー組織が，大手金融機関（銀行
が中心だが保険，資産運用，クレジットカードなども含む）からなる Financial Ser-
vices Roundtable（FSR: 旧 Bankers Roundtable）である（*American Banker,* May
27, 1999, p. 2; http://fsroundtable.org/about-fsr/）。ABA は，大手銀行からの支持を
めぐっては FSR との競合があり，それが，本文3節(1) b）に記した年会費などの要素
以外にも，ABA が大手銀行の利益を重視せざるを得ない理由の一つとも考えられる。
本文で挙げた *American Banker*（Nov. 16, 2009）の記事には FSR の見解も紹介され，
彼らもまた上下院の審議過程を注視していたことをうかがわせる。

(33) Kaiser [2013] pp. 189, 195, 201-202, 241, 253-257 など，および *CQA2010* p. 3_4。

(34) 時に「個々のプレーヤーの人間模様」をも描出しようとする Kaiser [2013] の書に
おいても，このドッド委員長の再選不出馬の決断の場面は小説的ともいえる情景・心
情描写を含んでいる（pp. 229-230, 233-234）。それによれば，同氏再選不出馬の決断
は，2010年暮れ，クリスマス・イブの朝まで長引いた健康保険法案審議ののち，家族
の待つコネチカット州に帰る途中，国立アーリントン墓地で長年の盟友故 E・ケネデ
ィ上院議員の墓を訪れた際，自問自答の末行ったもの，という（筆致からは同氏から
の聞き取りであろう）。その自問自答の内容を要約すれば，「65歳という年齢，半年前
の前立腺腫瘍手術という身で，有権者支持率の不振にもめげず再度選挙戦を戦い6年
の上院議員任期を全うする気力があるのか」というものであった。また，そのさらに

第2部 金融危機以降の米国銀行制度と日本の地域銀行にかかる含意

根底には，1980年代のレーガン政権来，同氏にとり上院の持ち味であった「党派対立よりも各議員の個性と議員間の人間関係の尊重」という気風が損なわれていき，党派対立や政略的駆け引きが（日本語的表現では）「議論の府」たる上院の風土を損なってしまった，とのある種の失意があった，という。もっとも，この「根底にある失意」は，Kaiser［2013］の書全体ににじみ出た同著者自身の思い——概して共和党に対し矛先が向いた——でもあり（たとえばpp. 382-384），多少は割り引いて考えるべきかも知れない。

(35) *The New York Times,* Mar. 7, 2010, "Week in Review" p. 5 は，そのような「ウォールストリートの大物OBたち」として，著名投資家のソロス氏（George Soros），大手ミューチュアル・ファンドのヴァンガート社創業者のボーグル氏（John C. Bogle），投資銀行ディロン・リード社会長から米国財務長官となったブレイディ氏（Nicholas Brady），元シティ・グループ共同会長のリード氏（John S. Reed）などの発言を紹介している。また*Bloomberg Businessweek,* Mar. 15, 2010, pp. 68-69 は，シカゴ大の著名な「法と経済学」研究者，ポズナー元控訴裁筆頭判事（Richard A. Posner）が自由放任論者・規制撤廃論者から「転向」した経緯とその新著（Posner［2010］）とを紹介している。

(36) 経営悪化時に金融システムの安定性を損ないかねない規模・業務内容の大手金融機関（systemically important financial institutions; SIFIs）に対する規制のあり方は，リーマンショック後の世界的金融危機を契機に，そのような金融機関を擁する先進諸国共通の課題となった。2010年の英国においては，同 4 月に the Vickers Independent Commission on Banking Reform が時の連立政権によって組成され，同課題への取り組みが本格化した（Andenas and Chiu［2014］Ch. 11）。

(37) 同委員会のホームページ(http://www.hsgac.senate.gov/subcommittees/investigations)中の "hearing" タブ（うち「111」議会を選択）から，この2010年 4 月27日のゴールドマン・サックス社の審問ビデオを視聴することができる。

(38) 上院で本会議を最終通過することになった法案は，その骨格としては銀行委員会を通過した S（Senate）3217 を下院通過済みの HR4173 に挿入するかたちでまとめられたので，同じ HR4173 の法案番号（もちろん下院バージョンとは中身は異なる）となった。同法案は，LLSDC「DF 法」ウェブページ（注 1 参照）中の "5/20/2010-H. R. 4173 as passed by the Senate" のリンクから，U. S. Printing Office 提供の正式版を閲覧・保存することができる。両院バージョンの内容対比表は*CQA2010,* pp. 3_6-7 を，また，法案主要条項タイトルの邦訳は松尾［2010］pp. 14-15 を，各々参照。

(39) 上院本会議の議員党派別表決に関しては，無所属議員の存在により若干複雑なこともあり，上院ホームページ中の "Roll Call Votes" データ（http://www.senate.gov/legislative/votes.htm）を併せ参照した（以下でも同じ）。

398

第7章　小銀行業界団体の制度的環境に対する自律的働きかけ

⑷　「ゴミ箱（またはゴミ缶）（garbage can）モデル」は，わが国の大学専門課程レベルのテキストにも取り上げられている（たとえば久米ほか［2003］pp. 306-309），政策過程論の標準的モデルの一つでもある。その提示は Kingdon［1984］pp. 89-91 においてなされ，由里［2000a］pp. 203-204 にもその要約を記した。そのエッセンスは，Cohen *et al.*［1972］の知見にもとづき，大学など公共的組織のほとんど（Kingdon［1984］はそこに議会も含め得ることを論証しようとした）が「諸々のアイデアの緩やかな集合体」であり，その意思決定の特徴は合理的意思決定よりもむしろ「組織化された無秩序（organized anarchy）」とでも呼べるものである，というものである。

⑷　この①，すなわち「反対者までが改革案を自分の側に有利に引き寄せようと対案を出してくる」に関し，ドッド＝フランク法成立に至るまでの政策過程でほとんど見受けられなかった理由は，Kaiser［2013］によれば以下のようである。同書がドッド委員長の失望の種として処々に記すように（たとえば pp. 259-260），上下院ともに共和党には，オバマ政権からの財務省法案などに対置しうる代替法案，否その基礎となるサブプライム・ローン問題や金融危機・公的資金投入の再発を防ぐための基本方針についてさえ，到底党内合意が取れない状況にあった，という。

⑷　連邦預金保険の限度額は，2008年金融危機への対応の一環として，2008年10月3日から25万ドル（それ以前は10万ドル）へと引き上げられていたが，それは2009年末までの暫定措置であった（Naser［2008］p. 38）。

⑷　3節⑴b）で述べたように，ABA もまた多数のコミュニティ銀行を擁しているので，預金保険限度額の引き上げは，それら諸行の利益にかない反対すべきことではなかったが，ABA のもう一方の構成メンバーである大手銀行諸行には，金融危機前には「預金保険制度は自行が世話になるはずもないのに保険料だけ取られる」との見方もあった。しかしながら金融危機において大手行預金者も預金保険制度による預金支払を受けたり FDIC 支援付きで大手行再編が起こる事例が相次ぎ，また預金者が大手行にも不安を感じるようになったため，「預金保険制度によって銀行の信用を補完してほしい」との要望においては，ABA は一層 ICBA と利害が近くなったのではなかろうかと思われる。

　　その「預金保険制度による銀行の信用の補完」が金融危機下において新たな形を取ったのが取引口座保証（transaction account guarantee）制度（TAG）であった。金利の付かない TAG 口座の預金者は限度額なしの預金保険を受けることができるが，銀行側の預金保険料負担も高くなるので，TAG 口座を設定しない旨 FDIC に届け出る（opt-out）ことも可能であった（Naser［2008］p. 39）。同制度を実施してみればコミュニティ銀行の opt-out 届けのほうが目立ったのも（*American Banker,* Dec. 12, 2008, p. 3），「信用補完のニーズ」が金融危機を機に大手・中規模銀行にも実体化したことを示しているようである。なお，この TAG 口座の2012年末までの期間延長もド

399

第2部　金融危機以降の米国銀行制度と日本の地域銀行にかかる含意

ッド＝フランク法に盛り込まれたが（*American Banker,* Jun. 16, 2010, pp. 1, 3；ドッド＝フランク法343条），以上のような銀行界の状況からして，それが ICBA により持ち込まれたのか ABA なのか（もしくは両方なのか）は，推測しがたい。

⑷　ただし，本章末尾〈資料〉2009年6月および同10月に見られるように，下院金融サービス委員会における審議で既に，デビットカード（同審議ではクレジットカードも）の相互利用手数料（interchange fee）の上限規制は議論されており，ICBA による反対証言もなされていた。そして結果的に，下院通過法案（HR4173）には組み入れられていなかった。（LLSDC『DF法』ウェブページ所載の同法案にて確認。なお，*CQA2010* p. 3_6［上下院通過法案の対比］では，下院法案に相互利用手数料規制条項があり，上院法案にはない，と記されているが，誤植であろう。）

⑸　信託優先証券は，株式と負債との中間的性格の「ハイブリッド証券」の一種で，銀行持株会社（または貯蓄金融機関［thrift］持株会社）が信託会社を設立し，同社が信託優先証券を発行し，その代り金を銀行持株会社に貸し付ける仕組みであり，同持株会社の Tier 1 自己資本に算入可能であった（*American Banker,* Jan. 24, 2002, pp. 1, 6）。

⑹　2008年10月初旬に米国議会が可決した金融安定化法（Emergency Economic Stabilization Act）による TARP（Troubled Asset Relief Program［問題資産買取プログラム］）のサブ・プログラムである TARP 資本注入プログラム（TARP Capital Purchase Program［TARP CPP］）により，監督当局が公的資本注入により存続可能と判断した金融機関に，2,500億ドルの総資金枠で公的資本注入が行われた（*ABA Banking Journal,* Jan. 2009, pp. 28-30）。*American Banker*（May 25, 2010, pp. 1, 2）によれば，「財務省の近時のデータ」で，736行が TARP CPP 資金を利用し，未償還銀行の比率は注入額が小規模（概ね銀行規模を反映）であるほど高かった。TARP CPP の早期（3年以前）償還は Tier 1 自己資本の増資により行わねばならないが（*ABA Banking Journal,* ibid.），株式非公開がほとんどで公開していても株式の流動性が低い中・小規模の銀行は，元々普通株増資の引受手探しが容易ではない。そのため，それら銀行にとり貴重な Tier 1 増資手段であった信託優先証券の Tier 1 参入規制の動きは，（株式公開企業が多い大手・中堅銀行よりも）中・小の規模の銀行において一層深刻な問題であったといえよう（*American Banker,* Jun. 10, 2010, pp. 1, 2）。

⑺　コーカー上院議員（Bob Corker, R-Tenn.）は，テネシー州チャタヌーガ市のユニークな再生で名を高め，2006年に上院議員となった。ドッド委員長にとり，勉強熱心で思慮深い同議員は委員会の共和党メンバーたちとの架け橋的存在でもあり，2010年2月から3月半ばにかけての金融規制改革法案準備プロセスにおいても，共和党メンバー中最大の協力相手であった（以上，Kaiser［2013］pp. 242-256）。

⒅　2010年4月27日のゴールドマン・サックス社審問（4節⑵ｃ参照）のタイミング
が（偶然にしては）「出来すぎている」，との批判（本文のイングリング氏発言もそれ
をにおわせている）を意識し，Kaiser［2013］p. 281は，調査副委員会レヴィン委員
長およびそのスタッフらの「（金融危機後）18か月の準備を重ね，全くの偶然でこの
時期の審問に至った」との言（おそらく著者が直接聞いた）を紹介している。

⒆　上院本会議においてシェルビー議員（銀行委員会共和党筆頭メンバー）から，
CFPBをFDIC内に置き，規制ルールを取り決める権限を付与するが規制遵守を専権
的に取り締まる権限は与えない旨の修正条項が提案されたが，賛成38票‐反対61票で
否決された。同票決に先立ち，共和党側からは「金融消費者保護に関するCFPBの取
締り権限に対し，金融機関の安全性・健全性（safety and soundness）を監督する監
督官庁は異議を差しはさめるようにすべき」との意見が述べられたが，ドッド委員長
は「恐ろしい規模で消費者利益が損なわれたという事実を踏まえ，消費者保護は緩め
るべきではない」と反論した（以上 CQA2010 p. 3_5）。また，両院協議会報告書の上
院本会議での採否の場面でも，ABAその他金融業界ロビーは可決妨害努力を倍加し
たが，4節⑶末尾に記したとおり共和党議員からも審議打切動議の賛成票が加わり，
果たせなかった。ABAのイングリング氏は上記の終盤局面において，「連邦議会はと
かく，新しい立法がもたらす諸規制の輻輳ぶり・数の多さを過小評価する」と述べて
いたという（以上 CQA2010 p. 3_9）。イングリング氏はまた，「ドッド＝フランク法
全体で，何が最悪か？」との質問に対し，「（どのような金融機関行動が消費者利益を
ないがしろにするのか）専権的に決める権限を持ったCFPBだ」と答えている
（Yingling［2010］p. 45）。（なお，ABAからすれば極めて不十分な手当てなのかも知
れないが，ドッド＝フランク法は1023条において，銀行システムの健全性・安全性の
確保の見地からCFPBの規制に歯止めをかける方途を規定している［松尾［2010］
pp. 80-81］。）

⒇　大恐慌期の1933年に制定された銀行法（Banking Act of 1933）には，グラス＝ス
ティーガル法と称される4つの条項（§16，§20，§21，§32）があり，銀行・証券
両業務の直接および間接（持株会社方式）の併営を禁止していた。1999年GLB法は
それらのうち§20および§32を廃止し，持株会社形態を取れば実態的に銀行業と証
券業との兼営が可能となった（Macey *et al.*［2001］pp. 33-34; 由里［2009］p. 248）。

(51)　2010年1月21日の金融規制改革に関するオバマ演説の内容は，①銀行・銀行持株会
社による自己勘定取引の禁止，②銀行・銀行持株会社によるヘッジファンドおよびプ
ライベート・エクイティ・ファンドの保有・資金提供の禁止，および③最大手金融機
関の規模の制限，からなっていた（Kaiser［2013］p. 238; 松尾［2010］p. 164）。

(52)　ボルカー・ルールに相当するドッド＝フランク法619条（具体的には同条項により
Bank Holding Company Act of 1956に追加されたSection 13）は，同ルールの具体

401

第2部　金融危機以降の米国銀行制度と日本の地域銀行にかかる含意

的取り決めを5つの連邦金融監督当局による以後の規制を委ねている（岩園［2015］pp. 73-74；松尾［2010］pp. 165-166）。2013年12月に発布された，そのファイナル・ルールに関しては岩園［2015］pp. 121-131 を参照。

⒀　正確には "Agriculture, Nutrition and Forestry Committee" であるが，*CQA2010* においても "Agriculture Committee" と略される場合があり，本文では「農業委員会」と略した。

⒁　リンカーン修正条項の取り扱いに特に神経質であったのはドッド委員長を含めた上院民主党首脳部であり，彼らは同条項を巡る「実質的な議論よりも［リンカーン］議員の選挙戦の帰趨のほうを気にしていた」（Kaiser［2013］p. 306）。同議員は同時期，アーカンソー州での予備選挙で民主党リベラル派候補者とデッドヒートを繰り広げており，議会民主党首脳部は保守層の強い同州の本選挙で共和党候補者に勝てる見込みがあるのは中道派の彼女と見込み，彼女に提案者名が付いた修正条項という「戦果」（「ウォールストリート勢の規制に貢献した」と選挙民に対しても言える）を持たせたかった（同 pp. 292, 306; *CQA2010* p. 3_5）。

⒂　上院農業委員会のリンカーン委員長と対応する下院の職位にあった，農業委員会（Agriculture Committee）のピーターソン委員長（Collin Peterson, D-Minn）をはじめ，下院民主党サイドはリンカーン議員に対し「このままの規定では法案全体が通らなくなる」と警告していた（*CQA2010* p. 3_8）。そこには銀行・農業両委員会間のデリバティブ取引規制・同監督官庁をめぐる所管の線引き，さらにはその所管に絡んだ大手金融機関から両委員会議員たちへの巨額の政治献金額の増減という，潜在的な大問題もあった（Kaiser［2013］pp. 294-295, 352）。政治資金調査・監視団体 Center for Responsive Politics（Kaiser［2013］の書も何度か引用）のデータ公表サイト "OpenSecrets"（http://www.opensecrets.org/）によれば，本章が対象とする議会第111会期における下院農業委員会全議員への産業別献金額は，金融・保険・不動産業界が981万ドルで，アグリビジネス業界の721万ドルを上回りトップであった。

　　リンカーン修正条項の内容改善には，上院ではドッド委員長が見込んだ二人の共和党議員，リード議員（Jack Reed, R-RI）およびグレッグ議員（Judd Gregg, R-NH）が彼らのスタッフ（そして大手投資銀行ロビイストたちも）と熱心に取り組み，SEC（証券取引委員会）および商品先物取引委員会（Commodity Futures Trading Commission［CFTC］）の所轄問題につき共和党側の理解が得られる内容（リンカーン案に比べCFTCの権限を押し戻し）にする修正案を取りまとめ，ドッド委員長が当初より期待していた両党派間の協調がこの時ばかりは実現した（Kaiser［2013］pp. 352-354）。

　　なお，リンカーン修正条項のうち，預金取扱金融機関が「高リスク取引」の種別のスワップ取引に直接従事することを実質的に禁じる，いわゆる「スワップ押出し条項

(Swaps Pushout Rule)」（ドッド＝フランク法716条）は，2014年12月に予算立法の一部分として，その大半が撤廃された（Practical Law［2014］; *American Banker,* Dec. 15, 2014, p. 4; Dec. 23, 2014, p. 16 など）。

(56) *American Banker* は，Jun. 28, 2010, pp. 1, 3, 8 において，規模の大きな金融関連立法通過に際しての同紙恒例の「勝ち組・負け組（winners and losers)」を総評する記事を載せている。金融諸業界の中では，コミュニティ銀行諸行（実体としては ICBA）につき，本章でも見た CFPB 検査免除規定などを挙げて「多くの点で勝った」と評している。その一方で，ビジネスモデルや組織形態・規模の根本的変化を迫られる可能性もあった GS 法復活などを回避し（4 節(4) c ）参照)，また（"too-big-to-fail" 金融機関として当然の負担と見る向きもあった）清算処理基金も避け得た（同 b ）参照）最大手諸行もまた，実のところ勝ったとも言える，との見方も伝えている。

(57) ドッド＝フランク法における CFPB に関する規定につき，邦語文献では松尾［2010］第 2 章 6 節を参照。また，CFPB の設立（2011年 7 月）以降の動きならびに課題につき，邦語文献では奥山［2016］を参照。なお，本章 3 節(2) a ）で述べたように，総資産100億ドル以下の銀行は CFPB の検査権限外であるが（同法1026条；松尾［2010］pp. 85-86)，住宅モーゲージをはじめリテール銀行業務関連の多くの金融規制が CFPB の所管となった（同 pp. 77-79）ことに伴い，ICBA にとっても交渉上重要な官庁組織が全く新たに加わることになった。ICBA は，本章で見たようにドッド＝フランク法の制定過程で同局の新設に実質的に賛同したこともあり，CFPB との関係も悪くはないようであるが（*Independent Banker,* Feb. 2013, p. 9 ［ファイン理事長巻頭言］など)，たとえば ICBA の銀行規模別規制の要求と CFPB の「どの銀行で金融取引をする消費者にも同様の保護を」というスタンスとの調整問題（Motley［2012］p. 43）など，新種かつ継続的な課題をかかえることになったことも否めない。

(58) ICBA の前身たる IBA（1930年設立）の当初の組織目的につき，第 2 章 3 節(2)において，同組織の事務・組織面を約30年間にわたり担った DuBois 氏の回顧メモに基づき，以下のように紹介した。「この新しい組織に対しては，多くの反対もあった。時に『過激な（ラジカル）』組織と名指しされもしたが，IBA の目的は，長年にわたり米国に良いサービスを供してきた［単店銀行という］銀行業の一つのかたちを永続させたい，というものだった」。この「単店銀行」の語を「コミュニティ銀行」と置き換えれば，その姿勢・対外的メッセージはドッド＝フランク法に至る論議の過程でもほぼ不変であった。たとえば ICBA ファイン氏が，ネットサイト Huffington Post の "Move Your Money" キャンペーン（4 節(2) c ）参照）にすばやく賛同して寄稿した Fine［2009］の一節には，以下のように記されている。「［大恐慌の時代も今も］地元で運営されるわが町のコミュニティ銀行こそは，［皆さんが］預金する値打ちのある銀行です。……コミュニティ銀行は，大手銀行が見向かない［地元の］小さな事業に融資を行うこ

403

第2部　金融危機以降の米国銀行制度と日本の地域銀行にかかる含意

とができるのです」。

(59)　銀行の資産規模のみを規制の区分の基準とした場合，規制の分かれ目となる総資産額を越えて成長もしくは合併するコミュニティ銀行の業容拡大ないしは成長・合併策そのものの妨げとなる，という現実的問題の指摘が繰り返しなされている（特に「100億ドルの閾値［\$10 billon threshold］」の問題）（*American Banker,* Aug. 15, 2012, pp. 1, 2; Sep. 18, 2014, pp. 1, 7; Vartanian and Ansell［2014］）。この問題に真に対処するには，本文に挙げた Duke［2013］および Tarullo［2015］（いずれも FRB 理事の講演）なども言及する，資産規模以外の質的な判別基準（複雑性またはビジネスモデル）をも組み合わせた「規制上の階層区分（regulatory tiering）」が必要と考えられる。そして実際，コミュニティ銀行業態の当局調査においても，資産規模と業務態様（ビジネスモデル）とをクロスさせ「コミュニティ銀行」を定義し直す試みも続けられている（序章注3参照）。しかしながら，そのような一層精緻な判別基準を法規化することは容易ではないようで，議会におけるドッド＝フランク法の修正論議は，管見する限り，より近時においてもなお，資産規模のみをめぐって交わされている（*American Banker,* Jan. 26, 2015, pp. 1, 3）。

(60)　2008年の金融危機・大統領選挙敗北後，共和党は伝統的に主流を占めてきた上記の「親ビジネス」派や「プラグマティックなウォールストリート規制派」の主柱が揺らぎ，ウォールストリートの大手金融機関からの資金も少なからず民主党（特に上記 "New Democrats" たちとも近く元ニューヨーク州上院議員でもあるヒラリー・クリントン氏）にシフトしていった（*Bloomberg Businessweek,* Aug. 1, 2016, p. 45）。そして今般の大統領選挙では，共和党の従来の「親ビジネス」派の候補者たちを押しのけ「型破りのポピュリスト」とでも言うべきドナルド・トランプ氏が同党の候補者となった。対する民主党のクリントン氏はウォールストリート金融機関との親密性を否定するのに忙しく（*ibid,* p. 23），2015年以前は泡沫候補と言われていたトランプ氏との争いは，僅差とはいえ結果的に敗北であった。

　以上，総じて，企業組織や金融機関など現に機能する諸経済組織（とりわけ規模の大きな諸組織）に関しある程度プラグマティックな理解を示す候補者たちは不評であり，それに対し，それら諸組織（の政治的影響力）に対する攻撃の姿勢を述べる候補者たちは人気を集める傾向がある（*Bloomberg Businessweek,* Feb. 29, 2016, pp. 10-12），という状況が昨今見受けられる。

　このような傾向の背景として，レーガン政権期に代表される規制緩和・自由貿易主義が，もはや中間層にとっても望ましい効果をもたらさなくなったという，国民経済さらにはグローバル経済レベルの変容に言及しての説明がある（Rodrik［2011］，Porter［2016］など）。筆者の懸念する「反ウォールストリート」的 "national mood" の気配も，あるいは一層大規模な「望ましい経済システム」にかかる "national mood"

第7章　小銀行業界団体の制度的環境に対する自律的働きかけ

の変容——その存否や具体的方向性については今般の大統領選を機に今後多くの議論
が交わされることになろうが——の一端をなすものである可能性もあろう。

〈資料〉

ドッド゠フランク法制定までの ICBA の動きの経過表

出所：*Independent Banker.* Sep. 2010, pp. 30-35 の "Wall Street Timeline" の表所載
　　の文章の大部分（筆者が取捨選択）を筆者が邦語訳[*]したもの。
＊一部の項目は抄訳となっている。角括弧内は筆者の補注であるが，それ以外にも適
　宜，本章の用語と合わせたり語彙を補足して訳した場合がある。

（各文の主語は別段の記載のない限り ICBA。立法過程上の節目となる出来事には下
線を付した。）

2009年3月
下院金融サービス委員会および上院銀行委
員会に対し，金融規制改革に関する主張を
伝える。

[複数の] 議会委員会に対し "too-big-to-fail"
措置の終結を訴える。ICBA 元会長 Terry
Jorde：「議会はコミュニティ銀行に対する
規制の体系を変えようと諸規制をいじくる
ことに時間を浪費すべきではありません。
その規制体系は機能してきたし，今も機能
し，将来も機能するでしょう。破綻したの
は "too-big-to-fail" の対象となる金融機関に
関する規制体系です。それらに対する規制
体系こそ，議会は変えねばなりません。」

ウォールストリートの不始末のつけをメイ
ンストリートに払わせないよう議会に訴え
る。ICBA 会長 Mike Menzies の証言：「こ
のように経済的に苦しい時期においても，
わが国のコミュニティ銀行諸行は全米各地
の市や町で資金供給の重要な役割を担って
いるのです。」

預金保険付保上限額を恒久的に25万ドルと
するよう，議会に要請する。

2009年5月
ICBA の Washington Policy Summit ［毎
年5月ごろ挙行される連邦議会一斉陳情行
動］にて，コミュニティ銀行家たちが
"too-big-to-fail" 金融機関に対する一層厳し
い規制を要請。ガイトナー財務長官，彼ら
を前に演説。

"too-big-to-fail" 問題を［取引先・国民一般
に］訴えるため，"The Giant" の絵のポス
ターを作製。

2009年6月
金融規制改革に関する基本的諸主張を公表
する。ICBA 会長 Mike Menzies：「改革案
においては，金融・経済的資産の［少数行
への］危険なほどの集中を減らし，また，
連邦の複数の銀行監督当局と［連邦・州に
よる］二元銀行制度とを存続させるべきで
す。」

FDIC の預金保険料の算出基準を銀行の国内預金額ではなく総資産額に変更する法案を支持。

デビットカードの相互利用手数料に政府の規制をかける案に対し反対を表明。

政権の「システム上重要な金融機関」関連の諸提案に賛同する一方，金融消費者保護のための官署新設および貯蓄金融機関制度廃止案に反対を表明。

2009年7月
議会公聴会にて，"too-big-to-fail" 措置の終結，ならびに新たな消費者保護規制の焦点をノンバンク諸組織に向けることを主張。

事前積立方式のシステミック・リスク［清算処理］基金の案をオバマ大統領が支持したことを賞賛。同施策は ICBA が特に強調していた［"too-big-to-fail" 問題への］対処策であった。

FDIC に対し，［TAG］取引口座全額付保［注43参照］の延長，ならびに金融機関のリスクに応じた預金保険料率の導入を強く要請。

FDIC に巨大銀行の清算権限を与える法案を支持。

2009年8月
オバマ政権が［銀行を］2つの階層に分けた規制コスト徴収体系を支持したことを賞賛。ICBA コメント：「わが国経済により顕著なリスクをもたらす金融機関は，彼らを監視する一層厳格な規制・監督に要するコストを支払うべきである。」

2009年9月
議会に対し，規制改革の焦点を金融危機の原因をなした "too-big-to-fail" 金融機関とノンバンクとに向けるべき，と主張。証言での ICBA の主張：「これら "too-big-to-fail" 金融機関は規模を縮小させられるとともに，より厳しい自己資本比率・流動性規制を課されるべきであり，また FRB による連結ベースでの監督も強化されるべきである。」

下院法案草稿の金融消費者保護庁（CFPA）に関し，規制の改善ではあるが内容につき注文がある，と述べる。

議会に対し，システミック・リスク金融機関に自ら責任を取らせる制度，および，CFPA の規制をノンバンクに集中させるべきことを要請。

2009年10月
議会証言で，［デビットカード・クレジットカードの］相互利用手数料規制にかかる単独の法案に反対。

Associated Press 報道：下院金融サービス委員会が規制改革法案の取りまとめを開始するに際し，コミュニティ銀行［の業界団体］の議員たちへの影響力は，最大手諸行のそれをを上回っている。同委員会フランク委員長の言葉：「大手銀行諸行には何の影響力もない。誰も，彼らが何を考えて

いるのか，文字通り気にも留めない。」

CFPA の検査・命令権限からコミュニティ銀行を除外する Miller-Moore 修正条項につき，「建設的」と評価するも，CFPA にかかる諸規定につき一層の改善を要請。

議会首脳層に宛てた共同声明［どの組織との共同かは不明］において，CFPA 法案にはさらなる改善が必要と述べる。ICBA 会長 Menzies：「全米中のコミュニティ銀行家たちは，新たな規制官庁やコミュニティ銀行にさらに重圧を掛けることが消費者保護の課題への答えになるとは，決して考えません。コミュニティ銀行が問題の原因ではないからです。」

フランク委員長，議会が銀行監督当局の一元化を図る可能性は全くない，と述べる。

下院法案草稿，ICBA が推すシステミック・リスク対処策のいくつかを含む。ICBA，議会証言にて同システミック・リスク法案を支持するとともに［"too-big-to-fail" 金融機関］清算基金の事前積立制を要請。

2009年11月
下院法案草稿，ICBA にとっての優先課題の一つ，Sarbanes-Oxley 法404条(b)［内部統制の外部監査義務］からコミュニティ銀行を免除する規定を組み入れ。

上院法案草稿の中の，一元的銀行監督当局の案ならびに金融消費者保護庁にかかる規定に強く反対する旨を表明。ICBA の声明文：「わが国の現行制度に改善すべきところはあろうが，［銀行側の選択肢として］幾通りもの監督官庁が存在することは，独特のバランスと視野とを提供している。そのような制度は，豊かで多様な経済組織からなる米国経済を反映しているとともに，規模や業務構成の複雑性において多様な金融機関群の反映でもある。」

金融システムにとり危険な金融機関の分割および商業銀行・投資銀行業務の分離を可能とする Kanjorski-Perlmutter 修正条項を賞賛。

［デビットカード等の］相互利用手数料規制が消費者利益を損なう恐れを述べた会計検査院（Government Accountability Office）の報告書を取り上げ，ICBA が声明：「GAO 報告書が述べるように，小売業はデビットカード・クレジットカードを受け入れることで，売り上げの増加や労働コストの削減など多くの利益を得る。巨大小売企業はそれらカード取引にかかる当然の手数料負担を値切ろうと議会にロビー工作し，その工作費は顧客に回すであろう。」

2009年12月
下院金融サービス委員会，ICBA が推す大手金融機関破綻に備えた1500億ドルの事前拠出制清算基金の規定を含むシステミック・リスク法案を可決。法案はまた，どの銀行持株会社も全米付保対象預金シェア10％を上回ってはならないという，ICBA が推す規定も含む。

［個人破産の法的プロセスにおいて］住宅ローンにかかる元利金圧縮措置を容認する修正条項に反対。（同修正条項はその後撤回）

下院本会議，金融規制改革法案を可決。

2010年1月
金融危機調査委員会の公聴会で，"too-big-to-fail" 措置を終結させねばならないこと，およびコミュニティ銀行は金融危機の原因ではないことを述べる。

オバマ大統領，ICBA が提案する "too-big-to-fail" 金融機関に対するリスク・規模限度規制に賛意を表明。

2010年2月
ICBA のファイン氏，財務長官と金融規制改革に関して議論。同氏の発言：「ICBA は，"too-big-to-fail" 金融機関が金融システム全体と納税者のお金にもたらすリスクに関し責任を負うよう，これからも頑張って闘います。」

2010年3月
システミック・リスクの監督当局は，客観的視点を有し，非党派的で，政治的圧力にさらされないものでなければならない，と主張。また，［金融取引の特定組織への］過度の集中を防ぐというボルカー・ルールの目的を支持。

上院［委員会］への金融規制改革法案草稿の提起に際し，委員会議員たちと協力する

旨を表明。

FRB をコミュニティ銀行の監督官庁から除外する［上院委員会］案に対し，反対の旨証言。ICBA［新］会長 Jim McFee：「われわれの第一の優先課題は "too-big-to-fail" 措置の終結です。」

ICBA 全国総会において，FRB バーナンキ議長および FDIC ベアー総裁，ともに "too-big-to-fail" 措置を終結させねばならないと語る。

上院銀行委員会，金融規制法案を可決。
ICBA，CFPB 諸規制の策定過程や遵守取締過程における［既存の］金融健全性監督当局の関与の強化など，建設的な法案改善に向け努力することを表明。

2010年4月
上院本会議での金融規制改革法審議の直前，例年の ICBA Washington Policy Summit の時期が重なったこともあり，数百人のコミュニティ銀行家たちが議会で陳情。彼らは200余の集会をもち，うち60余で上院議員と議員スタッフたちが参加。

［デビットカード・クレジットカードの］相互利用手数料規制にかかる法案につき，それが消費者ならびにコミュニティ銀行に害を与える旨，議会に訴え。

"too-big-to-fail" 措置が米国民にもたらす害悪を訴えるラジオ CM を流す。

2010年5月

上院法案にかかる，FDICの預金保険料率を銀行の総資産基準とするTester-Hutchison修正条項の提出に賛意を表する。ICBAの声明：「今般の金融危機が示したように，"too-big-to-fail"金融機関の破綻が金融システムと米国経済にもたらすリスクはあまりにも大きい。それら金融機関は，預金保険基金に［総資産額に応じた］応分の拠出を行うことにより，自らの規模と業務とが増大させる上記リスクに関し補償すべきなのです。」［本声明は，本表で省略した直後の項に付されていたが，内容的にTester-Hutchison修正条項にかかるコメントで配置ミスと判断し，ここに付した。］

相互利用手数料の規制対象からコミュニティ銀行を除外する修正条項に対し，［大手・中規模行が設定するより低い手数料率との競合ゆえ］現実には機能しないものとして反対を表明。

FRBの［連邦準備制度加盟］コミュニティ銀行・持株会社に対する監督・検査権限を保持するHutchinson-Klobuchar修正条項に対し，賛意を表明。

上院［本会議，以下も］，上記相互利用手数料の規制対象にかかる修正条項を可決。

上院，ICBAが推す大手金融機関破綻に備えた500億ドルの事前積立制清算基金にかかる条項を削除。同基金に代わりFDICに財務省からの借入枠を付与するとともに，FDICが大手金融機関に対し清算時の正味損失額を請求できる規定を設けた。

信託優先証券をTier1自己資本から除くCollins修正条項の撤回要請を継続。その後，総資産150億ドル未満の銀行持株会社の既発行分に関するTier1認容，および総資産5億ドル以下の銀行持株会社への適用除外が実現。

上院，金融規制改革法案を可決。
ICBA，コミュニティ銀行に［大手・中規模行と］規制上別立ての扱いをする諸規定を讃えるとともに，CFPBにかかる規定に問題が残ること，また相互利用手数料の規制は依然コミュニティ銀行を害するものであることを指摘。

2010年6月

記者会見にて，上院法案の中の相互利用手数料規制の問題を特に指摘。

両院協議会，ウォールストリート改革法の協議会案を採択。
ICBAの声明：「われわれは最終法案のいくつかの条項に重大な懸念をいだき，協議過程の間ずっとそれらへの反対を表明してきた。しかしながら，同法案の他の多くの条項には，われわれが長らく訴えてきたことが反映されており，そのことを喜びたい。」

2010年7月

議会両院，ウォールストリート改革法の最終法案を可決。

第 7 章　小銀行業界団体の制度的環境に対する自律的働きかけ

ICBA の声明：「われわれは最終法案のいくつかの条項にいまだ強く反対している。しかし，ウォールストリート改革法は，金融サービスを提供する諸組織の間に重要な区分——メインストリートのコミュニティ銀行とウォールストリートの巨大銀行——が存在することを認識する重要な先例を明瞭に創出する法律である。

オバマ大統領，ドッド＝フランク法に署名。ICBA の声明：今般の金融経済危機は，このような惨状が二度と米国の納税者たちと諸コミュニティを痛めつけることがないよう，改革が必要なことを示した。ICBA は，同法が，メインストリートのコミュニティ銀行がウォールストリートの巨大銀行とは異なる独自の存在であることを認識する重要な先例を創り出したことを，喜びたい。」

第8章
ニューディール期金融制度の評価
―― 金融論壇の金融危機後の変化 ――

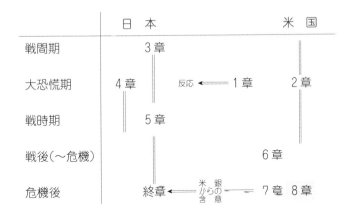

第2部　金融危機以降の米国銀行制度と日本の地域銀行にかかる含意

　「米国の銀行部門の脆弱性は常に，細分化され，非効率で，無統制なユニット・バンキング制度の産物であった。」　　　　　　　　（Calomiris［1993］p. 99）

　「［歴史の］教訓は明白である。米国は，預金保険制度なしの，幅広い業務範囲ならびに州際支店展開を認める銀行制度を実現すべきである。」

（同 p. 98）

1．は じ め に

⑴　1930年代銀行制度改革の原動力に関し相違する見解

　本書の第1章では，米国の預金保険制度立法化（1933年銀行法）の要因を検討したが，筆者はその結語部分（4節）において下記のように記した。

　　「……それら発言に表れた中央政府・ニューヨーク金融街に対する不信感，他方において州権・コミュニティ（所在の私企業［含小銀行］）の自律性へのこだわりこそ，『米国社会の基層をなす社会の構成原理の特質や文化的特性』……の不可欠な部分をなし，そのこだわりの強さ……こそが，世界的にも先例のない国営預金保険制度という『大規模の実験』……へと向かわしめたのではなかろうか。」

　もとより上記は，同章にて依拠した諸文献に基づく筆者なりの解釈であるが，そこでは意識しつつも十分検討し得なかった別種の解釈が，本章の冒頭引用句すなわち Calomiris［1993］の見解であった。

　カロミリスの同稿，および Calomiris and White［1994］は，1933年銀行法の立法過程に関する限り本書第1章と相当程度重なる文献に依拠しつつも，預金保険制度立法化の成因として「州・コミュニティの自律性へのこだわり」といった政治的理念・気質を挙げることはしない。その代わりに挙げられる成因は，地域民のポピュリズム的機運に乗じた圧力団体的手法，すなわち議会への影響力の強かったユニット・バンカー（単店銀行家）[1]たちのロビー工作ならびにそれに（政治的得失計算ないしは政治理念において）呼応した政治家たちの立法過程における効果的な振舞い，である。

　本章でのちに詳述するカロミリス（Charles W. Calomiris，以下「カロミリス」，コ[2]

414

ロンビア大学にてニューディール期前後からの銀行史ならびに金融制度論を中心に研究）の近時の共著本 Calomiris and Haber [2014] に一層明確に記されているが，同氏が金融制度の帰趨を左右する通時的基本要因として挙げるものの一つはポピュリズム（populism）[3]である。この政治（学）的概念を用いれば，「州・コミュニティの自律性へのこだわり」につき本書第1章とカロミリスの議論との相違をより正確に記すことができる。すなわち，そのこだわりが1930年代の銀行法論議との関連で，地域民・国民多数から自発的に発せられた願望であった（筆者の所論）のか，それともユニット・バンカー集団や地方選出議員たちが自分たちの利益のためにポピュリスト的に標榜した「選挙民の願望」であった（カロミリスの所論）のか，という相違である。

その相違は，客観的論証により因果関係的な正否を決し得ない問題——また仮に「正」であったとしてもそのような圧力団体活動が論難すべきものとも限らない[4]——とも思われる。しかしながら，そのような因果関係の論証に取り組む論文も見られ，例えば Economides, Hubbard, and Palia [1996] は，Calomiris and White [1994] ならびに同論考を有力な先行・参照研究の一つとして挙げたうえで，1930年代以前にも多数存した州・連邦レベルの預金保険制度立法化の試みに関わった議員たちの法案提案・採決行動，ならびにそれら議員たちの選出州の経済・銀行データとを定量的分析にかけるなどして，実証的論証を試みている。

(2) カロミリスなどの議論の背景にある銀行業規制緩和論とその実現

本章の冒頭引用句，「[歴史の] 教訓は明白である。米国は，預金保険制度なしの，幅広い業務範囲ならびに州際支店展開を認める銀行制度を実現すべきである。」(Calomiris [1993] p. 98) が示すとおり，以上(1)で見てきた諸論考の背景には，銀行業に対する規制緩和を推進すべきとの実践的理念が横たわっている。Calomiris [1993] の刊行翌年には全国的に州際支店展開を認めるリーグル＝ニール法（第6章注2参照）が成立しているが，同稿の上掲引用部分などは，同法に結実した規制緩和推進派の議論を後押しする意図が窺われる。

以後重点的に検討する近年刊行の Calomiris and Haber [2014] も含め，カロミリスが米国銀行制度の変遷史やあるべき金融規制の姿（規制緩和論が主）を論ずるうえで重点的に意識してきたのが，第6章2節(1)で述べたニューディール期金融制度である。（同章図表6-1は，同制度の成立と衰微とをたどる銀行規制・

銀行業界の動向の略年表であり，あらためてそちらも参照されたい。）上記リーグル＝ニール法（1994年）から程なくして，包括的な金融規制緩和立法であるグラム＝リーチ＝ブライリー法（GLB法）が成立し，預金保険制度・州際支店規制と同様カロミリスが繰り返し批判の俎上に上げてきたグラス＝スティーガル法（1933年銀行法中の銀行業・証券業の兼営を禁止した諸条項）も，同法によりその主要部分が撤廃された（松尾［2010］p. 19）。

　1990年代半ば以降のこれら連続的な連邦議会の立法措置により，ニューディール期金融制度は相当程度消失した。その過程でカロミリスの主張「米国は，預金保険制度なしの，幅広い業務範囲ならびに州際支店展開を認める銀行制度を実現すべきである」が概ね実現し，第6章2節でも述べたように，米国の金融制度は民間組織とりわけ大手金融機関と取引所の自主性を基調とする新たな段階に入った。

　また，カロミリスが「米国の銀行部門の脆弱性」（本章の冒頭引用句参照）の淵源と指摘した「無統制なユニット・バンキング制度」の当のユニット・バンク（単店銀行）の比重も，同じく第6章2節で見たように，1990年頃までには僅少となっていた。上述の「ニューディール期金融制度」の払拭と併せ，カロミリスが挙げた「米国の銀行部門の脆弱性」が取り払われるための銀行制度・銀行産業組織上の条件は，2000年までには整ったことになる。

⑶　サブプライム金融システム危機に関する規制緩和論者からの発言を検討する意義

　しかしながら，第6章の3節⑴・4節⑴で見たように，程なくして米国はサブプライム金融システム危機に見舞われ，米国はもとより世界的な金融経済危機の主たる震源地となった。それは，上述したようにニューディール期金融システムの大部分の払拭を画する1999年GLB法──カロミリスが支持してきた包括的規制緩和──から，わずか10年足らずのことであった。

　筆者は，カロミリスがこのサブプライム金融システム危機をどのように捉えるのか，大手金融機関のスケール・メリット，スコープ（業務範囲拡大）・メリットを支持してきた（Calomiris［1993］p. 99など）従来の所説につき修正の如何はどうか，また，同氏が小銀行に偏ったメリット（一種の補助金）を与えるものとして廃止を主張してきた預金保険制度（同p. 98など）から，最大手金融機関こそが

416

大規模な額の支援や特例的資金贈与など（「大きすぎて潰せない（Too Big to Fail）」特例措置，第6章4節(2)参照）を受けたことを，同氏自身どのように「釈明」するのか，強く関心をいだいてきた。

　そのような関心の，筆者の側の背景としては，由里［2000a］の序章・4章および由里［2009］の1章などにて記した，米国において「コミュニティ銀行」（community banks）と呼び習わされる小銀行群には経済的・社会的存在意義が存する，との考え——筆者自らのというよりは米国の学者・政策担当者また国民一般の間でも相当幅広く共有されたものではないかと思われる——がある。カロミリスがその状況に対し，Calomiris［1993］などでコミュニティ銀行の存続を（経済的には弊害をもたらす）「ポピュリズム」の所産と主張し否定的に捉えてきたことは，先に(1)で述べたとおりである。

　近著 Calomiris and Haber［2014］は，筆者のその疑問にかなりの程度答えるものとなっている。サブプライム金融システム危機後には，同書に加え，わが国を含め良く名の知られたシカゴ学派（自由主義・市場主義的）経済学者の手になる Rajan［2011］および Zingales［2012］[6]も上梓され，共に間をおかずして邦訳本も出版された。上記カロミリスの共著本の諸主張が，米国における政党親和性からすれば同じく共和党系のこれら論客との対比でどのように位置づけられるのか——同様の主張が揃ってなされているのか否か——もまた，興味の持たれる検討視角である。

　前章で見たとおり，米国では金融システム危機ののち，包括的な金融規制強化立法であるドッド＝フランク　ウォールストリート改革および消費者保護法（ドッド＝フランク法）が2010年7月に成立し，米国における数十年来の金融規制緩和の潮流に歯止めがかけられたかたちとなった。

　しかしながら同年秋の中間選挙では米国議会下院にて共和党が多数派となり，さらに2014年秋の中間選挙では同上院でも共和党が多数派となった。それを受け，ドッド＝フランク法ならびに金融システム危機に関係した監督・司法当局訴訟の主たる標的となってきた最大手金融機関（いわゆる「ウォールストリート」）ならびに彼らと親密な共和党議員の間には早くも巻き返し（金融規制強化諸施策の見直し）の動きが起こっている（*Bloomberg Businessweek*, Dec. 22, 2014, pp. 39-40など）。さらに2016年秋の選挙では共和党トランプ大統領ならびに久々の共和党両院支配（2017-2018年議会）が実現し，上記の動きが勢いづくこともありうる。

第2部　金融危機以降の米国銀行制度と日本の地域銀行にかかる含意

　そのような，金融制度・金融監督政策の規制緩和方向への舵の切り直しに際しては，本章で見る親共和党的な学者の所論が影響力を有することは十分考えられるがゆえ，今後の金融規制立法・政策を観察あるいは予測する上でも本章の検討作業は有用であろう。

⑷　本章の検討課題

　既に⑶でも述べたとおり，本章における筆者の主な関心は，カロミリスがその近著 Calomiris and Haber［2014］（厳密には「近時の共著本」であろうが繰り返し記すのは煩雑につき単に「近著」と記す）において下記の諸点に関しどのような見解を表明しているのか，にある。

⑴　今般のサブプライム金融システム危機をどのように捉えるのか，特に（カロミリスが米国銀行制度の脆弱性の源泉と指弾してきた）ユニット・バンクを含む小銀行全体のプレゼンスが相当小さくなったにもかかわらず危機が起こったことにつき，どう説明するのか。

⑵　小銀行に偏ったメリット（一種の補助金）を与えるものとして撤廃を主張してきた預金保険制度から最大手金融機関こそが大規模な額の支援や特例的支援（"too-big-to-fail" 措置）を受けたことを，どう（いわば）「釈明」するのか。そしてその事実を踏まえたうえで，預金保険制度の存否を含めたあり方につき，どのような見解を有するのか。

　次の2節以下で，これらの論点にかかる Calomiris and Haber［2014］の見解を紹介するに際し，これも既に挙げた Zingales［2012］および Rajan［2011］の見解とも対比し，（もちろん包括的なレビューとはなり得ないことは承知で）近時のいわゆる市場主義派・規制緩和派，政党的には親共和党派の金融規制・預金保険制度にかかる論調の紹介を行うことが，本章の目的である。

　なお，市場や規制に関して，また政党的には共和・民主いずれかの党への親和性において，これらの所論とは対立的な，いわゆるリベラル派の諸論客によるサブプライム金融システム危機に関する諸論考・著作ははるかに多かろう。筆者自身，そのような論調と無縁ではない（本書でも第6章などは）が，今般の金融システム危機を「行き過ぎた金融規制緩和」，「ウォールストリートの期待に沿った中央銀行政策」あるいは「大手金融機関（株主・経営者・オフィサーたち）の貪

欲」といった要因に帰する議論はかなり多い。

「規制緩和の末の金融機関・マーケットの暴走」，ないしは「巨大金融機関の政治的影響力」といった説明図式は論旨が明快になりやすいし，（「勧善懲悪」的で）一般読者——その大多数が危機前のブームと危機後の落ち込みの時期を通算して何ら利を得られなかった側であろう——への受けも良かろう。もちろん規制緩和・巨大金融機関に批判的な諸論考・著作にも正鵠を得た優れたものは多かろうし，それらをより分け所論を比較検討し整理することももちろん重要と考える。

しかし，本章ではあえて，前述のカロミリス等少数派の議論に焦点を当て，それらとの対比で取り上げることが特に有用と思われる場合だけ，規制緩和・巨大金融機関に批判的な諸論考・著作（主に米英の論者によるもの）に言及することとしたい。そうすることにより，結果的にわが国に紹介されることが少ない側の見解——さりながら前述のように米国議会両院で多数党となった共和党と親近性があり米国政治・政策の観察上も無視し得ない見解——を紹介する論考として，本章を書き記すことの意義も増すのではないかと考える。

なお，この序論の最後に特にカロミリスに関し付言すれば，筆者は見解の異なる点の多い同氏の所見を論破することを主目的ないしは究極目的として本章を書き進めるものではない。「歴史的・政治的な諸要素，銀行（業界）組織の影響力を勘案しない経済学者の理論的提言には実効性が弱い」とする同氏の基本姿勢（Calomiris and Haber［2014］pp. 486, 489 など）は，歴史的・政策学的なアプローチをしばしば採る筆者にも十分首肯し得るものである。（なお，同様に金融・市場制度史に学ぶことの重要性を説く，金融危機後の論考としては Turner［2014］も挙げられる。）

すなわち，次節以降において *Fragile by Design* の書を中心にカロミリスの所論を検討するに際しても，「筆者のそれと異なりつつも留め置くべき見解ではないか」との意識・関心に立ち，読み解こうとする次第である。

2. ユニット・バンクのプレゼンス低下にもかかわらず 金融システム危機がなぜ起こったか

⑴ *Fragile by Design* 執筆の背景

1節の⑷「本章の検討課題」にて記したように，以下，Calomiris and Haber

419

［2014］を中心に，筆者が強く関心をいだく議論のポイントをたどっていくが，それに先立ち，そもそもこの *Fragile by Design*（「制度設計上，脆い」との題意）という書の執筆動機・成り立ちについて，同書の序言・終章などを元に記しておきたい。

　同書の序言によれば，同書は共著者2人がスタンフォード大学フーバー研究所の Task Force on Property Rights（所有権に関する調査チーム）に参画したことから派生した，という。同書の出発点となった疑問は下記の3つであった（同 p. x）。

　　1）どうして，ある社会は銀行危機が起こらない銀行システムを作ることができ，他の社会はそれができないのか？
　　2）どうして，ある社会は（国民にとっての与信機会を制約することになるのに）銀行免許を少数の特権者たちに限り付与するのか？
　　3）どうして，ある社会は貸し手，預金者および株主の所有権を保護し損ない，銀行の資金調達能力や信用供与能力を阻害してしまうのか？

　そして共著者たちは多数の国の銀行史を渡航調査を含め比較検討し，2010年から2013年まで4年をかけて同書の草稿を完成させた，という。その期間はサブプライム金融システム危機直後と重なるものの，上記の出発点（3つの疑問）も示唆するように，同書は即効性のある改善策よりも，問題のより根源に迫る探求を行い，学界に寄与せんとするもの，と述べている。それは「国ごとにそして歴史的時間の経過により銀行システムのパフォーマンスが異なる，その政治的淵源を説明せんとする探求」ということである（以上，同 pp. ix-x）。

　次段以下において，この *Fragile by Design* の書の，前節の⑷で挙げた3つの論点に関する議論を検討していく。その際，これも同じ⑷で述べたように，同書と併せ Zingales［2012］すなわち *A Capitalism for the People* の書，および Rajan［2011］すなわち *Fault Lines* の書に記された同じ論点に関わる内容も比較検討する。場合によってはさらに，以上の3つの書（いずれも［新］自由主義・市場主義に根ざす）以外のいわゆるリベラル派や規制当局の側の論者の見解も対照させて紹介したい。

　もっとも，*A Capitalism for the People* および *Fault Lines* は米国の銀行制度・制度史に眼目を置いた書ではないので，それらのうち一書のみにしか，

Fragile by Design と比較検討すべき内容がない場合もあり，さらには両書ともにそれを欠く場合もある。そのような場合には一書のみを挙げたり，両書には触れずリベラル派や（元）規制当局者の議論のみを対照させる場合もある（ないしは，比較・対照なしで *Fragile by Design* の議論の紹介のみにとどめる）。

(2) 20世紀半ば頃までの米国の銀行システムをどう評価するか

a）*Fragile by Design*：ユニット・バンカー勢力の強い「特異」で非効率な銀行システム

　前節で述べたように，本章での筆者の主たる関心は，米国の銀行システムに関する，カロミリスの見解――特にサブプライム金融システム危機との関連での――であり，上記のような多国間の経時的な比較というスケールの大きな構想に基づく *Fragile by Design* の書の全体像を紹介・論評することは射程の範囲外である。しかしながら書評等を管見すれば，そのスケールの大きな取組みこそが同書の特筆すべき貢献であるとの評価もなされており（たとえば Ahamed［2014］)，また，多国間の経時的な比較においてカロミリスらが米国の銀行システムをどのように位置づけているのかという点は，少なくとも本章でも看過し得ない。

　図表 8 - 1 は，上記のような多国間・経時的な比較により銀行システムの基本的性格を分類したものである。本章の目的および紙幅の関係から米国に関してのみ説明すれば，カロミリスらは米国の政治レジームを同図最下の「ポピュリズム」に，「政府 - 銀行家パートナーシップ」を「政治的に左右される信用供与」に，そして銀行システムを「幅広い信用供与と不安定性」に類型化している。米国についてのこの捉え方は，1 節の(1)にて既に紹介した Calomiris［1993］などと基本的に同じものである。

　また，（米国についてだけではなく）同図の一般的見方として，「政治レジーム→政治 - 銀行家の連携→銀行システム」という一方向の因果的連関を命題として提示したものではなく，銀行システムが政治の領域に影響を与えることにも留意せねばならない，と述べている（Calomiris and Haber［2014］p. 489）。この視座もまた，1 節の(1)にて既に紹介したように Calomiris［1993］（1933年銀行法の預金保険制度などにつき「ユニット・バンカー勢力の政治的影響力」を論証せんとする）など，従前の諸論考に見られるものである。ただし *Fragile by Design* の書においては "(rounds of) the Game of Bank Bargains" という語を用い，銀行

図表 8－1　*Fragile by Design* が提示する政治レジームと銀行システムとの連関の諸類型

Regime	Government	Government-banker partnership	Banking system	Outcomes
Chaos	None	None	None	No state
Autocracy	Absolute power	None	None	Poverty trap
	Centralized	Rent-creating and rent-sharing network	Narrow credit, locally stable	Strong state
	Weakly centralized	Inflation-tax sharing between oligarchy and autocrat	Float banking	Mid-strength state
	Local oligarchies	Little or no national chartering	Small, fragmented	Weak state
Democracy	Liberalism	Competitive banking with taxation	Broad credit, stable	Powerful state
	Populism	Welfare state reduces political pressure on banks	Limited role for banks	Powerful state
		Politically determined credit	Broad credit, unstable	Powerful state

出所：Calomiris and Haber [2014] p.42.（下線・囲み線［同書が米国で該当する状況と述べる］は筆者が追記）

（家）集団と政治家集団との銀行関連制度をめぐる駆引きが（歴史的高揚期を何度か伴って）繰り返されてきた，という視座を提示している。

そしてカロミリスらは，その"Game of Bank Bargains"の（検討対象の諸国，検討対象の歴史的諸時期を通じての）代表的事例として，やはり米国の1933年銀行法などにおいてユニット・バンカー勢力が政治的影響力を発揮した事例を挙げ，また同法をはじめF. ルーズヴェルト大統領のニューディール政策の一環としてなされた金融制度上の諸改革をかなりの紙幅を割いて批判的に記している（Calomiris and Haber［2014］pp. 184-195, 489）。そしてその結語部分では「ユニット・バンカー勢力を過度に優遇してきた度合いは奇異でほとんど笑ってしまうほどである」といった筆致で（p. 194），過去のユニット・バンカー勢力を非難し，それに影響された（とカロミリスらが見る）19世紀から20世紀中葉ごろまでの米国の銀行システムを多分に問題多く経済の足かせであった（p. 495），と評価している。

なお，上記のニューディール期諸改革に基礎を置く金融制度（本書では第6章1節(1)以来「ニューディール期金融制度」と呼称）のもとでの銀行破綻の少なさなども意識してか，同書p. 194はニューディール期金融制度が何十年もの間安定した銀行システムをもたらしたことを認めてはいる。ただしそれには「政府が財政支出を抑制しインフレを抑える」という条件が付くこと，それゆえ1960年代以降その条件が崩れはじめたのち銀行システムが動揺しはじめたことを，付言している（同）。

b）*A Capitalism for the People*：金融界の支配的影響力が抑止された長短併せ持つ金融システム

以上a）のように，20世紀中葉までの米国の銀行システムに対しCalomiris and Haber［2014］の捉え方が「失望」に満ちたものであるのに対し，Zingales［2012］すなわち*A Capitalism for the People*の同時期の金融システム（商業銀行・投資銀行を含めた）に関するそれは，必ずしも「失望」ばかりではない。その点（同書にとっての個別の論点）に入る前に，同書全体の基本メッセージについて紹介しておくことが有益であろう。

A Capitalism for the People（邦訳書名『人びとのための資本主義』）に関し，経済学者の大竹文雄による書評（大竹［2013］）がある。その次のくだりは，（資本主義に得心してはいない日本人のサイレント・マジョリティに向けての）同書

第2部　金融危機以降の米国銀行制度と日本の地域銀行にかかる含意

全体の基本メッセージの的確な説明であろう。

> 「資本主義に批判的な人は，競争的な市場を嫌うという場合と，労働者では
> なく企業に有利である点を嫌う場合がある。逆に言えば，資本主義を支持す
> る人には，競争的な市場を重視する市場派と企業の利益を重視する企業派と
> が存在するということだ。多くの人は，この両者を同一視している。しかし，
> 既存企業の既得権を重視する企業派と，新規参入を促進することで競争を活
> 性化することを重視する市場派とは，対立することも多い。ところが，米国
> 以外の多くの国では，歴史的な事情で市場派と企業派が手を組まざるをえな
> いことが多かった。例外的に米国では市場派が優勢であり，それが米国の資
> 本主義の良さである。」

　この大竹［2013］の説明の中の「市場派」と「企業派」のうち，Zingales
［2012］は書名から予想されるように「市場派」に属する。そして，これも同書
が書かれた時期から予想されるように，サブプライム金融システム危機を引き起
こした（大手）金融機関に対し総じて激しく批判的である（ただし彼らを「制御
しなかった」政治エリートたちにも同程度に批判的）。[9]

　このような A Capitalism for the People の書は，Calomiris and Haber［2014］
とは異なり，そもそもポピュリズムそのものは敵視しない。いみじくも "The
Time for Populism" と題したその7章において，米国人の過半が「大企業は市
場機能を歪める存在」との見方に賛成，との世論調査結果[10]などを挙げ，「"free
market" を支持し，政府［の介入］と大企業とに不信感を抱く，そのようなポピ
ュリズムを打ち立てることはできないだろうか？」と問いかけている（Zingales
［2012］pp. 118-119）。

　さて本段の論点である，20世紀半ば頃までの米国の銀行システムに対しては，
A Capitalism for the People の書は，グラス＝スティーガル法（以下「GS法」）
によるウォール・ストリート大手金融機関の支配力の抑制に関し，少なくとも肯
定的である。同書は，それら大手金融機関の，一般企業に対する，政治に対する，
またニューヨーク以外の地方に対する，影響力は制約されるべき，との考えに立
つ。そのうえで，「単純明快な（"simple is beautiful"）」GS法のもと「商業銀行は
商業銀行業務に，投資銀行は投資銀行業務に，保険会社は保険業務に」各々従事
し，政治的ロビー活動でもしばしば相互に対立し影響力を打ち消しあう，そして

424

第8章　ニューディール期金融制度の評価

各業界ともに寡占度は高くない，そのように分散的な金融システムを「悪くない」もの，そしてGS法の単純明快さを規制の実効性上利点のあるもの，と捉えている（Zingales [2012] pp. 50-52, 63-64, 204-206など）。

それとは逆に，商業銀行・投資銀行・保険会社の結合を容認した1999年のGLB法以降の金融制度につき，同書は批判的なのであるが，そのことに関しては後の(4)のb）にて述べたい。

c ）その他の書：ニューディール期金融制度を肯定的に評価するもの

なお，目をリベラル派にも拡げれば，サブプライム金融システム危機を経た近年，1933年銀行法以降のニューディール期金融制度に関する一層積極的な評価も現れている。コミュニティ銀行業界を含めた反響の相対的大きさからしても挙げておくべき書の一つはJohnson and Kwak [2010] であろうが，同書は pp. 34-37において，1933年銀行法以降の約半世紀こそは，当局の規制と金融機関の温和な収益志向とにより米国史上最も長く金融的安定性が保たれた期間であった，と論じている。

加えて，大手金融機関に必ずしも敵対的ではなく金融機能と規制体系との関連の客観的分析に取り組まんとするAcharya *et al.* [2009] もまた，GS法により商業銀行・投資銀行を分離させた金融制度のもとで両業態（特に投資銀行）が金融機能を良く発揮し破綻も少なかったという事実を指摘している。

もっとも，ニューディール期金融制度が好ましい評価に足るものであったとしても，それは必ずしも論理的に，ユニット・バンクを中心とした銀行システム，とりわけ1933年銀行法以前のそれ，の是認につながるものではない（そもそも，本段のb）およびc）で挙げた諸書にはユニット・バンクへの言及はほぼない）。Turner [2014] p. 134 の次のような一種の警句からは，a）で紹介したカロミリスの所論にも傾聴すべき点が含まれていることが示唆される。

　「[今般の金融危機を論ずるにあたり] はるかに大きな論点は信用供与量の激変である。それは熱狂的にかつ安価に供給され次いで引き締められる。この激しい変動は [今般の金融危機におけるように] 大銀行が支配的な銀行制度のもとで起こりうるのと同様，多数の小銀行が支配的な銀行制度のもとでも起こりうるのである。多数の小銀行の破綻は大銀行の破綻と同程度に起こり得，その悪影響も同程度に大きいことは，1931年から33年にかけ分散的な銀

第2部　金融危機以降の米国銀行制度と日本の地域銀行にかかる含意

行制度の米国が見舞われた銀行危機が示している。われわれは歴史から十分学ぶことにより，［信用供与量の激変という］通底する問題が［金融危機ごとに］多様な形態をとって現出することを知らねばならない。」

⑶　*Fragile by Design* も認識するユニット・バンクの米銀界における比重の低下

　1節の⑵の末尾にて既に簡記したように，カロミリスが米国の銀行システムのいわば宿痾——ないしは，近年のわが国の規制改革用語を用い「岩盤規制勢力」とでも言えようか——であると見たユニット・バンカー勢力も，さすがに戦後数十年を経て，銀行産業の実態として縮小の一途をたどった。

　「ユニット・バンカー勢力の政治的影響力を振り切り州際支店展開の自由化を断行すべき」と力説した Calomiris［1993］から10年余のち，*Fragile by Design* の書の一部は，ユニット・バンカー勢力の終焉を書き留めることに充てられている。すなわち同書の "End of an Era: The Demise of the Unit Banker-Agrarian Populist Coalition"（一つの時代の終わり：ユニット・バンカーと農業ポピュリストの政治連合の消滅）と題した紙幅ある一つの段（pp. 195-201）において，その終焉ははっきりと，かつ銀行システムとして好ましい（はずの）歴史的事実として，叙述されている。

　既に第6章2節⑵にて紹介したので簡記するにとどめるが，同書は同段において，1）人口統計学的要因，2）情報技術の発達，3）1960・70年代のディスインターミディエーション，4）同時期の一連の規制緩和措置，そして5）1980年代の銀行危機の波，といった諸要因の累積の結果，ユニット・バンカーの影響力・桎梏は1990年頃までに相当程度弱まった，と述べる。実際，本書でも同章にて図表6-2をもとに確認したように，ニューディール期金融制度のもとでも，ユニット・バンクの銀行数の比率および「店勢」の比重が経時的に着実に減じていった。

　そして *Fragile by Design* は，最終的にはリーグル＝ニール法（州際支店展開自由化法，1994年）——「ユニット・バンカーと農業ポピュリストの政治連合の死を告げる鐘（"death knell"）」と呼ばれている（p. 202）——により，銀行制度に対するユニット・バンカーの影響力・桎梏は消えた，と認識している（同）。

　再度第6章図表6-2の数字に言及すれば，2000年には，ユニット・バンクの銀行数比率は30％，同「店勢」比重に至ってはわずか6％となり，その後も減少を続けている。目をユニット・バンクより幅広いコミュニティ・バンク（支店制

426

銀行も含む小銀行群）に拡げるならば，ドッド＝フランク法制定過程につき検討した前章，および由里［2009］第5章などでも論じたように，政治的勢力として今なお看過できないとの評価もありえよう。しかしユニット・バンクに限れば，前記のとおり，カロミリスらが言う「銀行制度に対するユニット・バンカーの影響力・桎梏は消えた」との認識は，近年の銀行産業組織の実態とも整合的なように見える。

(4) ユニット・バンクのプレゼンス低下にもかかわらず金融システム危機が起こった理由の説明

a) *Fragile by Design*：ポピュリズム的政治影響力の新たなターゲットとなったCRA法関連与信が火種に

Fragile by Design の書は，その Chapter 7 および Chapter 8 を米国におけるサブプライム金融システム危機の要因の検討，および銀行制度史的検討に根ざしたカロミリスらの理論（本節(2) a ）参照）からする同危機の解釈に充てている。

　この2節全体の論題でもある「ユニット・バンクのプレゼンス低下にもかかわらず金融システム危機がなぜ起こったか」との疑問に関し，カロミリスらの結論を予め申せば，「サブプライム金融システム危機とユニット・バンクとは関係がなく，別のポピュリズム的『政府－銀行家パートナーシップ』のもとでの過剰な信用供与により起こった」というものである。（このカロミリスらの説明ポイント中の独自の用語に関しては本節(2) a ）を参照。）

　カロミリスらは Chapter 7 "The New U. S. Bank Bargain"（新たな［銀行集団と政治集団との］銀行関連制度をめぐる駆引き）の冒頭，20世紀末までには中小銀行の存続の場は地方や特定の小地域に限られ，米国の銀行業界の風景は（大手銀行が全米を割拠するものへと）根本的に変化した，と述べる（p. 203）。そしてそれに続け，「それならばなぜ，この構造的には一層健全なシステムが，リーグル－ニール法からわずか13年後，2007年から2008年にかけてのサブプライム危機のなか瓦解するといったことが起こり得たのであろうか？」と問うのである（同）。

　このような出だしの Chapter 7 においてカロミリスらが説く同金融危機の第1の原因は，ユニット・バンクともコミュニティ銀行とも関連せず，大手・準大手銀行と持ち家推進政策・CRA 法（Community Reinvestment Act; 地域社会再投資

法）政策，および同政策推進のための（準）政府組織ならびに市民運動団体とが絡み合った，いわば新たなポピュリズム的連合体による（住宅）信用供与の膨張にあった，というものである。

このカロミリスらの原因説明における「新たなポピュリズム的連合体」には（ユニット・バンクを含めた）コミュニティ銀行は登場しないので，本章の検討課題からしてもまた紙幅の関係上もその詳細な紹介は避けたいが，要約すれば以下のような論理展開となっている。

1）CRA法が銀行合併の要件として「基準達成（satisfactory）」以上のCRA格付の取得を求めていることに起因して，合併を企図する銀行は中低所得層（が居住する地域）に対し「良き市民（good citizen）」たらんとした。その結果，それら銀行のそれら住民層に対する住宅与信基準の弛緩，ならびにそれら銀行から中低所得層の利益を代表するNPO等への資金的支援（それもまたCRA格付を向上させる）が進んだ（新たなポピュリズム的連合の軸）。

2）①GSEs（government-sponsored enterprises［政府関連企業体］；井村［2002］pp. 104-107参照），その中でも連邦抵当金庫（Federal National Mortgage Association［ファニーメイ］）および連邦住宅貸付抵当公社（Federal Home Loan Mortgage Corporation［フレディマック］），②連邦住宅貸付銀行（Federal Home Loan Banks［FHLBs］；同pp. 107-109参照），ならびに③連邦住宅機構（Federal Housing Administration［FHA］）——以上はいずれもニューディール期金融制度に端を発する——の諸組織が，クリントン・ブッシュ両政権の（中低所得層にも「アメリカン・ドリーム」の恩典を及ぼさんとする）持ち家推進政策に呼応して，与信基準を緩め，また大幅な業容拡大を図った。

3）上記1）2）は相互に連携・影響し合い，「大手銀行—市民（CRA）運動家—GSE」の図式のポピュリズム的連合体が形成され，住宅信用供与の巨大な膨張が起こった。2000年代に入るとノンバンクたるモーゲージ会社もこの連合体に加わった。

すなわちカロミリスらは，この2節の(2)にて紹介した米国の銀行システム（ならびにその脆弱性の源）の特徴——政治レジームは「ポピュリズム」，政府‐銀

行家パートナーシップとしては「政治的に左右される信用供与」，そして銀行システムにおける帰結としては「幅広い信用供与と不安定性」——は変わってはおらず，ただその主たる舞台が（ユニット・バンカーたちが基盤とする）農村部から（大手行・CRA 運動家たちが基盤とする）都市部へと移ったのみ，と主張するのである。

　加えて Chapter 8 において，サブプライム金融システム危機の第 2 の原因として金融監督・金融政策当局の失敗が挙げられ，金融監督機能の不全（特にサブプライム証券化関連商品・デリバティブにかかる自己資本比率規制・格付機関規制）ないしは失策，FRB の金融引締めの時宜を失した金融政策が指摘され，それらの背後にも前記のポピュリズム的政治レジームと同連合体とがあった，と記されている。

　Fragile by Design の書 Chapter 7 および Chapter 8 における，カロミリスらの以上の金融危機の要因説明につき，筆者には違和感があるものの[13]，その詳細な検討は本章の主題の範囲外であり，一種のレビュー論文としての本章の性格上も，カロミリスらの所論に対し直接寄せられた代表的なコメントを少数，以下で紹介するにとどめたい。

　同書の書評にて Ahamed［2014］[14]は，上記 2 つの章におけるカロミリスらの所論につき，サブプライム住宅ローンの組成・証券化等の多くがノンバンク（モーゲージ会社，投資銀行，ヘッジファンド等）により担われたこと，および同証券化商品の大部分が海外投資家により保有されたことからして，「米国政府の持ち家推進政策・CRA 法政策の圧力が信用膨張の推進力」という要因説明には無理がある（ノンバンクや海外投資家は総じて同圧力の影響外だったはず），と述べる[15]。その一方，同書評は「（金融危機の要因説明としては的外れであるにしても）数世紀にも及ぶ銀行発展史，そのなかで政治的駆引きが果たした役割に関する豊かな叙述を求める読者にとっては恰好の書であり，その方面における古典ともなりうる書」との賛辞で結ばれている。

　また，Shiller［2011］pp. 23-25 は，（カロミリスらに限らず）政府の役割や役人の働きを否定的に捉えがちな論者一般に向け，「審判たちを選手たちより競技能力が劣るからその役割に就いているのだと見くびり，そもそも不要，と言い放つ」ような稚拙な議論であり，役人たちは少なくとも（サブプライム関連商品を大量に推奨販売した金融機関役職員たちのように）倫理的にやましい気持ちを有

第2部　金融危機以降の米国銀行制度と日本の地域銀行にかかる含意

しつつ押し込み販売するようなことはしなかった，と批判している。それとも関連して，Shiller［2012］は，従来の経済学専門家たちの議論において一般的に欠けていて，（金融危機に先立つ）投機ブームを理解するうえで重要な視座は，「思惑は社会的に伝播する（誰かが意図的に発信・操作しているのではなく）」という集団心理学的な見方である，と述べる（同邦訳 pp. 44-50）。

b）*A Capitalism for the People*：既存大企業・大銀行の利益が優先される 「縁故特権資本主義」が原因

以上 a）の *Fragile by Design* に比し，*A Capitalism for the People* の書におけるサブプライム金融システム危機の原因説明は，相当様相を異にしている。そもそも，金融制度・金融機関の専門家ではなく起業論の専門家さらには自由主義的競争システムの唱道者（advocate）を自認する著者ジンガレスは，生まれ故郷のイタリアにおけるような「縁故特権資本主義（crony capitalism）」（個々の人・組織の能力よりも有力者・有力組織との結びつきの強さにより報われる経済の仕組み）に米国も侵されつつあることに，同危機の最大かつ根源的な要因がある，とする（pp. xi-xiii）。

「本書は学術書でもなければ最近の経済学研究の時宜の良い要約でもない」（p. xiii）と序言にてことわる本書は，その Chapter 4 "Crony Finance" において，1990年代後半以降に加速した金融機関の巨大化（寡占化，"Too Big to Fail"［大きすぎてつぶせない］化，内部統制力劣化），業務多角化（商業銀行・投資銀行・保険会社の兼営と金融・資本市場への寡占的支配力増大），さらには金融（機関）政策・監督当局への影響力の増大を描出し，それら全体（"crony finance"［縁故特権金融］）が金融危機の土壌となった，と述べる。

その中でも pp. 51-52 においては，ニューディール期金融制度とりわけ GS 法が1999年 GLB 法により葬られたことの弊害の中心は政治力学の変化だと述べ，商業銀行業務・投資銀行業務・保険会社業務各々の主要企業の利害が一致し政府に圧力を行使するようになり，他の利害・利益を圧倒したことは大いに問題であったと述べる。そこには，カロミリスらの説明におけるような CRA 法政策や関連市民団体などへの批判はない（ただし GSE は別の箇所・文脈［特殊な巨大企業として弊害多き組織であるという］で指弾されている［pp. 81-83 など］）。

430

c）*Fault Lines*：持ち家推進政策の急拡張は危機の一因には違いない

　特定の小段（ここでは c ））を充てて Rajan［2011］すなわち *Fault Lines* の書の内容につき述べるのはこれが初めてでもあり，著者が前書きにて記す同書の趣旨を簡単に紹介しておきたい。

　本段の a ）の末尾にて挙げたシラーの「社会的伝播」説とは対照的に，*Fault Lines* の書は，「危機に至ったプロセスに関与する当事者（米欧主要金融機関，米国政府関係者，外国政府，自身を含めた経済専門家，そして同書の読者たちも）の各々は，自らの役割と動機付けにおいて思慮分別を有しつつ行動していた」との見方を採る。そして，それにも関わらず世界経済が奈落の底を見るような危機が起こったことは，それゆえ一層恐ろしい，と述べる。それはあたかも大地震が複数の断層線（fault lines）が重なり巨大な負荷がかかる地点を震源として起こるのに似ており，その複合的要因を解き明かし是正策を打っておかないならば，われわれが察知し得ない時・状況で再び金融危機に見舞われるかもしれない，それが同書の執筆動機である，と言う（pp. 4-5, 7）。

　同書においては世界の主要経済国・地域の貯蓄‐投資インバランスとそれらに起因する資金・資本フローなど，*Fragile by Design*, *A Capitalism for the People* 両書に比しても国際金融論的な視座，それとも関連して中央銀行による金融政策的な視座が，より真正面から盛り込まれている。しかしながら，特に米国の金融システムならびに政治システムに関しては議論の焦点の一翼をなしており，カロミリスの（*Fragile by Design* に先立つ）論考も参照されている。

　Fault Lines の書では特に Chapter 2 "Let Them Eat Credit"（お金がないなら借金を食べてはいかが？［フランス革命直前のマリー・アントワネット王妃の言葉とされる「パンがないならケーキを食べてはいかが？」のもじり］）という章を設け，「（意図としては理解できる）持ち家推進政策も，それが急激に拡張せられ営利組織化した GSE や民間金融機関を経由して推進されたがゆえ，少なからず危機の一要因として作用した」という見方を展開している。*Fragile by Design* の側でも上記章題 "Let Them Eat Credit" を含め（p. 214），*Fault Lines* を処々に引用しており，「持ち家推進政策」に着目することについては *Fault Lines* の所論から学んだ点もあるように見受けられる[16]（さらに，両書ともに少なからずの実証的論文を先行研究・論拠として挙げている）。

　その一方で，「（金融危機につき）何か特定の要因を指摘する姿勢は単純化が過

ぎる」（p. 7）とする *Fault Lines* の書は，持ち家推進政策を他の諸要因よりも強く
あげつらうこともしていない。また同書は，所得再分配政策が他の国よりも歴史
的に政策上受け入れられにくい米国において住宅信用供与先を中低所得者に拡大
することを格差是正策として発想したこと自体は否定せず，その方式や過度な推
進度合を問題視するスタンスである（p. 43など）。（所得再分配政策に関しては，
むしろ *Fragile by Design* のほうが，金融機関に負荷を負わせ続けるよりは財政
予算措置による金銭給付方式が良いのでは［p. 212］と，共和党よりも中道寄り
の見解を述べている。）

d）他に「この一冊」と思われる書— *House of Debt*：元々家計が持つ「借り
　　過ぎる癖」が住宅の担保価値上昇で加速した

　1節(4)および2節(1)にて前言したとおり，本章ではあえて，サブプライム金融
システム危機にかかる非主流派的な言説に焦点を当てる方式を採るため，この(4)
でも基本的には以上a）〜c）の検討にとどめたい。本邦でも既に，米英の主流派
とも言える危機要因の説明（「行き過ぎた金融規制緩和」，「ウォールストリート
の期待に沿った中央銀行政策」，「大手金融機関の貪欲」，等）は，邦訳書を含め
幅広く紹介されており，わが国の専門家たちの間で異を唱える向きも少ない[17]がゆ
え，それらをここで繰り返すことの付加価値はさして大きくはないとも思われる。

　しかしながら，金融危機からある程度の期間を経て書かれ，同危機の原因に関
する諸議論ならびに同危機前後の経済・金融さらには家計データまでを丹念に検
討して書かれ，筆者にもその要因分析の正鵠さについての評価（たとえば福田
［2015］）が聞こえてくる単行本を一つだけ，簡単に紹介しておきたい。プリンス
トン大学のミアン教授とシカゴ大ビジネス・スクール（*A Capitalism for the Peo-
ple* のジンガレスと同じ）のサフィ教授による *House of Debt*（Mian and Sufi［2014］）
がそれである。

　同書の金融危機にかかる分析の特色は，同危機に先立つ1990年代後半以降の家
計個票データの精緻な分析と読み解き（pp. 82-91など）にあり，そこから浮かび
上がるのは，第一に，（所得の増加よりも）住宅価格の値上がりに住宅既保有層
を含めた家計の借入れ意欲が鋭敏に反応し消費も急増した（住宅価格の急落局面
では逆の回転）という，家計側の（行動経済学で言う）非合理的な行動パターン
が金融システムや金融機関行動の要因よりも大きかった，という観察である。

第8章　ニューディール期金融制度の評価

　また同書は，サブプライム住宅ローンの取扱・証券化に関与した金融機関については，（カロミリスが指弾する）GSE 系統の住宅ローン・証券化よりも，非GSE 系・純民間のプレーヤーたちによる住宅ローン・証券化（"private label securitization" [PLS]）のほうが有責度が高い，と述べる。その論拠として，Levitin and Wachter [2012] の PLS にかかる詳細な制度面およびデータの分析と，上記の家計借入行動の分析との照合を行い，サブプライム金融危機（彼らの所説では家計の過剰負債）の原因形成のピークを2002年から2005年にかけての時期，と同定している。

　以上，本節との関連が深いと思われる *House of Debt* の書のエッセンスを，ごく概略的に説明した。先に a ）にて紹介したカロミリスのように，CRA 法やGSE への論難はなく（かといって弁護もしない），むしろ数多くの他論考とデータの集積から「何が最有意な要因か」を極力客観的に割り出そうとする。同書もまた，その内容の当否は今後の議論の対象となるであろうが，筆者には同書のエビデンス重視の姿勢そのものが意義深いと思われる。同書との比較でカロミリスの *Fragile by Design*（同じ2014年の出版）は，先の a ）の諸主張など「論証したい見解が先にありき」の，他論考・データの吟味がどうも不十分な箇所が少なくないように見える。

3 ．"Too-big-to-fail" 諸銀行の救済が起こったことを踏まえての預金保険制度その他金融制度のあり方に関する提案

⑴ *Fragile by Design* ならびに他のカロミリスの論考における見解：歴史的事象・データによる制度批判は続くも2008年金融危機に向き合った議論はなし

　本章の冒頭引用句のとおり，カロミリスはかつて Calomiris [1993] p. 98 において「[歴史の] 教訓は明白である。米国は，預金保険制度なしの，幅広い業務範囲ならびに州際支店展開を認める銀行制度を実現すべきである」と述べた。これは同論考が叙述するように，1933年銀行法に至る連邦議会での議論において実際に政策選択肢として挙げられたものである。同論考の直後に1994年リーグル＝ニール法が制定されたのちも預金保険制度は存続したが，前節(4) a ）の冒頭にて既に述べたように，カロミリス自身も「構造的には一層健全なシステム」になった（はず），と *Fragile by Design*（Calomiris and Haber [2014]）において評している

433

第 2 部　金融危機以降の米国銀行制度と日本の地域銀行にかかる含意

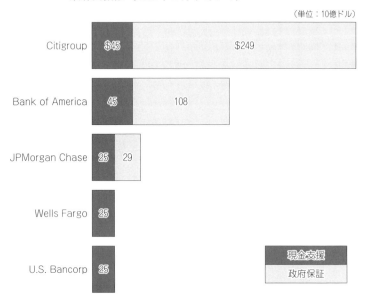

図表 8-2　2008年秋以降の金融危機における大手商業銀行に対する政府支援額（2009年1月中旬まで）

出所：*American Banker*, Jan. 20, 2009, p. 1.（邦語への置き換えは筆者）

(p. 203)。

しかしながら現実には，同箇所で続けて記されるように「(その金融システムが) リーグル＝ニール法からわずか13年後，2007年から2008年にかけてのサブプライム危機のなか瓦解」した。しかも周知のとおり，その際に最も巨額の公的資金を受けたのは州際支店展開し業務範囲も多様化したシティバンク，バンカメリカなどの大手銀行諸行――上掲 Calomiris［1993］の所論では預金保険制度等による公的救済とは無縁なはずの――であった（図表 8-2）。

このような事態の後，また大手金融機関に対する規制・監督強化策を定めた2010年のドッド＝フランク法に対しても時間的に後で書かれた *Fragile by Design* の書は，上記カロミリスの（あるいは「かつての」と付すべきかも知れないが）持論「預金保険制度を廃止し，業務範囲規制・支店展開規制自由化のもと大手銀行は自律的に活躍させるべき」に対応するような政策提案を，はたして語っているのであろうか。

Fragile by Design の Chapter 8 "Regulatory Failure" および Chapter 15 "Reality"（終章），ならびに同書（p. 278）が参照を促すCalomiris *et al.* [2013] には，金融危機を受けたカロミリスらの政策提案が記されている[18]。筆者の上記疑問に関しては次のとおりである。

1）預金保険制度に関しては，大手銀行に対する "too-big-to-fail" 対応の防止策との関連を除き，制度そのものの存否に関する言及はなく，逆に言えば存続がさしあたり認容されているように解される。

2）大手銀行に関しては，ドッド＝フランク法の規制スタイルやいわゆるリベラル派の反大手銀行的なスタンス（たとえばJohnson and Kwak [2010] pp. 208-222）[19]とは一線を画しつつも，大手金融機関の規制回避行動（注18下段の項目4，一種の性悪説）をも考慮した多岐にわたる規制を提案し，かつてのレッセフェール的なスタンスから変化している。

Fragile by Design の書以外の，金融危機後のカロミリスの公表論文に目を転じると[20]，1990年代の論考や *Fragile by Design* の書に表れているような，世紀をまたいでの歴史的視点や多国間の制度比較から議論を展開する，というカロミリスの独自色ある論述スタイルは一時的に影を潜め，今般の金融危機の解説と金融・規制技術的な改革提案（たとえばCalomiris *et al.* [2013], Calomiris [2014]）や理論的研究への参画（たとえばCalomiris *et al.* [2015]），という著作傾向の変化があった。

しかし2016年になると再び，コルゲート大学ジャレムスキ准教授と預金保険制度の弊害（Calomiris and White [1994] 以来用いてきた20世紀戦間期米国および *Fragile by Design* で用いた多国間比較のデータに依拠）を説く共著2編を公表した（Calomiris and Jaremski [2016a], Calomiris and Jaremski [2016b]）。後者の文献レビューの部では預金保険制度が経済学的な「効率性（efficiency）」の観点から是認される可能性を認めつつ，同制度のもとでは金融監督が市場原理の働きに代替するがゆえ，監督当局（者）が政治的プロセスに左右される懸念がある，としている。そして両論文ともに，*Fragile by Design* におけると同様，ポピュリズムや監督当局・銀行（業界団体）間の政治的結託に着目する観点から，同制度の弊害に警戒する必要性を説いている。

これら2編も，新たに加わった文献レビューや数理分析はともかくとして，預金保険制度に対する批判の枠組みには目新しいものはないし，2008年金融危機時

の "too-big-to-fail" 措置の問題にも言及しないままである。思うに，金融危機がま
だ近時の出来事で前例・比較事例の集めにくさもあり，関連論考を含め同危機に
つき十分思慮しその含意等を勘案して議論を再展開することは，まだ無理がある
のかもしれない。しかし他方，Calomiris [1993] におけるように1933年の銀行法
論議という半世紀前の事象を論ずるスタイルの研究者が，長年にわたり築いてき
たその所論を直撃するような重大な事象に自身遭遇した場合に生ずる当惑や，さ
らには（あえて言えば）一種の頑迷さも，（筆者は面識もなく推量の域を出ない
が）あるのではなかろうか。

(2) *Fault Lines* における預金保険制度に関する改革提案

本章で *Fragile by Design* との関連で検討対象としている 2 つの書のうち，
Fault Lines（Rajan [2011]）pp. 179-180 には，預金保険制度に関する改革提案が
以下のとおり提示されている。

1 ）預金保険制度は，小規模で［与信先・業務の］分散が不十分な銀行の業
務継続を確かに助ける効果を持つ。それら小銀行が小さなコミュニティに
おける貸出業務の担い手として重要である限りにおいて，それら組織の存
在は何がしかの経済的・社会的価値を有する。

2 ）一つの改革案は，小銀行には妥当な保険料の支払いを前提に預金保険制
度を存続させ，大手銀行に対しては預金保険制度を着実なペースで縮小し
ついには消滅させる，というものである。

3 ）上記のような小銀行・大手銀行を区別した預金保険制度のもとでも，
"too-big-to-fail" 措置による銀行救済は結局生起するであろうが，預金者行
動に影響を与え，大手銀行に相対的に預金が集まらないようにする（その
結果 "Too Big" 銀行が出現しにくくなる）という効果があろう。それによ
り，とりわけ経営手法に問題のある大手銀行からは自ずと預金が流出しよ
うし，また，［"too-big-to-fail" 措置を預金者が予期するなど暗黙の政府保護
特典を受けがちな］大手銀行と小銀行との競争条件の格差是正にもつなが
ろう。

上記 1 ）の，預金保険制度が中小銀行の営業地域における地元中小企業与信の
持続に寄与しよう，との議論は，Petersen and Rajan [1994]（小銀行は与信先

小企業のモニタリングに長じていると論述）および Rajan［1992］（リレーション
シップ貸出の効率的機能如何の諸条件を検討），さらには Bernanke［1983］（大
恐慌期における中小銀行危機の深化は中小企業・個人向け与信の閉塞を招き大恐
慌をさらに深刻化させたと論述）など，広い意味でのリレーションシップ・バン
キング論の諸知見を反映しているように見える（*Fault Lines* は細かな注釈を付
してはいないが）。

　また，そのバーナンキ（今般の金融危機当時の FRB 議長）は，Bernanke
［2013］（金融危機後の大学講演録）においても，大恐慌期の銀行制度・中央銀行
関連の諸政策の中で，預金保険制度の創設による銀行破綻防止を金本位制停止と
双璧をなす「極めて効果的（incredibly effective）」な恐慌脱却策であったと評価し，
FRB 議長としての職責においてもその教訓を活かした，と述べている（pp. 22-
23）。バーナンキ議長の2008年金融危機時の行動については，同危機時の政府対
応に関する詳細なルポである Sorkin［2009］p. 443 も，議長自らの大恐慌に関す
る知見に基づき「今［リーマン・ショック直後］思い切った対策を打たなければ
大恐慌を上回る惨状を招く」と政権・議会首脳たちの前で述べた，と記している。

　今般の金融危機を踏まえての（ニューディール期金融制度改革の一環として
の）預金保険制度に関する以上のような評価──決して（カロミリスが嫌う）リ
ベラル派によるものではない──を見るにつけても付言しておきたいのは，そも
そも，カロミリスもしばしば引用するマネタリズムの代表的古典 Friedman and
Schwartz［1963］自体，預金保険制度の創設を高く評価しているということであ
る。すなわちその p. 440 は「連邦預金保険制度は，少なくとも1960年までは，銀
行連鎖取付破綻の防止という銀行制度改革の一世紀来の主目標を達成した」と述
べ，また p. 441 は「預金保険制度が1930年に存在していたならば……マネース
トックの激減を含む同年秋までの悲劇的な連鎖的出来事は防がれた可能性が大変
高い」と述べているのである。

　先に(1)末尾で述べたとおり，カロミリスも2016年の共著論文では預金保険制度
が経済学者の中での評価を高めつつあることを（しぶしぶ）認めているが，そこ
には上記のような諸見解も直接・間接に影響していることが考えられる。

⑶　「規模の経済性および業務範囲の経済性」の議論も再度必要
　上段(2)の中で，*Fault Lines* の「"too-big-to-fail" 対応の対象となりかねない大

第 2 部　金融危機以降の米国銀行制度と日本の地域銀行にかかる含意

手銀行をいかにすべきか」に関する政策提案（3 項目中の " 3)"）を紹介した。同提案は，大手金融機関の中でも経営能力，（リスク - リターン勘案後の）経営効率が劣るものの存在（可能性）を前提としているように解される。

　本章の議論の範囲外とはいえ，実のところ関連性が看過できない検討課題として，「銀行業組織の規模の経済性および業務範囲（スコープ）の経済性の存否および程度の如何」という論点があり，金融経済学分野で相当数の論考がある。同分野でラジャンのような影響力の大きな学者が上記のような提案を述べることは，この論点に関する議論もまた，サブプライム金融システム危機を踏まえ，あらためて必要となっている，という金融論壇・学会の認識動向と対応していよう。

　同論点に関するカロミリスの所説を紹介すれば，Calomiris［1993］p. 99 において「州際支店展開規制が解かれ，また GS 規制が解かれる規制緩和が実現すれば規模・業務範囲の経済性は明認されるようになるはず」と述べていた。しかしながら，*Fragile by Design* では下記の議論にとどまっている。

　　＊個々の金融機関が置かれた条件により，まともに運営されてきた銀行もあった（pp. 275-277）。

　　＊銀行産業組織における集中度進行が銀行システムの脆弱性につながるかどうかに関し実証研究の知見は固まっていない。本書の国際的・史的比較からは，それは，集中が進む背景にある政治的コンテクストに依存すると言える（pp. 484-485）。

　　＊一般的に銀行（システム）の経済学的モデリングにおいて，歴史的・政治的コンテクストを考慮に入れないモデリングは有効性を欠く（p. 486）。

　なお，ラジャンの上記 *Fault Lines* は，その pp. 172-173 において，規模の経済性，業務範囲の経済性に関し「ある程度」存在する，と述べている。またジンガレスの *A Capitalism for the People* に関しては，（繰り返しになるが）金融業組織自体の専門的分析の書ではなく，それら経済性に関する具体的議論は見当たらないものの，その Chapter 4 "Crony Finance" には処々に，金融機関の寡占化進行の弊害（個別組織の経営能力劣化傾向を含む）が指摘されている。

　他の論者を含めた，この金融業における規模の経済性および業務範囲の経済性の金融危機後の議論に関しては，今後それに的を絞った論考——そこでは従来のようなパフォーマンスの平均・分散への着目にとどまらず *Fault Lines* pp. 136-

438

148 も強調する金融機関の "tail risk"（「異常値」的なリスク［とリターン］）志向性の考察も要請されよう——が公表されていくことが期待される。それらにつき，筆者としても稿をあらためて論じる必要性があると考えている。

4．本章のまとめと結語

(1) 本章のまとめ

　以上にて，本章の検討課題として 1 節(4)にて掲げた 2 つの論点にかかる，カロミリスを軸とし範囲を絞ったレビュー的な検討作業は一通り終えた。

　まず第 1 の論点すなわち「今般のサブプライム金融システム危機が，小銀行全体のプレゼンスが相当小さくなったにもかかわらず生起したことにつき，どう説明するのか」に関しては，以下のとおりであった（主として 2 節(4)，補足的に 3 節(3)より要約）。

【カロミリス】（*Fragile by Design* すなわち Calomiris and Haber［2014］）

　ニューディール期金融制度に端を発する持ち家推進のための政府諸組織（GSEs・FHLBs・FHA）が，クリントン・ブッシュ両政権の持ち家推進政策のさらなる強化に呼応して，与信基準を緩め，また大幅な業容拡大を図った。同政策の一環として位置づけられ大手銀行に遵守圧力がかけられていた CRA 法と併せ，「大手銀行 - 市民（CRA）運動家 - GSE」の図式のポピュリズム的連合体が形成され，住宅信用供与の巨大な膨張が起こった。

【ジンガレス】（*A Capitalism for the People* すなわち Zingales［2012］）

　1990年代後半以降に加速した金融機関の巨大化・業務多角化と寡占的市場支配力の増大，さらには金融（機関）政策・行政への影響力増大が，全体として "crony finance"（縁故特権金融）の仕組みとなり，金融危機の土壌となった。

【ラジャン】（*Fault Lines* すなわち Rajan［2011］）

　世界の主要経済国・地域の貯蓄 - 投資インバランスとそれらに起因する資金・資本フロー，各国中央銀行による金融政策，米国の金融システムならびに政治システム，そしてもちろん米欧主要金融機関の過剰な利益追求行動などが複合的要

第2部　金融危機以降の米国銀行制度と日本の地域銀行にかかる含意

因となり，金融危機が起こった。（カロミリスの言うような）持ち家推進政策ならびに GSE 等の組織も，一つの要因をなす。

　すなわち，本章が主な検討対象とする以上3論者とも，そのさらなる原因が政府の持ち家推進政策等にあるかどうかは見解が異なるものの，米国の銀行産業組織の中では大手銀行（とりわけ証券化・デリバティブ取引へと業務多角化を進めた諸銀行）が，金融危機の主たる震源になった，という見解である。筆者が主たる研究対象としてきた小銀行いわゆるコミュニティ銀行業態は，ユニット・バンカー諸行ならびにその政治的圧力団体行動を批判してきたカロミリスを含め，今般の金融システム危機の源，また同様の危機を防止するための金融制度等の改革の直接的な対象としては，挙げられていない。

　次に第2の論点すなわち「小銀行に偏ったメリットを与えるものとして撤廃を主張してきた預金保険制度から最大手金融機関こそが大規模な額の支援や特例的支援（"too-big-to-fail" 対応）を受けたことをどう『釈明』し，"too-big-to-fail" 問題にも向き合ったうえで，預金保険制度の存否を含めたあり方につき，どのような見解を有するのか」という点に関してである（主として3節(2)より要約，専門分野的にやや隔たりのあるジンガレスは対象外）。

【カロミリス】

　Fragile by Design および金融危機後の他論考において，2008年金融危機や"too-big-to-fail" 問題をも踏まえた見解は，見出しえなかった。

【ラジャン】（*Fault Lines* すなわち Rajan［2011］）

　預金保険制度は，小銀行の業務継続を支援する機能があり，小銀行の貸出業務の担い手としての重要性を前提に制度を存続させ，大手銀行に対しては "Too Big to Fail" 対応の弊害に鑑みても預金保険制度を着実なペースで縮小し消滅させる，ということを提案する。

　預金保険制度につき今後の政策論議がどうなるのかは，もちろん以上のようなきわめて限られた論者の検討からはほぼ何も語れないものの，かつて先鋭な制度廃止論者であったカロミリスが，現下の政策課題としての預金保険制度の存続如

440

何や制度設計につき，体系立てては論じていないこと自体，上記ラジャンの提案と併せ，ある程度大きな潮流の変化を示唆していよう。さらには，「"too-big-to-fail" 措置の対象外の規模の銀行にとり『(大手銀行も預金保険料を払っているのに) 預金保険制度から不当に偏ったメリット（一種の補助金）を得ている』との，従来繰り返されてきた批判は今後当面の間は遠のくのではないか」との予想も成り立つのかも知れない。しかしいずれにせよ，さらに論考を渉猟し政策論議を観察することを続けたうえで，稿をあらためて論じたい（米国の現下の流動的政情に照らせば，時を置くこと自体が意味を有するかも知れない）。

⑵ 「大手金融業界からの影響力に関し自覚的であるべき」という倫理規範とカロミリスの沈黙——結びに代えて

本章を書き進めるうちに，筆者には，金融危機の教訓を述べる多くの論者との対比でカロミリスの見解の欠如を問題視すべき重要な論点が別にある，と思われるようになった。それは形式的には本章の元々の検討課題の外にあるものの，研究者としての基本的態度を問う議論とも思料されるがゆえ，それに言及し，ひとまず結びに代えたい。

それは，「論者自身を含め大手金融業界の"capture"（囚われ状態）に陥らないよう十分留意せよ」という議論（あるいは警句）である。

自身も規制当局者として今般の金融危機を目の当たりにして考えることが多かったであろうと推察される天谷 [2012]，その pp. 112-113 によれば，"regulatory capture"（本章では「規制当局 [者] の囚われ状態」と訳しておく）という言葉が1970年代から存していた。それは「規制当局（者）が，規制対象企業・業界等の利害を自らの利害と考えるようになり，いつしか思考様式も同化して，仲間内の存在のようになってしまう」ことを指す。

今般の金融危機に関してこの"regulatory capture"の状況を指摘・批判する著書・論説は（当然ながら）数多く，本章でも何度か挙げた Johnson and Kwak [2010] などは，その書名 "13 Bankers: the Wall Street takeover …" 自体が（最大手金融機関群の工作・影響力行使による）"regulatory capture"を批判する書であることを表しているほどである。

また，英米の金融監督当局・議会委員長などの発言を検討した石田 [2011] の，英国ターナー金融サービス機構会長や米国イエレン FRB 副議長（いずれも当

第2部　金融危機以降の米国銀行制度と日本の地域銀行にかかる含意

時）などの発言紹介ならびに著者あとがきからは，（当局・議会が依拠する）主
流派経済学・金融理論がほぼ揺るがぬ前提としてきた次のような考え方自体もま
た，"regulatory capture"の重要な構成要素ではないか，と思わされる。

　　　＊大手金融機関・金融市場は「市場規律」の作用等による「自己治癒力」が
　　　　備わっており，実体経済を揺るがすほどの機能不全には陥らない。
　　　＊金融イノベーションは金融取引における選択の幅を拡げ，常に推進すべき
　　　　ものである。

　本章で取り上げた3論者のうち，ジンガレスの *A Capitalism for the People*
の書は，既に紹介した，Chapter 4 "Crony Finance"において前記"regulatory
capture"の状況を批判的に指摘するのに加え，Chapter 6 "The Responsibilities
of the Intellectuals"（知識人たちの責任）と題した一つの章を充てている。同章
は，金融業界・製薬業界などとの関与を深め（ざるを得なかっ）た研究者たち
（自身が属するシカゴ大学ビジネススクールを含む）が，その研究結果の書き
方・公表如何につき，研究者としての良心との間で悩んだり，良心を曲げて結果
的に公衆をミスリードした諸事例を挙げ，「経済学者たちは監督当局者の囚われ
について語るが，学者自身も囚われうる」との見解を述べている（p. 99）。

　もう一人のラジャン *Fault Lines* の書は，前記"regulatory capture"状況のな
か，特に監督当局・金融機関間の役職者キャッチボールにつき pp. 180-181 にお
いて強く批判するとともに，その結果形成されるのは「"crony capitalism"（縁
故特権資本主義）というより"cognitive capture"（「認識上の囚われ」と訳して
おく）と呼ぶべきもの」だ，と述べている。そして冒頭部分の p. 2 においては，
2005年頃の証券化等にかかる金融経済分野の論文の多くが金融市場の発展を手放
しで褒めていたことを回想している。

　これらから浮かび上がるのは，現実の経済組織やその業界（とりわけ経済的・
社会的に多くの資源を有し影響力も発揮しうるような），ならびにそれをとりま
く制度を研究対象とする研究者は，"cognitive capture"に陥らない十分な自覚・
自制が求められること，そして今般の金融危機のような深刻な問題が起きた場合
には「そのとき自らはどう関わっていたのか」を省み，その問題につき著書を公
にする際にはその「関与位置」についても言及することではあるまいか。

　それは，たとえば株式市場の動向につきメディア上でコメントする証券アナリ

第8章　ニューディール期金融制度の評価

ストなどが自身の所属企業や株式保有状況につき前もって開示するのにも似た，一種の「ディスクロージャー原則」であり，発言者のバックグラウンドや利害関係から生じる認識や発言動機のゆがみの可能性の表明である。その開示行動は，認識や発言動機のゆがみの可能性にかかる自戒を促し，結果的にゆがみを抑制する効能をも有するかもしれない。（以上は，もちろん，筆者自身に宛てた戒めでもある。）

　本章が検討対象とした3論者はいずれも基本的に金融規制緩和論者，金融機関活動・市場機能の極力自由な働きを是としてきた論者たちである。ジンガレスおよびラジャンが金融危機時の「立ち位置」にそれぞれ言及し，特にジンガレスにおいては自戒の念が繰り返されている。それらに比し，カロミリスには *Fragile by Design* 以外の諸論考を含めそれが見当たらない。上記のようにジンガレスがシカゴ大学ビジネススクールにおける企業社会からの"capture"（囚われ）の誘因の実感を語るのを読むにつけ，カロミリスが属するコロンビア大学ビジネススクール（ウォールストリートから至近距離）における"capture"の誘因の頻繁さにつき想起させられざるを得ない[23]。

　本章1節の末尾に記したように，筆者は政治学的視点を併せ持った銀行史家としてカロミリスを評価している。であるからこそ，同氏が今般の金融危機につき多くの紙幅を用いて論ずる——ましてやCRA法に関し特定の市民団体の名を批判的に挙げるなどする——限りは，危機時の自らの「関与位置」や"capture"の如何の自省についての言及も求めたい[24]。

注

(1)　既に第2章で頻出した語であるが，「ユニット・バンカー（単店銀行家）」とは，支店を有せず本店のみで営業する「ユニット・バンク（単店銀行）」の経営者のこと（同章注6参照）。

(2)　Charles W. Calomiris の職位（所属）は，Calomiris［1993］の著者紹介欄によれば Associate Professor of Finance（University of Illinois），また Calomiris and Haber［2014］によれば Henry Kaufman Professor of Finance（Columbia Business School）である。なお，後者の本の前書きや Columbia Business School のウェブページ（https://www0.gsb.columbia.edu/faculty/ccalomiris/）には，同氏の Hoover Institution（Stanford University）ならびに Manhattan Institute for Policy Research（共に保守系・共和党系のシンクタンク）のプロジェクトへの参画等も記されている。ま

443

第2部　金融危機以降の米国銀行制度と日本の地域銀行にかかる含意

た同ウェブページ中の"CURRICULUM VITAE"（履歴書）には，非常に多数の国内外の私企業・公的機関への助言・プログラム参画経験が列挙されており，同氏の実践的関心の高さが窺われる。

(3)　ポピュリズム（populism）の基本理念は，Calomiris and Haber［2014］p. 494によれば「多数派原理を徹底させた統治により，普通の人々（the common man）の権力と機会は増大する」というものである。なお，米国政治に関するテキストの一つKelman［1996］p. 19には「ポピュリズム：労働者・農業者のための政府の介入ならびに社会的問題に関する伝統の擁護を一般的に志向する政治イデオロギー」と定義されている。さらにまたRoe［1994］邦訳書pp. 35-41は，一つの節をすべてポピュリズムと米国金融制度との関連の検討に充てているが，同書がポピュリズムの金融制度上の帰結につき概ね「米国民が感情的にせよ納得して選択したものであればそれでよい，または致し方ない」と評する点は少なくとも，Calomiris and Haber［2014］とは異なっている。

(4)　たとえばCalomiris and Haber［2014］p. 194には，「ポピュリスト‐ユニット・バンカーの連合体（populist-unit banker coalition）は，19世紀後半期の数次の金融パニック，1920年代の農業危機，そして大恐慌を，自らを利する方向［単店銀行群の存続］へと働きかけることにさえ成功した」とある。Calomiris and White［1994］pp. 176-177などと併せ読めば，それが規制の経済学系統のレント・シーキング理論なども踏まえた歴史的事象の類型化に基づくものであることも分かる。それでもなお，Calomiris and Haber［2014］が金融規制の政治プロセスを扱う書である限り，「そもそも圧力団体の働きかけ——基本的には議会制民主主義下で正当な活動——を非難することができる条件」につき，議会制民主主義を前提とした基礎的な議論（一例としてKelman［1996］pp. 237-239）を踏まえる必要はあったであろう（Calomiris and Haber［2014］は他方，大手金融機関のロビー活動にはほぼ言及していない）。なお本書第2章では5節(2)が，そのような顧慮・関心にもとづくものである（それでも十分なものとは思わないが）。

(5)　Raghuram Rajanは，あらためて解説する必要もないと思われる金融経済学者で，IMFの主席エコノミストののちシカゴ大学ビジネススクール教授（Rajan［2011］の著者紹介欄）。2012年8月からはインド財務省の主席経済アドバイザーも兼任し（Einhorn and Krishnan［2013］），2013年9月にはインド銀行（中央銀行）の総裁に転じたが，2016年9月に退任し，2017年度にシカゴ大学ビジネススクール教授に戻る予定である（http://uchicago.edu/features/rajan_returns_to_uchicago/）。

(6)　Luigi Zingalesは，注5にて述べたRajanと同じくシカゴ大学ビジネススクール教授（こちらは本書執筆時まで続けて在籍）であり，起業論・ファイナンスを担当（同スクールのウェブページ：http://chicagobooth.edu/faculty/directory/z/luigi-zingales）。

Rajan とは Rajan and Zingales［2003］の共著がある。

(7)　その原文は前後を含め下掲のとおりであるが，その表現は Calomiris［1993］など以前の論考と比べても（「学界に寄与せんとする」と前言に記す［本節(1)参照］割には）学者の文章として感情的に過ぎるのではないか，と筆者には思われる。

The fact that banks in the wealthiest, most powerful country in the world competed on the basis of bizarre, almost laughable promotions and giveaways points to the amazing success of the populist-unit banker coalition.（Calomiris and Haber［2014］p. 194）

(8)　この(2)の c)にて挙げる Johnson and Kwak［2010］p. 36 など，ニューディール期金融制度を肯定的に評価する論者がしばしば挙げるのが，1940年代から1970年代にかけての銀行破綻件数の少なさである。この点につき Calomiris and Haber［2014］は何らその種の文献に言及してはいないものの，意識はしていたものと察せられる。

(9)　Zingales［2012］の序言の冒頭からして，そのメッセージに充てられており，それは下記のとおりである。

AMERICANS ARE ANGRY. THEY ARE ANGRY AT BANKERS, who contributed to the financial crisis but didn't pay for it. They are angry at the ineffectual political establishment, which blamed the bankers but deserved at least as much blame for failing to rein them in." (p. ix, 大文字原文のまま）

（筆者邦訳：米国人たちは怒っている。金融危機に加担しながらその危機の代償は支払わなかった銀行家たちに対し，怒っている。［また］銀行家たちを非難するものの，自分たちも銀行家たちを制御し損ねた大きなミスを犯した怠慢な政治エリートたちに対し，怒っている。）

(10)　Zingales［2012］p. 119。同ページが挙げるのは，"Chicago Booth / Kellogg School Trust Index" という2008～2009年頃の世論調査結果指標である。筆者が他に見たものでは，たとえば2010年3月の Pew Research Center 世論調査において，「社会に好影響を与える組織かどうか」という問いにつき，次のような "yes" 回答比率があり，ここでもサブプライム金融システム危機後の小企業（起業）支持，大企業・銀行・政治等に対する不信感が窺われる。

Small business: 71% Church / Synagogue: 63% Obama Administration: 45%

Hollywood: 33% Mainstream media: 31% [major] Corporations: 25%

Congress: 24% Banks: 22%

（*Bloomberg Businessweek,* May. 31, 2010, p. 51）

(11)　マサチューセッツ工科大学ビジネススクール教授 Simon Johnson ならびにマッキンゼー社コンサルタント等の経歴の James Kwak の手になる同書は，サブプライム金融システム危機の背景として大手金融機関（書名は「13の大手銀行家たち」の意）と米

国政界・当局との癒着ぶりを鋭く指摘した書として，刊行直後からリベラル派論者たち（たとえば表紙カバーには Elizabeth Warren の賛辞も）をはじめとして評判となり，刊行翌年には邦訳も出た。また，著者の一人ジョンソンは，同書刊行後も大手金融機関に対する "Too Big to Fail" 特例救済措置（注 5 参照）への鋭い批判者であり続けたなどの「功績」で，コミュニティ銀行の業界団体 Independent Community Bankers of America（ICBA）から "Main Street Hero Award" を授与されている（*Independent Banker,* Jan. 2014, pp. 52-53）。

⑿　なお，Rajan［2011］p. 111 にも，1929年株価大暴落に先立つ持続不可能なレベルの信用膨張に注意を促すくだりがあるが，銀行システムや小銀行との関連ではなく，中央銀行の金融政策との関連での言及である。

⒀　CRA 法に関しては，筆者は由里［2009］の一つの章（第 4 章）を充て近年の政策的意義を論じた。同章の副題に「『市場主義』に立つ大手銀行の豊富な資金をインナーシティに『誘導』する対銀行政策メカニズムの生成」と記したように，筆者としては（サブプライム金融システム危機の最中に擱筆し同危機に関しては十分勘案し切れぬタイミングであったとはいえ）CRA 法ならびに近年の大手銀行の同法遵守施策につき素直に肯定的に捉えていた。カロミリスらの所論に対しては以下の本文で簡記するように反論も多いことから，現時点でもその捉え方を根本から変えるべきとは感ぜられない。

⒁　評者の Liaquat Ahamed は投資専門家・投資会社経営者として30年弱にわたる経歴を有する一方，世界銀行における勤務経験も有する。2010年には Ahamed［2009］によりピューリッツァー賞（歴史部門）を受賞している。（以上，Ahamed［2014］評者紹介ならびにピューリッツァー賞ウェブページ［http://www.pulitzer.org/prise-winners-by-year/2010］による。）

⒂　この Ahamed［2014］の指摘と同様に CRA 法の影響度につきカロミリスらに反駁するのが Wolf［2014］である。同書は pp. 137-139 において，米国議会が設けた調査委員会の報告書（Financial Crisis Inquiry Commission［2011］）p. xxvii が CRA 関連融資がサブプライム・ローン全体に占めた比率は 6 ％に過ぎなかったと指摘していること，および同調査委員会の共和党委嘱委員も「金融危機は住宅融資以外の［商業用不動産融資など］バブル的与信の影響が大きい」旨述べていることなどを指摘している。なお，邦語の先行研究では，中本［2012］が Federal Reserve Bank of Dallas［2009］などに基づき同様の指摘を行っている。

⒃　とはいえ，公にされた論考の前後関係では，*Fault Lines* より前に Calomiris［2009a］があり，同稿において既に 2 節(4) a）の論旨概略 2 ）に記した持ち家推進政策の諸組織を挙げていることから，必ずしも *Fault Lines* Chapter 2 が *Fragile by Design* Chapter 7 に先立って構想された，とも判じ得ない。

第 8 章　ニューディール期金融制度の評価

⑰　わが国においてもこの主流派的な金融危機要因の説明が多いなか，清水［2014］は珍しく，持ち家推進政策による政府の住宅信用市場への過剰介入が根本原因との趣旨の説明を述べ，ラジャン的というよりむしろカロミリス的なタイプの言説となっている。

⑱　*Fragile by Design* p. 501 には金融制度上必要な改革項目が下記のように要約されている。

＊住宅与信リスクに対する政府補填の終結

＊"Too Big to Fail" 特例救済措置の終結

＊銀行に効果的なリスク管理と適切な自己資本保持とを義務付け

＊大手銀行間の一層の競争を促進

（→営業基盤およびリスク・収益性バランスの良い銀行が存続［pp. 275-277］）

また Calomiris *et al.*［2013］pp. 50-56 には，今般の金融危機の教訓が以下11の項目にまとめられている。

1．持ち家推進政策と随伴する種々のかたちの政府補助金の弊害

2．過度かつ長期の金融緩和政策の問題

3．自己資本・信用リスク管理を中心に銀行監督が弛緩し，また投資銀行に対するモニタリングは機能していなかった

4．金融規制は容易に潜り抜けられる（オフ・バランスシート取引，SPV［特殊目的事業体］取引が，その明白な事例［筆者補足：Frame and White［2014］などは "regulatory capital arbitrage" と呼称]）

5．金融機関役職員の報酬算定方式はリスクを冒すことを制御するものではなかった

6．政府の緊急支援プログラムの規模抑制と透明性の確保が必要

7．規制当局による銀行持株会社や投資銀行組織の解体は困難（ドッド＝フランク法の「生前遺言（living will）」の仕組みも実際に機能するかどうかは不明）

8．リーマン・ブラザーズや AIG のような巨大・複合・多国籍の金融機関の解体は一層困難

9．今般の危機対応で将来 "too-big-to-fail" 特例救済措置が採られ得るとの印象は一層強まった

10．金融機関の危機の本質が流動性不足なのか支払能力不足なのかを速やかに峻別することの重要性（今般の危機では大手米銀・外銀の問題の本質は過剰レバレッジによる支払能力不足）

11．危機により米国のプライマリー・ディーラー制度と三者間レポ市場の構造的弱点が露呈（欧州中銀が採る制度の採用が考慮に値する）

⑲　たとえば，Johnson and Kwak［2010］p. 211 の反駁を招いた Calomiris［2009b］

447

第2部　金融危機以降の米国銀行制度と日本の地域銀行にかかる含意

の大手銀行の卓越的価値を擁護する議論を参照。

⒇　カロミリスの公表論文一覧については，米国の金融経済学論文データベースの一つ
IDEAS（https://ideas.repec.org/）にカロミリスが寄せた，2016年10月までの論文リ
スト（https://ideas.repec.org/f/pca421.html）によった。

(21)　たとえば，Calomiris and White［1994］における，Friedman and Schwartz［1963］
pp. 421-429 近辺（1933年銀行休業令周辺の銀行危機の様相）の引用など。ただし本注
の直後の本文にて引用した pp. 420-421 のくだり（上記引用例の箇所と同じ Chapter
8 "New Deal Changes" の中）に関しては，管見する限りカロミリスの言及例はない。

(22)　そのような考察は，そもそも従来の「経済性」の議論の枠組に収まらないかもしれ
ない。たとえば，Admati and Hellwig［2014］pp. 161-166 は，「経済性」の議論が定
立（postulate）的に前提としてきた，（大手）銀行の行動は自ずと「効率性（efficien-
cy）」の実現を志向する，との仮定が成り立たない可能性を論じている。また Tett
［2009］はその "Epilogue" で，金融業界・当局の今般のシステム危機をもたらした過
誤の原因の真の理解のためには，経済学の範疇にとどまらず社会人類学の分析視座
（社会構造の種々の側面は緊密に関係し金融的事象・組織もその例外ではない）にも
目を向けたほうが良い（そうしなければ過誤は繰り返されかねない），と述懐する。
さらに Bookstaber［2017］は，自らがウォールストリート大手金融機関にてリスク管
理を統括した経験に基づき，人間組織行動の合理性を措定する経済理論が金融危機を
防止・統御できない所以を論じている。これら諸論者の説くところは，金融危機を受
け市場ファイナンス理論の世界において抬頭した「裁定の限界」の認識（大橋
［2015］）とも相通じるものであろう。（なお，2節(4)a）末尾にて紹介した Shiller
［2012］の所説も参照されたい。）

(23)　実際，コロンビア大学ビジネス・スクールは2011月5月，教授陣の外部企業への関
与・協力等に関する研究科長宛の報告義務および各人の経歴書・公表論文上での開示
義務を課する倫理規程（2009年に制定した規程を強化したもの）を制定している。そ
して同ロー・スクールおよびコロンビア大学本体（学部組織）も同年内に倫理規程を
制定・強化，と報ぜられた（Staley［2011］）。その背景には，アカデミー賞（第83回，
長編ドキュメンタリー部門）受賞で世界的にも名を知られるようになった *Inside Job*
（Furguson［2010］）の中で，同大学の Frederic Mishkin 教授や Glenn Hubbard ビジ
ネス・スクール研究科長の外部関与・利益相反問題が取り上げられた，ということも
あった（*Bloomberg Businessweek*, Oct. 3, 2011, pp. 49-50）。

　　なお，コロンビア大学とニューヨーク中心の米国大手銀行業界との結びつきの強さ
は，たとえば1930〜1940年代にも見られる。カロミリスと近しい論者たちによる
Economides *et al.*［1996］（1節⑴にて紹介）は，p. 695 にて1933年銀行法に至る論
議においてグラス上院議員への支店展開自由化政策の主たる助言者はコロンビア大学

448

第8章 ニューディール期金融制度の評価

パーカー・ウィリスであったことに言及している。当時同大学で銀行論の教授であった同氏のチャップマン助教授（銀行論）との共著 Willis and Chapman［1934］（たとえば p. 913）では，ユニット・バンカーをはじめとする利益集団による右往左往から脱却した制度論議の必要性が述べられている。また上記チャップマン助教授の少し後の共著 Chapman and Westerfield［1942］（たとえば pp. ix-x）においては，（時に実証的根拠を十分挙げずしての）ユニット・バンク制度への否定的評価と支店制銀行の自由化促進論が展開されている。

(24) （本文に記すほどではないが）一言付言すれば，*Fragile by Design* の「ポピュリズム（多数決原理）の弊害を克服するために米国議会制度自体の変更（たとえばカナダのような上院議員任命制）も考慮に値する」とのくだり（pp. 494-495）は，政治制度を論ずるための十分な思料――果たして銀行制度に関する所論が一国の民主主義の根幹を変える提案の論拠になりうるものだろうか――も経ていない不用意な発言であり，筆者を含め読者の多くに違和感をいだかせざるを得ないであろう。

　苦言はさて置き，カロミリスの銀行制度にかかる議論にはしばしばカナダの銀行制度への言及（肯定的評価）が随伴する。たとえば Calomiris［1993］は，その pp. 33-38 を充てて大手支店制銀行が卓越するカナダの銀行制度・銀行産業組織を，銀行産業の安定性をもたらす好ましい事例として論じている。*Fragile by Design* も Chapter 9 全体を充て，基本的には同じ議論を展開している。なお，注23で挙げた Chapman and Westerfield［1942］Chapter XIV もカナダの支店銀行制度を論じ，同注で挙げたもう一つの Willis and Chapman［1934］も含め，カロミリスに連なるコロンビア大学における銀行制度論研究の系譜（または学派的なもの）の存在を示唆しているようにも思われる。

449

終 章
地方銀行業態が残った日本と
コミュニティ銀行業界が残った米国と
―「リレーションシップ・バンキングの担い手」という観点から―

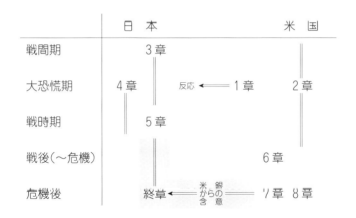

1. はじめに
──本章の問題意識，構成，および検討課題──

　この終章においては，まず，戦後から近時に至るまでの2つの「後日談」を「小モノグラフ」として，として書き記す（2節および3節）。序章で述べたとおり，本書の骨格をなすのは第1章から第8章までの「モノグラフ」（国や地域・時期・政策・金融機関などを特定しての事例研究）であるが，うち，わが国に関しては第3章から第5章まで，いずれも基本的に昭和終戦までの時期に関するもので，戦後のモノグラフが欠けている。終章の2節・3節は，不十分ながらその補完の役割を持つもので，「わが国の現在との連接」（①・②）と題されている。

　その一つ目，2節の「『一県一行都銀』の帰結─神戸銀行，太陽神戸銀行，さくら銀行，そして三井住友銀行─」は，「後日談」と言っても70余年という長い「後日」に関するもので，神戸銀行の戦後の変転を扱っている。

　二つ目，3節の「地方銀行の業界団体の戦中・戦後および米国ICBAとの比較」は，戦前のわが国の「地域銀行」諸行が「一県一行」合同を経て「地方銀行」となった，その「地方銀行」諸行の業界団体たる全国地方銀行協会に関する小モノグラフである。そこにおいて，米国の側における「地域銀行」の業界団体であるICBAとの比較も試みる。

　以上3節までで，日米の歴史的諸岐路についての「モノグラフ」を小さいものも含め10編記し終えたことになり，4節以下においては，それらを受けての本書全体のまとめを行う。

　本来であれば，「日米地域銀行比較史」の著者として，まとめ上げた書の諸インプリケーション（含意）や，できれば提言までが，その「まとめ」に期待されるのかも知れないが，本書は序章3節(2)で述べたように，同「比較史」のための基礎的な研究上の営みとしてのモノグラフを集めたものである。その「モノグラフ集」の「まとめ」で何かを語るとしたら，その諸モノグラフの主題や考究において語られている度合いの高い側面に関して，に絞るべきであろう。

　そして本書において「語られている度合いが高い」のは，あらためて10編の（小）モノグラフを通覧して，1920年代以降の銀行産業組織の変化と地域銀行の業界団体とに関して，である。そして序章4節(2)で述べたように，それら諸モノ

終　章　地方銀行業態が残った日本とコミュニティ銀行業界が残った米国と

グラフの基底には，本章の副題とも重なる「わが国の地域金融においてリレーションシップ・バンキングの担い手を充実させるために」という問題意識がある。

　そこで，この終章の4節・5節では，本書の諸知見とりわけ銀行産業組織の変化と日本の全国地方銀行協会・米国ICBAの構成メンバー・体質の比較から，どのような含意または実践的ヒントを引き出すことができるのか，上記の問題意識を中心に，考えてみたい。そのような考察は，「問題史」という視座も併せ持つ本書の，不十分ながらも一つの「まとめ」となるのではないか，と考える次第である。

2．わが国の現在との連接①：「一県一行都銀」の帰結
——神戸銀行，太陽神戸銀行，さくら銀行，そして三井住友銀行——

⑴　「都市銀行たるべきこと」を選び取った神戸銀行の戦後史の始まり

　第4章「『一県一行』主義—神戸銀行の成立・展開の事例—」は，日銀アーカイブ文書の時間軸上の区切りである1945年3月末をもって基本的にはその議論は終えた。そして後日談的に付した6節(3)「戦後に持ち越された『店舗配置上極めて不合理な点』」において，神戸銀行の1950年までの兵庫県内の市区町村別店舗展開を追った。同行が郡部の支店等の都市部（他府県を含む）への積極的な配置転換を推し進めた（『神戸銀行史』pp. 420-428）後でもなお，結局「店舗の太宗が兵庫県域内」という1936年発足来抱えてきた「余りにも濃厚な地域的限定性という矛盾」を十分には解消できていなかったことを見て，そこで第4章を終えた。

　その後の推移としては，「都市銀行」としての「神戸銀行」は戦後も存続していくとともに，意外なかたちで，兵庫県但馬地方に地方店舗網を有する地方銀行が根を張ることになった（1956年に神戸銀行が但馬地方12店舗を香住銀行に譲渡し但馬銀行発足［同 pp. 468-470]）。他方，第5章2節(4) c)で見た，戦時期において日本銀行の側にも懸念があった「神戸銀行の都市銀行としては見劣りする業容」の問題は何ら解消せず，神戸銀行は都銀業界中で最下位クラスの微妙な立ち位置にあった。

⑵　合併を繰り返す神戸銀行のその後と兵庫県内店舗網の変転

　神戸銀行はその後，1965年当時戦後最大級の倒産と言われた山陽特殊鋼倒産へ

453

の対処（山本［1980］）による負担，ならびに都銀中最小クラスの業容・店舗網（特に首都圏での薄さ）を大型合併によって克服せんとする希求などからか，元大蔵次官石野信一を頭取として受け入れた（公［1973］，石野［1979］）。そして1973年，大蔵省の支援による銀行合併（石野［1979］p. 108，武山［1989］p. 45）とされる太陽銀行（本店東京，旧日本相互銀行）との対等合併により，都銀中位行規模（石野［1979］p. 111）の太陽神戸銀行となった。

　しかしながら，その太陽神戸銀行も大企業取引・国際業務部門の伸び悩み——旧相互銀行との合併ゆえ神戸銀行側の力量が問われたが都銀間競争においては不十分であった（武山［1989］pp. 46-48）——などから都銀中位の位置づけが定着した。同行は1990年に同じく都銀中位行の三井銀行と合併し太陽神戸三井銀行（2年後さくら銀行と改称）となったが，同合併に際しても太陽神戸側を通じた大蔵省の後押しがあったと伝えられた（当時の太陽神戸銀行頭取は元大蔵次官の松下康雄で4代連続の大蔵OBの頭取であった）（武山［1989］p. 48，花田［1999］p. 54）。

　だが，上記合併も含め太陽神戸・三井両行の店舗・預貸の業容拡大路線は，折からのバブル崩壊局面において「量を追った悲劇」（花田［1999］p. 54）を招来する。すなわち，合併効果を引き出すための戦略策定・実行が不徹底（辺見［1995］）ななか，バブル期の融資拡大に由来する銀行本体・関連ノンバンクの不良債権が著増し（花田［1999］pp. 53-54），その処理原資（期間収益・有価証券含み益・自己資本勘定）に事欠くようになった。そのため，1998年末に三井グループ企業等からの総額3,449億円の増資（同 p. 53『日本金融名鑑』（2010年版）p. 146），1999年3月末の公的資金8,000億円の注入（同 p. 146，預金保険機構［2007］p. 184）などの自己資本調達を行ったものの，結局，当時の金融システム不安定化と銀行再編激化のなか，住友銀行と合併する(3)こととなった（1999年10月発表，2001年4月三井住友銀行発足）。

　これらの間，特にさくら銀行時代の1990年代末葉の店舗リストラ，住友銀行との合併直前の店舗大幅整理（2000年～2001年初における系列第二地銀［高橋［1999］］みなと銀行への24か店譲渡［みなと銀行［2009］p. 36］など）により，太陽神戸銀行が都銀としては確かに郡部店舗の維持に留意し（図表終-1），さくら銀行時代の1990年代中葉までは維持されていた兵庫県内の地方銀行的な店舗網（小規模な市や町を含め全県的に面的展開）は，主要都市部のみに立地する都銀的なものへと変貌した（図表終-2）。

終　章　地方銀行業態が残った日本とコミュニティ銀行業界が残った米国と

図表終-1　1987年における太陽神戸銀行の本支店*分布

＊県内本支店計101店（出張所は0.5店換算）
（2000年時点の市区町界により集計・作図［神戸市の区も同様］）

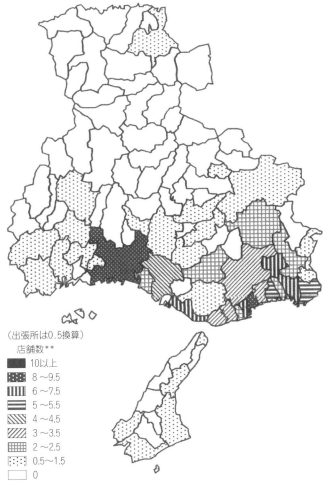

（出張所は0.5換算）
店舗数**
- ■ 10以上
- 8～9.5
- 6～7.5
- 5～5.5
- 4～4.5
- 3～3.5
- 2～2.5
- 0.5～1.5
- □ 0

＊＊比較がしやすいように，本図以下3つの主題図の凡例（階調模様）の模様は，第4章の図表4-23に準じたものとしてある。
出所：『日本金融名鑑』（1988年版）にもとづき筆者作成。

　すなわち1995年に121か店（出張所も1か店と計算，以下同じ）を数え，たとえば淡路島においても1市4町に分散していた兵庫県内店舗（さくら銀行［1995］p.25）は，2008年には58か店と5割強減少し，それも大半は姫路から尼崎にかけ

455

図表終-2 2009年における三井住友銀行の本支店*分布

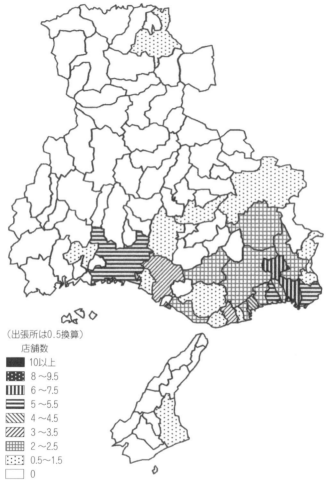

＊県内本支店計62.5店（出張所は0.5店換算）
（2000年時点の市区町界により集計・作図［神戸市の区も同様］）

（出張所は0.5換算）
店舗数
- 10以上
- 8～9.5
- 6～7.5
- 5～5.5
- 4～4.5
- 3～3.5
- 2～2.5
- 0.5～1.5
- 0

出所：『日本金融名鑑』（2010年版）にもとづき筆者作成。

ての都市部に立地しており，他の都市銀行の店舗配置と性格的にさほど相違ないものとなっている（滝川［2008］pp. 48-49所載の4都銀兵庫県内市町別店舗数分布表も参照した）。

もっとも，前述のように三井住友銀行は2000年から2001年にかけ意識的に第二

終　章　地方銀行業態が残った日本とコミュニティ銀行業界が残った米国と

図表終-3　2009年における三井住友銀行＋みなと銀行の本支店*分布

＊県内本支店計158.5店（出張所は0.5店換算）
2000年時点の市区町界により集計・作図［神戸市の区も同様］）

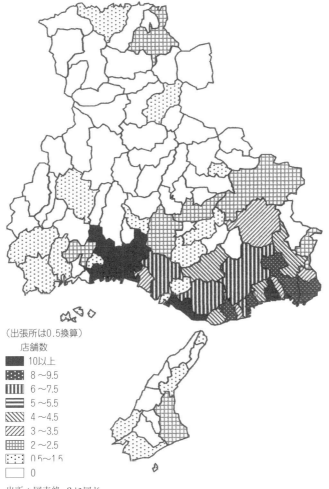

出所：図表終-2に同じ。

地銀で系列下のみなと銀行へと店舗譲渡を行っており，上掲図表終-2と同じ2009年度において，みなと銀行の店舗分布を加えれば，先の太陽神戸銀行の1987年の図と県内市区町カバー度の近い店舗分布となる（図表終-3）。しかしながら，そもそも他の大半の府県では地方銀行と第二地銀の両方が存在し競合しているの

457

であり，別に但馬銀行が存在するとはいえ，かつて県下大合同を果たした銀行として（少なくとも但馬地方以外では）県内の地域金融機関として十分な役割を果たしうる布陣か，疑問は残る。

　最後に，近時の新たな動きとして，2017年9月には近畿大阪銀行（りそな銀行系列）・関西アーバン銀行（三井住友銀行系列）・みなと銀行（同）を束ねる地銀持株会社「関西みらいフィナンシャルグループ」の設立合意が発表された（2017年9月27日付の日本経済新聞など主要各紙）。その持株会社につき，りそなホールディングス（りそな銀行の持株会社）が51％の出資者，三井住友フィナンシャル・グループ（三井住友銀行の持株会社）が持分法適用会社の出資者（出資比率22〜26％）となり，近畿大阪銀行と関西アーバン銀行は合併し「関西みらい銀行」となり，みなと銀行は単独組織を維持する方向となった（同）。

　三井住友銀行としては，国際展開する大手金融機関に対する自己資本比率規制の強化（2008年金融危機に端を発した「バーゼルⅢ」）を前に系列の2銀行とも手放したかったものの，関西アーバンは住友銀行の創業の地（大阪）の親密第二地銀，みなとは太陽神戸銀行の創業の地（神戸）の親密第二地銀，ということで「創業の地への配慮」から縁切りはできなかった，とのことである（日本経済新聞2017年3月16日［上記地銀持株会社の基本的構想の公表時］）。それでもなお，兵庫県知事の井戸敏三は歓迎ムードでなかった，と伝えられる（同）あたり，兵庫県当局としても地域銀行の店舗網や中小企業融資の要員などの不十分さを感じているのかもしれない。

⑶　兵庫県における「3銀行の蹉跌」の事例の含意

　第4章・第5章から通して見て，兵庫県における「一県一行主義」の事例は結局何を物語るのであろうか。もちろん特定の事例のみで本格的な議論はできないまでも，「地元地方銀行の不存在」（但馬地方を除き）という特異な状況で20世紀の後半以降長い期間を過ごした兵庫県（特に旧播磨・丹波という非大都市部）につき，それらの章の要点を振り返りながら，少し考えてみたい。

　第5章3節⑵ e）にて，1944年当時，日本銀行が有していた全国的な銀行統合ビジョンと「日銀の整理案」の兵庫県「第二段階」統合プランとから整合的に導かれうる神戸銀行の将来像は，端的には以下のいずれかであったと考えられる，と述べた。

458

終　章　地方銀行業態が残った日本とコミュニティ銀行業界が残った米国と

　　1 ）神戸銀行が「一県一行」の大合併に参画し（神戸＋播州・兵和・全但
　　　　［「三行」］），「地方銀行化」する（または，少なくとも東京・大阪の大銀行
　　　　とは一線を画し兵庫県にとっての「地方銀行」的側面を保持する）（【歴史
　　　　的 if ①】）
　　2 ）神戸銀行が，三行合併による「一県一行」の地方銀行組成に参画せずし
　　　　て，東京・大阪の大銀行と合併する（【歴史的 if ②】）

　　また，第 5 章の 3 節(2) d ）および 5 節(2) c ）において，神戸銀行と合併するにせ
よ「名実ともに地方銀行たるべきこと」を強く主張し続けた，播州・兵和・全但
3 銀行（「三行」）の主張内容をある程度紙幅を割いて紹介した。そして日銀の門
川神戸支店長もそれをバックアップする気持ちがあったことも述べた。そのよう
な三行および日銀神戸支店の意図が通ったとすれば，上記【歴史的 if ①】が実現
し，その場合，今の兵庫県は県勢からして横浜銀・千葉銀のような大きな地方銀
行を有していたかもしれない（【歴史的 if ①に続く現在】）。
　　しかし実際には「地方銀行化」抜きの 1 ）の大合併となり，しかも戦後，神戸
銀行は東京・大阪の大銀行を追うかたちで，太陽銀行と合併して（太陽神戸銀
行）中位都銀となり，1 ）の「少なくとも」の次善案も立ち消えとなった。（ただ
し，(2)で述べたように店舗網の面では「地方銀行的」側面は残った。）さらにそ
の太陽神戸銀行も三井銀行と合併し（さくら銀行），上位都銀となるものの，折
悪しく，バブル崩壊後の不良債権問題の重さが大きな要因となり（注 3 参照），
1999年に住友銀行との合併を決め，実質的にそこで，店舗網の面でも「地方銀行
的」側面は放棄されることになった（【実際の帰結】）。
　　上記の【歴史的 if ①に続く現在】と【実際の帰結】とを，地域金融機関あるい
は「リレーションシップ・バンキングの担い手」の存続は好ましい，という立場
から比較すれば，明らかに【歴史的 if ①】のほうが好ましかった，ということに
なろう。しかしながらたとえば埼玉銀行は，地方銀行として終戦を迎えながらも，
1969年に都市銀行となり，1991年には協和銀行と合併してあさひ銀行となり，さ
らに2002年，あさひ銀行が埼玉エリアの支店の大半を埼玉りそな銀行として分離
したうえで，大和銀行と合併する（りそな銀行），という複雑な道筋をたどった
（『日本金融名鑑』（2010年版）上巻 p. 182）。
　　かくのごとく，事後的に省みれば，都市銀行諸組織の戦後の継続期間は決して

459

図表終-4　バブル経済崩壊後の経営統合・再編の件数

	1989/3月末	2015/3月末	増減数			持株統合		
				うち破綻処理（合併,営業・事業譲渡）	うち破綻処理以外（合併）		00年代	10年代
大手行	23行	10行	▲13行	▲1行	▲12行	6行	6行	―
地方銀行	64行	64行	±0行	―	▲1行	13行	8行	5行
第二地方銀行	68行	41行	▲27行	▲11行	▲17行	8行	2行	6行
信用金庫	455金庫	268金庫	▲188金庫	▲27金庫	▲160金庫	―	―	―

注：2015年3月末までに合併等の基本合意に至ったもの。
出所：日本銀行金融機構局［2015］p. 15.

長くなく，むしろ図表終-4が表しているように，地方銀行業態のほうがはるか
に組織の継続性が高い。そう考えれば，兵庫県における地域金融機関の存続のた
めには前掲の【歴史的if②】，すなわち三行合併による「一県一行」の地方銀行
の組成が，最も望ましかったことになる。そしてその場合，戦後の地方銀行業態
内であるいは中規模程度の業容となり，[4]のちに4節(2)で論じるようにリレーショ
ンシップ・バンキングを担う適性を有する規模の地方銀行の一角を占めていた可
能性もある。

　もちろん，今だからこそ知りうる事実を振りかざし，「歴史の高み」から当時
の当事者たちを判ずることは避けねばならない。ただ，筆者がこの神戸銀行と三
行の事例と向き合い始めて足掛け7年，やはり何度も思うのは，播州・兵和・全
但の3銀行のみでの合併の企図が，「歴史は失われた大義で満ちている」（出口お
よび越知［1959］p. 310）という言葉（英国史家 R. H. トーニー）を思い起こさせざる
を得ないことである。そしてまた，いかにわが国の金融当局者でも半世紀後の諸
業態の帰結までは見通せないのであるから，相手とする金融組織や地域によって
は，あえて1944年秋という敗戦直前の混沌期に至るまで「一県一行」政策を突き
進めなくてもよかったのではないか，ということである。（後者の点に関し，さ
らに付言すれば，官僚制に関する「組織過程モデル」からは「致し方ない」とも
考えられることは，第3章の本文最末尾にて既に記した。）

3．わが国の現在との連接②：地方銀行の業界団体の戦中・戦後 および米国 ICBA との比較

⑴　全国地方銀行協会の発足から戦時中まで

わが国の「地方銀行」という「業態」の起こり，ならびに地方銀行諸行による業界団体設立・運営の動きに関しては，第5章2節⑶「播州銀行・神戸銀行の陳情書・具申書に窺われる『地方銀行』観の相違」において簡記した。本節では，地方銀行業態ならびに地方銀行の業態団体，およびそれらとの関連の深い金融行政や金融界の動きを，近年に至るまで，ごく概略的ではあるが，見てみたい。

図表終-5は本節の検討作業のため，『全国地方銀行協会50年史』（全国地方銀行協会企画調査部［1988］）などをもとに作成した年表である（以下本節において単に「年表」とも）。

上述の第5章2節⑶などにおいては，牧村［1980］などにもとづき，1936年発足の草創期の全国地方銀行協会（以下しばしば「地銀協」と略す）のもと，地方銀行諸行が「『都市銀行』に率いられた『普通銀行』中の下位集団ではなく，『地方銀行』をそれ自体として意義ある銀行業の態様として捉えるという考え方が生成した」と述べた。『全国地方銀行協会50年史』においても，図表終-4（年表）の1936年の記載内容（地銀協設立に際し鈴木足利・永田武州両銀首脳尽力，呼掛け432行中272行参加）にかかるあたり（pp. 15-17），当時の地銀協が有していた自律的で前向きな気風が伝わってくる[5]。また，上記の「432行中272行参加」（加盟率約63％）という当初の組織率にも見られるように，参加するかどうかも各行の判断に委ねられていた。

しかしながら，その翌年には日中戦争が勃発し，第3章でも見たように戦時色，統制経済色が急速に強まる。年表でも1937年から1940年にかけ間断なく，統制強化と軍需資金確保の要請が地方銀行業態にも押し寄せ，その中で地銀協の「統制機関的な色彩も強」まった（同 p. 27）。年表の1940年の項にある組織率100％への接近は，地銀協自身の未加盟行への「精力的な働きかけ」（同 p. 23）の成果であるとともに，未加盟行の側としても実質的な政府の統制機関としての地銀協にいわば「統制遵守」のため加盟しておく必要性を感じた，ということもあったのではなかろうか。

図表終-5　昭和期以降（1927〜2016）の地方銀行関連の金融行政の動向ならびに地方銀行および関連する金融業界の動向

	金融規制，銀行・財政政策	地方銀行業界等の動向
27	銀行法・最低資本金規制，大口融資規制等 ・銀行統合推進，個人経営色払拭，リスク分散	金融恐慌 ・「自立共助」を掲げる産業組合や信用組合が「世直し」的存在として見直される面も
		29-）昭和恐慌：地方の産業不況深刻化→償却困難銀行も（整理・吸収進行の要因に）
31	無尽業法改正（株式会社形態に限る，役員の加入禁止等）	関東地方銀行倶楽部設立
32	銀行法規定の「無資格銀行」整理期限━━▶32末）普銀数538	
33		産業組合拡充5ヶ年計画（←農山漁村経済更生運動），農協系統組織の全国的な整備へ
	馬場蔵相一県一行主義提唱，銀行再編の目的は預金者保護（消極的統制）から堅実行をも対象の積極的な金融統制（→低利資金供給）へ	
36	馬場蔵相，金融機関統制効率化のため合同推進方針表明	全国地方銀行協会設立（鈴木足利・永田武州両銀首脳尽力，呼掛け432行中272行参加）
37	日中全面戦争，戦時経済に突入，国家予算急膨張 臨時資金調整法→資金供給の国家管理，興銀債券増発，地銀協は地区ごとの資金自治調整銀行団組成・運営で日銀との繋ぎ役に	地銀協，第1回［定時会員］総会，来賓結城蔵相，公債消化・地方産業化等への貢献求む
38	賀屋蔵相（来賓），銀行合同・金利政策協力を訴え━━▶	地銀協第2回総会，政府の金利平準化策への協力表明
39	総動員法に基づき，興銀に対する命令融資が制度化される	経済統制・組合化で地方事業者の営業基盤揺らぐ━━▶地方小銀行の顧客基盤弱体化
40	銀行等資金運用令，同時公布の会社経理統制令と併せ大蔵省による民間企業資金割当が制度化される（地銀資金も国家管理下に）	
	38頃〜）国民貯蓄奨励運動━━━┓	地銀協への加盟，ほぼ悉皆的に（年末252行，98％強・翌年100％に），職員講習会活発化
41	国民貯蓄組合法◀━地銀協，産業組合・郵便貯金との利子課税公平化を要望	
	41-42）地銀から興銀への投融資，一段と拡大，終戦に至るまで興銀の主要資金源に	
42	金融統制団体令により金融業態別に統制会組成（政府⇔金融機関　橋渡し），地銀協解散し地方銀行統制会設立（普銀内2業態の公認）　普銀数148	
45		地方銀行統制会など解散，全国銀行協会連合会（全銀協）発足
46		地銀業界団体として「十三日会」発足（53行全行が参加）
	大蔵店舗行政で大手銀店舗の設置抑制◀━46-48）十三日会，都市大銀行の地方支店設置抑制を当局に繰り返し訴え	
48	（戦時中の興業債券切捨処理から間もなく━━▶）興銀，十三日会に新株引受協力要請，地銀全体で増資額の3割引受け	
50		十三日会を改組し地方銀行協会発足（全銀協改組の要求は実らず）
51	信用金庫法　相互銀行法	全国地方銀行協会［地銀協］に改称

462

終　章　地方銀行業態が残った日本とコミュニティ銀行業界が残った米国と

	金融規制，銀行・財政政策	地方銀行業界等の動向
67	金制調答申「中小企業金融制度のあり方」→68）金融二法	
70		地銀協「地方銀行の長期ビジョン―豊かな地域社会の創造を目指して―」
80	外為法改正（内外資本取引自由化）	中期国債ファンド開始
81		地銀協「80年代の地方銀行の進路」
84	日米円ドル委員会報告書…広範な金融国際化措置を要請	
85	金制調答申「金融自由化の進展とその環境整備」	MMC開始，大口定期（10億以上）金利自由化；以後90年代初頭まで金利自由化進展
90	不動産融資総量規制実施→	バブル経済崩壊，不良債権問題広がる 89-90）相互銀行の普通銀行転換，第二地方銀行協会に加盟
96	改正預金保険法等「金融3法」成立（98/4以降早期是正措置制度，2001/3までのペイオフ実質停止，破綻金融機関の処理方法整備） 橋本首相，「日本版金融ビッグバン」の推進を指示	阪和銀行に業務停止命令
97	金融持株会社法	北海道拓殖銀行破綻
98	金融システム安定化諸法（2月，早くも10月改：公的資金枠） 大蔵省解体，金融監督庁発足（2000金融庁に）	金融機能安定化法に基づき大手行に1.8兆円の公的資金投入 長銀・日債銀破綻・一時国有化
99	金融検査マニュアルに関する検討会，最終取りまとめ	早期健全化法に基づき大手行に7.5兆円の公的資金投入　北海道銀に早期是正措置
00前後	大阪銀・近畿銀合併（大和銀傘下），千葉興銀の富士銀関連会社化等，戦後派地銀が独力での存立を断念する事例起こる	
01	主要行特別検査→03-04）大手銀行の国有化（りそな），さらなる再編（UFJが東京三菱と合併）	
03	リレーションシップバンキング機能強化アクションプログラム	足利銀行破綻・国有化
08	米国発リーマンショック，日本経済にも波及	
09	中小企業金融円滑化法	
13	金融円滑化法終了「出口戦略」，安倍政権「成長戦略」	
14	「日本再興戦略2014」が「事業性評価に基づく融資」提唱	14-）横浜銀・東日本銀，肥後銀・鹿児島銀など持株会社方式の統合艦起
16	融資先企業・銀行経営者ヒアリング等も経て「金融仲介機能のベンチマーク」公表	日銀のマイナス金利政策が金融機関の利鞘をさらに圧迫

出所：筆者作成（『全国地方銀行協会50年史』のほか，朝倉［1988］，木下［2001］pp. 333-357［関連年表］，後藤［1981］，預金保険機構［2007］などの文献，また近年に関しては新聞報道なども参照）。

463

その一方で，年表の1941年の項にあるように，地銀協は産業組合・郵便貯金との利子課税公平化を要望し，また，年表にはないが同年，郵便貯金の受け入れ限度額引き上げに反対する旨陳情活動を行い時期の引き延ばしに成功する（同 pp. 31-32）など，加盟銀行を経営的に利する業界利益団体的な動きも見せ始めている。

しかしそのように「平時」的な活動も束の間，1942年には地銀協そのものが解散せしめられ地方銀行統制会へと統制機能を引き継ぎ，統制経済システムの一部に組み入れられる（全国地方銀行協会［1961］p. 247，牧村［1980]）。

この時期は，銀行合同政策の最終局面にも当たり，普通銀行全体の数自体，開戦時（1941年末）の186行から終戦時（1945年9月）の62行へと，急速に減少していった（『全国地方銀行協会50年史』p. 56）。このことは当然，同統制会（および戦後の地銀協）自体の会員数の激減も意味するのであるが，『全国地方銀行協会50年史』の書き方では「一県一行主義の実現は，強制の結果とはいえ，小規模銀行の乱立という時代への訣別であり，地方銀行の新しい時代の幕開けでもあった」（pp. 56-57）と，肯定的に捉えている。

⑵　戦後の全国地方銀行協会の再出発と全国銀行協会連合会との関係

上述の地方銀行統制会の時代は大戦終結とともに終り，図表終-5（年表）の1946年の項にあるように終戦翌年（7月）には「地方銀行懇談会十三日会」（年表では「十三日会」と略称表記）が当時の地方銀行53行全行の参加により発足した。年表の1945年の項にあるように，終戦直後に全国銀行協会連合会（以下「全銀協」と略す）が発足し「戦後の新情勢に対応する銀行界［普通銀行全体］の全国的な組織は一応完成して」いた（同 p. 72）こともあり，日銀の一万田総裁などは「銀行間に色分けしたグループ［協会］を作」ることに強く反対した（同 p. 73）。しかし静岡銀行中山均頭取の「地方銀行はまとまることによって力を得るのだ」という信念に対する諸銀行からの賛同が勝り，「懇談の場」との位置づけ（「協会」再結成と比べれば「次善の策」）で十三日会は発足した（同 pp. 73-75）。

その後の数年間，十三日会の側からは全銀協のもとに「市中銀行部会」と「地方銀行部会」を設けるなどの提案がなされるが，全銀協の主柱をなす「都市大銀行」の同意は得られず，結局地方銀行諸行が全銀協にも属したまま（同会も地方銀行理事の増員などを行う），十三日会が名称変更・社団法人化するかたちで，

1950年1月，地方銀行協会が創立された（1951年5月に「全国地方銀行協会」に改称）（同 pp. 92-99）。

その後，今日に至るまで，この全国地方銀行協会には大きな組織的変更はない。他方，全銀協のほうは会長行を輪番で務める東京系の大手都銀を中心とした運営体質は変わらず，そのことがまた，地方銀行諸行の間での地銀協に対する信認や帰属意識を高めたのではないかと思われる。

なお，周知のように1990年前後に相互銀行の普通銀行一斉転換があり，「普通銀行のうち都市銀行でないもの」という元来の定義からして「地方銀行」が70行弱も増加した。しかし，全国相互銀行協会と地銀協との一体化が現実味をもって議論されるよりも，全国相互銀行協会の新名称が地銀協との調整事項となり，「地方銀行の第二協会」という意味で「第二地方銀行協会」となり，その加盟行は「第二地方銀行」と呼び慣わされるようになった（第二地方銀行協会［2002］pp. 782-783）。

(3) 戦後の「地方銀行観」とリレーションシップ・バンキングへの志向性

本節の目的は，地銀協の発足から現在ある組織に至るまでを概観することであり，第5章でしばしば見た「地方銀行とはどのような銀行（たるべき）か」という，いわば「地方銀行観」の実相にまで論を広げることはできない。ただ，前掲年表の1970年の項にある「地方銀行の長期ビジョン――豊かな地域社会の創造をめざして――」（『全国地方銀行協会50年史』pp. 422-425）にはその一端を窺うことができ，ごく簡単に紹介したい。

同「長期ビジョン」では，はじめのほうで地方銀行の「経営の特性」を整理し，「預金吸収面の特性」として「高い県内シェア」や「貯蓄銀行的性格」などを挙げ，また「資金運用面の特性」として「地元企業向け貸出の高いウェイト」ならびに「長期貸出の高いウェイト」を挙げ，その他の特性として「地方行財政」との結びつきなども挙げている。本章の検討課題として「歴史にリレーションシップ・バンキングへの志向性をたどること」を前言したが，それとの関係では同ビジョンの末尾近くの「発展のための目標」（下記(1)～(7)，同 p. 425）も示唆的である。

(1)地域住民との密着　(2)中小企業金融の基幹銀行　(3)地域開発の担い手　(4)地域の中枢金融機関　(5)情報機能の担い手　(6)国際金融体制の整備　(7)全国

を結ぶネットワーク［筆者注：個々の地方銀行が，ではなく地方銀行総体として］

前述の「経営の特性」と併せ見るに，資金吸収面では「地域のナンバーワン銀行」，資金運用面では多くの地元企業（大企業を含む）のメインバンクを務めるとともに，「地域経済と国民経済との"かけ橋"にもなる」（同 p. 423，大都市部での融資や国際業務を念頭に置いたものと考えられる）という志向性が見られる。

筆者には，「一県一行」の銀行合同の結果として高い地域シェアと「地域で由緒正しき銀行が集結した」というブランド力とを得た結果，「地域では（最）大手銀行」との事実や役職員たちの意識が，ややもすると中小企業相手のリレーションシップ・バンキングにとり阻害要因にならなかったか，という問題意識がある（中小規模の地域金融機関のほうが中小企業とのリレーションシップ形成・維持に適していることは内田［2010］p. 266，由里［2003］pp. 23-24, 182-187 などしばしば指摘される）。「辛目の見方」とのそしりは覚悟しつつも，上記の「長期ビジョン」ならびに『全国地方銀行協会50年史』全体として，その問題意識ないしは疑念が晴らされることはなかった[7]。

そして下記の大蔵省銀行局元官僚たちの座談会[8]（高本［1985］p. 307）も，むしろその疑念——銀行局の官僚たちも含め，「地方銀行はその業態の本旨として（今で言う）リレーションシップ・バンキングに注力すべき」という意識は戦後長らく存在していなかったのではないか？——を筆者のうちに強めざるを得ない。

（近藤）［大蔵大臣］池田［勇人］さんは，［1950頃］地方銀行が一県一行で殿様になりすぎて威張って，どうも中小［企業］金融をやってくれないので，［新たに地方銀行設立を認めることで］少しゆさぶりをかけなければいかん，ということをいっておられましたね。

［中略］

（大月）地銀が地方で威張っている，その牽制として新銀行が要るというのは，これは銀行局の発想ではなさそうだな，少なくともぼくらは考えていなかった。

（近藤）地方の議員は随分そういう声を出しておったようですね。ずっとあとで，私が銀行局長のとき［1970頃か］，時の総理［大臣］から家に電話がかかってきて，「きみ，地方銀行というものは，ああゆう状態でいいのかね」と，いきなりやられたことがありますよ。（後略）

終　章　地方銀行業態が残った日本とコミュニティ銀行業界が残った米国と

　この点は筆者自身の今後の研究課題ともなるが、少なくとも、『全国地方銀行協会50年史』がカバーする1987年までの戦後昭和期において、地方銀行業態としても銀行行政としても、「リレーションシップ・バンキング」という銀行融資業務の態様につき、それを同業態の特色・強みとするような共通の認識や努力目標を、育んではこなかったのでないか、との所感をいだく。（当時、「リレバン」という言葉を用いるわが国の金融業態は皆無であったろうが、たとえば同時代の信用金庫業界人の手になる小原［1983］には、ほぼ同質の融資業務の理念・方式が処々に述べられている［pp. 31-35, 51-62 など］。）

⑷　米国 ICBA との比較：あまりにも固定的な加盟「地方銀行」の基準

　本書の第2章において、第1章で見た預金保険制度、ならびに1930年代前半の一連の小銀行関連政策の効果も手伝って、米国で小銀行業界が独自の業界・圧力団体 IBA を有するようになったことを詳しく見た。米国では戦時を含め議会での言論の機会が小銀行の業界団体にも開かれており、IBA は1956年には、主に大手銀行が業容拡大のため用いていた銀行持株会社を規制する銀行持株会社法というワシントン DC での立法成果を挙げるまで成長した。

　また第7章で見たように、米国経済界全体でも有数の業界団体・圧力団体となった ICBA（米国独立コミュニティ銀行家協会；IBA の現在の名称）は、大手銀行も主要なやり玉に上がった2008年金融危機後の潮流にも乗り、大手銀行も属する ABA（米国銀行協会）と互角のロビー活動合戦をこなし、総資産10億ドル（日本円では約1兆円）以下の銀行に有利な規制体系（ドッド＝フランク法）を勝ち取った。

　第6章で見た（図表6-2、図表6-5）ように、米国では銀行数は長期趨勢的に減り、その減り方は小規模なほど激しい傾向にある。その中で元々単店銀行（すなわち本支店数わずか1）を中心に結成された IBA、そして現行の ICBA は、主たるメンバーとなるコミュニティ銀行の規模の範囲をより大きいほうへと徐々に拡げてきた。同時に、元々商業銀行のみを主たるメンバーとしていたのを、相互貯蓄銀行（ニューイングランド地方に多い［由里［2009］pp. 44-48]）を積極的に勧誘した。そしてサブプライム・ローン問題の深刻化で貯蓄金融機関（S&L など）の業界が揺らいでいた2007年、その業界団体が ABA に併合されたのを機に、ICBA は貯蓄金融機関のコミュニティ銀行も多数招き入れ、その加盟銀行数

467

は金融危機によってもさほど打撃を受けなかった。

第2章の注40に記したように,「数は力」である米国の業界ロビー団体一般に,その「力」の実情や増減をライバル組織にも開示することになるメンバー数やその属性の開示には極めて慎重であり,ICBA についても確たる加盟銀行データは得がたいが,時々 *Independent Banker* 誌にその一端が掲載される。同誌2011年8月号所載の Cook [2011] によれば,ICBA の加盟銀行数は五千行弱("nearly 5,000"),小規模銀行中の組織率は6割台半ば程度[10],加盟銀行のうち最小規模(総資産)は約3百万ドル(約3億円),同最大は170億ドル(約1兆9千億円),加盟銀行の本支店数合計は2万3千店(1行平均5店弱か),従業員数合計は28万人(同60人弱か)である。

以上のような IBA,ICBA の様相に比すれば,前段までで見てきた地銀協の活動は,かなり不活発な(少なくとも静態的な)感は否めない。業界圧力団体としての活動に関しては日米の政治・行政風土の差を鑑みここでは措くとしても,わが国の地銀協には加盟銀行の基準を柔軟にしてメンバーの基盤を拡大させ,既存のメンバーも利する,という発想が乏しいように思われる(たとえば旧相互銀行の普通銀行転換時など[注7参照])。

4.「リレーションシップ・バンキングの担い手」をより充実させるために

⑴ ICBA 加盟銀行の多様性と「リレバン適性」のある中小規模加盟行への注目度

本章のはじめにて前言したとおり,本書全体の結語となる本節においては,「わが国の地域金融においてリレーションシップ・バンキングの担い手を充実させるために」という観点から,本書の諸知見からどのような含意または実践的ヒントを引き出すことができるのか,本書を記し終えつつあるこの機に,考えてみたい。

前節⑷で述べたように,ICBA は米銀のいわば「本流」たる商業銀行の業界団体から出発し,メンバー候補の範囲を相互貯蓄銀行さらには貯蓄金融機関へと拡げ,その結果,商業銀行メンバーの平均規模の拡大を中和するかたちで,リレーションシップ・バンキングに本来適した(前節⑶で上述)小規模銀行メンバーの層も保つことに成功している。

Independent Banker 誌2015年8月号の特集記事 "A Dynamic Diversity"(活

き活きとした多様性）は，そのような取り組みの成果として，ICBA は多様な業務上の取り組みを行っているコミュニティ銀行諸行の集まりとなっていることをアピールしている。図表終-6 は，同記事が取り上げた ICBA 加盟の10銀行の計数・特色などをまとめたものである。

　このように，コミュニティ銀行中でも規模が小さめの銀行も含め，それぞれに特色や強みもある取り組みが，ICBA の5千行近くの加盟銀行――その中には総資産が100億ドル規模の中規模銀行まで含まれる――に「コミュニティ銀行のさまざまなベスト・プラクティス[11]」として伝達され続けることの意味は，小さくはなかろう。社会学でいう「準拠集団（reference group）」という概念は，人や組織に「行動の規範や指針や選好」などに関わる知識・情報を与え，その人や組織が「個々の状況で準拠する［考え方の］枠組みや志向」を与える集団のことを指すが（井上［2010］）が，銀行が属する業界団体内の銀行集団も一つの「準拠集団」となり得る。業界団体を同じくする加盟銀行同士で「隣（peer［仲間］の銀行）は何をする人ぞ」と，参照（reference）し合う相互行為（以下「相互参照」と呼ぶ）がなされ，また業界団体において語り継がれてきた行動規範や指針なども，加盟する諸行に影響を与えていく。

　図表終-7 は，以上述べてきたような ICBA 加盟銀行間での「相互参照」の構造を図示しようとした模式図である。

　図表終-7 に表されたコメントにつき一点補足が必要なのは，「『単店銀行』こそが "independent bankers"（独立銀行家）の出発点であったとの ICBA の『組織の記憶』」という左下の部分に関してである。2014年9月の *Independent Banker* 誌の会長巻頭言（"From the Top"[12]）で，当時の ICBA 会長バーマスター氏（総資産約4億ドルの First National Bank of Scotia［New York 州］頭取）は，自行の取締役会議室に向かう廊下に掲げられ続けていた古ぼけた独立銀行家「信条」（Credo）を，自身初めて立ち止まって読み大層感銘を受けた，と述べる。そして独立コミュニティ銀行家たちの連帯の必要性を説く「信条」のメッセージは「わが銀行に掲げられた当時と全く同様に今も的確である[13]」と記している。このようにして，今や100億ドル規模の銀行も加盟するようになった ICBA であるが，前世紀の半ば頃 IBA を担っていた小さくとも意欲的な銀行群の営みを想起する姿勢も保たれているのである。

　図表終-7 全体に目を戻し，「わが国の地域金融においてリレーションシップ・

図表終-6　ICBA加盟銀行の多様性の一端

＊最右欄「特色」の大字部分は、筆者が各行の鍵となる特色を示すと考えた語句。
（銀行の並べ方は出所記載事所順）

（銀行データは2016年6月末、金額百万ドル、未満切捨）

加盟銀行名	本店所在地	設立年	本支店数	従業員数	総資産	総預金	(含リース)総貸出	特　色
East River Bank ★	Philadelphia, ペンシルバニア州	2006	5	42	322	226	308	営業域は商工業も盛んな都市部で大学町もある。事業性・個人とも貸出金需要に積極的に対応。
Whitesville State Bank	Whitesville, ウェスト・バージニア州	1946	4	37	104	94	56	営業域は農村部。住宅ローン主体から自動車ローンにも注力。「住宅ローン欲しい借り手のほうが多い」と言う。「当地区には11人しか楽な顧客はいない」と言い返したことも。クレジット・スコアに難のある場合も人物本位で方策検討。
Plumas Bank	Quincy, カリフォルニア州（ネバダ州境近く）	1980	13	136	603	535	426	持株会社がナスダック上場（株主数1300人、銀行顧客多し）。株式交換で買収しやすい強みを活かし資産10億ドルクラスを目指す。
First Federal Savings & Loan Bank	Olathe, カンザス州（Kansas Cityの郊外）	1923	1	6	83	69	72	現東取は祖父からの3代目。伝統的なS&Lの業務スタイル（小切手口座なし、ATMなし、住宅ローンは証券化せず）を守り、ローコスト営業に徹する。
Integrity Bank	Houston, テキサス州	2007	3	75	705	604	549	ヒューストン大都市圏の商工業者・専門的職業者に特化。営業スタッフは全員ビジネス携帯で時間内外含め対応。石油価格相場の影響度が大きい経済圏ゆえ、地域独自の景況を読みこなすことにも注力。
Alpine Bank	Glennwood Springs, コロラド州	1980	44	585	2,884	2,525	1,928	1983年来の銀行も拠出する従業員持株プラン（ESOP）が奏功し、従業員モラール高い。それが顧客リレーションシップと地域貢献活動とに結びつきコミュニティ銀行としては非常に速いペースの成長を遂げてきた。
Eagle Bank	Polson, モンタナ州	2006	1	17	58	53	27	国内唯一、持株会社が内務省先住民局認証を得ているインディアン部族所有の銀行。低廉な手数料のbasic bankingサービスを提供。居留地独特の担保制度の熟知や農業融資スキルを武器に支店開設も予定。

行名	所在地						特色
Bank of Terrell	Dawson. ジョージア州	1999	3	31	152	115	122	持株会社傘下に計3つのコミュニティ銀行を保有。1965年に先々代が銀行経営に乗り出して以来、各行取締役会では地元事業家役員を重視。州南西部の農業地帯で農業者向け融資が主。
First National Bank of Hope	Hope. カンザス州	1923	3	20	83	68	54	穀倉地帯で農業(各)向け融資には専念。畜産業向け融業向けにも得意分野拡大。頭取含める3名の融資担当者が自ら農牧業にも従事し現場感を有す。後継者層たる若者層含めるためのインターネット化にも注力。
Mifflin County Savings Bank	Lewistown. ペンシルベニア州	1923	6	37	142	121	100	相互貯蓄銀行として「株主からの圧力」がないことを活かし手数料引下げなど顧客還元に注力。消費者・住宅融資が融資の3分の2。預金者が所有する構造ゆえ買収リスクは少ないが、隣接する大学町への進出など成長策を探る。

★本書執筆時点（2017年8月）で East River 銀は近隣の DNB First 銀（総資産764百万ドル）と合併し存続せず（他は存続）

出所：行名と「特色」は Independent Banker, Aug. 2015, pp. 20-37 "A Dynamic Diversity"に、その他のデータは FDIC Institution Directory ウェブサイトに基づき、筆者作成。

図表終-7　ICBA加盟銀行間での「相互参照」の様相の模式図

- 「大手」～「最小規模」はICBA加盟銀行の中での区分であり，その区分の基準ならびに各面積（銀行数割合）は，確定的な根拠・数値に基づくものではない。
- 「大手」～「最小規模」各々の塗り分けの濃さは，「中小規模の金融機関にリレーションシップ・バンキング遂行上の適性がある」と言われる（3節(3)参照）ことによる色分けで，概念図的なもの。

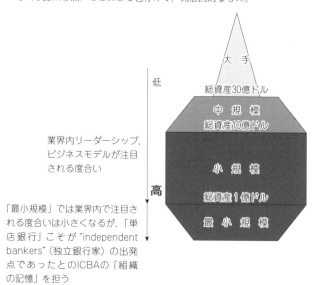

出所：本節で述べてきた内容（本図の後に来るものも含む）に基づき筆者作成。

バンキングの担い手を充実させるために」という観点から，米国のICBA加盟銀行の「相互参照」の様相を見てみたい。それは，「リレーションシップ・バンキング上の適性」（以下「リレバン適性」と略す）のより高い，「小規模」および「中規模」のメンバー諸行の取り組みに対し，組織のメンバー諸行（「大手規模」諸行も含め）の目が向かいやすい構造になっている。そこには，上記バーマスター会長などが典型例であるように，総資産数百億円規模のコミュニティ銀行のトップがICBA会長に就くことが多い，というICBAのリーダーシップの構造も寄与している。

加うるに，第1章4節で言及した「米国社会の基層」（あるいは米国の「特異性」）として「コミュニティへのこだわり」があり，ICBA非加盟行も含め，概

ね総資産規模100億ドル以下の銀行にはコミュニティ銀行的な業務スタイル“community banking”への志向性が強い（Mengedoth [2001], Sorrentino [2015] など）。2008年金融危機にも助けられ（第5章3節(3)），M. ウェーバー流に言えば，今日においても“community banking”を志向する「エートス」[14]は，コミュニティ銀行はもちろん総資産100億ドル前後のリージョナル銀行に至るまで，広く米銀に行き渡っているように感ぜられる。

(2) 地銀協：加盟銀行の固定性と大規模化，ならびに「リレバン適性」のある中小地方銀行への注目度の少なさ

　序章の4節(3)で既に述べたように，2014年秋頃から金融庁は「事業性評価」ないしは「（真の）リレバン」の取り組みを地域銀行（地方銀行および第二地銀）および信金・信組に勧めてきた。金融庁 [2016b] などに示されているように，同庁は地域銀行の取引先へのヒアリングも経，地域銀行の「ベスト・プラクティス」——しかも「百の金融機関があれば百のベスト・プラクティスがあっていい」という姿勢の[15]——を探り，リレバンの良い取り組みの銀行間での拡がりを促そうとしている。しかしながら，同じくやはり「はじめに」でも触れた橋本 [2016] の随所に見られる手厳しい指摘や「金融仲介の改善に向けた検討会議」の議事要旨などからは，地域銀行のリレバンの取組姿勢が十分ではない，との感が否めない。

　わが国における地域金融の現場の，この現下の課題に関し十分論じることは，紙幅的にも，主題のカテゴリー（本書のそれは「歴史」）としても，尽くし得ない。しかしながら，前段(1)における ICBA およびその加盟銀行との対比で，わが国の地銀協ならびにそれに加盟する地方銀行の「リレーションシップ・バンキングへの志向性」につき，仮説または問題提起の域を出ないとしても，一つの書の締めくくりにあたり，少々考えてみたい。

　それというのも，ICBA の加盟諸行は，上記金融庁担当官の「百の金融機関があれば百のベスト・プラクティスがあっていい」を地で行っており，金融庁からの要請に応えあぐねている地方銀行業界にも，また金融庁はじめ地域金融に関係する行政担当者たちにも，看過するには惜しい実例と思われるからである。そして前述したように，ICBA という業界組織もまた，図表終-6 などで見たように，加盟行の規模にかかわらずベスト・プラクティスを伝達し推奨する風土を有して

図表終-8　地銀協の加盟銀行間での「相互参照」の様相の模式図(試作)

- 「最大手」～「小規模」は地銀協加盟銀行の中での区分であり，その区分の基準ならびに各面積（銀行数割合）は，確定的な根拠・数値に基づくものではない。
- 「最大手」～「小規模」各々の塗り分けの濃さは，「中小規模の金融機関にリレーションシップ・バンキング遂行上の適性がある」と言われる（3節(3)参照）ことによる色分けで，概念図的なもの。

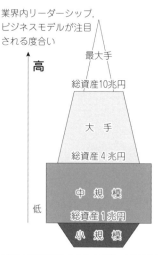

出所：本節で述べてきた内容（本図の後に来るものも含む）に基づき筆者作成。

いる。

　そのような米国中小銀行が構成する一種の「社会集団」との対比で，わが国の地銀協を構成する「地方銀行」という「社会集団」の状況はいかがであろうか。まず，前掲の図表終-7に対応する，地銀協の加盟銀行同士の「相互参照」図式を，試みに描いたのが図表終-8である。

　地銀協は，ICBAと比べれば，加盟行の中で大手層のプレゼンスおよびリーダーシップが明らかに強く，2016年3月末の総資産順位で見て5位までにあたる，横浜・千葉・福岡・静岡・常陽各行のトップが会長に就いたケースが，戦後では約9割を占める。またそもそも，ICBAの場合（前掲図表終-7）と比べ会員行中で相対的に大手の規模の銀行のウェイトが高く，機関誌の『地銀協月報』を見ても，会員銀行の事例紹介よりも地方銀行が共通して置かれている課題や国民経済や国際情勢などマクロ的な視野に資する記事が多いように見受けられる（それは

終　章　地方銀行業態が残った日本とコミュニティ銀行業界が残った米国と

図表終-9　地域銀行（地方銀行・第二地銀）の順位・規模曲線

(2016年3月末の総資産を基準，銀行名の前後に"＊"と付けたのは第二地銀)
＊表中に付した「最大手」〜「小規模」の規模範囲の基準は図表終-4と共通。
＊＊銀行名の中央付近が総資産を示すが，最小規模（3千億円以下）の銀行につき誤差が大きいので，小さい順に記す：佐賀共栄2,574億円，長崎2,677億円。

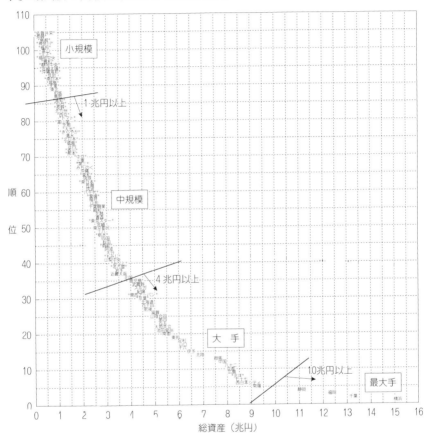

出所：『全国銀行財務諸表分析』（平成27年度決算）に基づき筆者作成。

それで，「地方銀行を日本経済の中で……マクロ的に眺める」ことに資する［『全国地方銀行協会50年史』p.36］という地銀協草創期からの有用な役割であろうが）。

これらの観察から，上掲図表終-7を試作したのであるが，「地方銀行のリレーションシップ・バンキングへの志向性」という観点からは，前掲の図表終-6（ICBA加盟行の場合）と比べ，まずもって「リレバン適性」のある（業界団体

内で）相対的に中小規模の銀行の比重がかなり少なく，かつ，（ここはあくまで未検証であるが）地銀協内の「相互参照の目線」も中下位行よりは（地銀中の）（最）大手行のほうを向いているのでは，との懸念が持たれる。そしてそのような目線の一方向化があるとすれば，それは，たとえば日本銀行［2017］が pp. 73, 84 にて指摘する「地域金融機関の金融サービスの均質化」[17]ともつながっている可能性があろう。

⑶ 「地域銀行」という仮想準拠集団では「リレバン適性」のある銀行数は大幅に増加

　既に見たように現に銀行協会が分かれているのであるから，あくまで仮定の話になるが，もしも第二地方銀行協会の加盟行も地方銀行諸行と「相互参照しあうメンバー同士」であったならば——すなわち金融庁などが近時「地域銀行」と呼ぶ「地方銀行＋第二地銀」の百余の銀行が「準拠集団」（本節⑴参照）を形成していたならば——どうであろうか。

　図表終-9は，その「仮想現実」をイメージする一助として作成した，地方銀行・第二地銀全行の「順位・規模曲線」（地理学においては一国の都市群の階層構造の分析などで多用される［たとえば阿部［1996］]）である。

　本図で目を引くのは，第二地銀の規模分布が「中規模」（1兆円以上4兆円未満）および「小規模」（1兆円未満）に多いこと（前者に24行，後者に14行）である。仮に先の図表終-8に第二地銀が加わるならば，「中規模」のピア（peer［仲間，同輩］）[18]集団の行数は約2倍，「小規模」のそれは約4倍にも増加する。「地方銀行が第二地銀を相互参照し合う『地域銀行』という集団のメンバー同士と認めるならば」という条件付きではあるが，「リレバン適性」のある相対的に中小規模の銀行の中に少なからず存在するであろう事業性評価やリレバンの良い取り組み事例[19]が，大手地銀などにも（その気があれば）学びうる取り組みを提供し，「地域銀行」百余の銀行全体が活気づく可能性もあるのではなかろうか。[20]

5．結びに代えて
——業態および個々の地方銀行の「組織の記憶」——

　前節の最後の部分——「地域銀行」のグループ意識が地方銀行・第二地銀百余

終　章　地方銀行業態が残った日本とコミュニティ銀行業界が残った米国と

行の間に形成されリレバンの取り組みを促進するというポジティブな「仮想現実」——を記しながら，筆者は実のところ（関西人ゆえ関西弁で）「そんなことあるかいな」，とつぶやいてもいた。それは，本章の3節，および本書の第3章から第5章にかけて描いた，「一県一行」の銀行合同政策や地方銀行の「業態の歴史」に伴う「地方銀行の性格の粘着性（変わりにくさ）」に思いを馳せたからである。

　筆者が米国留学時代，ケネディ行政学大学院にはE.メイ教授とR.ニュースタット教授による「歴史の活用法（Uses of History）」と題された人気講義があった。そのテキストNeustadt and May［1986］は今では邦訳本もあり，詳しくは同書に譲るが，そこで強調されていて筆者も面白かったのが，「（政策を担わせたり自分が長の立場に就く）組織の歴史をゆめゆめ軽んじることなかれ」という目の付け方とそのケース（事例）教材群であった。

　いま，不肖の元受講生としてそこで学んだことの一部なりとも，本書をほぼ書き終えた知見を用い，わが国の地方銀行業態の歴史に応用するなら，以下のようなノートとなろうか。

- 「一県一行」の国策を受容し「県下No1」の位置づけを得た。
- 上記には県内における「（唯一の）嫡流」ないしは「正統派」のステータス意識が伴った。
- 加盟行枠が制度的に固定し，上位業態組織（全銀協）とも争わない地銀協に比すれば，米国ICBAにおいては加盟行の範囲も経時的に変化し上位業態組織（ABA）とも争い続けてきた。しかしその過程を通じ，ICBAは自組織において不変なのは「長年にわたり実践され顧客に受け容れられてきた『銀行業のかたち』」（コミュニティに根ざしたリレーションシップ・バンキング）を主唱し続けることである，と見出した。それに対し，地銀協や各地方銀行においては上述の位置づけやステータス以外，さほど「銀行業のかたち」（たとえば顧客タイプごとにどの程度のリレバンを行うのか）における他業態との差別化に意識的に取り組まずにきた。
- 地方銀行にかかる監督行政においても，「一県一行」主義以来，金融システムの安定性（［当局が存続を認めている］どの銀行も破綻しないこと）が，今で言う「リレバン」よりも重視されてきた。
- かくして地方銀行諸行は，県境内で寡占的に（いわば「官製テリトリー」

と規模とで），戦後の経済成長にも助けられ，確かに安定的に経営を続けてきた。「官製テリトリー」とはいえ，都道府県域に経済活動や人々の意識上の「実体」が存する面もあり，銀行経営上の合理性および利用者側から見た分かりやすさも伴っていた。

　上記のような「業態の歴史」を持ち，今や70〜80年余の歴史を持つ「地方銀行」，その中でもとりわけ大手以上の部類が，第二地銀と同じ「地域銀行」という準拠集団を組織的思考のうえで共有し金融庁の説明等を本当の意味で傾聴しているのか，またそもそも傾聴すべきなのか，疑問も持たれる。総資産4兆円を越え，米国ならば多くが「金融システム上重要」との位置づけからストレステストの対象になるような規模の諸銀行[21]，そしてわが国の上場株式「主要銘柄」の一角としてROE（株価収益率）の向上など「株主に報いる」経営をわが国の現政権からも要請されてもいる諸銀行[22]が，米国の中小規模コミュニティ銀行（大半は非上場[23]）を典型的な実践組織とする「リレーションシップ・バンキング」銀行業モデルにそもそも適しているのか，疑問は拭（ぬぐ）えない。

　大手地銀のような規模で，中小企業を相手として「リレバン」に注力するには，米国の「ベスト・プラクティス」のリージョナル銀行——彼らにも4節(2)末尾で述べたように“community banking”を志向する「エートス」が共有されている——に相当するような確固とした経営理念が必要であろう。そして加えて，戦後長い間「リレバン」を強くは意識してこなかった大組織を束ね動かす実行力も必要となるのである。それが実現可能なのか，それとも大手地方銀行には別のビジネスモデルがより適切なのか，いずれにせよ，金融庁の側では取引先ヒアリングなどに加え，各銀行の「組織の歴史と本音」についても考究することが必要ではなかろうか。

　前述の「歴史の活用の法」のテキストにも「あまりに多くの人々が組織の歴史について聞いて回る忍耐力に欠けている」（邦訳書 p. 339）との指摘がある。金融庁が地銀協加盟諸行の歴史的に形づくられてきた「組織の本音」をヒアリングして回ることは，迂遠なことのように見えて，「事業性評価」の施策の実効性を高めるうえでその効用は大きいかも知れない。

注

(1) 都市銀行と地方銀行の「業態」の区別に関しては，『全国地方銀行協会50年史』p. 45 に以下のように記されている。戦時下の金融統制団体令施行規則に基づく業態別統制会の設立命令において，普通銀行統制会は「東京市，大阪市，神戸市又は名古屋市に本店を有し大規模なる事業をなす」銀行を会員とし，地方銀行統制会はそのような銀行に「該当せざる」銀行を会員とする，と規定していた（かぎ括弧中のひらがなは原文ではカタカナ）。金融統制団体令という法令上の根拠がなくなった戦後は，「地方銀行協会に入っているかどうかというのが［「地方銀行」であるか否かの］一つの基準」（元大蔵省塩谷忠雄氏談）（高本［1985］p. 310）となっていた。そして，第5章6節(1)で見たように普通銀行統制会を脱退する話がうやむやになったまま終戦を迎えた神戸銀行は，戦後も（全国）地方銀行協会に入ることはなかった。

(2) 第5章の同所では紙幅上筆者の考えを敷衍しなかったが，当時の日本銀行官僚たちの目には「都銀神戸銀行」の手詰まり感はある程度明らかであったのではなかろうか。「決戦生産」（日本銀行調査局特別調査室［1948］p. 249）政策のもと，「決戦生産」のための物資・生産基盤を有する三菱をはじめとする既成財閥が再び勢いを増し，安田も金融業中心からの転換を図っていた（原［1989］p. 90）。1944年1月に指定金融機関制度が始まった後は，五大銀行中で三大財閥に連ならぬ安田・三和も劣後させられまいと積極的な指定獲得競争を展開し，結果的に興銀・五大銀行の融資量は著増し，その他の銀行（総体的には資金余剰状態のまま）との融資量格差はさらに大きくなった（伊藤［1995］pp. 83-87）。上掲日本銀行調査局特別調査室［1948］が言うように，「これら重点産業に対してはさらに集中的に資金を注入し遮二無二隘路を突破」するためには「資金を大口にまとめ上げた傾斜資金割当以外に妙手はなかった」（柴田［2011］p. 193）のである。

　『神戸銀行史』には，このような情勢下で神戸銀行が指定金融機関となることも少なく，「指定銀行に対する単なる資金の供給者にすぎ」ぬ協力団の一員としての軍需融資など，総じて軍需融資・軍需協力融資が少なかった（1944年8月20日現在80百万円，総融資残の9.6％）ことを，（戦後まもなくの行史ゆえか）道義上・銀行経営上（審査の厳正化のため）むしろ好ましいことであったかのように記述している（pp. 179-180）。しかしながら，同時期の預貸率39％（1944年9月末，同 pp. 287-288）に見られるように，前段落で引用した伊藤［1995］の言う，戦時末期でもなお資金余剰のまま五大銀行との融資量格差を拡げられる側の銀行群に神戸銀行が属していたのは明らかであり，それは五銀行合併後もさして変わらなかった（同合併後の1945年3月末の預貸率43％，『神戸銀行史』pp. 287-288；同時点の融資残7.6億円に対し，五大銀行中下位グループの安田・住友・三和は同50億円台［柴田［2011］p. 193]）。

　それらに鑑みれば，そもそも神戸銀行の経営判断としても，五大銀行と伍すること

を目指すより「地方銀行」としての「ポジショニング」を選び取ることに関し，三行との合同までの諸交渉過程においてもう少し顧慮しても良かったのではなかろうか？すなわち，県下5行の大同団結後の銀行は，都市銀行としては見劣りしても，「地方銀行」として見れば，県内寡占度に加え「大県」ゆえ諸地銀中でも規模も十分であり，「ポジショニング」（競争優位を保ちうるような自行の銀行業界中の位置づけ）（池尾ほか［2010］p. 13, 金子ほか［1998］p. 326）としては経営戦略論的にもむしろ正しい，との判断があり得たのでは，と思われるのである。（そのような判断は実はあったが表明されなかっただけ，という可能性もあるが，その後実際に同行がたどった脱地方銀行化・都市銀行化の歴史に鑑みれば，そうとは推し計りがたい。）

(3) この合併は，さくら銀行側が独力での存立の難しさから住友銀行側に申し出たと言われ（松岡および須田［1999］p. 44），下記の諸事実などからも，「『さくら救済』色の濃いもの」（マッギニスおよび幾代［1999］p. 48, 松岡および須田［1999］pp. 43-45）とされる。

＊さくら銀行の対住友銀行，対上位都銀の比較で相対的に弱い収益力・財務基盤（マッギニスほか［1999］，鈴木［1999］p. 17, 松岡および須田［1999］pp. 46-47）

＊合併発表後すみやかに格付け機関がさくら銀行の評価を引き上げたこと（鈴木［1999］など）

＊さくら銀行側の人員・店舗に偏倚した合併実施直前のリストラ計画・実績（深川［1999］p. 10, さくら銀行および住友銀行［2000b］pp. 28-32）

＊住友銀1株：さくら銀0.6株という合併比率（さくら銀行および住友銀行［2000a］p. 2, 深川［1999］p. 11）

(4) 「もし兵庫県播州地方に本店地銀が出来ていたら」という「歴史的 if ②」の，さらにその現在における資産規模のシミュレーションとして，全くラフな着想に過ぎないが，播州地方に群立する（信金業態では）比較的規模の大きな信用金庫の資産規模を一つの手がかりにしてみたい。（金庫名とその計数は2016年3月末，出所は『ニッキン資料年報』［2017年版］。）

播州地方には総資産約7千億円ないしはそれ以上の信用金庫が5庫（他に4〜5千億円台が2庫あるがそれは以下勘案しない）あり，人口規模からして多めと思われる上に，うち3庫（播州・姫路・兵庫）が姫路市に本拠を置く。人口50万人台の同市とはいえ，非県庁所在地でこの中堅・大手（播磨は1.1兆円）信金の群立度は全国一と言える（第4章注20で記した姫路商工会議所の神戸銀行設立反対の念，および第5章「経過表①」#13にある三行合併後の地銀の本店所在地となる予定を<ruby>覆<rt>くつがえ</rt></ruby>されたこと，などとも関係があろうか）。これら3庫の総資産合計は2.7兆円，加古川市と明石市に本店を置く2庫（日新・但陽信金）を合わせれば4.2兆円になり，仮にその半分が，「歴史的 if ②」の姫路市本店地銀の総資産となっていたとすれば，それは2.1兆円とな

る。

(5)　全国地方銀行協会結成準備委員から1936年9月初めに「国債シンジケート団加盟銀行10行を除く全ての普通銀行」437行（『全国地方銀行協会50年史』p. 15）に送られた「結成趣意書」は，以下のように地方銀行間の連帯と経営努力とによる存続発展を呼びかけている。「［昭和金融恐慌と浜口デフレの教訓に鑑み］今後の吾々地方銀行は各々自己の堅実のみを以て事足れりとなさず倶に伴に相寄り相援けて全国地方銀行の健全強化を図るに非ざれば吾々地方銀行の発展は期し難きものとす」（カタカナ表記のひらがな改め，漢字新字体，ふりがなは引用者）。

(6)　銀行協会20年史編纂室［1965］所載「全国銀行協会連合会・社団法人東京銀行協会会長」（頁数記載なし）によれば，全銀協の会長行は，1950年以降三菱，富士，三井，第一，日本勧業の輪番制であった。この輪番制はずっと後の1998年まで続き（その頃は東京三菱，第一勧業，住友，富士，さくら），当時の大蔵省・大手銀行癒着不祥事に際し，全銀協の不透明な体質も批判の対象となった（『選択』，1998年12月号，pp. 126-129）。全銀協が1999年に，全国72の銀行協会を会員とする組織から銀行を会員とする「全国銀行協会」へと改組し，さらに2011年には東京銀行協会との資産・組織関係を整理した上で社団法人から一般社団法人へと移行した（内田［2011］）のも，そのような批判も受け組織の透明性を高めるためであった。

(7)　地銀協・第二地銀協の相互関係にかかる事実関係の調査ができていないため筆者の「感想」に過ぎないが，1990年前後の一斉転換で法令上は同じ「地方銀行」となった旧相互銀行諸行と，中小企業金融などでは極めて相似た業務に携わる銀行諸行同士，せめて地銀協・第二地銀協という協会間で提携関係などが築けなかったのか，と思われる。さすれば，「リレーションシップ・バンキングの機能強化」（金融審議会［2003］）などの近年の課題に対し，より互恵的な（そして地域の中小企業のためになる）協働ができたはずではなかろうか。

(8)　本文中の引用文で（近藤）とあるのは近藤道生，（大月）とあるのは大月高で，いずれも大蔵省の銀行局長を経験した（驛［2013］p. 48，高本［1985］p. 294）。

(9)　貯蓄金融機関の業界団体であった America's Community Bankers（ACB）は2007年6月下旬に ABA と同年末までに合併する旨合意した（*American Banker,* Jun. 26, 2007, pp. 1, 16）。S&L としての認可ステータス（charter）の保持ならびに貯蓄金融機関独自の監督官庁 OTS（貯蓄金融機関監督局）の存続が，合併合意時の重要な取り決めであった（同）。しかし，2008年金融危機で貯蓄金融機関最大手のワシントン・ミューチュアルをはじめ，業務において住宅金融の割合が高かった同業界が多大な打撃を蒙り，その監督官庁の OTS も批判にさらされた。そしてドッド＝フランク法 Title III（第7章の図表7-3参照）において OTS は廃止が決まり（charter は維持），ABA も ACB から引き継いだ伝統ある機関紙の *Community Banker* も廃刊となった

(*ABA Banking Journal,* Apr. 2010, p. 10)。サブプライム・ローン問題への関与度合いが貯蓄金融機関業界としては商業銀行などよりも強かったゆえ「身から出た錆」の側面もあるにせよ，金融危機も生き残った貯蓄金融機関にとっては ABA に冷遇された印象をいだかされる結果となり，そのことがまた，彼らが ICBA へとなびく原因となっているように見受けられる。

⑽　「5千弱」の加盟銀行数が仮に4,800前後であったとして，そして仮に ICBA への加盟に適したコミュニティ銀行を総資産30億ドル以下の全銀行（第6章の図表6-5 b）図［2011年6月末］から7,289行）とすれば，コミュニティ銀行中の ICBA の組織率は（4,800前後-総資産30億ドル超の加盟行数）÷7,289，となり，6割台の半ばになる。

⑾　米国の銀行監督当局者や銀行論研究者などの間では，概ね2000年代に入ってから，コミュニティ銀行諸行の多様なベスト・プラクティス［複数形］（リレーションシップ・バンキングなどにおける良い取り組みの諸事例），というテーマで研究・報告会やその元となる銀行経営者ヒアリングなどが行われるようになった（DeYoung and Duffy［2002］など，また一つのまとめとして由里［2009］pp. 33-37）。

⑿　*Independent Banker* 誌の内容のウェブでの掲載は必ずしも豊富ではないが，歴代の会長巻頭言（最近のものは "From the Chairman"）はある程度「バックナンバー」を載せており，"From the Chairman" と "Independent Banker" とを組み合わせて検索すれば現れる。ちなみに，本文で言及した Buhrmaster 氏の巻頭言のアドレスは http://independentbanker.org/2014/09/from-the-top-13/ である。

⒀　同巻頭言中では「信条」は40年前（1974年前後）のもの（記された刊行年なのか廊下に掲げられた年なのかは不明）となっているが，筆者は同様の内容の邦訳版「1958年独立銀行家信条」を，日本生産性本部［1961］（p. 349）により元々見知っていた（第2章1節(4)で記した ICBA 本部訪問時にも尋ねたが「信条」と題したものは見当たらず）。巻頭言中の引用文言に関する限り上記邦訳版と内容が一致するので，以下邦訳版からその冒頭部分を引用する（一部，「巻頭言」に引用された英文により改め，また一部，漢字・仮名を変更）。

「最も貴重なるアメリカの遺産たる独立の精神をわれらは信ずる。

○適正なる本分を守り，各州の権利と家庭の規律を守るアメリカの伝統に生きる州やコミュニティの独立。

○銀行業において，顧客やその地域社会の金融的独立に専念してきたアメリカの機関，独立銀行をわれらは信ずる。

これらの精神のために，われらはあらゆる独立銀行家たちと団結している。われらは自由を守るためには間断なく目を覚まし注意せねばならないこと，そして団結によってこそ強くなれることを知っている。

われらは，独立銀行業に反目する警戒すべき情勢を目にしており，そのような情勢すべてに対し抵抗することを誓う。」

⑭　「エートス」概念の解説として，たとえば大塚［1955］を参照。同解説 p. 149 にある「人々のうちにやどり，彼らを内側から一定の方向に押しうごかしていくところのいわば現実の起動力」という「エートス」の説明は，本書の「"community banking" を志向する『エートス』」という文脈においても的確なように思われる。

⑮　2016年10月12日・13日に行われた全国信用組合協会主催の「金融仲介機能のベンチマーク」説明会における金融庁出席者からの口頭説明の一部（全国信用組合新聞，2016年10月15日）。同記事によれば，この説明会では金融庁西田監督局審議官および日下総務企画局地域金融企画室長が説明に当たった。

⑯　『全国地方銀行協会50年史』資料編 pp. 34-36，およびウェブ上のフリー百科事典 Wikipedia（http://ja.wikipedia.org/wiki/）「全国地方銀行協会」の項（「最終更新日」2017年 6 月16日）の「歴代会長」によれば，戦後22名の会長のうち，横浜・千葉・福岡・静岡・常陽各行のトップが会長に就いたケースが20例を占める。

⑰　日本銀行［2017］p. 84 は，日本銀行当座預金取引先371行庫（大手銀行・地域銀行・信用金庫）の経費率に関する米・欧との国際比較分析（2013～2015年度計数）に基づき，以下のように記している。「低金利環境の長期化が業務粗利益を下押ししている側面もあるが，日本は，職員 1 人当たり業務粗利益が米欧対比で低いだけではなく，金融機関間のばらつきが小さいことも特徴である。一方，米欧の金融機関では，非資金利益が業務粗利益に占める割合が高く，またそのばらつきも大きいなど，収益源やビジネスモデルが相対的に多様であるように窺われる」。

⑱　"peer group" は「仲間集団」や「同輩集団」と約される集団社会学・（発達）集団心理学の用語（Scott and Marshall［2005］p. 485，中島ほか［1999］p. 650）。元々共通の属性がある者同士が仲間や同輩と意識し合い，相互交流，他メンバーからの学び，ルール形成など社会性を育む（時にはそれが社会的逸脱行動につながることも）場を指す。筆者は本文では「同輩と意識し合い相互交流や他メンバーから学ぶ集団」という意味で用いている。

⑲　金融庁にて2016年 5 月23日に開催された「金融仲介の改善に向けた検討会議（第 4 回）」の議事要旨（http://www.fsa.go.jp/singi/kinyuchukai/ciryou/20160523.html）の中には，「（顧客本位の良い取り組みを行っている）金融機関の多くは，このまま続けていたらまずいとの危機感があり，人口減少が進んでいる地域など経営環境が必ずしも良くない地域の金融機関に，ユニークな取り組みをしている事例が意外と多い……」との発言も見られる。そのような金融機関の中には，有力都市部をテリトリーに持つ大手地方銀行は稀であろうし，少なからず，第二地銀（県下の二位以下の都市圏を本店所在地とすることもある）も存するのではなかろうか。

⒇　本文で描いた「仮想現実」とは異なり，現状では，第二地銀や（大手）信用金庫も
また，「特定コミュニティ密着型」の小規模信金（「リレバン適性」が明らか）のほう
に目を向けるよりも，「地方銀行」（それも得てして大手）を準拠枠とし地方銀行の事
例に倣おうとする向きもあるように思われる。そのことは，それら業態における事業
性評価やリレバンの取組み強化にとって阻害要因にもなりかねない。

㉑　本書の第 7 章では，その着目点が ICBA に加盟するような規模の銀行にあったため，
ドッド＝フランク法による米国大手金融機関の規制強化に十分言及できていない面が
多く，この機にリージョナル銀行を念頭に少し補足する。ドッド＝フランク法による
「システム上重要な金融機関（Systemically Important Financial Institutions, SIFIs）」
の基本的閾値は連結総資産500億ドル（松尾［2010］p. 94）であり，最終的な施行規
則は2014年 2 月に固まり，2015年初から強化された規制が実施されている（Labonte
［2017］p. 20）。その「強化された規制」の一つの柱が FRB によるストレス・テスト
および資本計画演習（capital planning exercise）であり，2015年は31の銀行持株会
社（BHC）が対象となった。うち，大手リージョナル銀行の BHC（とりあえずここ
では総資産500〜2000億ドルと規定）は14銀行（うち最大級は［規模が大きい順に］
BB&T，Sun Trust および Ally［同行は横浜銀クラス］，最小級は Conerica，Hun-
tington および Zions［同行は足利銀クラス］）であった（Financial Stability Over-
sight Council［2016］pp. 66-69）。

㉒　森［2014］第 5 章は，1990年代後半から2000年代初めの15年ほどの間に，上場する
地域銀行の株主構成が外国人・機関投資家の比率が高まる方向に大きく変化したこと，
そして，それにつれて地域銀行経営者の収益志向が増大したことを実証している。

　　それに加えて近年，安倍政権の経済成長戦略「アベノミクス」の，上場企業セクタ
ーにかかる政策的な柱として，2014年 8 月に「持続的成長への競争力とインセンティ
ブ―企業と投資家の望ましい関係構築―」プロジェクト最終報告書（通称「伊藤レポ
ート」）が，経済産業省から公表され，「中期的に資本コストを上回る ROE を上げ続
ける［まず 8 ％以上，達成後はさらに上を目指す］」ことを全上場企業に対し強く勧
めた（経済産業省［2014］pp. 12-13，および，上記プロジェクトメンバーによる柳
［2015］p. 17）。この伊藤レポートは，同じ2014年に金融庁が公表した機関投資家のた
めの日本版スチュワードシップ・コード（SC），そして2015年に各金融証券取引所が
運用開始した上場企業経営者のためのコーポレートガバナンス・コード（CG）におけ
る「企業と株主の対話」の基盤としても作用する（柳［2015］p. 18）。

　　以上をまとめるに，外国人・機関投資家の株式保有比率が高まっている上場地域銀
行において，それら株主からの「無言の圧力」（森［2014］p. 224 など），そして「伊
藤レポート―SC―CG」のトライアングルによる政策的・明示的な働きかけが，銀行

484

終　章　地方銀行業態が残った日本とコミュニティ銀行業界が残った米国と

経営陣を「株主のための，ROE と株価を絶えず意識した経営」へと促す圧力は大きい
ものと推量される。それが，リレーションシップ・バンキングへの注力に向けた地道
な取り組み——たとえば，金融庁［2016c］も促すような，銀行本部の営業店評価に
おける「成果重視からプロセス重視へ」の変更など，銀行の組織体質の改善を目指す
取り組み——を妨げることはないのか，筆者には危惧される。

⒇　基本的に株式会社組織である米国のコミュニティ銀行の株式公開比率に関するデー
タは，公開方式がローカルな店頭市場を含め様々であることなどから，なかなか得難
い。「近年」のデータとも申せぬが，2005年 2 月の *ABA Banking Journal* 誌 p. 10
"Snapshot: Publicly trades community banks" は，2004年12月17日時点で株式を公
開する米銀が約1,250行あり，そのうち686行が総資産 5 億ドル以下であったことを示
している。図表序- 2 a ）などと同様，FDIC のウェブページから総資産規模別の米銀
数を2004年12月末時点で調べると，総資産 5 億ドル以下は7,827行，同 5 ～10億ドル
は551行，それ以上は597行であったので，規模別の株式公開比率は， 5 億ドル以下で
9 ％弱，それ以上でも 5 割弱ということになる。（仮に10億ドル以上の公開比率を 8
割と仮定した場合， 5 ～10億ドルの公開比率は15％強になる。）詳細は省くが，米銀
の株式公開の動きは2008年金融危機およびその後の規制強化を機にむしろ非公開化
（delisting）が活発であり（*American Banker,* Feb. 28, 2013, p. 4, など），上記の比率
計算は現在でもある程度意味があるのではなかろうかと思われる（たとえば本文中の
図表終- 6 ［ICBA 加盟銀行の多様性の一端］の10行中， 2 行が株式公開していること
とも整合的である）。なお，「総資産20億ドル以下」という仕切り方ではあるが，より
近時のデータとして，*American Banker Magazine*（*American Banker* 誌の特集別冊）
所載の "Deposit Growth Is a Bright Spot" と題した記事（May 2016, pp. 14-17）が
ある。同記事は，自己資本比率等により健全行のみを選り分けたうえで，総資産20億
ドル以下の株式公開米銀は684行あるとし，次いでそれら全体ならびに "top 200" につ
き，簡単な財務分析を行っている。

485

引用文献等

(ウェブサイトは，2017年8月29日にアクセス可能性を再確認している。原論文執筆時点ではアクセス可能であったが上記時点においては既にアクセス不可能となっていた場合は，最終確認日時を付記するか，もしくはウェブアドレスを省略した［ウェブアドレスなしでも基本的な書誌・出所情報として足る場合］。以上のことは，本書の本文・図表・注に関しても同様である。)

(戦前期の邦語文献の論題等の漢字字体は現代式で表記)

1．著書・論文・報告書等

【文献名別】(本書中で引用する際，著者名ではなく文献名で出典を記した場合があるもので，「→」を付した文献の書誌情報に関しては【著者名別】の部を参照)

「銀行事項月報」，日本銀行審査部（1923年5月～1942年3月分）次いで同考査局（1942
　　年4月分～1945年12月分）（日本銀行調査局（編）『日本金融史資料』昭和編第9巻，
　　1964，大蔵省印刷局，所収　※本書で記す頁数はこの『日本金融史資料』上の頁数）
『銀行総覧』（第49回［1943］，ほか），大蔵省印刷局（復刻版，1986，コンパニオン出版）
『銀行年鑑 1950-51』，金融通信社，1950
『近代日本総合年表』──→岩波書店編集部［1991］
『コンサイス人名辞典─日本編─』──→上田正昭ほか［1982］
『神戸銀行史』──→神戸銀行史編纂委員［1958］
『全国地方銀行協会50年史』──→全国地方銀行協会企画調査部［1988］
『全国銀行財務諸表分析』（平成27年度決算），全国銀行協会，2016
『ニッキン資料年報』（2017年版），日本金融通信社
『日本金融名鑑』（1988年版，2010年版），日本金融通信社，各々1987年12月，2009年12月
『日本銀行百年史』──→日本銀行百年史編纂委員会［1984］
CQ Almanac 2009: 111st Congress 1st Session［CQA2009］，Vol. 65，CQ-Roll Call,
　　Inc., Washington, D. C., 2010.
CQ Almanac 2010: 111st Congress 2nd Session［CQA2010］，Vol. 66，CQ-Roll Call,
　　Inc., Washington, D. C., 2011.

【著者名別】

相生市史編纂専門委員会［1988］，『相生市史 第三巻』，相生市・相生市教育委員会

朝倉孝吉（編）［1980］，『両大戦間における金融構造』，御茶の水書房

―――［1988］，『新編日本金融史』，日本経済評論社

阿部和俊［1991］，『日本の都市体系研究』，地人書房

―――［1996］，『先進国の都市体系研究』，地人書房

阿部康二［1955］，『一万田尚登伝』，東洋書館

阿部竹松［1993］，『アメリカの政治制度』，勁草書房

天谷知子［2012］，『金融機能と金融規制―プルーデンシャル規制の誕生と変化―』，金融財政事情研究会

淡路信用金庫［2007］，『淡路信用金庫70年史』，淡路信用金庫

飯田清三［1935］，「アメリカ新銀行法案に就いて」，『銀行研究』，第29巻1号，昭和10年7月，pp. 55-75

池尾恭一ほか［2010］，『マーケティング』，有斐閣

池上和夫［1991］，「金融統制の進展と日本勧業銀行」，伊牟田敏充（編）『戦時体制下の金融構造』，日本評論社，pp. 315-344

石井寛治・杉山和雄（編）［2001］，『金融危機と地方銀行―戦間期の分析―』，東京大学出版会

石川雄一［2008］，『郊外からみた都市圏空間―郊外化・多核化のゆくえ―』，青海社

石黒三郎・［編集集団］アイランズ［2010］，『図説 鉄道パノラマ地図』，河出書房新社

石田晋也［2011］，『金融危機の本質―英米当局者7人の診断―』，金融財政事情研究会

石野信一［1979］，（インタビュー）「太陽神戸銀行合併の内幕」，『中央公論経営問題』，第18巻2号，1979年5月，pp. 108-111

伊丹市史編纂専門委員会［1972］，『伊丹市史 第三巻』，伊丹市

伊藤 修［1983・84］，「戦時金融再編成―その争点と展開―」，『金融経済』，第203号，pp. 51-86，ならびに第204号，pp. 57-71

―――［1995］，『日本型金融の歴史的構造』，東京大学出版会

伊藤 隆［1989］，「『国是』と『国策』・『統制』・『計画』」，中村隆英ほか（編）『二重構造』（日本経済史 6），岩波書店，pp. 323-366

伊藤正直［1980］，「戦時経済体制下の地方銀行―昭和恐慌期以降の秋田県を素材として―」，朝倉孝吉（編）『両大戦間における金融構造』，御茶の水書房，pp. 383-428

井上寿一［2011］，『戦前昭和の社会 1926-1945』，講談社

井上 寛［2010］，「準拠集団」，日本社会学会社会学事典刊行委員会（編）『社会学事典』，丸善，pp. 68-69

伊牟田敏充［2002］，『昭和金融恐慌の構造』，経済産業調査会

井村進哉［2002］，『現代アメリカの住宅金融システム』，東京大学出版会

岩田規久男［2009］，『金融危機の経済学』，東洋経済新報社

岩波書店編集部［1991］，『近代日本総合年表』（第三版），岩波書店

岩橋健定［2001］，「条例制定権の限界―領域先占論から規範抵触論へ―」，小早川光郎・宇賀克也（編）『行政法の発展と変革（下）』，有斐閣，pp. 357-379

上田正昭ほか（監修）［1982］，『コンサイス人名辞典―日本編―』，三省堂

ウェーバー，マックス［1965］，「社会科学および社会政策の認識の『客観性』」，出口勇蔵訳，『ウェーバー政治・社会論集』，河出書房新社，pp. 49-115

浮田典良（編）［2004］，『最新地理学用語辞典［改訂版］』，原書房

浮田典良・森 三紀［2004］，『地図表現ガイドブック―主題図作成の原理と応用―』，ナカニシヤ出版

内田浩示［2011］，「一般社団法人全国銀行協会の発足について」，『金融』，2011年4月，pp. 3-9

内田 聡［2009］，『アメリカ金融システムの再構築―ウォールストリートとメインストリート―』，昭和堂

内田浩史［2010］，『金融機能と銀行業の経済分析』，日本経済新聞出版社

内田 満［1995］，『変貌するアメリカ圧力政治―その理由と実際―』，三嶺書房

漆畑春彦［2015］，「大規模金融機関の破綻処理制度論議と政策の評価」，証券経営研究会（編）『資本市場の変貌と証券ビジネス』，日本証券経済研究所，pp. 262-297

驛賢太郎［2013］，「大蔵省銀行局の人事，専門性，政策―自由化志向の機関哲学の形成と継承―」，『神戸法学雑誌』，第63巻3号，pp. 27-80

大門正克・柳沢 遊［1996］，「戦時労働力の給源と動員―農民家族と都市商工業者を対象に―」（大会報告論文），『土地制度史学』，第38巻3号，pp. 28-47

大蔵省銀行局［1936］，『第六十次 銀行局年報』，内閣印刷局（日本銀行調査局（編）『日本金融史資料 昭和編 3』，大蔵省印刷局，1962，所収）

大黒 昭［1969］，「銀行店舗立地選定の基本的条件＝大衆化と効率化の要請に直面して＝」，『週刊金融財政事情』，昭和44年10月20日，pp. 34 39

大崎貞和［2010a］，「米国の新金融規制『ボルカー・ルール』の意義と問題点」，『金融ジャーナル』，2010年4月，pp. 54-57

―――［2010b］，「世界金融危機後のアメリカにおける金融制度改革―ドッド＝フランク法の意義と課題―」，神作裕之（責任編集）・資本市場研究会（編）『金融危機後の資本市場法制』，資本市場研究会，pp. 71-97

太田 孝［1995］，『幕末以降市町村名変遷系統図総覧②』，原書房

大竹文雄［2013］，「人びとのための資本主義，ルイジ・ジンガレス著，既得権に対する『市場派』からの処方箋」，毎日新聞，「今週の本棚」，2013年10月20日

大塚久雄［1955］，「解説」，マックス・ウェーバー『プロテスタンティズムの倫理と資本主義の精神（上巻）』（梶山力・大塚久雄 訳），岩波書店，pp. 139-153

大橋和彦［2014］，「Institutions do matter！―金融機関の行動が資産価格に及ぼす影響―」，『証券アナリストジャーナル』，2014年11月，pp. 53-57

岡崎忠雄［1958］，『青海偶語』，月曜会（神戸）

岡崎哲二［2002］，「銀行業における企業淘汰と経営の効率性：歴史的パースペクティブ」，齊藤 誠（編著）『日本の「金融再生」戦略』，中央経済社，pp. 207-231

岡屋智和・山根 拓［2004］，「明治・大正期の北陸地方における銀行立地展開過程の地域的特性」，『自然と社会―北陸―』（福井県地学会・石川地理学会・富山地学会），No. 70，pp. 4-21

小川一夫［2003］，『大不況の経済分析―日本経済長期低迷の解明―』，日本経済新聞社

小川 功［2000］，『地方企業集団の財務破綻と投機的経営者―大正期「播州長者」分家の暴走と金融構造の病弊―』，滋賀大学経済学部

翁 百合［2002］，『金融の未来学―小さなセーフティネットをめざして』，筑摩書房

――――［2010］，『金融危機とプルーデンス政策―金融システム・企業の再生に向けて―』，日本経済新聞出版社

奥山裕之［2016］，「米国における金融消費者保護局の設立と展開」，『レファレンス』（国立国会図書館 調査及び立法考査局），2016年 1 月，pp. 109-128

小田 徹［1996］，「横浜銀行にみる店質別営業体制の進化」（特集：デリバリーチャネルの選択―エリアマーケティング），『金融財政事情』，1996年 8 月 5 日，pp. 15-17

小原鐵五郎［1983］，『貸すも親切 貸さぬも親切』，東洋経済新報社

カー，E. H.［1962］，『歴史とは何か』，清水幾太郎 訳，岩波書店（原書：Carr, Edward Hallett［1961］, *What Is History？*, Macmillan, London, U. K.）

加古川市史編さん専門委員［2000］，『加古川市史 第三巻 本編Ⅲ』，加古川市

籠谷直人［2004］，「近代日本の『地域』形成についての一考察【兵庫県播磨地方を事例に】」，『環：歴史・環境・文明』，vol. 17，pp. 148-163

春日井 薫［1933］，「地方銀行政策の転換―大銀行の支店銀行主義と地方独立銀行―」，『銀行研究』，第25巻 3 号，昭和 8 年 9 月，pp. 1-12

――――［1936］，「銀行統制の強化傾向―殊に預金通貨関係業務の統制強化―」，『銀行研究』，第30巻 1 号，昭和11年 1 月，pp. 1-18

――――［1937］，「金融統制強化と経済界―統制強化の原因，動力並に限度と財界との関係を中心に―」，『銀行研究』，第32巻 1 号，昭和12年 1 月，pp. 1-18

加藤俊彦［1957］，『本邦銀行史論』，東京大学出版会

――――［1979］，「軍部の経済統制思想―1920年代から満州事変前後まで―」，東京大学社会科学研究所「ファシズムと民主主義」研究会（編）『戦時日本経済』，東京大

学出版会, pp. 67-110

加藤陽子 [2009], 『それでも, 日本人は「戦争」を選んだ』, 朝日出版社

「角川地名大辞典」編纂委員会 [1988], 『兵庫県』(角川地名大辞典 28), 角川書店

金澤史男 [1994], 「大正デモクラシー状況の転換と経済政策」, 金原左門(編)『大正デ
　　モクラシー』, 吉川弘文館, pp. 225-254

金子泰雄ほか [1998], 『現代マーケティング辞典』, 中央経済社

川﨑俊郎 [2009], 「銀行合同政策からみた国土構想—公権力者からの視点と地方銀行経
　　営者の視点を比較して—」, 『研究紀要』(福島工業高等専門学校), 第50号, pp.
　　123-134

川波洋一・地主敏樹 [2013], 「アメリカ経済と金融危機」, 櫻川昌哉・福田慎一(編)
　　『なぜ金融危機は起こるのか—金融経済研究のフロンティア—』, 東洋経済新報社,
　　pp. 169-197

川向 肇 [2005], 「金融機関の立地と変化」, 堀江康熙(編著)『地域金融と企業の再生』,
　　中央経済社, pp. 115-138

河村哲二 [1995], 『パックス・アメリカーナの形成—アメリカ「戦時経済システム」の
　　分析—』, 東洋経済新報社

カンサス, デイブ [2009], 『ウォールストリート・ジャーナル発, 米国金融危機の全
　　貌』, 酒井泰介訳, 翔泳社

木下信行 [2001], 『金融行政の現実と理論』, 金融財政事情研究会

公 礼六 [1973], 「イバラの道へ進む大蔵コンビ—太陽神戸銀行 会長＝河野一之 頭取
　　＝石野信一」, 『エコノミスト』, 1973年3月6日, pp. 54-55

銀行協会20年史編纂室 [1965], 『銀行協会20年史』, 全国銀行協会連合会

金田章裕・石川義孝(編)[2006], 『近畿圏』(日本の地誌 8), 朝倉書店

金融審議会(金融分科会第二部会)[2003], 「リレーションシップバンキングの機能強
　　化に向けて」, 2003年3月27日 (http://www.fsa.go.jp/news/newsj/14/singi/f-2003
　　0327-1.pdf)

―――― (――――) [2009], 「中間論点報告書」(協同組織金融機関のあり方に関する
　　ワーキング・グループ), 2009年6月29日 (http://www.fsa.go.jp/sin gi/singi_
　　kinyu/tosin/20090629-1/01.pdf)

金融制度研究会(大蔵省銀行局内)[1969], 『預金保険制度』(金融制度調査会資料 第
　　3巻), 金融財政事情研究会

金融庁 [2014], 「平成26事務年度 金融モニタリング基本方針」, 2014年9月11日
　　(http://www.fsa.go.jp/news/26/20140911-1/01.pdf)

―――― [2016a], 「企業ヒアリングを踏まえた地域銀行との対話について」, 2016年5
　　月23日

(http://www.fsa.go.jp/singi/kinyuchukai/siryou/20160523/02.pdf)

———［2016b］,「平成27事務年度 金融レポート」, 2016年9月

(http://www.fsa.go.jp/news/28/20160915-4/01.pdf)

———［2016c］,「金融仲介機能のベンチマーク」, 2016年9月

(http://www.fsa.go.jp/news/28/sonota/20160915-3/01.pdf)

串本友三郎［1937］,「金融機関の私益抑制に就て」,『銀行研究』, 第32巻2号, 昭和12年2月, pp.106-112

久保文明［1984a］,「ヘンリー・A・ウォーレスとニューディールの政治過程㈠」,『国家学会雑誌』, 第97巻3・4号, 1984年4月, pp.189-244

———［1984b］,「ヘンリー・A・ウォーレスとニューディールの政治過程㈡」,『国家学会雑誌』, 第97巻11・12号, 1984年12月, pp.762-844

久米郁男・川出良枝・古城佳子・田中愛治・真渕 勝［2003］,『政治学』, 有斐閣

栗栖赳夫［1936］,「米国新銀行法」,『銀行研究』, 第30巻6号, 昭和11年6月, pp.75-124

黒田晃生［1999］,「金融システムの国際比較」, 高木 仁ほか,『金融システムの国際比較分析』, 東洋経済新報社, pp.3-34

クローチェ, ベネデット［1983（1916）］,『歴史の理論と歴史』, 羽仁五郎 訳, 岩波書店（原書：Croce, Benedetto *La storia come pensiero e come azione,* Gius, Laterza & Figli, Bari, Italy, 1938）

経済産業省［2014］,「持続的成長への競争力とインセンティブ—企業と投資家の望ましい関係構築—」プロジェクト最終報告書（通称「伊藤レポート」）, 2014年8月（http://www.meti.go.jp/press/2014/08/20140806002/20140806002-2.pdf）

神戸銀行史編纂委員［1958］,『神戸銀行史』, 神戸銀行

神戸新聞社学芸部［1979a］,「兵庫県人会：一世紀でも生まれぬ連帯感—五ヵ国, 三道, 十九藩の特異性—」,『神戸探検 近・現代編』, 神戸新聞出版センター, pp.9-13

———［1979b］「但馬の漁業 急成長支えた地元の美含［みぐみ］銀行 現但馬銀」,『神戸探検 近・現代編』, 神戸新聞出版センター, pp.190-194

「國勢グラフ」編集部［1940］,『日本地理年鑑』（昭和15年版）, 国勢社

後藤乾一［2011］,「通史：アジア太平洋戦争と『大東亜共栄圏』1935-1945年」, 和田春樹ほか（編）『アジア太平洋戦争と「大東亜共栄圏」1935-1945年』, 岩波書店, pp.1-41

後藤新一［1968a］,『本邦銀行合同史』, 金融財政事情研究会

———［1968b］,「預金保険制度導入の可否」,『財経詳報』, 第751号, 昭和43年6月17日, pp.6-11

———［1970］,『日本の金融統計』,（財）金融経済研究所

――――― [1981], 『昭和期銀行合同史――一県一行主義の成立』, 金融財政事情研究会

小西砂千夫 [2005], 「平成の大合併を振り返って」, 『産研論集（関西学院大学）』, 32号, 2005年1月, pp. 15-27

小林桂吉 [1978], 「昭和二十年代の銀行店舗行政（その一）」, 『ファイナンス』（大蔵省）, 第14巻5号, 1978年8月, pp. 40-44

小林真之 [2009], 『アメリカ銀行恐慌と預金者保護政策――1930年代における商業銀行の再編』, 北海道大学出版会

小林道憲 [2013], 『歴史哲学への招待――生命パラダイムから考える一』, ミネルヴァ書房

小森星児 [2009], 「地方小都市のスマート・シュリンキング」（講演会要旨）,「京都大学地理学談話会会報」, 第20号, pp. 11-12

佐々木 仁 [1975], 「二十世紀初期におけるシカゴ地方のチェイン・グループ銀行」, 『名城商学』, 第24巻4号, 1975年3月, pp. 141-164

佐藤政則 [1991], 「合同政策と三和系地方銀行」, 伊牟田敏充（編）『戦時体制下の金融構造』, 日本評論社, pp. 535-563

――――― [2000], 「日本銀行の銀行統合構想（1940～45年）」, 伊藤正直ほか（編著）『金融危機と革新』, 日本経済評論社, pp. 177-210

作野広和 [1998], 「ヨーロッパ諸国における地誌学の研究動向と新しい地誌学に関する中心概念」, 『島根大学教育学部紀要』, 第32巻, 1998年12月, pp. 45-54

櫻川昌哉・福田慎一（編）[2013], 『なぜ金融危機は起こるのか――金融経済研究のフロンティア―』, 東洋経済新報社

さくら銀行 [1995], 「第5期 営業のご報告」（株主宛報告冊子）, さくら銀行

さくら銀行・住友銀行 [2000a], 「さくら銀行と住友銀行との合併契約書の締結について」（記者発表資料）, 2000年5月
（http://www.smbc.co.jp/news/news_back/news_saku/topics/newsrls/pdf/000523.pdf）

――――― , ――――― [2000b], 「経営の健全化のための計画」（金融再生委員会宛報告書）, 2000年12月
（http://www.smfg.co.jp/investor/financial/small/pdf/2000_12_smbc_plan.pdf）

司馬遼太郎 [1990], 『この国のかたち』, 文藝春秋

柴田善雅 [2011], 『戦時日本の金融統制――資本市場と会社経理―』, 日本経済評論社

島田孝照 [1995], 「本邦銀行店舗行政の実証的研究――その1・戦後復興期の店舗行政―」, 『折尾女子経済短期大学論集』, vol. 30, pp. 29-47

清水啓典 [2014], 「金融規制改革のゆくえ」, 『信金中金月報』, 2014年9月, pp. 2-3

白鳥圭志 [2006], 『両大戦間期における銀行合同政策の展開』, 八朔社

493

新修神戸市史編集委員会［1994］，『新修神戸市史 歴史編IV 近代・現代』，神戸市

進藤 寛［1980］，「地方貯蓄銀行の再編成」，朝倉孝吉（編）『両大戦間における金融構造』，御茶の水書房，pp. 463-524

新日本製鐵㈱広畑製鐵所［1990］，『広畑製鐵所50年史［総合史］』，新日本製鐵㈱広畑製鐵所

杉本智彦［2002］，『カシミール3D入門』，実業之日本社

鈴木伴季［2008］，「戦前期の阪神間地域における郊外住宅地の開発過程」，『愛大史学 日本史・アジア史・地理学』，第17号，pp. 87-118

─────［2009］，「戦前期の阪神間地域における職業別就業者人口の特性と郊外住宅地化」，『愛大史学 日本史・アジア史・地理学』，第18号，pp. 146-184

鈴木陸生（ムーディーズ・ジャパン）［1999］，「住友の格付は据え置き，さくらを引上げ方向で見直す」（特集：住友，さくらが合併へ），『金融財政事情』，1999年10月25日，pp. 16-17

スティグリッツ，J・E，／B・グリーンワルド［2003］，『新しい金融論─信用と情報の経済学─』，内藤純一・家森信善訳，東京大学出版会（Stiglitz, Joseph E., and Bruce Greenwald ［2003］, *Towards a New Paradigm in Monetary Economics*, Cambridge University Press, Cambridge, U. K.）

須藤 功［2003］，「大恐慌とアメリカの金融規制─規制型資本主義と銀行─」，阿部悦生（編）『金融規制はなぜ始まったのか』，日本経済評論社，pp. 21-68

瀬戸亀男［2001］，『今，なぜ合併か─篠山市の取り組みから』（地方自治土曜講座ブックレット No. 75），公人の友社

全国地方銀行協会（編）［1961］，『地方銀行小史』，土屋喬雄監修，全国地方銀行協会

全国地方銀行協会企画調査部（編）［1988］，『全国地方銀行協会50年史』，全国地方銀行協会

総務省［2010］，「『平成の合併』について」（http://www.soumu.go.jp/gapei/pdf/100311_1.pdf）

─────［2017］，「連携中枢都市圏の形成の動き」，平成29年3月31日（http://www.soumu.go.jp/maim_content/000481817.pdf）

総理府統計局［1967］，「わが国の人口集中地区─昭和40年国勢調査による人口集中地区の人口，面積，および地図─」，（財）日本統計協会

第二地方銀行協会（編）［2002］，『第二地方銀行協会50年史』，第二地方銀行協会

高木 仁［1986］，『アメリカの金融制度』，東洋経済新報社

─────［2000］，「由里宗之著『米国のコミュニティ銀行─銀行再編下で存続する小銀行─』」（書評），『証券経済研究』，第26号，pp. 137-144

高木 仁・黒田晁生・渡辺良夫［1999］，『金融システムの国際比較分析』，東洋経済新報社

引用文献等

高島　昭［1997］，「エリア戦略策定に欠かせない地域市場分析の実際―最新エリアマーケティングシステムの概要―」，『近代セールス』，1997年9月1日，pp. 37-43

高嶋雅明［2003］，「兵庫県」，地方金融史研究会『日本地方金融史』，日本経済新聞社，pp. 276-286

高橋　勉［1999］，「大手銀行の再編に巻き込まれる系列地銀・第二地銀」，『エコノミスト』，1999年11月2日，pp. 55-56

高本光雄（編）［1985］，『実録　戦後金融行政史』，金融財政事情研究会

高山浩二［2007］，「アメリカにおける異業種の銀行業参入とインダストリアル・ローン・カンパニー」，『経営研究』（大阪市立大学），第58巻1号，pp. 119-141

――――［2008］，「アメリカにおける小売業の銀行業参入と銀商分離政策」，『経営研究』（大阪市立大学），第59巻1号，pp. 59-83

滝川好夫［2008］，「兵庫県の金融情勢と地域金融：リレバンと道徳金融」，『神戸大学経済学研究年報』，第55号，pp. 27-50

侘美光彦［1988］，「世界大恐慌（1929～33年）の特質と原因」，平田喜彦・侘美光彦（編）『世界大恐慌の分析』，有斐閣，pp. 1-58

竹岡敬温［1995］，『『アナール』学派と社会史―「新しい歴史」へ向かって―』，同文舘出版

竹澤康子［1996］，「日本の貯蓄金融機関」，相沢幸悦ならびに平川本雄（編著）『世界の貯蓄金融機関』，日本評論社，pp. 185-219

竹田陽介［2005］，『コア・テキスト金融論』，新世社

武山邦夫［1989］，「金融再編の発火点となる大型合併―中位都銀同士の"強点"補強は成功するか」，『エコノミスト』，1989年9月12日，pp. 44-49

龍野市史編纂専門委員会［1985］，『龍野市史　第三巻』，龍野市

田中秀臣［2004］，「経済問題にかかわる雑誌ジャーナリズムの展開」，岩田規久男（編著）『昭和恐慌の研究』，東洋経済新報社，pp. 143-166

田辺則明（東京銀行協会・銀行図書館館長）［1998］，「消えた銀行　捜します―改称・合併・消滅…明治からのデータバンク―」，『日本経済新聞』，1998年11月2日

谷　サカヨ（編・発行）［1943］，『人衆人事録』　第14版，帝国秘密探偵社（『昭和人名辞典』第3巻として復刻，日本図書センター，1987版）

田村申一［1975］，「単一銀行制度と支店銀行制度」，高垣寅次郎（監修）『世界各国の金融制度（第10巻）』，大蔵財務協会，pp. 136-169

地方金融史研究会［2003］，『日本地方金融史』，日本経済新聞社

月原敏博［2011］，「地域研究・地誌」（学会展望），『人文地理』，第63巻3号，pp. 25-28

ディアキン（Dyakin），Sergey I.［2009］，「サブプライムローン危機の原因，経緯と教訓」，『証券アナリストジャーナル』，第47巻7号，2009年7月，pp. 6-21

出口勇蔵・越智武臣［1959］,「訳者あとがき」, R. H. トーニー著『宗教と資本主義の興隆—歴史的研究—』（下巻）, 岩波書店, pp. 295-320

寺岡 寛［2000］,『中小企業政策の日本的構図—日本の戦前・戦中・戦後』, 有斐閣

寺西重郎［1982］,『日本の経済発展と金融』, 岩波書店

―――［2003］,『日本の経済システム』, 岩波書店

―――［2011］,『戦前期日本の金融システム』, 岩波書店

東京銀行協会（調査部・銀行図書館）［1998］,『本邦銀行変遷史』, 東京銀行協会

東京銀行集計係［1942］,「全国各種銀行業務要報 並 東京銀行集会所社員銀行業務成績」（昭和16年下半期）,『銀行通信録』第675号, 昭和17年4月10日, pp. 0-8

東洋経済新報［掲載記事；署名なし］［1936］,「銀行別に見たる地方金融と大銀行の地方進出状況（中）」,『東洋経済新報』, 昭和11年5月16日, pp. 20-22（渋谷隆一・麻島昭一（監修）『近代日本金融史文献資料集成』第44巻, 日本図書センター, 所収）

東洋経済新報社（編）［1942］,『地方金融の検討（昭和17年版）』, 昭和17年11月9日, 東洋経済新報社出版部

徳永潤二［2009］,「国際過剰資本のアメリカ回帰」, 山口義行（編）『バブル・リレー—21世紀型世界恐慌をもたらしたもの—』, 岩波書店, pp. 175-190

戸田壮一［1985］,「1933年銀行法改革と連邦預金保険制度」,『武蔵大学論集』, 第32巻5・6号, pp. 87-122

戸所 隆［2004］,『地域主権への市町村合併—大都市化・分都市化時代の国土戦略—』, 古今書院

中島義明ほか（編）［1999］,『心理学辞典』, 有斐閣

中空麻奈・川崎聖敬［2013］,『グローバル金融規制の潮流』, 金融財政事情研究会

中谷義和［2004］,「形成期アメリカ政治学序説（二・完）」,『立命館法学』, 2004年2号, pp. 38-67

中西利八（編）［1931］,『財界フースヒー』（第3版）（復刻版：『日本産業人名資料事典』第1巻・第2巻, 2002年, 日本図書センター）

中村和郎・荒井 正・岩田修二・米倉伸之（編）［2005］,『日本総論 I（自然編）』（日本の地誌 1）, 朝倉書店

中村隆英［1985］,『明治大正期の経済』, 東京大学出版会

―――［1987］,「『準戦時』から『戦時』経済体制への移行」,『年報 近代日本研究』, 第9号, 山川出版社, pp. 1-25

―――［1989］,「概説 1937-54年」, 中村隆英ほか（編）『「計画化」と「民主化」』（日本経済史 7）, 岩波書店, pp. 1-68

中本 悟［2012］「アメリカの地域開発における銀行の社会的責任—CRAの成果と意義—」, 矢作弘・明石芳彦（編）『アメリカのコミュニティ開発』, ミネルヴァ書房,

pp. 1-23

西川純子・松井和夫［1989］,『アメリカ金融史』, 有斐閣

日本銀行［2017］,「金融システムレポート」, 日本銀行, 2017年4月
（https://www.boj.or.jp/research/brp/fsr/data/fsr170419a.pdf）

日本銀行金融機構局［2015］,「人口減少に立ち向かう地域金融」（金融システムレポート別冊シリーズ）
（https://www.boj.or.jp/research/brp/fsr/data/fsrb150529.pdf）

日本銀行金融市場局［2008］,「金融市場レポート―2007年後半の動き―」
（https://www.boj.or.jp/research/brp/fmr/data/mkr0801a.pdf）

日本銀行（考査局）［1943a］,「近畿地方銀行統合並店舗整理案」, 昭和18年1月, 日本銀行調査局（編）『地方金融史資料㈢』（日本金融史資料 昭和続編付録 第3巻）, 1988, 大蔵省印刷局, pp. 448-450

――――［1943b］,「東海地方銀行統合並店舗整理案」, 昭和18年1月, 日本銀行調査局編『地方金融史資料㈡』（日本金融史資料 昭和続編付録 第2巻）, 1987, 大蔵省印刷局, pp. 612-613

――――［1943c］,「神戸湊西銀行処理ノ件」, 昭和18年9月7日, 日本銀行調査局編『地方金融史資料㈢』（日本金融史資料 昭和続編付録 第3巻）, 1988, 大蔵省印刷局, pp. 455-456

日本銀行神戸支店［1930］,「灘の清酒」, 日本銀行調査局（編）『地方金融史資料㈢』（日本金融史資料 昭和続編付録 第3巻）, 1988, 大蔵省印刷局, pp. 572-606

――――［1939a］,「東播地方所在六銀行ノ合併ニ関スル動向」, 昭和14年9月25日, 日本銀行調査局編『地方金融史資料㈢』（日本金融史資料 昭和続編付録 第3巻）, 1988, 大蔵省印刷局, p. 438

――――［1939b］,「東播地方所在五銀行ノ新立合併ニ関スル件」, 昭和14年11月14日, 日本銀行調査局（編）『地方金融史資料㈢』（日本金融史資料 昭和続編付録 第3巻）, 1988, 大蔵省印刷局, pp. 438-439

――――「1940］,「管内銀行合同ニ関スル意見」, 昭和15年11月13日, 日本銀行調査局編『地方金融史資料㈢』（日本金融史資料 昭和続編付録 第3巻）, 1988, 大蔵省印刷局, pp. 439-441

――――［1941］,「兵庫県下銀行合同ニ関スル播州銀行ノ意見」, 昭和16年12月12日, 日本銀行調査局（編）『地方金融史資料㈢』（日本金融史資料 昭和続編付録 第3巻）, 1988, 大蔵省印刷局, pp. 442-443

――――［1942a］,「兵庫県下銀行合同ニ関スル神戸銀行ノ意見」, 昭和17年1月14日, 日本銀行調査局（編）『地方金融史資料㈢』（日本金融史資料 昭和続編付録 第3巻）, 1988, 大蔵省印刷局, pp. 443-447

————［1942b］，「播州銀行の溝口・大沢両行買収の件」，昭和17年10月23日，日本銀行調査局（編）『地方金融史資料㊂』（日本金融史資料 昭和続編付録 第3巻），1988，大蔵省印刷局，pp. 454

————［1944］，「兵庫県下残存四行ノ処理ニ関スル件」，昭和19年12月29日，日本銀行調査局（編）『地方金融史資料㊂』（日本金融史資料 昭和続編付録 第3巻），1988，大蔵省印刷局，p. 456

————［1945］，「香住銀行合併反対ノ件」，昭和20年3月4日，日本銀行調査局編『地方金融史資料㊂』（日本金融史資料 昭和続編付録 第3巻），1988，大蔵省印刷局，pp. 458

日本銀行調査局［1943］，『戦時金融統制の展開』，日本銀行調査局（編）『日本金融史資料 昭和編 第27巻』所収，pp. 399-470

日本銀行調査局（編）［1964］，『日本銀行調査月報（下）』（日本金融史資料 昭和編 第9巻），大蔵省印刷局

————［1965］，『帝国議会議事速記録中金融資料㊀』，日本金融史資料 昭和編 第13巻，大蔵省印刷局

————［1988］，『地方金融史資料㊂』（日本金融史資料 昭和続編付録 第3巻），大蔵省印刷局

日本銀行調査局特別調査室［1948］，大内兵衛監修，『満州事変以降の財政金融史』，日本銀行調査局（編）『日本金融史資料 昭和編 第27巻』所収，pp. 1-398

日本銀行百年史編纂委員会［1984］，『日本銀行百年史』，第4巻，日本銀行

日本経済新聞神戸支社（下前俊輔）［2017］，「播磨，播州の魅力を磨きたい，16市町，活性化へ結束」（関西は今），日本経済新聞（関西経済面），2017年8月19日

日本政策金融公庫総合研究所［2014］，「米国銀行における中小企業金融の実態—米国銀行の経営戦略・顧客獲得・リレーションシップ・融資審査と担保・人材育成・金融危機の影響について—」，『日本公庫総研レポート』，No. 2013-8，日本政策金融公庫総合研究所，2014年3月25日

日本生産性本部（編）［1961］，『アメリカにおける中小企業金融業—中小企業金融業専門視察団報告書—』，日本生産性本部

日本地誌研究所（青野 壽・尾留川正平 責任編集）［1973］，『京都府・兵庫県』（『日本地誌』第14巻），二宮書店

沼尻晃伸［1999］，「戦時期日本の工場用地造成と都市計画・国土計画—土地商品の統制とその実態—」，『静岡大学経済研究』，第3巻4号，pp. 69-100

野々村泰彦［2011］，「日経のアタマ記事はこうしてつくられる」（今を読み取る—金融ビジネスパーソンのための新聞活用法 第7回），『しんくみ』（全国信用組合中央協会），2011年10月，p. 35

橋川文三 [2008（1978）]，『アジア開放の夢』（日本の百年 7），筑摩書房

橋本寿朗 [1984]，『大恐慌期の日本資本主義』，東京大学出版会

橋本卓典 [2016]，『捨てられる銀行』，講談社

花田秀二 [1999]，「小山五郎氏に笑み戻る―2000年 4 月 1 日，大看板『三井銀行』復活―」，『エコノミスト』，1999年 3 月16日，pp.52-54

原 朗 [1989]，「戦時統制」，中村隆英ほか（編）『「計画化」と「民主化」』（日本経済史 7），岩波書店，pp.69-105

原 朗・山崎志郎 [2006]，「戦時経済の再編成と企業整備」，原 朗・山崎志郎（編）『戦時日本の経済再編成』，日本経済評論社，pp.1-8

姫路市史編集専門委員会 [1994]，『姫路市史 第13巻 上』（史料編 近現代 2），姫路市

―――― [2000]，『姫路市史 第 5 巻 上』（本編 近現代 1），姫路市

―――― [2002]，『姫路市史 第 5 巻 下』（本編 近現代 2），姫路市

姫路商工会議所 [1978]，『姫路商工会議所五十五年史』，姫路商工会議所

平沢照雄 [2001]，『大恐慌期日本の経済統制』，日本経済評論社

平田善彦 [1965]，「アメリカにおける銀行集中と銀行構造―1920年代―」，『経済学季報』（立正大学），第15巻 1・2 号，pp.1-59

―――― [1969]，『アメリカの銀行恐慌（1929～33年）』，御茶の水書房

平田善彦・侘美光彦（編著）[1988]，『世界大恐慌の分析』，有斐閣

フェーブル，リュシアン [1971]，『大地と人類の進化（上巻）』，飯塚浩二 訳，岩波書店（原書：Febvre, Lucien, *La Terre et l' Évolution Humaie ― introduction géographique à l' histoire*, Renaissance du Livre, Paris, France, 1922）

深川亮司 [1999]，「経営のスピードを落とさず統合効果発揮へ合併を選択」（特集：住友，さくらが合併へ），『金融財政事情』，1995年 4 月24日，pp.38-42

福田慎一 [2015]，「ハウス・オブ・デット」（書評「この一冊」），日本経済新聞，2015年12月20日

福原正弘 [1981]，『経済成長と銀行店舗』，古今書院

藤井信幸 [2004]，『地域開発の来歴―太平洋ベルト地帯構想の成立―』，日本経済評論社

藤岡謙二郎（編）[1983]，『近畿野外地理巡検』，古今書院

藤田弘夫 [2006]，「都市空間の創出と社会生活」，山室信一責任編集『空間形成と世界認識』（岩波講座「帝国」日本の学知 第 8 巻），岩波書店，pp.157-193

藤原 泰 [1933]，「無資格銀行消滅後の銀行政策」，第24巻 1 号，『銀行研究』，昭和 8 年 1 月，pp.37-54

古川隆久 [1992]，『昭和戦中期の総合国策機関』，吉川弘文館

―――― [2005]，『昭和戦中期の議会と行政』，吉川弘文館

―――― [2012]，『ポツダム宣言と軍国日本』，吉川弘文館

フローデル, フェルナン［2014］,『地中海』（Ｉ〜Ｖ）, 浜名優美訳, 藤原書店（原書：Braudel, Fernand, *La Méditerranée — et le monde méditerranéen a l'époque de Philippe II*, 2nd éd., Armand Colin, Paris, France, 1966）

辺見太郎［1995］,「さくら, あさひにみる都銀合併の効果—融和政策を越えたドライな政策判断がカギ—」,『金融財政事情』, 1995年4月24日, pp. 38-42

細野 薫［2010］,『金融危機のミクロ経済分析』, 東京大学出版会

邉 英治［2005］,「戦時体制下における大蔵省銀行検査—プルーデンス規制としての側面を中心に—」,『社会経済史学』第70巻6号, 2005年3月, pp. 3-24

堀内昭義［2005］,「小銀行と工業化：日本の経験」,『中小企業総合研究（中小企業金融公庫総合研究所）』, 創刊号, 2005年8月, pp. 1-17

───［2013］,「機関銀行の仕組みと戦前日本の金融制度」, 花崎正春ほか（編著）『金融システムと金融規制の経済分析』, 勁草書房, pp. 3-36

堀江康熙［2008］,『地域金融機関の経営行動—経済構造変化への対応—』, 勁草書房

───［2015］,『日本の地域金融機関経営—経済地盤変化への対応—』, 勁草書房

牧野邦昭［2010］,『戦時下の経済学者』, 中央公論新社

牧村四郎［1980］,「銀行合同と地方銀行協会の成立」, 朝倉孝吉（編）『両大戦間における金融構造』, 御茶の水書房, pp. 357-382

松尾直彦［1996］,『アメリカ金融制度の新潮流』, 金融財政事情研究会

───［2010］,『Q&A アメリカ金融改革法—ドッド゠フランク法のすべて—』, 金融財政事情研究会

松尾容泰［2014］,「今日の人文地理学— Tim Cresswell の近業に沿って—」,『専修人文論集』, 95号, 2014年11月, pp. 183-206

松岡 亮・須田慎一郎（対談）［1999］,「住友・さくら『合併』の深層」,『エコノミスト』, 1999年10月26日, pp. 43-47

マッギニス, ジェイムス W・幾代雄四郎［1999］,「『住友・さくら』新銀行の実力度ランキング—濃いさくら救済色—」,『エコノミスト』, 1999年10月26日, pp. 48-54

松崎 壽［1933］,「銀行政策の転向可否」,『銀行研究』, 第25巻4号, 昭和8年10月, pp. 1-12

───［1935］,「中小商業者の金融問題」,『銀行研究』, 第28巻4号, 昭和10年4月, pp. 1-14

松村密司［1935］,「連邦預金保険制度研究」（上・中・下）,『銀行通信録』（東京銀行集会所）, 昭和10年2月, pp. 13-31, 同3月, pp. 5-25, 同4月, pp. 22-31,

松本俊太［2017］,『アメリカ大統領は分極化した議会で何ができるか』, ミネルヴァ書房

三木理史［2010］,『都市交通の成立』, 日本経済評論社

御厨 貴［1996］,『政策の総合と権力—日本政治の戦前と戦後—』, 東京大学出版会

水内俊雄 [1999]，「総力戦・計画化・国土空間の編成」，『現代思想』（特集＝変容する空間），1999年12月，第27巻13号，pp. 160-195

水内俊雄・加藤政洋・大城直樹 [2008]，『モダン都市の系譜—地図から読み解く社会と空間—』，ナカニシヤ出版

水谷三公 [1999]，『官僚の風貌』（日本の近代 13），中央公論新社

みずほ総合研究所 [2010]，「米国の金融危機対応の成果と課題—オバマ政権 1 年間の総決算—」，『みずほ米州インサイト』，2010年 2 月23日，みずほ総合研究所
（https://www.mizuho-ri.co.jp/publication/research/pdf/us-insight/USI048.pdf）

水本邦彦 [2002]，『京都と京街道』（街道の日本史 32），吉川弘文館

皆川勇一 [1994]，「農村人口の変動—戦前期より現在にいたる変化の概観—」，『統計』，1994年 3 月，pp. 1-7

みなと銀行 [2009]，「MINATO BANK 2009」（ディスクロージャー誌），みなと銀行
（http://www.minatobk.co.jp/shareholders/pdf/disclosure_2009.pdf）

宮川秀一 [1993]，「幻の "播磨県" —姫路，播磨，そして兵庫県—」，姫路獨協大学播磨学研究会（編）『遥か豊穣の地に』（播磨学講座 4　近・現代），神戸新聞総合出版センター，pp. 31-61

宮島英昭 [2004]，『産業政策と企業統治の経済史　日本経済発展のミクロ分析—』，有斐閣

三好 元 [2008]，『政府系中小企業金融機関の創成—日・英・米・独の比較研究』，北海道大学出版会

迎 由理男 [2001]，「福岡県地方銀行の大合同計画」，石井寛治・杉山和雄（編）『金融危機と地方銀行』，東京大学出版会，pp. 269-304

向笠ハナ子 [2003]，「1933年銀行改革と H. B. スティーガル—中小銀行と連邦預金保険機構—」，『商学論纂』（中央大学），第44巻 6 号，pp. 35-82

村上はつ [1980]，「名古屋三大銀行と地方銀行」，朝倉孝吉（編）『両大戦間における金融構造』，御茶の水書房，pp. 320-355

村本 孜 [2005]，『リレーンコンシップ・バンキングと金融システム』，東洋経済新報社
———— [2016]，「地域銀の経営統合，利用者視点が不可欠」（インタビュー録），『金融ジャーナル』，2016年 4 月，pp. 88-89

室井鐵衛 [1998]，「エリア・マーケティング」，金子泰夫ほか（編著）『現代マーケティング辞典』，中央経済社，p. 31

百瀬 孝 [1990]，『事典 昭和期戦前の日本—制度と実態—』，伊藤 隆 監修，吉川弘文館

森 祐司 [2014]，『地域銀行の経営行動—変革期の対応—』，早稲田大学出版部

森川 洋 [2011]，「愛知県における『平成の大合併』」，『地理学報告（愛知教育大学)』，第112号，pp. 1-13

安富邦雄［1994］，『昭和恐慌期救農政策史論』，八朔社

柳ヶ瀬孝三［1971］，「開銀・輸銀・資金運用部制度の形成の事情とその役割」，『経済論叢（京都大学）』，第108巻２号，1971年２月，pp. 58-79

柳 良平［2015］，「ROE向上へ向けた企業と投資家の望ましい関係：伊藤レポートを受けて」，『証券アナリストジャーナル』，2015年６月，pp. 17-27

柳田国男［1929］，『都市と農村』，朝日新聞社（『柳田国男全集』第４巻，筑摩書房，1998，所収）

―――［1974］，『故郷七十年』，朝日新聞社（原典は1958年の神戸新聞に連載された氏の口述）

矢野恒太記念会／（財）［2006］，『数字でみる日本の100年』（改訂第５版），（財）矢野恒太記念会

山口恵一郎ほか［1973］，『日本図誌大系 近畿１（大阪府，兵庫県，和歌山県)』，朝倉書店

山崎志郎［2011］，『戦時経済総動員体制の研究』，日本経済評論社

山崎広明［1970］，「両大戦間期におけるアメリカの中小企業問題」，『経営志林』（法政大学），第７巻３号，pp. 65-105

山城秀市［1995］，「アメリカの連邦預金保険制度の成立と変貌―FDICの活動を中心として―」，『政経研究』（日本大学），第32巻２号，pp. 109-167

山本 覚［1980］，（インタビュー）「山陽鋼の"戦後"は終わった」，『エコノミスト』，1980年12月２日，pp. 42-45

結城豊大郎（日本銀行総裁）［1942］，「地方銀行の現況と今後の任務」，東洋経済新報社（編）『地方金融の検討（昭和17年版)』，昭和17年11月９日，東洋経済新報社出版部，pp. 8-10

由井常彦［1964］，『中小企業政策の史的研究』，東洋経済新報社

由里宗之［2000a］，『米国のコミュニティ銀行―銀行再編下で存続する小銀行―』，ミネルヴァ書房

―――［2000b・c］，「地域経済学的指標を用いた地域金融機関の立地条件の計測の試み―中京大都市圏の預金金融機関を事例として―」（前編・後編），『中京商学論叢』，第47巻１号・２号，2000年９月，pp. 25-79，および2000年12月，pp. 39-96

―――［2001］，「京浜葉大都市圏における預金金融機関の店舗展開の拡散性と業況悪化との関連性」（前編），『中京商学論叢』，第48巻１号，2001年10月，pp. 55-120

―――［2002］，「京浜葉大都市圏における預金金融機関の店舗展開の拡散性と業況悪化との関連性」（後編），『中京商学論叢』，第48巻２号，2002年３月，pp. 69-104

―――［2003］，『リレーションシップ・バンキング入門―地域金融機関と顧客・地域社会との互恵的関係のために―』，金融財政事情研究会

———— [2009]，『地域社会と協働するコミュニティ銀行―米国のコミュニティ銀行・クレジット・ユニオンと NPO ―』，ミネルヴァ書房

———— [2011]，「金融・経済危機下の米国で再評価されたコミュニティ銀行の存在意義」，『信用金庫』，2011年 4 月，pp. 4-8

———— [2012]，「戦中期銀行合同過程における神戸銀行の店舗展開（前編）―店舗網競合状況から窺われる『余りにも濃厚な地域的限定性という矛盾』―」，『総合政策論叢（中京大学）』，第 3 巻，2012年 3 月，pp. 61-95

———— [2013]，「戦中期銀行合同過程における神戸銀行の店舗展開（後編）―店舗網競合状況から窺われる『余りにも濃厚な地域的限定性という矛盾』―」，『総合政策論叢（中京大学）』，第 4 巻，2013年 3 月，pp. 1-58

———— [2018]，「協同組織金融機関：『リレバン』に適した特性に自信を」，『金融ジャーナル』，2018年 1 月，pp. 88-91

吉津直樹 [1978]，「明治期・関東地方における銀行の立地過程―とくに中心地体系との関連において―」，『人文地理』，第30巻 5 号，pp. 22-44

———— [1979]，「明治期～第二次大戦期における銀行の立地と金融網の空間的展開過程　岐阜県の事例―」，『名古屋大学文学部30周年記念論集』，pp. 261-295

預金保険機構（編）[2007]，『平成金融危機への対応―預金保険はいかに機能したか』，金融財政事情研究会

吉田　裕 [2007]，『アジア・太平洋戦争』，岩波書店

米倉伸之・貝塚爽平・野上道男・鎮西清高（編）[2001]，『総説』（日本の地形 1），東京大学出版会

陸軍省新聞班 [1934]，「国防の本義とその強化の提唱」（パンフレット），高橋正衛（編）『現代史資料(5)』，みすず書房，1964，pp. 266-282，所収

笠　京子 [1988a, b]，「政策決定過程における『前決定』概念」(1)および(2)，『法學論叢』（京都大学），第123巻 4 号，1988年 7 月，pp. 48-71，および　第124巻 1 号，1988年10月，pp. 91-125

連合国最高司令官総司令部（GHQ/SCAP）[1996]，『公職追放』（原書名 *The Purge*）（GHQ 日本占領史 第 6 巻），増田 弘・山本礼子（解説・訳），日本図書センター

若園智明 [2015]，『米国の金融規制改革』，日本経済評論社

若槻礼次郎 [1935]，「名誉会員 若槻礼次郎氏の演説」，『銀行通信録』（東京銀行集会所），昭和10年 2 月，pp. 120-124

渡辺久雄（編）[1970]，『尼崎市史 第 3 巻 近代の尼崎』，尼崎市役所

Acharya, Viral V., Paul Wachtel, and Ingo Walter [2009], "International Alignment of Financial Sector Regulation," in Acharya, Viral V., and Matthew Richardson, eds., *Restoring Financial Stability*, John Wiley & Sons, Hoboken, New Jersey, pp. 365-376（大村敬一監訳，『金融規制のグランドデザイン』，中央経済社，2011年）

Admati, Anat, and Martin Hellwig [2014], *The Bankers' New Clothes: what's wrong with banking and what to do about it*, Princeton University Press, Princeton（土方奈美 訳，『銀行は裸の王様である』，東洋経済新報社，2014年）

Ahamed, Liaquat [2009], *Lords of Finance: the bankers who broke the world*, Penguin Books, New York（吉田利子 訳，『世界恐慌：経済を破綻させた4人の中央銀行総裁』（上・下），筑摩書房，2013年）

———— [2014], "How Banks Fail — 'Fragile by Design,' by Charles W. Calomiris and Stephen H. Haber," The Sunday Book Review, *The New York Times*, p. BR22, Apr. 13, 2014（online version, http://www.nytimes.com/2014/04/13/books/review/fragile-by-design-by-charles-w-calomiris-and-stephen-h-haber.html）

Albic, Reed H. [1965 (1962)], "What Is an Independent Banker?" reprint in *Independent Banking: An American Ideal*, Independent Bankers Association, Sauk Centre, Minnesota, 1965, pp. 1-2

Allison, Graham T. [1971], *Essence of Decision: explaining the Cuban Missile Crisis*, Little, Brown, Boston（宮里政玄 訳『決定の本質—キューバ・ミサイル危機の分析—』，中央公論社，1977年）

Alter, Jonathan [2006], *The Defining Moment — FDR's hundred days and the triumph of hope*, Simon & Schuster Paperbacks, New York

Amel, Dean F. [1996], "Trends in the Structure of Federally Insured Depository Institutions, 1984-94," *Federal Reserve Bulletin*, Vol. 82, No. 1, Jan. 1996, pp. 1-15

Anand, Sanjay [2011], *Essentials of the Dodd-Frank Act*, John Wiley & Sons, Hoboken, New Jersey

Andenas, Mads, and Iris H-Y Chiu [2014], *The Foundations and Future of Financial Regulation: governance for responsibility*, Routledge, Abingdon, Oxon, U. K.

Anderlik, John, and Richard Cofer [2014], "Long-Term Trends in Rural Depopulation and Their Implications for Community Banks," *FDIC Quarterly*, Vol. 8, No. 2, pp. 44-59

Backup, Benjamin R., and Richard A. Brown [2014], "Community Banks Remain Resilient amid Industry Consolidation," *FDIC Quarterly*, Vol. 8, No. 2, pp. 33-43

Bair, Sheila [2012], *Bull by the Horns: fighting to save Main Street from Wall Street and Wall Street from itself*, Free Press, New York

Banking and Currency Committee, House of Representatives, United States Congress [Banking and Currency Committee Hearings] [1930], *Branch, Chain,*

引用文献等

and Group Banking Hearings, Vol. 1, Part 3, United States Printing Office, Washington, D. C. (reprint: Gozando Books, Tokyo, 1986)

Bar-Gill, Oren, and Elizabeth Warren [2008], "Making Credit Safer," *University of Pennsylvania Law Review*, Vol. 157, pp. 1–101

Barrickman, John [2006], "Concentration Alert," *ABA Banking Journal*, Apr. 2006, pp. 46–49

Bavisotto, Jenny [2005], "The Tumultuous 60's: a decade of rapid change and upheaval," *Independent Banker*, Jul. 2005, pp. 82–92

Bech, Morten L., and Tara Rice [2009], "Profits and Balance Sheet Developments at U. S. Commercial Banks in 2008," *Federal Reserve Bulletin*, Jun. 2009, pp. A57–A97

Berger, Allen N., Christa H. S. Bouwman and Dasol Kim [2015], "Small Bank Comparative Advantage in Alleviating Financial Constraints and Providing Liquidity Insurance Over Time," submitted at the 13th China International Conference in Finance, Jun. 2015
(http://www.cicfconf.org/sites/default/files/paper_784.pdf)

Bernanke, Ben S. [1983], "Non-Monetary Effects of the Financial Crisis in the Propagation of the Great Depression," *American Economic Review*, vol. 79, pp. 257–276

――― [2013], *The Federal Reserve and the Financial Crisis*, Princeton University Press, Princeton

Berson, Susan, and Dave Berson [2012], *The Dodd-Frank Wall Street Reform and Consumer Protection Act: from legislation to implementation to litigation*, ABA Publishing, Chicago

Blackford, Mansel G. [1991], *A History of Small Business in America*, Twayne Publishers, New York

Blinder [2013, 2014], *After the Music Stopped: the financial crisis, the response, and the work ahead*, Penguin Books, New York

Bodenhamer, David J., John Corrigan and Trevor M. Harris [2010], *The Spatial Humanities: GIS and the future of humanities scholarship*, Indiana University Press, Bloomington, Indiana

Bookstaber, Richard [2017], *The End of Theory: financial crises, the failure of economics, and the sweep of human interaction, Princeton University Press*, Princeton, New Jersey

Burns, Helen M. [1974], *The American Banking Community and New Deal Bank-*

505

ing Reforms: 1933-1935, Greenwood Press, Westport, Connecticut

Burns, James MacGregor, J. W. Peltason, and Thomas E. Cronin [1987], *Government by the People*, 13th ed., Prentice-Hall, New Jersey

Calise, Mauro, and Theodore J. Lowi [2010], *Hyperpolitics: an interactive dictionary of political science concepts*, University of Chicago Press, Chicago

Calomiris, Charles W. [1993], "Regulation, Industrial Structure, and Instability in U. S. Banking: an historical perspective," in Klausner, Michael, and Lawrence J. White (eds.), *Structural Change in Banking*, Business One Irwin, Homewood, Illinois, pp. 19-116

——— [2009a], "Financial Innovation, Regulation, and Reform," *Cato Journal*, Vol. 29, No. 1, pp. 65-91

——— [2009b], "In the World of Banks, Bigger Can Be Better," *The Wall Street Journal*, Oct. 19, 2009

——— [2014], "What Is Meaningful Banking Reform, Why Is It So Necessary, and So Unlikely?" in Acharya, Viral V. *et al.* (eds.), *The Social Value of the Financial Sector*, World Scientific, Singapore, pp. 23-32

Calomiris, Charles W., Robert A. Eisenbeis, and Robert E. Litan [2013], "Financial Crisis in the US and Beyond," in Litan, Robert (ed.), *The World in Crisis*, paperback edition, Wharton Financial Institutions Center, Philadelphia, pp. 1-60

Calomiris, Charles W., and Stephen H. Haber [2014], *Fragile by Design: the political origins of banking*, Princeton University Press, Princeton

Calomiris, Charles W., Florian Heider, and Marie Hoerova [2015], "A Theory of Bank Requirements," Columbia University Research Paper, No. 14-39 (downloadable: https://papers.ssrn.com/sol3/papers.cfm?abstract_id=2477101##)

Calomiris Charles W., and Mattew Jaremski [2016a], "Stealing Deposits: deposit insurance, risk-taking and the Removal of Market Discipline in early 20th century banks," *NBER Working Papers*, No. 22692, National Bureau of Economic Research

——— and ——— [2016b], "Deposit Insurance: theories and facts," *Annual Review of Financial Economics, Annual Reviews*, Vol. 8, No. 1, pp. 97-120

Calomiris, Charles W., and Eugene N. White [1994], "The Origins of Federal Deposit Insurance," in Goldin, Claudia, and Gary D. Libecap (eds.), *The Regulated Economy*, The University of Chicago Press, Chicago, pp. 145-188

Chapman, John M., and Ray B. Westerfield [1942], *Branch Banking: its historical and theoretical position in America and abroad*, Harper & Brothers Publishers,

New York

Clemens, Elisabeth S. [1996], "Organizational Form as Frame; collective identity and political strategy in the American labor movement, 1880-1920," in McAdam, Doug, *et al.* (eds.), *Comparative Perspectives on Social Movements*, Cambridge University Press, Cambridge, U. K.

——— [1997], *The People's Lobby: organizational innovation and the rise of interest group politics in the United States*, The University of Chicago Press, Chicago

Cocheo, Steve [2004], "Verdict Backs Preemption, but Contest Goes on," *ABA Banking Journal*, Jul. 2004, pp. 7-8, 14-18

Cocheo, Steve, and William Streeter [2008], "Can Subprime's Casualties Be Saved?" *ABA Banking Journal*, Dec. 2007, pp. 28-35, 57

Cohen, Michael D., James G. March, and Johan P. Olsen [1972], "A Garbage Can Model of Organizational Choice," *Administrative Science Quarterly*, Vol. 17, Mar. 1972, pp. 1-25（遠田雄志・アリソン・ユング訳,『組織におけるあいまいさと決定』, 有斐閣, 1986年)

Cook, Tim [2005], "A Walk through History: ICBA lasts through 75 years of change to serve the nation's community banks," *Independent Banker*, Mar. 2005, pp. 24-36

——— [2011], "By the Numbers: statistics and surveys highlight truths about ICBA and community banks," *Independent Banker*, Aug. 2011, pp. 26-28

Dabós, Marcelo [2004], "Too Big to Fail in the Banking Industry: a survey," in Benton E. Gup, ed., *Too Big to Fail*, Praeger Publishers, Westport, Connecticut, pp. 141-151

DeYoung, Robert, and Denise Duffy [2002], "The Challenges Facing Community Banks: In Their Own Words," Federal Reserve Bank of Chicago *Economic Perspectives*, 4Q / 2002, pp. 2-17

Diamond, Douglas B., and Philip H. Dybvig [1983], "Bank Runs, Deposit Insurance and Liquidity," *Journal of Political Economy*, vol. 91, pp. 401-419

Dick, Astrid A., and Timothy H. Hannan [2010], "Competition and Antitrust Policy in Banking," in Allen Burger *et al.* (eds.), *The Oxford Handbook of Banking*, Oxford University Press, New York

Duke, Elizabeth A. [2013], "The Future of Community Banking," (speech at the Southeastern Bank Management and Directors Conference), Feb. 5, 2013, Boards of Governors of the Federal Reserve System (http://www.federalreserve.gov/

newsevents/speech/duke20130205a.htm)

Economides, Nicholas, R. Glenn Hubbard, and Darius Palia [1996], "The Political Economy of Branching Restrictions and Deposit Insurance: a model of monopolistic competition among Small and Large Banks," *Journal of Law and Economics*, Vol. 39, pp. 667–700

Einhorn, Bruce and Unni Krishnan [2013], "Mr. Free Market Goes to India," *Bloomberg Businessweek*, Mar. 25, 2013, pp. 11–12

Eisenbeis, Robert A. [1978], *The Bank Holding Company Movement to 1978: A Compendium*, Board of Governors of the Federal Reserve System, Washington D. C.

Emerson, Guy [1934], "Guaranty of Deposits under the Banking Act of 1933," *Quarterly Journal of Economics*, Vol. 40, Feb. 1934, pp. 229–244

Encyclopaedia Britannica, Inc. [1976], *1929–1939: The Great Depression (The Annals of America*, Volume 15), Encyclopaedia Britannica, Inc., Chicago

Evanoff, Douglas D., and William F. Moeller [2014], *The Dodd-Frank Wall Street Reform and Consumer Protection Act: purpose, critique, implementation status and policy issues*, World Scientific Publishing, Singapore

Federal Deposit Insurance Corporation [FDIC] [1997], *Statistics on Banking, Historical, 1934–1996*, Vol. 1, FDIC, Washington D. C.

――――― [FDIC] [2012a], "Quarterly Banking Profile: Fourth Quarter 2011," *FDIC Quarterly*, Vol. 6, No. 1

(https://www5.fdic.gov/qbp/2011dec/qbp.pdf)

――――― [FDIC] [2012b], *Community Banking Study*, Dec. 2012, FDIC

(http://www.fdic.gov/regulations/resources/cbi/study.html)

Federal Reserve Bank of Dallas (Community Affairs Office) [2009] "The CRA and Subprime Lending: discerning the difference," Federal Reserve Bank of Dallas *Banking and Community Perspectives*, Issue 1, 2009 (available at: https://www.dallasfed.org/cd/EconDev/cra)

Financial Crisis Inquiry Commission [2011], "The Financial Crisis Inquiry Report: final report of the national commission on the causes of the financial and economic crisis in the United States," Jan. 2011, Financial Crisis Inquiry Commission

(https://www.gpo.gov/fdsys/pkg/GPO-FCIC/pdf/GPO-FCIC.pdf)

Financial Stability Oversight Council [2016], "2016 FSOC Annual Report," Financial Stability Oversight Council

(https://www.treasury.gov/initiatives/fsoc/studies-reports/Pages/2016-Annual-Report.aspx)

Fine, Camden [2009], "Community Banks Are Worth Saving," first posted: Dec. 30, 2009 (last updated: May 25, 2011), Huffington Post (website) (http://www.huffingtonpost.com/camden-r-fine/community-banks-are-worth_b_407663.html)

Fischer, Gerald C. [1968], *American Banking Structure*, Columbia University Press, New York

Flood, Mark D. [1992], "The Great Deposit Insurance Debate," Federal Reserve Bank of St. Louis *Review*, Jul./Aug. 1992, pp. 51-77

Frame, W. Scott, and Lawrence J. White [2014], "Reexamining Financial Innovation after the Global Financial Crisis," in Acharya, Viral V. *et al.* (eds.), *The Social Value of the Financial Sector*, World Scientific, Singapore, pp. 215-228

Friedman, Milton, and Anna J. Schwartz [1963], *A Monetary History of the United States, 1867-1960*, Princeton University Press, Princeton ([7章のみ] 久保恵美子 訳, 『大収縮 1929-1933』, 日経BP社, 2009年)

Freixas, Xavier, and Jean-Charles Rochet [2008], *Microeconomics of Banking*, 2nd ed., MIT Press, Cambridge, Massachusetts

Furguson, Charles [2010], *Inside Job* (documentary film), Sony Pictures Classics (「インサイド・ジョブ」[邦語字幕], ソニー・ピクチャーズ・エンタテイメント, DVD, 2012年)

Gamble, Richard H. [2005], "Beginning the Good Fight," *Independent Banker*, Mar. 2005, p. 32

Gerston, Larry N. [1997], *Public Policy Making: process and principles*, M. E. Sharpe, New York

Gilbert, R. Alton, Andrew P. Meyer, and James W. Fuchs [2013], "The Future of Community Banks: lessons from banks that thrived during the recent financial crisis," Federal Reserve Bank of St. Louis *Review*, Mar./Apr., 2013, pp. 115-143

Golembe, Carter H. [1960], "The Deposit Insurance Legislation of 1933: an examination of its antecedents and its purposes," *Political Science Quarterly*, Vol. 75 No. 3, pp. 181-200

Group of Ten [2001], *Consolidation in the Financial Sector-Summary Report*, Jan. 2001, The Ministers and Governors of the Group of Ten (http://www.bis.org/publ/gten05.pdf)

Gup, Benton E. (ed.) [2004], *Too Big to Fail: policies and practices in government bailouts*, Praeger Publishers, Westport, Connecticut

Halpin, Darren R. [2014], *The Organization of Political Interest Groups : Designing advocacy*, Routledge, London, U. K.

Hamilton, David E. [1985], "The Cause of the Banking Panic of 1930: another view," *Journal of Southern History*, vol. 51, pp. 581-608

Hyde, Paul, and Shubh Saumya [2007], "Mortgage Crisis Exposed System Flaws," *American Banker*, Sep. 7, 2007, p. 10

Independent Bankers Association [IBA] [1965], *Independent Banking : An American Ideal*, Independent Bankers Association, Sauk Centre, Minnesota, pp. 67

Independent Bankers Association of America [IBAA] [1980], "IBAA in Perspective," memorandum, Aug. 8, 1980, pp. 19

Independent Community Bankers of America [ICBA] [2005], *ICBA : A History of Seventy-Five Years*, Independent Community Bankers of America, pp. 32

――― [ICBA] [2010], "Wall Street Reform Act: victories, helpful exemptions and harmful measures for community banks," *ICBA News*, Jul. 15, 2010 (http://www.icba.org/files/ICBASites/NSPDFs/Frank-DoddSummary071510.pdf [as of Nov. 23, 2016])

――― [ICBA] [2016], "ICBA Summary of the Ability-to-Repay / Qualified Mortgage Rule" (http://icba.info/files/ICBASites/PDFs/ICBASummaryATRQM.pdf [as of Nov. 23, 2016])

International Monetary Fund [2010], "A Fair and Substantial Contribution by the Financial Sector: Final Report for the G-20," Jun. 2010, International Monetary Fund (https://www.imf.org/external/np/g20/pdf/062710b.pdf)

Jagtiani, Julapa, and Catharine Lemieux [2016], "Small Business Lending after the Financial Crisis: a new competitive landscape for community banks," Federal Reserve Bank of Chicago *Economic Perspectives*, No. 3, 2016. (https://www.chicagofed.org/publications/economic-perspectives/2016/3-jagtiani-lemieux)

Johnson, Simon and James Kwak [2010], *13 Bankers : the Wall Street takeover and the next financial meltdown*, Pantheon Books, New York（村井章子 訳，『国家 対 巨大銀行』，ダイヤモンド社，2011年）

Johnston, R. J., *et al*. [2000], *The Dictionary of Human Geography*, 4th ed., Blackwell Publishers, Oxford, U. K.

引用文献等

Jones, Charles O. [1994], *The Presidency in a Seperated System*, Brookings Institution, Washington, D. C.

Kaiser, Robert G. [2013], *Act of Congress: how America's essential institution works, and how it doesn't*, Alfred A. Knopf, New York

Kaufman, George G. [1995], *The U. S. Financial System: money, markets, and institutions*, 6th ed., Prentice Hall, New Jersey

Keeton, William R. [1990], "Small and Large Bank Views of Deposit Insurance: Today vs. the 1930s," Federal Reserve Bank of Kansas City *Economic Review*, Sep./Oct. 1990, pp. 23-35

Kelman, Steven [1996], *American Democracy and the Public Good*, Brief Edition, Harcourt Brace & Company, Fort Worth, Texas

Kingdon, John W. [1984], *Agendas, Alternatives, and Public Policies*, Little, Brown, Boston

Knowles, Anne Kelly and Amy Hillier (eds.) [2008], *Placing History: How maps, spatial data, and GIS are changing historical scholarship*, ESRI Press, Redlands, California

Labonte, Marc [2017], "Systemically Important or 'Too Big to Fail' Financial Institutions," CRS Report #42150, Congressional Research Service, May 26, 2017 (http://fas.org/sgp/crs/misc/R42150.pdf)

Lamb, W. Ralph [1961], *Group Banking: a form of banking concentration and control in the United States*, Rutgers University Press, New Brunswick, New Jersey

Leathers, Charles G., and J. Patrick Raines [2004], "Some Historical Perspectives on 'Too Big to Fail' Policies," in Benton E. Gup, ed., *Too Big to Fail*, Praeger Publishers, Westport, Connecticut, pp. 3-27

Levitin, Adam, and Susan Wachter [2012], "Explaining the Housing Bubble," *Georgetown Law Journal*, Vol. 100, pp. 1177-1258

Lybeck, Johan A. [2016], *The Future of Financial Regulation: Who should pay for the failure of American and European banks?* Cambridge University Press, Cambridge, U. K.

Macey, Jonathan R., Geoffery P. Miller, and Richard Scott Carnell [2001], *Banking Law and Regulation*, Third Edition, Aspen Law & Business, New York

Markham, Jerry W. [2011], *A Financial History of the United States: from the subprime crisis to the Great Recession (2006-2009)*, M. E. Sharpe, Armonk, New York

Mengedoth, Donald R. [2001], "It's Still People Helping People" (ABA President's

511

Position), *ABA Banking Journal,* Aug. 2001, p. 12

Menzies, Michael [2009], "Testimony on Behalf of the Independent Community Bankers of America, before the Congress of the United States, House of Representatives, Committee on Financial Services — Hearing on 'Banking Industry Perspectives on the Obama Administration's Financial Regulatory Reform Proposals,'" Jul. 15, 2009

〈http://www.icba.org/files/ICBASites/PDFs/test071509.pdf [as of Sep. 21, 2009]〉

Mian, Atif, and Amir Sufi [2014], *House of Debt: How they (and you) caused the Great Recession, and how we can prevent it from happening again,* University of Chicago Press, Chicago（岩本千晴 訳,『ハウス・オブ・デット』, 東洋経済新報社, 2015年）

Mikesell, Raymond F. [2000], *Foreign Adventures of an Economist,* University of Oregon Press, Eugene, Oregon

Montgomery, Monty [2005] "The Good Life: Community banking in the fabulous, prosperous '50s," *Independent Banker,* Jun. 2005, pp. 66-75

Morris, Nathan L., and Philip O. Price [2011], *The Dodd-Frank Wall Street Reform and Consumer Protection Act,* Nova Science Publishers, New York

Motley, Apryl [2010], "Lending after Legislation," *Independent Banker,* Sep. 2010, pp. 64-67

——— [2012], "A Work in Progress," *Independent Banker,* Jul. 2012, pp. 41-45

Mudd, Shannon [2013], "Bank Structure, Relationship Lending and Small Firm Access to Finance: a cross-country investigation," *Journal of Financial Services Research,* vol. 44, pp. 149-174

Muolo, Paul, and Mathew Padilla [2008], *Chain of Blame: how Wall Street caused the mortgage and credit crisis,* John Wiley & Sons, Hoboken, New Jersey（可児滋 訳,『実録 サブプライム危機』, 日本評論社, 2009年）

Naser, Cristeena [2008], "Getting FDIC Insurance Shift Right," *ABA Banking Journal,* Dec. 2008, pp. 38-40

Natter, Raymond [2017], "National Bank Preemption and the Financial Crisis of 2008," in Stiller, Jesse (ed.), *Banking Modern America,* Routledge, London, U. K., pp. 109-128

Neustadt, Richard E., and Earnest R. May [1986], *Thinking in Time: the uses of history for decision-makers,* The Free Press, New York（臼井久和ほか訳『ハーバード流歴史活用法』, 三嶺書房, 1996年）

Ogura, Yoshiaki, and Hirofumi Uchida [2014], "Bank Consolidation and Soft Information Acquisition in Small Business Lending," *Journal of Financial Services Research*, vol. 45, pp. 173-200

Oleszek, Walter J. [2001], *Congressional Procedures and the Policy Process*, 5th ed., CQ Press, Washington, D. C.

Olson, Mancur [1965], *The Logic of Collective Action : public goods and the theory of groups*, Harvard University Press, Cambridge, Massachusetts（依田博・森脇敏雅訳，『集合行為論』，ミネルヴァ書房，1983年）

Patton, Carol [2005], "Blast from the Past : a look back at the tumultuous 1930s in banking and ICBA's founding," *Independent Banker*, Apr. 2005, pp. 78-86

Petersen, Mitchell A., and Raghuram G. Rajan [1994], "The Benefits of Small Business Lending : evidence from small business data," *Journal of Finance*, Vol. 49, pp. 3-37

Phillips, Ginny [2005], "From Warfare to Wealth : the 1940s bridged the transition from uncertainty to boom," *Independent Banker*, May 2005, pp. 76-82

Phillips, Joseph D. [1958], *Little Business in American Economy*, University of Illinois Press, Urbana, Illinois

Pike, Kelly [2005], "A Tale of Two Industries : ICBA pushes for two-tiered regulation," *Independent Banker*, Feb. 2005, pp. 60-68

Popple, Charles Sterling [1944], *Development of Two Bank Groups in the Central Northwest : a study in bank policy and organization*, Harvard University Press, Cambridge, Massachusetts

Porter, Eduardo [2016], "Capitalism Face an Angry Electorate," *The New York Times*, Jul. 10, 2016, Sunday Review, p. 5

Posner, Richard A. [2010], *The Crisis of Capitalist Democracy*, Harvard University Press, Cambridge, Massachusetts

Practical Law (website provided by Thomson Reuters Legal Solution) [2014], "Dodd-Frank Swaps Pushout Rule Substantially Repealed," Dec. 17, 2014 (http://us. practicallaw.com/5-592-9510)

Rajan, Raghuram G. [1992], "Insiders and Outsiders : the choice between informed and arm's-length debt," *Journal of Finance*, Vol. 47, No. 4, Sep., 1992, pp. 1367-1400

——— [2011], *Fault Lines : how hidden fractures still threaten the world economy*, paperback edition, Princeton University Press, Princeton（[原書2010年版につき] 伏見威蕃・月沢李歌子 訳，『フォールト・ラインズ—「大断層」が金融危機を再び招く—』，新潮社，2011年）

Rajan, Raghuram and Luigi Zingales [2003], *Saving Capitalism from Capitalists: unleashing the power of financial markets to create wealth and spread opportunity*, Crown Business, New York（堀内昭義ほか 訳，『セイヴィング キャピタリズム』，慶應義塾大学出版会，2006年）

Reinicke, Wolfgang [1995], *Banking, Politics and Global Finance: American commercial banks and regulatory change*, Edward Elgar Publishing, Aldershot, England

Rodrik, Dani [2011], *The Globalization Paradox: democracy and the future of the world economy*, W. W. Norton & Co., New York（柴山桂太・大川良文 訳，『グローバリゼーション・パラドクス』，白水社，2014年）

Roe, Mark J. [1994], *Strong Managers, Weak Owners: the political roots of American corporate finance*, Princeton University Press, Princeton, New Jersey（北條裕雄・松尾順介監訳，『アメリカの企業統治』，東洋経済新報社，1996年）

Saloutos, Theodore, and John D. Hicks [1951], *Agricultural Discontent in the Middle West, 1900-1939*, University of Wisconsin Press, Madison, Wisconsin

Santayana, George [1962 (1905)], *Reason in Common Sense*（*The Life of Reason*, volume one），Collier Books, New York

Savage, Donald T. [1978], "A History of the Bank Holding Company Movement, 1900-78," in *The Bank Holding Company Movement to 1978: a compendium*, Board of Governors of the Federal Reserve System, Washington D. C., pp. 21-68

Schattschneider, Elmer Eric [1960], *The Semisovereign People: a realist's view of democracy in America*, Holt, Rinehart and Winston, New York（内山秀夫訳，『半主権人民』，而立書房，1972年）

Schlozman Kay L. [2010], "Who Sings in the Heavenly Chorus?: the shape of the organized interest system," in Maisel, L. Sandy, and Jeffery M. Berry (eds.), *American Political Parties and Interest Groups*, Oxford University Press, Oxford, U. K., pp. 425-450

Scott, John, and Gordon Marshall [2005], *Oxford Dictionary of Sociology*, 3rd ed., Oxford University Press, Oxford, U. K.

Shiller, Robert J. [2011], "Democratizing and Humanizing Finance," in Kroszner, Randall, and Robert J. Shiller (eds.), *Reforming U. S. Financial Markets*, The MIT Press, Cambridge, Massachusetts, pp. 1-49

——— [2012], *The Subprime Solution: how today's global financial crisis happened, and what to do about it*, paperback edition, Princeton University Press, Princeton（黒坂佳央監訳，『バブルの正しい防ぎかた』，日本評論社，2014年）

Silber, William L. [2009], "Why Did FDR's Bank Holiday Succeed?" *Federal Reserve Bank of New York Economic Policy Review*, July 2009, pp. 19-30

Skeel, David [2011], *The New Financial Deal: Understanding the Dodd-Frank Act and its (unintended) consequences*, John Wiles & Sons, Hoboken, New Jersey

Sorkin, Andrew Ross [2009], *Too Big to Fail: the inside story of how Wall Street and Washington fought to save the financial system from crisis — and themselves*, Viking Penguin, New York（加賀山卓朗 訳，『リーマン・ショック・コンフィデンシャル』（上・下），早川書房，2014年）

Sorrentino, Frank [2015], "Regulate Banks by Complexity, Not Size," *American Banker*, Jan. 15, 2015, p. 8

Spitzer, Robert J. [1983], *The Presidency and Public Policy: the four arenas of presidential power*, University of Alabama Press, Alabama

Staley, Oliver [2011], "Columbia Toughens Conflict Rules after 'Inside Job' Revelations," *Bloomberg Businessweek*, Sep. 22, 2011 (online, http://www.bloomberg.com/news/articles/2011-09-22/columbia-toughens-conflict-rules-after-inside-job-revelations)

Stenehjem, Lee M. [1965], "The IBA: A Backward Glance," *Independent Banker*, pp. 10-11, 31

Stevenson, Russel A. (ed.) [1934], *A Type Study of American Banking: non-metropolitan banks in Minnesota*, University of Minnesota Press, Minneapolis (reprint: Arno Press, New York, 1980)

Stern, Gary H., and Ron J. Feldman [2004], *Too Big to Fail: the hazards of bank bailouts*, Brookings Institution Press, Washington, D.C.

Sturgeon, Julie, and Kelly Lobdell [2003], "Keeping Strong Roots: ICBA's heartland office in Minnesota helps operations flow smoothly," *Independent Banker*, Oct. 2003, pp. 46-56

Swetman, Glenn Lyle, and Glenn Robert Swetman [1994], *Biloxi: a Bankers Daybook — an outline of the history of Biloxi, Mississippi, the Swetman family, and the Peoples Bank*, Gateway Press, Baltimore

Tarullo, Daniel K. [2015], "Tailoring Community Bank Regulation and Supervision," (speech at the Independent Community Bankers of America 2015 Washington Policy Summit), Apr. 30, 2015, Boards of Governors of the Federal Reserve System

(http://www.federalreserve.gov/newsevents/speech/tarullo20150430a.htm)

Tett, Gillian [2009], *Fool's Gold: how the bold dream of a small tribe at J. P. Mor-*

515

gan was corrupted by Wall Street greed and unleashed a catastrophe, Free Press, New York (平尾光司監訳,『愚者の黄金』, 日本経済新聞出版社, 2009年)

Tocqueville, Alexis de [1945 (1840)], *Democracy in America*, J. P. Mayer (ed.), George Lawrence (trans.), Anchor Books, New York, 1945 (original: 1835-40) (井伊玄太郎訳,『アメリカの民主主義』[全3巻], 講談社, 1972-87年)

Trescott, Paul B. [1963], *Financing American Enterprise: the story of commercial banking*, Harper & Row, New York (大和銀行外国研究会 訳,『アメリカの銀行―その発展の歴史―』, 文雅堂銀行研究社, 1965年)

Turner, Adair [2014], "Something Old and Something New," in Clement, Piet *et al.* (eds.), *Financial Innovation, Regulation and Crises in History*, Pickering & Chatto Publishers, London, pp. 127-138

Turner, Frederick Jackson [1893], "The Significance of the Frontier in American History," *The Annals of America*, Vol. 11 (1884-1894), Encyclopaedia Britannica, Chicago, 1976, pp. 462-478 [originally in *Proceedings of the State Historical Society of Wisconsin*, Madison, 1894 (submitted and read in 1893), pp. 79-112] (松本政治・嶋 忠正 訳,『アメリカ史における 辺 境』, 北星堂書店, 1973年)

Vartanian, Thomas, and David Ansell [2014], "Tiered Regulation Is a Tax on Growth," *American Banker*, Dec. 24, 2014, p. 8

Vedder, Richard K. [1965], *A History of the Federal Deposit Insurance Corporation, 1934-1964* (doctorate thesis published on demand), University Microfilms, High Wycomb, England

Warren, Elizabeth [2007], "Unsafe at Any Rate," *Democracy: A Journal of Ideas*, Summer 2007, pp. 8-19 (http://democracyjournal.org/magazine/5/unsafe-at-any-rate/)

――― [2009], "Consumers Need a Credit Watchdog," *Business Week*, Jul. 27, 2009, p. 76

Warren, Elizabeth, and Ameria Wallen Tyagi [2003], *The Two-Income Trap: why middle-class mothers and fathers are going broke*, Basic Books, New York

Watkins, Thomas G., and Robert Craig West [1982], "Bank Holding Companies: Development and Regulation," *Economic Review*, Federal Reserve Bank of Kansas City, Jun. 1982, pp. 3-13 (http://www.kansascityfed.org/PUBLICAT/ECONREV/econrevarchive/1982/2q82watk.pdf)

Weissman, Rudolph L. [1979 (1945)], *Small Business and Venture Capital*, Arno Press, New York

Wheelock, David C. [1993], "Government Policy and Banking Market Structure in the 1920s," *Journal of Economic History,* Vol. 53, No. 4, Dec. 1993, pp. 857-879

White, Eugene N. [1982], "The Political Economy of Banking Regulation, 1864-1933," *Journal of Economic History,* Vol. 42, No. 1, Mar. 1982, pp. 33-42

Whittlesey, Charles R. [1935], *Banking and the New Deal* (Public Policy Pamphlet No. 16), University of Chicago Press, Chicago

Wicker, Elmus [2000], *The Banking Panics of the Great Depression,* paperback edition, Cambridge University Press, Cambridge, U. K.

Wigmore, Barrie A. [1984], *The Crash and Its Aftermath : a history of securities markets in the United States, 1929-1933,* Greenwood Press, Westport, Connecticut

Willis, H. Parker, and John M. Chapman (eds.) [1934], *The Banking Situation — American post-war problems and developments,* Columbia University Press, New York

Wolf, Martin [2014], *The Shifts and the Shocks : what we've learned - and have still to learn - from the financial crisis,* Penguin Press, New York（遠藤真美 訳，『シフト＆ショック』，早川書房，2015年）

Yingling, Ed (interviewed by Bill Streeter) [2010], "Tipping Point," *ABA Banking Journal,* Aug. 2010, pp. 42-46

Zaum, Ralph [2005], "IBA Gets an Extra 'A'," *Independent Banker,* Jul. 2005, p. 86

Zingales, Luigi [2012], *A Capitalism for the People : recapturing the lost genius of American prosperity,* Basic Books, New York（若田部昌澄 監訳，『人びとのための資本主義』，NTT 出版，2013年）

2．インターネット・ウェブサイト
（本書のテーマとの関連性や引用頻度の高いデータベース等）

日本銀行，「歴代総裁」
　　http://www.boj.or.jp/about/outline/history/pre_gov/
日本銀行金融研究所アーカイブ
　　http://www.imes.boj.or.jp/archives/
日本銀行神戸支店，「歴代支店長一覧」
　　http://www3.boj.or.jp/kobe/sitenchou/rekidai.html
兵庫県，「歴代兵庫県知事」
　　http://web.pref.hyogo.lg.jp/pa13/pa13_000000016.html
FDIC Historical Statistics on Banking, FDIC

https://www5.fdic.gov/hsob/

FDIC Institution Directory, FDIC

    https://www5.fdic.gov/idasp/advSearchLanding.asp

FDIC Quarterly Banking Profile, FDIC

    https://www.fdic.gov/bank/analytical/qbp/qbpmenu.html

FDIC Summary of Deposits, FDIC

    https://www5.fdic.gov/sod/

WorldCat, OCLC Online Computer Library Center, Incorporated

    http://www.worldcat.org/search/

3．新聞・雑誌
（米国の業界紙誌で出版元等を付記しておくべきもの）

ABA Banking Journal, American Bankers Association, Washington, D. C.

American Banker, Source Media, Inc., New York

BusinessWeek（2009年12月14日以降は *Bloomberg Businessweek*〔International Edition〕）

Independent Banker, Independent Community Bankers of America, Washington, D. C.

索　引

1．対応頁が多く，かつ本書において重要な概念・組織・人物等と位置づけられる語句につき，当該語句の定義・由来等を掲載し参照上有用な頁がある場合，それを太字表記した。
2．カギ括弧を付した語は，当該語句に対する補足説明，ないしは邦訳・英語原語（語意明確化のため時に付した），あるいは略称。
3．マル括弧を付した語・文字は，それが当該語句に付されている場合もあることを示す。
4．「FDIC」と「連邦預金保険公社」など，全く同じ意味であって，より頻出する語句のほうに索引頁をまとめて記載する場合，「連邦預金保険公社→"FDIC"」（"FDIC" の項を見よ，の意）のように記した。（なお，"FDIC" 等の正式な英語表記は巻頭「英語略称一覧」を参照。）
5．人物・銀行の固有名称は第4章・第5章・第8章の各「モノグラフ」主題関連以外は割愛し，また地名に関しては全章にわたり割愛することを基本方針とした。
6．図表中の情報も，重要性に応じ頁を示した。第4章・第5章の人物・銀行・当局に関しては，図表・引用史料中に略表記されている場合も含め，頁を示した。

A–Z

ABA［米国銀行協会］　10, 22, 38, 49, 54, 55, 60, 63, 72, 73, 75–76, 85, 87, 93, 95, 98, 99, 301, 341, 344–348, 356, 358, 360–362, 364–367, 369, 372, 373, 376, 378–381, 384–386, 390, 395, 397, 399, 400, 401, 467, 477, 481

　── Community Bankers Council［コミュニティ銀行家協議会］　361

Alt-A loan［サブプライム・ローンに準ずる高リスクのモーゲージ］　312–314, 333, 334, 335, 336

America's Community Bankers［貯蓄金融機関の全米協会］　481

bank holiday［「銀行休業令」；銀行業務全面停止措置］　32, 34, 60, 75, 76, 77, 98, 448

bank tax［too-big-to-fail 大手金融機関への「銀行税」］　372, 380

capture［「囚われ状態」］　441, 443

　regulatory ──［規制当局者がおちいる］　441, 442

　cognitive ──［認識上の］　442

CFPA［金融消費者保護庁］［ドッド＝フランク法の法案段階の］　354, 355, 359, 361–363, 365, 385, 396, 397, 407, 408

CFPB［金融消費者保護局］　349, 354, 379, 385, 386, 388, 401, 403, 409, 410

community banking→「コミュニティ銀行（的な業務スタイル）」

CRA（法）［地域社会再投資法］　387, 427–430, 433, 439, 443, 446

credit view（論）　29, 39, 50

FDIC［連邦預金保険公社］　2, 23, 39, 87, 306, 319, 323, 325, 332, 334, 349, 377, 380, 396, 399, 401, 407, 409, 410

Financial Services Roundtable［大手金融機関のロビー組織］　358, 397

FRB［連邦準備制度理事会］　34, 47, 64, 98, 306, 307, 319, 334, 349, 353–355, 355, 379, 404, 409, 429, 137

FDICIA 法→連邦預金保険公社改善法

GIS［geographical information system］　198

GLB 法→「グラム＝リーチ＝ブライリー法」

group banking→「グループ・バンキング」

GSE(s)［住宅信用供与のための政府関連企業体］　428, 430, 431, 433, 439, 440

GS 法→「グラス＝スティーガル法」

IBA［独立銀行家協会］　2–4, 54–62, 65, 72, 74–91, 92–100, 341, 342, 385, 387, 403, 467, 468

　12連銀地区──　81, 82, 99

519

IBAA［米国独立銀行家協会］　54, 58, 59, 50,
　84, 85, 91, 95, 99, 342, 357, 387, 392
ICBA［米国独立コミュニティ銀行家協会］
　2, 4, 10, 25, 54, 57, 58, 60, 87, 91, 99, 319, 323,
　324, 327, 329, 330, 334, 340-342, 344-348,
　356-361, 363-367, 373, 375-379, 381, 384-
　388, 392, 394-396, 400, 403, 406-411, 452,
　453, 467-470, 472-475, 477, 482-484, 485
industrial loan company［一般事業会社が設
　立する金融組織］　365
mandate［大統領への国民からの付託］　351,
　352, 362
Move Your Money 運動　371, 403
national mood［「政治の窓」の一種としての］
　343, 389-391, 404
OCC［通貨監督官局］　349, 354, 397
OTS［（連邦）貯蓄金融機関監督局］　349,
　354, 481
over banking［銀行数の過多］　37
preemption［金融規制にかかる連邦法・州法
　の優先関係］　366, 381, 397
S&L［貯蓄貸付組合］　2, 307, 311, 467, 470,
　481
　──金融危機　310, 312
Sarbanes-Oxley 法404条(b)［内部統制の外部監
　査義務］　388, 408
SEC［証券取引委員会］　349, 353, 354, 372
SIFIs［システム上重要な金融機関］　353,
　398, 407, 484
Stonier Graduate School of Banking［ABA
　の銀行教育機関］　361, 395
TARP［Troubled Asset Relief Program］
　323, 336, 395, 396, 400
　──資本注入プログラム［TARP CPP］
　323, 335, 336, **400**
Tiered Regulation［銀行規模ごとの規制］
　346, 386-388
too-big-to-fail（問題、［救済］措置）　28, 306,
　314-315, **322-325**, 326-329, 336, 349, 352,
　353, 362, 379, 380, 396, 397, 403, 406-410,
　416, 418, 430, 435-437, 440, 441, 446, 447
Washington commitment［「政治の窓」の一種
　としての］　**343**, 351, 370, 373

ア行
あさひ銀行　459
アジェンダ（・アプローチ）　47, **342-343**,
　344, 350, 355, 382
圧力団体　39, 86, 444
『アナール』学派　11-13, 20
アベノミクス　17
淡路銀行　174
池田実業銀行　184, 190-191
一万田尚人［日本銀行（考査局長→理事→総裁）］
　235-237, 242, 253-255, 271, 274, 275, 283,
　298, 464
「一県一行」（主義または金融行政）　10, 18,
　21, 31, 42, 110, 117, 121, 128-130, 134, 137,
　148, 154, 173, 184, 188-191, 198, 201, 208,
　214-216, 218, 221, 227, 233, 251, 261, 287,
　292, 297, 452, 458-460, 462, 464, 466, 477
「一県二行」［銀行合同政策の選択肢としての］
　173, 185, 187, 190, 194
　　兵庫県における──（「県下二行」）　229-
　230
ウォール（・）ストリート［にある大手金融機
　関群］　46, 49, 54, 320, 357, 360, 370, 372-
　374, 386, 390, 393, 394, 402, 404, 411, 417,
　418, 424, 432, 448
　　──対メインストリート［ICBA のロビー戦
　略］　356-359
　　反──［金融危機後の世論・政策の傾向］
　364, 371-372, 380, 383, 384, 386, 389-391,
　404
「ウォール街を占拠せよ（Occupy Wall Street）」
　運動　389
牛尾健治［姫路銀行→神戸銀行（副頭取）］
　205, 243, 245, 247, 253, 263, 268, 271, 272,
　276, 278, 285, 291, 298
営業地盤［地域金融機関の］　132, 198
「エートス」［M. ウェーバー的な意味での］
　473, 478, **483**
恵美酒銀行　153, 154, 179, 181, 182, 190, 191,
　214, 225, 229, 230, 294
大蔵（省または当局）　129, 172, 181, 183, 185,
　189, 200, 213-215, 218-220, 222, 223, 230,
　234-243, 245-247, 251, 255, 257, 258, 263-

264, 267-270, 272, 274-276, 278, 284, 284,
286-289, 294, 466, 481

大蔵省検査　120

大澤銀行　153, 154, 181, 183, 185, 186, 223,
225, 229, 230

岡崎忠雄［神戸岡崎銀行→神戸銀行（会長）］
141, 205, 237, 242, 245, 253, 256, 257, 260,
263, 271-274, 276-282, 285, 288, 291, 296,
298

岡崎忠［神戸銀行］　209, 247, 268, 285, 296

大西甚一平［播州銀行（頭取）→神戸銀行（副
頭取）］　148, **151**, 163, 185, 188, 222, 227,
247, 248, 252, 258, 260, 263, 266, 268, 272,
279, 280-282, 285, 291-293, 296, 298, 299

大和田銀行　190

カ行

香住銀行　153, 154, 179, 180, 190, 191, 193,
214, 216, 225, 229, 230, 253-255, 261, 297,
453

門川暴［日本銀行（神戸支店長）］　208, 214,
234-237, 243-248, 250-259, 263, 265-269,
271-278, 280, 283, 288, 289, 291, 294-297,
459

カロミリス，チャールズ（Charles Calomiris）
19, 28, 305, 307, 310, 311, 414-419, 421-423,
425-431, 433-435, 437-441, 443-448

関西アーバン銀行　458

関西みらいフィナンシャルグループ　458

機関銀行［日本の戦前期の］　203

規制緩和→「金融規制緩和」

規制の重荷［regulatory burden］　387

業態［日本の］　3, 4, 18, 227, 462, 478-479

協同組織金融機関［日本の］　332

協和銀行　459

銀行危機［米国，1930-1933年］　32-34, 40-
41, 46, 47, 72, 75, 426, 437, 448

銀行規模ごとの規制→"Tiered Regulation"

銀行休業令→"bank holiday"

「銀行業の（一つの）かたち」　75, 477

銀行合同（過程）［歴史的事実としての］　21,
130, 132, 154, 197

　　兵庫県における――　129, 139, 192, 218,
222

銀行合同（促進）（政策）　10, 31, 110, 111,
113, **117-121**, 124, 125, 128, 172, 187-189,
198, 209, 213, 219, 221, 227, 232, 261, 464

銀行設立認可政策　10

（銀行）産業組織　1, 5, 9, 10, 15, 16, 18, 31, 46,
56, 64, 110, 130, 305, 310, 315, 316, 416, 427,
438, 449, 452, 453

銀行整備令［日本，1942年］　220, 241

銀行法［日本，1927年］　31, 172, 203, 212,
213, 462

銀行法（1933年）［米国］　35, 36, 38, 42, 47,
49, 51, 83, 87, 92, 98, 305-307, 401, 414, 421,
423, 425, 433, 436

銀行法（1935年）［米国］　31, 38, 42, 47, 51,
306

銀行持株会社　55, 61-63, 72, 73, 75-78, 81-83,
87, 91, 93, 96, 97, 377, 380, 388, 401, 410, 467,
484

銀行持株会社法［1956年］　78, 81, 100, 306,
467

金融（経済またはシステム）危機［米国，2008-
2009年］　5, 9, 28, 40, 304, 307, 310, **311-
314**, 315, 317, 318, 322, 323, 325-328, 333,
336, 340, 343, 345, 348, 357, 362, 378, 392,
393, 399, 401, 409, 416-420, 424-427, 429-
443, 445-448, 458, 481, 485

（金融）規制緩和　307, 310, 357, 361, 392, 415,
417, 418, 426, 432, 438

金融恐慌［または「昭和金融恐慌」］　30, 31,
52, 122, 139, 154, 174, 201, 203, 207, 462, 481

金融検査マニュアル［金融庁の］　17

金融庁　17, 23, 24, 463, 473, 478

金融（の）円滑化「中小企業与信にかかる］
29, 31, 39, 43, 350

金融消費者保護局→"t CFPB"

グラス＝スティーガル法［Glass-Steagall Act;
「GS 法」］　35, 304, 305, 306, 307, 310,
333, 353, 381, 382, 401, 403, 416, 424, 425,
430, 438

グラム＝リーチ＝ブライリー法［Gramm-
Leach-Bliley Act;「GLB 法」］　54, 91,
305, 307, 310, 311, 333, 340, 343, 390, 392,

521

416, 425

グループ・チェーン銀行組織　65, 67, 68, 72, 97

グループ・バンキング（銀行制）　55, 62, 96, 97

クレジット・ユニオン　371, 377

経済国策　113, 116, 120

芸備銀行　232, 238, 239

健康保険改革（法案）［通称 Obamacare 法案］　367, 370-371, 375, 379

合同3行［または「（県下）（合同）3行」ないしは「三行」］　**149**, 152, 157, 183, 185, 186, 187, 189, 208, 220-221, 222, 233, 234-252, 256-261, 263-274, 276-280, 282, 283, 285-291, 294-298, 459, 460

神戸岡崎銀行　140, **141**, 144, 204, 205, 212

神戸銀行　19, 22, 129, 130, 133, 134, 137, **139-144**, 146-149, 152-157, 165, 166, 168, 172-191, 195-197, 200, 202-206, 208, 211, 212, 214, 215, 218, 221-226, 228-281, 283-291, 292-298, 452, 453, 458-461, 479

神戸銀行グループ（3行）　174, 175, 177, 178, 182-185

（神戸）湊西銀行　153, 154, 179, 181, 182, 182-183, 190, 191, 214, 223, 225, 229, 230, 242, 294

神戸信託　215

神戸貯蓄銀行　174, 175, 177, 178, 190, 191, 230

合理モデル［政策決定論における］　122

国法銀行［national bank］　48, 69, 100

国立銀行制度［日本の］　52

五十六銀行　140, 204

国家総動員（政策）［日本の戦前・戦中期の］　110, 112, 116

国家総動員法［日本, 1938年］　116, 462

「国家的強制力」［日本の「非常時」下の］　220, 241, 259, 280, 286, 289

「ゴミ箱（モデル）」［政策過程論の］　362, 375, 377, 382, 383, **399**

コミュニティ　15, 44, 45, 48, 328, 329, 414, 415, 436, 472, 477, 482

コミュニティ銀行［または「――バンク」］

2, **4**, 5, 6-10, 13, 16, 19, 23, 301, 304, 310, 323, 324, 327, 328, 329, 334, 340, 341, 345, 356-358, 360, 361, 365, 371, 377, 378, 385-388, 399, 403, 406-411, 417, 426, 427, 467, 468, 470-473, 478, 481, 485

広義（の）――　**2**, 4, 6, 9, 316-318

最広義（の）――　**2**, 5, 6-8, 9, 10

［FDIC の新定義の試みによる］――　2, 4, 23, 345-346, 404

――（業界）の代弁者または代表［の座をめぐる ICBA・ABA の競合］　359, 361, 385, 386

――的な業務スタイル［community banking］　472, 473, 478, 483

――とサブプライム金融危機　311-321

――の株式公開比率　484-485

コミュニティ・バンカー［または「――銀行家」］　321, 326, 328-330, 406

コルレス（関係または業務）［correspondence］　63, 72, 73, 75, 85, 97

サ行

埼玉銀行　459

埼玉りそな銀行　459

財務省［U. S. Treasury］　323, 336, 355

さくら銀行　22, 197, 454, 459, 480, 481

サブプライム・ローン（問題）　301, 304, **311-314**, 331-333, 335, 336, 343-344, 351, 361, 372, 377, 392, 399, 429, 433, 446, 467, 482

サブプライム金融（システム）危機→「金融危機［米国］」

三十四銀行　242

三十八銀行　**140-141**, 144, 205, 212

三和銀行　144, 153, 168, 179, 181, 182, 190-191, 207, 214, 216, 225, 230, 231, 242, 243, 479

事業性評価［日本の金融庁が推進する］　17, 473, 474, 476, 478, 484

「システム上重要な金融機関」→ "SIFIs"

支店制銀行［米国の］　37, 48, 49, 67, 75, 93

社会の基層　15, **43-46**, 123, 330, 472

社会の構成原理　15, **45-46**, 110, 123

自由主義［日本の戦前の政策的概念］　41-42,

50, 120, 123, 124, 298-299

州法銀行［state bank］　37, 48

主題図　130, 132, 197, 198

準拠集団［reference group］　**469**, 476, 478

商業銀行［米国の］　2, 6, 22, 30, 31, 32, 39, 92,
　93, 307, 308, 310, 311, 317, 318, 320, 408, 424,
　425, 430, 434, 467, 468, 482

小銀行［米国の］　2-5, 14, 15, 29, 37, 39, 45,
　46, 48-51, 56, 67, 83, 84, 87, 93, 110, 129, 304,
　305, 316, 325, 331, 414, 416-418, 425, 427,
　436, 439, 440, 467

小経済圏［府県内部の］　132, **136-137**, 201

証券取引委員会→ SEC

昭和金融恐慌→「金融恐慌」

「昭和の大合併」［日本の市町村の］　201-202

ジンガレス，ルイジ（Luigi Zingales）　417,
　423, 430, 438, 442, 443, 444-445

シンジケート銀行［または「シンヂ（イ）ケー
　ト－」］　2, 3, 22, 168, 169-171, 172, 186-
　188, 206, 207, 215, 220, 225, 228, 229, 294,
　481

信託優先証券［TruPS］　377, 388, 400, 410

信用金庫［または「信金」］　9, 17, 133, 200,
　210, 329, 332, 460, 467, 473, 480, 484

信用組合［または「信組」］　9, 17, 23, 43, 51,
　186, 329, 332, 473

住友銀行　144, 181, 190-191, 215, 454, 458,
　459, 479-481

洲本金庫［信用組合──］　214

政策過程論　20, 122, 344, 350, 362, 368

政策起業家［policy entrepreneur］　47, 287

政策の窓［policy window］　34, 47, **342-344**,
　348, 350, 355, 362, 363, 368, 370, 373, 384-
　385, 387

整然精算基金［orderly liquidation fund］
　349, 380

政治の窓［political window］　**342-343**, 350-
　352, 368-370, 373, 385

西部ミドルウェスト［western Middle West］
　88-90

全国銀行協会［または「全銀協」］　10, 481

全国銀行協会連合会［または「全銀協」］
　462, 464, 465, 477, 481

全国銀行統合並店舗整理案→「日銀の整理案」

全国金融統制会　213, 251, 260

全国相互銀行協会　465

全国地方銀行協会［または「地銀協」］　3, 10,
　39, 206, 220, 227, 229, 453, **461-465**, 468, 473
　-476, 479-481

戦時期［日本の；1941年12月〜1945年8月］
　3, 22, 46, 125, 128, 130, 134, **157**, 161, 163,
　172, 181, 188, 189, 207, 211, 218, 219, 222

戦時総動員　112, 113, 116, 120

全但銀行　129, 150, **151**, 153-155, 173, 179-
　181, 185-187, 189-193, 208, 214, 218-222,
　225, 229, 230, 233-235, 252-257, 260, 264,
　265, 269, 270, 274, 275, 279, 282, 283, 285,
　287, 298, 459, 460

全米農務局連合　86, 90, 100

相互銀行　1, 2, 463, 481

　──の普通銀行（一斉）転換　2, 3, 463,
　465, 468

「相互参照」［社会集団としての銀行業界内の］
　469, 472, 474, 476

相互貯蓄銀行［mutual savings bank］　311,
　467, 468, 471

組織過程モデル［政策決定論における］　122,
　460

タ行

第一銀行　144

大恐慌［Great Depression］　14, 28-30, 32-
　34, 36, 39-41, 44, 46, 61, 64, 69, 97, 304, 305,
　321, 328-330, 396, 401, 403, 437, 444

「大不況」［Great Recession］　321, 351

大政翼賛会　222, 227, 291, 293

第二地銀［＝第二地銀協加盟行］　2, 3, 7, 9,
　17, 456, 457, 460, 465, 473, 475, 476, 478, 484

第二地方銀行協会　2, 3, 7-8, 465, 481

タイムライン［「問題史」のアプローチとして
　の］　17

太陽銀行　454, 459

太陽神戸銀行　22, 454, 457-459

太陽神戸三井銀行　197, 454, 455

大和銀行　459

高砂銀行　140, 204

但馬銀行［戦前の］ 151

但馬銀行［戦後の］ 453, 458

但馬合同銀行 151

但馬貯蓄銀行 183, 184, 214, 230

「ただ乗り」（問題）［free rider］ 85, 95

龍野銀行 140, 152

単店銀行［unit bank］ 2, 3, 36, 48, 49, 55-57, 62, 63, 65, 67, 69, 72, 73, 75-78, 85, 87, 91-93, 100, 304, 305-311, 403, 416, 418, 425-427, 443, 444, 449, 467, 469, 472

単店銀行家［unit banker］ 38, 55-56, 62, 65, 67, 74, 76, 92, 96, 98, 99, 307, 310, 328, 330, 443

丹和銀行 154, 209, 210, 225, 229, 230, 250

地域銀行 1, 2-4, 5, 6, 9, 10, 17, 452, 458, 473-476, 478

地域社会再投資法→ "CRA 法"

地域密着型金融［日本の金融庁が推進する］ 16

チェーン・バンキング（銀行制） 96

地方銀行［日本の］ 2, 3, 7-8, 9, 10, 16, 17, 39, 43, 139, 149, 172, 173, 184, 186-188, 194, 197, 206, 210, 213, 220, 221-223, 226-233, 239, 241, 243-244, 246-252, 259-262, 265, 266, 272, 274, 280, 282, 286-289, 291-293, 299, 452, 453, 457-467, 473-481, 484

地方銀行化［「一県一行」の条件としての神戸銀行の］ 234, 248, 250, 256, 257, 280, 287-289, 459

地方銀行統制会 39, 227, 462, 464, 479

地方工業化［1930年代以降の戦前日本の国策］ 159

中西部［米国の ; Midwest］ 57, 65

中丹銀行 153, 153, 154, 209, 210, 223, 225, 229, 250

貯蓄貸付組合→ "S&L"

貯蓄金融機関［savings institution］ 2, 4, 6, 23, 307, 311, 312, 317, 318, 322, 467, 468, 481

貯蓄金融機関監督局→ "OTS"

貯蓄銀行［日本の］ 51, 137, 141, 191, 198, 201

通貨監督官局→ OCC

デビット・カード（相互利用）手数料規制［ダ

ービン修正条項］ 377, 388, 400, 407-410

店舗 HHI［Herfindahl-Hirschman Index］ 155, 156, 210

店舗行政［大蔵省の銀行店舗にかかる］ 199, 213-214, 462

店舗戦略（または展開・配置）［主として神戸銀行の］ 132, 133, 157, 179, 191, 192-193

東海銀行 168, 232, 238, 239

投資銀行［米国の］ 322, 323, 356, 357, 381, 383, 384, 386, 390, 392, 395, 398, 402, 423, 425, 429, 430

統制（経済）（政策またはイデオロギー）［日本の戦前・戦時期の］ 42-43, 44, 110, **111-121**, 125, 148, 198, 231, 243, 461

東播合同銀行 140, 149

特異性［米国の ; peculiarity］ 13, 44, 472

独立銀行［independent bank］ 2, 3, 97

独立銀行家［independent banker］ 62, 63, 73, 83, 98, 469, 472, 482

独立銀行家協会→ "IBA"

都市銀行 2, 3, 8, 9, 22, 148, 152, 172, 173, 184, 206, 207, 209, 220, 221, 226, 227, 231, 243-244, 248-250, 266, 280, 287-289, 291, 294, 453, 459, 461, 465, 479

ドッド＝フランク（ウォールストリート改革・消費者保護）法［Dodd-Frank Act］ 28, 46, 54, 91, 307, 340-342, 344-349, **349**, 351-353, 356, 372, 375-380, 382-384, 386-388, 391, 392, 394, 400, 401, 403, 404, 411, 417, 427, 434, 435, 447, 467, 481, 484

ナ行

灘商業銀行 137, 140, 204

二元銀行制度［dual banking system］ 36, 37, 48, 49, 50

西宮銀行 140, 204, 205, 212

「日銀の整理案」［1943年「全国銀行統合並店舗整理案」］ 173, 185, 187, 190, **229-233**, 241, 250, 458

日本勧業銀行 215, 481

日本銀行（または「日銀」）［金融監督当局としての］ 129, 172, 189, 190, 208, 213, 215, 218-221, 230, 233-243, 248, 250, 257, 260,

263-264, 268-270, 274, 276, 278, 284, 285, 287-289, 291, 294, 298, 479

——神戸支店　185, 189, 214, 218, 224, 234-239, 243, 250, 252, 260, 261, 263, 265, 269, 298, 459

日本銀行金融研究所アーカイブ　218, 291-292

日本相互貯蓄銀行　207

ニューディール（政策）　15, 34, 40, 44, 93, 423

ニューディール期金融制度　304, **305-307**, 333, 415, 416, 423, 425, 426, 428, 430, 437, 439, 445

農業ブロック［farm bloc］　90, 100

野村銀行　168, 207

ハ行

八馬兼介［西宮銀行→神戸銀行（頭取）］　168, 205, 209, 222, 224, 237, 242, 245, 247, 253-254, 263, 268, 272, 274, 276, 277, 283, 285, 291, 296, 298

播磨臨海工業地域　161, 172

播州銀行　129, 130, **149**, 150, 151, 153-155, 173, 179-181, 183, 185-191, 193, 197, 208, 211, 214, 215, 218-220, 221-235, 246-248, 251, 252-266, 269, 270, 275, 281, 282, 285, 287, 293, 295, 296, 298, 459-461

比較史　11, 13-14, 452

姫路銀行　140, 204, 205

姫路商業銀行　204

姫路商工会議所　203, 205, 480

百三十七銀行　140, 153, 154, 174, 209, 223, 225, 228, 229, 230, 250

兵庫県（庁）（または「県知事」・「県経済部長」）［地方行政当局としての］　189, 218, 235-237, 243, 249, 256, 257, 264, 268-270, 271, 274-278, 284, 292, 296, 298, 458

広畑製鉄所（日本製鉄㈱の大規模製鉄所）　160-161, 164, 165, 166

ファニーメイ→「連邦住宅抵当金庫」

福本銀行　153, 174, 177-181, 182-183, 185, 187-191, 215, 218, 223, 225, 228-230, 252, 253-257, 261, 264, 265, 270-272, 275-278,

285, 287, 292, 295, 298

二見貴知男［日本銀行（神戸支店長→名古屋支店長→考査局長）］　234-236, 241-243, 248, 251, 270-275, 283, 287, 294, 295

普通銀行　2, 3, 30, 125, 134, 137, 148, 173, 191, 198, 200, 201, 203, 207, 215, 229, 232, 260, 261, 297, 461, 462, 464, 481

普通銀行統制会　227, 244, 246, 247, 256, 478, 479

復興金融公庫［Reconstruction Finance Corporation］　34, 47, 98

船山正吉［大蔵省（普銀課長）］　121, 124, 208, 214, 234-237, 239-243, 253, 256, 257, 267-269, 275

フレディマック→「連邦住宅貸付公社」

ブレトン・ウッズ提案　81, 99

「平成の大合併」［日本の市町村の］　202

兵和銀行　129, 150, **151-152**, 153-155, 168, 173, 179-181, 183, 185-187, 189-191, 193, 208, 209, 212, 214, 218, 219-223, 225, 229, 230, 234, 235, 245, 252-257, 260, 269, 270, 272, 275, 278, 281, 282, 285, 287, 295, 297, 298, 459, 460

米国銀行協会→"ABA"

米国独立コミュニティ銀行家協会→"ICBA"

ベスト・プラクティス［地域銀行の］　17, 469, 473, 474, 478, 482

ポピュリズム　56, 57, 84, 415, 417, 421, 422, 424, 427, 428, 435, 439, 444, 449

ボルカー・ルール　347, 349, 353, 376, 381-384, 401, 409

マ行

マクファデン法「1927年」　83, 305

マネーセンター銀行　93, 97

溝口銀行　153, 181, 183, 185, 186, 187, 215, 223, 225, 229, 230

三井銀行　144, 454, 459, 481

三井住友銀行　22, 197, 454, 456, 457

三菱銀行　143, 481

みなと銀行　454, 457, 458

無尽会社　51

「メイン・ストリート」［main street］　**320**,

525

328, 357, 411
「メイン・ストリート金融機関」　328, 337,
　357
モーゲージ会社　312, 320, 327, 331, 333, 334,
　429
モノグラフ　1, **13-14**, 15, 18-22, 23, 452
問題史　**12-13**, 16, 17, 18, 453
問題の窓［problem window］　**342-343**, 350
　-352, 362, 364, 371, 373, 374, 385

ヤ行

結城豊太郎［日本銀行（前）総裁］　256, 263,
　268, 297
ユニット・バンク→「単店銀行」
ユニット・バンカー→［下記を除く］「単店銀
　行家」
ユニット・バンカー（勢力）［政治的勢力とし
　ての］　414, 415, 421, 423, 426, 427, 429,
　440, 444, 449
ユニット・バンキング制度　414, 416
預金保険料［FDIC が賦課する］　46, 363-
　365, 376, 397, 407, 410
預金保険限度額［FDIC により付保される］
　376, 399

ラ行

ラジャン，ラグラム（Raghuram Rajan）
　417, 431, 437, 441-444, 447
利益団体　56-57, 58, 61, 85-87, 93, 95, 100
リーグル = ニール（州際銀行支店効率化）法
　（または「州際（業務）自由化法」）　307,
　310, 333, 340, 391, 392, 415, 416, 427, 433,
　434

リージョナル銀行［米国の］　10, 473, 478,
　484
りそな銀行　200, 458, 459
りそなホールディングス　197
リレーションシップ・バンキング［または「リ
　レバン」］　9, 10, 16, 17, 43, 203, 466-468,
　477, 478, 482-484
　「──の機能強化（アクションプログラム）」
　　［2003年］　463, 481
　──の担い手　3, 4, 11, 16, 19, 459, 468, 469
　──への志向性　473-475
　──（理）論　**29**, 46, 50, 125, 437
　──（を担う，または，遂行上の）適性
　　460, 472, 474, 475, 484
リレーションシップ貸出　345
連邦住宅貸付銀行［FHLBs］　306, 428, 439
連邦住宅貸付公社［Freddie Mac］　321, 334,
　354, 428
連邦住宅抵当金庫［Fannie Mae］　306, 321,
　334, 354, 428
連邦準備銀行　95
連邦準備制度　37, 47, 49, 51
連邦準備制度理事会→"FRB"
連邦貯蓄金融機関監督局→"OTS"
連邦預金保険公社→"FDIC"
連邦預金保険公社改善法［FDICIA 法］　28,
　29, 307, 336, 340, 391, 392
（連邦）預金保険（制度）　15, 28, 29, 31, 34-
　41, 43, 45-49, 51, 52, 87, 110, 305, 325, 335,
　336, 349, 376, 399, 414-416, 418, 433-437,
　440, 441
ローンオフィサー　9

《著者紹介》

由里宗之（ゆり・むねゆき）
　1959年　京都市生まれ。
　1982年　京都大学文学部卒業。
　1984年　京都大学経済学部卒業。
　1984年～96年　大和銀行（現りそな銀行）に在職。
　1990年　ハーバード大学ケネディ行政学大学院修了（公共政策学修士）。
　1996年　大阪市立大学大学院（経営学研究科後期博士課程）入学。
　1998年　同課程中退，中京大学商学部専任講師。
　2000年　同助教授，博士（商学）［大阪市立大学］。
　2005年　中京大学総合政策学部教授（現在に至る）。
　2005年～10年　瀬戸信用金庫員外監事。

　著　書　『米国のコミュニティ銀行』（ミネルヴァ書房，2000年）
　　　　　『リレーションシップ・バンキング入門』（金融財政事情研究会，2003年）
　　　　　『ポスト団塊世代の資産運用』（共著）（金融財政事情研究会，2008年）
　　　　　『地域社会と協働するコミュニティ・バンク―米国のコミュニティ銀行・クレ
　　　　　ジットユニオンとNPO―』（ミネルヴァ書房，2009年）

MINERVA現代経済学叢書122
日米地域銀行の存続と再編
――なぜ日本の地域銀行は減っていくのか――

2018年4月20日　初版第1刷発行　　　　　　　　（検印省略）

定価はカバーに
表示しています

著　　者　　由　里　宗　之
発　行　者　　杉　田　啓　三
印　刷　者　　江　戸　孝　典

発行所　株式会社　ミネルヴァ書房
607-8494 京都市山科区日ノ岡堤谷町1
電話 代表 (075)581-5191番
振替口座 01020-0-8076

© 由里宗之，2018　　　　　　　　　共同印刷工業・新生製本

ISBN978-4-623-08210-0
Printed in Japan

日本の「いい会社」──地域に生きる会社力

坂本光司・法政大学大学院 坂本光司研究室著　Ａ５判　248頁　本体2000円

●地域をささえる，魅力ある会社とは。「日本でいちばん大切にしたい会社」のすばらしい取り組み20！

ゼロからの経営戦略

沼上　幹著　四六判　296頁　本体2000円

●ヤマトホールディングス，富士重工業，TOTO，コマツなど多くの企業の成功事例を通して，これからの企業戦略を考えていく手がかりを探る。市場の成熟化，グローバル競争の激化する中，明確な戦略がなければ勝てない時代において，「場当たり的経営者」と「力量のある経営者」の違いを分ける戦略的思考法についてわかりやすく語る。

実践的グローバル・マーケティング

大石芳裕著　四六判　268頁　本体2000円

●「ものづくり」にこだわる日本企業が，ライバルの多い世界の市場に参入するためには，「グローバル・マーケティング」は欠かせない。製品を「誰に，何を，どのように」売っていくのかを戦略的に考えるためのノウハウを，ヤクルト，ハウス食品，コマツなど，世界市場においてもブランドを確立している企業のマーケティングにおける成功事例通じて紹介していく。

決断力にみるリスクマネジメント

亀井克之著　四六判　308頁　本体2000円

●「決断力」をキーワードに，具体的な事例（ケース）を通して，リスクマネジメントの意義やリスクへの対処の仕方を学ぶ。企業に関わるすべての人にとって，リスクマネジメントが必要であることがわかる一冊。

──────── ミネルヴァ書房 ────────

http://www.minervashobo.co.jp/